Leonhard · Völker hört die Signale

Wolfgang Leonhard

Völker hört die Signale

Die Anfänge
des Weltkommunismus
1919–1924

25. X. 1988

C. Bertelsmann Verlag

Redaktion: Hans Dollinger
© 1981 C. Bertelsmann Verlag GmbH, München
Gesamtherstellung: Ebner Ulm
ISBN 3-570-02583-7 · Printed in Germany

Inhalt

I.

»Der Sieg
der kommunistischen Weltrevolution
ist gesichert!«

Gründungskongreß der Kommunistischen
Internationale
vom 2. bis 6. März 1919

Am 2. März 1919, gegen 17 Uhr, trafen sich, nach abenteuerlichen
Anreisen, in Moskau in einem kleinen Raum eines alten Bezirksge-
richts aus der Zeit Katharinas II. etwa fünfzig Kommunisten aus mehreren Ländern. Eine Stunde später, um 18.10 Uhr, erhob sich am Vorstandstisch, der sich auf einem Podium befand, Lenin und eröffnete die
Veranstaltung mit den Worten:»Im Auftrag des Zentralkomitees der
Kommunistischen Partei Rußlands eröffne ich den ersten internationalen kommunistischen Kongreß. Vorab bitte ich alle Anwesenden,
sich zum Andenken der besten Vertreter der Internationale, Karl
Liebknecht und Rosa Luxemburg, von den Sitzen zu erheben.«

»Eine Zusammenkunft mit weittragender
weltgeschichtlicher Bedeutung«

Der Konferenzraum, den zwei Rotarmisten am Eingang bewachten,
war überall mit roten Tüchern dekoriert. An den Wänden hing auf russisch, deutsch, französisch und englisch die Losung:»Es lebe die
Dritte Internationale!« Lenin sprach von einer Zusammenkunft mit
»weittragender weltgeschichtlicher Bedeutung« und meinte, daß die
Tendenzen zur Weltrevolution in allen Ländern wachse. Die Entwicklung führe überall zu einer Diktatur des Proletariats in Form des Sowjetsystems. Dieses System habe nicht nur im rückständigen Rußland
gesiegt, sondern werde auch in den entwickelten Ländern Europas, in
Deutschland und England, siegen. Er beendete seine kurze Eröff-

nungsansprache mit den Worten: »Der Sieg ist unser, der Sieg der kommunistischen Weltrevolution ist gesichert.«

Warum in Moskau, warum nicht in Berlin oder Holland?

Die Tatsache, daß der Gründungskongreß der Komintern in Moskau stattfand, wird heute – im Osten wie im Westen – geradezu als Selbstverständlichkeit angesehen. Doch damals, Anfang 1919, war dies keineswegs der Fall. Lenin hatte ursprünglich nicht die Absicht, den Kongreß in Moskau abzuhalten. Er bevorzugte dafür eine Stadt in Westeuropa, ab Mitte Dezember 1918 überschlugen sich jedoch in dieser Frage die Ereignisse. Die Führer der britischen Labour-Partei hatten zu jener Zeit den Vorschlag gemacht, am 6. Januar 1919 in Lausanne eine internationale sozialistische Konferenz einzuberufen, um die Zweite Internationale zu erneuern. Diesen Appell beantwortete das Zentralkomitee der KP Rußlands am 24. Dezember 1918 mit einem Funkspruch, in dem es alle revolutionären internationalen Kräfte aufrief, die Teilnahme an dieser Konferenz abzulehnen.

Zur gleichen Zeit wurde von Lenin die unverzügliche Einberufung einer internationalen Konferenz der Kommunisten und linken Sozialisten gefordert, um eine Dritte Internationale zu gründen: Am 27. Dezember 1918 schrieb er einen Brief an Georgij W. Tschitscherin (1872–1936), den damaligen Volkskommissar für Auswärtige Angelegenheiten in der ersten Sowjet-Regierung: »Wir müssen schnellstens« – das Wort schnellstens war von Lenin mehrfach unterstrichen – »die internationale sozialistische Konferenz zur Gründung der Dritten Internationale vorbereiten.« Und dann – von Lenin erneut besonders hervorgehoben: »In Berlin (legal) oder in Holland (illegal), sagen wir zum 1. Februar 1919.«

In seinem recht ausführlichen Brief schlug Lenin vor, Grundsätze für eine gemeinsame Plattform zu formulieren, womit er Bucharin beauftragen wollte, der sich auf die von Rosa Luxemburg veröffentlichte Erklärung »Was will der Spartakusbund?« stützen sollte. Anschließend machte Lenin ausführliche Vorschläge für die Einladung zu dieser Konferenz, über die eventuellen Teilnehmer, wobei an erster Stelle der Spartakusbund in Deutschland stand sowie die Vertreter der bereits gegründeten Kommunistischen Parteien Finnlands, Österreichs und Ungarns, ferner der linke Flügel der Sozialisten aus Bulgarien

(»die Engherzigen«) und linke Sozialdemokraten aus Schweden, Norwegen, der Schweiz, Frankreich, den USA, Großbritannien und Italien. Im Laufe des Januar und Februar 1919 stellte sich dann jedoch heraus, daß eine schnelle Organisierung des Gründungskongresses der Dritten Internationale im Ausland nicht so einfach zu bewerkstelligen war. Erst danach entschloß sich Lenin, den Kongreß in Moskau abzuhalten. Am 26. Februar 1919 übergab er dem Genossen I. L. Lorenz den Auftrag, die Quartiere für die zu erwartenden Delegierten in Moskau vorzubereiten. Lorenz war 1918 als Sekretär der diplomatischen Vertretung Sowjetrußlands in Berlin tätig gewesen und beschäftigte sich seit Anfang 1919 in Moskau mit der Vorbereitung des internationalen Kongresses. Der Auftrag für Lorenz hatte folgenden Wortlaut:

»Vollmacht.

Der Überbringer, Genosse Lorenz, ist vom Zentralkomitee der KP Rußlands bevollmächtigt, alle Maßnahmen zu treffen, damit die aus dem Ausland eintreffenden Genossen im Kreml untergebracht werden, gutes Quartier und dreimal täglich Verpflegung erhalten. Genosse Malkow wird beauftragt, dem Genossen Lorenz jegliche Unterstützung zu gewähren.

Der Vorsitzende des Rats der Volkskommissare W. Uljanow (Lenin)«

Malkow war der damalige Kommandant des Kreml.

Hugo Eberlein und Fritz Platten – links und rechts neben Lenin

Zurück zum Eröffnungstag des Gründungskongresses in Moskau am 2. März 1919. Der links von Lenin sitzende Hugo Eberlein (1887–1944), der auf dem Gründungskongreß eine Schlüsselrolle spielen sollte, war seit 1906 Mitglied der Sozialdemokratischen Partei Deutschlands, stand von Anfang an auf dem linken Flügel der Partei und war zu Beginn des Jahres 1916 Gründungsmitglied des damals illegalen Spartakusbundes. Kurz darauf war er verhaftet und erst nach der Novemberrevolution wieder entlassen worden. Am 30. Dezember 1918 gehörte Eberlein zu den Gründungsmitgliedern der Kommunistischen Partei Deutschlands und wurde Mitglied der Parteiführung, der sogenannten Zentrale. Auf diesem Gründungskongreß der KPD war auf Rosa Luxemburgs Vorschlag hin beschlossen worden, der Schaffung einer Kommunistischen Internationale nicht zuzustimmen, solange dafür die Voraussetzungen nicht gegeben seien. Hugo Eberlein und Eugen Leviné sollten illegal nach Moskau reisen und auf dem von Lenin einberufenen Kongreß diese Position vertreten.

Eberlein hatte sich dann im Februar 1919 mit Leviné auf den Weg nach Sowjetrußland gemacht. Aber Leviné mußte in der Grenzstadt Kowno wegen »weiterer Ermittlungen« den Zug verlassen. Er vertraute sich in Kowno dort ansässigen Juden an, die ihn versteckten und mit Hilfe von Freunden wieder über die Grenze zurückbrachten. Leviné reiste dann unter falschem Namen nach Berlin zurück und blieb dort untergetaucht, bis er im März nach München entsandt wurde, wo er – mit tragischem Ende – eine bedeutende Rolle in der Räterepublik spielte.

So gelangte nur Hugo Eberlein auf abenteuerlichem Weg nach Moskau. Vor dem Kreml umarmten ihn die Wachen, die um ein Holzfeuer standen, als er ihnen erzählte, daß er ein Deutscher und auf dem Weg zu Lenin sei. Er wurde ohne jegliche Formalität zu diesem geführt. Lenin empfing ihn in einem der großen Säle des Kreml, leidenschaftlich interessiert daran, möglichst viel Neues über den Fortgang der deutschen Revolution zu hören. Lenin und Eberlein tranken Tee und sprachen über die Arbeiter- und Soldatenräte. Plötzlich sprang Lenin auf, als er sah, daß der Zucker für den Tee fehlte. Er lief weg und kam erst nach einiger Zeit mit einer Papiertüte wieder, die aus einem Stück der *Prawda* gedreht war. Lenin hatte überall im Kreml nach Zucker für seinen Gast gesucht und ihn schließlich bei Kamenew gefunden.

Während des Kongresses saß auf der rechten Seite des Präsidiumstisches neben Lenin der Schweizer Fritz Platten, ein ehemaliger Metallarbeiter aus Zürich, der schon in seiner Jugend in der schweizerischen Sozialistischen Partei und der Gewerkschaftsbewegung tätig gewesen war. Bereits 1905 hatte er erste Kontakte mit den russischen revolutionären Emigranten in der Schweiz aufgenommen, auch mit Lenin. 1912 war Platten zum Sekretär der schweizerischen Sozialistischen Partei gewählt worden, hatte an den berühmten internationalen Konferenzen der sozialistischen Kriegsgegner 1915 in Zimmerwald und im April 1916 in Kienthal teilgenommen. Er hatte im März und April 1917 eine wichtige Rolle bei der Vorbereitung der Reise Lenins im plombierten Zug durch Deutschland nach Rußland gespielt, mit dem auch Fritz Platten selbst und siebzehn andere Bolschewiki von Zürich aus über Schaffhausen, Frankfurt am Main, Berlin, Saßnitz, Stockholm und Finnland nach Rußland gefahren waren. Platten trat als Vertreter der

Schweizer Arbeiterbewegung auf dem allrussischen Sowjetkongreß im Sommer 1918 auf. Am 30. August 1918 wurde er bei einem Attentat auf Lenin verwundet. Er hatte Lenin zu schützen versucht.

Gustav Klinger, der vierte Mann am Vorstandstisch

Die meisten Bilddokumente vom Gründungskongreß zeigen am Vorstandstisch nur Lenin, Eberlein und Platten. Aber auf der äußersten Linken neben Eberlein saß ein weiterer Deutscher mit am Tisch: Gustav Klinger. Als Deutscher aus dem Wolgagebiet, 1876 geboren, war er in Rußland aufgewachsen, im August 1917 in die bolschewistische Partei eingetreten und nach dem Sieg der Oktoberrevolution von 1917 fast ein Jahr in Saratow tätig, wo er im Gebiet der Wolgadeutschen gemeinsam mit Ernst Reuter die erste Wolgarepublik gründete. Im März 1919 war Klinger von Saratow nach Moskau gerufen worden, um die Wolgadeutschen auf dem Gründungskongreß der Komintern zu vertreten. Auf der Eröffnungssitzung wurde er zum ständigen Sekretär des Kongresses berufen, während Lenin, Fritz Platten und Hugo Eberlein, der unter dem Decknamen »Albert« auftrat, das Präsidium bildeten.

Die Bedenken der deutschen Genossen

Obwohl man von der bevorstehenden Weltrevolution überzeugt war, herrschte anfangs eine gewisse Niedergeschlagenheit auf der Konferenz. Die meisten Teilnehmer wußten, daß sich am Tag zuvor, in einer Art Vorbesprechung, der Vertreter der KPD, Hugo Eberlein, gegen eine sofortige Gründung der Kommunistischen Internationale ausgesprochen hatte; Eberlein berief sich dabei auf das Mandat, das er von den deutschen KP-Führern Karl Liebknecht und Rosa Luxemburg erhalten hatte.

Mit Rücksicht auf das Gewicht des deutschen Einspruches und angesichts der Tatsache, daß noch eine Reihe wichtiger Vertreter aus anderen Ländern fehlten, hatte man auf dieser Vorberatung am 1. März beschlossen, zunächst eine internationale kommunistische Konferenz abzuhalten, um erst dann zu sehen, ob sie sich zu einem Gründungskongreß entwickeln könne.

Die Konferenzteilnehmer befanden sich in einem Zwiespalt: Sie wollten die Gründung einer Dritten Internationale, wußten aber genau, daß dies gegen den Willen der Kommunistischen Partei Deutschlands, der allgemein eine Schlüsselrolle eingeräumt wurde, unmöglich war. Deshalb betonte Fritz Platten den Charakter einer Internationalen Konferenz, drückte aber die Hoffnung aus, baldmöglichst einen großen Kongreß einberufen zu können, auf dem dann die Dritte Internationale endgültig konstituiert werde. Nach seiner Rede erhob sich Sinowjew und erklärte im Namen des Zentralkomitees der Kommunistischen Partei Rußlands, es sei »höchste Zeit, die Dritte Internationale formell zu gründen«. Auf einen solchen formellen Antrag verzichtete er jedoch vorläufig. Ähnlich äußerte sich der finnische Kommunist Otto Kuusinen (1881–1964). Er war der Sohn eines Schneiders, hatte in Helsinki Geschichte und Philologie studiert, war ab 1907 Redakteur des Parteiorgans der finnischen Sozialdemokratie, seit 1908 sozialdemokratischer Abgeordneter im finnischen Parlament und gehörte im August 1918, nach der Niederschlagung der finnischen Revolution, zu den Führern der Kommunistischen Partei Finnlands, die damals in Sowjetrußland gegründet worden war. Auch Kuusinen forderte im Namen der finnischen Kommunisten die Konstituierung der Dritten Internationale.

Berichte zur revolutionären Situation in den einzelnen Ländern

Anschließend berichteten mehrere Redner über die revolutionäre Situation in ihren Ländern. Alle waren von einem ungemeinen Optimismus, teilweise sogar von ausgesprochenem Wunschdenken erfüllt. Selbst Hugo Eberlein meinte, daß trotz zeitweiliger Rückschläge »die proletarische Diktatur in Deutschland errichtet werden kann«. Die deutschen Kommunisten würden Schulter an Schulter für die Weltrevolution kämpfen, um die Ziele der Revolution auch in Deutschland zu verwirklichen. Sinowjew versprach den Kommunisten aller anderen Länder die Hilfe der russischen Bolschewiki: »Wir haben es als unsere höchste Ehrenpflicht betrachtet, der Arbeiterbewegung anderer Länder möglichst viel materiell behilflich zu sein«, erklärte er. »Wir haben in dieser Beziehung unsere Pflicht getan und werden es auch weiter als unsere Pflicht betrachten, jeder Arbeiterbewegung, die auf kommunistischem Boden steht, behilflich zu sein.« Sinowjew meinte – Anfang

März 1919! –, es gäbe im Ausland Freunde Sowjetrußlands, die über den Terror der Bolschewiki ihre Bedenken geäußert hätten. Unter den Bedingungen des Kampfes in Rußland sagte er, ist der »rote Terror, zu dem unsere Partei griff, eine historische Notwendigkeit«. Künftige Historiker würden »uns nicht dafür tadeln, daß wir zuviel Terror geübt haben, sondern dafür, daß wir manchmal viel zu großmütig gewesen sind«.

Von den zahlenmäßig am stärksten vertretenen Finnen erhielt danach Yrjö Sirola (1876–1936) das Wort. Der als Sohn eines finnischen Geistlichen geborene Sirola war nach Beendigung seiner Studien 1896 überzeugter Sozialist geworden, 1905 war er Sekretär der Sozialdemokratischen Partei und von 1907 bis 1909 deren Abgeordneter im finnischen Parlament. Nach der Niederschlagung des kurzlebigen finnischen Räteregimes im Frühjahr 1918 floh er zusammen mit Kuusinen in die Sowjetunion. Er berichtete nun über die finnische Revolution und über die Lehren aus der Niederlage, die seinen Optimismus jedoch nicht beeinträchtigt hatten. Sirola meinte, auch in Finnland stünden bald wieder revolutionäre Kämpfe bevor, die nach dem Beispiel »unserer treuen, mutigen Vorgänger, der russischen Arbeiter, zur Errichtung der eisernen Diktatur des Proletariats« führen würden. Auch Karl Stange, ein Linkssozialist aus Norwegen, der erst im Februar 1919 nach Rußland gekommen war, schloß seine Rede über die Situation in Norwegen mit der Hoffnung, »daß auch die norwegische Arbeiterpartei, die sich bisher in revolutionärer Richtung entwickelt hat, imstande sein wird, zum Siege der internationalen Revolution tatkräftig beizutragen«.

Als nächster betrat Boris Reinstein (1866–1947) die Rednertribüne. Da er bei der Vorbereitung der Konferenz eine wichtige Rolle gespielt hatte, kannten ihn alle Konferenzteilnehmer. In Rostow (Rußland) geboren, war er seit 1884 in der illegalen russischen revolutionären Bewegung tätig gewesen. Nach der Flucht aus dem zaristischen Rußland zunächst in Westeuropa, seit 1901 in den USA ansässig, war er in der Sozialistischen Partei Amerikas aktiv gewesen und hatte sich dort vor allem mit den internationalen Beziehungen beschäftigt, was ihn 1917 im Auftrag der amerikanischen Sozialisten nach Stockholm und Ende des Jahres wieder nach Rußland führte. Im April 1918 war er Mitglied der russischen bolschewistischen Partei geworden. »Im Dezember 1917 wurde ich aufgefordert, die Abteilung für internationale revolutionäre Propaganda zu organisieren«, erinnerte er sich später. Er leitete die bolschewistische Propaganda unter den deutschen und österreichischen Kriegsgefangenen und an der Front, wo mit Hilfe von Flugzeugen Aufrufe und Bekanntmachungen verbreitet wurden. Ende 1918 führte er den Vorsitz bei einem großen internationalen kommunistischen Treffen, an dem zum ersten Mal Amerikaner, Engländer, Franzosen, Chinesen, Koreaner und Inder teilnahmen, und unterzeichnete den berühmten Appell an die revolutionären proletarischen Organisationen aller Länder mit der Bitte, ihre Vertreter zum 1. März 1919 nach Moskau zu entsenden, um über die Gründung einer Kommunistischen Internationale zu beraten.

Nach Sirola und Stange berichtete nun Reinstein in ähnlich optimistischer Weise über die revolutionäre Entwicklung in den USA. Auch dort, so meinte er, werde bereits in der nächsten Zeit eine Umgestaltung stattfinden: »Wir können mit Zuversicht darauf rechnen, daß unter der Fahne der Dritten Kommunistischen Internationale in der nächsten Zukunft auch eine große Zahl amerikanischer Proletarier an dem Kampfe teilnehmen werden.«

Schließlich berichtete Endre Rudnjanski über die Situation in Ungarn. Rudnjanski, 1885 in Ungarn geboren, war nach seinem Jurastudium Rechtsanwalt geworden, kämpfte während des Ersten Weltkrieges in der österreichisch-ungarischen Armee als Kavallerieoffizier an der Ostfront, geriet in russische Gefangenschaft und erlebte dann die Russische Revolution, die ihn begeisterte, weshalb er Ende 1918 in die Partei der Bolschewiki eintrat, um bei der Bildung einer ungarischen kommunistischen Gruppe aus ehemaligen Kriegsgefangenen mitzuwirken. Als Nachfolger von Béla Kun wurde Rudnjanski Vorsitzender der Föderation ausländischer kommunistischer Gruppen in Moskau und hatte auch den von Reinstein entworfenen Aufruf zur Teilnahme an der Konferenz in Moskau mit unterzeichnet. Er berichtete, daß die kommunistische Bewegung in Ungarn bei den städtischen Arbeitermassen bereits Fuß gefaßt habe und auch unter den Soldaten starke kommunistische Strömungen zu beobachten seien. Damit könne man schon jetzt voraussehen, »daß der Kommunismus auch in Ungarn die entscheidende Rolle spielen wird«.

Leo Trotzki: »Wenn das Militarismus ist . . .«

Als Leo Trotzki als Redner angekündigt wurde, verzeichnete das Protokoll »großen Beifall«. Trotzki berichtete über die Umwandlung der örtlichen Roten Garden in die Rote Armee, sprach von den Schwierigkeiten, militärische Führer auszubilden, und kritisierte, daß man im Ausland von einem angeblichen roten Militarismus spreche: »Wir haben eine Front von mehr als 8000 Kilometern im Süden wie im Norden, im Osten wie im Westen. Überall werden wir mit den Waffen in der Hand bekämpft und müssen uns wehren. Um uns zu wehren, müssen wir die Arbeiter lehren, von den Waffen, die sie schmieden, Gebrauch zu machen. Wir haben damit begonnen, daß wir das Bürgertum entwaffneten und die Arbeiter bewaffnet haben. Wenn das Militarismus ist, nun gut, dann haben wir uns einen sozialistischen Militarismus geschaffen, und wir bestehen nachdrücklich auf ihm.«

Im August 1918, fuhr Trotzki fort, seien die Bolschewiki in Moskau eingekreist gewesen. Aber in den letzten sechs Monaten habe die Rote Armee nicht weniger als 700 Quadratkilometer Boden mit einer Bevölkerung von ungefähr 42 Millionen Menschen zurückerobert. Auch Trotzki unterstrich besonders eindringlich die internationalen Verpflichtungen der russischen Bolschewiki: »Ich kann euch versichern, daß die kommunistischen Arbeiter, die in dieser Armee wirklich den Kern bilden, sich nicht nur als die Schutztruppe der Russischen Sozialistischen Republik fühlen, sondern als die Rote Armee der Dritten Internationale.«

Die Befürchtungen der deutschen Regierung, die Rote Armee könne in Ostpreußen einbrechen, seien zwar unberechtigt, aber an der internationalen Verpflichtung sei nicht zu rütteln: »Wenn wir heute gar nicht daran denken, in Ostpreußen einzubrechen – im Gegenteil, wir würden ganz glücklich sein, wenn die Herren Ebert und Scheidemann uns in Frieden ließen –, so ist es aber richtig, daß wir, wenn einmal die Zeit kommt und die Brüder im Westen uns zu Hilfe rufen, antworten werden: Wir sind hier. Wir haben während dieser Zeit den Gebrauch der Waffen gelernt, wir sind bereit, für die Sache der Weltrevolution zu kämpfen und zu sterben.«

Der einzige Niederländer, der an der Konferenz teilnahm, war Sebald Rutgers (1879–1961). Er verwies mit einem gewissen Stolz darauf, daß in Holland die Trennung zwischen Reformisten und revolutionären Marxisten bereits seit langem vollzogen sei. Rutgers, der schon vor 1914 der holländischen Sozialdemokratischen Partei beigetreten war, befand sich während des Ersten Weltkrieges als linker Sozialist in den USA, nahm nach dem Sieg der Bolschewiki in Rußland im November 1917 aktiven Anteil an der kommunistischen Bewegung in den USA und kam Anfang 1919 nach Rußland. Er berichtete den Konferenzteilnehmern auch, daß die revolutionären Marxisten Hollands in ihrer Zeitschrift *Tribune* bereits seit langem die Schriften und Reden von Lenin, Sinowjew und Kamenew in Holland bekannt gemacht hätten und daß umgekehrt die holländischen Marxisten wie Roland-Holst und andere bei den russischen Kommunisten gut bekannt seien.

Der erste Konferenztag dauerte bis in die späte Nacht. Kurz vor Mitternacht verlas vom Vorstandstisch aus der Schweizer Fritz Platten den Präsidiums-Antrag:»Der am 2. März 1919 in Moskau tagende Internationale Kommunistische Kongreß sendet der Roten Armee seinen Gruß.« Die Grußbotschaft wurde mit stürmischer Begeisterung angenommen.

Anschließend warf Sinowjew die Frage auf, ob man die Presse über den Kongreß informieren sollte. Einige Genossen, meinte Sinowjew, hätten diese Frage bereits diskutiert und vorgeschlagen, die Sitzungen vorläufig als geheim zu behandeln und dem Präsidium die Entscheidung zu überlassen, wann die Öffentlichkeit benachrichtigt werden solle. Auch dieser Vorschlag wurde angenommen. Lenin gab dann zum Schluß bekannt, daß sich Genosse Rakowski und ein schwedischer Vertreter auf dem Weg zum Kongreß nach Moskau befänden. Nach kurzer Debatte wurde beschlossen, die Konferenz am nächsten Tag um 12 Uhr mittags fortzusetzen.

Der Nicht-Kommunist Arthur Ransome

Als am 3. März 1919 um 12 Uhr mittags die Internationale Konferenz fortgesetzt wurde, befand sich unter den Teilnehmern auch ein Nicht-Kommunist, ein bürgerlicher englischer Schriftsteller mit Namen Arthur Ransome. Bis heute wurde diese Tatsache weder im Osten noch im Westen erwähnt.

Arthur Ransome (1884–1967) hatte Rußland bereits vor 1914 zu Studienzwecken besucht; er war in England durch literaturkritische Studien, Kinderbücher und Novellen bekannt geworden und hatte während seines zweiten Besuchs in Rußland 1919 gute persönliche Beziehungen zu einigen bolschewistischen Führern, ohne jedoch selbst politisch aktiv zu sein. Ransome war am 30. Januar 1919 gemeinsam mit zwei norwegischen und einem schwedischen Linkssozialisten mit Eisenbahn und Pferdeschlitten über Stockholm und Finnland nach Petrograd, dem heutigen Leningrad, gekommen. Unterwegs trafen sie Maxim Litwinow (1876–1951), den späteren sowjetrussischen Außenminister, und wurden von Sinowjew eingeladen, der damals Vorsitzender des Sowjet von Petrograd war. Arthur Ransome schrieb später über Sinowjew kritisch: »Er ist weder ein origineller Denker noch ein guter Redner, mit Ausnahme bei Diskussionen oder bei der Beantwortung kritischer Fragen, die er mit größter Präzision behandelt.« Das Abendessen mit Sinowjew im Smolny in Petrograd, einem der bedeutendsten Rokokobauten Rußlands, der von 1917 bis März 1918 Lenin als Regierungssitz gedient hatte, war formlos und einfach: eine Suppe mit kleinen Pferdefleisch-Stückchen, etwas Brei (Kascha) und Tee mit wenig Zucker.

Am nächsten Tag fuhr Ransome mit der Gruppe um Litwinow nach Moskau weiter, wo er schon am ersten Abend im Hotel National mit Boris Reinstein zusammentraf. Reinstein beschreibt er als »einen kleinen Opa«, der unermüdlich den Ausländern half und über alle Details der russischen Revolution gut Bescheid wußte. Reinstein versäumte keine Besprechung des Moskauer Sowjet oder anderer bolschewistischer Körperschaften, stand jeden Morgen um sieben Uhr auf, hielt fast täglich überall in Moskau Vorträge, vor allem vor jungen Menschen, die als Offiziere der Roten Armee ausgebildet wurden, kümmerte sich um die englischen Kriegsgefangenen und stand außerdem noch immer an der Spitze des sehr aktiven Propaganda-Apparates der Partei im Bereich des englischsprachigen Auslands. Er war sehr enttäuscht, als er hörte, daß Arthur Ransome keine englischen Zeitungen mitgebracht hatte.

Bucharin: »In eine Periode der Revolutionen eintreten . . .«

Im Hotel Metropol begegnete Arthur Ransome Nikolai Bucharin (1888–1938), der damals Herausgeber der *Prawda* und – wie Ransome später schrieb – einer der interessantesten Gesprächspartner in Moskau war, jederzeit bereit, über philosophische Themen zu diskutieren, von Berkeley und Locke bis zu Bergson und William James. Ransome kaufte eine sowjetische Zeitschrift, die eine Weltkarte enthielt, auf der die einzelnen europäischen Länder entsprechend den Chancen für eine potentielle Revolution in Rot oder Rosa gedruckt waren. Er zeigte Bucharin diese Karte mit den Worten: »Sie dürfen sich nicht wundern, wenn Menschen außerhalb Sowjetrußlands Sie als neue Imperialisten bezeichnen.« Bucharin sah sich die Weltkarte an und murmelte: »Idiotie. Völlige Idiotie.« Nachdenklich setzte Bucharin hinzu: »Trotzdem glaube ich, daß wir jetzt in eine Periode der Revolutionen eintreten, die vielleicht fünfzig Jahre andauert, bevor die Revolution schließlich in Europa und in der ganzen Welt siegreich sein wird.« Auf die Entgegnung Ransomes, eine Revolution in England sei äußerst unwahrscheinlich, lachte Bucharin: »Du alter Konterrevolutionär, du magst ja recht haben, aber man muß weiter sehen!«

Bucharin war nicht der einzige, der an die baldige Weltrevolution glaubte. Am 17. Februar 1919 wurde Ransome zu einem langen Gespräch mit Lenin eingeladen. Lenin, so berichtete Ransome danach, war davon überzeugt, daß England am Vorabend einer Revolution stehe, und schob die Bedenken Ransomes beiseite: »Vor drei Monaten«, sagte Lenin, »glaubte ich noch, daß die Entwicklung damit enden würde, daß die ganze Welt gegen das Zentrum der Reaktion in England zu kämpfen haben wird. Aber jetzt denke ich nicht mehr so. Die Ereignisse haben sich rascher und weiter entwickelt als in Frankreich. Davon zeugt auch die mächtig ausgedehnte Streikbewegung in England.«

Einige Tage später führte Arthur Ransome auf der Elinka-Straße ein Gespräch mit Nikolai N. Krestinski, damals Volkskommissar für Finanzwesen (später sowjetrussischer Botschafter in Berlin und nach einem Schauprozeß 1938 erschossen), über die Schulden, die das neue bolschewistische Regime zu bezahlen haben werde. Aber Krestinski lachte nur: »Wir hoffen natürlich, daß es Revolutionen in anderen Ländern geben wird, dann werden wir ihre und unsere Schulden annullieren.« Schon bald, erklärte Krestinski, werde es neue Banknoten geben. Und lächelnd fügte er hinzu, daß man die Losung »Proletarier aller Länder, vereinigt Euch!« auf diesen Banknoten in acht Sprachen gedruckt lesen könne.

Am 20. Februar 1919, vermerkte Arthur Ransome in seinen Erinnerungen, wurde in der bolschewistischen Führungselite in Moskau ausführlich über die Berner Konferenz der Sozialdemokraten und Sozialisten Europas diskutiert, die in Moskau als Vorläuferin für eine Wiederbelebung der verhaßten Zweiten Internationale angesehen wurde. Sie war 1889 in Paris gegründet worden und erlosch mit Ausbruch des Ersten Weltkrieges. Ransome schrieb: »Ich glaube, die Konferenz, die dann zur Gründung der Dritten Internationale in Moskau führte, war auch deshalb einberufen worden, um eventuelle Auswirkungen der Berner Konferenz zu verhindern.«

Als Arthur Ransome Ende Februar 1919 Moskau verlassen wollte, hielt ihn Bucharin zurück: »Warten Sie noch einige Tage, weil etwas von internationaler Bedeutung hier in wenigen Tagen stattfinden wird, was sicher für Sie und für die Geschichte wichtig sein wird.« Bucharin wollte Ransome aber noch nichts Genaueres sagen. Am 3. März 1919, also am zweiten Tag des internationalen Kongresses in Moskau, kam Boris Reinstein morgens um 9 Uhr zu Ransome ins Hotel und brachte ihm eine Einladung zur Konferenz. So geschah es, daß der Nicht-Kommunist Ransome seit dem zweiten Tag der Konferenz beiwohnte, die immer noch geheim war.

Auch die Morgenzeitungen vom 3. März 1919 hatten nichts über sie berichtet.

Der zweite Tag der Konferenz:
Fortsetzung der Situationsberichte der Ausländer

An diesem zweiten Tag der Konferenz war sich immer noch niemand darüber im klaren, ob es nun zur Gründung einer Kommunistischen Internationale kommen werde oder nicht. Im Namen der Mandatsprüfungskommission gab zuerst Volkskommissar Tschitscherin bekannt, daß an der Abendsitzung vom 2. März 26 Vertreter mit beschließender und 13 Teilnehmer mit beratender Stimme teilgenommen hätten. Dann schlug er vor, daß bei allen Abstimmungen die Vertreter von revolutionären Bewegungen großer Länder – gemeint waren Deutschland, Sowjetrußland, Amerika, Italien und Frankreich – je fünf Stimmen, Vertreter mittlerer Länder, also etwa Finnland, Polen, Norwegen, Schweden und die Schweiz, je drei Stimmen und Vertreter der Bewegungen aus kleineren Ländern je eine Stimme erhalten sollten. Diesem Vorschlag stimmte die Versammlung zu.

Am 3. März war auch Christian Rakowski als Vertreter der revolutionären Balkanföderation auf der Konferenz eingetroffen. Rakowski (1873–1941), ein Bulgare von Geburt, aber rumänischer Staatsbürger, war als 17jähriger wegen sozialistischer Aktivitäten vom Gymnasium verwiesen worden, hatte dann nach Studienjahren in Berlin und Zürich 1896 in Montpellier ein Medizinstudium abgeschlossen und war 1893 auf einem Kongreß der Zweiten Internationale der Vertreter der bulgarischen Sozialisten gewesen. Nach einigen Reisen blieb er in Rumänien, wo er als sozialistischer Führer bekannt und mehrmals verhaftet worden war. Er hatte 1915 an der Zimmerwalder Konferenz teilgenommen, war wegen Antikriegstätigkeit in Rumänien verhaftet gewesen, konnte aber im Mai 1917 befreit werden und war dann über Odessa nach Petrograd gekommen, wo er im Dezember 1917 der bolschewistischen Partei beitrat. Im März 1918 war er Vorsitzender der ukrainischen Sowjetregierung und gleichzeitig Mitglied des Zentralkomitees der russischen Bolschewiki geworden. Im Januar 1919 hatte er im Namen der Balkansozialisten den Aufruf zur Einberufung eines Gründungskongresses zu einer Dritten Internationale unterzeichnet.

Rakowski gab einen kurzen Bericht über die revolutionäre Entwicklung auf dem Balkan und schloß seine Rede mit der Bemerkung:»Entweder bricht man endgültig mit der Zweiten Internationale, oder aber man muß damit rechnen, als Feind der Arbeiterklasse betrachtet zu werden. Einen Mittelweg für die Zögernden gibt es nicht mehr.«

Der anschließende Redner, der Ukrainer Nikolaj Skrypnik, meinte etwas unsicher, er könne nicht deutsch – bisher wurde auf der Tagung fast ausschließlich deutsch gesprochen –, und sorgte für Heiterkeit, als er die Anwesenden fragte, ob er ukrainisch oder russisch sprechen solle. Zum Glück, berichtet Arthur Ransome, habe er dann wenigstens russisch gesprochen und über die revolutionäre Bewegung in der Ukraine berichtet. Er brachte die Hoffnung zum Ausdruck, daß die revolutionäre Bewegung weiter um sich greife und vor allem Galizien erfassen möge, damit eine revolutionäre Verbindung zwischen Rußland und Galizien entstehe, die ein weiterer wichtiger Schritt zur Weltrevolution sei.

Der geheiligte Bund der deutschen, französischen und russischen Revolution

Der Franzose Jacques Sadoul redete in seiner Muttersprache, die, wie er meinte, derzeit »leider als Sprache der Revolution von einst bezeichnet werden muß«. Von allen Konferenzteilnehmern war er wohl der ungewöhnlichste. Sadoul war früher französischer Sozialist gewesen, gehörte aber während des Ersten Weltkrieges zu den »Vaterlandsverteidigern«, die von Lenin, den Bolschewiki und anderen Linken erbittert bekämpft worden waren. Im August 1917 war er als Hauptmann der französischen Militärmission nach Rußland gekommen, um die Russen für die Fortsetzung des Krieges gegen Deutschland zu gewinnen. Nach dem Sieg der Bolschewiki wurde Sadoul aber mehr und mehr von deren Zielsetzungen beeinflußt, bis er schließlich 1918 der

Roten Armee beitrat und an der Gründung der französischen kommunistischen Gruppe in Sowjetrußland teilnahm, als deren Vertreter er nun auf der Konferenz in Moskau auftrat. Als einziger Ausländer sprach Sadoul über den militärischen Aspekt der revolutionären Situation. Ausländische Genossen hätten ihn, als er von der Nordfront des Bürgerkrieges zurückgekehrt war, gefragt, was er als Offizier von der Roten Armee halte. Begeistert habe er geantwortet:»Wir sind den Führern dieser Armee Dank schuldig, in erster Linie dem Genossen Trotzki, dessen Energie, Intelligenz und Genialität der bereits in Auflösung begriffenen russischen Armee neue Lebenskraft verliehen hat.« Die revolutionäre Armee sei mit außerordentlicher Schnelligkeit erstarkt und besitze heute genügend Kraft, um den feindlichen Heeren, die zum Kampf gegen den Bolschewismus angetreten seien, standzuhalten. Die herrschenden Klassen auf der anderen Seite hätten nicht nur die Vorzüge ihrer Organisation und ihre militärische Bedeutung erkannt, sie würden sie sogar fürchten. Die Rote Armee stehe bei Petrograd, an der Wolga, am Ural und im Süden vor neuen Siegen.

Sadoul war von den revolutionären Führern Rußlands begeistert: »Die bolschewistischen Führer sind Führer im erhabensten Sinne des Wortes. Sie haben es verstanden, das Volk zur Revolution auf dem von der Geschichte vorgezeichneten Weg zu führen.« Dies werde sich auch auf Frankreich auswirken, denn die ehrliche, aufrichtige Taktik der bolschewistischen Partei entspreche dem Temperament der Franzosen. Sadoul glaubte, daß das Programm der Kommunistischen Partei Rußlands mit geringen Abänderungen entsprechend den französischen Verhältnissen – namentlich in der Agrarfrage – demnächst auch von der französischen Arbeiterklasse übernommen werde:»Wir wollen so weiterarbeiten, um die gesegnete Stunde zu erwarten: den geheiligten Bund der deutschen, französischen und russischen Revolution, der die soziale Weltrevolution unbesiegbar machen wird.«

Die Vertreter Englands und Schwedens

Anschließend berichtete Josif Fineberg (1886–1957) über die Situation in England. Fineberg war seit 1906 Mitglied der britischen Sozialistischen Partei, kam 1918 als glühender Bewunderer Sowjetrußlands nach Moskau, wo er seinen englischen Vornamen Joseph in das russische Josif veränderte, wurde Mitglied der russischen bolschewistischen Partei und war dann im sowjetischen Volkskommissariat für Auswärtige Angelegenheiten unter Tschitscherin tätig, wo er sich gemeinsam mit Boris Reinstein vor allem der Auslandspropaganda und der Umschulung der Kriegsgefangenen widmete.

Fineberg sprach über die zunehmende Streikbewegung in England und den Einfluß der Russischen Revolution auf die britischen Betriebsobmänner *(shop stewards)*, die wachsenden sozialen und wirtschaftlichen Probleme im Gefolge des Krieges, die Arbeitslosigkeit, Kriegskosten, Verschärfung der Ausbeutung, die Lage in Irland: all dies werde die Massen mobilisieren und »muß zur Revolution führen«. Allerdings mahnte er als einziger auch zur Vorsicht. Fineberg warnte die Sowjetführer davor, »ihre Taktik von der Erwartung einer unmittelbaren Revolution in England beeinflussen zu lassen«.

Nach Fineberg sollte Otto Grimlund aus Schweden sprechen. Lenin, der wieder den Vorsitz führte, kündigte den Schweden an, schaute sich dann um und bemerkte: »Der schwedische Genosse ist nicht da.« Deshalb wurde beschlossen, den Bericht aus Schweden schriftlich nachreichen zu lassen.

Die Diskussion über die programmatischen Dokumente

Nachdem die Situationsberichte aus den einzelnen Ländern abgeschlossen waren, rückten auf dem Kongreß nun die programmatisch-ideologischen Probleme in den Mittelpunkt der Diskussionen. Als Grundlage für die Aussprachen dienten die sogenannten »Richtlinien«, geschrieben und eingebracht von Bucharin, die »Thesen zur bürgerlichen Demokratie und Diktatur des Proletariats«, die Lenin verfaßt hatte, und ein Manifest zum Kongreß von Trotzki. Diese außerordentlich langen und in doktrinärer Parteisprache abgefaßten Dokumente lassen sich in wenigen Sätzen zu folgenden Punkten zusammenfassen:

1. Die Welt befindet sich in der Epoche der Auflösung des Kapitalismus und des Beginns der kommunistischen Revolution. Dafür zeugen die »Gärung« in den Kolonien, die Aufstände der Arbeiterklasse, die siegreichen proletarischen Revolutionen in einigen Ländern, die Auflösung der imperialistischen Armeen und die Unfähigkeit der herrschenden Klasse, die Geschicke der Völker zu leiten.

2. Das allgemeine Chaos kann nur durch die Arbeiterklasse, durch eine neue, kommunistische Ordnung überwunden werden. Dazu ist

aber die Eroberung der politischen Macht durch die Arbeiterklasse Voraussetzung. Es geht nicht um einen Personenwechsel in den Ministerien, sondern um die Vernichtung des bürgerlichen Staatsapparates, die Entwaffnung der konterrevolutionären Offiziere, die Bewaffnung der Arbeiterklasse, die Beseitigung des bürgerlichen Justizapparates, die Aufhebung der Herrschaft der reaktionären Staatsbeamten.

3. Die neue Macht ist die Macht der Diktatur des Proletariats, ist das Rätesystem. Die proletarische Diktatur wird die gesamte Wirtschaft – mit Ausnahme der kleineren Betriebe – sozialisieren.

4. Die notwendige Voraussetzung für einen revolutionären Wandel ist erstens die Trennung von den Reformisten, »den direkten Lakaien des Kapitals«, zweitens aber auch von einer pazifistischen sozialistischen Strömung, den Zentristen, den Anhängern Kautskys, jener Richtung, »die in den kritischen Momenten das Proletariat verläßt, um mit seinen offenen Gegnern zu kokettieren«.

5. Das Anwachsen der revolutionären Bewegung in allen Ländern macht die Gründung einer neuen, wirklich revolutionären Kommunistischen Internationale notwendig, in der die nationalen Interessen der internationalen Revolution untergeordnet sind.

6. Die neue Internationale wird auch die ausgebeuteten Kolonialvölker in ihren Kämpfen gegen den Imperialismus unterstützen und ruft das ganze Weltproletariat zum letzten Kampf auf.

Hugo Eberlein: Keine neue Internationale »zusammenkleistern«

Trotz dieser Thesen und Richtlinien, die ausgiebig diskutiert wurden, blieb für die Konferenz die entscheidende Frage immer noch offen, ob es sich lediglich um eine internationale kommunistische Konferenz oder um einen wirklichen *Gründungs*kongreß handle.

Am 3. März nachmittags gegen 17 Uhr, nach einer eineinhalbstündigen Pause, kam diese Frage erneut zur Sprache. Hugo Eberlein (»Albert«) erklärte noch einmal, warum die deutschen Kommunisten eine sofortige Gründung der Kommunistischen Internationale ablehnten:

»Wir hegen nicht irgendwelche prinzipiellen Bedenken dagegen, aber die Genossen sind der Auffassung, daß, wenn man an die Gründung einer neuen Internationale herangeht, man etwas Rücksicht nehmen sollte auf die Stimmung unter den Arbeitern, insbesondere unter den Arbeitern der Weststaaten.« In den Arbeiterklassen des Westens herrsche ein gewisses Mißtrauen, und dies müsse respektiert werden. Daher sei es richtig, auf einer Vorkonferenz zuerst die vorhandenen Kräfte zu sammeln, zu prüfen und die politischen Grundlagen zu überdenken.

Eberlein warnte davor, eine Kommunistische Internationale aus einigen zufällig zusammengekommenen Genossen »zusammenzukleistern«. »Es ist doch deutlich«, fuhr er fort, »daß sehr wenige echte Vertreter der einzelnen Organisationen aus den verschiedenen Ländern anwesend sind.« Eberlein warnte davor, »daß hier wieder eine pompöse Gründung vor sich geht«, ehe man beschlossen habe, »was wir wollen und was für Grundlagen für den weiteren Kampf vorhanden sind«.

Nun meldeten sich mehrere Teilnehmer zu Wort, die Hugo Eberlein vom Gegenteil überzeugen wollten. Gewiß sei diese Konferenz noch zu wenig repräsentativ, wurde argumentiert, aber dies sei ja nicht die Schuld der revolutionären Arbeiterparteien. Auch an der Gründung der Ersten Internationale (1864–1876), wurde eingeworfen, seien sehr wenige Vertreter der einzelnen Länder beteiligt gewesen, dennoch hatten Marx und seine Freunde unter den damals herrschenden Bedingungen keine Bedenken gegen die Gründung der Ersten Internationale gehabt – auch nicht Wilhelm Liebknecht, der damalige Vertreter der deutschen Arbeiterbewegung. Und – so wurde behauptet – sein Sohn Karl Liebknecht würde jetzt auch keine Bedenken haben, wenn er anwesend sein könnte. Die Situation sei reif, die internationale Revolution habe begonnen, man müsse deshalb die revolutionäre Internationale schon jetzt begründen.

Aber Hugo Eberlein blieb bei seinen Bedenken, er fühlte sich dem Vermächtnis der ermordeten Genossen Liebknecht und Luxemburg verpflichtet.

Der Auftritt des österreichischen Vertreters, Karl Steinhart

Am Abend dieses Tages, etwa gegen 19 Uhr, erhielt dann der eben aus Wien angekommene Vertreter aus Österreich, Karl Steinhart, das Wort.

Steinhart (1875–1963) war der Sohn eines Wiener Eisenbahnarbeiters, hatte Drucker gelernt und war schon als Jugendlicher zur Gewerkschaftsbewegung der sozialistischen Jugendorganisation gestoßen. Nach vielen Reisen auf Ozeandampfern, auf denen er als Schriftsetzer für Bordpublikationen arbeitete, hielt er sich in London und Hamburg auf, kehrte vor dem Ersten Weltkrieg nach Wien zurück, wurde als Sozialist verhaftet, wegen Hochverrats angeklagt, dann 1918 durch eine Amnestie befreit. Im November 1918 gehörte er zu den Gründern der Kommunistischen Partei Österreichs, im Februar 1919 war er Führungsmitglied der KP Österreichs.

Steinhart, der unter seinem Decknamen »Gruber« in Moskau auftrat, fiel durch eine Rede voller Enthusiasmus und Begeisterung auf. Er begann mit den Worten: »Wir Vertreter aus Deutsch-Österreich finden keine Worte, um die Gefühle auszudrücken, die uns heute in eurer Mitte beseelen. Wir sind unter ungeheuren Schwierigkeiten ... vor einer Stunde hier angekommen und überbringen euch die Grüße und die heißesten Glückwünsche unserer revolutionären Genossen aus Deutsch-Österreich.« Steinhart berichtete dann vom Kampf der österreichischen KP, von ihren Bemühungen, anstelle der bürgerlichen Revolution die sozialistische Revolution zu proklamieren, von einem mißlungenen Versuch, das Parlament zu besetzen. Steinhart-Gruber pries die russischen Kommunisten, die eine neue Epoche in der Weltgeschichte eingeleitet hätten: »Während früher Moskau das Zentrum der Reaktion war, ist es heute das Zentrum der kommunistischen Bewegung geworden.«

Seine sehr temperamentvolle Rede endete mit den Sätzen: »Siebzehn Tage waren wir von Wien nach Moskau unterwegs. Wie Handwerksburschen sind wir den weiten Weg gereist, auf Tendern, auf Lokomotiven, auf Puffern, in Viehwagen, zu Fuß durch die Linien der Ukrainer und der polnischen Räuberbanden, unter steter Lebensgefahr, immer mit dem sehnsüchtigen Gedanken: Nach Moskau wollen wir kommen, nach Moskau müssen wir, und nichts darf uns abhalten, dorthin zu gelangen! Wir haben unser Ziel erreicht, wir weilen unter euch! Und unser gemeinsames Ziel, die föderative Weltrepublik der Kommunisten, müssen und werden wir auch hoffentlich in nicht allzu ferner Zukunft erreichen.«

Es war die letzte Rede des zweiten Konferenztages am 3. März. Boris Reinstein schrieb später, fast alle Teilnehmer hätten sich in diesen Abendstunden zunehmend für die sofortige Gründung einer neuen Internationale erwärmt. Reinstein hatte ebenso wie die anderen Zuhörer die Rede Steinharts sehr beeindruckt: »Wie er spricht! Es ist schwer, das wiederzugeben. Selbst bis zum äußersten elektrisiert, scheinen aus ihm Elektroenergien zu dringen und die Zuhörer mit seiner überschäumenden Begeisterung, seinem Schwung, seinem Glauben an die Kraft unserer Bewegung anzustecken. Ich habe Steinhart später oftmals noch in Moskau sprechen hören, aber eine solche Rede hat er nicht mehr gehalten.«

Angelica Balabanoff »im Dienst der Enterbten«

In den nächsten Tagen des Kongresses rückte eine Frau sehr stark in den Vordergrund des Interesses der Genossen in Moskau: Angelica Balabanoff. Sie wurde wie Boris Reinstein in Rußland geboren (1878), hatte 1897 das zaristische Rußland verlassen, um in Brüssel zu studieren, wurde Sozialistin und arbeitete seit 1900 bei den italienischen Arbeitern in St. Gallen in der Schweiz, die sie nach dem russischen Volk für die ausgebeutetsten und deshalb hilfsbedürftigsten Menschen in Europa hielt. Sie organisierte ein Arbeitersekretariat und erteilte den italienischen Arbeitern Unterricht.

Ihre Zielvorstellungen in dieser Zeit faßte sie später in ihren Memoiren so zusammen:»Mein ganzes Streben war darauf gerichtet, moralisch und intellektuell vorbereitet zu sein, um mich gänzlich in den Dienst der Enterbten zu stellen. Schon als junges Wesen hatte ich gegen meine bürgerliche Umgebung rebelliert und in meinen Angehörigen unbewußt und unmittelbar die bürgerliche Gesellschaft mit aller ihr anhaftenden Lüge, Heuchelei und dem von mir so innig gehaßten Konventionalismus bekämpft. In bezug auf mein persönliches Leben war das Problem schon sehr früh gelöst. Alles dem Bedürfnis nach Gerechtigkeit zu unterwerfen, nichts zu genießen, was ich einer Ungerechtigkeit verdanken könnte. Zur gleichen Zeit habe ich aber immer nach objektiv wissenschaftlicher Orientierung gestrebt und das Bedürfnis nach Hingabe an eine große Sache so lange zurückgedrängt, bis ich ihm eine wissenschaftliche Grundlage geben konnte.«

Nach ihrer Arbeit in der Schweiz ging Angelica Balabanoff nach Italien, hielt Vorträge in Mailand, Turin, Rom, Triest und Bologna, aber auch in kleineren Orten, wobei sie meist über die revolutionäre Freiheitsbewegung in Rußland sprach. Vom ersten Moment ihres Eintritts in die italienische sozialistische Bewegung gehörte sie dem linken Flügel der Partei an, jenem Flügel, der später als »maximalistisch« bekannt wurde. Auf dem Sozialisten-Kongreß 1912 in Reggio Emilia wurde Angelica Balabanoff in den Parteivorstand der Sozialistischen Partei

Italiens gewählt, gleichzeitig wurde sie Vertreterin der italienischen Sozialisten in der Zweiten Internationale in Brüssel. Sie nahm an der berühmten Außerordentlichen Sitzung der Zweiten Internationale vom 29. bis 30. Juli 1914 in Brüssel teil, die unmittelbar vor Beginn des Ersten Weltkrieges stattfand. Sie war erschüttert darüber, daß von den führenden Sozialdemokraten – obwohl bereits das Gerücht vom russischen Ultimatum kursierte – niemand an den Ausbruch des Krieges glauben wollte. Unbekümmert berichteten die Vertreter der einzelnen Länder über die Situation in ihren Heimatländern. Als Angelica Balabanoff vorschlug, angesichts der Kriegsgefahr als notwendige Gegenmaßnahme über einen Generalstreik zu diskutieren, waren die übrigen Mitglieder bestürzt und lehnten ihren Vorschlag ab. Sorglos nutzten die Delegierten die bis zur Abreise verbleibende Zeit zur Besichtigung von Sehenswürdigkeiten: »Nie war die Ohnmacht der Internationale so deutlich und tragisch zum Vorschein gekommen wie in dieser Sitzung«, berichtete sie später.

Der Ausbruch des Ersten Weltkrieges und das Verhalten der sozialistischen Parteien, die in fast allen europäischen Ländern für die Kriegskredite gestimmt und damit die herrschenden Klassen des eigenen Landes unterstützt hatten, wurde für Angelica Balabanoff zum Wendepunkt ihres politischen Lebens. Vom ersten Kriegstag an gehörte sie zu den Anti-Kriegs-Sozialisten. So wurde sie zur Initiatorin und führenden Repräsentantin der Zimmerwald-Bewegung, jener Gruppe von Sozialisten aus verschiedenen Ländern, die während des Krieges nach Wegen zum Frieden suchten.

Da der Krieg weiterging und immer neue Länder in ihn hineingezogen wurden, fand im April 1916 eine zweite Zimmerwald-Konferenz statt, diesmal allerdings in Kienthal, einem kleinen Ort in der Nähe von Bern. Im Zentrum der Konferenz stand die Forderung, die Kriegskredite zu verweigern. Das Manifest schloß mit der Aufforderung: »Kämpft für den sofortigen Frieden ohne Annexionen! Der dauernde Friede kann nur durch den Sieg des Sozialismus gesichert werden.« Dieses Manifest, im April 1916 veröffentlicht, war bereits von etwa 30 Parteien und Gruppierungen unterschrieben. Der Bruch mit jenen sozialdemokratischen Parteien, die den Krieg unterstützten, wurde damit noch deutlicher.

Die Anti-Kriegs-Sozialistin Angelica Balabanoff dokumentierte ihre Wandlung zur radikalen Sozialistin in einer damals typisch naiv-euphorischen Art, als sie nach Abschluß der Kienthal-Konferenz notierte: »Als leidenschaftlich am Ausgang der Konferenz interessierte Zimmerwalderin war ich in jenen Nächten nur für ein paar Stunden zu Bett gegangen, am Tage nie frei gewesen. Als die Tagesordnung erledigt war, war der 1. Mai schon angebrochen. Ich wollte mir den Sonnenaufgang des 1. Mai in den Alpen ansehen, um den Glauben an die Auferstehung des Proletariats auch noch symbolisch bekräftigt zu finden.«

Angelica Balabanoff und die Russische Revolution

Schon nach der russischen Februarrevolution von 1917 überlegte Angelica Balabanoff, was man unternehmen könne, um den Funken dieser Revolution auf ganz Europa zu übertragen. Sie wollte auch so schnell wie möglich nach Rußland; die Zimmerwalder Bewegung hatte beschlossen, ihr Schwergewicht nach Stockholm zu verlagern, um dem Herd der Revolution in Rußland näher zu sein.

Es ist wenig bekannt, daß im Frühjahr 1917 nicht nur ein, sondern mehrere plombierte Züge mit russischen Sozialisten durch Deutschland nach Schweden und weiter über Finnland nach Rußland fuhren. Im zweiten Zug reiste Angelica Balabanoff Anfang Mai 1917 gemeinsam mit 250 russischen Emigranten, alle aus Zürich, darunter wiederum bekannte Menschewiki wie auch Bolschewiki. Bei der Abfahrt von Zürich nahmen die verschiedenen Fraktionen in den einzelnen Waggons Platz. Angelica Balabanoff fühlte sich keiner Fraktion zugehörig und wählte mit zwei anderen unabhängigen Sozialisten aus Estland ein Abteil dritter Klasse. Als sie in Stockholm eintrafen, fand dort gerade der Parteitag der schwedischen Sozialisten statt, die unter der Führung Höglunds und Ströms die alte Partei verlassen hatten, um sich den Zimmerwalder Linken anzuschließen. Hier fand Angelica Balabanoff die gastfreundlichsten und tatkräftigsten Freunde des revolutionären Rußlands.

Nach zwei Tagen Aufenthalt in Stockholm fuhren sie und die anderen Sozialisten über die finnisch-russische Grenze nach Petrograd. Der Empfang dort war überwältigend. Über einer großen, dichten Masse grau uniformierter Gestalten wehte die rote Fahne. Alle heimkehrenden Revolutionäre grüßten die Fahne, teilweise weinend und vor Erregung zitternd. Einer nach dem anderen, auch diejenigen, die sonst ungern sprachen, hielten sie eine kurze Rede. »Helft uns, lehrt uns, Väterchen, Mütterchen!« riefen die Soldaten. Angelica Balabanoff erinnerte sich später, wie ihr plötzlich die gewaltige Verantwortung für diese leichtgläubigen Massen bewußt wurde.

Sie erinnerte sich aber auch an die kühle Begegnung mit ihrem Bruder, der sie zu ihrer Schwester brachte. »Sag mir bitte«, fragte diese, »ist es wahr, was man von dir berichtet hat? Bist du wirklich Bolschewistin?« Sie antwortete: »Ich werde auf dem linkesten Flügel der Bewegung gegen die Regierung kämpfen.« Sie wußte damals schon, so schrieb sie später, daß sie mit Lenin gegen all diejenigen kämpfen würde, die die Revolution bereits für vollbracht hielten. In der Nacht hörte Angelica Balabanoff ihre Schwester im Bett seufzen: »Ja, verschiedene Unglücke können eine Familie treffen. Die einen haben Alkoholiker, die anderen Epileptiker, die dritten Bolschewisten zu Angehörigen.« Am nächsten Tag verließ sie das Haus ihrer Familie und nahm ihre politische Tätigkeit in Petrograd auf.

In den stürmischen Sommertagen des Jahres 1917 in Rußland redete Angelica Balabanoff auf vielen Veranstaltungen, wo man sie des öfteren buchstäblich sogar auf Händen trug: »Zwanzig Jahre lang hat Genossin Balabanoff für unsere Befreiung gearbeitet«, rief einer aus. »Jetzt soll das Kronstädter Proletariat Genossin Balabanoff auf den Händen tragen.«

Anfang September 1917 fuhr Angelica Balabanoff zurück nach Stockholm, um eine neue Internationale Konferenz der Anti-Kriegs-Sozialisten einzuberufen, die ganz unter dem Eindruck der Entwicklung in Rußland stehen sollte. Ende der ersten Novemberwoche wurde sie in Stockholm eines Nachts telefonisch davon verständigt, daß die Bolschewiki in Rußland die Macht übernommen hätten. Daraufhin traten die Mitglieder der Internationalen Sozialistischen Kommission zu einer außerordentlichen Sitzung zusammen. Karl Radek, der auch in Stockholm weilte, legte den Text eines Glückwunschtelegramms vor, das von der Internationalen Sozialistischen Kommission unterzeichnet wurde. Dann kehrte Radek sofort nach Rußland zurück, während Angelica Balabanoff in Stockholm das Bulletin der Zimmerwald-Bewegung textete und redigierte und zu einem Sprachrohr der russischen revolutionären Bewegung machte. Das Bulletin erschien in mehreren Sprachen und wurde das wichtigste Informationsorgan über die Entwicklung in Rußland für ganz Westeuropa. Lenin schrieb ihr aus Petrograd: »Bravo, bravo! Ihre Arbeit, liebe Genossin, verdient höchste Anerkennung. Sparen Sie bitte ja keine Mittel.«

Lenin und Angelica Balabanoff

Im Sommer 1918 konnte Angelica Balabanoff endlich selbst nach Rußland reisen. Als sie in Moskau eintraf, erfuhr sie, daß Lenin, der nach dem Attentat vom 30. August nach Gorki aufs Land gebracht worden war, sie dort dringend zu sehen wünschte. Nie zuvor und auch nicht mehr später hatte Angelica Balabanoff Gelegenheit, mit Lenin so viel Zeit zu verbringen, wie an jenem für sie unvergeßlichen Sommertag des Jahres 1918. Sie aß mit ihm, seiner Frau und ein paar Kindern aus dem Dorf zu Mittag und blieb dort bis zum Abend.

Im Herbst kehrte Angelica Balabanoff noch einmal in die Schweiz zurück, erlebte dann in Deutschland die Novemberrevolution und reiste Ende 1918 erneut nach Sowjetrußland. »Es war eine Zeit, in der die Politik und die Agitation Sowjetrußlands eingestellt waren auf die internationale proletarische Solidarität im weitesten und erhabensten Sinne des Wortes«, erinnerte sie sich später. Sie wurde sofort in die Agitation in Petrograd hineingezogen: »Ich mußte zu allerlei feierlichen Anlässen in die verschiedenen Parteilokale, zu Kongressen, die zu jeder Zeit regelmäßig in allen Stadtvierteln und Fabriken wöchentlich stattfinden, Versammlungen in Partei- und Militärschulen, zu Agitationsreden und Vorträgen.«

Sie erlebte die revolutionäre Begeisterung und die internationale Solidarität, aber sie erkannte auch die Not und das Elend. Sie bemerkte, daß Frauen, die zur Beratung über weltumfassende Probleme nach Moskau geladen wurden, sofort nach Beendigung der offiziellen Reden eindringlich vor allem nach Lebensmittel fragten. Der Hunger der Kinder wurde zum Politikum: »Das Stück Brot und das Stückchen Zucker wurden zum alles absorbierenden Streben auch derjenigen, die ihr ganzes Leben in den Dienst eines Ideals gestellt, alle ihre Kräfte der Lösung ideeller Probleme gewidmet hatten.« Der Widerspruch zwischen den großen internationalen Zielen und der Realität in Sowjetrußland wurde immer deutlicher, und bei Angelica Balabanoff regten sich erste Zweifel: »Für mich wurde es immer mehr zur Qual, feierliche Reden zu halten ... Nicht selten kam es auch vor, daß, wenn nach mir ein Arbeiter oder eine Arbeiterin oder ein Redner, der keinen Namen besaß, das Wort ergriffen, man diesen zurief: ›Schon gut, aber Brot wollen wir! Erzähl uns etwas von Brot!‹ ... Mit der Zeit erkannte ich, daß man mich wie andere bekannte Kommunisten aufforderte, in besonders kritischen Momenten zu sprechen, um die Massen zu beschwichtigen, sie zu beruhigen.«

Mitte Januar 1919 erlebte Angelica Balabanoff, wie die Ermordung Karl Liebknechts und Rosa Luxemburgs in Moskau aufgenommen wurde. Im Großen Theater in Moskau fand gerade eine Sitzung des Allrussischen Exekutivkomitees der Sowjets statt, die von Jakow M. Swerdlow (1885–1919), dem damaligen Vorsitzenden des Exekutivkomitees und engen Freund Lenins, geleitet wurde. Plötzlich wurden Swerdlow, Lenin und andere führende Mitglieder des Exekutivausschusses in ein Nebenzimmer gerufen. Als sie nach einigen Minuten zurückkehrten, verkündete Swerdlow mit gebrochener Stimme: »Genossen, ein großes Unglück hat die Internationale getroffen. Karl Liebknecht und Rosa Luxemburg sind ermordet worden. Erhebt euch von euren Plätzen.« Dann sangen die Anwesenden das Lied: *Als Opfer seid ihr gefallen* . . .

Am darauffolgenden Sonntag wurde vom Moskauer Sowjet eine Protestversammlung gegen den Meuchelmord an Liebknecht und Luxemburg einberufen. Viele Arbeiter, Soldaten und Frauen hatten sich unter dem Balkon eingefunden, von dem aus Lenin, Lew B. Kamenew und Angelica Balabanoff sprachen.

Wenige Tage später, im Februar 1919, hörte sie erstmals von einer geplanten internationalen Konferenz. Zu dieser Zeit sollte sie auf Vorschlag Lenins mit einem wichtigen Auftrag nach Kiew in die Ukraine fahren. Als Angelica Balabanoff Lenin nach der internationalen Zusammenkunft fragte, meinte er: »Höchstwahrscheinlich wird aus der ganzen Geschichte nichts.« Wenn aber, fügte Lenin hinzu, doch etwas zustande kommen sollte, werde er sie sofort aus Kiew mit einem Extrazug nach Moskau kommen lassen. Kaum hatte sie sich in Kiew eingearbeitet, erhielt sie von Lenin ein Telegramm, das sie nach Moskau zur Internationalen Konferenz rief.

Der Beschluß zur Gründung der Kommunistischen Internationale

Am 4. März setzte der Kongreß seine Tätigkeit um 12 Uhr mittags fort – nunmehr öffentlich, da sein Stattfinden nicht mehr zu verheimlichen war. Unter den vielen neuen Teilnehmern, die noch eingetroffen waren, befand sich seit dem 4. März 1919 auch Angelica Balabanoff.

Zunächst wurde am 4. März noch einige Zeit weiter über die von Lenin, Bucharin und Trotzki eingebrachten Dokumente diskutiert. Bereits einige Stunden später aber verlas Fritz Platten vom Präsidiumstisch aus einen Antrag der Genossen Rakowski (Balkan-Föderation), Steinhart-Gruber (Österreich), Grimlund (Schweden) und Rudnjanski (Ungarn). Der Antrag forderte die sofortige Gründung der Kommunistischen Internationale. Die Diktatur des Proletariats, so hieß es in der Begründung, erfordere »eine einheitliche geschlossene internationale Organisation«. Dies sei um so notwendiger, als Reformisten und Opportunisten auf ihrer internationalen Konferenz in Bern versuchten, die alte Zweite Internationale wiederherzustellen. Unter diesen Bedingungen sei es besonders notwendig, »eine scharfe Scheidung zwischen revolutionären, proletarischen und den sozialverräterischen Elementen herbeizuführen«.

Von neuem begann nun die Debatte, ob diese Konferenz bereits die Internationale gründen sollte. Noch einmal versuchte Hugo Eberlein (»Albert«), die Anwesenden vor einer übereilten Gründung zu warnen. Er verwies darauf, daß es in vielen Ländern überhaupt noch keine kommunistischen Organisationen gäbe, vor allem nicht in einigen Ländern Westeuropas. Belgien und Italien seien, so argumentierte er, hier nicht vertreten, und der Vertreter aus der Schweiz könne nicht im Namen seiner Partei sprechen. Auch die Vertreter Frankreichs und Englands würden nur kleine Gruppen repräsentieren. Fast beschwörend endete Eberlein seine Rede: »Ich warne Sie dringend, heute daran zu gehen, die Internationale zu gründen. Ich bitte Sie, nicht übereilt zu handeln!«

Aber Eberlein stand offensichtlich allein. Ein Teilnehmer nach dem anderen argumentierte gegen ihn. Sinowjew war vor allem erbost darüber, daß Eberlein die recht schwachen kommunistischen Parteien zur Sprache gebracht hatte: »Wir wollen jetzt nicht mit dem Gefühl arbeiten, daß wir zu schwach sind. Wir wollen von dem Gefühl der großen Stärke beseelt sein, von der Überzeugung, daß die nächste Zukunft der Dritten Internationale gehört.«

Viele warteten auf die Meinung von Angelica Balabanoff. Dieser waren inzwischen auch Zweifel gekommen. Es war damals üblich – vor allem Lenin liebte das –, sich während der Konferenz gegenseitig kleine Zettelchen zuzuschreiben, um auf diese Weise Entscheidungen anzubahnen. Angelica Balabanoff schickte einen Zettel an Lenin, daß sie sich bei dieser Frage der Stimme enthalten werde. Lenin schickte einen Zettel zurück: »Wieso stimmen Sie nicht? Sie haben so viele Vollmachten von der italienischen Sozialistischen Partei, Sie haben hundertfach das Recht, für sie zu stimmen.« Doch Angelica Balabanoff antwortete mit einem anderen Zettel: »Nein. Ich halte mich nicht für berechtigt,

Beschlüsse von solcher Tragweite für die italienische Sozialistische Partei zu fassen.«

Aber Lenin ließ nicht locker. Auf einen neuen Zettel schrieb er: »Sie irren sich. Auch als Sekretärin der Zimmerwalder Bewegung haben Sie das Recht und auch die Pflicht, für die italienische Sozialistische Partei zu stimmen.« Daraufhin die Antwort: »Ich kann Ihnen nicht recht geben. Ich stehe momentan nicht in direkter Verbindung mit der italienischen Sozialistischen Partei. Wir können hier zwar entscheiden, wir stehen hier unter dem Schutz der Roten Armee und sind an der Regierung. Aber dort in den kapitalistischen Ländern ist die Lage anders. Ich kann und will nicht für andere eine so schwerwiegende Verpflichtung übernehmen, ohne daß sie Gelegenheit haben, darüber zu diskutieren.« Allmählich war Angelica Balabanoff jedoch von Lenins Beharrlichkeit beeindruckt, und nach weiterem Zettelaustausch mit Lenin gab auch sie ihr Votum für die sofortige Gründung ab. Es gäbe historische Momente, sagte sie, in denen das Wort zur Tat und das zur rechten Zeit nicht ausgesprochene Wort zum Hemmschuh der Tat wird. Die meisten der an den Zimmerwald- und Kienthal-Konferenzen beteiligten Parteien würden die Gründung der Dritten Internationale befürworten. Angelica Balabanoff rief schließlich zur tatkräftigen Mitarbeit an der sich hier gründenden Internationale auf.

Mit dem Auftreten Angelica Balabanoffs und weiteren Ansprachen der Antragsteller, in denen die Begründung im Detail noch ergänzt wurde, war der Bann gebrochen. An diesem Abend traf Arthur Ransome den Finnen Sirola ohne Hut und Mantel vor dem Konferenzgebäude. Während Ransome fror, lächelte der Finne und sagte: »Es ist März, der Frühling kommt.«

Am nächsten Tag sprach sich auch der Franzose Jacques Sadoul für die Gründung einer Kommunistischen Internationale aus: »Die gesamten Kämpfe in den einzelnen Ländern würden an Prestige dadurch gewinnen, wenn sie von einem internationalen Zentrum geleitet würden.« Und der Antragsteller aus Österreich, Steinhart-Gruber, rief emphatisch aus: »Ich möchte meinen Kopf dafür wetten, daß, wenn ich nach München oder nach Bremen oder an irgendeinen anderen Ort kommen würde und sagte, Genossen, wäret ihr dafür gewesen, daß wir in Moskau die Internationale gründeten, sie sagen würden: Du hast recht gehabt.«

Nachdem der Gründungsantrag noch einmal verlesen worden war, wurde über ihn abgestimmt. Vom Präsidiumstisch erklärte Fritz Platten: »Wer für diesen Antrag ist, ruft ›Ja‹, wer dagegen ist, ruft ›Nein‹.«

Alle Anwesenden riefen ›Ja‹, auch die, die nur mit beratender Stimme teilnahmen. Im Namen der Kommunistischen Partei Deutschlands gab Hugo Eberlein seine »Enthaltung« bekannt. Danach sangen die Teilnehmer begeistert die *Internationale*.

Die Debatten hatten sich zwei Tage hingezogen. Am 5. März, abends gegen 21 Uhr, wurde dann die Dritte, die Kommunistische Internationale (später abgekürzt als Komintern bekannt) geboren.

Vom Präsidiumstisch erhob sich Fritz Platten: »Wir setzen die Verhandlungen unter dem Namen ›Kongreß der Kommunistischen Internationale‹ fort.« Am nächsten Morgen berichteten die Zeitungen in Moskau in großer Aufmachung über die Gründung der Dritten Internationale und kündigten bereits die Abschlußkundgebung für den Abend des 6. März im Moskauer Großen Theater an.

»Die Kräfte aller
wirklich revolutionären Parteien sammeln . . .«:
Der letzte Tag des Gründungskongresses

Am 6. März trat um 12.30 Uhr der Gründungskongreß zu seinem fünften und letzten Sitzungstag mit 33 Teilnehmern mit beschließender und 18 mit beratender Stimme zusammen. Zuerst wurde die Haltung zu den Sozialdemokraten unter dem Thema »Die Berner Konferenz und die Stellung zu den sozialistischen Strömungen« diskutiert. Es referierten Sinowjew und Fritz Platten. Die Reden waren voller Angriffe gegen die Sozialdemokraten, die als Verräter gebrandmarkt wurden. Sinowjew stellte klar: »Es gibt einen Zweikampf zwischen der Berner ›gelben‹ Internationale und der ›roten‹, die wir gestern gegründet haben. Es kann kein Zweifel darüber bestehen, daß die ›rote Internationale‹ die ›gelbe‹ besiegen wird – und zwar in kürzester Zeit.«

Nach dem Ende einer langen Diskussion über sozialistische Strömungen in Europa erklärte Lenin vom Präsidiumstisch aus: »Jetzt geben wir das Wort dem Vertreter Chinas.«

Bis heute ist weder in sowjetrussischen noch in chinesischen Veröffentlichungen jemals erwähnt worden, daß auf dem Gründungskongreß der Komintern auch ein Chinese dabei war. Sein Name war Lao Hsiu-tschau. Er wurde 1892 in China geboren, kam aber bereits mit fünf Jahren mit seinen Eltern nach Rußland. Über seine Jugend ist nichts bekannt. Bei der Revolution von 1917 unterstützte Lao Hsiu-tschau die Bolschewiki, nahm aktiven Anteil an der Organisation der kommunistischen Ausländergruppen und wurde im Dezember 1918 in Petrograd Vorsitzender des Bundes chinesischer Arbeiter in Rußland. Auf dem Gründungskongreß der Komintern vertrat er eine chinesische Sozialistische Arbeiterpartei, von der man bis dahin und auch nachher nie mehr etwas gehört hat. Er sprach zunächst chinesisch und wiederholte dann seine Rede auf russisch. Leider ist dies im Protokoll nur erwähnt, der Text aber nicht zitiert.

Anschließend verlas Trotzki das von ihm verfaßte »Manifest der Kommunistischen Internationale an das Proletariat der ganzen Welt«. Der Kernsatz dieses Manifests lautete: »Unsere Aufgabe besteht darin, die revolutionären Erfahrungen der Arbeiterklasse zusammenzufassen, die Bewegung von den zersetzenden Beimischungen des Opportunismus und Sozialpatriotismus zu reinigen, die Kräfte aller wirklich revolutionären Parteien des Weltproletariats zu sammeln und dadurch den Sieg der kommunistischen Revolution zu erleichtern und zu beschleunigen.« In diesem Manifest wurde auch der historische Standort der soeben gegründeten Dritten Internationale dargelegt. Die in der Dritten Internationale vereinigten Kommunisten fühlten sich demnach »als die direkten Fortsetzer der heroischen Anstrengungen und des Märtyrertums einer langen Reihe revolutionärer Generationen von Babeuf bis Karl Liebknecht und Rosa Luxemburg«. Über das Verhältnis zu der von Marx begründeten Ersten Internationale (1864–1876) und zur Zweiten Internationale (1889–1914) sagte das Manifest: »Wenn die Erste Internationale die künftige Entwicklung vorhergesehen und ihre Wege vorgezeichnet, wenn die Zweite Internationale Millionen Proletarier gesammelt und organisiert hat, so ist die Dritte Internationale die Internationale der offenen Massenaktionen, der revolutionären Verwirklichung, die Internationale der Tat.«

Als Trotzki seine Rede über das Manifest beendet hatte und das Podium verließ, protestierte der Fotograf, der nach langer Vorbereitung nun seinen Apparat fertig für die Aufnahme hatte. Er forderte Trotzki auf, zum Podium zurückzukehren. »Statt der Diktatur des Proletariats haben wir die Diktatur der Fotografen«, bemerkte ein Delegierter ironisch. Unter allgemeinem Gelächter kehrte Trotzki auf das Podium zurück und stand dort still, während der hartnäckige Fotograf zwei Bilder machte – die allerdings nicht veröffentlicht worden sind.

Die Rolle der Frau
und die Gründung des Exekutivkomitees (EKKI)

An diesem letzten Sitzungstag wurde noch eine andere Frage diskutiert: die Rolle der Frau. Ein entsprechender Antrag war von Alexandra Kollontai (1872–1952) eingebracht worden. Alexandra Kollontai, die Tochter eines zaristischen Generals, war 1899 in die illegale russische Sozialdemokratische Arbeiterpartei eingetreten, aber seit 1901 zumeist für die sozialistische Bewegung in Westeuropa und in den skandinavischen Ländern tätig gewesen. Während des Ersten Weltkrieges arbeitete sie in der sozialistischen Bewegung in den USA. Im März 1917 war sie nach Petrograd zurückgekehrt und im August 1917 in das Zentralkomitee der bolschewistischen Partei gewählt worden. Auf dem Gründungskongreß der Komintern war sie unter den Delegierten nicht erwähnt, da sie dem Kongreß offiziell nur als »Übersetzerin« zugeteilt war. Aber sie beschränkte sich nicht nur auf diese Tätigkeit, sondern brachte nun am letzten Tag des Kongresses einen Antrag über die Gleichberechtigung der Frau ein, in dem es hieß, »der endgültige Sieg des Weltproletariats und die vollständige Abschaffung der kapitalistischen Ordnung« sei nur durch »den eng verbundenen gemeinsamen Kampf der Frauen und Männer der Arbeiterklasse gesichert«.

In dem Antrag von Alexandra Kollontai wurde auf die große Bedeutung der Frauen beim Aufbau der neuen kommunistischen Gesellschaftsordnung im Zusammenhang mit der Reform der Familie und der gesellschaftlichen Erziehung der Kinder hingewiesen. Aus diesen Gründen sollte es die Aufgabe der Kommunistischen Internationale sein, »die Arbeiterinnen im Sinne der neuen Gesellschaftsformen und der kommunistischen Ethik im Sozial- und Familienwesen zu erziehen«.

Der Antrag von Alexandra Kollontai wurde ohne Diskussion angenommen.

Anschließend erhielt noch einmal der Franzose Jacques Sadoul das Wort zur Verlesung eines Memorandums an die Arbeiter aller Länder, in dem zu aktuellen Fragen Stellung genommen wurde. Die Kommunistische Internationale fordere, so hieß es darin, die sofortige Rückberufung aller sich in Rußland befindlichen ausländischen Truppen, die Beendigung der Intervention, die Anerkennung Sowjetrußlands, die Wiederaufnahme der diplomatischen Beziehungen, den Abbruch der wirtschaftlichen Blockade, die Wiederaufnahme der Handels- und Wirtschaftsbeziehungen, die Entsendung Hunderter oder Tausender von Ingenieuren, Werkführern und Facharbeitern, besonders Metallarbeitern, um Sowjetrußland auf dem wirtschaftlichen Sektor Hilfe zu leisten.

Schließlich wurden auch noch die programmatischen Grundsatz-Thesen – von Bucharin, Lenin und Trotzki eingebracht und bereits ausführlich diskutiert – vom Kongreß angenommen und außerdem, fast nebenbei, die organisatorische Form der Dritten Internationale festgelegt.

Fritz Platten erklärte, es solle zwei leitende Instanzen geben: das Exekutivkomitee der Kommunistischen Internationale, das später unter der Abkürzung EKKI berühmt wurde, und ein kleineres ständiges Büro. Die Führung der Komintern sollte, so Platten, ihren Sitz in Moskau haben, wobei das Büro und das EKKI berechtigt seien, eine »eventuell nötige Verlegung des Ortes vorzunehmen«. In das Exekutivkomitee sollten Vertreter der Kommunistischen Parteien Rußlands, Deutschlands, Österreichs, Ungarns, der Balkan-Föderation, der Schweiz und Skandinaviens ihre Vertreter entsenden. Gleichzeitig sollte dieses Exekutivkomitee anschließend ein ständiges Büro aus fünf Personen wählen.

Auch hier gab es keine Diskussion, und es wurde nicht gesagt, wer in das Exekutivkomitee und in das Büro kommen sollte. Lenin erklärte schließlich: »Wünscht jemand das Wort zur Diskussion? Das ist nicht der Fall. Also ist der Antrag angenommen. Damit sind wir am Ende unserer Arbeit angelangt.« Lenin hielt nun noch eine kurze Schlußansprache; sie endete mit der Erklärung: »Der Sieg der proletarischen Revolutionen der ganzen Welt ist sicher. Die Gründung der Internationalen Räterepublik wird kommen.«

Diese Worte wurden mit stürmischem Beifall aufgenommen. Damit war der Gründungskongreß der Kommunistischen Internationale am 6. März 1919 offiziell beendet.

»Die föderative Weltrepublik der Sowjets«: Die Abschlußkundgebung im Großen Theater in Moskau

Arthur Ransome war einer der ersten Konferenzteilnehmer, die schon um fünf Uhr nachmittags zum Großen Theater gingen, um der Abschlußkundgebung am Abend beizuwohnen. Er hatte Schwierigkeiten durchzukommen, obwohl er einen Sonderausweis als Korrespondent vorzeigen konnte. Vor allen Eingangstüren des Theaters hatten sich riesige Schlangen gebildet. Mitglieder der Sowjets, Vertreter der Gewerkschaften, Fabrikkomitees und Hunderte von Neugierigen hatten sich eingefunden. Lange vor Beginn der Kundgebung waren das Große Theater und auch die Bühne überfüllt. Die Leute standen eng zusammengepfercht in den Gängen und sogar in den Seitenflügeln der Bühne.

Kamenew eröffnete die Kundgebung mit der offiziellen Verkündung der Gründung der Dritten Internationale. Nach stürmischem Beifall der Versammelten standen alle auf und sangen die *Internationale* in einer Weise, so erinnerte sich Ransome, »wie ich sie noch nie gehört hatte«.

Dann sprach Kamenew von denen, die im Kampf den Tod gefunden hatten, nannte Liebknecht und Luxemburg, worauf sich die Zuhörer wieder erhoben und das Orchester *Unsterbliche Opfer* spielte. Dann kam Lenin. Aber es dauerte lange, bevor er zu sprechen anfangen konnte. Alle standen und erstickten seine Versuche, seine Rede zu beginnen, in nicht enden wollenden Ausbrüchen von Beifallsstürmen. Es war eine überwältigende Szene. Als Lenin schließlich zu Wort kam, zeigte er sich besonders an gewissen Entwicklungen in Frankreich und Italien interessiert. Er sprach davon, daß jetzt, wo der Begriff Sowjet für alle verständlich geworden sei, der Sieg der kommunistischen Revolution gesichert sei. Seine Rede endete mit den Worten: »Die Genossen hier in diesem Saal haben gesehen, wie die erste Sowjet-Republik gegründet wurde. Jetzt sehen sie, wie die Dritte, die Kommunistische Internationale gegründet worden ist. Sie alle werden sehen, wie die föderative Weltrepublik der Sowjets gegründet werden wird.«

Auch Angelica Balabanoff nahm an dieser feierlichen Schlußkundgebung teil. Sie erinnerte sich später lebhaft an den großen Enthusiasmus: »Alle strahlten. Die anwesenden Ausländer versprachen den aufhorchenden Vertretern der Partei- und Fabrikorganisationen Beistand zur Erweiterung der revolutionären Errungenschaften, die russischen Redner priesen das Eintreten in eine neue unbesiegbare Ära der Weltrevolution. Mich steckte das allgemein optimistische Milieu an. Ganz zuversichtlich und heiter war mir zumute.«

Später fügte sie noch hinzu: »Es ist nicht leicht, sich heute die Gemütsverfassung der Arbeiter vorzustellen, die zu dieser Versammlung strömten: ›So lange schon sind wir von der Welt abgeschnitten, endlich bricht nun der Sonnenstrahl hervor, den man uns versprochen hat‹, dachten sie. ›Das ist die Stimme der Solidarität, auf die wir so lange vergeblich gewartet haben; sie wird uns endlich die Freiheit bringen, die unsere Führer uns immer versprochen haben.‹ All das lag in der Luft; man fühlte es in dem Bestreben der Proletarier, sich Platz im Saal zu verschaffen, in den Freudenrufen, mit denen die vermeintlichen Vertreter der ersehnten Weltrevolution begrüßt wurden. Ich muß gestehen, daß auch mich diese Begeisterung ergriff, während ich die Ansprachen ins Russische übertrug und mich dabei in die Rolle des einen oder anderen Redners versetzte. Ich fühlte, daß meine Worte die Zuhörer zutiefst bewegten und einen Widerhall fanden, der die ganze Atmosphäre veränderte. Ich selbst fühlte mich wie verwandelt. Vor meinen Augen sah ich die Menge, den wahren Helden jener umwälzenden Ereignisse, die eine neue Welt zu schaffen bestimmt waren; ich konnte den Puls dieser Menge fühlen. Fast war ich Lenin und Trotzki dankbar, daß sie mich veranlaßt hatten, diesen Auftrag zu übernehmen, gegen den ich mich so gesträubt hatte.«

Die Ernennung Sinowjews und Angelica Balabanoffs

Kurz nach Gründung der Komintern hatte Angelica Balabanoff zufällig Trotzki getroffen. Sie nahm die Gelegenheit wahr und wollte sich von ihm verabschieden. »Das geht doch gar nicht«, sagte Trotzki erstaunt, »es ist doch beschlossen worden, daß Sie die Sekretärin der Internationale sein werden.« Angelica Balabanoff ging daraufhin zu Lenin und brachte ihre Bedenken vor. Lenin unterbrach sie und kniff dabei seine Augen etwas zusammen: »Genossin Balabanoff, Parteidisziplin ist Parteidisziplin! Sie müssen sich unterwerfen. Übrigens werde ich sofort das Zentralkomitee veranlassen, einen Beschluß zu fassen und Sie offiziell zu benachrichtigen.«

Kaum war Angelica Balabanoff in ihr Zimmer zurückgekehrt, das etwa fünf bis sieben Minuten vom Kreml entfernt war, wurde sie angerufen: »Das Zentralkomitee der Partei teilt Ihnen Ihre Ernennung als Sekretärin der Internationale mit.« Bei einem anschließenden Gespräch mit Lenin fragte sie zur Sicherheit: »Die äußere Umgebung bleibt dieselbe? Ich werde nach wie vor in meinem Zimmer im Sowjethaus arbeiten, ohne Prunk und Fassade?« Lenin beteuerte: »Ja, ja, selbstverständlich.«

Erst einige Tage später wurde bekannt, daß Sinowjew vom Zentralkomitee der Bolschewistischen Partei zum Präsidenten des Exekutivkomitees (EKKI) der Kommunistischen Internationale ernannt worden war. Diese Ernennung war deshalb problematisch, weil Sinowjew gleichzeitig Vorsitzender des Sowjets von Petrograd (ab 1924 Leningrad) blieb. So mußte Sinowjew unter den damals doch beachtlichen technischen Schwierigkeiten dreimal wöchentlich in einem Sonderzug von Moskau nach Petrograd fahren.

In der Zusammenarbeit zwischen Sinowjew und Angelica Balabanoff gab es bald Spannungen und Enttäuschungen. Auf der ersten Sitzung des Exekutivkomitees der Kommunistischen Internationale wurde über die Stimmenzahl diskutiert, die der Kongreß für die Kommunistischen Parteien der einzelnen Länder festgelegt hatte. Sinowjew nannte eine Zahl, die Angelica Balabanoff für unrichtig hielt, und sie korrigierte ihn. Die Angelegenheit war völlig belanglos. Balabanoff nahm an, daß es sich einfach um einen Gedächtnisfehler Sinowjews gehandelt hatte. Sinowjew aber schrieb einen kleinen Zettel an einen seiner Nachbarn. Darauf stand geschrieben: »Zu welchem Zweck beharrt Balabanoff auf ihrem Standpunkt?« Der Zettel fiel durch Zufall in ihre Hände. Angelica Balabanoff war völlig perplex und erfaßte erst viel später die ganze Tragweite von Sinowjews Denkweise. Für Sinowjew war nicht die Richtigkeit einer Feststellung entscheidend, sondern für ihn und manche seiner ihn umgebenden Funktionäre mußte alles irgendeinen Zweck haben. Dieses Zweckdenken, so meinte die Mitbegründerin der Komintern später, führte zu einer völlig verkehrten Auslese der Funktionäre. Diejenigen, die fähig waren, eine wirklich revolutionäre internationale Bewegung zu fördern, wurden schrittweise eliminiert, weil ihre ehrliche Hingabe an die Sache der Revolution und das Vertrauen, das sie genossen, von vornherein ein solches Zweckdenken ausschloß.

Gefördert wurden durch dieses Zweckdenken immer mehr politisch zweitrangige, unbedeutende, ja manchmal sogar auch moralisch minderwertige Elemente.

Schon bald mußte Angelica Balabanoff erleben, daß in den EKKI-Sitzungen keine wirklich politischen Fragen behandelt wurden, sondern nur rein administrative. Wenn sie politische Erörterungen vorschlug, wurden sie nur vorübergehend gestreift. Kurze Zeit darauf hatte sie ein weiteres Erlebnis, das sie nachdenklich stimmte. Es ging um die Finanzierung der kommunistischen Bewegung: »Ich hatte riesige Summen in der Währung verschiedener Länder in meinem Amt zur Verfügung. Die beiden Angestellten brauchten zwei Tage und zwei Nächte, um das Geld zu zählen.« Als sie darüber dem EKKI eine Abrechnung vorlegen wollte, lachte man sie dort einfach aus: »Sie? Eine Abrechnung vorlegen? Genausogut könnten wir den Genossen Lenin kontrollieren! Was fällt Ihnen ein?«

Doch für Angelica Balabanoff war dies eine prinzipielle Frage, sie wollte einem Nachfolger alles ordnungsgemäß übergeben. Als sie die verschiedenen Posten aufzählte, erwähnte sie auch einen Zuschuß für einen im Sanatorium untergebrachten kranken Genossen. Bei diesem Punkt erfolgte aber plötzlich Widerspruch: »Das geht nicht. Die Kommunistische Internationale ist keine Wohltätigkeitsstelle.« Angelica Balabanoff protestierte: »Wohltätigkeit nennen Sie das, einem Kranken helfen, einem Mann, den die Weißen im Bürgerkrieg zum Tode verurteilt haben? Schämen Sie sich nicht? Macht, was ihr wollt. Ich bin bereit, mein letztes Kleid zu verkaufen, aber niemals werde ich dulden, daß man einen Kranken im Stich läßt.« Im Vergleich zu den riesigen Beträgen, die man ihr für Propaganda zur Verfügung gestellt hatte, war dies ohnehin nur ein lächerlich unbedeutender Betrag.

Einige Jahre später, als Angelica Balabanoff die Sowjetunion schon verlassen hatte, erfuhr sie, daß der Mann, der sich in der Sitzung als Hüter des Vermögens der Internationale aufgespielt hatte, mit großen Geldbeträgen und viel Schmuck ins Ausland geflohen war. In Wien soll er mit dem Geld einen Juwelierladen eröffnet haben.

Sinowjews Nebenzentrale der Komintern in Petrograd

Daß zur Verwunderung von Angelica Balabanoff auf den Komintern-Sitzungen in Moskau keine politischen Fragen besprochen wurden, erklärt sich dadurch, daß Sinowjew in Petrograd eine von ihm allein geleitete Nebenzentrale aufbaute. Diese Tatsache wurde erst Jahrzehnte später durch die Memoiren von Victor Serge (1890–1947) bekannt, die nach seinem Tod 1951 erschienen.

Victor Serge, der eigentlich Victor Kibaltschitsch hieß, war 1890 in Brüssel als Sohn russischer Emigranten geboren worden, er betätigte sich schon in seiner Jugend in sozialistischen und revolutionären Gruppen in Belgien, ehe er, nach Paris übergesiedelt, dort 1910 eine anarchistische Zeitschrift herausgab und 1913 zu fünf Jahren Gefängnishaft verurteilt wurde. Nach seiner vorzeitigen Entlassung im Jahre 1917 war er in Barcelona als Setzer tätig, trat der anarchosyndikalistischen Gewerkschaft CNT bei und arbeitete für die Zeitschrift

Land und Freiheit. Nach der bolschewistischen Revolution war er nach Rußland gekommen und 1919 einige Monate nach der Gründung der Komintern Mitglied der Kommunistischen Partei Rußlands geworden. Sinowjew hatte ihm 1919, noch vor seinem Parteieintritt, angeboten, seine Zentrale in Petrograd zu organisieren. Serge wollte das Amt nicht sofort annehmen, da er sich ihm nicht gewachsen fühlte. Aber Sinowjew überredete ihn und stellte ihm einen Mitarbeiter zur Seite.

Dieser Mann war Wladimir Masin, hieß eigentlich Lichtenstadt und stammte aus einer liberal-bürgerlichen Familie. Während des Aufstandes von 1905 war er zum Revolutionär geworden und hatte sich an dem Attentat gegen den zaristischen Ministerpräsidenten Stolypin beteiligt. Masin war zum Tode verurteilt, dann zu zehn Jahren Haft begnadigt worden, die er im Gefängnis der berühmten Festung Schlüsselburg verbrachte. In der Gefängniszelle schrieb Masin ein Buch, das später unter dem Titel *Goethe und die Naturphilosophie* veröffentlicht wurde. Nach der Februarrevolution 1917 befreit, schloß er sich zunächst den Menschewiki, den gemäßigteren Sozialdemokraten, an, trat dann aber im Laufe des Jahres 1917 der bolschewistischen Partei bei, um sich auf der aktivsten und kämpferischsten Seite zu engagieren.

Masin und Serge begegneten sich erstmals in einem großen Saal des Smolny in Petrograd. »Masin trug eine alte, an den Ellbogen glänzende Uniform, drei Tage alte Bartstoppeln, eine altertümliche Nickelbrille; er hatte ein längliches Gesicht, eine hohe Stirn und die erdige Hautfarbe der Ausgehungerten«, erinnerte sich Victor Serge. Masin begrüßte ihn und stellte sarkastisch fest: »Alles in allem sind wir nun die Exekutive der neuen Internationale. Das ist wirklich komisch!« Sie machten sich dann daran, zusammen den Entwurf eines Siegels zu zeichnen, denn der Vorstand der Internationale verlangte ein großes Siegel – das große Siegel der Weltrevolution. Beide entwarfen und zeichneten das berühmte Siegel mit dem Planeten Erde, das dann später auf jeder Nummer der Zeitschrift *Kommunistische Internationale* zu sehen war.

Über die Tätigkeit Masins und Serges in der Petrograder Zentrale schrieb Serge später: »Wir lebten zwischen Telefonapparaten, wurden in der weiten toten Stadt in kurzatmigen Autos herumgeschleppt, requirierten Druckereien, wählten Personal aus, lasen Korrekturen bis in die Straßenbahn, verhandelten mit dem Wirtschaftsrat über Bindfaden, mit der Druckerei der Staatsbank über Papier, eilten zur Tscheka oder in entfernte Vorstadtgefängnisse, wenn uns irgendeine Abscheulichkeit gemeldet wurde, ein tödlicher Irrtum oder Mißhandlungen – und das kam alle Tage vor –, und abends hielten wir Besprechungen mit Sinowjew ab.«

Als Spitzenfunktionäre der Komintern waren sie im Petrograder Hotel Astoria untergebracht, wo auch die verantwortlichen Aktivisten der Partei im Schutz von Maschinengewehren im Erdgeschoß wohnten. Jeden Tag erhielten sie eine fette Suppe und oft eine Ration leicht verdorbenen, aber saftigen Pferdefleischs. Sinowjew selbst bewohnte ein Appartement im ersten Stock des Hotels Astoria, das damals bereits leidlich geheizt und nachts elektrisch beleuchtet war, für Petrograd im Jahr 1919 ein unerhörtes Privileg.

Von Petrograd aus lenkte Sinowjew die Politik des Exekutivkomitees der Internationale, während Angelica Balabanoff das Sekretariat in Moskau leitete. Sinowjew arbeitete eng mit Karl Radek und Bucharin zusammen. Wiederholt trat das EKKI in Petrograd zusammen, wobei auch der Finne Sirola, einige Bulgaren, der ungarische Vertreter in Moskau, Rudnjanski, und der Wolgadeutsche Gustav Klinger anwesend waren. Schon damals, erinnerte sich Victor Serge, war die zahlenmäßige Überlegenheit der Russen über die ausländischen Revolutionäre nicht zu übersehen.

Victor Serge erschreckte der große Optimismus Sinowjews, der an nichts zu zweifeln schien. Die europäische Revolution war für Sinowjew im Vormarsch, nichts konnte sie seiner Meinung nach aufhalten. Serge beschrieb später, wie Sinowjew fröhlich lächelnd am Ende einer Sitzung mit den kleinen Quasten der Seidenschnüre spielte, die er anstelle einer Krawatte trug, und wie er bei einigen Beschlüssen immer einschränkend hinzufügte: »Sofern nicht neue Revolutionen alle unsere Pläne für die nächsten Wochen auf den Kopf stellen.«

»Das revolutionäre Erstgeburtsrecht des russischen Proletariats ist nur vorübergehend ...«

Tatsächlich stand ein echter Internationalismus bei Lenin und Trotzki außer Zweifel. Nichts lag ihnen ferner, als sich mit der Komintern ein russisches Machtinstrument zu schaffen. Ihnen ging es um eine wirkliche internationale Revolution. Sie hofften auch, daß sich das Zentrum der Komintern möglichst bald in ein zentral- oder westeuropäisches Land verlagern ließe.

Wenige Wochen nach der Gründung der Kommunistischen Internationale, Ende April 1919, schrieb Trotzki: »In unserer Analyse gibt es keine Spur von Messianismus. Das revolutionäre Erstgeburtsrecht des russischen Proletariats ist nur vorübergehend . . . Wenn sich heute das Zentrum der Dritten Internationale in Moskau befindet, so wird es morgen – wir sind davon zutiefst überzeugt – sich nach Westen in Richtung Berlin, Paris, London verlagern . . . Denn ein internationaler kommunistischer Kongreß in Berlin oder in Paris würde den vollen Triumph der proletarischen Revolution in Europa und damit in der ganzen Welt bedeuten.«

Daß auch Lenin die Arbeit der Komintern ernst nahm, läßt seine Reaktion auf die Ende Oktober 1919 vorliegenden gedruckten Protokolle des Gründungskongresses erkennen. Obwohl sich Sowjetrußland zu dieser Zeit in der schwierigsten Situation des Bürgerkrieges befand, prüfte Lenin die Protokolle sehr genau und war dann erbost und erbittert über das Ergebnis. An die Verantwortlichen im sowjetischen Staatsverlag schrieb er einen Beschwerdebrief, der keines Kommentars bedarf: »Nach Durchsicht der Broschüre *Die Dritte Internationale*, herausgegeben vom Staatsverlag Moskau, Preis 8 Rubel, 99 Seiten, spreche ich für eine derartige Publikation *eine strenge Rüge* aus und verlange, daß alle Kollegiumsmitglieder des Staatsverlages diesen meinen Brief lesen und durchgreifende Maßnahmen ausarbeiten, die garantieren, daß sich ein solcher Skandal nicht wiederholen kann. Die Broschüre ist abscheulich gemacht. Das ist einfach eine Schmiererei. Kein Inhaltsverzeichnis. Irgendein Idiot oder Liederjan, offenbar ein Analphabet, hat, als sei er betrunken gewesen, alle Materialien, Artikel und Reden genommen und sie in willkürlicher Reihenfolge drucken lassen. Kein Vorwort, keine Protokolle, kein genauer Wortlaut der Beschlüsse, keine Trennung der Beschlüsse von den Reden, Artikeln, Notizen, nichts dergleichen! Eine unerhörte Schande! Das große historische Ereignis wird durch eine derartige Broschüre geschändet.

Ich verlange: 1. Berichtigung durch Einkleben, 2. die Schuldigen ins Gefängnis zu setzen und sie die Berichtigungen in alle Exemplare kleben zu lassen.«

Stalins späte Rache:
Was geschah mit den Gründungsmitgliedern der Komintern?

In dem im Oktober 1919 veröffentlichten Protokoll wurde übrigens bei den Namen der russischen Bolschewiki neben Lenin, Trotzki, Bucharin, Sinowjew und Tschitscherin, die ja alle häufig während des Kongresses auftraten, auch ein weiterer Funktionär genannt: Stalin. Er nahm am Gründungskongreß teil, beteiligte sich aber nicht an der Diskussion. Auch andere Redner haben auf Stalin keinen Bezug genommen, ja ihn niemals erwähnt. Im Rahmen der Komintern trat Stalin damals zunächst nicht in Erscheinung. Erst nach 1929, als er zum Führer der KPdSU und des Sowjetstaates aufgestiegen war, spielte er auch in der Kommunistischen Internationale eine wichtige Rolle – und dies sollten manche Gründungsmitglieder auch am eigenen Leibe erfahren.

Das erste Opfer der Stalin-Ära war Nikolaj Skrypnik aus der Ukraine, der auf dem Gründungskongreß mit der Frage, ob er ukrainisch oder russisch sprechen sollte, Heiterkeit erregt hatte. Skrypnik beteiligte sich in den zwanziger Jahren an den Aktivitäten der Komintern. Er war seit 1928 auch Mitglied des EKKI. Vor allem gehörte er jedoch der sowjet-ukrainischen Regierung an und war führendes Mitglied des Politbüros der KP der Ukraine. Anfang der dreißiger Jahre wurde er immer schärfer wegen seines angeblichen »ukrainischen Nationalismus« angegriffen, im Juli 1933 verübte er Selbstmord.

Grigorij Sinowjew, der sich so vehement für die sofortige Gründung der Komintern eingesetzt hatte, war von der Gründung bis Herbst 1926 Präsident der Kommunistischen Internationale und gleichzeitig Mitglied des Politbüros der bolschewistischen Partei. 1926 von Stalin scharf angegriffen, mußte er seine Kominternfunktionen aufgeben und wurde im November 1927 sogar aus der KP der Sowjetunion ausgeschlossen. Nach einer Unterwerfungserklärung und vorübergehender Teilrehabilitierung wurde Sinowjew im Dezember 1934 verhaftet und in einem Schauprozeß im August 1936 zum Tode verurteilt und anschließend erschossen.

Lew Kamenew, Teilnehmer am Gründungskongreß und Referent auf der berühmten Abschlußkundgebung, gehörte von 1919 bis 1926 dem EKKI an, wurde 1926 gemeinsam mit Sinowjew degradiert, 1934 ebenfalls verhaftet und im Schauprozeß vom August 1936 zum Tode verurteilt und erschossen.

Auch zwei wichtige ausländische Teilnehmer am Gründungskongreß der Komintern wurden Opfer der Stalinschen Säuberung.

Der Schweizer Fritz Platten, der während des Gründungskongresses neben Lenin am Präsidiumstisch saß, war zunächst Mitglied des Exekutivkomitees der Kommunistischen Internationale und anschließend für die Komintern in Finnland und der Schweiz tätig (wobei er in beiden Ländern kurze Zeit verhaftet war). Seit 1921 gehörte er dem

Zentralkomitee der Schweizer KP an; seit Sommer 1923 lebte er in der Sowjetunion, gründete die Schweizer Kommune »Solidarität« und war am Internationalen Agrarinstitut in Moskau tätig. Während der großen Säuberung wurde er 1938 in Moskau verhaftet und in ein Lager nach Archangelsk deportiert, wo er 1942 in einem Lagerhospital umkam.

Ein ähnlich tragisches Schicksal erlitt Hugo Eberlein (unter dem Decknamen »Albert« Präsidiumsmitglied bei der Kominterngründung). Er spielte in den zwanziger Jahren eine wichtige Rolle in der Kominternführung, darunter auch als Mitglied des EKKI-Sekretariats und der Internationalen Kontrollkommission; gleichzeitig war er Mitglied des Zentralkomitees der KPD und KPD-Abgeordneter im Preußischen Landtag. Ende 1928 wurde er als »Versöhnler« kritisiert und aus der KPD-Führung entfernt. Im Januar 1933 floh er aus Nazi-Deutschland und nahm im Sommer 1935 am Siebten Kongreß der Komintern in Moskau teil. Nach Beginn der Stalinschen Säuberungen wurde Eberlein 1937 im Hotel Lux verhaftet und in ein Arbeitslager im Norden Rußlands deportiert. Während des Hitler-Stalin-Pakts (1939–1941) beschloß die sowjetische Führung, Eberlein im Januar 1940 an die deutsche Gestapo auszuliefern. Auf dem Weg zur deutschen Grenze wurde Eberlein jedoch so schwer krank, daß er in Todesgefahr schwebte und die Übergabe abgesagt wurde. Er verstarb 1944 in einem Stalin-Lager.

Leo Trotzki schließlich, der trotz seiner Tätigkeit als Volkskommissar für Kriegswesen und Vorsitzender des Revolutionären Kriegsrates mitten im Bürgerkrieg zum Gründungskongreß der Komintern geeilt war, nahm bis 1926 an allen Kominternkongressen teil und war Mitglied des EKKI, wobei sein besonderes Interesse den Kommunistischen Parteien Frankreichs und Spaniens galt. Nach scharfen Angriffen Stalins auf den EKKI-Tagungen im November/Dezember 1926 und im Mai 1927 wurde er im November 1927 aus der KPdSU ausgeschlossen, im Januar 1928 nach Alma Ata (Kasachstan) deportiert und im Februar 1929 aus der UdSSR ausgewiesen. In seinem Exil in Mexiko wurde Trotzki im August 1940 von einem Agenten des Stalinschen Staatssicherheitsdienstes ermordet.

II.

»Dem Vorbild der Russischen Revolution« nacheifern«

Kommunisten der ersten Stunde: John Reed, Arnost Kolman, Ernst Reuter, M. N. Roy, Josip Broz, Antonio Gramsci, Maurice Thorez und Mao Tse-tung

Unter den Teilnehmern des Gründungskongresses befand sich auch der aus der französischen Schweiz stammende Journalist Henry Guilbeaux (1884–1938), der sechs Monate nach der Gründung, im November 1919, an Lenin mit einem interessanten Vorschlag herantrat. In einem Brief (der allerdings erst 40 Jahre später, nämlich 1959 in Moskau veröffentlicht wurde), schlug Guilbeaux vor, ein kleines Buch über die aktivsten Führer der Revolution in Rußland zu schreiben, über die Persönlichkeiten, deren Tätigkeit in der Revolution von besonderer Bedeutung war. »Ich hoffe, das Büro der Dritten Internationale wird diesen Plan annehmen«, schrieb Guilbeaux an Lenin. »Nehmen Sie, lieber Genosse, meinen brüderlichen Händedruck entgegen.«

Das interessante Vorhaben eines Teilnehmers der Kominterngründung, die entscheidenden Persönlichkeiten der Russischen Revolution skizzieren zu lassen, wurde jedoch nicht verwirklicht, denn Lenin schrieb kurz und bündig auf den Brief »Über Personen lohnt nicht«.

Lenins brüske Ablehnung ist bedauerlich, denn die entstehende Kommunistische Internationale bestand keineswegs nur aus Resolutionen und Aufrufen, Sitzungen und Besprechungen, Debatten und Diskussionen, sondern in erster Linie aus Menschen, die sich aus Erkenntnis und Erfahrung der kommunistischen Bewegung anschlossen, die Komintern vorantrieben und ihr eigenes Leben in den Dienst dieser Bewegung stellten.

Das Schicksal dieser »Kommunisten der ersten Stunde« war unterschiedlich – entsprechend ihrer nationalen und sozialen Herkunft, dem Lande, in dem sie wirkten, den Erfahrungen, die sie durchmachten.

Vereinfacht lassen sich drei unterschiedliche Gruppierungen unter den »Kommunisten der ersten Stunde« feststellen:

Die große Mehrheit bestand aus denjenigen, die ihre Laufbahn als Funktionäre in der sozialdemokratischen oder sozialistischen Bewegung begannen und vor dem Ersten Weltkrieg meist am linken Flügel der Sozialdemokratie standen. Während die Führung der Sozialdemokraten die nationalen Kriegsziele unterstützten, setzten sich diese Linken für die ursprünglichen internationalen revolutionären Ziele ein und fanden im Verlauf oder gegen Ende des Ersten Weltkrieges schrittweise den Weg zum Kommunismus. Dies war für viele der typische Weg; er ist hier am Beispiel des französischen Bergarbeiters Maurice Thorez dargestellt.

Die zweite – weniger bekannte – Gruppe waren jene Sozialdemokraten bzw. Sozialisten, die im Verlauf des Ersten Weltkrieges in russische Kriegsgefangenschaft gerieten, persönlich die Russische Revolution miterlebten und aus diesem Erlebnis heraus als aktive Teilnehmer der kommunistischen Bewegung in der Anfangszeit eine wichtige Rolle spielten. Der Tscheche Arnost Kolman, der Deutsche Ernst Reuter und der Jugoslawe Josip Broz (Tito) sind repräsentativ für diese Gruppe. Auch John Reed – obwohl Beobachter und nicht Kriegsgefangener – ist ihr zuzurechnen.

Die dritte Gruppe setzte sich aus Politikern zusammen, die ursprünglich in nationalen Befreiungsbewegungen tätig waren und schrittweise den Übergang zum Kommunismus vollzogen. M. N. Roy aus Indien und Mao Tse-tung aus China sind dafür typische Beispiele; in gewisser Hinsicht – wenn auch mit manchen Besonderheiten – muß dazu auch der Italiener Antonio Gramsci genannt werden, der, was nur wenig bekannt ist, ursprünglich ein sardischer Nationalist war.

Der Amerikaner John Reed:
Vom Herrschaftshaus in Portland zur
Russischen Revolution

Während die Mehrheit der Kommunisten der ersten Stunde aus ärmlichen Verhältnissen stammte und sich ihren Weg unter Not und Entbehrungen erkämpfen mußte, verbrachte John Reed – der spätere Chronist der Russischen Revolution – seine Kindheit im Wohlstand, ja im Luxus. Er wurde am 22. Oktober 1887 in Portland im Staate Oregon an der Westküste der USA geboren und wuchs in einem Palais auf.

Seine Eltern zählten zur Elite der Stadt und führten ein ihrer Position entsprechendes Leben, geprägt von Privilegien, Reichtum und materieller Sicherheit. John Reed beschrieb später seine Kindheitseindrücke:»Ein herrschaftliches, großes Gebäude im Stil eines französischen Schlosses, mit einem riesigen Park, gepflegten Rasenflächen, Beeten, Ställen, Treibhäusern und einem Weingarten unter Glas; zwischen den Bäumen ästen zahme Rehe . . . Die Rasenflächen unterhalb des Hauses waren auf drei Seiten von mächtigen Nadelbäumen umsäumt, an denen mit Rinde überdeckte Gasrohre befestigt waren. An Sommerabenden wurden Planen auf dem Rasen ausgebreitet, und die Gäste tanzten unter dem Licht der Gaslampen, die aus den Bäumen zu sprießen schienen.«

Schon als Junge las John Reed gerne und viel. Am Schulunterricht zeigte er dagegen nur geringes Interesse, ausgenommen wenn im Unterricht seine Phantasie angeregt wurde. Er besuchte eine private Vorbereitungsschule in Morristown in New Jersey und verfaßte damals schon erste Gedichte und Geschichten für die Schulzeitung. Mit 19 Jahren kam John Reed im Jahre 1906 an die Harvard-Universität, die ihn tief beeindruckte und gleichzeitig sehr einsam machte:»Plötzlich war ich allein, denn ich kannte kaum jemand an der Universität . . . ich war begeistert von der Größe der Universität, den unendlichen Möglichkeiten, von ihrer erhabenen Vergangenheit und ihren Traditionen, und dennoch war ich verzweifelt einsam. Ich wußte nicht, wohin ich mich wenden sollte.« Im zweiten Studienjahr wurde er zum Herausgeber zweier Zeitungen gewählt und fand nun Freunde unter den Studenten. Weitere Aktivitäten als Vorsitzender eines »Kosmopolitischen Clubs«, als Leiter des Musikclubs, Kapitän der Wasserballmannschaft und anderes mehr machten ihn gegenüber diesem Studentenleben zunehmend kritischer. Er durchschaute den Lebensstil dieser Elite und fühlte sich immer mehr abgestoßen »von ihrer kaltschnäuzigen, grausamen Stupidität«.

Dem damals in Harvard existierenden »Sozialistischen Club« gehörte John Reed zwar nicht an, aber er war davon beeindruckt, daß gerade diese Vereinigung zur Unterstützung der Sozialistischen Partei anläßlich der Gemeindewahlen ein Programm entwarf und für soziale Reformen eintrat.

Nach der Universität ging John Reed nach New York. Die Stadt begeisterte und überwältigte ihn. Er entdeckte ihr Tag- und Nachtleben, wurde vertraut in den noblen Vierteln, besuchte die Theater und lebte in vornehmen Hotels. Aber er sah auch das häßliche Wachstum der

Stadt, deren Elendsviertel sich wie eine Seuche ausbreiteten. Er fühlte sich zu Hause am Washington Square bei den Künstlern und Schriftstellern der Boheme und den Radikalen, las deren Schriften, nahm an allen möglichen Versammlungen teil, lernte Sozialisten, Anarchisten, Anhänger einer Steuerreform, Arbeiterführer, aber auch spitzfindige Utopisten und kleinbürgerliche Doktrinäre kennen. Über die Anfänge seines kritischen Denkens notierte Reed später: »Ich mußte nicht mehr erst Bücher lesen, um zu erkennen, daß die Arbeiter den gesamten Reichtum der Welt produzieren, der denen zugute kommt, die nichts dazu beitragen.«

Für seine weitere Entwicklung wurden seine Erlebnisse im Zusammenhang mit dem Streik der Textilarbeiter in Patterson im Staate New Jersey Anfang 1913 bedeutsam. Reed war inzwischen Journalist geworden und fuhr nach Patterson, um über den Streik zu berichten. Als man ihn dort auf der Straße irrtümlich für einen der Streikenden hielt, wurde er von der Polizei verprügelt und inhaftiert. Im Gefängnis lernte er ein anderes Amerika kennen: Männer und Jugendliche, die monatelang ohne Verhandlung im Gefängnis verbrachten; Männer, die in der Haft den Verstand verloren hatten, die unter bestialischen Grausamkeiten litten oder an Seuchen starben. Aber er lernte auch, wie man Widerstand leistete, kam mit bekannten Arbeiterführern zusammen und war beeindruckt von deren Eintreten für die Werktätigen, von ihrer revolutionären Überzeugung, von der Kühnheit ihrer Träume. Aus dem Gefängnis wieder entlassen, half Reed mit, eine Demonstration der Streikenden zu organisieren, tausend Männer und Frauen nach New York zu bringen, wo sie einer erschütterten Öffentlichkeit ihre Lage vor Augen führten. In den folgenden Jahren arbeitete er als kritischer Journalist weiter.

Im Alter von 26 Jahren erhielt er von seiner Zeitung den Auftrag, als Kriegsberichterstatter nach Mexiko zu fahren, um über die dortige Revolution und über die von General Pancho Villa (1877–1923) geführte Revolutionsarmee zu berichten. Als Reed 1913 die mexikanische Grenze passierte, war ihm nicht wohl zumute: »Ich hatte Angst vor Verwundung, vor Verstümmelung, vor einem fremden Land und fremdartigen Menschen, deren Sprache und Gedankenwelt ich nicht kannte.« Die Neugier des Journalisten half ihm jedoch, und bald entdeckte er, daß die Mexikaner »Prachtkerle« waren. Zunächst schloß er sich einer wilden Truppe der mexikanischen Kavallerie an, beobachtete aus allernächster Nähe ein Gefecht und rettete dann sein Leben mit einer abenteuerlichen Flucht durch die Wüste. Dann hielt er sich vier

Monate bei der Revolutionsarmee von Pancho Villa auf. Bald konnte er in seinen Berichten seine Sympathien für Pancho Villa und seine Leute nicht mehr verheimlichen: »Jene vier Monate des Reitens über Hunderte von Meilen glühender Steppen, des Schlafens auf der nackten Erde zusammen mit den Soldaten, des Tanzens und Feierns in ausgeplünderten Haziendas, die ganze Nacht hindurch nach einem ganztägigen Ritt, der Vertrautheit mit den Männern im Spiel ebenso wie im Kampf, bedeutete wohl die Periode meines Lebens, die mir die höchste Befriedigung verschaffte. Ich wurde eins mit diesen wilden Kämpfernaturen und auch mit mir selbst.«

Im April 1914 nach den USA zurückgekehrt, verteidigte Reed in seinen Berichten die Revolution in Mexiko, warnte vor einer Einmischung der USA und analysierte den Landhunger der Bauern als Haupttriebkraft der mexikanischen Entwicklung.

Dann begann der Erste Weltkrieg, den er als amerikanischer Kriegsberichterstatter von Anfang an beobachtete, wobei er eineinhalb Jahre durch alle kriegführenden Länder reiste. Seinen Eindruck faßte er so zusammen: »In Europa entdeckte ich nichts von der Spontaneität oder dem Idealismus der mexikanischen Revolution. Es handelte sich um einen Krieg zwischen Maschinen, und die Schützengräben waren Fabriken, die Zerstörung produzierten, die geistige ebenso wie die physische Zerstörung, den realen und einzigen Tod. Alles war zum Stillstand gekommen, außer der Maschinerie des Hasses und der Vernichtung.« Er kehrte nach New York zurück und schrieb im Frühjahr 1917 eine autobiographische Skizze mit dem Titel *Beinahe Dreißig*, die er mit dem Hinweis abschloß, er habe endlich eine Gefährtin gefunden, »erregend und beglückender als irgend jemand sonst in meinem Leben«. Es war Louise Bryant, eine Journalistin und Schriftstellerin, die er 1916 geheiratet hatte.

Wenige Monate später, im August 1917, fuhr John Reed mit seiner jungen Frau in das revolutionäre Rußland. Er durchstreifte Petrograd, horchte auf die Stimme der Arbeiter, aber auch auf das, was die eingeschüchterten Männer des alten Regimes zu sagen hatten. Er war wiederholt in der Stadtduma, wo sich die bürgerlichen Vertreter und die gemäßigte Linke trafen; vor allem besuchte er aber die Räte der Arbeiter und Soldaten, ging in die Baracken, in Betriebsversammlungen, nahm an Straßendemonstrationen teil und war wiederholt im Winterpalast – vor und nach dem Sieg der Bolschewiki. Oft war er auch im Smolny, dem Sitz des Petrograder Sowjet und Zentrum der Revolution. Dort traf er immer häufiger mit den führenden Bolschewiki jener Tage zusammen, mit Trotzki, Kamenew und Bucharin, aber vor allem mit jenen vier Männern, die im militärrevolutionären Komitee des Petrograder Sowjet unmittelbar den Oktoberaufstand vorbereiteten und leiteten: dem ehemaligen Zarenoffizier Wladimir Antonow-Owsejenko (1884–1938), mit langem Haar und hagerem Gesicht, einem Mathematiker und Schachkünstler, der die Pläne für den bolschewistischen Aufstand ausarbeitete; mit Nikolaj Podwoiski (18880–1948), einem mageren, bärtigen Zivilisten, der die Strategie des Aufstandes vorbereitete; dem Soldaten Nikolaj Krylenko (1885–1938) mit seinem gutmütigen, stets lächelnden breiten Gesicht; schließlich mit dem riesenhaften bärtigen Matrosen Fjodor Dybenko (1889–1938). Antonow-Owsejenko, Krylenko und Dybenko waren nach dem Sieg der Bolschewiki im November 1917 in der ersten Sowjetregierung für Militär- und Marineangelegenheiten verantwortlich; sie alle wurden Mitte der dreißiger Jahre Opfer der Stalinschen großen Säuberung.

Als Augenzeuge berichtete John Reed dann von der Oktoberrevolution in Petrograd. Er befand sich auch unter den 600 Delegierten des Sowjetkongresses vom 26. Oktober (8. November), auf dem Lenin den Sieg der bolschewistischen Revolution verkündete. »Lenin stand vorn«, schrieb John Reed 1918 in seinem berühmten Buch *Zehn Tage, die die Welt erschütterten,* »die Hände fest an den Rand des Rednerpultes gekrampft, seine kleinen blinzelnden Augen über die Menge schweifen lassend, wartend, bis der minutenlange, ihm offensichtlich gleichgültige Beifallssturm sich gelegt haben würde. Als er endlich beginnen konnte, sagte er einfach: ›Wir werden jetzt mit dem Aufbau der sozialistischen Ordnung beginnen‹ . . .«

Als Lenin etwas später das Dekret über den Frieden vorlas und begründete, kam es zu einer bewegenden Szene: »Plötzlich, einem gemeinsamen Impulse folgend, hatten wir uns erhoben und sangen die *Internationale.* Ein alter graubärtiger Soldat schluchzte wie ein Kind, Alexandra Kollontai unterdrückte rasch die Tränen. Mächtig brauste der Gesang durch den Saal, durch Fenster und Türen zum stillen Nachthimmel empor. ›Der Krieg ist zu Ende, der Krieg ist zu Ende‹, jubelte leuchtenden Antlitzes ein junger Arbeiter neben mir. Der Gesang war vorüber, und wir standen da in einer Art linkischen Schweigens. Plötzlich ertönte im Hintergrund des Saales der Ruf: ›Genossen! Gedenken wir derer, die für die Freiheit gestorben sind!‹ Und so sangen wir den Trauermarsch, jene echt russische, schwermütige und doch so siegesgewisse Weise . . .«

Lenin war später von John Reeds Buch begeistert. In einem Geleitwort zur amerikanischen Ausgabe notierte er 1920: »Ohne Einschränkung empfehle ich es den Arbeitern der Welt. Dies ist ein Buch, das ich in Millionen Exemplaren verbreitet und in alle Sprachen übersetzt wissen möchte.«

Im April 1918 reiste John Reed in die Vereinigten Staaten zurück, nahm an vielen Komitees teil, redigierte kommunistische Zeitschriften und unternahm Vortragsreisen über die Russische Revolution. Er war auch aktiv an der Spaltung der Sozialistischen Partei beteiligt, wobei er dazu beitrug, den linken Flügel in eine kommunistische Richtung zu lenken, und er gehörte zu den Gründern der KP der USA auf dem Gründungskongreß in Chikago Ende August 1919.

Im Herbst 1919 wollte John Reed wieder nach Sowjetrußland zurück. Aber in Rußland tobte der Bürgerkrieg, die ausländischen Mächte hatten eine totale Blockade, damals »Cordon sanitaire« genannt, um Rußland errichtet. Reed erhielt weder Paß noch Visum. Deshalb heuerte er mit gefälschten Papieren unter dem Namen Jim Gromley im September 1919 auf einem skandinavischen Schiff als Heizer an. Obwohl sein Gesundheitszustand nach einer gerade überstandenen Nierenoperation keineswegs gut war, verrichtete er seine Arbeit so tadellos, daß er unentdeckt Norwegen erreichen konnte. Dort ging er von Bord, gelangte auf einem Schiff nach Finnland und überquerte schließlich die finnisch-sowjetische Grenze.

John Reed war nicht nur über den Hunger und das Elend erschüttert, das er vorfand, sondern bemerkte auch nachdenklich und kritisch die zunehmende Apathie, das Nachlassen des revolutionären Enthusiasmus sowie die ersten Anzeichen für das Entstehen einer Bürokratie, die sich mehr und mehr von den Werktätigen entfernte. Fast verzweifelt versuchte er seine idealistischen Träume mit der Realität Sowjetrußlands zu verbinden. Er half mit an den Vorbereitungen zum Zweiten Kongreß der Kommunistischen Internationale im Sommer 1920 und wurde auch während dieses Kongresses in das Exekutivkomitee der Komintern gewählt.

Seine von Lenin so gelobte Chronik der Russischen Revolution blieb später unter Stalin fast 25 Jahre lang verboten. Erst nach dem XX. Parteitag der KPdSU, im Februar 1956, also unter Nikita S. Chruschtschow, konnte John Reeds Buch in Rußland und den Ostblockländern wieder erscheinen – mit vielen »Berichtigungen« und kritischen Hinweisen, was er, John Reed, der Augenzeuge der Oktoberrevolution, angeblich nicht gesehen habe, aber hätte sehen müssen.

Der Tscheche Arnost Kolman:
Vom jüdischen Nationalisten zum Revolutionär

Für den Tschechen Arnost Kolman waren die russische Kriegsgefangenschaft und das persönliche Erleben der Russischen Revolution die entscheidenden Stationen seines Lebensweges. Er wurde im Dezember 1892 in einer kleinen Stadt in Südböhmen als Sohn eines Postbeamten geboren, beendete dort die Schule und schaffte dann den Sprung an die Technische Hochschule in Prag. Damals war er ideologisch noch in der jüdisch-nationalistischen Bewegung beheimatet, hörte in Prag an der Philosophischen Fakultät Vorlesungen von Thomas Masaryk, dem späteren ersten Präsidenten der Tschechoslowakei, und auch an der deutschen Prager Karls-Universität bei Albert Einstein, von dem er sehr beeindruckt war.

Im Jahre 1910, nachdem er das *Kommunistische Manifest* gelesen hatte, trat Kolman in die studentische Organisation der tschechischen Sozialdemokraten ein, die damals zum linken Flügel der Partei gehörte und sich an Karl Kautsky orientierte. Arnost Kolman lernte nicht nur die Theorie des Marxismus kennen, sondern beteiligte sich auch an Streiks und Demonstrationen, die zur Durchsetzung des 8-Stunden-Tages führten. Später erinnerte er sich:»Die Teilnahme an solchen und ähnlichen Massenaktionen, zu denen auch die alljährlichen Maidemonstrationen gehörten, verstärkten bei mir verständlicherweise mein inneres Zugehörigkeitsgefühl zur Arbeiterbewegung, während die Diskussionen und die Lektüre dieses Gefühl vom Verstand her noch untermauerten. Die Teilnahme am Befreiungskampf war so bei mir vorbereitet.«

Kurz nach Beginn des Ersten Weltkrieges wurde Arnost Kolman zum 91. Infanterieregiment der k. u. k. Armee eingezogen, das in Budweis stationiert war. Es war jenes Regiment, das später berühmt geworden ist durch Jaroslav Hašeks Buch *Die Abenteuer des braven Soldaten Schwejk* (1921–1923). Tatsächlich war Jaroslav Hašek kurz zuvor im gleichen Regiment gewesen.

Kolman kam mit dem Regiment 1915 an die Ostfront, wo es in der Gegend von Sokal bald in schwere Kämpfe verwickelt wurde. Mitte August 1915 versandete die Offensive. Das Gespenst des drohenden Winters schreckte die Soldaten mehr als alles andere. Mitte September 1915 erwachte Arnost Kolman eines Nachts plötzlich von anhaltendem Maschinengewehrfeuer, das nicht von den eigenen Linien zu kommen schien, sondern dahinter lag. Am Morgen tauchten dann tatsächlich im Nebel russische Soldaten mit vorgehaltenen Gewehren auf und schrien: »Raus! Kommt heraus!« Fast das ganze 91. k. u. k. Regiment war von den Russen umzingelt worden, insgesamt mehr als 5000 Mann gerieten in russische Gefangenschaft, darunter auch Arnost Kolman.

Die Gefangenen wurden zunächst nach Rowno gebracht, dann über Schitomir nach Kiew. Für die Strecke von ungefähr 300 Kilometern brauchten sie zu Fuß mehr als einen Monat. Als kaum geordneter Haufen trotteten sie dahin, angetrieben von berittenen Kosaken, ihren anspornenden Rufen, ihrem Schimpfen, aber auch ihren Peitschen. In Viehwagen wurden die Gefangenen dann in Richtung Osten weitertransportiert. Für Arnost Kolman und seine Mitgefangenen war Samara an der Wolga (heute Kuibyschew) die Endstation und der Arbeitsplatz für die nächste Zeit.

Kolman, der bereits mehrere Sprachen beherrschte und inzwischen auch schon russisch gelernt hatte, übersetzte seinen Kameraden die Berichte der Zeitung *Russkoje Slowo* von den Kriegsschauplätzen und später über den Kampf der verschiedenen politischen Parteien in Rußland nach dem Sturz des Zarismus im Februar 1917: »Die verwirrende Optik dieser bürgerlichen Zeitung konnte nicht verhindern, daß uns die bolschewistischen Losungen ›Nieder mit dem Krieg‹ und ›Es lebe die proletarische Revolution in der ganzen Welt‹ erreichten und beeindruckten.«

Bald wirkte sich die Februarrevolution auch auf die Kriegsgefangenen aus. Deputierte des inzwischen entstandenen Arbeiter-, Bauern- und Soldaten-Sowjet von Iwanowo hatten bei den Militärbehörden erreicht, daß die Gefangenen, wenn sie versprachen, Ordnung zu halten und keine Fluchtversuche zu unternehmen, an der Demonstration zum 1. Mai 1917 teilnehmen konnten: »In geordneten Reihen marschierten wir wie auch die Insassen anderer Gefangenenlager, gemeinsam mit russischen Arbeitern und Arbeiterinnen und mit russischen Soldaten über den breiten Stadtplatz.« Danach fand eine Versammlung statt, auf der die Vertreter unterschiedlicher Parteien sprachen, immer wieder von lauten Rufen der Zuhörer unterbrochen. Manche der Redner beschworen, den Krieg bis zum Endsieg fortzusetzen, für Ordnung und gegen die Anarchie der Bolschewisten zu kämpfen. Andere verkündeten die Parolen, sofort den Krieg zu beenden, den Bauern Land, den Arbeitern Brot und dem arbeitenden Volk ungeteilte Macht und Freiheit zu geben. Arnost Kolman hielt es nicht mehr auf seinem Platz. Ungeachtet der Schreie der Wachmannschaft stürmte er nach

vorn, kletterte auf das improvisierte Podium und hielt eine Rede – auf
deutsch. »Wir sollten«, rief er, »uns die Russen zum Vorbild nehmen
und nach der Heimkehr bei uns die Revolution machen.« Die kurze
Rede wiederholte er in seinem gebrochenen Russisch und schloß – zuerst russisch, dann deutsch und dann ungarisch – mit der Parole »Es
lebe die Weltrevolution!« Unter ohrenbetäubendem Geschrei der
Menge, teils begeistert zustimmend, teils protestierend, sprang er vom
Podium herunter und drängte sich wieder in die Reihe. Bereits am selben Abend wurde er von zwei Offizieren und einem Unteroffizier verhaftet und in das Etappengefängnis am Stadtrand gebracht. Hier verbrachte Arnost Kolman mehrere Wochen in Einzelhaft. Noch während der Oktoberrevolution saß er dort im Gefängnis. Zwei Tage nach
dem Sieg der Bolschewiki, am 27. Oktober 1917 (9. November), gab
es für die Häftlinge morgens weder Tee noch Brot. Die Aufseher waren
geflohen. Arnost Kolman hörte ein ungewohntes Stimmengewirr im
Vorraum, dann öffnete sich seine Zellentür und ein Zivilist kam herein.
Ein langer, dünner Mann mit eingefallenen Wangen und brennenden
Augen fragte ihn: »Warum wurden Sie verhaftet?« Arnost Kolman
hatte noch nicht geantwortet, als er von dem Zivilisten umarmt wurde.
»In Petersburg hat die proletarische Revolution gesiegt, die Regierung
der Kapitalisten und Gutsbesitzer ist festgenommen, Kerenskij ist geflohen, die Macht befindet sich nun in den Händen der Arbeiter-, Bau-
ern- und Soldatenräte, geführt von den Bolschewiki und den linken
Sozialrevolutionären. Alle politischen Gefangenen sind frei«, erklärte
der Zivilist, der sich als Leiter der bolschewistischen Parteiorganisation in Iwanowo vorstellte und Samoilow hieß.
Kolman war kein Gefangener mehr, sondern Genosse. Er organisierte nun im Lager nach russischem Vorbild ein »Komitee kriegsgefangener revolutionärer Internationalisten«, das schnell handelte. Den
kriegsgefangenen Offizieren wurden die Sterne und Litzen herunter-
gerissen, und sie mußten wie alle anderen Soldaten im Lager arbeiten.
Für das Neujahr 1918 beschloß das Komitee, ein festliches Treffen zu
organisieren. An dem Fest nahm auch der Bolschewik N. J. Muralow
(1877–1937), der Kommandeur des Moskauer Militärbezirks, teil (er
wurde 1927 als Anhänger Trotzkis aus der Partei ausgeschlossen).
Bald wurde Arnost Kolman nach Moskau eingeladen, wo er mit anderen Genossen im ehemaligen Hotel Dresden untergebracht wurde.
Er nahm dann Mitte 1918 an einem großen Treffen mit 8000 Personen
teil, auf dem erstmalig auch ehemalige Kriegsgefangene auftraten.
Seine in deutscher Sprache gehaltene Rede wurde ins Ungarische,

Tschechische, Serbokratische und Bulgarische übersetzt. Er forderte die Teilnehmer auf: »Wir wollen bei uns zu Hause das gleiche vollbringen, was hier die russischen Genossen geleistet haben«, und wurde begeistert gefeiert. Den Russen erschienen diese ehemaligen Kriegsgefangenen als Vorboten einer großen Weltrevolution. Man nannte sie deshalb Internationalisten, sie waren die Helden des Tages.

Vom Moskauer Parteikomitee wurden die Aktivisten der Kriegsgefangenen unterstützt. Bald erschien in deutscher und ungarischer Sprache die Zeitung *Die Fackel,* die später in *Weltrevolution* umbenannt wurde. An der Redaktion der Zeitung arbeitete auch Arnost Kolman mit.

Von Bielefeld über Rußland nach Berlin: Der Weg Ernst Reuters

Auch Ernst Reuter, der spätere legendäre Berliner Bürgermeister in der Zeit der Blockade nach dem Zweiten Weltkrieg, gehörte zu den Kommunisten der ersten Stunde. Er wurde am 29. Juli 1889 in Altenrade in Nordschleswig als Sohn eines ehemaligen Kapitäns der Handelsmarine geboren und verbrachte seine Kindheit in Leer in Ostfriesland, wo er Jahr für Jahr am dortigen Gymnasium Klassenbester war. Er wurde in strenger puritanischer Zucht erzogen und litt sehr darunter. Seine Liebe galt von Anfang an der Natur, der Kunst und Literatur.

In der letzten Schulklasse stellte der Deutschlehrer 1906 die Alternative »Krieg oder Frieden« zur Diskussion. Alle Gymnasiasten wetteiferten in der Verherrlichung der deutschen Flottenrüstung, nur der Klassenprimus Ernst Reuter fragte nach den Konsequenzen eines Wettrüstens und nach dem Umfang der Zerstörung, die ein Krieg mit sich bringen würde.

Ab Frühjahr 1907 studierte Ernst Reuter zuerst in Marburg, dann in München Germanistik, Geschichte und Geographie. Vor allem von München war Reuter begeistert, aber dort wurden ihm auch die sozialen Probleme der modernen Industriegesellschaft erstmals deutlich. Er studierte die Schriften des sozialliberalen Friedrich Naumann und des sozialdemokratischen Theoretikers Eduard Bernstein und begann regelmäßig die *Sozialistischen Monatshefte,* das Organ des Reformflügels der Sozialdemokraten, zu lesen. Als er im Frühjahr 1910 nach Marburg zurückkehrte, war er überzeugter Sozialist geworden. Zwei Jahre später ging er, mit dem Staatsexamen in der Tasche, von Marburg nach

Bielefeld, trat dort in die SPD ein, hielt Vorträge und war in der sozial-demokratischen Bildungsarbeit der Stadt tätig.

Seine Aktivität in der SPD kostete ihn die Arbeitsstelle, er mußte in einer billigen Mansarde hausen. Im März 1913 schrieb er verbittert an seinen Vater: »Als Sozialdemokrat kann ich kein Beamter sein.« Die Arbeiterbewegung in Bielefeld wurde damals von Carl Severing, dem späteren preußischen Innenminister der Weimarer Republik, geleitet.

Bei Kriegsausbruch 1914 gehörte Ernst Reuter weder zu den Sozial-demokraten, die sich von der allgemeinen Euphorie anstecken ließen, noch zu den entschiedenen Kriegsgegnern. Wie viele andere rechnete er mit einem kurzen Krieg und einem deutschen Sieg, aber er blieb skeptisch. In einem Brief an die Eltern äußerte er »die leise Hoffnung, daß doch nach dem Krieg die zuletzt geradezu fanatische Verfolgung der Arbeiterbewegung verschwinden wird«. Aber je länger der Krieg dauerte, um so stärker wurde seine Skepsis. »Ich habe die Hoffnung aufgegeben, daß das Morden vorm Winter aufhört. Der einzige Hoff-nungsfunke ist der furchtbare finanzielle Druck«, schrieb er im Sep-tember 1915 an seine Eltern und fügte hinzu: »Der Krieg wäre längst zu Ende, wenn überall Pressefreiheit herrschte und alle Völker die Wahr-heit kennten.«

Im Frühjahr 1916 wurde auch er an die Front eingezogen und lernte vier Monate lang den Stellungskrieg an der Westfront kennen. Ende Juli 1916 wurde Ernst Reuters Einheit plötzlich an die Ostfront ver-legt, wo er bereits fünf Tage nach seiner Ankunft, am 10. August 1916, schwer verwundet in russische Gefangenschaft geriet. Mit Schüssen durch den linken Ober- und Unterschenkel und gebrochenem Unter-schenkel wurde er im Laufe der nächsten Wochen über Jekaterinoslaw und Odessa nach Moskau und schließlich Anfang September 1916 in ein Lazarett in Nishni-Nowgorod (heute Gorki) gebracht. Hier heilte die Verwundung aus, und er lernte allmählich wieder gehen, erst mit Krük-ken und schließlich am Stock. Auf den vielen kleinen Stationen seiner Reise, an denen der Gefangenentransport anhielt, kamen die Bauern und boten den verwundeten »Feinden« Essen an – Schüsseln voll dampfend heißem Kascha (Buchweizenbrei). Auch viel später erinnerte sich Reu-ter häufig mit Rührung an die russischen Bauern. Bis zu seinem Tode hat er immer wieder die Hoffnung gehabt, einmal frei in einem freien Rußland zu reisen und in einem Bauernhaus an der Wolga mit einem Holzlöffel Kascha essen zu können. »Ich habe unter einfachen russi-schen Bauern und Arbeitern als Gefangener gelebt«, sagte er zu deut-schen Heimkehrern aus russischer Gefangenschaft im Jahre 1952,

»und ich habe sie lieben gelernt, weil sie Menschen sind wie wir.«
Reuter lernte in der Gefangenschaft russisch, und als er Anfang Dezember 1916 das Lazarett verlassen konnte und in ein Lager nordöst-
lich von Moskau abgeschoben wurde, beschaffte er sich häufig russische Zeitungen. Als dann die Februarrevolution kam, erweckte sie
unter den deutschen Kriegsgefangenen in Rußland und auch bei Ernst
Reuter neue Hoffnungen auf Frieden und Heimkehr. Aufgrund seiner
Sprachkenntnisse wurde Ernst Reuter in einen Lagerausschuß gewählt.

Ende August 1917 wurde er in ein neues Lager in der Nähe von Tula
eingeliefert, wo er in einem Kohlenbergwerk arbeiten sollte. Aber weitere Veränderungen kündigten sich an. Und die Nachricht vom Sieg
der bolschewistischen Oktoberrevolution versetzte Ernst Reuter in
helle Begeisterung; er sang bei der Arbeit, sprach von nichts anderem,
versuchte den Kameraden die Bedeutung der Ereignisse zu erklären.
Der Grubenbesitzer Nikonow wurde davongejagt, der Dorfsowjet
übernahm das Bergwerk; da es keine Fachkräfte gab, übernahm Ernst
Reuter Anfang 1918 zusammen mit einem tschechischen Buchhalter
und einem alten Bauern die Geschäftsführung. Damit war Reuter auch
Mitglied des Arbeiter- und Soldatenrates, fuhr als solches wiederholt
nach Tula und wurde dadurch den Bolschewiki als ein »internationali-
stischer« Kriegsgefangener bekannt, der noch dazu fließend russisch
sprach. Schon bald erhielt Reuter eine Einladung nach Moskau, er
wurde Vorsitzender eines von den Bolschewiki geförderten internationalen Kriegsgefangenenkomitees, das im Februar 1918 gemeinsam
mit vielen internationalen Aktivisten nach Moskau übersiedelte und
wie Arnost Kolman in dem ehemaligen deutschen Hotel Dresden untergebracht wurde.

Am 16. April 1918 trat der Allrussische Kongreß revolutionärer
Kriegsgefangener zusammen. Rund 400 Delegierte vertraten etwa eine
halbe Million ehemaliger Kriegsgefangener, die nun »revolutionäre Internationalisten« waren. Sie drängten sich im großen Saal der ehemaligen »Adelsversammlung«, dem Kolonnensaal des Gewerkschaftshauses in Moskau. Der Kongreß nahm einen Aufruf an, der die Bedeutung
der revolutionären Kriegsgefangenen für die zukünftige Entwicklung
der kommunistischen Parteien deutlich werden ließ und in dem es
hieß: »Bruder Kriegsgefangener! Wir sagen Dir: Arbeite für die Revolution! ... Nehmt die Leitung des Staates in Eure eigenen Hände ...
Nur mit Gewalt und bewaffnetem Aufstand, nur durch soziale Revolutionen, können wir dieses Ziel erreichen. Heimkehrende Kriegsge-

fangene, Arbeiter, Bauern! Seid die Pioniere der Internationalen Sozialistischen Revolution des Proletariats! Bereitet Euch für den bewaffneten Aufstand vor!«

In der revolutionären Periode jener Jahre spielten Zufälle eine weit größere Rolle, als die heutigen bürokratischen Lehrbücher des Ostblocks wahrhaben wollen. Ein solcher Zufall sollte nun das Leben Ernst Reuters verändern. Zu dem Kongreß der revolutionären Kriegsgefangenen kam auch eine Delegation der Wolgadeutschen, jener etwa 600000 deutschen Siedler im Wolgagebiet, die in den ersten Jahren nach der Revolution ihre Autonomie forderten. Sie hatten ihre Delegierten nach Moskau geschickt und trafen auch mit Ernst Reuter zusammen. Stalin, damals Volkskommissar für Nationalitäten, wollte den Delegierten im Einvernehmen mit den anderen bolschewistischen Führern die verlangte Autonomie der Wolgadeutschen nur einräumen, wenn an ihrer Spitze ein zuverlässiger Revolutionär stünde. Die Wahl für diesen Führer der Wolgadeutschen fiel auf Ernst Reuter, der für die konkreten Probleme der Wolgadeutschen Interesse zeigte und die Wahl annahm. Er erhielt außerordentlich weitreichende Vollmachten mit der Zielsetzung, eine deutsche Verwaltung im Wolgagebiet aufzubauen, die loyal die neuen Sowjetgesetze in allen Bereichen des öffentlichen Lebens ausführte.

Anfang Mai 1918 traf Reuter mit einigen Mitarbeitern in Saratow an der Wolga ein und bezog das beschlagnahmte Haus einer früheren reichen Saratower Kaufmannsfamilie als Hauptquartier des neuen deutschen Wolgakommissariats. Nach mehreren Besprechungen und Konferenzen wurde am 29. Mai 1918 das Autonomiestatut der Wolgadeutschen von Stalin bestätigt und am 5. Juni veröffentlicht. Schon am 26. Juli 1918 verbot der Rat der Volkskommissare, d. h. die Sowjetregierung, jegliche Einmischung russischer Instanzen in den Amtsbereich des deutschen Wolgakommissariats unter Leitung von Ernst Reuter.

Bei seiner Tätigkeit im deutschen Wolgagebiet lag Reuter vor allem der Aufbau eines neuen deutschen Schulwesens am Herzen. Dies war nicht leicht, da die wenigen früheren deutschsprachigen Lehrer meist nicht in der Lage waren, moderne politische und soziale Probleme zu behandeln. Die jüngeren, mit der Revolution sympathisierenden Lehrer waren durch ihre Mitarbeit in der russischen bolschewistischen Partei meist der deutschen Sprache entwöhnt. So organisierte Reuter im September 1918 an der Wolga eine deutsche Lehrerschule, in der die alten und neuen Lehrer Vorträge und Kurse über Zeitfragen in modernem Deutsch hörten. Die Zahl der Lehrer vergrößerte sich daraufhin schnell. Die ersten Arbeitsschulen, Kindergärten und Schulen entstanden. Es war eine Zeit unglaublicher Improvisation. Ernst Reuter sammelte erste Erfahrungen in einer Ausnahmesituation und fiel den Sowjets durch administrative Tüchtigkeit und die Fähigkeiten zu einer guten Zusammenarbeit mit seinen Mitarbeitern auf. Bald entstanden im Wolgagebiet auch die ersten deutschen kommunistischen Parteiorganisationen, die auf einem Kongreß der Wolgadeutschen in Saratow am 20. Oktober 1918 den Ton angaben. Zu Beginn des Kongresses hatte die Moskauer Sowjetregierung offiziell die »Wolgadeutsche Arbeitskommune« bestätigt und die Wahl einer Exekutive für das ganze Gebiet genehmigt. Ernst Reuter hielt auf dem Kongreß das Hauptreferat. Aus dem Kreis der Wolgadeutschen trat erstmals Gustav Klinger auf, der kurz darauf als Leiter eines Büros der Wolgadeutschen nach Moskau ging und dann auch am Gründungskongreß der Komintern im März 1919 teilnahm (s. Kapitel I). An der Spitze des neu gewählten Exekutivkomitees für die Wolgadeutschen stand Ernst Reuter.

Während des Kongresses war die Nachricht eingetroffen, daß Karl Liebknecht in Deutschland aus dem Gefängnis entlassen worden sei. Das Exekutivkomitee der wolgadeutschen Arbeitskommune entsandte ein Grußtelegramm an ihn, in dem es ihn als »den energischen und standhaften Vorkämpfer des internationalen Proletariats« bezeichnete und die Hoffnung zum Ausdruck brachte, daß das deutsche Proletariat »Hand in Hand mit dem russischen Proletariat den Weg zum Weltsozialismus« beschreiten werde.

Wenige Tage später, am 24. Oktober 1918, reisten Reuter und Klinger nach Moskau zum sechsten Allrussischen Sowjetkongreß. Während seines Aufenthalts in der sowjetischen Hauptstadt erhielt Reuter die Nachricht von der deutschen Novemberrevolution. Arbeiter- und Soldatenräte, so hörte Reuter, hätten in Berlin die Macht übernommen, Angehörige beider sozialistischer Parteien, der SPD und der USPD, hätten einen »Rat der Volksbeauftragten« als vorläufige Regierung gebildet. Reuter, so berichteten Augenzeugen später, wurde vor innerer Erregung schwindlig, er sank ohnmächtig zu Boden. Für ihn war danach klar: Er muß so schnell wie möglich nach Hause. Am 9. November 1918, dem Tag, als in Deutschland der Kaiser abdankte und die Republik ausgerufen war, hatten Angehörige der internationalistischen Kriegsgefangenen das Gebäude des deutschen Generalkonsulats in Moskau besetzt und die rote Fahne gehißt. Bereits am nächsten Tag wurde aus ehemaligen deutschen Kriegsgefangenen und Angestellten der deutschen Botschaft ein »deutscher Soldatenrat« gewählt, der die Verwaltung des Generalkonsulats, nunmehr unter der Leitung Ernst Reuters, übernahm. So saß seit dem 10. November 1918 Reuter in Moskau hinter dem Schreibtisch des ehemaligen Generalkonsuls. Er bezeichnete sich allerdings nicht als Botschafter, sondern als politischer Vertreter des revolutionären Deutschlands. Als sein Sekretär fungierte Nikolai Rackow, der in Rußland aufgewachsene Sohn eines deutschen Werkmeisters, der sich schon 1916 den Bolschewiki angeschlossen hatte und später unter dem Namen Felix Wolf Anfang der zwanziger Jahre in der Kommunistischen Internationale und der Kommunistischen Partei Deutschlands eine bedeutende Rolle spielen sollte.

So bedeutsam auch seine Tätigkeit in Moskau war: Ernst Reuter wollte zurück in das revolutionäre Deutschland. In der zweiten Dezemberhälfte 1918 war es soweit. Er fuhr gemeinsam mit Karl Radek und Nikolai Rackow (Felix Wolf) nach Deutschland, um an dem für den 30. Dezember 1918 angesagten Gründungskongreß der Kommunistischen Partei Deutschlands teilzunehmen. Die Reise führte mitten durch den russischen Bürgerkrieg zur Zeit der Blockade. Reuter, Radek und Wolf fuhren bis zur letzten Bahnstation, die noch zum damaligen sowjetischen Gebiet gehörte. Dort mieteten sie Schlitten und kamen damit, als heimkehrende österreichische Kriegsgefangene verkleidet, bis nach Wilna in Litauen – vorbei an heimkehrenden russischen Kriegsgefangenen und an zurückflutenden deutschen Einheiten und halbzerstörten Bauernhöfen. In Wilna kauften sie für 20 Mark Entlausungsscheine. Mit ihnen konnten sie im allgemeinen Durcheinander ihre Identität nachweisen, und ein mit Soldaten vollgepackter Zug nahm sie bei Eydtkuhnen, der damaligen deutschen Grenzstation, mit. Von dort ging es weiter mit der Eisenbahn über Königsberg nach Berlin.

Weihnachten 1918 traf Ernst Reuter in Berlin ein. Mehr als drei Jahre waren seit seiner Einberufung in die kaiserliche Armee vergangen, und er hoffte nun, daß sich die proletarische Revolution auch in seiner Heimat durchsetzen werde. Auf den ersten Blick schien in Deutschland die Situation auch ähnlich wie in Rußland. Doch im Unterschied zu Rußland, wo die landhungrigen Bauern eine entscheidende revolutionäre Kraft darstellten, waren die Bauern in Deutschland in der Regel konservativ. Während die Räte im Rußland des Jahres 1917 Instrumente der Aktivierung der Revolution waren, wirkten sie in Deutschland meist als Ordnungsbehörden in den Wirren nach dem militärischen Zusammenbruch. Die Arbeiter- und Soldatenräte in Deutschland, die meist unter sozialdemokratischem Einfluß standen, erklärten bald ihre Bereitschaft, sich einer neuen demokratischen Regierung unterzuordnen.

Als Ernst Reuter in Berlin eintraf, stand Deutschland vor den ersten demokratischen Wahlen zur Nationalversammlung, die am 10. Januar 1919 stattfinden sollten. Der Spartakusbund mußte sich entscheiden. Unter der Führung von Karl Liebknecht und Rosa Luxemburg hatte er seit der Novemberrevolution starken Zulauf erhalten, an seinen Demonstrationen und Versammlungen beteiligten sich Tausende von Menschen – aber noch war der Spartakusbund keine politische Partei. Rosa Luxemburg und auch Leo Jogiches, die führenden Theoretiker im Spartakusbund, waren sehr skeptisch, ob es zu dieser Zeit bereits möglich sei, eine neue linke, revolutionäre sozialistische Massenpartei zu schaffen. Die Ergebnisse bei den Wahlen zu den Arbeiter- und Soldatenräten, bei denen der Spartakusbund nur eine verschwindende Minderheit gewinnen konnte, betrachteten sie als ernste Warnung. Doch der gemeinsam mit Ernst Reuter eingetroffene Karl Radek, der mit dem Nimbus der siegreichen Bolschewiki nach Deutschland kam, wirkte auf die Führer des Spartakusbundes ein, die Gründung einer eigenen Partei so schnell wie möglich zu vollziehen. Widerstrebend stimmten Rosa Luxemburg und Leo Jogiches schließlich zu, zum 29. Dezember 1918 eine Reichskonferenz des Spartakusbundes einzuberufen, auf der dann 83 Delegierte des Spartakusbundes, 33 Vertreter anderer revolutionärer Gruppierungen und 16 Gäste zusammen die Gründung einer Partei beschlossen. Das von Rosa Luxemburg vorher verfaßte Programm – in dem übrigens die neue Partei als sozialistische und nicht als kommunistische Partei bezeichnet worden war – wurde vom Gründungskongreß im Gebäude des Preußischen Landtages in Berlin angenommen. Neben Rosa Luxemburg war Karl Radek der zweite Hauptredner der Konferenz. Er begeisterte die Teilnehmer mit seinem Bericht über die revolutionäre Weltsituation und die Russische Revolution, und er überzeugte sie von der Notwendigkeit der baldigen Gründung einer kommunistischen Partei und einer kommunistischen Internationale. Unter seinem Einfluß einigte man sich auf den Namen »Kommunistische Partei Deutschlands (Spartakusbund)«, woraus dann bald die geläufige Abkürzung KPD wurde.

Nach der Parteigründung kam es zur entscheidenden Debatte über die Frage, ob die neue Partei an den Wahlen zur Nationalversammlung im Januar 1919 teilnehmen oder diese boykottieren sollte. Rosa Luxemburg, Karl Liebknecht und ein jüngerer Spartakusführer, der Rechtsanwalt Paul Levi, traten für die Teilnahme an den Wahlen ein. Die Mehrzahl der versammelten Delegierten lehnte dies jedoch in ihrem revolutionären Enthusiasmus ab. Vergebens versuchte Rosa Luxemburg, den Delegierten eine realistischere Einschätzung zu vermitteln. »Ich habe die Überzeugung, ihr wollt euch euren Radikalismus ein bißchen bequem und rasch machen«, erklärte sie. Und: »Es ist nicht die Reife und der Ernst, die in diesen Saal gehören. Es ist meine feste Überzeugung, daß es eine Sache ist, die ruhig überlegt behandelt werden muß.« Kritisch verwies Rosa Luxemburg darauf, daß man die Situation in Deutschland nicht mit der Revolution in Rußland vergleichen könne. Sie erhielt jedoch nur schwachen Beifall. Die Mehrheit sprach sich mit 62 : 23 Stimmen für den Boykott der Wahlen zur ersten deutschen Nationalversammlung aus.

Anschließend referierte Hugo Eberlein, einer der damals jüngeren Führer des Spartakusbundes, über Fragen der Organisation der Partei. An der Spitze sollte eine gewählte Zentrale stehen. Diese sollte jedoch kein diktatorisches Gremium sein, und die Ortsgruppen der KPD sollten volle Autonomie erhalten. In die erste Zentrale der Kommunistischen Partei Deutschlands wurden dann zwölf Mitglieder gewählt, darunter Karl Liebknecht und Rosa Luxemburg (die zwei Wochen später, am 15. Januar 1919, in Berlin ermordet wurden), Leo Jogiches, August Thalheimer, Paul Levi, Hugo Eberlein (der die Partei auf dem Gründungskongreß der Komintern vertrat; siehe Kap. I), Ernst Meyer (der spätere Parteivorsitzende) und Wilhelm Pieck (der spätere Staatspräsident der DDR).

Ernst Reuter hat zusammen mit Felix Wolf den Gründungskongreß der KPD miterlebt. Er war ein aufmerksamer Beobachter, griff aber nicht in die Debatten ein. In den Memoiren von Teilnehmern des Gründungskongresses wurde Ernst Reuter nicht erwähnt, weil die Aktivisten des Spartakusbundes ihn, der die letzten Jahre in Rußland verbracht hatte, nicht kannten.

Niemand von den Delegierten konnte damals in Berlin ahnen, daß Ernst Reuter unter seinem Parteinamen »Friesland« wenige Jahre später Generalsekretär der KPD werden würde, geschweige denn, daß er Mitte der zwanziger Jahre mit der KPD brechen und ein Vierteljahrhundert später als sozialdemokratischer Bürgermeister Westberlins während der sowjetischen Blockade als Symbol des Widerstandes in der gesamten Welt berühmt werden sollte.

Vom indischen Nationalisten
zum sozialistischen Parteigründer in Mexiko:
Manabendra N. Roy

Der Inder Manabendra N. Roy kam über einige Umwege zur Kommunistischen Internationale. In seiner Jugend gab es für ihn nur ein einziges Ziel: die nationale Befreiung Indiens. 1914 fuhr er deshalb illegal nach Java, um deutsche Waffen für den indischen Befreiungskampf zu organisieren. Von dort verschlug es ihn nach Japan, wo er mit dem chinesischen Nationalrevolutionär Sun Yat-sen zusammentraf. Im Sommer 1916 fuhr er von China nach San Francisco in die USA. Seine Versuche, während des Ersten Weltkrieges in den USA für die Befreiung Indiens vom britischen Kolonialismus zu werben, schlugen jedoch fehl, denn in den USA wurden indische Nationalisten allgemein als »deutsche Agenten« angesehen. So war es nicht verwunderlich, daß Roy, inzwischen an der Ostküste der Vereinigten Staaten, bald verhaftet wurde. Er verbrachte einige Zeit in einem New Yorker Gefängnis. Wieder freigelassen, besuchte er verschiedene Kundgebungen. Eine dieser Zusammenkünfte war für Roys weiteres Leben entscheidend. Ein indischer Nationalist hatte in einem Vortrag für die indische Befreiung plädiert. Nach Ende seines Vortrages fragte ein Zuhörer den Redner: »Wie wollen die indischen Nationalisten die Armut der indischen Massen überwinden?« Es kam zu einer erregten Diskussion zwischen dem nationalistischen Redner und dem Sozialisten, der gefragt hatte. Der nationalistische Redner wurde nervös: »Lassen Sie uns erst einmal Herren in unserem eigenen Hause sein!« Aber sein Widerpart gab nicht nach: »Was für einen Unterschied macht es für die indischen Massen, wenn sie von den eigenen Kapitalisten anstatt ausländischen Imperialisten ausgebeutet werden?« Der Redner wurde wütend: »Es macht einen großen Unterschied, ob man von seinem Bruder oder von einem ausländischen Räuber unterdrückt wird!«

M. N. Roy hatte aufmerksam zugehört. Zunächst hatte er mit dem indischen Nationalisten sympathisiert. Dann begann er immer nachdenklicher und unsicherer zu werden. Er verließ die Veranstaltung ziemlich aufgewühlt. Mehr und mehr löste er sich von den Vorstellungen der indischen Nationalisten. Nachdem er die Schriften von Karl Marx gelesen hatte, akzeptierte er zunehmend den Marxismus.

Als im April 1917 Amerika in den Ersten Weltkrieg eintrat, mußte Roy nach Mexiko fliehen. Dort hörte er von der siegreichen Oktoberrevolution in Rußland, die ihn stark beeindruckte. Roy erkannte jetzt auch, daß der »Weg vom revolutionären antiimperialistischen Nationalismus zum Kommunismus« nur kurz war. Er begann vom marxistischen Standpunkt aus die indische Geschichte neu zu durchdenken und schrieb darüber in Mexiko mehrere Artikel. Die Befreiung des indischen Volkes, so meinte er nun, setze nicht nur die Befreiung vom britischen Imperialismus, sondern auch von dem feudalen patriarchalischen System voraus. Indien brauche also, so schloß Roy, auch eine soziale Revolution und nicht nur die nationale Unabhängigkeit. Seine Artikel verschafften ihm eine Einladung des führenden Gremiums der kleinen Sozialistischen Partei Mexikos. Der Einladungsbrief war in roten Lettern auf einer alten Schreibmaschine geschrieben und endete mit dem Gruß an die soziale Revolution.

Die Zusammenkunft, zu der Roy eingeladen worden war, fand in einem der ärmeren Bezirke von Mexico City statt. Der Sekretär der Sozialistischen Partei war ein Setzer, der eine eigene kleine Druckmaschine besaß. Er übergab Roy ein vierseitiges Druckerzeugnis, die letzte Ausgabe des Parteiorgans *Der Klassenkampf.* Roy fühlte sich etwas beschämt, weil die Anwesenden alle Arbeiter waren und er sehr gute Kleider trug. Einer der Arbeiter klopfte ihm auf die Schulter und sagte: »Wir haben nichts gegen Ihre Kleider. Wir alle wären gerne genauso angezogen wie Sie.« Als die Anwesenden lachten, begann er sich wie unter Freunden zu fühlen.

Mehrmals traf er sich noch mit den Sozialisten, nicht selten wurde bis in den Morgen hinein diskutiert. Mit Hilfe von Roy konnten seine neuen Freunde das bisher unregelmäßig erscheinende Parteiorgan in eine reguläre achtseitige Wochenzeitung verwandeln, er finanzierte der Gruppe auch eine neue Setzmaschine. Mitte 1918 schlug Roy vor, ein Manifest der Sozialistischen Partei zu verfassen und eine Konferenz einzuberufen mit der Zielsetzung, eine wirkliche Massenpartei der Arbeiterschaft Mexikos ins Leben zu rufen. Das von Roy geschriebene Manifest fand einen starken Widerhall. Die Nummer der Parteizeitung *Der Klassenkampf,* in der es zunächst erschien, mußte dreimal nachgedruckt werden. Eine unübersehbare Zahl von Briefen traf ein, alle mit der Bitte, an der geplanten Konferenz teilnehmen zu können. Roy nahm auch Kontakte zu den Bruderparteien anderer lateinamerikanischer Länder auf.

Im Dezember 1918 fand dann die erste Konferenz der neuen Sozialistischen Partei Mexikos statt. Neben mehreren hundert Mexikanern – darunter Arbeiter der Ölfelder, Mechaniker, Arbeiter und Arbeiterinnen der Textilindustrie und aus dem Bergbau, Eisenbahner, Lastwagenfahrer und Matrosen – nahmen auch sozialistische Führer anderer zentral- und südamerikanischer Länder daran teil. Während im Gebäude die Konferenz über Sachfragen diskutierte, fanden in der Stadt große Demonstrationen zu Ehren des Kongresses statt. Hinter einem riesigen Porträt Lenins war ein Wald von roten Fahnen zu sehen, die Demonstranten trugen Transparente mit Losungen wie »Nieder mit dem Yankee-Imperialismus«, »Das Öl gehört dem mexikanischen Volk« und »Es leben die Bolschewiki«. Der Kongreß endete mit der Wahl eines Exekutivkomitees. Damit wurden die Grundlagen dafür gelegt, daß aus der kleinen Sozialistischen Partei Mexikos eine breite nationale Organisation entstand, als deren Generalsekretär einstimmig der Inder M. N. Roy gewählt wurde.

Michail Borodin alias Grusenberg alias Branntwein

Die Meldungen von den Ereignissen in Europa wurden im Winter 1918 und im Frühjahr 1919 von den Sozialisten in Mexiko intensiv diskutiert. Eines Nachmittags kamen zwei politische Freunde von M. N. Roy voller Erregung zu ihm und teilten ihm mit, daß »ein russischer Bolschewik« illegal in Mexiko angekommen sei. Er solle sich in einem etwas heruntergekommenen Hotel aufhalten. Sein Name wurde mit »Mister Branntwein« angegeben.

Noch am selben Abend ging Roy in das Hotel. Als er am Eingang den Namen Branntwein nannte, wurde ihm erklärt: »Ach, der rumänische Herr!« Er wurde in die erste Etage gebracht und von dem geheimnisvollen Fremden freundlich begrüßt. Es stellte sich heraus, daß sich Mister Branntwein sehr allein fühlte und sich in Schwierigkeiten befand. Roy schlug ein gemeinsames Abendessen vor. Branntwein nahm dankend an, zog sich um und fragte Roy dann direkt: »Haben Sie genug Geld?« Etwas verlegen setzte er hinzu, daß seine Taschen leer seien, er würde dies aber bald erklären können. Roy versicherte ihm, daß er genügend Mittel habe und schlug ihm vor, ein schönes Menü auszusuchen. Branntwein tat es und bestellte dazu lächelnd Rheinwein.

Während des Essens hielt sich Branntwein noch zurück. Er deutete lediglich an, daß er eigentlich in die USA wollte, dies jedoch aus Sicherheitsgründen nicht könne. Die Aufregung des Zusammentreffens mit dem ersten Bolschewiken ließ M. N. Roy fast die ganze Nacht nicht schlafen, zumal dieser ihm auch nichts Genaueres über seine Aufgabe in Mexiko erzählte hatte. Beim nächsten Zusammentreffen schlug Roy ihm vor, das heruntergekommene Hotel zu verlassen und lieber zu ihm zu ziehen. Mister Branntwein sagte freudig zu. In weiteren Gesprächen kam langsam heraus, daß Mister Branntwein 1884 in Rußland geboren war, seit 1903 der russischen revolutionären Bewegung angehörte, vor allem in Riga tätig gewesen war und im Jahre 1906 Rußland verlassen hatte. Zwölf Jahre lang habe er in Boston und Chikago gelebt und war Mitglied der amerikanischen Sozialistischen Partei. Erst 1918 sei er wieder in seine Heimat, inzwischen Sowjetrußland, zurückgekehrt. Der immer noch geheimnisvolle Mister Branntwein fragte Roy besorgt, ob sich Ausländer in Mexiko melden müßten, falls ja, so sei sein Name Grusenberg. Roy beruhigte ihn. »Gäste meines Hauses«, sagte er, »werden weder befragt noch belästigt.« Wenn das so sei, meinte nun der Fremde, könne Roy den Namen Branntwein vergessen und auch den Namen Grusenberg: »Ich bin Michail Borodin und bin als erster Emissär der neugegründeten Kommunistischen Internationale nach Amerika gekommen.« Michail Borodin wurde später eine der bekanntesten Figuren in der Komintern. 1923 schickte ihn die Sowjetregierung als Berater nach China.

Warum er als Komintern-Emissär völlig mittellos dastand, erklärte Borodin ausführlich. Die Geschichte, die er Roy erzählte, erinnert entfernt an die Komödie *Ninotschka:* Im Sommer 1918 hatte die bolschewistische Führung eine Handelsdelegation nach Washington entsandt, die damals de facto von der amerikanischen Regierung anerkannt worden sei. Nachdem der Bürgerkrieg in Rußland ausgebrochen war, bei dem die Westmächte einschließlich der USA die Gegner der Bolschewiki unterstützten und das bolschewistische Rußland blockierten, war die bolschewistische Handelsdelegation in Washington von allen Verbindungen mit Sowjetrußland abgeschnitten. Eine finanzielle Unterstützung durch amerikanische Freunde und Sympathisanten reichte nicht aus, um die Handelsdelegation länger über Wasser zu halten. Auch in Moskau wurde überlegt, wie man ihr helfen könne. Sowohl der Volkskommissar für Auswärtige Angelegenheiten, Tschitscherin, als auch die Sekretärin der Komintern, Angelica Balabanoff, beide alte Freunde Borodins, waren in dieser Situation an Borodin herangetreten, um ihn für eine schwierige Mission zu gewinnen. Sie wußten, daß er lange in Amerika gelebt hatte. Seine Aufgabe bestand darin, Kronjuwelen im Wert von etwa einer Million Rubel (nach dem damaligen Wert etwa eine halbe Million Dollar) in die USA zu schmuggeln, und zwar in den Doppelwänden zweier Lederkoffer. Borodin reiste mit den Koffern unter angenommenem Namen und mit falschen Pässen quer durch Europa bis nach Holland. Dort befand sich damals das illegale westeuropäische Büro der Kommunistischen Internationale. Mit Hilfe holländischer Kommunisten – darunter dem Gründungsmitglied der Komintern Sebald Rutgers, dem Astronomen Anton Pannekoek und dem Schriftsteller Herman Gorter, beide Anfang der zwanziger Jahre aktive Funktionäre der KP der Niederlande – gelang es Borodin, als blinder Passagier auf ein holländisches Schiff zu kommen. Dieses Schiff fuhr aber unglücklicherweise über Haiti, wo es von amerikanischen Behörden kontrolliert wurde. Borodin wurde festgenommen, ebenso ein Österreicher, mit dem er sich unterwegs angefreundet hatte. Sie wurden als unerwünschte Ausländer auf Haiti in ein Gefängnis gebracht. Borodin konnte nach einigen Tagen aber fliehen und entkam in einem Segelboot nach Jamaika. Seine wertvollen Koffer hatte er vorher seinem österreichischen Freund übergeben. Von Jamaika aus erreichte Borodin schließlich per Schiff New York, wo er bei seiner Landung erkannt und verhaftet wurde. Noch einmal konnte er fliehen und nach Mexiko gelangen. Nun saß er hier in Mexiko fest, die Koffer mit den wertvollen Juwelen aber waren noch immer im Besitz des verhafteten Österreichers auf Haiti.

M. N. Roy fand bald ein vertrauenswürdiges Parteimitglied, einen Matrosen, der auf einem mexikanischen Schiff in die Karibik reisen sollte. Dieser kehrte nach zwei Monaten zurück und meldete, daß der Österreicher noch immer auf Haiti sei, wenn auch nicht mehr unter Polizeiaufsicht. Schließlich gelangten die beiden Koffer mit Hilfe einiger weiterer Freunde doch nach Chikago zur Ehefrau von Borodin, die dort unter dem Decknamen Grusenberg lebte. Sie wurde nun mit den beiden Koffern nach Moskau beordert und kam ganz legal auch dort an. Die Juwelen waren noch immer in den Doppelwänden der Koffer.

Borodin selbst hatte in der Zwischenzeit als Gast des Generalsekretärs der Sozialistischen Partei Mexikos bei M. N. Roy gelebt und wurde natürlich von den mexikanischen Genossen über Sowjetrußland befragt. Borodin wollte mit Moskau in Verbindung treten, dies war aber nur über die mexikanische Regierung möglich, da Rußland damals keine Postverbindung zum Ausland hatte. Der einzige Weg, Nachrichten nach Moskau zu übersenden, führte über die skandinavischen Länder oder Holland, in denen Mexiko diplomatische Vertretungen hatte. Roy löste auch dieses Problem. Es gelang ihm, zum mexikanischen Präsidenten vorzudringen und seine Zustimmung zu einer Nachrichtenübermittlung zu gewinnen. Tatsächlich erhielt Roy vom mexikanischen Außenministerium die Möglichkeit, die mexikanische diplomatische Vertretung in Holland zu kontaktieren und auf diesem Wege wichtige Nachrichten nach Moskau weiterzugeben. Mit Hilfe der diplomatischen Mission Mexikos konnte nun auch Borodin über Holland direkt mit Moskau Verbindung halten.

Der Komintern-Emissär Borodin schickte jetzt seine Berichte über die mexikanischen Sozialisten und ihre Parteigründung nach Moskau, wo sie mit größtem Interesse, auch von Lenin selbst, zur Kenntnis genommen wurden. Zur Enttäuschung von Roy tat dies Borodin aber geheim, er zeigte Roy keinen einzigen seiner Berichte. Roy überlegte sich auch, wie er die neugegründete Sozialistische Partei zum Anschluß an die Kommunistische Internationale bewegen konnte. Er wollte dies so arrangieren, daß es in Mexiko nicht zu einer Spaltung der Sozialistischen Partei käme. Borodin stimmte begeistert zu.

Im Frühsommer 1919 tagte ein außerordentlicher Kongreß der Sozialistischen Partei Mexikos unter dem Vorsitz von M. N. Roy. Der erste Punkt der Tagesordnung war die Diskussion über das Manifest des Gründungskongresses der Kommunistischen Internationale. Es gelang Roy, die Delegierten davon zu überzeugen, daß dieses Manifest mit dem Programm der Sozialistischen Partei Mexikos im Einklang stünde. Eine entsprechende Resolution wurde deshalb mit großer Zustimmung angenommen. Roy und Borodin verfaßten danach zusammen ein Grußschreiben an die Kommunistische Internationale, in dem besonders die Unterstützung des antiimperialistischen Kampfes der unterdrückten kolonialen Völker gefordert wurde – eine Forderung, die übrigens später auf dem zweiten Komintern-Kongreß 1920 in den Thesen zur nationalen und kolonialen Frage noch genauer ausgearbeitet wurde.

Die Gründung der Sozialistischen Partei Mexikos führte zu heftigen Reaktionen in einem großen Teil der amerikanischen Presse. In Mexiko selbst dagegen fand sie ein positives Echo. Und mit dem Anschluß an die Kommunistische Internationale hatten die Sozialisten Mexikos auch den Beschluß gefaßt, eine Delegation zum zweiten Weltkongreß nach Moskau zu entsenden, der im Juli 1920 beginnen sollte. Die Delegation wurde der Führung von M. N. Roy anvertraut. Nach der Konferenz sandte Borodin wieder ausführliche Berichte nach Moskau, ohne Roy Einblick zu geben. Borodin sagte nur zu ihm: »Ich schreibe Geschichte, Geschichte, die du gerade vollzogen hast.« Wenig später berichtete er Roy von Instruktionen aus Moskau, wonach er bald nach Rußland zurück müsse und Roy ihm folgen solle. Nachdenklich sah Borodin seinen Freund M. N. Roy an und fügte hinzu: »Du solltest dann dein eigenes Land, Indien, nicht vergessen. Moskau ist ja auf dem Weg dahin.«

Die Geschichte des Josip Broz aus Kumrovec, später genannt Tito

Josip Broz wurde am 7. Mai 1892 in dem kleinen Dorf Kumrovec an der kroatisch-slowenischen Grenze im damaligen Österreich-Ungarn als Sohn armer Bauern geboren. Titos Vater Franjo war ein kroatischer Bauer, seine Mutter Maria eine Slowenin. Von ihren 15 Kindern konnten sie sieben aufziehen. Die harten Lebensbedingungen, fehlende Hygiene, primitive Ernährung und eine kaum vorhandene ärztliche Versorgung, ließen nur die stärksten und widerstandsfähigsten überleben. Sein Vater konnte von den sieben Morgen schlechten Landes die Familie nicht ausreichend versorgen. Bereits mit sieben Jahren mußte der kleine Josip das Vieh hüten und beim Garbenbinden helfen. Im gleichen Jahr wurde in Kumrovec eine Volksschule eingerichtet. Seine Eltern waren trotz der Armut einverstanden, daß Josip sie besuchte. Die Unterrichtssprache war kroatisch, doch zu jener Zeit sprach Josip Broz besser slowenisch.

Im Jahre 1904, als Josip zwölf Jahre alt war, versorgte er das Vieh beim Bruder seiner Mutter. Mit 15 Jahren machte sich Josip Broz auf nach der kleinen, etwa 100 Kilometer entfernten Stadt Sisak, die dem Dorfbuben wie ein Wunder erschien. Dort ging er drei Jahre in der Werkstätte des Meisters Nikolaus Karas, eines gebürtigen Tschechen, in die Lehre. Karas reparierte Fahrräder, Flinten, Dreschmaschinen und besserte die Eisengeländer an den Treppen aus. Man arbeitete damals noch zwölf Stunden, die Lehrlinge aßen beim Meister und schliefen in der Werkstätte. Trotz der langen Arbeitszeit wurde es Josip Broz erlaubt, zweimal in der Woche von fünf bis sieben in die Berufsschule zu gehen, wo er und die Kameraden in Geographie, Geschichte, Sprachen und Allgemeinwissen unterrichtet wurden. Dieser Unterricht erweckte bei Josip das Interesse am Lesen. Er verschlang alles, was ihm unter die Finger kam: Geschichtsbücher, klassische und moderne Romane, Reiseberichte, Abenteuererzählungen und die Detektivgeschichten von Sherlock Holmes.

Ein Wandergeselle namens Schmidt, der von Agram (heute Zagreb) in die Werkstatt von Karas gekommen war, erzählte Josip Broz erstmals etwas von der Arbeiterbewegung und vom Sozialismus. Später erinnerte sich Tito: »Am Vorabend des 1. Mai 1909 erzählte er uns, daß dies der Feiertag der Arbeiter sei, und wir müßten grüne Zweige und Blumen bringen, mit denen unsere Werkstatt geschmückt wurde.« Ein anderer Wandergeselle namens Gasparic lud die Arbeiter und Lehrlinge in die Bierkneipe »Jägerhorn« ein, um mit ihnen über die Gründung einer Gewerkschaft zu diskutieren. Auf seine Anregung hin sammelte Josip Broz Spenden für *Das freie Wort*, die Zeitung der Sozialisten, und verkaufte »Arbeiterstreichhölzer«, wobei fünf Prozent des Gewinns an die Zeitung abgeführt wurden. Gasparic brachte auch sozialistische Bücher mit. Tito erinnerte sich später noch an den Titel *Rückblick aus dem Jahr 2000* von Edward Bellamy. Im *Freien Wort* las Josip damals auch Berichte über die Arbeiterverfolgungen im zaristischen Rußland, über zwölf japanische Sozialisten, die vom Tenno zum Tode verurteilt wurden, und vom Wahlsieg der Sozialisten in der amerikanischen Stadt Milwaukee im Jahre 1910.

In Kroatien, wo aufgrund des damaligen Wahlgesetzes nur sieben Prozent der Bevölkerung wählen durften, war es den Sozialdemokraten lediglich gelungen, einen einzigen Abgeordneten ins Parlament zu entsenden. In Titos Heimatdorf Kumrovec erhielten die Sozialdemokraten ganze drei Stimmen. Josip Broz, der sich damals auch als Sozialdemokrat betrachtete, verließ im September 1910, nachdem er ausgelernt hatte, die Kleinstadt Sisak und ging nach Agram. Dort arbeitete er vorübergehend in einer Werkstatt, ging in das Arbeitervereinshaus, meldete sich als Mitglied bei den Metallarbeitergewerkschaften an und trat in die Sozialdemokratische Partei Kroatiens und Sloweniens ein: »Es war im Oktober 1910, als ich meine Mitgliedskarte und das Abzeichen bekam: zwei Hände, die einen Hammer halten. Es war einer der stolzesten Augenblicke meines Lebens.« Auch in der Gewerkschaft betätigte sich Josip Broz sofort sehr aktiv. Später erinnert er sich an ein Plakat der Metallarbeiter-Gewerkschaft im Jahr 1911, auf dem zu lesen war, daß ein Arbeiter in Kroatien nur ein Fünftel der Fleischmenge bekommt wie ein Arbeiter in England oder in Belgien. Am 1. Mai 1911 ging Josip Broz in einer Gruppe von Freunden durch alle Betriebe, um dafür zu sorgen, daß auch alle Arbeiter an der Demonstration teilnahmen. Die Forderungen damals waren: Unterstützung für Arbeitslose und Renten für die alten Arbeiter.

Der junge Broz mußte von seinem Einkommen fast alles an seine Eltern schicken. Für ihn selbst blieb nur ganz wenig übrig. Unter großen Opfern sparte er zwei Kronen und 60 Heller zusammen, um sich das Buch von Upton Sinclair *Der Dschungel* zu kaufen, das von kroatischen Arbeitern damals viel gelesen wurde, weil darin das Leben der europäischen Auswanderer geschildert ist, die in den Schlachthäusern von Chikago schufteten. Damals nahm Josip Broz auch erstmals an einem Streik teil. Nach zehn Tagen harter Auseinandersetzungen gab die Betriebsleitung den Forderungen der Arbeiter zum Teil nach.

Obwohl sich durch den Streik seine Arbeitsbedingungen verbessert hatten, wollte er nicht mehr in Agram bleiben und begann eine zweijährige Wanderschaft, die ihn zuerst nach Laibach (heute Ljubljana), dann nach Kamnik führte. Im Mai 1912 ging Josip Broz mit einer Reihe von Freunden in die Tschechoslowakei, nach Cenkovy. Um die größten Metallfabriken Europas kennenzulernen, reiste er danach monatelang kreuz und quer durch Deutschland und Österreich-Ungarn, überall dort verweilend, wo ihn etwas interessierte. An die Station München erinnerte er sich später: »Die Fabriken waren trostlos, aber die Bierstuben lohnten sich.« Er arbeitete auch bei Benz in Mannheim, dann im Ruhrgebiet: »Alles in allem waren diese Reisen eine gute Schule für mich, weil sie den Gesichtskreis eines jungen Menschen erweiterten. In bezug auf mein Handwerk war der Gewinn groß. Dazu lernte ich gut deutsch sowie hinreichend tschechisch und begann, die geheime Macht der Metallarbeiter richtig einzuschätzen.«

Im Oktober 1912 landete Josip Broz in Wien und fand dort in der Brückenfabrik Griedl Arbeit, anschließend arbeitete er als Testfahrer in der Automobilfabrik Daimler in Wiener Neustadt. In seiner Freizeit lernte er das Wien des Jahres 1913 kennen, besuchte Varietés mit Zauberern und Clowns, lauschte außerhalb der Caféhäuser der Musik, weil er sich einen Besuch derselben nicht leisten konnte. Er trainierte in einer Turnhalle, lernte dort Fechten, und er belegte auch einen Tanzkurs.

Anfang 1913 wurde er zur österreichisch-ungarischen Armee eingezogen. Er war nun kein hilfloser Bauernbursche mehr wie viele seiner anderen Kameraden, sondern selbstbewußt, erfahren, ein überzeugter Sozialist mit erheblichen Sprachkenntnissen. Der erste Tag in der Kaserne blieb ihm im Gedächtnis: Der Korporal sagte zu ihm: »Mein Herr Sozialist, komm her, ich werde dir einmal deine Haare hübsch schneiden.«

Obwohl in der österreichisch-ungarischen Armee persönliche Initiativen nicht gerade geschätzt und gefördert wurden, versuchte Josip Broz jede Gelegenheit zu nutzen, sich soviel wie möglich militärisches Wissen anzueignen. Er besuchte eine Unteroffiziersschule und avancierte zum jüngsten Zugführer im Regiment. Er gewann die Regimentsmeisterschaft im Fechten und wurde später Zweiter bei der Armeemeisterschaft in Budapest. Auch Skilaufen hat er bei der Armee gelernt; er leistete Kundschafterdienste und erwarb sich Kenntnisse in taktischen Operationen kleinerer Einheiten.

Am Abend des 28. Juni 1914 wurden sämtliche Kompanien auf den Kasernenhof beordert. Der Regimentskommandeur setzte die Soldaten davon in Kenntnis, daß der Thronfolger Erzherzog Franz Ferdinand in Sarajewo ermordet worden sei. Einen Monat nach dem Attentat erfolgte die Kriegserklärung, und Anfang 1915 rückte das 25. Heimwehr-Regiment, dem der Zugführer Josip Broz angehörte, an die Front in die Karpaten aus. Es sollte mit anderen Truppen die über die Karpaten vorgestoßenen Russen, nur wenige hundert Kilometer von Budapest entfernt, zum Halten bringen: »Es war bitter kalt«, notierte Tito später, »als wir an der Front eintrafen. Ein Zermürbungskrieg in den Schützengräben folgte. Wir waren schlecht ausgerüstet und mangelhaft bewaffnet. Jene guten Uniformen und ledernen Marschstiefel, die wir bei Ausbruch des Krieges erhalten hatten, wurden durch Schuhe aus so schlechtem Material ersetzt, daß sie sich buchstäblich nach drei Tagen von selber auflösten.« Wenige Monate später begannen die Russen eine neue Offensive an dem Frontabschnitt, an dem das 25. Heimwehr-Regiment eingesetzt war. Am 22. März 1915, einem Ostersonntag, befand sich das Regiment bei dem Städtchen Okno, als die Russen überraschend angriffen. Anfangs hielt das Regiment noch stand, plötzlich gab die rechte Flanke nach, und die Kavallerie der Tscherkessen brach durch: »Ehe wir begriffen, wie uns geschah, waren sie durch unsere Stellungen geprescht, sprangen von den Pferden und drangen mit gesenkter Lanze in unsere Schützengräben ein. Einer von ihnen rammte seine zwei Meter lange, mit zwei eisernen Zacken versehene Lanze unter dem linken Schulterblatt in meinen Rücken. Ich verlor das Bewußtsein.« Josip Broz kam verwundet in Kriegsgefangenschaft, wurde ins russische Hinterland transportiert und landete schließlich in einem Hospital in dem Städtchen Swijashsk bei Kasan an der Wolga. Dort bekam er zu seiner schweren Verwundung noch eine Lungenentzündung. Seine Leidensgenossen rechneten schon mit seinem Tod; eine Schwester hatte bereits die rote Schleife der Sterbenden an sein Bett gehängt. Nach dreizehn Monaten Krankenlager wurde er jedoch wieder gesund und machte die Bekanntschaft zweier Gymnasiastinnen, die ihm Bücher zum Lesen brachten. Da er inzwischen russisch gelernt hatte, konnte er nun Tolstoi, Turgenjew und Kuprin in der Originalsprache lesen. Er kam in das Gefangenenlager Ardatow, in der Umgebung von Swijashsk. Obwohl er als Unteroffizier nicht arbeiten mußte, meldete er sich freiwillig als Mechaniker zur Arbeit in einer Mühle in der Nähe der Stadt, in einem Gebiet, das von Tataren, Mordwinen und Russen bewohnt war. 1916 wurde Josip Broz mit einer Gruppe Gefangener verschiedener Nationalitäten in die kleine Stadt Kungur hinter dem Ural zum Arbeitseinsatz am Bau einer Strecke der Transsibirischen Eisenbahn versetzt, wo man ihn zum Leiter des Kriegsgefangenenlagers machte.

Im folgenden Winter 1916/17 starb fast jeden Tag ein Kamerad. Sie waren jämmerlich gekleidet, und der geringe Lohn für die Arbeit reichte nicht, um das erforderliche Essen zu kaufen. Die vom Internationalen Roten Kreuz übersandten Pakete wurden vom Leiter des Bauabschnitts gestohlen. Josip Broz beschwerte sich, aber bald darauf erschienen drei Kosaken und brachten Josip Broz ins Gefängnis: »Kaum hatte ich die Schwelle des Gefängnisses überschritten und war in den Keller hinuntergestoßen worden, als schon die drei Kosaken ihre Knuten schwangen und mir auf den Rücken schlugen. Nie im Leben werde ich diese dreißig Schläge vergessen, die ich da aushalten mußte.«

Während Josip Broz im Frühjahr 1917 im Gefängnis saß, hörte er eines Tages im Gefängnishof Lärm. Bewaffnete Arbeiter aus Kungur, die von der Absetzung des Zaren gehört hatten, befreiten die Gefangenen. Josip kehrte ins Kriegsgefangenenlager zurück. Wenige Wochen danach, im Mai 1917, lernte er an einer kleinen Bahnstation am Rande der Stadt Perm russische Bolschewiki kennen und bekam von ihnen auch Schriften zum Lesen, darunter die April-Thesen Lenins.

Josip Broz beschloß zu fliehen. Er lief zwei Stationen weit zu Fuß die Bahnlinie entlang und kletterte dann heimlich auf einen Zug, der Korn aus Sibirien nach Petersburg (Petrograd) brachte. Hinter zwei Weizensäcken versteckt, kam er einige Tage später in der damaligen russischen Hauptstadt an. Er erhielt Unterkunft bei dem Sohn eines polnischen Ingenieurs, der in den durch die Revolution berühmt gewordenen Putilow-Werken arbeitete. In Petersburg nahm Josip Broz an den großen Kundgebungen der Bolschewiki teil, die als Juli-Demonstrationen bekannt geworden sind. Er marschierte im Zug der Arbeiter und erlebte, wie schwere Maschinengewehre der Regierungstruppen vom Dach des Bahnhofsgebäudes die Demonstranten beschossen. Kurz darauf wurden zahlreiche Bolschewiki verhaftet. Josip Broz versteckte sich unter den Brücken von Petersburg und beschloß, nach Finnland zu fliehen. Er erreichte zwar die Grenze, wurde aber von der Polizei verhaftet, nach Petersburg zurückgebracht und in die berüchtigte Peter-Pauls-Festung eingeliefert. Drei Wochen später wurde er nach Kungur in den Ural verbannt. Auf der Fahrt in die Verbannung trug er bereits Zivilkleidung, und da er fließend russisch sprach, kam niemand auf die Idee, daß er ein Kriegsgefangener sei. Eines Abends im November 1917 hielt der Zug kurz vor Omsk. Bewaffnete Arbeiter umstellten den Zug und verhörten jeden Passagier. Als Josip Broz an die Reihe kam, erklärte er, er sei ein österreichischer Kriegsgefangener. Die Arbeiter schlugen ihm vor, ins Omsker Kriegsgefangenenlager zu gehen, dessen Insassen sich bereits mit den Bolschewiki verbündet hätten. Broz ließ sich dort in die Rote Garde aufnehmen, der Tschechen, Ungarn und Rumänen angehörten. Mehrere Monate war er in der internationalen Roten Garde in Omsk. Er hatte viel Zeit zum Lesen und beschäftigte sich vor allem mit der Lektüre von bolschewistischen Zeitungen und den Schriften von Lenin und Trotzki.

Im Oktober 1918 wurde die Einheit, der Josip Broz angehörte, von den Truppen Admiral Koltschaks zerschlagen. Danach wütete in Omsk der weiße Terror. Broz konnte entkommen und tauchte bei dem Bauern Jesaja in einem Kirgisendorf, etwa 60 Kilometer von Omsk entfernt, unter. Er wurde von den moslemischen Kirgisen sehr freundlich aufgenommen, die ein primitives, zum Teil noch nomadisches Dasein führten. Im Herbst und Winter lebten sie in Höhlenunterständen, im Frühjahr und Sommer in ihren Zelten. Ihr Stammesführer hatte jedoch eine von einer Maschine betriebene Mühle erworben und brauchte einen Mechaniker, der sie in Gang setzte.

Nachdem Omsk im Herbst 1919 von den Weißen befreit worden war, kehrte er in die Stadt zurück, lernte dort Pelagia Belousowa, eine 16jährige Russin, kennen, die er heiratete und mit der er im Januar 1920 nach Petersburg reiste. Nach einigen Wochen fuhr er mit einer Gruppe ehemaliger Kriegsgefangener, jetzt »revolutionäre Internationalisten«, und seiner jungen Frau von dort in Richtung Heimat. In Narwa, wo die Bolschewiki noch nicht an der Macht waren, wurden die Rückkehrer mehrere Wochen in Quarantäne gehalten. Dort war Josip Broz im selben Lager mit Jaroslav Hašek, dem Autor der *Abenteuer des braven Soldaten Schwejk*. Tito erinnerte sich später an Hašek als einen äußerst zurückhaltenden Menschen, der nur selten lächelte.

Von Narwa ging die Reise an Bord des Schiffes *Lilly Feuermann* weiter nach Stettin, wo sie ausgeschifft und nach Nationalitäten aufgeteilt wurden. Nach Jugoslawien fuhren er und seine Kameraden anschließend mit der Bahn weiter. In der Gruppe befanden sich auch zwei Männer, die vorgaben, Bolschewisten zu sein. Als sie jedoch die jugoslawische Grenze erreichten, forderten sie die Grenzwachen auf, Josip Broz als Bolschewisten zu verhaften. So kam es, daß dieser am Tage seiner Ankunft in seiner Heimat, im September 1920 – nach sechs langen Kriegsjahren –, zunächst im Gefängnis landete. Erst einige Tage später konnte er nach Zagreb weiterreisen.

In Jugoslawien hatte sich die im April 1919 gegründete Sozialistische Arbeiterpartei Jugoslawiens bei ihrem zweiten Kongreß im Juni 1920 in Kommunistische Partei Jugoslawiens umbenannt und der Dritten Internationale angeschlossen. Josip Broz trat im September 1920 in Zagreb der Partei bei.

Vom sardischen Nationalisten zum marxistischen Theoretiker: Antonio Gramsci

Antonio Gramsci wurde am 22. Juni 1891 in Ghilarza, einem größeren Dorf auf Sardinien, geboren. Der junge Antonio, zunächst ein hübscher normaler Junge mit blonden Locken und blauen Augen, hatte früh mit einer Mißbildung seines Körpers zu kämpfen. Auf seinem Rücken bildete sich eine Art Überbein, das zwar nicht weiterwuchs, seinen Körper aber in der Wachstumszeit hemmte. Er blieb verhältnismäßig klein und gedrungen, mit einem Buckel auf dem Rücken. Auch später, als Erwachsener, war er nur 1,50 Meter groß. Schon als Kind war er häufig krank, mehrfach hatten ihn die Ärzte sogar aufgegeben.

Antonio besuchte in Ghilarza die Grundschule. Weil er kränklich war, wurde er erst mit siebeneinhalb Jahren eingeschult. In der Schule aber war er immer der Klassenbeste. »Er ließ sich wochenlang nicht sehen«, erzählte ein Jugendfreund, »und wenn ich ihn fragte, warum, sagte er, er hätte all die Tage mit Lesen verbracht.« Verwandte und Bekannte beschrieben ihn als ein Kind voller Willenskraft, das entschlossen gegen seine körperlichen Mängel anging. Er übte sich täglich im Gewichtheben, um stark zu werden und kräftige Muskeln zu bekommen. Antonio – von der Familie und seinen Freunden »Nino« genannt – wuchs in äußerster Armut auf. Alle Kinder mußten Geld verdienen. Er erinnerte sich später: »Ich war schon sehr früh selbständig. Im Alter von elf Jahren fing ich an zu arbeiten und verdiente ganze neun Lire im Monat (das bedeutete immerhin zwei Pfund Brot pro Tag). Dafür schleppte ich täglich zehn Stunden und noch am Sonntagmorgen Registerbücher, die schwerer waren als ich selbst. Oft weinte ich nachts heimlich, weil mir alles wehtat.« In der kargen Freizeit brachte er sich selbst ein wenig Latein bei, da er wegen der Arbeit beim Katasteramt die Schule zwei Jahre unterbrechen mußte. Mit 15 Jahren, im Jahre 1906, kam er in ein etwas heruntergekommenes Gymnasium, etwa 18 Kilometer von Ghilarza entfernt.

In dieser Zeit kam es auf Sardinien zu harten sozialen Auseinandersetzungen. Sie begannen in Cagliari, der Hauptstadt der Insel, mit einem Streik der Hafenarbeiter. Auch die Tabakarbeiter demonstrierten mit roten Fahnen. In manchen Stadtvierteln wurden die Verwaltungsgebäude der Fabriken gestürmt und in Brand gesteckt. Ende Mai griff die Revolte auf die Bergwerke und auf die ganze Insel über. Militär wurde eingesetzt und schoß auf die Demonstranten. Hunderte von Bauern und Arbeitern wurden verhaftet. In den Bergwerken und anderen Betrieben entließ man die Arbeiter.

Diese verschärfte Unterdrückung gab dem sardischen Nationalismus neue Nahrung. Der 15jährige Antonio Gramsci wurde von der Auseinandersetzung elektrisiert und begeisterte sich für die Unabhängigkeit Sardiniens: »Damals dachte ich, daß man für die nationale Unabhängigkeit Sardiniens kämpfen müsse. Ins Meer mit denen vom Festland – wie oft habe ich diese Worte wiederholt.«

Ende 1908, mit knapp 18 Jahren, kam Antonio Gramsci aus der Provinz nach Cagliari, um dort das *Lyceo Dottori* zu besuchen. Ein Schulkamerad beschrieb ihn: »Ich kann mich nicht erinnern, Nino Gramsci jemals im Mantel gesehen zu haben. Er trug immer dieselben Kleider, enge, zu kurze Hosen und eine Jacke, die ihm zu klein war. Im Winter kam er mit einem Wollschal unter der Jacke zur Schule. Er besaß keine Schulbücher, jedenfalls nicht alle. Aber im Unterricht war er aufmerksam und außer seiner großen Intelligenz half ihm ein ausgezeichnetes Gedächtnis.« Er wohnte in bitterster Armut in einem kleinen Zimmer, in dem der Putz vor Feuchtigkeit abgebröckelt war. Das einzige Fenster ging auf eine Art Schacht hinaus, der eher einer Latrine als einem Hof glich. Um sein weniges Geld zu sparen, aß er monatelang nur einmal am Tag und war schließlich völlig unterernährt. Aber im *Lyceo Dottori* machte er Fortschritte. Er studierte Latein, Griechisch, griechische Kulturgeschichte, Geschichte, historische Geographie, Philosophie, Naturkunde, Chemie, Physik und hatte stets sehr gute Noten. Seine damaligen Mitschüler berichteten, daß er sich kaum Zerstreuung gönnte und bis zum Abitur nie geraucht oder getrunken habe. Wenn er eingeladen wurde, lehnte er stets freundlich ab.

Sein großer Wunsch war, Journalist zu werden. Die damals meistgelesene Tageszeitung auf der Insel, *L'Unione Sarda*, antiklerikal und progressiv nationalistisch, forderte Antonio zur Mitarbeit auf, und am 16. Juli 1910 erschien dort sein erster gedruckter Text – eine einfache Nachricht, aber brillant und humorvoll geschrieben. Es war der Beginn einer langen und erfolgreichen journalistischen Tätigkeit. Politisch war Gramsci 1911, im Alter von zwanzig Jahren, noch völlig »von der Notwendigkeit des Kampfes für die nationale Unabhängigkeit Sardiniens« überzeugt. Im selben Jahr hatte er auch das Gymnasium verlassen, um mit einem Stipendium der Carlo-Alberto-Stiftung an der Universität Turin zu studieren. Trotz mangelhafter Vorbereitung, da er als Nachhilfelehrer Geld verdienen mußte, bestand er im Oktober 1911 die Prüfungen für das Studium in Turin. Auf der endgültigen Liste der angenommenen Studenten stand der Name Gramsci an neunter Stelle. Auf dem zweiten Platz dieser Liste stand der Name eines anderen armen Studenten aus Sardinien: Palmiro Togliatti.

Palmiro Togliatti (1893–1964) war zwei Jahre jünger als Gramsci. Er, der spätere Mitbegründer und langjährige Generalsekretär der KP Italiens, hatte am Gymnasium in Sassari sein Abitur gemacht. Bei der Aufnahmeprüfung in Turin lernten sich »die zwei damals sehr mißtrauischen und verschlossenen jungen Männer flüchtig kennen«, berichtete später Togliatti. Im Verlauf des Studiums entwickelte sich eine Freundschaft. Dritter im Bunde wurde Angelo Tasca, der Sohn eines Eisenbahnarbeiters, der bereits 1909 als 17jähriger Schüler in die sozialistische Jugendbewegung eingetreten war.

In den ersten zwei Jahren seines Studiums blieb Gramsci ein sardischer Nationalist, zutiefst empört über das Unrecht, das man seiner Heimat angetan hatte. Der politische Wendepunkt in seinem Leben kam im Jahr 1913, als Gramsci 22 Jahre alt war. Auf Sardinien waren für den 26. Oktober 1913 die ersten Wahlen mit erweitertem Wahlrecht angekündigt worden. Erstmals durften auch Analphabeten wählen. Die Zahl der Wähler stieg damit von 42000 auf 178000 an. Auf der Insel tobte ein erbitterter Wahlkampf. Angesichts der vielen neuen Wähler aus den ärmeren Schichten wurden die unterschiedlichen Interessen, die vorher unter dem Deckmantel eines nebulösen sardischen Regionalismus versteckt waren, offenkundig. Auf der Seite der Rechten stand die wirtschaftliche Macht, die Justiz, die Polizei und der ganze repressive Staatsapparat. Trotzdem siegten, vor allem in den größeren Städten, die sozialistischen Kandidaten. Gramsci, der sich während der Wahl auf Sardinien aufhielt, war »sehr beeindruckt von der Veränderung, die die Wahlbeteiligung der Bauern in diesem Bereich bewirkt hatte«, erzählte später sein Freund Tasca: »Diese Ereignisse und die Gedanken, die er sich darüber machte, führten Gramsci endgültig zum Sozialismus. Als er zu Beginn des neuen Studienjahres 1913/14 nach Turin zurückkehrte, stand Gramsci fest auf dem Boden des Sozialismus.«

Im Frühjahr 1914 festigten sich auch die Beziehungen Gramscis zu seinen Studienfreunden Angelo Tasca und Palmiro Togliatti. Als vierter Freund kam noch Umberto Terracini hinzu. Jura-Student im ersten Semester, nun der jüngste der Gruppe. Gramsci war damals 23, Tasca 22, Togliatti 21 und Terracini 19. Alle vier sollten später in der Führung der KP Italiens und in der Komintern eine wichtige Rolle spielen. Doch Anfang 1914 studierten und lasen sie erst noch gemeinsam die Schriften von Antonio Labriola (1843–1904), dem Philosophen, der sich als erster europäischer Universitätslehrer zum Marxismus bekannt hatte. Vor allem seine Bücher *Erinnerungen an das Kommunistische Manifest* und *Essays über die materialistische Geschichtsauffassung* lasen die vier Freunde sehr gründlich. Außerdem traten sie einer nach dem anderen in die Sozialistische Partei Italiens ein: Gramsci Anfang 1914, Togliatti etwas später, Terracini im Jahr 1916. Und sie arbeiteten aktiv in der sozialistischen Bewegung mit. Regelmäßig trafen sie sich mit jungen Arbeitern und Angestellten in der Casa del Popolo (Volkshaus) im Zentrum Turins. Gramsci erinnerte sich später: »Oft kamen wir gruppenweise aus den Parteiversammlungen und gingen mit unseren jeweiligen Wortführern durch die stillen Straßen. Die letzten Nachtschwärmer blieben stehen, um uns nachzublicken, denn selbstvergessen setzten wir immer noch leidenschaftlich und erregt unsere Diskussionen fort.«

Obwohl Italien zu Beginn des Ersten Weltkrieges neutral blieb, begannen sofort die Auseinandersetzungen darüber, wie sich die Sozialisten zum Krieg verhalten sollten. Antonio Gramsci veröffentlichte nun regelmäßig Arbeiten im Turiner Lokalteil des *Avanti,* des Zentralorgans der Sozialistischen Partei, und ab Anfang 1916 verbrachte er seine Tage meist im Gebäude der Casa del Popolo am Corso Siccardi (heute Corso Galileo Ferrari), das dem Turiner Genossenschaftsverband gehörte. Dort befanden sich auch die Büros des Verbandes der Eisenbahnkooperative, der verschiedenen Einzelgewerkschaften sowie die Redaktionen weiterer sozialistischer Zeitungen. Gramscis Artikel erregten großes Aufsehen. Die Leser schrieben der Redaktion, Gramsci schreibe vollkommen anders, als sie es bis dahin gewöhnt wären. Seine Satiren wiesen ihn als einen hervorragenden Pamphletisten aus, der Stil seiner Artikel war ungewöhnlich, seine Theaterkritiken und theoretischen Texte hoben sich durch die klassische Reinheit der Sprache und Gramscis Freude am rationalen Argumentieren deutlich von der gestelzten Rhetorik manch anderer Autoren ab.

Mit seiner publizistischen Arbeit wollte Gramsci der Arbeiterschaft die Kultur vermitteln, ohne die sie sich ihrer historischen Aufgabe nicht bewußt werden konnte. Mit fast missionarischem Eifer versuchte er, die notwendige Aufklärungsarbeit zu leisten. Um diese Aufgabe möglichst gut zu erfüllen, verließ er auch immer öfter den Schreibtisch der Redaktion, um direkt mit den Arbeitern zu sprechen. Er forderte sie immer wieder auf, ihre Probleme zu diskutieren und den Dingen auf den Grund zu gehen. In den Freizeitclubs der großen Arbeiterviertel in den Turiner Vororten hielt er Vorträge über die Französische Revolution, die Pariser Kommune, über Jahrestage bedeutender historischer Ereignisse und über neu erschienene Bücher oder Theaterstücke.

Gramscis Auffassungen kamen besonders deutlich in einem Aufsatz zum Ausdruck, der am 11. Februar 1917 in der Zeitschrift *Die Stadt der Zukunft* abgedruckt wurde. Die Kernsätze lauteten:»Die Sozialisten dürfen nicht eine Ordnung durch eine andere ersetzen. Sie müssen die Ordnung an sich errichten. Die rechtliche Maxime, die sie verwirklichen wollen, heißt die Möglichkeit der vollständigen Verwirklichung der eigenen Persönlichkeit aller Staatsbürger. Mit der Verwirklichung dieser Maxime fallen alle bestehenden Privilegien. Sie führt zu einem Maximum an Freiheit, bei einem Minimum an Zwang. Ihr Ziel ist es, Fähigkeit und Produktivität zum Ziel des Lebens und der Arbeit zu machen – außerhalb jedem traditionellen Schema. Reichtum sollte nicht mehr Instrument der Sklaverei sein, sondern allen gleichermaßen gehören und damit allen die Mittel zum größtmöglichen Wohlstand in die Hand geben. Schulbildung soll allen Menschen offenstehen, gleich welcher Herkunft. Von dieser Maxime leiten sich alle anderen Grundsätze der sozialistischen Maximalprogramme in organischer Weise ab.«

Innerhalb der Sozialistischen Partei stand Gramsci auf der Seite der Linken, und er polemisierte von Anfang an heftig gegen den reformistischen Flügel der italienischen Sozialistischen Partei:»Geduldig darauf zu warten, bis wir 51 Prozent der Gesellschaft ausmachen, ist etwas für ängstliche Gemüter, die erwarten, daß der Sozialismus durch einen königlichen, von zwei Ministern gegengezeichneten Erlaß, verwirklicht wird.« Seine geistige Verwandtschaft mit Rosa Luxemburg war deutlich.

Ende August 1917 ging in Turin in den Geschäften das Brot aus. In den Fabriken, wo das Kriegsrecht herrschte und das Militär für »Ordnung« sorgte, wuchs die Opposition der Arbeiter. Der Gedanke, »es den Russen nachzumachen«, verbreitete sich. Im August kam es zum Aufstand. Am Morgen des 23. August fielen die ersten Schüsse. Die Revolte breitete sich ziellos aus. Barrikaden wurden errichtet, die Soldaten schossen auf die Revolutionäre. Es gab etwa fünfzig Tote und zweihundert Verletzte. Danach folgte eine Welle von Verhaftungen. Unter den Verhafteten befanden sich fast alle führenden Köpfe der Turiner Sektion der Sozialistischen Partei Italiens (PSI). Das sozialistische Parteibüro wurde zerstört, das Gebäude vom Militär besetzt.

Im November 1917, als Gramsci im Alter von 26 Jahren schon eine leitende Funktion in der Turiner Parteiführung übernommen hatte, gelangte die Nachricht von der Oktoberrevolution in Rußland, von der Zensur verstümmelt und verfälscht, nach Italien. Gramsci erkannte trotzdem, daß damit eine neue Ära in der Geschichte der Menschheit begonnen hatte und schrieb am 24. November 1917 im *Avanti* darüber in einem Kommentar mit dem eigentümlichen Titel *Revolution gegen das Kapital,* wobei er aber nicht den Kapitalismus, sondern das Werk *Das Kapital* von Karl Marx meinte. Er schrieb, Rußland stünde eigentlich erst vor einer kapitalistischen Ära, und erst in ihr könne die Arbeiterschaft nach Marx an die eigene Befreiung, an die eigenen Klasseninteressen, eine eigene Revolution denken. Die Ereignisse in Rußland hätten jedoch den Rahmen gesprengt, der festlegte, wie sie nach »den Gesetzen des historischen Materialismus hätten verlaufen müssen«. Die Bolschewiki bezeugten durch ihre Taten, »daß diese Gesetze des historischen Materialismus nicht so ehern sind, wie man denken könnte und gedacht hat«. Gramsci bestritt in diesem Artikel, daß die Geschichte in Form einer gesetzmäßigen Entwicklung verlaufe, die nur von wirtschaftlichen Faktoren bestimmt werde. Er warnte gleichzeitig davor, nach dem Sieg der Bolschewiki bereits paradiesische Zustände zu erwarten: »Am Anfang wird es ein Kollektivismus des Leidens und der Armut sein.« In der von ihm geleiteten Wochenzeitung *Il Grido* (Der Schrei) veröffentlichte Gramsci die Übersetzung russischer Revolutionsschriften und bemühte sich um eine politische Einschätzung des Geschehens, wobei er die allgemeinen Prinzipien der leninistischen Revolution betonte, ohne dabei jedoch die besondere Realität des eigenen Landes aus den Augen zu verlieren.

Neben seiner politisch-publizistischen Tätigkeit setzte er sich auch für die politische Erziehung der Jugend ein. Er gründete eine Diskussionsrunde für junge Sozialisten. Ein Teilnehmer berichtete darüber:

»Wir waren alle sechzehn oder siebzehn und entsprechend unwissend, unerfahren, manchmal auch anmaßend, aber Gramsci war nicht ungeduldig. Er verhielt sich nie wie einer, der das Wissen für sich gepachtet hat; er respektierte die Ideen der anderen und hörte gern zu. Als letzter griff er dann in das Gespräch ein, umriß das Problem, und wir erkannten unsere Fehler und korrigierten sie.«

Zusammen mit seinen Studienfreunden Togliatti, Tasca und Terracini, die inzwischen auch wieder nach Turin zurückgekehrt waren, gründete Gramsci die vielleicht bedeutendste Zeitschrift der kommunistischen Bewegung Europas. Tasca war inzwischen 27 Jahre alt und vorwiegend literarisch interessiert, Terracini war 24, ein scharfsinniger Denker, der in politischen Auseinandersetzungen und Aktionen unnachgiebig bis zur Starrköpfigkeit war; Togliatti schließlich, damals 26, hatte eben im *Avanti* seinen ersten politischen Artikel veröffentlicht. Am 1. Mai 1919 erschien die erste Ausgabe von *L'Ordine Nuovo*, zu deutsch »Die neue Ordnung«. Die Zeitschrift war beispielhaft für einen revolutionären marxistischen Journalismus mit ernsthafter intellektueller Zielsetzung, wobei Revolution und Kultur miteinander verknüpft wurden. Eine ihrer zentralen Aufgaben war es, aus der revolutionären Entwicklung in Rußland die entsprechenden Schlußfolgerungen für Italien zu ziehen. *L'Ordine Nuovo* lehnte es ab, das System der Sowjets aus Rußland zu übernehmen. Für Italien gäbe es die sogenannten »commissioni interne« (Fabrikkomitees), die von Gewerkschaftsmitgliedern auf der Ebene der einzelnen Abteilungen gewählt wurden. Darin sah Gramsci den Ansatzpunkt für eine »Arbeiterdemokratie«, so der Titel eines gemeinsam mit Togliatti am 21. Juni 1919 veröffentlichten Aufsatzes.

Gramscis zentraler Gedanke einer »Arbeiterdemokratie« war, daß alle Arbeiter, alle Angestellten, alle Techniker und alle Bauern, kurz alle aktiven Mitglieder der Gesellschaft – ob gewerkschaftlich oder parteipolitisch organisiert oder nicht – nicht mehr als ausführende Elemente fungieren, sondern den Produktionsprozeß selbst in die Hand nehmen sollten. Diese Räte sollten nicht mehr wie die Gewerkschaften für die sozialen Rechte der Arbeiter (Lohnerhöhungen, bessere Arbeitsbedingungen) mit den Kapitalisten verhandeln, sondern schlicht an deren Stelle treten, um den gesamten Produktionsablauf selbst zu lenken.

Die Idee der Fabrikräte wurde von den Arbeitern sofort aufgegriffen. Gramsci:»Togliatti, Terracini und ich wurden zu Diskussionen in den Freizeitvereinen und bei Fabrikversammlungen eingeladen und von den ›commissioni interne‹ zu Gesprächen im engen Kreis mit Vertrauensleuten und Gewerkschaften aufgefordert. Es ging voran, die Frage der Entwicklung der ›commissioni interne‹ wurde zur Idee des *Ordine Nuovo,* zum Hauptproblem der Arbeiterrevolution.«

Anfang September 1919 wählten 2000 Arbeiter bei Fiat den ersten Fabrikrat. Schon bald griffen ähnliche Bewegungen auf andere Unternehmen über. *L'Ordine Nuovo* hatte inzwischen einen Artikel von John Reed *Wie funktioniert der Sowjet?,* Lenins Aufsatz *Bürgerliche und proletarische Demokratie* sowie weitere Artikel von Bucharin, Béla Kun, Arthur Ransome und dem Schweizer Jules Humbert-Droz veröffentlicht.

Vom 5. bis 8. Oktober 1919 fand ein Parteitag der italienischen Sozialistischen Partei (PSI) statt, auf dem ein Ruck nach links deutlich spürbar wurde. Italien war am Ende des Ersten Weltkrieges in eine Periode rapider Inflation und Massenarbeitslosigkeit geraten und von einer tiefgreifenden revolutionären Gärung ergriffen. Die Sozialistische Partei war nun in der Mehrheit revolutionär eingestellt und forderte den gewaltsamen Sturz der bürgerlich-kapitalistischen Herrschaft, sie wollte die Eroberung der politischen und ökonomischen Macht durch die Arbeiterklasse durchsetzen. Auf dem extremen linken Flügel stand Amadeo Bordiga, ein junger Ingenieur, der seit September 1918 in Neapel die Wochenzeitung *Il Soviet* herausgab. Bordiga war das, was Lenin einen linken Kommunisten nannte; er lehnte die Teilnahme an Wahlen ab. Die stärkste Strömung in der Sozialistischen Partei aber stand unter der Führung von Giacinto M. Serrati, der ebenfalls für die Herrschaft der Arbeiterklasse eintrat, jedoch nicht auf die Möglichkeit verzichten wollte, in Parlamenten und Gemeinderäten für die Ziele der Arbeiterklasse zu wirken. Der dritte, kleinere, reformistische Flügel stand unter Führung von Filippo Turati (1857–1932).

Auf dem Parteitag im Oktober 1919 war Gramsci mit einer Gruppe von Vertretern des *Ordine Nuovo* anwesend; sie standen mehrheitlich auf Serratis Seite. Der Parteitag beschloß, eine Delegation der italienischen Sozialisten unter Führung von Serrati nach Moskau zum zweiten Weltkongreß der Komintern zu entsenden, um dann über den Anschluß an die Komintern zu beraten. Wenige Tage später, am 16. November 1919, fanden in Italien die ersten Wahlen nach dem Kriege statt. Anstelle der 347000 Stimmen bei den Wahlen von 1913 erhielten die Sozialisten diesmal 1,7 Millionen. Die Zahl ihrer Abgeordneten stieg von 47 auf 156: Die Sozialistische Partei war zur stärksten Partei im italienischen Parlament geworden. Der Gewerkschaftsverband, dem 1914 erst 50000 Mitglieder angehörten, wuchs bis 1920 auf 2 Millionen an. Die Zahl der sozialistischen Parteimitglieder stieg von 21000 im Jahre 1919 auf 216000 im Jahre 1920. Viele Sozialisten und Gewerkschaftler glaubten nun, der Sieg der Revolution stünde unmittelbar bevor.

Vor diesem Hintergrund kam es zu einer großen Welle von Fabrikbesetzungen in Italien. Bereits im Frühjahr 1920 gab es eine revolutionäre Bewegung, deren Zentrum sich in Turin befand. Mit einem Generalstreik kämpften die Arbeiter nicht nur um Lohnerhöhungen, sondern für die Kontrolle der Produktion durch die Fabrikräte. Allerdings blieben sie damals in Turin noch isoliert, und nach zehntägiger Rebellion brach die Bewegung zusammen. Im Sommer 1920 entstand dann jedoch eine neue, diesmal viel mächtigere revolutionäre Bewegung. Die Unternehmer in der Metallindustrie hatten am 20. August eine Aussperrung verkündet und die Fabriken geschlossen. Die Arbeiter drangen darauf in die Fabriken ein und setzten die Produktion unter ihrer eigenen Leitung fort. Etwa 300 Betriebe wurden auf diese Weise von den Arbeitern übernommen. Die Bewegung breitete sich bald über ganz Norditalien aus, und Hunderttausende von Arbeitern anderer Industriezweige schlossen sich ihr an.

In diesen Tagen sah man Gramsci und seine Freunde vom *Ordine Nuovo* meist in den Fabriken mit den Arbeitern über die Lösung der vielen praktischen Fragen der Produktionsleitung diskutieren. Es schien tatsächlich, als ob Italien im August 1920 am Vorabend einer Revolution stehen würde. Der Historiker Gaetano Salvemini, damals Professor an der Universität Florenz, umschrieb später die Situation sehr drastisch: »Die Bankiers, Großindustriellen, Großgrundbesitzer erwarteten die soziale Revolution, wie Schafe warten, zur Abschlachtung geführt zu werden.« Doch die revolutionäre Bewegung der Fabrikbesetzungen hatte im Herbst 1920 mit immer mehr Schwierigkeiten zu kämpfen. Die Banken begannen nach der Fabrikbesetzung durch die Arbeiter die für die Lohnzahlung notwendigen Kredite zu sperren, und sie verhinderten weitgehend, daß die Betriebe die notwendige Kohle und die Rohstoffe erhielten. In vielen Betrieben konnte daher die Produktion gar nicht oder nur beschränkt weitergeführt werden. Es gab auch Fabriken, in denen die Produktion teils aufgrund des mangelnden Bewußtseinsstandes und der fehlenden technischen und organisatorischen Kenntnisse der Fabrikräte nicht mehr aufrechterhalten werden konnte. Manche Fabriken mußten deshalb von den Arbeitern völlig aufgegeben werden.

Die Sozialistische Partei und die Gewerkschaften standen bald vor der Entscheidung, entweder die Bewegung trotz aller Schwierigkeiten bis zur Revolution weiterzutreiben oder den Rückzug anzuordnen. Auf einer Konferenz der Parteiführung und des Nationalrats der Gewerkschaften, an der mehrere Hundert Delegierte teilnahmen, wurde beschlossen, den Kampf abzubrechen. Die Konferenz gab sich mit dem Versprechen der Regierung zufrieden, die Löhne zu erhöhen und eine Mitwirkung der Betriebsräte an der Produktionsleitung zu gestatten. So endete die mit enormem Enthusiasmus begonnene revolutionäre Aktion.

Nach und nach verebbte die revolutionäre Welle in Italien.

In den ersten Oktobertagen 1920 kehrten die Arbeiter in die Fabriken zurück, die meisten tief enttäuscht, manche verließen die Gewerkschaften. Gegen Gewerkschafts- und Genossenschaftsheime ging nun die Reaktion vor, Partei- und Gewerkschaftsfunktionäre wurden von den Rechten verfolgt und mißhandelt. Diese Niederlage der Linken im September/Oktober 1920 hat zweifelsohne den Boden für den späteren Aufstieg des Faschismus in Italien vorbereitet. Zwar konnten bei den Kommunalwahlen im Herbst 1920 die italienischen Sozialisten noch erstaunliche Erfolge erzielen. In über 2000 Gemeinden (von insgesamt 8000), darunter auch in Großstädten wie Mailand und Bologna, aber auch in 26 der 69 Provinzen, gewannen die Sozialisten die Mehrheit. Als aber der sozialistische Bürgermeister von Bologna nach den erfolgreichen Wahlen vom Balkon der Rathauses zur Menge sprechen wollte, stürmte eine Gruppe von Faschisten auf den Platz und begann wohllos auf die Menschen zu schießen. Attentate und Anschläge der Faschisten nahmen rapide zu.

In dieser bedrückenden Atmosphäre fand im Januar 1921 in Livorno der 17. Kongreß der Sozialistischen Partei Italiens statt.

Auf diesem Kongreß kam es zu erbitterten Diskussionen zwischen den drei unterschiedlichen Richtungen. Links außen standen Bordigas »reine Kommunisten«, die jegliche parlamentarische Tätigkeit ablehnten und die 58000 Stimmen auf sich vereinigen konnten. Auf dem rechten Flügel befanden sich die von Turati angeführten Reformisten, die 14000 Stimmen erhielten. Die führende Kraft in der Mitte aber waren die von Serrati geleiteten Linkssozialisten, die mit den Zielen der Kommunisten sympathisierten, sich aber weigerten, die »21 Bedingungen« zur Aufnahme in die Kommunistische Internationale ohne Einschränkung anzunehmen.

Auch Antonio Gramsci nahm an diesem entscheidenden Parteitag teil. Die Komintern-Führung hatte Mátyás (Mathias) Rákosi, in der ungarischen Räterepublik Stellvertretender Volkskommissar für Finanzen, und den Bulgaren Christo Kabaktschieff (1878–1940) als Bevollmächtigte zum Parteikongreß nach Livorno entsandt. Beide sprachen sich auf dem Kongreß dafür aus, sofort die »21 Bedingungen« der Komintern anzunehmen, sich Bordigas »Kommunisten« anzuschließen und Turati und seine Anhänger aus der Partei auszuschließen. Serrati, der den Anschluß der italienischen Sozialisten an die Kommunistische Internationale aufrichtig anstrebte, gleichzeitig aber eine gewisse Autonomie verlangte, wurde von Paul Levi, dem Delegierten der KP Deutschlands unterstützt. Die Komintern-Beauftragten waren jedoch unerbittlich und zu keiner Verständigung bereit. Bei der Abstimmung erhielten schließlich Serrati 98 000 Stimmen, die Bordiga-»Kommunisten« 59 000, die Reformisten unter Turati knapp 15 000 Stimmen.

Als das Abstimmungsergebnis verkündet wurde, verließen die Vertreter der reinen Kommunisten den Konferenzsaal. Auch die Delegierten der Gruppe *L'Ordine Nuovo* verließen den Kongreß. Sie begaben sich, angeführt von den Komintern-Emissären Rákosi und Kabaktschieff in das San-Marco-Theater, wo sie sich als Kommunistische Partei Italiens konstituierten. Lenin war vom Ergebnis des Parteitages in Livorno äußerst befriedigt. Die Spaltung, die er gefordert hatte, war vollzogen. Dies sei, so Lenin, »ein großer Sieg, ein dreifacher Beweis, eine Tatsache, welche illustriert, daß die Arbeiterbewegung in Italien sich schneller als unsere Bewegung in Rußland entwickeln wird«.

Gramsci aber war von dieser Entwicklung keineswegs begeistert. Schon damals sagte er, es sei das Ziel der Reaktion gewesen, die Arbeiterbewegung zu spalten, zurückzuwerfen und zu isolieren. Wörtlich kommentierte er: »Die Spaltung von Livorno (die Abspaltung der Mehrheit des italienischen Proletariats von der Kommunistischen Internationale) war ohne Zweifel der größte Triumph der Reaktion.«

Die neugegründete Kommunistische Partei Italiens stand zunächst unter Führung von Amadeo Bordiga. Unter den fünfzehn Mitgliedern des neugewählten Zentralkomitees waren Bordiga und seine Anhänger mit acht Mitgliedern vertreten, fünf stammten aus der linkssozialistischen Richtung, die sich nun zum Kommunismus bekannte, und nur zwei kamen von der Gruppe *L'Ordine Nuovo*: Antonio Gramsci und Umberto Terracini.

Vom Bergarbeiter zum Revolutionär:
Der französische Kommunistenführer Maurice Thorez

Maurice Thorez, der spätere Generalsekretär der KP Frankreichs, wurde am 28. April 1900 in einer armen Bergarbeiterfamilie in Noyelles-Godault im Département Pas-de-Calais geboren. Auch Vater und Großvater waren Bergarbeiter. Der junge Maurice verbrachte seine Kindheit in einer armseligen Werkssiedlung und sah täglich die müde heimkehrenden Bergleute.

Zu seinen ersten Kindheitserinnerungen gehört das große Grubenunglück in Courrières, in der Méricourt-Grube, bei dem 1300 Bergleute den Tod fanden. Nach Jahren erinnerte sich Maurice Thorez: »So rannte ich am 10. März 1906 im kalten Nebel fort und legte, so schnell mich meine kleinen Beine trugen, auf der Landstraße die sieben Kilometer lange Strecke von Noyelles-Godault nach den Siedlungen von Mericourt zurück.« Maurice sah, wie sich die Menschen vor den hohen Eisengittern der Grube drängten. Bald erhoben sich Klagen und Verwünschungen. Berittene Gendarmen tauchten auf und trieben ihre Pferde in die Menge. Gellende Schreie tönten von allen Seiten: »Sagt uns die Wahrheit, sagt uns, was los ist! Laßt uns rein! Meine Kinder sind in der Grube! Mein Mann ist in der Grube!« Maurice sah, wie die Siedlung von Gendarmen umzingelt wurde. Wenige Tage später trugen alle Leute schwarze Kleider. Die Scheunen wurden in Trauerkapellen verwandelt, und Maurice Thorez erinnerte sich an die trostlosen Leichenzüge im Schneegestöber.

Kurze Zeit später kam es zu einem großen Streik. Er dauerte 52 Tage. Es waren zwei Monate schrecklichen Elends, voller Entbehrungen, Leiden, aber auch voller Empörung. Der Großvater, ein alter Gewerkschafter, war am Streik besonders aktiv beteiligt und beeindruckte den Enkel sehr.

Als Elfjähriger mußte Maurice bereits richtig arbeiten, er half bei den Bauern des Dorfes mit, die Felder zu jäten: »Mit einer kleinen Hacke in der Hand zogen wir in Gruppen aus und hackten in Abständen von zwei Metern, die Augen zu Boden gerichtet, die Disteln und das Unkraut ab.« Die Arbeitszeit betrug zwölf Stunden, vom Sonnenaufgang bis Sonnenuntergang. Dafür erhielten sie vierzehn bis fünfzehn Sous. Aber Maurice erhielt nicht einmal dies: »Thorez, du Knirps, du bist kleiner als die anderen. Ich kann dir nicht den gleichen Lohn geben. Du sollst aber zehn Sous haben.«

Kurz vor Vollendung seines dreizehnten Lebensjahres begann Maurice mit der Arbeit im Bergwerk. Er wurde als Steinklauber am Metallband eingeteilt. Wenige Monate später, im November 1913, erlebte Maurice Thorez nun bereits als Teilnehmer einen weiteren Bergarbeiterstreik, der damit endete, daß den Arbeitern der Achtstundentag für Untertage-Arbeit zugestanden wurde.

Wenige Wochen nach Beginn des Ersten Weltkrieges, im August 1914, als den Deutschen der Durchbruch zum Meer geglückt war, ordneten die französischen Behörden an, daß alle Männer im wehrpflichtigen Alter die Gegend zu verlassen hätten. Gemeinsam mit seinem Großvater irrte der Vierzehnjährige nun zwischen den hin- und herflutenden französischen Truppen auf französischen Landstraßen umher. Später schrieb Thorez: »Ich lernte den Krieg kennen – nicht den Krieg der üblichen Bilderbogen, der Haudegen ... nein, den entsetzlichen Krieg, der die Menschen verschlingt und der Tod und Schrecken verbreitet.« Er sah tote Soldaten in den Straßengräben, Pferdeleichen, öde Felder, verlassene Dörfer, Sanitätswagen mit Verwundeten und Sterbenden, den Flüchtlingsstrom. Maurice Thorez verdingte sich auf einem Bauernhof als Knecht, versorgte das Vieh, säuberte den Stall, führte die Kühe auf die Weiden, mähte Weizen, besserte Schubkarren und Mistgabeln aus und schälte abends Edelkastanien, die es zum Abendbrot gab.

Damals begann er sich für Bücher zu interessieren. Er verschlang die Bücher von Jules Verne. *Die Elenden* von Victor Hugo, *Germinal* von Émile Zola und vor allem Bücher über die Französische Revolution. Von einem befreundeten sozialistischen Arbeiter hörte er von den Konferenzen der Sozialisten in Zimmerwald im September 1915 und in Kienthal im April 1916, auf denen sich zum ersten Mal Stimmen gegen den Krieg erhoben. Der bald siebzehnjährige Maurice Thorez begann regelmäßig die Zeitung *Le Populaire du Centre* zu lesen, in der die Meinung der linken Sozialisten und Kriegsgegner zumindest teilweise zum Ausdruck kam.

Im März 1917 kam Maurice Thorez nach Paris. Die deutschen Truppen standen damals nur siebzig Kilometer vor der französischen Hauptstadt, es herrschte eine niedergedrückte und gleichzeitig gespannte Stimmung. Maurice arbeitete jetzt als Flußschiffer. In Paris hörte er das erste Mal von der Februarrevolution in Rußland und versuchte zu erfahren, was eigentlich in Rußland vor sich ging. Er las Zeitungen, Zeitschriften und Broschüren und nahm erste Kontakte zu Sozialisten auf.

Nach Kriegsende im November 1918 kehrte Thorez in seinen Geburtsort Noyelles-Godault zurück, der während des Krieges schrecklich gelitten hatte. Viele Gebäude waren zerstört. Auf der Grube Nummer 4, in der er vor dem Kriege gearbeitet hatte, herrschte das Chaos. Er arbeitete am Wiederaufbau der Grube mit und beteiligte sich an der Gewerkschaftsarbeit und an politischen Diskussionen.

Die Sozialistische Partei Frankreichs befand sich nach dem Ende des Krieges wie in vielen anderen europäischen Ländern in einem dramatischen Aufstieg. Während ihr 1918 erst 34000 Mitglieder angehörten, waren es im Jahr 1920 bereits 150000. Im März 1919 war Thorez der Partei beigetreten, in der er von Anfang an auf dem linken Flügel stand. Damit gehörte er zu denen, die für den Anschluß an die im gleichen Monat gegründete Dritte Internationale eintraten. Auch in der sozialistischen Ortsgruppe in Noyelles-Godault beschlossen die Mitglieder nach einer öffentlichen Versammlung mit 66 gegen 5 Stimmen den Beitritt zur Dritten Internationale.

Auf dem Parteitag der Sozialistischen Partei im Februar 1920 in Strasbourg wurde aber auch eine starke Reserve gegen die Komintern deutlich. Obwohl der Parteitag in einer Resolution die Übereinstimmung mit den Grundprinzipien der Kommunistischen Internationale, auch mit der Diktatur des Proletariats, erklärte, wurde der Anschluß an die Kommunistische Internationale mit 3000 gegen 16000 Stimmen abgelehnt. Gleichzeitig beschloß derselbe Parteitag jedoch mit 4330 gegen 337 Stimmen, die Verbindung mit der Zweiten (sozialdemokratischen) Internationale zu lösen.

Der Parteitag entsandte L.-O. Frossard, den damaligen Generalsekretär der Partei, und Marcel Cachin, den Chefredakteur des Zentralorgans *L'Humanité*, als Delegierte zum Zweiten Kongreß der Komintern nach Moskau, um die Bedingungen für einen Anschluß der Sozialistischen Partei zu erfahren, wobei es vor allem um die Annahme oder Ablehnung der »21 Bedingungen« ging. Als die beiden Abgesandten vom Zweiten Kominternkongreß wieder zurückkehrten, versuchten sie, die Bedeutung der »21 Bedingungen« herunterzuspielen. Auf dem Parteitag in Tours im Dezember 1920 kam es zu heftigen Debatten. Maurice Thorez erinnerte sich später: »Erregt verfolgten wir die Diskussionen auf dem Kongreß in Tours! Mit Begeisterung erfüllten uns die feurigen Worte Clara Zetkins, die die Wachsamkeit der Polizei hatte hintergehen können, sowie die überzeugende Rede Marcel Cachins.« Nach langen Diskussionen zeichnete sich eine Mehrheit der

Delegierten für den von Cachin und Frossard eingebrachten Antrag auf einen Anschluß an die Kommunistische Internationale ab. Schließlich sprachen sich 3028 Stimmberechtigte für den Anschluß aus, 1022 stimmten dagegen. Dies bedeutete die Spaltung der Partei. Von den damals 170000 Parteimitgliedern verblieben nur noch 30000 in der weiterhin bestehenden Sozialistischen Partei. Rund 140000 Mitglieder traten in die sich noch in Tours neu konstituierende Kommunistische Partei Frankreichs (PCF) ein, die sich nun der Komintern anschloß.

Auch Maurice Thorez stand eindeutig auf der Seite jener, die sich zum Kommunismus bekannten: »Die französische Arbeiterklasse marschierte wieder vorwärts«, schrieb er in seinen Erinnerungen: »Wir Jungen atmeten die uns umgebende belebende Luft tief ein.«

In China vor der großen Revolution: Die Jugend Mao Tse-tungs

Mao Tse-tung wurde am 26. Dezember 1893 in dem Dorf Shaoshan in der Provinz Hunan geboren, jener Provinz in Zentralchina, die in Chinas langer Geschichte schon immer die Heimat der Helden, Rebellen und aufständischen Bauern war. Sowohl während des Taiping-Aufstandes um 1860, als auch bei der Revolution von 1911 fanden in der Provinz Hunan erbitterte Kämpfe statt. Später sollte Hunan zum Sturmzentrum der Bauernbewegung und zu jener Provinz werden, in der die Räte-Bewegung am einflußreichsten war.

Der Vater Mao Tse-tungs war ursprünglich ein Kleinbauer, der aus Armut zur Armee gegangen war. Danach hatte er sich etwa 10 Hektar Land gekauft, auf dem er seinen Reis anbaute. Was die Familie nicht verbrauchte, verkaufte er. Später kaufte er Getreide auf und brachte es in die Stadt, um es dort mit Gewinn weiterzuverkaufen. Er konnte nun einen Knecht anstellen, trotzdem mußten aber seine Frau und die Kinder auf dem Hof weiterhin mitarbeiten. Der kleine Mao hielt den Vater immer für hart, kleinlich, geizig und später auch für altmodisch, autoritär und konservativ; um so mehr liebte und verehrte er seine Mutter, die weichherzig und gütig war. Er hatte noch drei jüngere Geschwister, die später alle als Kommunisten starben: die Schwester und ein Bruder wurden hingerichtet, der zweite Bruder fiel im Kampf als Partisanenführer.

Von seinem siebenten Lebensjahr an wurde Mao in die Dorfschule geschickt, da sein Vater wünschte, daß der Sohn bald die Geschäftsbücher für ihn führte. In der Dorfschule wurden die Schüler hart behandelt. Der Lehrer war brutal und schlug sie häufig.

Als Mao zehn Jahre alt war, lief er von der Schule weg und irrte drei Tage umher, bis er schließlich von seiner Familie wieder gefunden wurde. Der Protest hatte Erfolg: Sein Vater wurde ein wenig rücksichtsvoller und der Lehrer mäßigte sich. Aber drei Jahre später kam es zu harten Auseinandersetzungen zwischen dem Jungen und dem Vater. Der Vater beschuldigte ihn eines »unehrerbietigen Verhaltens«, aber der junge Mao zitierte die Klassiker, bei denen es hieß, daß die Älteren freundlich und liebevoll sein sollten.

Mehr als die Klassiker liebte der junge Mao die Romane des alten China, besonders Erzählungen von Rebellionen begeisterten ihn. Seine Lieblingsbücher waren die *Yo-Fei-Chroniken, Die Räuber vom Liang-Shan-Moor, Der Aufstand gegen die Tang,* die Bücher *Von den drei Königreichen* und *Reisen in den Westen,* die Geschichte einer halblegendären Pilgerreise nach Indien im 17. Jahrhundert. Mao und seine Schulkameraden lernten viele Geschichten fast auswendig und diskutierten sie immer wieder. Er meinte später, daß er von diesen Büchern, die er damals las, sehr beeinflußt worden sei.

Mit dreizehn beendete er die Elementarschule und mußte nun täglich auf dem Hof arbeiten. Abends und nachts führte er dann die Bücher des Vaters. Trotzdem gelang es ihm, seine Lektüre fortzusetzen: Er verhängte spät in der Nacht das Fenster seines Zimmers, so daß sein Vater das Licht nicht sehen konnte.

Für die Entstehung seines politischen Bewußtseins war der Aufstand in Changsha, der Hauptstadt der Provinz Hunan, wichtig. In Hunan gab es eine große Hungersnot; die Hungernden schickten eine Delegation zum Bürgermeister, um Hilfe zu erbitten. Aber der Bürgermeister verhöhnte die Abgesandten nur. Daraufhin stürzten Demonstranten den Fahnenmast – das Symbol der Amtsgewalt – und schleppten den Bürgermeister aus seinem Haus. Zunächst wurden den Demonstranten dann Hilfsmaßnahmen versprochen, aber der neuernannte Gouverneur befahl, die Anführer des Aufstandes zu verhaften. Viele von ihnen wurden geköpft und ihre Köpfe zur Warnung vor weiteren Rebellionen auf Pfählen zur Schau gestellt. Dieses Ereignis, über das in der Schule diskutiert wurde, hatte, wie Mao später berichtete, »einen tiefen Eindruck« auf ihn gemacht: »Ich fühlte, daß unter den Rebellen gewöhnliche Leute wie meine eigene Familie waren, ich verabscheute die Ungerechtigkeit tief, mit der sie behandelt wurden.« Sein politisches Bewußtsein wurde noch weiter gestärkt, als er im Jahre 1908

– Mao war damals fünfzehn – ein Buch las, das vom Zerfall und der Auflösung Chinas handelte: »Ich erinnere mich, daß die Schrift mit den Worten begann: ›Wehe! China wird unterjocht.‹ Nachdem ich das gelesen hatte, war ich niedergeschlagen, und ich begann zu begreifen, daß es die Pflicht aller Menschen ist, sich für die Rettung des Vaterlandes einzusetzen.«

Mao wollte unbedingt eine weitere Schule besuchen. Er setzte sich gegen den väterlichen Widerstand durch und kam, auch dank guter Beziehungen seiner Mutter, Ende 1909 in die sogenannte »moderne« Volksschule einer nahegelegenen Kleinstadt. Dort wurde das gelehrt, was man als »westliche Wissenschaften« bezeichnete, also etwas Naturwissenschaften und einiges über die Geschichte und Geographie der westlichen Länder. Die meisten Schüler waren Söhne von Großgrundbesitzern, die teure Kleider trugen. Mao war ärmlicher gekleidet als die anderen, er besaß nur einen einzigen anständigen Anzug.

In der Schule kam Mao gut voran. Die Lehrer schätzten ihn, da er gute Aufsätze im klassischen Stil schrieb. Er las die Bücher der »geistigen Väter« der Revolution von 1911 und über die Notwendigkeit von Reformen. Mit 16 Jahren bekam Mao eine Schrift von Kang Yu-wei, eines Vertrauten des Kaisers, in die Hände. Dieser Reformer hatte sich zunächst nur für die Übernahme wissenschaftlicher, technischer und wirtschaftlicher Errungenschaften aus dem Westen eingesetzt, mußte aber bald erkennen, daß dies ohne eine Umgestaltung des chinesischen Regierungssystems wenig einbrachte. Der kaiserliche Hof wurde mißtrauisch. Obwohl Kang Yu-wei damals kein Revolutionär war, sondern lediglich für Reformen eintrat, wurde Haftbefehl gegen ihn erlassen. Es gelang ihm jedoch, ins Ausland zu fliehen. Praktisch erreichte er wenig; aber er übte durch seine Schriften eine große Wirkung aus – auch auf den jungen Mao Tse-tung. Um diese Zeit datieren auch die ersten Aktivitäten von Sun Yat-sen (1866–1925), dem »Vater der chinesischen Revolution«.

Im Jahre 1911 wurde Mao in eine Mittelschule in Changsha aufgenommen, wenige Monate vor der ersten chinesischen Revolution, die zum Sturz des Kaiserhauses führen sollte. Mao war damals beinahe 18 Jahre alt. Er gehörte zu der unruhigen chinesischen Jugend, die mehr ahnte als sah, daß große Veränderungen bevorstanden. Maos Vorstellungen waren noch etwas verworren; er trat gleichzeitig für Sun Yat-sen, den revolutionären Republikaner und Antimonarchisten, und für Kang Yu-wei, den Reformer und Monarchisten, ein.

Die Revolution von 1911 begann mit einem Aufstand in Wutschang gegen die Mandschu-Herrschaft. Das Land wurde von revolutionärem Fieber erfaßt. Eines Tages erschien ein Revolutionär in Maos Mittelschule und hielt mit Erlaubnis des Rektors eine leidenschaftliche Rede. Sieben oder acht Schüler sprangen auf und unterstützten ihn mit Anklagen gegen die Mandschus. Sie forderten zu Taten auf, um die Republik auszurufen. Wenige Tage danach schloß sich Mao der Revolutionsarmee an. Er erhielt sieben Yüan; davon gab er zwei Yüan für Essen aus und den Rest für Zeitungen, die er begierig las. In einer dieser Zeitungen, den *Täglichen Nachrichten vom Hsiang-Fluß*, las Mao auch zum ersten Mal etwas über den Sozialismus. Als Zeichen seiner Opposition gegen die Mandschu-Dynastie hatte sich Mao inzwischen den traditionellen Zopf abgeschnitten. Bei den Kämpfen wurde der junge Soldat nicht mehr eingesetzt, da die Revolution bereits im Februar 1912, zumindest in ihrer ersten Phase, beendet war. Er trat aus der republikanischen Armee wieder aus, meldete sich in einer Rechtsschule, dann in einer Handelsschule an, verbrachte aber die nächsten sechs Monate vor allem in der Provinzbibliothek, wo er von morgens bis abends las. Er beschäftigte sich mit Weltgeschichte und Geographie und studierte die Werke von Adam Smith, Thomas H. Huxley, John Stewart Mill, Herbert Spencer, Montesquieu und Jean-Jacques Rousseau. Eines Tages las er in der *Volkszeitung* eine Geschichte über zwei chinesische Studenten, die quer durch China gereist und bis an die Grenze Tibets gelangt waren. Das begeisterte ihn so sehr, daß Mao ihrem Beispiel folgen wollte. Noch im Sommer 1912 machte er sich zu Fuß auf den Weg durch die Provinz und reiste, gemeinsam mit seinem Jugendfreund Hsiao-yu, durch fünf Bezirke:

»Wir wanderten durch diese fünf Bezirke, ohne einen einzigen Pfennig zu brauchen. Die Bauern gaben uns etwas zum Essen und einen Schlafplatz; wo wir auch hinkamen, wurden wir freundlich empfangen.«

Anfang 1913, im Alter von 20 Jahren, trat Mao in die Lehrerakademie in Changsha ein, wo es ihm gut gefiel; er besuchte sie fünf Jahre lang und bestand 1918 das Abschlußexamen. Über diese Zeit schrieb er später: »Ich war nie auf einer Universität und habe auch nicht im Ausland studiert. Die Grundlage meines Wissens und meiner Bildung wurde in der Lehrerakademie gelegt, die eine gute Schule war.« Diese Lehrerakademie in Changsha spielte übrigens für den chinesischen Kommunismus eine ähnliche Rolle wie die Universität von Turin für den italienischen. Wie in Turin trafen sich in der Lehrerakademie von Changsha junge Menschen, die später die leitenden Führer des chinesischen

Kommunismus werden sollten. In der selben Zeit, als Mao in Changsha war, lernten dort auch der etwas jüngere Liu Shao-chi (1898–1973) und Li Li-san (1896–1967), beide später Politbüromitglieder der KP Chinas. Gemeinsam mit Hsiao-yu gründete Mao 1914 die »Studiengesellschaft des neuen Volkes«, die später einen weitreichenden Einfluß auf die Geschicke Chinas ausüben sollte. Mao darüber: »Es war eine ernsthafte kleine Gruppe von Männern, die keine Zeit hatten, Nebensächlichkeiten zu diskutieren. Alles, was sie taten oder sagten, mußte ein Ziel haben. Sie hatten keine Zeit für Liebe oder Romanzen und hielten die Zeit für viel zu kritisch und das Bedürfnis nach Wissen für zu dringend, um über Frauen oder persönliche Angelegenheiten zu diskutieren. Meine Freunde und ich zogen es vor, nur über bedeutende Themen zu reden – die menschliche Natur, die Gesellschaft, China, die Welt, das Universum.« Und: »Wir entwickelten uns zu eifrigen Verfechtern der Körperkultur. In den Winterferien wanderten wir durch die Felder, stiegen auf Berge, gingen Stadtmauern entlang und überquerten Ströme und Flüsse ... Wir schliefen im Freien, wenn es schon fror und schwammen sogar im November in kalten Flüssen.« Mao verwies darauf, daß ihm dies später sehr geholfen habe, die Strapazen auf seinen Märschen quer durch Südchina und auf dem »Langen Marsch« zu ertragen. Die »Studiengesellschaft des neuen Volkes« und andere ähnliche radikale »Gesellschaften« standen damals mehr oder weniger unter dem Einfluß der von Chen Tu-hsiu herausgegebenen Zeitschrift *Neue Jugend*. Sowohl die Zeitschrift als auch die Gesellschaft traten für die moralische und geistige Vervollkommnung des einzelnen und für die Durchsetzung der für China notwendigen Reformen ein, ohne zunächst mit einer bestimmten Ideologie oder Partei verbunden zu sein. »Zu dieser Zeit«, erzählte Mao, »hatte ich eine komische Mischung von Ideen des Liberalismus, eines demokratischen Reformismus und eines utopischen Sozialismus im Kopf.«

Auf der Lehrerakademie von Changsha war er besonders von Yang Tsang-shi, dem dortigen Professor für Ethik, beeindruckt. Seine Tochter sollte Mao später heiraten.

Während Mao von 1913 bis 1918 an der Lehrerakademie in Changsha war, vollzogen sich in China bedeutende Veränderungen. Die Zentralgewalt brach auseinander, Militärs und Provinzgouverneure begannen einander die Macht streitig zu machen. Japan stellte die demütigenden »21 Forderungen«, deren Erfüllung den Verlust der chinesischen Unabhängigkeit bedeutet hätte. China erklärte 1917 auf Drängen der westlichen Alliierten Deutschland den Krieg.

Zur selben Zeit studierte Mao in Changsha den deutschen Philosophen und Pädagogen Friedrich Paulsen (1846–1908), von dem er sehr beeindruckt war. Maos Exemplar von Paulsens *System der Ethik* war vollgekritzelt mit seinen Anmerkungen. Bald schrieb er erste Artikel, hielt Vorträge und betätigte sich als oppositioneller Jugendführer. Noch war Mao vor allem Nationalist; er stand im Konflikt mit dem überlebten autoritären System, ohne noch eine klare Alternative zu erkennen. 1917 gründete Mao Tse-tung zusammen mit Tsai Ho-shen die »Neue Volks-Studiengesellschaft«, zu deren Sekretär Mao gewählt wurde. Diese Gruppierung bildete den Kern der späteren KP in der Provinz Hunan.

Nachdem er in Changsha sein Examen abgelegt hatte, reiste Mao mit anderen Studenten gemeinsam nach Peking.

Sie mieteten ein Haus mit zwei Zimmern im Stadtteil »Drei-Augen-Quelle« in der Nähe der Universität. Das eine Zimmer benutzten sie zum Arbeiten, das andere zum Schlafen: »Wenn wir alle dicht zusammengedrängt auf dem Kang (mandschurisches Ofenbett aus Ziegeln) lagen, gab es kaum Platz zum Atmen ... Ich mußte gewöhnlich die Schläfer auf beiden Seiten warnen, wenn ich mich umdrehen wollte ...« Im Zimmer stand noch ein sehr kleiner Ofen, auf dem sich die Studenten die Mahlzeiten kochten. Sie taten alles gemeinsam; sie hatten auch nur einen einzigen Mantel für alle und gingen während der größten Kälte nur schichtweise hinaus. Am Ende besaßen sie drei Mäntel.

Mao war fasziniert von der Schönheit der alten Hauptstadt. In den Parks und alten Palastländereien erlebte er den früheren nördlichen Frühling und sah die weißen Pflaumenblüten, während das Eis auf den künstlichen Seen noch fest war.

Mao suchte verzweifelt Arbeit in Peking. Er wandte sich zunächst an Yang Tsang-shi, seinen früheren Ethiklehrer am Lehrerseminar in Changsha, der inzwischen Professor in Peking geworden war. Dieser verschaffte ihm an der Universitätsbibliothek die Stelle eines Hilfsbibliothekars mit einem Monatsgehalt von umgerechnet acht Dollar. Mao war glücklich, aber zugleich enttäuscht: »Meine Arbeit war so niedrig, daß die Leute mir aus dem Wege gingen. Eine meiner Pflichten war es, die Namen der Leute aufzuschreiben, die zum Zeitunglesen kamen; aber für die meisten war ich kein menschliches Wesen«, erinnerte er sich. »Ich versuchte, Unterhaltungen über politische und kulturelle Themen mit ihnen anzufangen, aber sie waren sehr beschäftigte Leute. Sie hatten keine Zeit, einem Hilfsbibliothekar mit südlichem Dialekt zuzuhören.« Mao ließ sich jedoch nicht entmutigen. Er trat der Philosophischen Gesellschaft und dem Journalistenverein bei, um Kurse an der Universität besuchen zu können. In der Universitätsbibliothek begegnete er auch Chang Kuo-tao, der später einer der Mitbegründer der KP Chinas und bis 1938 einer der führenden Funktionäre der Partei wurde. In Büchern aus der Universitätsbibliothek las Mao 1918 die Schriften von Kropotkin, Bakunin und Tolstoi und begann vorübergehend mit dem Anarchismus zu liebäugeln. Zu dieser Zeit traf Mao auch Yang Kai-hui, die Tochter seines früheren Ethik-Lehrers Yang Tsang-shi. Er selbst bemerkte darüber später nur trocken:»Hier traf ich auch Yang Kai-hui und verliebte mich in sie.« Yang Kai-hui wird als klein von Gestalt mit einem runden Gesicht geschildert. Sie soll ihrem Vater sehr geähnelt haben, mit den gleichen kleinen, tiefliegenden Augen. Aber ihre Haut war ganz weiß, im Gegensatz zur Dunkelhäutigkeit des Vaters. 1895 geboren, hatte sie 1912 gemeinsam mit Mao und Hsiao-yu die Mittelschule in Changsha besucht. Emi Sao, ein anderer Freund Maos zu jener Zeit, erinnert sich an Yang Kai-hui als eines sehr ruhigen, ernsthaften Mädchens, das von seinen Eltern eine ausgezeichnete Erziehung erhalten hatte. Sie galt als sehr intelligent und anziehend und war wohl die größte Liebe in Maos Leben. Er heiratete sie zwei Jahre später (1920) in Changsha. 1930 wurde sie als Kommunistin von den Kuomintang-Behörden verhaftet und hingerichtet, weil sie sich weigerte, sich von ihrem kommunistischen Ehemann loszusagen. Mao Tse-tung verfaßte ein Gedicht zu ihrem Andenken.

Anfang 1919 reiste Mao von Peking über Shanghai nach Changsha zurück. Das Reisegeld mußte er sich leihen. Er besuchte unterwegs die historischen Stätten: Chu Fu, wo Konfuzius so lange weilte und wo sich sein Grabmal befindet; und er kletterte auf den Tai-shan, den heiligen Berg Shantungs. In Changsha, der Hauptstadt Hunans, erlebte er die »Bewegung des 4. Mai«, die ganz China in Erregung versetzte und bis zum heutigen Tag als Ankündigung einer neuen Zeit gefeiert wird. Mehr als zwanzig Jahre später, in seinem 1940 erschienenen Aufsatz *Über die neue Demokratie*, schrieb Mao: »Die 4.-Mai-Bewegung war eine antiimperialistische Bewegung wie auch eine antifeudale Bewegung. Die hervorragende historische Bedeutung der 4.-Mai-Bewegung liegt darin, daß sie ein charakteristisches Merkmal besaß, welches die Revolution von 1911 noch nicht aufwies: gründlich und kompromißlos trat sie dem Imperialismus wie auch dem Feudalismus entgegen . . . Der schwache Punkt der Bewegung lag darin, daß sie auf Intellektuelle beschränkt war und keine Arbeiter und Bauern daran teilhatten.« Trotzdem schätzte Mao die Bedeutung dieser Bewegung hoch ein: »Seit Beginn der chinesischen Geschichte gab es noch keine so große und gründliche kulturelle Revolution. Sie errang ihren Erfolg unter zwei Bannern: Opposition gegen die alte Moral und Förderung der neuen Moral und Opposition gegen die alte Literatur und Förderung der neuen.«

Der damals 26jährige Mao organisierte während der »Bewegung des 4. Mai« in Changsha Diskussionsgruppen, rief zu Studentenstreiks auf und sprach begeistert von der russischen Oktoberrevolution. Mao war damals der Herausgeber der *Hsiang-Fluß-Rundschau*, einer Studentenzeitung in Hunan, die großen Einfluß auf die Studentenbewegung in China hatte. Die radikalen Artikel dieses Blattes fanden bei seiner studentischen Anhängerschaft großen Anklang, und viele der jüngeren Studenten verkauften freiwillig Exemplare dieser Zeitung auf den Straßen.

Im Januar 1920 ging Mao zum zweiten Mal nach Peking. Dieser zweite Aufenthalt in Peking wurde für seine spätere politische Laufbahn von entscheidender Bedeutung. Er las damals zum ersten Mal das *Kommunistische Manifest* von Marx und Engels sowie die Werke von Karl Kautsky, und bezeichnete sich selbst bald als überzeugten Marxisten. Dann verkaufte er seinen Wintermantel, um nach Shanghai fahren zu können, wo er den dorthin übersiedelten Chen Tu-hsiu treffen wollte.

Chen Tu-hsiu, der langjährige Dekan der Literaturfakultät der Pekinger Universität, war der Herausgeber der Zeitschrift *Neue Jugend,* die in der national-revolutionären Entwicklung Chinas eine große Rolle spielte, und er gründete später gemeinsam mit Li Ta-chao die *Kommunistische Partei* Chinas. Mao erklärte, Chen Tu-hsiu habe ihn mehr als irgend ein anderer Politiker beeinflußt. Sein Geld verdiente sich Mao in Shanghai in einer Wäscherei.

Als Mao 1920 von den Kämpfen in seiner Heimat hörte, eilte er so schnell wie möglich nach Changsha zurück, nahm eine Stelle als Lehrer an und setzte seine Tätigkeit in der »Studiengesellschaft des neuen Volkes« fort. Diese Studiengesellschaft forderte damals bereits gleiche Rechte für Männer und Frauen, eine repräsentative Regierung und die Garantie für demokratische Freiheiten. Im Oktober 1920 organisierte Mao eine Ortsgruppe des sozialistischen Jugendverbandes und nahm an der Demonstration zur Feier des dritten Jahrestages der russischen Oktoberrevolution teil. Einige Demonstranten versuchten, eine rote Fahne zu hissen, wurden aber von der Polizei daran gehindert. Die

Oben: Präsidium des Gründungskongresses der Dritten Internationale. *Von links nach rechts:* Gustav Klinger, Hugo Eberlein, Lenin, Fritz Platten. *Unten:* Lenin diskutiert auf dem 2. Kongreß der Komintern mit ausländischen Delegierten.

Führende Köpfe in der Dritten Internationale: *Oben:* Grigorij Sinowjew, Leo Trotzki. *Unten:* Angelica Balabanoff, Karl Radek.

Titelblatt eines der ersten Hefte der *Kommunistischen Internationale*.

Oben: Béla Kun, der Führer der Ungarischen Räterepublik. *Unten:* Der erste ungarische Sowjetkongreß im Budapester Parlamentsgebäude. Er erklärte Ungarn zur Räterepublik.

Demonstration wurde schließlich von der Polizei auf Befehl des Gouverneurs aufgelöst. Dies war für Mao ein entscheidender Wendepunkt: »Seit dieser Zeit wurde ich immer mehr davon überzeugt, daß nur die politische Macht der Massen, durch Massenaktionen gesichert, die Verwirklichung dynamischer Reformen garantieren konnte. Im Winter 1920 begann ich zum ersten Mal, Arbeiter politisch zu organisieren, und fing an, mich vom Einfluß marxistischer Theorie und der Geschichte der Russischen Revolution leiten zu lassen.«

Im Frühjahr 1921 trafen sich Mao und sein Jugendfreund Hsiao-yu, mit dem er vor neun Jahren durch die Provinz Hunan gewandert war, zu einem vertraulichen Gespräch. Mao sagte: »Ich möchte dir streng vertraulich mitteilen, daß es in Peking, Kwangtung und Shanghai und fast allen größeren Städten Chinas kommunistische Gruppen gibt; über ein Dutzend Delegierte treffen sich demnächst in Shanghai zu einer Geheimversammlung. Der Zweck dieser Versammlung ist die formelle Gründung der Kommunistischen Partei. Ich bin Delegierter für Changsha und würde es sehr begrüßen, wenn du mich zu dieser Versammlung begleiten würdest.« Hsiao-yu war bereit, gemeinsam mit Mao nach Shanghai zu fahren, wollte jedoch nicht an dem Gründungskongreß teilnehmen. Es kam zu einer längeren Diskussion, aber alle Versuche Maos, seinen Jugendfreund zu überzeugen, schlugen fehl. Trotzdem fuhren sie gemeinsam in Richtung Shanghai. Sie verließen Changsha mit einem Flußdampfer und hatten dieselbe Kabine: Hsiao-yu nahm das obere, Mao das untere Bett. Viele Freunde kamen, um sich von ihnen zu verabschieden. Bald erreichte das Schiff Hankow, und die beiden Freunde nahmen einstweilen Abschied voneinander. Mao Tse-tung fuhr allein weiter nach Shanghai zum Gründungskongreß der KP Chinas, der im Juli 1921 stattfand.

III.

»Ganz Europa ist vom Geist der Revolution erfüllt«

Die Räterepubliken in Ungarn und in Bayern

Unmittelbar nach der Gründung der Kommunistischen Internationale nahmen in Europa die revolutionären Aktionen zu. Sie schienen zunächst den Optimismus Lenins und der Komintern zu bestätigen. In der zweiten Märzhälfte 1919 wurde in Ungarn die Räterepublik ausgerufen; Anfang 1919 folgte – wenn auch nur für wenige Wochen – die Räterepublik in München. In Wien kam es im April 1919 zu einem ebenfalls nur kurzen revolutionären Ausbruch. In ganz Deutschland stand das Jahr 1919 im Zeichen blutiger Kämpfe zwischen der Arbeiterschaft und Regierungstruppen. Vor allem in Mitteldeutschland wurde erbittert gekämpft: im Mai 1919 in Leipzig, Eisenach und Erfurt; zu blutigen Auseinandersetzungen kam es auch in Berlin. Streiks überfluteten fast das ganze Jahr hindurch das Ruhrgebiet. Mitte April 1919 meuterten Einheiten der französischen Schwarzmeerflotte. Die Matrosen weigerten sich, Kriegsgerät für die »Weißen« nach Odessa zu transportieren. Streiks und Demonstrationen fanden im Jahr 1919 in fast allen größeren französischen Städten statt. Revolutionäre Bewegungen gab es in Italien und auch in England. Innerhalb der sozialdemokratischen und sozialistischen Parteien war im Jahr 1919 eine deutliche Tendenz nach links zu spüren. Auf Konferenzen und Kongressen der Sozialdemokraten fast aller europäischer Länder wurde über die Frage diskutiert, ob man sich der neuen Kommunistischen Internationale anschließen sollte oder nicht.

Die revolutionäre Stimmung wurde auch im liberalen und konservativen Lager registriert. So notierte der britische Premier Lloyd George: »Ganz Europa ist vom Geist der Revolution erfüllt.« Er erklärte dazu am 25. März 1919: »Die Arbeiter sind nicht nur von einem tiefen Gefühl der Unzufriedenheit mit den Lebensbedingungen . . . ergriffen, sondern von Groll und Empörung. Die ganze bestehende soziale, politische und wirtschaftliche Ordnung wird von der Masse der Bevölkerung von einem Ende Europas zum anderen in Frage gestellt.«

So wie in Deutschland im November 1918 kam es auch in der österreichisch-ungarischen Monarchie bei Kriegsende zu einer Revolution, die
zum Sturz der Habsburger Dynastie und zur Bildung souveräner nationaler Staaten führte. Das Ungarn vor und während dem Ersten
Weltkrieg hatte in manchen Beziehungen Ähnlichkeit mit dem zaristischen Rußland. Auch Ungarn war ein halbfeudales Agrarland, beherrscht von Großgrundbesitzern und einer Aristokratie, die ihre
Macht mit einer kleinen Schicht der Handels- und Finanzbourgeoisie
teilte.

Am 16. November 1918 wurde auf dem Platz vor dem Parlament in
Budapest während einer Demonstration von Hunderttausenden von
Menschen die Republik in Ungarn ausgerufen. Daran schloß sich vom
November 1918 bis März 1919 eine Phase zahlreicher Demonstratio-
nen an. Sandor Rado erinnerte sich später:»Protestierende Men-
schenmassen füllten die Straßen und Bahnhöfe, unter ihnen abgeris-
sene Soldaten, die Tag und Nacht von der Front zurückstrebten, zum
Teil nicht mehr in der Lage, die Heimat zu erreichen, weil durch die
Auflösung der Monarchie die meisten Eisenbahnverbindungen unterbrochen waren.«

Bei einer solchen Demonstration erschien plötzlich ein Flugzeug
und warf im Tiefflug Flugblätter ab, die von Hand zu Hand gereicht
und gelesen wurden. Auf den Flugblättern stand, daß der einzige Ausweg aus dem Chaos die Schaffung einer sozialistischen Republik sei.
Aus Sowjetrußland kehrten ungarische Kriegsgefangene zurück, gemeinsam mit einigen ungarischen Revolutionären, die in der ungarischen Arbeiterbewegung allerdings kaum bekannt waren. Sie bildeten
damals den Kern der neuen Kommunistischen Partei Ungarns, die am
19. November 1918 gegründet worden war.

Der Führer der KP Ungarns: Béla Kun

Béla Kun war einer der aus Rußland zurückgekehrten ungarischen
Kriegsgefangenen. 1886 in einer ungarisch-jüdischen Familie in Trans-
sylvanien geboren, wurde er schon im Gymnasium Aktivist in der ungarischen Sozialdemokratischen Partei. Er studierte Rechtswissenschaften, zunächst in Kolozsvár (damals Klausenburg), später in Budapest. Gleichzeitig war er sozialdemokratischer Journalist und Sekre-

tär der Arbeiterkrankenkasse in der Provinzstadt Kolozsvár. Schon im ersten Kriegsjahr geriet er als Soldat der österreichisch-ungarischen Armee an der russischen Front in Gefangenschaft. In einem Kriegsgefangenenlager in der Nähe der sibirischen Stadt Tomsk kam er in Kontakt mit der örtlichen sozialdemokratischen Organisation, und nach der Februarrevolution von 1917 schloß er sich in Tomsk dem bolschewistischen Komitee an. Nach dem Sieg der Bolschewiki im November 1917 ging Béla Kun nach Petrograd, traf dort mit Lenin zusammen und kam dann nach Moskau, wo er in der bolschewistischen Partei aktiv war. Am 24. März 1918 organisierte er die ungarische kommunistische Gruppe in der bolschewistischen Partei, und am 14. April 1918 wurde er zum Vorsitzenden der Föderation der ausländischen Kommunisten in Sowjetrußland gewählt. Im November 1918 kehrte er nach Ungarn zurück, wo er dann am 20. November zum Vorsitzenden der gerade gegründeten ungarischen Kommunistischen Partei gewählt wurde.

Durch seine aktive Teilnahme am russischen Bürgerkrieg hatte sich Béla Kun Ansehen und Vertrauen bei den Bolschewiki erworben, und konnte sich deshalb gleichsam als ihr inoffizieller Bevollmächtigter in Budapest betrachten. Mit finanzieller Unterstützung durch die russischen Bolschewiki wandte er sich vor allem an die unorganisierten Teile der ungarischen Arbeiterklasse und rief sie zum bewaffneten Aufstand auf. Bei einem Zusammenstoß zwischen bewaffneten Kommunisten und Polizeitruppen wurden am 21. Februar 1919 die Führer der Kommunistischen Partei Ungarns, darunter auch Béla Kun, verhaftet. Aber sein Gefängnisaufenthalt sollte nur von kurzer Dauer sein.

Das Auftreten der ungarischen Kommunisten blieb nicht ohne Wirkung, da sie sich von Anfang an gegen die Entente, gegen das Bündnis von England und Frankreich mit der Tschechoslowakei und Rumänien, wandten und dafür ein Bündnis Ungarns mit Sowjetrußland zur Verteidigung der ungarischen nationalen Interessen forderten. Doch zunächst erhielten Béla Kun und die ungarischen Kommunisten unerwartete »Hilfe« von der Entente. Am 20. März 1919 überreichte der französische Oberleutnant Vyx in ihrem Namen der ungarischen Regierung ein auf 24 Stunden befristetes Ultimatum, in dem die Anerkennung neuer Grenzen gefordert wurde, wodurch große ungarische Gebiete abgetrennt werden sollten. Der Proteststurm gegen dieses Ultimatum war so stark, daß die Regierung stürzte. Es galt nun, eine neue Regierung zu bilden, um das Ultimatum der Entente zurückzuweisen.

Dies war die Chance für Béla Kun. Der Parteivorstand der ungarischen Sozialdemokraten beschloß, eine Abordnung zu Béla Kun ins Gefängnis zu senden, um mit ihm eine Übereinkunft zu erzielen, denn ohne die Kommunisten, das wußten die Sozialdemokraten, war eine Regierungsbildung in Ungarn nicht möglich. Ihre Verbindung zu Sowjetrußland schien die einzige Garantie dafür zu sein, daß Ungarn nicht den Forderungen der Entente ausgeliefert war. Am 21. März wurde Béla Kun mit seinen Genossen aus dem Gefängnis entlassen; sie begaben sich sofort in das sozialdemokratische Parteisekretariat und diktierten dort ihre Bedingungen. Béla Kun forderte die sofortige Verschmelzung der Sozialdemokraten mit den Kommunisten in eine einheitliche »Ungarländische Sozialistische Partei«, die Errichtung der Räteherrschaft in Ungarn und ein Bündnis mit Sowjetrußland. Zu dieser Zeit hatte die Kommunistische Partei insgesamt nur einige tausend Mitglieder, die Sozialdemokratische Partei dagegen fast eine Million, denn in Ungarn war damals fast jedes Gewerkschaftsmitglied automatisch auch Mitglied der Sozialdemokratischen Partei.

»Mit elementarer Begeisterung«: Die Ausrufung der Räterepublik in Ungarn

In wenigen Stunden wurde nicht nur die Vereinigung beschlossen, sondern auch die Errichtung der Räteherrschaft. Der sozialdemokratische Gewerkschaftsführer Alexander Garbei übernahm das Amt des Präsidenten der Räterepublik, Béla Kun wurde Vorsitzender des Rates der Volkskommissare und gleichzeitig Volkskommissar des Äußeren. Für die Volksbildung wurde Dr. Siegmund Kunfi der zuständige Volkskommissar, sein Stellvertreter war der später als Literaturhistoriker berühmt gewordene György (Georg) Lukács (1885–1971). Oberkommandierender der neu zu schaffenden ungarischen Roten Armee wurde der Sozialdemokrat Wilhelm Böhm; ebenfalls im militärischen Bereich zuständig in führenden Positionen waren Béla Szanto und Tibor Szamuely.
Die Räterepublik, die durch eine Proklamation »An alle!« noch in der Nacht vom 21. auf den 22. März ausgerufen worden war, wurde, wie Böhm berichtete, von der Arbeiterschaft »mit elementarer Begeisterung«, von der Mehrheit des Bürgertums, ja sogar der Offiziere, mit »beispielloser Freude« begrüßt.
Über die Ausrufung der ungarischen Räterepublik berichtete der

Schriftsteller Gyula (Julius) Háy, damals ein Student von 18 Jahren: »Da hörte man von einer Ecke des Platzes den Ruf ›Hoch lebe die Räterepublik!‹ Der Ruf kam nicht ungeplant und nicht ungeübt, aber er war schwach und verlor sich. Es war die eben erst entstandene Kommunistische Partei. Dann kam auch der Name, oft wiederholt: ›Béla Kun, Béla Kun!‹ Ob man an diesem Abend schon wußte, wer Béla Kun war? Ich glaube, die Mehrheit machte sich ein unklares Bild von ihm. Man wußte, daß dieser klein gewachsene, schmächtige Mann mit dem klugen Froschgesicht als einfacher Beamter in der Sozialversicherung aus der ungarischen Provinz in den Krieg zog, in russische Kriegsgefangenschaft geriet und jetzt als Haupt der ungarischen Kommunisten – einer geheimnisvollen Kraft – als persönlicher Vertrauensmann Lenins mit seinem Stab, einer Gruppe völlig unbekannter Menschen, in Ungarn eintraf.«

Julius Háy wollte unbedingt an der guten Sache mitarbeiten und ging schon am ersten Morgen, trotz einer Halsentzündung, zum Volkskommissariat für Unterrichtswesen. Er war überrascht, als er eine große Menschenmenge vor dem Eingang des Volkskommissariats versammelt sah. Er erinnert sich: »Man wartete auf Einlaß. Man brannte vor Arbeitswut. Begeisternd war dieser Neubeginn. Man wollte vom neuen Staat Gehalt beziehen und Lebensmittelkarten, und nicht nur, weil man irgendwie leben mußte, sondern weil es ein Beweis dafür war, daß man dazugehörte, daß man von der neuen Ordnung als ein nützlicher Mensch anerkannt wurde.« Julius Háy wurde vom Volkskommissariat als »Jungarbeiter-Propagandist« eingesetzt. Er sollte im 5. und 6. Budapester Bezirk Clubs mit Jugendlichen organisieren, um diese in der marxistischen Weltanschauung zu bilden.

Schon bald begann auch die Organisierung der Roten Armee. Sandor Rado war von Anfang an dabei und erinnerte sich: »In Budapest formierten sich internationale Regimenter aus den in Ungarn lebenden Slowaken, Karpato-Ukrainern, Rumänen, Jugoslawen, Bulgaren, Österreichern und den einstigen russischen Kriegsgefangenen, die noch im Lande weilten. Der Bruder meines Freundes, Jantschi Roman, wurde zum politischen Kommissar ernannt und bat mich, ihm bei der Organisation des Regiments zu helfen; darum trat auch ich gleich in den ersten Tagen in jenes Regiment ein.«

Die Intervention der Entente-Mächte

Gegen die Ungarische Räterepublik wurden schon wenige Wochen nach ihrer Gründung die Armeen der Entente in Marsch gesetzt. Die Intervention begann. Zuerst drangen rumänische Truppen von Siebenbürgen her in Ungarn ein. Von Jugoslawien aus besetzten die Franzosen die Städte entlang der Grenze. Dann ging unter französischer und italienischer Führung die Armee der gerade gegründeten Tschechoslowakei zum Angriff auf die Ungarische Räterepublik über.

Anfang April 1919 entsandte die Entente den britischen General Smuts mit neuen Vorschlägen für eine friedliche Beilegung der Konflikte nach Budapest. Die früheren Forderungen waren nun beträchtlich zugunsten Ungarns gemildert worden. »Ihre Annahme hätte«, nach dem Urteil des Oberkommandierenden der Roten Armee, des Sozialdemokraten Böhm, »einen nicht genug einzuschätzenden territorialen und moralischen Sieg der Räterepublik bedeutet.« Ungarn hätte ein weit größeres Gebiet als ursprünglich vorgesehen behalten können. Die Entente wollte, wofür sich General Smuts verbürgte, die Blockade unverzüglich aufheben und die Räterepublik de facto anerkennen. Die Annahme dieser Vorschläge hätte der Räterepublik erst einmal den Frieden gebracht und Vorbedingungen für eine wirtschaftliche und soziale Entwicklung geschaffen. Aber Béla Kun lehnte Smuts' Vorschläge ab – was selbst in sowjetischen Darstellungen der Komintern als schwerer Fehler kritisiert wird. Béla Kun befürchtete damals, der revolutionär-bolschewistische Elan, der die ungarischen Kommunisten an die Macht getragen hatte, könne in eine nationalistische Konterrevolution umschlagen. Auch stünde Europa, wie Kun damals glaubte, am Vorabend gewaltiger Umwälzungen, die eine immer günstigere Situation schaffen würden. Die Ablehnung der Vorschläge von Smuts aber bedeuteten den Krieg. Die Ungarische Räterepublik mußte nun Krieg mit den drei von der Entente unterstützten Nachbarstaaten (Jugoslawien, Tschechoslowakei und Rumänien) führen und wurde schließlich besiegt.

Der von Wilhelm Böhm organisierten Roten Armee gelang es zwar im Mai noch, tschechische Truppen in der Slowakei zu schlagen und in Teilen des slowakischen Gebiets eine kurzfristige Räterepublik zu proklamieren, aber diese Offensive erschöpfte die Kräfte der Roten Armee. Hinzu kam, daß die Nahrungsmittelsituation immer ernster wurde. Julius Háy berichtete, daß es in den Lokalen Budapests mitunter nur noch Gerstenbrei und gekochte Kürbisse gab.

Der 1905 in Budapest geborene Arthur Koestler, damals als Schüler Augenzeuge der Ungarischen Räterepublik, erinnert sich, daß die Bevölkerung Budapests hauptsächlich von Gefrorenem, von Eis, zu leben schien: »Als Folge der Weigerung der Bauern, ihre Produkte für Papiergeld zu verkaufen, herrschte eine Lebensmittelknappheit, die beinahe eine Hungersnot war. Alles Eßbare war rationiert und aus den Läden verschwunden. Das einzige, was man auf die von der roten Regierung herausgegebenen Lebensmittelkarten für Papiergeld kaufen konnte, waren Kohl, erfrorene Runkelrüben und Speiseeis. Das ganze Land lebte auf Tauschbasis. Die Bauern kamen mit ihren Hühnern, Milch, Butter, Eiern in die Stadt und gingen mit Großvateruhren, Bronzen, Bettvorlegern, gebrauchten Hemden und Anzügen beladen nach Hause.«

Die Fehler der Ungarischen Räterepublik

Die Lebensmittelknappheit war eine Folge der Fehler und Unterlassungssünden Béla Kuns und der Ungarischen Räterepublik. Die bereits nach der Revolution von 1918 unter der vorherigen Regierung von Mihály (Michael) Graf Károlyi (1875–1955) begonnene Bodenreform wurde nicht fortgesetzt, die Räterepublik verstaatlichte lediglich den Großgrundbesitz. Das Land wurde nicht den Bauern übergeben, sondern nominell als Staatsbetrieb von den bisherigen Eigentümern und deren Gutsverwaltern weiterbewirtschaftet. Es änderte sich also nur der Eigentumstitel. Der ehemalige Grundherr oder seine Verwalter saßen nun als Produktionskommissare im früheren Gutsbetrieb. »Die Millionen des landwirtschaftlichen Proletariats fühlten sich betrogen. Die Massen des Dorfes bekamen von der Revolution nichts. So wandten sie sich von der Revolution ab«, notierte später Wilhelm Böhm, der damalige Oberkommandierende der ungarischen Roten Armee. Dies wird auch von Julius Háy bestätigt: »Die verstaatlichten Gutsbetriebe wurden meist einem Produktionskommissar zur Verwaltung übergeben. In unserem Falle war das der Diplomlandwirt, Herr Sztranyai, der dieselbe Arbeit als Angestellter meines Vaters zur größten gegenseitigen Zufriedenheit seit Jahren versehen hatte. Aus dem Gesichtspunkt des Landarbeiters hatte sich also nichts geändert, nicht einmal dem Schein nach.«
Dies galt groteskerweise nicht nur für die Landwirtschaft, sondern auch für die Industrie. Arthur Koestler erinnert sich: »Obwohl wir

eine ausgesprochen bürgerliche Familie waren und mein Vater als Fabrikant offiziell in die Kategorie der kapitalistischen Ausbeuter fiel, fühlten wir uns nie bedroht. Die Fabrikation der radioaktiven Seife wurde nationalisiert und mein Vater zum Geschäftsführer bestellt. Sein Gehalt war beinahe so groß wie seine bisherigen Gewinne.«

Hoffnungsvolle Maifeiern:
»Die Krönung der kurzlebigen ungarischen Kommune«

Trotz dieser großen Fehler und der schwierigen Versorgungslage waren die Hoffnungen und auch der Enthusiasmus Anfang Mai noch nicht geschwunden. Dafür zeugte die gewaltige, von mehreren Augenzeugen beschriebene Feier zum 1. Mai 1919 in Budapest. Julius Háy berichtete: »Auf der Andrássy-Straße bildete sich ein Zug mit vielen Lastautos, voll mit lustigen oder zumindest lustig wirkenden Menschen. Organisierte Arbeiter erinnerten sich an einstige verbotene Mai-Aufmärsche und genossen die Freiheit, in Reih und Glied zu gehen und alte Kampflieder singen zu dürfen. Große bekannte Dichter und Schriftsteller waren oben auf Lastautos und lasen aus ihren Werken vor, egal ob sie jemand verstand oder nicht . . .«

Auch Arthur Koestler beschrieb in seinen Memoiren – zu einer Zeit, als er längst dem Kommunismus abgeschworen hatte – den tiefen Eindruck, den der 1. Mai 1919 in Budapest auf ihn gemacht hatte: »Diese Maifeier des Jahres 1919 bildete die Krönung nach der kurzlebigen ungarischen Kommune. Die ganze Stadt schien auf den Kopf gestellt. Die öffentlichen Plätze Budapests leiden an einer Überzahl von übergroßen Bronze-Denkmälern mit ehrenwerten Herren, die auf sich aufbäumenden Pferden auf den Feind zusprengen oder – einen Arm weit ausgestreckt und unter dem anderen eine Rolle – in Rednerposen dastehen. Für die Maifeier hatte man alle diese Denkmäler mit kugelförmigen Holzgerüsten umkleidet. Rotes Tuch bedeckte sie, und die Kontinente und Meere des Erdballs waren darauf aufgemalt. Die gewaltigen Globen – manche davon über 15 Meter hoch, weil der Bronzeheld darunter auf einem besonders hohen Gaul saß – waren von seltsam faszinierender Wirkung. Sie sahen wie auf den Plätzen verankerte Ballons aus, imstande, die ganze Stadt in die Luft zu heben; sie waren Symbole für einen neuen Weltgeist und für die Entschlossenheit der neuen Regierung, den Erdball aus den Angeln zu heben. Noch schöner und eindrucksvoller waren die Propagandaplakate, die die Straßen in farbenfrohe Bildergalerien verwandelten. Die Elite der modernen ungarischen Maler hatte sie entworfen, Leute, die sich späterhin über Europa und Amerika zerstreuten und als Künstler, Karikaturisten und Illustratoren berühmt wurden. Einige Plakate waren kubistisch, andere futuristisch; alle feierten den namenlosen Arbeiter, Bauern und Soldaten; kein einziges Führerporträt war darunter. Es ist eine nur dem Sachverständigen bekannte, geschichtliche Kuriosität, daß die Plakate der ungarischen Kommune von 1919 einen der Höhepunkte der angewandten Kunst darstellten.«

Lenins Hoffnungen auf Ungarn: »Der Sieg wird Euer sein«

Die Kominternführung in Moskau, auch Lenin selbst, wußte offensichtlich nur wenig von der tatsächlichen Situation in Ungarn. Vor allem die Fehler Béla Kuns in der Agrar- und Wirtschaftspolitik waren damals in Moskau nicht bekannt. Noch Ende Mai 1919 veröffentlichte Lenin einen »Gruß an die ungarischen Arbeiter«, in dem es hieß: »Die Nachrichten, die wir von den Führern der ungarischen Rätebewegung erhalten, erfüllen uns mit Begeisterung und Freude. Erst zwei Monate und einige Tage besteht die Rätemacht in Ungarn, aber in bezug auf die Organisation hat uns das ungarische Proletariat anscheinend schon überholt.« Lenin glaubte, das allgemein höhere Kulturniveau, der größere Anteil der Industriearbeiter würde dazu führen, daß die Diktatur des Proletariats sich in Ungarn »unvergleichlich leichter und friedlicher« entwickeln werde. Seine Hoffnungen verband er mit einem Aufruf an die Standfestigkeit der ungarischen Genossen: »Ihr habt der Welt ein noch besseres Vorbild gegeben als Sowjetrußland, weil ihr es verstanden habt, mit einem Schlage alle Sozialisten auf der Basis einer wahrhaften proletarischen Diktatur zu vereinigen ... Bleibt fest! ... Ihr führt den einzig legitimen, gerechten, wahrhaft revolutionären Krieg, den Krieg der Unterdrückten gegen die Unterdrücker, den Krieg der Werktätigen gegen die Ausbeuter, den Krieg für den Sieg des Sozialismus. In der ganzen Welt ist alles, was es an Ehrlichem in der Arbeiterklasse gibt, auf Eurer Seite. Jeder Monat bringt die proletarische Weltrevolution näher. Bleibt fest! Der Sieg wird Euer sein!«

Das Ende der Ungarischen Räterepublik

Seit Juli 1919, darin stimmen alle Augenzeugen überein, zog sich die Schlinge um Ungarn langsam zu. Julius Háy, damals 19, war Ende Juli nach Debrecen geschickt worden, um die dortige Propaganda unter den Jungarbeitern voranzutreiben. Aber die Truppen der Entente waren bereits im Anmarsch. Nach einigen Tagen mußte er die Rückreise antreten: »Als ich nach langsamer, schwieriger Fahrt auf Waggondächern, in Bremserhäuschen, wieder in Szolnok ankam, erfuhr ich, daß ich von Debrecen die ganze Zeit vor der vorrückenden königlichen rumänischen Armee hergereist war, welche die geschlagenen ungarischen roten Divisionen vor sich her trieb.«

Als Julius Háy in Budapest ankam, traf er mit anderen jungen Leuten zusammen, die die gleiche Arbeit in anderen Bezirken gemacht hatten: Zwei Funktionäre waren in Lederjacken. Der eine meinte: »Die Diktatur des Proletariats steht vor einer verhängnisvollen Krise. Die erwartete militärische Hilfe aus Rußland ist immer noch nicht eingetroffen, die Rumänen stehen schon bei Szolnok.« Wenige Tage später, am 1. August 1919, erschien die Polizei, die mehr als vier Monate hindurch als rote Wache installiert war, auf der Straße wieder mit den alten Polizeimützen und mit den auffallenden rot-weiß-grünen Kokarden.

Am 31. Juli erreichte Sandor Rado in Ujpest die Nachricht, daß die Räteregierung abgedankt habe. »Nie vergesse ich jene Nacht, als wir in Ujpest zum letzten Mal bewaffnet durch die Stadt zogen, auf Streifendienst zur Sicherung der Arbeitermacht«, schrieb Sandor Rado später.

Eine nach dem Sturz der Räteregierung vorübergehend gebildete sozialdemokratische Regierung blieb nur ein paar Tage an der Macht. Am 5. August 1919 war Sandor Rado inmitten einer Menschenmenge von stummen Zuschauern Augenzeuge, wie General Mardarescu an der Spitze der rumänischen Truppen in Budapest einzog. Béla Kun und seine Volkskommissare waren zum großen Teil nach Österreich geflohen, um von dort nach Rußland weiterzureisen. Nur einer von ihnen, Tibor Szamuely, wurde an der Grenze gefangengenommen und getötet. Unter denen, die das Land verließen, befand sich auch Sandor Rado: »Der Zug war schon mit flüchtenden Sozialisten und Kommunisten überfüllt. Wortlos sahen wir einander beim monotonen Rattern der Räder an und wägten die Chancen der kommenden Stunden.« Rado besaß keinen Ausweis, lediglich eine Budapester Straßenbahn-Monatskarte, auf der sich jedoch Foto und Stempel befanden und vor allem ein ungarischer Text. An der österreichischen Grenzstation angekommen, erschien dem Zollbeamten im blassen Schein der Taschenlampe die Straßenbahn-Monatskarte als ein annehmbares Dokument. Rado konnte weiterreisen, ahnte aber nicht, daß mit dieser Grenzüberschreitung am 1. September 1919 für ihn eine lange Emigration angebrochen war: »Wir ungarischen Emigranten waren damals alle der Meinung, daß unser zwangsweiser Auslandsaufenthalt nur wenige Monate dauern und daß es bald gelingen würde, die Räterepublik wiederherzustellen.«

»Innerhalb weniger Tage«, so notierte Julius Háy, »begann dann mit dem Einmarsch der königlich-rumänischen Truppen in Budapest der weiße Terror in Ungarn.« Auf Befehl des rumänischen Generals sollte die rote Vergangenheit unverzüglich getilgt werden.

Trotzdem blieben Julius Háy und seine Freunde optimistisch. Während die Straßen Budapests von den Plakaten der Räterepublik gesäubert wurden, vergruben sie ihre kommunistischen Parteibücher auf dem Grundstück der Parteizelle, in der Hoffnung, sie bald wieder hervorholen zu können. 36 Jahre später, im Jahre 1955, kehrte Julius Háy nach Ungarn heim. Als er sich nach jener Parteizelle und nach dem Parteibuch erkundigte, lachte man ihn aus.

Sinowjews Optimismus:
»Nach einem Jahr ganz Europa kommunistisch«

Während der 133 Tage der Ungarischen Räterepublik von März bis August 1919 gab es zwischen dem 6. April und dem 1. Mai noch eine weitere Räterepublik: in Bayern, genauer gesagt in München und Umgebung.

In diesem Monat wurde die erste Nummer der Zeitschrift *Kommunistische Internationale* zum Druck vorbereitet. Sie enthielt einen Artikel des Komintern-Präsidenten Sinowjew; in einem für ihn charakteristischen Optimismus schrieb er: »Jetzt, wo wir diese Zeilen niederschreiben, hat die Dritte Internationale als ihre Hauptbasis bereits drei Sowjetrepubliken: in Rußland, in Ungarn und in Bayern. Aber niemand wird sich wundern, wenn zur Zeit, wo diese Zeilen im Druck erscheinen, wir bereits nicht drei, sondern sechs oder eine größere Anzahl von Sowjetrepubliken haben werden. In tollem Tempo saust das alte Europa der proletarischen Revolution entgegen ... Nach Jahresfrist werden wir bereits zu vergessen beginnen, daß es in Europa einen

Kampf um den Kommunismus gegeben hat, denn nach einem Jahr wird ganz Europa kommunistisch sein.« Wie weit dieser Optimismus Sinowjews von der Realität entfernt war, sollte sich sehr bald am Beispiel der Räterepublik in München zeigen.

Der Hintergrund der Münchener Räterepublik: Die Revolution von 1918 und Kurt Eisner

In Bayern war es 1918 einen Tag früher als sonst in Deutschland zu einer unblutigen Revolution gekommen. Die Monarchie wurde gestürzt, eine neue Regierung unter dem USPD-Führer Kurt Eisner gebildet. Eisner, 1867 als Sohn eines Fabrikanten in Berlin geboren, wurde nach dem Studium der Germanistik Journalist, war zunächst bei der liberalen *Frankfurter Zeitung* tätig, später bei sozialdemokratischen Zeitungen, darunter auch beim Zentralorgan der SPD, dem *Vorwärts*. 1910 siedelte er nach München über, wurde dort Parlamentsberichterstatter und Theaterkritiker an der *Münchener Post*. Bei Kriegsausbruch unterstützte Eisner zunächst die Bewilligung der Kriegskredite, entwickelte sich aber zunehmend zu einem Kriegsgegner und engagierte sich aktiv in der USPD.

Kurt Eisner, ein hochbegabter Schriftsteller, war in seiner geistigen und moralischen Haltung ein Idealist, dessen Weltbild eher vom Zeitalter der Aufklärung als von den Gedanken des Karl Marx geprägt war. Philosophisch gehörte er dem Neukantianismus an. Eisner befürwortete eine neue Form der Demokratie, die den Parlamentarismus mit dem Rätesystem verbinden sollte. Die Räte sollten als Instrumente der politischen Erziehung und der Bürgerinitiative dienen und zugleich die Arbeit des Parlaments kontrollieren. Eisner hatte große Hoffnungen: »Wir wollen der Welt das Beispiel geben, daß endlich einmal eine Revolution, vielleicht die erste Revolution der Weltgeschichte, die Idee, das Ideal und die Wirklichkeit vereint.«

Mit diesen Zielsetzungen geriet Kurt Eisner in Konflikt mit der Mehrheitssozialdemokratie, die vor allem Erhard Auer (1874–1945) vertrat. Eisner begann sich mehr und mehr auf den Zentralrat der bayerischen Räte zu stützen. Tatsächlich war der Räte-Gedanke damals in der politischen Agitation der Linken weit verbreitet. Am 16. Februar 1919 fand auf der Theresienwiese in München eine große Massendemonstration statt. Erich Mühsam erinnerte sich an einen Wald von roten Fahnen und an die vielen Transparente mit Losungen wie »Alle Macht den Arbeiter-, Bauern- und Soldatenräten!«, »Laßt Euch durch Schwätzer nicht vertreten, selbst herrscht das Volk in seinen Räten!«, »Die Arbeiter- und Soldatenräte tanzen nicht nach der Landtagsflöte« oder »Arbeiterblut ist genug geflossen, entwaffnet die weißen Garden, Genossen!«. An den anschließenden Demonstrationszügen nahmen etwa 15 000 Menschen teil, darunter die Münchener Sektion der KPD, Regimenter der Münchener Garnison, große Abordnungen der Betriebe und Mitglieder des Rätekongresses.

Den konservativen und reaktionären Kreisen war Eisner besonders verhaßt, da er mehrfach die Schuld des deutschen Militarismus am Ersten Weltkrieg und die Notwendigkeit der Wiedergutmachung betont hatte. Im Februar 1919 schlug er vor, daß deutsche Jugendliche deshalb freiwillig beim Wiederaufbau Nordfrankreichs und Belgiens helfen sollten: »Wir wollen unsere Schuld sühnen, indem wir auf dem Wege des Sozialismus voranschreiten«, sagte er. In seiner Schlußrede auf dem Rätekongreß in München bekannte sich Eisner am 20. Februar 1919 zu einer »zweiten Revolution«, die er als innere Vollendung der Novemberrevolution und als Aufbau einer neuen Demokratie beschrieb. Ein Wettstreit zwischen den Räten auf der einen und dem Parlament auf der anderen Seite sollte zeigen, wo die größere Dynamik vorhanden sei. Nachdem die Landtagswahlen im Januar 1919 eine bürgerliche Mehrheit ergeben hatten, wollte er am 21. Februar auf der ersten Sitzung des neuen bayerischen Landtags seinen Rücktritt verkünden, um seine Arbeit künftig der Räteorganisation zu widmen.

Die Ermordung Kurt Eisners

An diesem 21. Februar 1919 herrschte politische Hochspannung in München. Wichtige Straßen waren gesperrt. Der Polizeipräsident erklärte, er werde den Landtag durch zuverlässige republikanische Volkswehr (gemeint waren die Rechten) beschützen lassen. Die Sitzung, in der Eisner abtreten wollte, hatte in ganz München und darüber hinaus großes Interesse hervorgerufen. Die Nachfrage nach Tribünenkarten für den Landtag war so groß, daß bereits viele Tage vorher keine Karten mehr zu haben waren.

Als Eisner vormittags gegen 10 Uhr vom Ministerium ins Landtagsgebäude ging, um dort den Rücktritt seiner Regierung zu erklären, wurde er von Freunden gebeten, nicht über die Straße, sondern durch das Hotel Bayerischer Hof zu gehen, dessen rückwärtiger Ausgang gegenüber dem Landtagsgebäude lag. Aber Eisner verzichtete auf eine Sicherheitsmaßnahme, er wollte seinen gewohnten Weg gehen. Nach dem Bericht eines seiner Begleiter sagte er:»Man kann einem Mordanschlag auf die Dauer nicht ausweichen, und man kann mich ja nur einmal totschießen ...« Während er sich unterwegs mit seinen Begleitern unterhielt, krachten hinter ihnen zwei Schüsse. Eisner schwankte einen Augenblick, wollte noch etwas sagen, aber die Zunge versagte ihm, und er brach lautlos zusammen.

Im Landtagsgebäude hatte sich die Nachricht vom Attentat auf Eisner schnell verbreitet. Die Versammlung der Abgeordneten und die überfüllten Tribünen waren in heller Erregung. Anschließend wurde mitgeteilt, die Abgeordneten würden auf Waffen durchsucht werden. Von der Tribüne hörte man Rufe wie:»Von den Hunden kommt keiner mehr aus dem Hause heraus!« und »Rache für Eisner!«

Der Schriftsteller Gustav Regler erfuhr durch das Extrablatt einer Münchener Zeitung von der Ermordung Eisners und ging am Nachmittag zur Mordstelle. Er beobachtete, wie ein Arbeiter Sägemehl auf das Blut des Ermordeten auf dem Bürgersteig streute und wie er ein Bild des Getöteten aufstellte, um das ein Trauerflor gespannt war. Der Arbeiter sah das Bild mit dem bärtigen Mann noch einmal an und verschwand dann kopfschüttelnd in einem der Häuser an der Mordstelle. Die Mordkugel stammte übrigens aus der Armeepistole des ehemaligen Leutnants Anton Graf Arco auf Valley, der zuerst zum Tode verurteilt, im Januar 1920 zu lebenslanger Festungshaft begnadigt und schließlich vier Jahre später entlassen wurde. Arco trat später in den Dienst der Lufthansa und starb 1945 als Opfer eines Verkehrsunfalls.

Mit Kurt Eisner verlor die USPD ihren wichtigsten Kopf. Noch am Mordtag konstituierte sich aus den Vertretern der drei Linksparteien SPD, USPD und KPD der »Zentralrat der bayerischen Republik«, geführt von Ernst Niekisch. Dem Zentralrat gehörten u. a. an: Karl Gandorfer vom Bayerischen Bauernbund, der Mehrheitssozialist und spätere Ministerpräsident Johannes Hoffmann und die KPD-Vertreter Carl Kröpelin und Max Levien.

Am 26. Februar fand die Trauerfeier für Kurt Eisner statt. Vormittags von 10 bis 10.30 Uhr läuteten alle Kirchenglocken. Etwa hunderttausend Menschen beteiligten sich am Trauerzug. Gustav Landauer hielt in der Halle des Ostfriedhofs die Gedächtnisrede. Der anarchistische Schriftsteller Erich Mühsam berichtete später davon:»Eisners Bestattung gestaltete sich zu einer ungeheuren, über das ganze

Land greifenden revolutionären Demonstration. In allen Städten und Orten Bayerns mußten die Kirchenglocken geläutet werden und fanden Umzüge statt, an denen die Bourgeoisie in feiger Angst teilnahm. In München selbst bewegte sich ein endloser Zug mit roten Fahnen und Kranzschleifen von der Theresienwiese zum Ostfriedhof, wo die Trauerfeier und die Verbrennung stattfand.« In einer Gedächtnisrede bei einer Trauerfeier im Odeon am 16. März sagte der Schriftsteller Heinrich Mann:»Die hundert Tage der Regierung Eisners haben mehr Ideen, mehr Freuden der Vernunft, mehr Belebung des Geistes gebracht als die fünfzig Jahre vorher. Sein Glaube an die Kraft des Gedankens, sich in Wirklichkeit zu verwandeln, ergriff selbst Ungläubige.«

Nach der Ermordung Kurt Eisners verschärften sich die politischen Fronten. Die Arbeiterschaft forderte nun stärker als zuvor eine Räteherrschaft.»Räterepublik! Das war vom Tage des Todes Eisners an der Refrain aller Kundgebungen. Ein stürmisches Verlangen nach ihrer sofortigen Ausrufung machte sich im Proletariat geltend«, schrieb später Erich Mühsam.

Aber die neue, nach dem Tode Eisners gebildete bayerische Regierung unter Ministerpräsident Johannes Hoffmann, stand weit mehr rechts als ihre Vorgängerin. Hoffmann, ursprünglich Volksschullehrer, gehörte dem rechten Flügel der SPD an und lehnte das Rätesystem ab. Er bekannte sich zur parlamentarischen Demokratie, war jedoch später auch bereit, sich mit rechtsgerichteten Freikorps-Truppen gegen die Räteherrschaft zu verbünden. Der Einfluß der USPD in der Regierung Hoffmann wurde drastisch reduziert. Mit der Bildung der Hoffmann-Regierung bestand deutlicher als vorher eine Doppelherrschaft in Bayern: die offizielle Regierung auf der einen, die Räte auf der anderen Seite.

Der 21. März:
Die Auswirkungen der Ungarischen Räterepublik
auf München

Am 21. März 1919 traf die Nachricht von der Ausrufung der Räterepublik in Ungarn in München ein. Erich Mühsam berichtet:
»Die Begeisterung des Proletariats war überschwenglich. Der Name Béla Kun wurde neben denen Lenins und Trotzkis zum Kampfruf für die Massen. Die Versammlungsredner fanden mit dem Appell zur Nacheiferung des ungarischen Beispiels jubelnde Zustimmung.«

Die Ungarische Räterepublik richtete in München ein Informationsbüro ein, von dem die Nachrichten aus Ungarn verbreitet wurden. Sie gaben den Kommunisten großen Auftrieb. Fast täglich fanden überfüllte Massenversammlungen statt, auf denen die Aussichten der proletarischen Revolution erörtert und die Proklamation einer bayerischen Räterepublik gefordert wurde.

Aber gerade um diese Zeit machte sich innerhalb der revolutionären Linken ein deutlicher Zwiespalt bemerkbar. Die nicht der KPD angehörenden Revolutionäre – Gustav Landauer, Ernst Niekisch, Ernst Toller und Erich Mühsam – traten für die sofortige Ausrufung der Räterepublik ein. Die Führer der KPD jedoch – in erster Linie Eugen Leviné und Max Levien – waren dagegen. Die Errichtung einer Räterepublik, so erklärten sie, müsse das Ergebnis eines langen harten Kampfes der Arbeiterklasse sein und nicht eine zufällige Machtübernahme.

Noch am 21. März trafen sich führende Münchener Kommunisten, wie der spätere Polizeipräsident der Münchener Räterepublik, Karl Retzlaw, berichtete, zu einer Besprechung in einem Lokal in der Nähe des Sendlinger Tors. Anwesend waren Leviné, Levien, Ferdinand Meyer-Günther (Redakteur an der Münchener *Roten Fahne*), der kommunistische Matrose Rudolf Egelhofer und Karl Retzlaw selbst. Max Levien, damals Vorsitzender der KPD in München, leitete die Konferenz. Leviné sprach über die Revolution in Ungarn und begrüßte die Ungarische Räterepublik, bemängelte aber, daß die KPD in München weit hinter den Ereignissen herlaufe. Es gebe zwar große Versammlungen, aber keine organisatorischen Ergebnisse. »Die Massen berauschen sich an Worten und laufen dann auseinander.«

Die Kommunisten, realistischer als die anderen revolutionären Linken, betonten zu Recht, daß die KPD bei den Arbeitern, in den Betriebs- und Soldatenräten noch in der Minderheit sei, in den Bauernräten überhaupt nicht vertreten sei und der Beifall in den Versammlungen keinen Maßstab für den Einfluß der Partei in der Bevölkerung abgäbe. Der Zwiespalt unter den Linken sollte im Verlauf der nächsten Wochen zu einer verhängnisvollen Entwicklung führen.

Die Republik der Anarchisten:
Die Ausrufung der ersten Räterepublik in München

Nachdem am 5. April auf mehreren Massenveranstaltungen erneut die sofortige Errichtung der Räterepublik gefordert worden war, fand am

6. April im Schlafzimmer der ehemaligen Königin von Bayern im Wittelsbacher Palais jene Sitzung statt, die zur Ausrufung der Räterepublik führen sollte.

Zwei der wichtigsten Teilnehmer, Ernst Niekisch und Erich Mühsam, haben später darüber berichtet. Demnach hat Ernst Niekisch die Sitzung eröffnet. Dann stellte Gustav Landauer den Antrag, die Anwesenden sollten sich zu einer konstituierenden Versammlung erklären. Die Revolution sei stets ein schöpferischer Akt, der mit einem unerwarteten Schritt beginnen müsse. Landauers Antrag wurde angenommen. Es wurde beschlossen, daß die neue Räteregierung keine Minister kenne, sondern Volksbeauftragte. »Der Vorgang der Ämterverteilung, der sich jetzt abspielte, war voll grotesker Züge«, erinnerte sich Niekisch: »Erich Mühsam stand auf, wies auf den guten Namen hin, den er im Ausland genieße, unterstrich die engen Beziehungen, die er zeitlebens zur Linken unterhalten habe, und empfahl schließlich sich selbst für den Posten (des Volksbeauftragten für das Auswärtige). Die meisten Hörer schmunzelten bei Mühsams Rede. Er war ein sprudelnder, witziger Geist, ein guter Mensch, aber so ausgesprochen literarischer Bohemien, daß sich niemand ihn in einer würdigen Amtsposition vorstellen konnte. Nach Mühsams Worten entstand kurze Zeit verlegenes Schweigen.«

Gustav Landauer versuchte seinem Freund Mühsam klarzumachen, daß ihm für das Amt Erfahrung und diplomatisches Geschick fehlten. Dann schlug Ernst Toller für das Außenkommissariat einen Dr. Franz Lipp vor, der als politischer Schriftsteller bekannt sei und über alle Eigenschaften verfüge, die man für den auswärtigen Dienst benötige. Obwohl ihn in der Runde außer Toller niemand kannte, wurde Lipp akzeptiert. Erich Mühsam meinte danach, er sei nicht zum Volkskommissar für Auswärtige Angelegenheiten ernannt worden, weil man befürchtet habe, daß er »eine zu aggressive Politik gegen das Ebertsche Deutsche Reich treiben würde«.

Für das Finanzressort wurde der Gründer der »Frei-Land-frei-Geld-Theorie«, Sylvio Gesell, nominiert, der die Nationalisierung der Banken als entscheidendes Mittel zur Überwindung der Ausbeutung proklamiert hatte. Beauftragter für Erziehung und Unterricht wurde Gustav Landauer, eine geistig überlegene Persönlichkeit, durch seine Sachkenntnis befugt, Entscheidendes auf kulturellem Gebiet zu treffen. Das vorsichtig geäußerte Argument, er sei kein Bayer, sondern Jude, und wäre für das bayerische Volk nur schwer tragbar, wurde von Erich Mühsam leidenschaftlich zurückgewiesen. Eine Revolution, so

Mühsam, rechtfertige neue Methoden und neue Männer. Es sei reaktionär, wenn man an »landfremden« Literaten und Juden Anstoß nehme. So wurde Landauer berufen.

Während dieser Verhandlungen – es war bereits spät in der Nacht – erschien der mit Spannung erwartete offizielle Abgesandte der KPD, Eugen Leviné. Manche der Teilnehmer, darunter Niekisch und Mühsam, hatten es als paradox empfunden, eine Räterepublik ohne Kommunisten auszurufen. Leviné wandte sich nun erneut mit scharfen Worten gegen die sofortige Ausrufung der Räterepublik. Im Namen seiner Partei legte er den Anwesenden eine Reihe präzis formulierter Fragen vor, die ebenso präzis beantwortet werden sollten. Am Ende fügte Leviné die Erklärung hinzu, daß die Kommunistische Partei sich an dieser Räterepublik nicht beteiligen würde.

Levinés Erklärung wurde von Ernst Toller, Gustav Landauer und Erich Mühsam mit Bestürzung aufgenommen. Erich Mühsam verwies fast verzweifelt darauf, wie sehr der revolutionäre Gedanke bei den Massen gestärkt würde, wenn er, Leviné als Volksbeauftragter die Bildung einer Roten Armee in die Hand nehmen würde. Aber Leviné ließ sich nicht überzeugen. Er ging und kam nicht wieder. Die Versammelten brauchten einige Zeit, um die Fassung wiederzugewinnen. Aber es gab für sie kein Zurück mehr. Man formulierte nun den Text einer Proklamation. Gustav Landauer meinte, die Gründung der Räterepublik sei der Anbruch einer Zeit allgemeinen Friedens und echter Menschlichkeit. Als jemand vom Klassenkampf sprach, entgegnete er erregt: »Sollen wir diesen Blutrausch fortsetzen? Kommt es nicht darauf an, wieder nüchtern, wieder menschlich zu werden?« Landauers Vorschlag, die Ausrufung der Räterepublik durch Glockengeläute im ganzen Lande zu feiern und den Tag der Proklamation, Montag, den 7. April 1919, zum Nationalfeiertag zu erklären, wurde angenommen. Als Zeichen des Neubeginns beschloß diese erste Räteregierung zusätzlich, Bayern nicht mehr mit »y«, sondern mit »i« zu schreiben.

In der Nacht wurden die Zeitungen besetzt, und am Morgen erschien der Aufruf: »An das Volk in Baiern! Die Entscheidung ist gefallen. Baiern ist Räterepublik. Das werktätige Volk ist Herr seines Geschickes! . . .« In dem Aufruf wurde unter anderem erklärt, daß jegliche Ausbeutung nun ein Ende habe, die Diktatur des Proletariats sei zur Tatsache geworden, es würde jetzt ein sozialistisches Gemeinwesen verwirklicht, in dem sich jeder arbeitende Mensch am öffentlichen Leben beteilige. Weiter hieß es: »Der Landtag, das unfruchtbare Gebilde des überwundenen bürgerlich-kapitalistischen Zeitalters, ist aufgelöst, die Presse wird sozialisiert, gegen reaktionäre Versuche eine Rote Armee gebildet.« Außerdem werde die »Baierische Räterepublik« sofort brüderliche Verbindungen mit den Räterepubliken Rußlands und Ungarns aufnehmen. Der Aufruf endete mit den Worten: »Zum Zeichen der freudigen Hoffnung auf eine glückliche Zukunft für die ganze Menschheit wird hiermit der 7. April zum Nationalfeiertag erklärt. Zum Zeichen des beginnenden Abschieds vom fluchwürdigen Zeitalter des Kapitalismus ruht am Montag, den 7. April 1919, in ganz Baiern die Arbeit. Es lebe das freie Baiern! Es lebe die Räterepublik! Es lebe die Weltrevolution! München, 6. April 1919, gez. Der revolutionäre Zentralrat Baierns.«

Mit einem Funktelegramm teilte Erich Mühsam am Morgen des 7. April die Ausrufung der bayerischen Räterepublik Budapest und Moskau mit. Aber schon einige Stunden später, noch im Verlauf des ersten Tages der neuen Republik, wurde Erich Mühsam immer nachdenklicher. Als er gegen Mittag am Stachus von einer Bank aus zu einer großen Menschenmenge sprach, war diese beängstigend still und argwöhnisch, es wurden auch einige antisemitische Rufe laut. Außer von nationalistischen Studenten wurde er auch von KPD-Genossen durch Zwischenrufe gestört. Ein KPD-Vertreter forderte die Menge auf, dieser Räteregierung die Gefolgschaft zu versagen. Die Festrede, die Erich Mühsam halten wollte, geriet ihm unter diesen Umständen zu einer Rechtfertigungsrede. Zwar erhielt er von einem großen Teil der Umstehenden Beifall, aber, so schrieb er später, er hatte damals schon »das bittere Gefühl, mich in ein schlimmes und dummes Abenteuer eingelassen zu haben«.

München in den ersten Tagen der Räterepublik:
»Revolutionäre Worte ohne revolutionäre Taten!«

Die Regierung Hoffmann war zwar nach Ausrufung der Räterepublik von München nach Bamberg geflohen, aber die Hoffnungen der Anarchisten Toller, Landauer und Mühsam auf eine Ausweitung der Rätebewegung erwies sich bald als Illusion. Versuche, eine Räteherrschaft in Nürnberg und Augsburg zu errichten, schlugen fehl. Besonders erschwerend war, daß die neugebildete Räteregierung von der KPD in schärfster Form angegriffen wurde. Und mancher der neuen Männer in der Republik der Anarchisten war sich offensichtlich noch nicht im klaren darüber, was auf ihn zukam.

Ernst Toller berichtete später über den ersten Tag der Münchener Räterepublik:»In den Vorzimmern des Zentralrates drängen sich die Menschen. Jeder glaubt, die Räterepublik sei geschaffen, um seine privaten Wünsche zu erfüllen. Eine Frau möchte sofort getraut werden. Bisher hatte sie Schwierigkeiten, es fehlten notwendige Papiere, die Räterepublik soll ihr Lebensglück retten. Ein Mann will, daß man seinen Hauswirt zwinge, ihm die Miete zu erlassen. Eine Partei revolutionärer Bürger hat sich gebildet, sie fordert die Verhaftung aller persönlichen Feinde, früheren Kegelbrüder und Vereinskollegen. Verkannte Lebensreformer bieten ihre Programme zur Sanierung der Menschheit an ... Die einen sehen die Wurzel des Übels im Genuß gekochter Speisen, die anderen in der Goldwährung, die dritten im Tragen poröser Unterwäsche ...«

Der Volksbeauftragte für Finanzen, Sylvio Gesell, rief in seinem Ministerium Erstaunen hervor, als er den Ministerialbeamten, der ihm die Unterschriftenmappe eines Geschäftsvorganges vorlegte, ermächtigte, »ein für allemal feierlich, diesen Krimskrams selber zu erledigen«. Gleichzeitig gab Sylvio Gesell bekannt, daß die Räterepublik Baiern nun das freie Geld einführen werde. Der allgemeine Mangel an Kenntnissen in bezug auf das Geldwesen, so Sylvio Gesell, sei ein großes Unheil. Es wäre nie zu der beklagenswerten ziellosen Papiergeldwirtschaft gekommen, wenn frühere Finanzminister einer sachgemäßen Kritik aus dem Volke unterzogen worden wären. Der Mangel an öffentlicher Kritik sei erschreckend: »Ich halte es daher für eine meiner wichtigsten Pflichten, für die Aufklärung des Volkes auf breiter Grundlage zu sorgen, und habe zu diesem Zweck dem mir unterstellten Volksfinanzhaus (früher: Ministerium der Finanzen) eine Abteilung für Volksaufklärung angegliedert, die beauftragt ist, regelmäßig kurze Aufsätze in der Presse zu veröffentlichen.«

Der mit Erich Mühsam sympathisierende, damals 25jährige Dichter Oskar Maria Graf gab in einer seiner *Kalendergeschichten* eine treffende Schilderung über die ökonomische Situation in den ersten Rätetagen in München und Umgebung:»Der Bahnverkehr stockte. Streiks tobten, die Geschäftswelt war in tausend Ängsten, vor den Brotläden stauten sich lange Reihen ... Selbst der Unbeteiligte spürte den Schrecken des herannahenden Hungers. Draußen, auf den vielen Straßen und Sträßlein des flachen Landes, trieb kein Viehtransport mehr dahin, holperten keine watschelnden Milchfuhrwerke mehr zur nächsten Bahnstation. Jäh, fast von einem Tag auf den andern, gab es keine Milch, keine Butter, keine Eier und kein Fleisch mehr. Auf dem Güterbahnhof standen die leeren Waggons zu Dutzenden auf den angerosteten Schienen, die weiten Hallen gähnten schaurig leer, der Schlacht- und Viehhof lag still, und verlassen dehnten sich die sonst belebten Marktplätze aus. Die Bauern lieferten nichts mehr.«

Aber die Räterepublik hatte nicht nur mit dem Widerstand der Bauern zu kämpfen. Die Opposition der Kommunisten wurde immer radikaler. In der Münchener *Roten Fahne* war aus der Feder Eugen Levinés zu lesen:»Es ist ja gar keine Räterepublik da, es ist nichts da zum Schützen. Namen, Worte, eitel Schall und Rauch. Sie sitzen zusammen im Wittelsbacher Palais und dichten Dekrete . . . Grauer Regenschauer hängt über München. Grau und trübe sind auch die Gedanken der kommunistischen Arbeiter. Räterepublik ohne Räte. Proletarische Diktatur ohne Proletariat. Volksbeauftragte ohne Aufträge des arbeitenden Volkes . . . Revolutionäre Phrasen ohne revolutionären Inhalt, revolutionäre Worte ohne revolutionäre Taten.«

Immerhin nahm die Münchener Lehrerschaft vier Tage nach der Ausrufung der Räterepublik in einer Versammlung am 10. April eine Entschließung an, in der sie die Durchführung der Selbstverwaltung in den Schulen forderte. An einigen Schulen wurden bereits Betriebsräte gewählt. Die Wahl eines Zentralrates auf demokratischer Grundlage durch die Lehrerschaft sollte folgen. Mit besonderem Eifer bemühte sich die Münchener Räterepublik auf Gustav Landauers Initiative hin, die Hochschulen und Schulen zu reformieren. Ein »Aktionsprogramm der Revolutionierung der Hochschule« wurde gebildet, hob die bisherigen Rangklassen der Universitätslehrer auf, schaffte die Eintritts- und Schulgelder ab und beseitigte sogar die Doktorprüfung.

Andererseits häuften sich immer mehr die Schwierigkeiten. Die Verwaltung der Bahn gab bekannt, daß der Kohlevorrat nur noch für wenige Tage ausreiche. Im Direktionsbezirk Würzburg wurden ein gegen die Räterepublik gerichteter Beamten-, Bauern- und Bürgerstreik ausgerufen und Kohlen und Lebensmittel für München zurückgehalten. Am 9. April erschienen über München Flugzeuge, die Flugblätter der nach Bamberg geflüchteten Hoffmann-Regierung abwarfen, in denen mitgeteilt wurde, daß die Bauern von Franken und der Oberpfalz eine Lebensmittelsperre über München verhängt hätten. Die Auszahlung der Gehälter und Löhne in verschiedenen Betrieben wurde am Samstag, den 12. April, in Frage gestellt, da die Banken sich weigerten, Bargeld auszuzahlen, und die Sparkassen geschlossen hatten.

Aber die Münchener Räterepublik gab noch nicht auf. Die Räteregierung ordnete die Ablieferung aller im Besitz der Bürger befindlichen Waffen binnen 24 Stunden an und drohte mit Hausdurchsuchungen nach dieser Frist. In öffentlichen Anschlägen wurde die Arbeiterschaft aufgerufen, sich im städtischen Wehramt an der Winzererstraße in die Rote Armee einzuschreiben. Dieser Aufforderung wurde jedoch kaum Folge geleistet. Die Autorität der ersten Räterepublik war gering.

Am Sonnabend, dem 12. April, war, wie Erich Mühsam später schilderte, die Lage sehr ernst geworden:»Die Regierung Hoffmann hetzte das Land in unglaublicher Weise gegen die Räteregierung in München auf, gegen uns bekanntere Führer wurden die ungeheuersten Verleumdungen in die Welt gesetzt, von denen besonders die Behauptung, wir hätten in München die Kommunisierung der Frauen bereits eingeführt (jedem Bolschewisten müsse jede Frau nach Belieben zur Verfügung stehen), auf die naive Bevölkerung Eindruck machte ... Das Fehlen von Waffen für die Arbeiterschaft war eine furchtbare Gefahr ...«

Das Ende der ersten Räterepublik und die Machtübernahme der Kommunisten

Die Gegner der ersten Räterepublik in München holten nun zum entscheidenden Schlag aus. Am Morgen des 13. April wurden in München Plakate angeklebt, mit denen die Räteregierung als abgesetzt erklärt und zur Unterstützung der sozialdemokratischen Regierung Hoffmann aufgefordert wurde. Sie waren unterzeichnet mit»Garnison München«. Gleichzeitig wurde von dieser»Garnison München« der Belagerungszustand verhängt, der Hauptbahnhof besetzt und die führenden Köpfe der Räteregierung verhaftet, darunter Erich Mühsam, Franz Lipp und Sylvio Gesell.

Erich Mühsam wurde um vier Uhr früh aus dem Bett heraus verhaftet und zum Bahnhof gebracht, wo sich im Laufe der Morgenstunden noch zwölf weitere Mitglieder der Räteregierung einfanden. Einige waren im Wittelsbacher Palais, dem Sitz der Räteregierung, verhaftet worden, andere in ihren Wohnungen:»Wir blieben bis Mittag im Bahnhofsgebäude, in ständiger Erwartung eines Angriffs des Proletariats zu unserer Befreiung. Dann wurden wir mit einem Extrazug unter starker militärischer Begleitung nach Nordbayern verschleppt«, erinnerte sich später Erich Mühsam. Er sah nicht mehr, wie wenige Stunden danach die revolutionären Arbeiter den Bahnhof in München stürmten, nachdem sie von dem Rechtsputsch erfahren hatten. Die Erbitterung über die Regierung Hoffmann in Bamberg war auch unter den Sozialdemokraten Münchens sehr groß. Aus Angst, von den eigenen Anhängern bedroht zu werden, wagte es kein SPD-Funktionär, eine Parteiversammlung einzuberufen.

Die schnelle Reaktion der Arbeiterschaft, die nach dem Sturm auf den Bahnhof auch noch Hoffmann-treue Truppen im Luitpold-Gymnasium entwaffneten, bewirkte eine Veränderung der Haltung der Kommunisten. Während sie bisher die »Scheinräterepublik« der Anarchisten abgelehnt hatten, überwanden sie nach dem Sieg der Arbeiter ihre bisherigen Bedenken. Ernst Toller, der der Verhaftungsaktion der Putschisten entgangen war, beteiligte sich auf seiten der Arbeiter am 13./14. April an den Kämpfen:»In den Stunden, in denen ich an den Kämpfen teilnahm, versammelten sich die Betriebsräte (im Hofbräuhaus), sie glaubten, alle Mitglieder des alten Zentralrats seien verhaftet, und wählten einen neuen Zentralrat, die Kommunisten beherrschten ihn. Ich gehe zur Stadtkommandantur, wo der neue Rat tagt. Bevor ich etwas sagen kann, werde ich verhaftet ... Man glaubt, daß ich als Vorsitzender des alten Zentralrats dem neuen gefährlich werden könne, erst nach wortreichem Hin und Her werde ich entlassen.«

Die bisherige Räteregierung wurde abgesetzt, die gesamte Macht an einen fünfzehnköpfigen Aktionsausschuß übertragen:»Der Enthusiasmus ist ungeheuer. Es ist bereits die Verteilung der Waffen an die Arbeiter in den Betrieben eingeleitet und der Generalstreik proklamiert. Der Generalstreik ist notwendig zur rascheren Durchführung aller Maßnahmen zum Schutze der Räterepublik und außerdem, um gegen das Bürgertum zu demonstrieren«, notierte später Eugen Leviné, der neben Max Levien eine Führungsrolle in der neuen kommunistischen Räterepublik in München spielte. In einem Funkspruch nach Moskau und Budapest wurde mitgeteilt, daß anstelle des bisherigen Zentralrates nun eine wirkliche proletarische Räterepublik getreten sei. Der erneute Aufruf an das Bürgertum, die Waffen abzuliefern, wurde diesmal befolgt. Eugen Leviné wertete diese Tatsache als »Vertrauensvotum des Bürgertums für die neue Regierung«. Ernst Niekisch, der sich bereits am 8. April von der »Scheinräterepublik« losgesagt hatte, wollte zwischen der neuen Räterepublik-Regierung und der Regierung Hoffmann vermitteln. Die neue Räteführung der Kommunisten war vom Wittelsbacher-Palais ins Armeemuseum übergesiedelt. Niekisch beschrieb später, wie es dort aussah:»Es herrschte in den Räumen ein gewaltiger Betrieb; im wesentlichen war alles darauf abgestellt, Waffen herbeizuschaffen und eine Rote Armee ins Leben zu rufen. Man hatte vernommen, daß Freikorps-Truppen schon in Regensburg stünden. Ihnen sollte von München her Halt geboten werden.« Levien erzählte Niekisch stolz, daß eine nun gut ausgerüstete Rote Armee unter Toller und Gustav Klingelhöfer von Dachau aus die Republik verteidigen würde. Niekisch bezweifelte den Erfolg solcher Aktionen, worauf ihm Levien Defätismus vorwarf. Das Vermittlungsangebot von Niekisch wurde abgelehnt.

Zu dieser Zeit war München bereits von der Außenwelt fast völlig abgeschnitten. Aus unterschiedlichen Richtungen marschierten schon »weiße« Truppen gegen die Stadt. Ernst Niekisch verließ München am Mittwochabend, den 16. April, »mit dem letzten Zug, der in jenen Tagen von München abgefertigt wurde. Als der Zug auf dem Pasinger Bahnhof hielt, gingen Rotarmisten den Bahnsteig entlang und riefen ernsthaft: ›Alle Reaktionäre aussteigen!‹ . . .«

»Es war eine erdrückende Übermacht im Anmarsch«: Ein Berliner Arbeiter in der Münchener Räterepublik

In der mehrheitlich kommunistisch geführten zweiten Räterepublik war die politische Zielrichtung nicht zuletzt durch die volle Unterstützung von seiten der organisierten revolutionären Arbeiter wesentlich klarer. Unter diesen machte sich in der zweiten Münchener Räterepublik ein revolutionärer Berliner Arbeiter einen Namen, der neben Leviné und Levien bereits seit dem 15. März 1919 in München im Lager der Kommunisten arbeitete: Karl Retzlaw. Er war schon während des Ersten Weltkrieges Spartakist, hatte sich am Januarstreik 1918 in Berlin beteiligt, war deshalb verhaftet worden und hatte im Dezember 1918 an der Gründung der KPD in Berlin teilgenommen.

Als Ziele der zweiten Räterepublik der Kommunisten, die sich auf das Spartakusbund-Programm vom Dezember 1918 stützte, nannte Retzlaw später in seinen Erinnerungen: Bewaffnung des Proletariats, Befreiung der politischen Gefangenen, Auflösung der Parlamente und der gegenrevolutionären marodierenden Truppenteile, Auflösung der Verwaltungsbehörden, deren Arbeiten an die Räte übergehen, Übernahme der Großbetriebe und Bergwerke, Linderung der Wohnungsnot durch Aufteilung der großen Luxuswohnungen, Streichungen der Kriegsanleihen über 20000 Mark, Verbot der gesamten Presse. Auch die eigene Parteizeitung *Rote Fahne* wurde in München eingestellt und dafür ein *Mitteilungsblatt* kostenlos verteilt.

Der Spartakist Karl Retzlaw wurde als Kommissar für das Polizeiwesen unter dem Polizeipräsidenten Ferdinand Mairgünther eingesetzt. Er ordnete an, daß die Personalräte und Ressortleiter ihre Funktion nur noch auf die Verwaltungsarbeit beschränken sollten, da die bewaffneten Arbeiter in den einzelnen Stadtbezirken für die Sicherheit auf den Straßen und die Abwehr konterrevolutionärer Anschläge verantwortlich seien. Retzlaw war damals 23 Jahre alt, der Polizeipräsident Mairgünther, von Beruf Installateur, 26. Während seiner Amtszeit hat Retzlaw 21 Haftbefehle unterschrieben, die ihm später im Prozeß vor dem Reichsgericht in Leipzig säuberlich gesammelt vorgelegt wurden. Als dringendste Aufgaben der Räterepublik erwiesen sich zuerst die Abwehr einer möglichen Hungersnot in München, die durch die Blockade der Lebensmittelzufuhr seitens der Hoffmann-Regierung drohte, außerdem die Entwaffnung von noch in der Stadt verstreuten »konterrevolutionären« Gruppen zur Verhinderung eines Bürgerkrieges sowie die Vorbereitung des Abwehrkampfes gegen die auf München vorrückenden Freikorps-Truppen. Diese Aufgaben mußte die Räterepublik, wie Retzlaw später schrieb, allein mit »freiwilligen Kämpfern« bewältigen. Aber: »Der Gegner schloß den Ring um München täglich enger. Die bayerischen Freikorps-Truppen kamen aus dem Süden, Osten und Norden, die württembergischen aus dem Westen und aus dem Norden die zahlreichste Truppe, die preußischen Noske-Freikorps. Es war eine erdrückende Übermacht im Anmarsch.«

In der Absicht, die politischen Gefangenen zu befreien, begab sich Karl Retzlaw als Polizeikommissar zum Gefängnis Stadelheim, in dem damals 50 bis 60 Häftlinge festgehalten wurden. Er ging von einer Zelle zur anderen und fragte die Gefangenen einzeln nach den Gründen ihrer Inhaftierung; es waren jedoch keine politischen Gefangenen darunter. »Meine Zeit reichte nicht aus, das Gehörte zu überprüfen«, erinnert er sich. »So schickte ich alle nach Hause. Ich machte das Gefängnis leer, außer einer Etage, die sich die ›Kommission zur Bekämpfung der Konterrevolution‹ reserviert hatte.« Die meisten Gefangenen hielten die Aufforderung, nach Hause zu gehen, für einen Scherz. Erst nachdem sie im Büro ihre Papiere zurückerhielten, eilten sie hocherfreut davon. Auch die Akten des Polizeipräsidiums ließ Retzlaw vernichten, denn deren Überprüfung hätte Monate in Anspruch genommen: »Zwei Tage lang brannten die Akten auf dem zementierten Hof des Polizeipräsidiums. Wohl an die hundert Helfer aus der Bevölkerung, der Partei und der Roten Armee warfen die Akten aus dem Fenster in die

Flammen. Damit retteten wir Hunderten von politischen und antimilitärischen Verdächtigen aus der Zeit des Zusammenbruchs 1918 bis 1919 Freiheit und Leben. Auch Tausende von Kleinbürgern atmeten auf. Sie waren vielleicht einmal vor Jahrzehnten mit dem Fahrrad ohne Licht gefahren oder hatten an einer Wirtshausschlägerei teilgenommen. Sie galten alle auf Lebenszeit als vorbestraft. Jetzt war der Alpdruck von ihnen genommen. Man erzählte mir, daß es seit den Tagen des Zusammenbruchs im November 1918 nicht so viel lachende Gesichter in München gegeben hatte wie jetzt.«

München während der zweiten Räterepublik: Augenzeugen Gustav Regler und Tilla Durieux

Als Student der Philosophie und Geschichte war auch der spätere Schriftsteller Gustav Regler (1898–1963) – Mitglied der KPD von 1929 bis 1939, Teilnehmer am Spanischen Bürgerkrieg auf seiten der Internationalen Brigaden – an der zweiten Räterepublik in München aktiv beteiligt. Er wurde mit einem Geheimbefehl zur Universität geschickt. Später schilderte er in seinem berühmten Buch *Das Ohr des Malchus* seine Erlebnisse: »An der Feldherrnhalle sprach ein Matrose; man sagte mir, er sei einer der Volksbeauftragten; er redete mit großer Überzeugung, versicherte seinen Zuhörern, daß es den ›Großkopfeten‹ an den Kragen gehe, was eine anatomische Unmöglichkeit schien, aber er fand Beifall auch bei den anderen ungrammatischen Drohungen.«

Auf dem Wege zur Universität begleitete Regler Alfred Kurella, damals Mitglied des revolutionären Studentenrates. Regler erkannte unter einigen Zivilisten, die von bewaffneten Rotgardisten abgeführt wurden, den Romanisten Karl Vossler. Als er Kurella fragte, was Vossler wohl verbrochen hätte, meinte Kurella: »Wir sieben erst.« Gemeinsam mit Kurella machte Regler noch einen Umweg über den Stachus, wo er eine tragikomische Szene erlebte: »Dort sprach dann Kurella zu einer der vielen Gruppen Wartender; die Menge wirkte unruhig. ›Sie m-m-müssen Räte b-b-bilden‹, sagte er; er hatte immer wieder seinen Zungenfehler tapfer bekämpft; ich fand es bewundernswert, daß er sich sogar in dieser Öffentlichkeit und zu dieser Stunde nicht schrecken ließ. Aber diesmal versagte die Zunge völlig; immer wieder setzte er an: ›Wir m-m-müssen‹, sagte er und wiederholte es mehrere Male ... er kam nicht weiter, alles wurde ein hilfloses Gestammel; die zerstoßenen Sätze machten seine Erklärungen lächerlich; es wurde eine Parodie auf die Einrichtung der ›R-r-r-räte‹, die röchelnd in seinem Hals steckenblieben, ebenso wie die Enteignung der großen ›F-f-f-farmen‹ . . . Endlich erlöste ihn ein Zuhörer: ›Bis du alles rausgewürgt hast, sind wir verhungert.‹ Jähe Schamröte überlief mich, als ich das Lachen rings um mich hörte . . .«

In späteren Jahren trafen sich Regler und Kurella noch mehrfach. Kurella wurde Sekretär der KPD und führte auch Sonderaufträge der Komintern und der Sowjetführung aus; während des Dritten Reiches war er in der Sowjetunion im Exil und wurde schließlich ein führender SED-Funktionär in der DDR.

In der Universität sah Regler, wie fanatisch die kommunistischen Funktionäre damals arbeiteten, aber wie unsicher sie auch angesichts der immer stärkeren Bedrohung von außen reagierten. »Dann aber kam ein gewisser G. W. Klein aus einer Fabrik, ein harter Funktionär. Unter seinem Kommando wurden sämtliche Akten der Professoren beschlagnahmt und in ein Zimmer des Erdgeschosses zusammengetragen . . . Klein ging daran, die einzelnen Professoren selbst anzurufen. Er machte sich Notizen . . . ich sah schon das Schicksal, das er ihnen zuteilte . . .«

Auf dem Universitätsgelände begegnete Regler einem alten Mann, der in die Universität hinein wollte. Der alte Professor stammelte etwas von Experimenten, die er zu Ende bringen müsse, sonst sei die Arbeit von sieben Wochen vergeblich gewesen. Regler brachte ihn zu dem Funktionär G. W. Klein: »Der Professor stand erstaunt vor dem jungen Rebellen. ›Ich habe nur mit Experimenten zu tun‹, sagte er. ›Und was herauskommt, kann ich erst am Ende sagen.‹ G. W. Klein nickte verächtlich: ›Und wie stehen Sie zur Revolution?‹ Es war wie ein Boxschlag unters Kinn. Der alte Mann wankte und sagte: ›Ich bin unpolitisch. Das alles wird vorübergehen. Ich habe damit nichts zu tun.‹ ›Das gibt es nicht!‹ brüllte G. W. Klein und ließ ihn durch seine Sekretärin auf eine Liste setzen, auf der oben ein schwarzes Kreuz angebracht war.«

Regler half dem Professor und brachte ihn zu seinen Laboratorien: »Der alte Mann verneigte sich ungebührlich tief und rannte in den Korridor hinein. Er hatte Tränen in den Augen.«

Die Schauspielerin Tilla Durieux erlebte die Münchener Räterepublik mehr von der heiteren Seite. In ihren Erinnerungen *Eine Tür steht offen* schrieb sie dreißig Jahre später: »Das Ganze war trotz allem Schrecken, verglichen mit den Geschehnissen der Hitlerzeit, verhältnismäßig harmlos, und die Schwabinger Faschingsluft wehte auch in diesen Tagen durch die Straßen. So traf ich einmal nachts auf zwei Soldaten der Wache, die meinen Ausweis verlangten. Zu meinem Schrekken mußte ich bemerken, daß ich ihn vergessen hatte. Dann entspann sich folgendes Gespräch: ›Freilein, was machens denn so spät in der Nacht?‹ – ›I bin vom Theater.‹ – ›So, vom Theater sans, nacha missns doch an Ausweis ham!‹ – ›Ja, i hab ihn vergessen!‹ – ›Na, irgendwas werdens do ham.‹ Da fand ich in meiner Tasche einen Heimatschein, auf dem ich unglücklicherweise als Hofschauspielerin vermerkt war. ›Was, königli sans no?‹ – ›Aber gengangs, i bin do net königli, das war bloß mei letztes Angaschma, i pfeif aufs königliche.‹ – ›Na, wanns aufs königliche pfeifn, nacha gengangs halt zhaus.‹ Und ich konnte passieren . . .«

Die Kämpfe bei Dachau

Mitte April 1919 wurde die Umzingelung Münchens immer enger. Ernst Toller erinnerte sich: »München ist von konterrevolutionären Truppen zerniert. Wir stützen uns längst nicht mehr auf Oberbayern, die bayerischen, württembergischen und preußischen Regimenter marschieren von allen Seiten gegen München. Vereinzelte Vorstöße der Roten Armee können ihren Vormarsch nicht aufhalten . . . Etwa hunderttausend Soldaten sind gegen München aufgeboten, wir verfügen über wenige tausend.«

Der Medizinstudent und Leutnant der Reserve, Erich Wollenberg, später ein führender Kommunist, der allerdings Ende der zwanziger Jahre mit der Partei gebrochen hat, notierte später: »In den Nachmittagsstunden des 15. April kam die Nachricht nach München, daß von Dachau her eine etwa 800 Mann starke feindliche Abteilung unter der Führung eines Majors gegen die Stadt marschiere. Rudolf Egelhofer (ab 16. 4. der Oberkommandierende der Roten Armee) gab an die Truppenteile den Befehl, alle verfügbaren Menschen nach dem Nordwestausgang von München zu werfen.«

Wollenberg erwähnt freilich, daß es eine wirkliche Rote Armee zu dieser Zeit gar nicht gab. So versuchte die KPD in den Sektionslokalen und Betrieben Arbeiter zum Kampf zu werben, die dann nach der äußeren Dachauer Straße dirigiert wurden und denen sich bewaffnete Arbeiter auf der Straße freiwillig anschlossen. Gruppen von Rotgardisten in Stärken von zwanzig bis dreißig Mann kamen noch hinzu, und bald zählte diese Truppe über tausend Mann: »Arbeiter aus den Fabriken, Soldaten von den Truppenteilen, halbe Kinder und Greise, uniformiert und in Zivil.«

Südlich der Straße Allach–Ludwigsfeld stießen die Rotgardisten dann auf den Feind. Nach einem heftigen Feuergefecht gingen die Verteidiger der Räterepublik zum Angriff über und warfen schließlich den Gegner bis nach Karlsfeld zurück. Dort wurde zunächst von seiten der »Weißen« Widerstand geleistet, bis sie sich dann fluchtartig nach Dachau zurückzogen. Die Arbeiter folgten ihnen, erreichten am Morgen den Bahndamm südlich des Bahnhofs von Dachau und setzten sich dort fest. Bei dem Gefecht hatten die Rotgardisten acht Tote und mehrere Verwundete, die Verluste des Feindes blieben unbekannt.

Bei den Kämpfen von Dachau war auch Ernst Toller als Führer einer Gruppe von Rotarmisten dabei. Von Karlsfeld aus gingen sie gegen Dachau vor: »Als das Gefecht einsetzt, stürzen sich die Arbeiter und Arbeiterinnen der Dachauer Munitionsfabrik auf die weißen Soldaten, am entschlossensten sind die Frauen. Sie entwaffnen die Truppen, treiben sie vor sich her und prügeln sie aus dem Dorf hinaus.«

In München wurde durch das *Mitteilungsblatt* des Vollzugsrates die Nachricht über den Sieg verbreitet, den die Rote Armee bei Dachau erfochten hatte. Am nächsten Tag wurde ein neuer Erfolg mitgeteilt. Danach seien siebenhundert Mann, die von Nürnberg aus gegen München geschickt worden waren, zur Roten Armee übergelaufen.

Am 22. April endete der Generalstreik in München. Das Ereignis wurde als großer Sieges- und Festtag der jungen bayerischen Räterepublik mit einer großen Demonstration gefeiert: »Ein grauer kühler Vorfrühlingstag hing über den Straßen der Stadt. Schon seit dem frühen Morgen waren die Straßen ungewöhnlich belebt. Scharen von Menschen durchfluteten in kleinen und größeren Zügen die Straßen . . . Mit roten Armbinden geschmückt, das Gewehr um die Schulter gehängt, marschierte das werktätige Volk Münchens hinaus vor das Kriegsministerium in der Ludwigstraße. Hier wurde die Truppenschau sämtlicher bewaffneter Arbeiter und Soldaten der revolutionären Stadt München abgehalten.«

An der Demonstration nahmen etwa zwölf- bis fünfzehntausend bewaffnete Arbeiter teil. Nachmittags fanden große öffentliche Versammlungen statt und um 17 Uhr begann eine zentrale Massenversammlung auf der Theresienwiese. Von dort bewegte sich ein riesiger Demonstrationszug durch die belebtesten Straßen der Stadt zurück zur Brienner Straße, wo man sich dann vor dem Wittelsbacher Palais versammelte. Auf dem Balkon standen die Arbeiterführer der Räterepublik und hielten Ansprachen zu den Losungen »Es lebe die internationale Revolution!«, »Hoch die Räterepublik!«, »Nieder mit Bamberg!«

Die letzten Tage der Münchener Räterepublik: »Die Revolution ist besiegt«

Die Münchener Räterepublik stand jedoch nicht nur im Kampf gegen vorrückende gegnerische Truppen, sondern mußte sich auch gegenrevolutionärer Aktionen in München erwehren. Am 27. April waren im Hotel Vier Jahreszeiten sogenannte »Schieber und Plünderer« verhaftet worden, die sich einen Tag später als Mitglieder der »Thule-Gesellschaft« entpuppten. Dies war eine rechtsradikale Gruppierung, die die Räterepublik bekämpfte. Sie hatten in gemieteten Räumen des Hotels Freiwillige für die weißen Truppen angeworben und mit gefälschten Fahrtausweisen in Marsch gesetzt. Ziel und Zweck der antisemitisch orientierten »Thule-Gesellschaft« war, wie es im Statut hieß, »die Pflege des Deutschtums, die Erhaltung reinen Germanentums«. Zweifellos plante die »Thule-Gesellschaft« eine Verschwörung gegen die Räterepublik. Dazu hatte sie sich auch Ausweiskarten der KPD, Formulare und Stempel der Räteregierung mit Faksimiles der Unterschriften beschafft.

Zu den Mitgliedern der »Thule-Gesellschaft« zählten die späteren führenden Nationalsozialisten Karl Fiehler, Hermann Esser, Hans Frank und Rudolf Heß. Die am 5. Januar 1919 gegründete Deutsche Arbeiterpartei, aus der 1920 die NSDAP hervorging, stand in engem Kontakt mit ihr.

In der Nacht zum 30. April wurden mehrere Mitglieder der »Thule-Gesellschaft« zu Hause verhaftet und später in das Luitpoldgymnasium abgeführt. Einer der Verhafteten berichtete, daß sich im Zimmer 49 des zweiten Stockes 22 Gefangene befanden, darunter auch drei Weißgardisten. Am Morgen des 30. April wurden, nach dem Bericht des Augenzeugen, alle Gefangenen in den Schulhof geführt, wo sie die Erschießung von zwei Weißgardisten mitansehen mußten. Im Laufe des Tages erschienen dann mehrmals Posten, die Geiseln in kleinen Gruppen zum Verhör holten. In Wirklichkeit wurden sie aber von den Rotarmisten standrechtlich erschossen.

Noch in der Nacht vom 30. April zum 1. Mai erfuhr eine Versammlung der Betriebsräte von den Erschießungen und distanzierte sich davon. Auch Max Mehrer, der letzte revolutionäre Stadtkommandant, und Ernst Toller waren empört über die Bluttat. Toller schilderte als Augenzeuge die Wirkung der Nachricht auf die Betriebsräte-Versammlung: »Abends versammelten sich die Betriebsräte zum letzten Mal, ohnmächtig sehen sie dem Ende entgegen, ihre Macht ist dahin, die Arbeiterschaft zerfallen, die Rote Armee in Auflösung ... die Revolution ist besiegt. Da stürzt ein Mann aufs Podium, ruft, daß im Luitpoldgymnasium 9 Gefangene erschossen sind, Bürger der Stadt München ... Diese Arbeiter, die wissen, daß sie vielleicht morgen schon an die Wand gestellt werden, erheben sich schweigend von ihren Sitzen, wann je haben die Weißen ähnlich auf die Kunde von der Erschießung gefangener Arbeiter geantwortet.«

In derselben Nacht noch löste sich der Vollzugsrat auf. Die Rote Armee kämpfte jedoch unter Führung des Oberkommandierenden Eglhofer weiter. Auch Karl Retzlaw blieb noch im Polizeipräsidium. Eugen Leviné und Max Levien befanden sich bereits in Verstecken. Nur in der Redaktion der *Roten Fahne* wurde noch am Aufruf der KPD zum 1. Mai gearbeitet. Erst um Mitternacht verließ Retzlaw das Polizeipräsidium. Vor dem Tor traf er auf Ernst Toller, den er zunächst nicht erkannte, weil er eine dunkle Brille trug. »Was wird wohl jetzt kommen?« fragte Toller. Als Retzlaw von scharfer Unterdrükkung sprach, meinte Toller noch optimistisch: »Das werden die Münchener Arbeiter nicht zulassen.«

»Wir Kommunisten sind Tote auf Urlaub«: Die Rache der »Weißen«

Am Morgen des 1. Mai 1919 drangen die Regierungstruppen in München ein. Gegen 12 Uhr gingen auf der Residenz, die inzwischen von Zivilisten kampflos besetzt worden war, zwei weiße und eine weißblaue Fahne hoch. Dasselbe ereignete sich kurz darauf auf dem Rathaus, der Universität, dem Kriegsministerium und dem Wittelsbacher Palais. Um 12.45 Uhr zogen die ersten Vortrupps der Regierungstruppen mit weiß-blauen Binden und Helmen durch die Maximilianstraße, etwas später drangen Regierungstruppen auch vom Norden durch die äußere Leopold- und Ungererstraße vor. Gegen 2.30 Uhr marschierten die ersten größeren Truppenteile durch Schwabing und vereinigten sich mit anderen »Befreiern« auf dem Odeonsplatz, während es auf dem Stachus noch zu einem letzten Gefecht kam.

Karl Retzlaw schilderte das Ende der Räterepublik in München: »Die Freikorps-Truppen marschierten in München ein. Sie durften sich nun endlich austoben und erhielten Mord- und Plünderungsfreiheit. Nach amtlichen Angaben – die aller Wahrscheinlichkeit nach zu niedrig liegen – wurden vom 1. bis 8. Mai 1919 557 Männer und Frauen erschossen oder erschlagen. 52 russische Kriegsgefangene, in der offiziellen Ziffer nicht mitgezählt, wurden in einer Kiesgrube bei Erding erschossen, obwohl sie völlig unbeteiligt gewesen waren. Sie hatten bei den Bauern gearbeitet, und manche von ihnen wußten nicht einmal von der Revolution in ihrer Heimat. Das Standrecht wurde erst aufgehoben, als Freikorpsleute eine Versammlung eines katholischen Gesellenvereins überfielen und 21 anwesende Mitglieder niedermetzelten. Die Erschossenen waren Familienväter, kein einziger war Kommunist. Trotzdem telegrafierte der Sozialdemokrat Noske an den Kommandierenden General des Freikorps: ›Für die umsichtige, erfolgreiche Leitung der Operation in München spreche ich Ihnen meine volle Anerkennung aus und der Truppe herzlichen Dank für ihre Leistung. Der Oberbefehlshaber, Noske, Reichswehrminister.‹ . . .«

Gustav Regler beobachtete nach dem Einmarsch der Regierungstruppen: »Am nächsten Tag begann die Hysterie einer Stadt, die ›befreit‹ wurde. Die Zeitungen nannten es ›die Reinigung von dem roten Gesindel‹. Die württembergischen Soldaten, die die Reinigung vollzogen, brüsteten sich damit, daß es eine biblische Rache war: Auge um Auge, Zahn um Zahn, sagte ihr Plakat.« Regler selbst wurde in der Königinstraße verhaftet. Er hatte lange Haare, das genügte als Indiz. Aus dem nahen Englischen Garten hörte man die Schüsse von Hinrichtungen. Von Gewehrkolben gestoßen, stolperte er bis zur nächsten Ecke, wo er eine Gruppe Gefangener antraf. Vier Soldaten bewachten sie. »Noch einer«, sagten die Soldaten und stießen ihn auf die Gruppe zu. Unter den Gefangenen befand sich ein Mitglied der Räteregierung, für den offensichtlich bereits eine Befreiung organisiert wurde. Plötzlich kam ein Wagen um die Ecke gerast, fuhr auf den Bürgersteig, erfaßte die erste Wache und stieß zwei andere Soldaten nieder. Der vierte Soldat floh, sein Gewehr erschrocken in den Rinnstein werfend. Die Gefangenen stoben auseinander. Es gelang ihnen, über eine kleine Mauer hinweg sich zu verstecken und unterzutauchen.

Gustav Regler landete nach einiger Zeit des Umherirrens auf dem Münchener Ostfriedhof, wo er sich über das Schicksal seiner erschossenen Kampfgefährten vergewissern wollte. Dort hatte man die Treibhäuser ausgeräumt, um Platz für die Leichen zu haben, die noch ständig von Lastwagen herbeigefahren wurden:»Man war dabei, die Leichen in die Kästen zu stopfen; rote Rinnsale sickerten durch die Ritzen hindurch. Ein kräftiger Mann mit einem braunen Bart brach den Toten die Gelenke, wenn sie nicht in die Kästen paßten . . .« Regler erkannte unter den herumliegenden Leichen einen Mitkämpfer, währenddessen der Totengräber zu ihm sagte:»Es sind Rote und Weiße; wir haben alles zusammengeworfen; bleibt sich ja auch gleich.«

Die führenden Repräsentanten der beiden Münchener Räterepubliken fielen fast alle in die Hände der Sieger. Der Oberkommandierende der Roten Armee, Rudolf Egelhofer, wurde am 3. Mai um vier Uhr morgens während des Verhörs in der Residenz erschossen.

Gustav Landauer, in der ersten Räterepublik Volksbeauftragter für Erziehung und Unterricht, wurde verhaftet und am 2. Mai in das Gefängnis Stadelheim eingewiesen. Ein »Weißgardist« berichtete später als Augenzeuge über die viehische Art, wie Landauer zu Tode kam: »Auf dem Gang vor dem Aufnahmezimmer versetzte ein Offizier dem Gefangenen einen Schlag ins Gesicht. Die Soldaten riefen inzwischen: ›Der Hetzer, der muß weg. Derschlagts ihn!‹ Landauer wurde dann mit Gewehrkolben in den Hof hineingestoßen. Ein Major in Zivil schlug mit einer Keule auf Landauer ein. Unter den Kolbenschlägen und den Schlägen des Majors sank Landauer zusammen. Er stand jedoch wieder auf und wollte zu reden anfangen. Da rief ein Vizewachtmeister: ›Geht mal weg!‹ Unter Lachen und freudiger Zustimmung der Begleitmannschaften gab der Vizewachtmeister zwei Schüsse ab, von denen einer Landauer in den Kopf traf. Aber Landauer atmete immer noch. Da sagte der Vizewachtmeister: ›Das Aas hat zwei Leben, der kann nicht kaputtgehen!‹ . . .« Nach mehreren weiteren Schüssen und Fußtritten starb Landauer qualvoll. Seine Leiche wurde nackt ins Waschhaus geworfen.

Ernst Niekisch wurde wenige Tage später in Augsburg von einem Kriminalbeamten in Zivil verhaftet. Er wurde ins Gefängnis gebracht, um dort als »großer Fall« behandelt zu werden. Nach einer Standgerichtsverhandlung am 23. Juni 1919 in München erhielt er zwei Jahre Festungshaft.

Auch Erich Mühsam wurde – obwohl er bereits außerhalb Münchens war – verhaftet. Am 12. Juli 1919 verurteilte ihn in München ein Standgericht zu fünfzehn Jahren Festungshaft. Fünf Jahre später, im Dezember 1924, wurde die Strafe auf acht Jahre herabgesetzt und für die Restzeit Bewährung durch Wohlverhalten auferlegt. Am 14. Juli 1928 – nach fast zehn Jahren Haft – erhielt Erich Mühsam dann endlich

Straffreiheit. Er wirkte anschließend in Berlin für seine Ideen, wurde 1933 von den Nazis in das Konzentrationslager Oranienburg gebracht und dort im Juli 1934 ermordet. Ernst Toller versuchte zunächst unterzutauchen. Der Dichter Rainer Maria Rilke konnte ihn nicht aufnehmen:»Ich bin sehr betrübt, bei mir sind Sie nicht sicher, zweimal schon wurde mein Haus durchsucht«, entschuldigte sich Rilke, der sich auch erfolgreich für die Freilassung des jungen Dichters Oskar Maria Graf verwandte. Da Tollers Steckbrief mit Bild an allen Litfaßsäulen Münchens hing, verkleidete er sich, zog einen Gehrock an, puderte Haare und Augenbrauen und tauchte drei Wochen lang bei einem Maler in einem Gartenhaus Schwabings, dem »Werneck-Schlößchen« unter, bis ihn dort die Polizei fand. Toller gab sich zu erkennen:»Ja, ich bin Toller, ich werde nicht fliehen. Wenn ich jetzt erschossen werde, wurde ich nicht auf der Flucht erschossen. Sie alle sind meine Zeugen.« Als die Kriminalbeamten mit bewaffneten Soldaten Toller gegen fünf Uhr morgens in die Luitpoldstraße führten, erblickte ihn eine alte Frau, die zur Morgenmesse wollte. Sie schrie, den Rosenkranz in der Hand:»Habt Ihr ihn?« Dann fügte sie kreischend hinzu:»Totschlagen!«

Auf die Ergreifung Levinés wurde eine Belohnung von 10000 Mark ausgesetzt. Von Schwätzern verraten, wurde er in einer Zelle des Polizeigefängnisses mit einer Kette an die Wand geschmiedet. Die Zelle wurden stundenweise offengehalten, und Münchener Bürger kamen, um ihn zu sehen. In der Gerichtsverhandlung sagte Leviné in seinem Schlußwort den berühmten Satz:»Wir Kommunisten sind Tote auf Urlaub.« Er wurde zum Tode verurteilt. Seine Frau Rosa Leviné, die ebenfalls verhaftet war, berichtete später über ihren letzten Besuch bei ihm am 5. Juni, zwei Stunden vor seiner Erschießung. Er sagte zu ihr: »Jetzt wird es mir gar nicht schwer sein. Jetzt werde ich keine so feindlichen Gesichter sehen, wie es am Anfang war, als sie so verhetzt waren. Jetzt wissen sie schon ganz gut, daß ich nicht ihr Feind bin.« Mit hoch erhobenem Kopf, so erinnerte sich Rosa Leviné, ruhig und gelassen und ohne sich umzusehen, durchschritt er, an den Soldaten vorbei, den Korridor. Um zwei Uhr war er tot. Ein Aufseher erzählte Rosa Leviné wenige Stunden später, als er ihr Blumen als Zeichen seines letzten Denkens an sie brachte, wie Leviné gestorben ist:»Er hat nicht viel gelitten. Die erste Salve hat ihn getötet, seine letzten Worte waren:›Es lebe die Weltrevolution!‹«

IV.

»Unser Heil liegt in der Internationale«

Der Zweite Weltkongreß
der Kommunistischen Internationale
vom 19. Juli bis 7. August 1920

Zur Zeit des Zweiten Weltkongresses der Kommunistischen Internationale, der vom 19. Juli bis 7. August 1920 in Petrograd und Moskau stattfand, befand sich Sowjetrußland noch immer in einem schweren Bürgerkrieg. Nach mehreren Niederlagen und Rückschlägen im Herbst 1919 hatte der Frühling 1920 mit einem Erfolg begonnen. Die »Weißen« waren an vielen Fronten zurückgeschlagen, und das von den Briten besetzte Archangelsk war eingenommen worden. Schon glaubten viele, der Bürgerkrieg nähere sich seinem Ende.

Bürgerkriegssituation im Frühjahr 1920

Plötzlich, im Frühjahr 1920, kam eine neue, fast tödliche Gefahr. Die unter Jósef Pilsudski 1918 gegründete Republik Polen griff Sowjetrußland an, ihre Truppen marschierten nach Osten vor. Eine Woge der Erbitterung über den Übergriff war die Antwort. Selbst alte Offiziere und Generäle der Zaren-Ära erboten sich, nach einem Appell Trotzkis, gegen die polnischen Eindringlinge zu kämpfen.

Die erschwerte Lage an der Front führte auch im Innern zu einem verhärteten Kurs. Die Todesstrafe wurde wieder eingeführt. Die Tscheka, die revolutionäre Geheimpolizei unter Dserschinski, erhielt erweiterte Vollmachten. Sinowjew, so erinnerte sich Victor Serge, sagte damals: »Unser Heil liegt in der Internationale.« Das war auch Lenins Ansicht.

Anfang Mai stießen die polnischen Truppen, nachdem sie sich mit der antikommunistischen ukrainischen Regierung verbündet hatten, auf Kiew vor; zu Beginn des Zweiten Weltkongresses hatte aber bereits die Gegenoffensive der Roten Armee begonnen.

Im Norden, im Gebiet von Archangelsk, standen die Rotarmisten noch im Kampf gegen die britischen Interventionstruppen. Im Süden versuchte General Wrangel, ein zaristischer Armeeoffizier, seine Front zu behaupten. Im Osten stand die Rote Armee noch im Kampf gegen den »weißen« General Koltschak, der sich allerdings auf dem Rückzug befand.

Legal und illegal:
Die Anreise der Konferenz-Delegierten

Die ausländischen Delegierten kamen auf den verschiedensten Wegen, legal und illegal, in das vom Bürgerkrieg eingeschlossene Sowjetrußland. Einige fuhren über Schweden und Finnland, andere auf dem Schiff von Deutschland nach Petrograd. Alle diejenigen, die ohne legale Pässe reisten, wurden meist durch die baltischen Staaten oder durch Galizien geschmuggelt. Auch aus asiatischen Ländern kamen sie, aus der Türkei und aus dem Iran. Für die Delegierten aus dem Fernen Osten war es besonders schwer, weil japanische Truppen in Ostsibirien eingedrungen waren. Einigen chinesischen und japanischen Delegierten sowie einem einzigen Koreaner gelang es jedoch, sich durch die Mongolei durchzuschlagen.

Die Landroute war für die Delegierten aus dem Westen blockiert durch Pilsudskis Polen, das sich ja im Krieg gegen Rußland befand. Die Seeroute nach Petrograd war schwer passierbar, weil die Ostsee und der Finnische Golf im Frühjahr 1920 noch immer teilweise vereist waren. Hinzu kam, daß mit Ausnahme einiger schwedischer keine ausländischen Schiffe Sowjetrußland ansteuerten. Stockholm war damals das einzige westliche Fenster des belagerten bolschewistischen Rußlands. Für alle aus Westeuropa kommenden Delegierten war Berlin die erste Anlaufstation. Delegierte aus außereuropäischen Ländern und meist auch aus England fuhren zunächst nach Holland und wurden dann vom westeuropäischen Büro der Komintern über die holländisch-deutsche Grenze geschleust; Delegierte aus der Schweiz überschritten illegal die schweizerisch-deutsche Grenze.

Nach der Spaltung der schweizerischen Sozialistischen Partei im Frühsommer 1920 wurde ein Ausschuß der Parteilinken gebildet, der ebenfalls eine Einladung zum Zweiten Weltkongreß erhielt. Die Schweizer linken Sozialdemokraten bestimmten Jules Humbert-Droz aus Genf und Konrad Wyss, Sekretär der Gewerkschaften der Stadt und des Kantons Zürich, als Delegierte. Da Konrad Wyss aber unabkömmlich war, machte sich Walter Bringolf als Ersatzdelegierter auf den Weg nach Moskau. Er besorgte sich ein schwedisches Visum, weil ihm gesagt wurde, daß die Reise über Stockholm und Petrograd gehen würde. Dann aber wurde seine Reiseroute plötzlich geändert. Er sollte nun über Berlin und Stettin reisen, was er auch tat. In Stettin hatte Bringolf einen dreitägigen Aufenthalt und fuhr dann gemeinsam mit anderen Delegierten mit dem Schiff nach Reval (heute Tallinn), der Hauptstadt Estlands. Auf diesem Schiff war auch die deutsche Delegation. Sie bestand aus den KPD-Vertretern Paul Levi und Dr. Eduard Fuchs aus Berlin, der vor dem Ersten Weltkrieg die berühmte *Illustrierte Sittengeschichte* veröffentlicht hatte und ein Freund von Rosa Luxemburg und Franz Mehring war; außerdem gehörten einige führende Köpfe des linken Flügels der USPD dazu, die sich darüber unterrichten wollten, ob und unter welchen Bedingungen die USPD an der Dritten Internationale teilnehmen könne. Von den deutschen Delegierten machte auf Walter Bringolf Paul Levi den stärksten Eindruck. Dieser hervorragende Jurist zeichnete sich durch eine fundierte humanistische Bildung aus, es gab kein Gebiet der Literatur, der Philosophie und des Rechts, das ihm fremd war.

Als man die deutschen und schweizerischen Delegierten in Reval nicht an Land gehen ließ, bekam der USPD-Funktionär Wilhelm Dittmann einen Wutanfall. »Diese Operettenrepublik«, tobte er, »läßt uns nicht landen und den Zug nach Petrograd besteigen. Das ist ja lächerlich!« Aber der Wutanfall half nichts. Im Hafen von Reval lag ein englisches Kanonenboot, dessen Besatzung darüber entscheiden sollte, ob die Revolutionäre an Land gehen dürften. So ließ man sie erst mit erheblicher Verspätung nach Narwa an die Grenze weiterfahren.

Die nördlichste Route aller Delegierten nahm der Engländer William Gallacher, damals der Vertreter der britischen Betriebsräte (*shopstewards*-)Bewegung, der später von 1921 bis zu seinem Tode 1965 ununterbrochen Mitglied des ZK der britischen KP und von 1943 bis 1956 Parteiführer war. Da er keinen Paß hatte, half ihm ein Genosse in Newcastle, sich auf ein norwegisches Schiff zu schmuggeln. Nach sechs Stunden Warten in einem Versteck auf dem Schiff verließ dieses endlich den Hafen, und Gallacher erreichte als blinder Passagier die norwegische Stadt Bergen. Dort halfen ihm politische Freunde weiter nach Bodö, von wo er auf einem kleinen Fischkutter über das Arktische Meer nach Murmansk gelangte. Von Murmansk ging es dann ohne Schwierigkeiten direkt nach Petrograd.

»Eine Personifizierung des Nationalbolschewismus«: M. N. Roys Reise von Mexiko über Berlin nach Petrograd

Von allen Delegierten hatte wohl der Inder M. N. Roy, der in Kapitel II schon vorgestellt wurde, die längste und ungewöhnlichste Anreise. Roy verließ bereits im Herbst 1919 Mexiko auf einem spanischen Schiff und landete in der westspanischen Hafenstadt La Coruña. Von dort fuhr er über Santander nach Madrid, wo er auf Anweisung von Michael Borodin, der schon vor ihm Mexiko verlassen hatte, den Patriarchen des spanischen Sozialismus, Pablo Iglesias Posse (1850–1925), zur Teilnahme am Zweiten Weltkongreß der Komintern bewegen sollte. Aber der Altsozialist, der schon 1910 als erster Sozialist Mitglied im spanischen Parlament (Cortes) geworden war, blieb gegenüber dem jugendlichen Enthusiasmus von Roy hart, ja er bekannte offen seine Verwunderung darüber, daß ausgerechnet ein junger Inder aus dem Land der Weisheit bei ihm als Sprecher des Bolschewismus erschien.

Aber Roy wollte Spanien nicht verlassen, ohne wenigstens einige Delegierte für den Zweiten Kominternkongreß gefunden zu haben. In Barcelona nahm er Kontakt zu einigen jungen Genossen vom linken Flügel der Sozialistischen Partei auf, die er dann auch für seine Pläne gewinnen konnte.

Nach seiner Rückkehr nach Madrid gab es für Roy eine Überraschung. Er erhielt einen vorher bereits vereinbarten Brief aus Mexiko von seinem Nachfolger, der in einem Geheimcode geschrieben, aber in Klarschrift unterzeichnet war. Er bedaure, schrieb der Generalsekretär, daß der Schlüssel für den ursprünglich vereinbarten Geheimcode verlorengegangen sei. Daher habe er den Brief in einem neuen Geheimcode geschrieben, zum Verständnis lege er den Schlüssel bei! Der nunmehr auch für die Zensur leicht lesbare Brief enthielt die Anweisung, M. N. Roy solle sofort nach Berlin weiterreisen und dort im Hotel Fürstenhof in der Nähe des Potsdamer Platzes mit Michail Borodin zusammentreffen.

Im Dezember 1919 traf Roy in Berlin ein. Der Krieg war vorüber, aber das Elend, das er sah und über das er später in seinen Memoiren berichtete, war furchtbar. Die Mehrheit der Berliner Bevölkerung war unterernährt, eine ganze Generation von Kindern, so Roy, schien aufzuwachsen, »ohne je Milch kennenzulernen«. Es gab keinen Zucker, keinen Kaffee, keine Butter. Das Brot war rationiert. Aber Roy sah auch die extravaganten Läden am Kurfürstendamm mit ihren Luxusgütern, die elegant eingerichteten Cafés, Kabaretts und Tanzsäle. Es gelang ihm, den Treffpunkt mit Borodin ausfindig zu machen und mit ihm Kontakt aufzunehmen. Während seines Berlin-Aufenthalts wurde er auch in den Salon des Stummfilmstars Erna Morena eingeladen, in dem viele Kommunisten und Revolutionäre verkehrten. Dort traf Roy auf Karl Radek, der gerade aus dem Gefängnis entlassen worden war und die Anweisung erhalten hatte, Deutschland innerhalb einer Woche zu verlassen. Andere führende deutsche Kommunisten wie August Thalheimer, Ernst Meyer, Clara Zetkin, Wilhelm Pieck und auch Paul Levi waren zu dieser Zeit noch im Gefängnis oder lebten in der Illegalität.

Radek war in diesen Dezembertagen 1919 voller Enthusiasmus über die von ihm vermutete Chance eines Bündnisses von Kommunisten mit demobilisierten deutschen Offizieren der nationalen Rechten. Roy beschrieb Radek später: »Ein kleiner drahtiger Mann voller Vitalität. Er konnte nie stillsitzen. Immer wenn er etwas sagen wollte, stand er auf, ging im Zimmer auf und ab und deklamierte, als ob er zu einer großen Versammlung sprechen würde. Er hatte immer etwas zu sagen. Er war ständig im Zentrum des Geschehens bei Erna Morena und spielte den Filmstar völlig an die Wand. Sie verehrte ihn als die personifizierte Revolution.«

Mit Radeks Ideen eines Nationalbolschewismus konnte Roy nichts anfangen, auch wenn Radek nicht aufhören wollte, davon zu reden. Er ging auf Roy zu, legte ihm seine Hände auf die Schultern und sagte: »Dieser indische Genosse ist eine Personifizierung des Nationalbolschewismus, der nicht nur Deutschland erobern, sondern die ganze Welt des Ostens für den Kommunismus gewinnen wird.« Roy fügte später in seinen Memoiren hinzu, er hätte nicht erkannt, wie prophetisch diese Voraussage Radeks eigentlich gewesen war.

In Berlin wurde M. N. Roy auch mit dem aus Moskau eingetroffenen neuen Komintern-Funktionär August Guralski bekannt gemacht. Guralski lebte in Berlin unter dem deutschen Parteinamen »Kleine«. Roy erkannte, daß Guralski-Kleine nur ein schwacher Ersatz für Borodin war. Er war geckenhaft gekleidet, hochtrabend in seinem Benehmen, geheimnisvoll, was seine Missionen anbetraf. Trotzdem spielte er eine wichtige Rolle im Auftrag von Ossip Pjatnitzki, der Anfang der zwanziger Jahre den illegalen Apparat der Kommunistischen Internationale kontrollierte und im Auftrag des Exekutivkomitees auch finanzierte. Über diesen neuen Komintern-Funktionär erzählte später Margarete Buber-Neumann in ihren Erinnerungen die folgende amüsante Anekdote: »Eines Tages ging Guralski, alias Kleine, über die

Friedrichstraße in Berlin. Da flüsterte ihm im Vorbeigehen eine Dame des ältesten Gewerbes zu: ›Na, Kleiner, kommst du mit?!...‹ Entsetzt verließ Guralski die Friedrichstraße und flüchtete sich zu Willi Münzenberg, dem Generalsekretär der Internationalen Arbeiterhilfe, dem er aufgeregt den Vorfall erzählte: ›Stell dir vor, man kennt mich bereits in Berlin! Meine Illegalität ist gefährdet!‹...«

Michail Borodin eröffnete M. N. Roy, daß der Plan, mit Hilfe einiger deutscher nationalbolschewistischer Offiziere per Flugzeug nach Moskau zu fliegen, gescheitert sei und er, Borodin, mit einem Diplomatenpaß über Schweden nach Moskau fahren werde. Guralski werde dafür sorgen, daß Roy nach Moskau komme. Mitte Mai 1920 traf dann in Berlin ein Kurier aus Moskau ein, um die Anreise der in Berlin wartenden Delegierten zu organisieren. Es war Boris Schlipkin, ein Mann mittleren Alters, kräftig gebaut, der nach Meinung von Roy für einen bolschewistischen Diplomaten viel zu gut angezogen war. Etwa zur gleichen Zeit war das erste sowjetische Schiff aus Petrograd in Deutschland eingetroffen, das bezeichnenderweise »Sowjet« hieß. Mit diesem Schiff sollten einige Delegierte, darunter auch Roy, zuerst nach Reval gebracht werden. Schlipkin machte eigentümliche Andeutungen, daß da noch ein wichtiger Passagier mitkommen sollte. Kaum hatte das Schiff »Sowjet« den Stettiner Hafen verlassen, wurden die Delegierten mit M. N. Roy vom Kapitän und seinen Offizieren freundlich begrüßt. Schlipkin brachte dann den besonders wichtigen Passagier: eine einfach, aber elegant gekleidete junge Frau, die er als Madame Sadoul vorstellte. Die Offiziere und Matrosen erhoben sich zum Zeichen der Huldigung für eine Frau, deren Mann ihnen allen bekannt war. Gemeint war der französische Hauptmann Jacques Sadoul, der 1917 zu den Bolschewiki übergegangen war, Trotzki geholfen hatte, die Rote Armee aufzubauen, und ein Gründungsmitglied der Komintern war (s. Kapitel I). Da der wegen seines »Verrates« zum Tode verurteilte Sadoul nicht nach Frankreich zurückkehren konnte, fuhr nun Madame Sadoul auf diesem Wege nach Sowjetrußland.

Die Reise mit dem Schiff »Sowjet« verlief ohne Schwierigkeiten. Bei der Zwischenlandung in Helsinki durfte man nicht an Land gehen, da im Finnland des Marschall Mannerheim die KP illegal war. Von Packeis wiederholt aufgehalten, kam das Schiff endlich in Reval an. Aber auch Estland war damals kein sicheres Land für Kommunisten. Nur M. N. Roy erhielt den Status der diplomatischen Immunität als angebliches Mitglied einer Kommission des sowjetischen Transport-Volkskommissariats zugesprochen, der zu einer Transportkonferenz nach Reval gekommen war. Mit dem Zug fuhren dann Madame Sadoul und M. N. Roy weiter nach Petrograd. Sie wurden am Bahnhof von einem Auto abgeholt, das nach einer kurzen Anweisung von Schlipkin wenige Minuten später vor einem großen, fast luxuriösen Gebäude hielt. Es war die Residenz, die früher dem Fürsten Gutschkow gehört hatte. Vor dem Portal des Gebäudes erwartete sie Michail Borodin.

Petrograd im Sommer 1920
Eindrücke einiger ausländischer Delegierter

Viele ausländische Delegierte beschrieben später in ihren Memoiren, welche nachhaltigen Eindrücke sie von Sowjetrußland im Sommer 1920 während der Anreise nach Petrograd und in der Stadt selbst gewonnen hatten. Der Schweizer Bringolf notierte: »Die Bahngleise von der estnischen Grenze nach Petrograd waren provisorisch verlegt worden. Rechts und links der Bahngleise sah man noch die Spuren der schweren Kämpfe, die in diesem Abschnitt noch kurz vor unserer Anreise stattgefunden hatten.« Die Armee des zaristischen Generals Judenitsch war auf Petrograd vorgestoßen, aber es war den Bolschewiki mit Hilfe der Arbeiter der Putilow-Werke gelungen, die Truppen Judenitschs zurückzuschlagen und ins estnische Gebiet abzudrängen.

Auch an der Feier des 1. Mai 1920 nahmen in Moskau viele ausländische Delegierte teil. Stundenlang demonstrierten die Menschen und sangen revolutionäre Lieder. »Wir sind Soldaten der Freiheit, wir sind Söhne des Volkes«, lautete ein beliebter Refrain. In einem anderen Lied hieß es: »Unsere Lokomotive fährt vorwärts, es gibt keine Station vor der Kommune, es gibt keinen anderen Weg, aber wir haben Waffen in unserer Hand.« Auf einer provisorisch errichteten Rednertribüne auf dem Roten Platz stand Lenin, umgeben von anderen Mitgliedern des Politbüros, ausgenommen Trotzki, der bei seiner Roten Armee an der Westfront im Kampf gegen Polen war. Den Demonstrationszug führten die bereits anwesenden ausländischen Delegierten zum Zweiten Weltkongreß an. Ihnen folgten einige Rotarmisten und danach ein endloser Strom von Fabrikarbeitern. Über den Köpfen flatterte ein Wald von roten Fahnen.

Nachmittags um fünf Uhr sollte am 1. Mai in Moskau eine Massenveranstaltung stattfinden. Sowohl die Bevölkerung als auch die Kongreßdelegierten mußten mehr als eine Stunde auf Sinowjew warten, der dann, als er gekommen war, sich für sein Zuspätkommen entschuldigte, die Tribüne bestieg und eine feurige revolutionäre Rede hielt. Nach Sinowjew sprach M. N. Roy, der inzwischen von Petrograd nach Moskau weitergereist war. Da es keinen Lautsprecher gab, mußte Roy seine Stimme bis zum Äußersten steigern. Er erklärte, daß er erst vor kurzem zum kommunistischen Glauben konvertiert und in das Land der siegreichen Revolution gekommen sei, um hier zu lernen und dann die Botschaft der Befreiung den kolonialen Völkern zu bringen. Seine Rede, die ein junger russischer Jude, der viele Jahre in England gelebt hatte, simultan übersetzte, wurde von den Anwesenden mit großem Beifall aufgenommen.

John T. Murphy, ein britischer Delegierter, sah die Zerstörungen des Bürgerkrieges vor und in Petersburg. Noch auf der Bahnfahrt sah er zusammengeschossene Lokomotiven und Wagen neben den Schienen liegen. Dann und wann überquerten sie auch Notbrücken, die man als Ersatz für die von Judenitschs Truppen gesprengten Brücken errichtet hatte. Als die Delegierten sich Petrograd näherten, sahen sie Gräben, Stacheldraht, Häuserruinen und kaputte Schienen. John T. Murphy schrieb später: »Nach langer Zeit erreichte unser langsamer Zug Petrograd. Was sah ich? Düsterkeit? Ja, Düsterkeit. Zerstörte Häuser und geschlossene Geschäfte? Ja, zerstörte Häuser und geschlossene Geschäfte, aufgerissene Straßen und den berühmten Newskij-Prospekt im schäbigsten Gewand, das er je getragen hatte. Ja, ich sah das und noch mehr. Ich sah Bataillone der neuen Roten Armee auf dieser berühmten Straße marschieren. Einige trugen deutsche Uniformen, einige britische, manche französische und wieder andere amerikanische; manche trugen Pelzhüte, andere Mützen, einige hatten Stiefel. Die Füße der meisten waren in Lumpen gewickelt und mit Stroh zusammengebunden. Nie hatte ich eine so schäbig angezogene moderne Armee gesehen. Aber dann sah ich auch ein Licht in ihren Augen, das ich nie anderswo in den Augen von Soldaten beim Marschieren gesehen hatte. Vielleicht hatte auch ich dieses Licht in meinen Augen, denn ich sah in dieser marschierenden abgerissenen Armee eine neue Kraft aus den Ruinen der alten Ordnung auferstehen, eine neue Schöpfung, die unsere Zukunft in ihren Händen trug.«

Das Hotel International in Petrograd, in der Nähe der großen St.-Peter-Kathedrale mit der goldenen Kuppel, füllte sich seit Mai 1920 mit Delegierten aus allen Teilen der Welt: Arbeiter und Intellektuelle, Journalisten und Politiker, Weiße und Braune, Schwarze und Gelbe, Syndikalisten, Gewerkschafter, Sozialisten, Anarchisten. Alle wurden angezogen vom Magneten der großen Revolution in Rußland.

Die Ankunft der italienischen Sozialisten

Als eine der ersten und besonders wichtigen Delegationen traf die italienische Delegation ein, die von Giacinto M. Serrati geführt wurde. Die italienische Sozialistische Partei war damals, wie schon erwähnt, noch in drei Flügel aufgespalten: links außen ein kleinerer unter Amadeo Bordiga und Nicola Bombacci, der bedingungslos für den Anschluß an die Komintern eintrat; dann der mittlere, weitaus größte Teil unter Serrati, der zwar einen Anschluß an die Komintern befürwortete, aber die »21 Bedingungen« zur Aufnahme in die Komintern kritisch beurteilte; der kleinste Flügel auf der rechten Seite, unter Filippo Turati, stand dem Anschluß an die Komintern sehr skeptisch gegenüber.

Der italienischen Delegation wurde in Petrograd schon bei der Ankunft am Bahnhof ein begeisterter Empfang bereitet. Angelica Balabanoff war Augenzeuge: »Petersburg feierte. Spontane tiefe Freude, endlich Gesinnungsgenossen, Revolutionäre empfangen zu dürfen! Alle Stadtteile waren mobilisiert und dekoriert. Als der Zug, vom Klang der *Internationale* empfangen, ankam und die Mitglieder der Delegation ihm entstiegen und an der unzähligen Menge, die außerhalb des Bahnhofs sie erwartete, vorbeigingen, wobei die *Internationale* von jeder Gruppe gespielt, von einem unübersehbaren Chor gesungen wurde, als die roten Fahnen nach und nach in die Höhe gehoben wurden, als Tausende Stimmen ›Es lebe die italienische Partei!‹ und ›Es lebe Serrati‹ riefen und die Gäste mit größter Mühe in die Automobile einsteigen konnten, von den Massen förmlich umschlungen wurden, schien die Begeisterung, der Kontakt zwischen den Jubelnden und Bejubelten eine fast spürbar körperliche Einheit zu sein.«

So überwältigt Angelica Balabanoff von dem Enthusiasmus der Petrograder Bevölkerung war – es gab an diesem Tag auch andere Dinge in Petrograd zu beobachten. Unter den Massen, die die italienische Delegation erwarteten, stand Emma Goldman, eine amerikanische Revolutionärin, die dem Anarchismus nahestand, bereits seit Januar 1920 in Rußland lebte und fließend russisch sprach. Sie stand nicht unter den Ehrengästen, sondern zwischen einfachen Menschen auf dem großen Uritzky-Platz. Sie berichtete später, daß die Menschen am Abend bereits müde vom stundenlangen Warten waren. Als endlich aber etwa gegen 22 Uhr die große Begrüßung begonnen hatte, sah Emma Goldman, wie sich direkt neben ihr eine Frau erschöpft an die Mauer lehnte und leise vor sich hinzuweinen begann. »Für die ist es leicht zu reden«, schluchzte sie traurig, »wir aber haben den ganzen Tag nichts zu essen bekommen.« Die Russin erzählte Emma Goldman, daß sie die Anweisung erhalten hatten, direkt von der Arbeit hierher zu gehen, da sie sonst ihre Brotrationen verlieren würden:»Seit fünf Uhr früh bin ich auf den Beinen ... Siebzehn Stunden und dabei nur ein Stück Brot und etwas heißes Wasser. Ob unsere Besucher darüber etwas wissen?« Davon wußten natürlich die meisten ausländischen Kommunisten und Sozialisten nichts. Die enthusiastische Stimmung hat übrigens, wie Angelica Balabanoff und M. N. Roy übereinstimmend bemerkten, während der ganzen Woche ihres Aufenthalts in Petrograd angedauert: »Eine so spontane Begeisterung hatte die glorreiche Wiege der russischen Revolution, das rote Petersburg, nicht oft, später überhaupt nicht mehr erlebt«, schrieb Angelica Balabanoff.

Moskau vor dem Zweiten Weltkongreß: »Unsere Lokomotive fährt vorwärts ...«

Auch in Moskau warteten zu dieser Zeit bereits Delegierte aus fast allen Ländern auf den Beginn des Kongresses. Sie kamen sogar aus den USA und aus lateinamerikanischen Ländern. Man konnte im Frühjahr 1920 fast alle Sprachen der Welt in Moskau hören. Auch Neger waren gekommen, einige aus den USA und einige aus Südafrika. Es war für sie damals eine absolut neue Erfahrung, sich völlig ungezwungen und frei unter weißen Menschen zu bewegen, ja sogar mit weißen Frauen zu tanzen, ohne geschlagen oder gelyncht zu werden.

Fast jeden Morgen wurden ganze Gruppen von Delegierten zu Ausflügen in die Umgebung von Moskau geführt, um Kinderheime oder Sanatorien zu besichtigen. Auch Besuche von Einheiten der Roten Armee wurden häufig organisiert. Die Delegierten sprachen über den revolutionären Kampf in ihren Ländern und überbrachten Grüße an das Heimatland der großen Revolution. Ihre Reden wurden alle auf russisch übersetzt und mit größter Aufmerksamkeit angehört. Die Delegierten verurteilten die Kapitalisten und Imperialisten, die die »Weißen« im Bürgerkrieg in Rußland unterstützten, und sie versprachen, sich mit der ersten Arbeiter- und Bauernrepublik zu solidarisieren. Für die Russen war es im Frühsommer 1920 eine Botschaft der Hoffnung in ihrem schweren Leben im belagerten Land.

Die in Petrograd inzwischen eingetroffenen weiteren Delegierten wurden in einem Sonderzug nach Moskau gefahren. Die Lokomotive wurde mit Birkenholz geheizt, und der Zug mußte unterwegs wiederholt anhalten, um neues Holz zu laden. Das für die Delegierten reservierte Hotel Lux war schnell überfüllt. Die später Eintreffenden wurden auf andere Hotels verteilt. Viele von ihnen wohnten in einem modernen Hotel mit dem russischen Namen »Delavoid Dvor« (Geschäftshof). Es lag nicht weit vom Kreml, gerade außerhalb des Ringes, der damals als »chinesische Mauer« bekannt war, weil er zur Zeit der Invasion der Tataren vor vielen Jahrhunderten gebaut worden war. Von dem Hotel aus konnte man auf die Mauer sehen, die sich fast vom Ufer des Moskwa-Flusses bis zum Lubjanka-Platz erstreckt. Die Verpflegung für die Delegierten im Hotel Delavoid Dvor war zwar privilegiert, aber entsprach nicht allen Wünschen: »Man gab uns eine Sonderverpflegung, obwohl diese äußerst bescheiden war und schweizerischen Ansprüchen keineswegs genügte«, notierte später Walter Bringolf. Nach dem Zeugnis des Schweizers war das Essen ein Eintopfgericht, das hauptsächlich aus einer »übelriechenden Fischsuppe« bestand. Die Sowjetbehörden hatten aber wirklich alles getan, um die ausländischen Delegierten, so gut es in dieser Notzeit eben ging, zu verpflegen. Es gab auch Roggenbrot, Kaviar und geröstetes Geflügel. Allerdings war der Kaviar ranzig, und das Geflügel war so hart, daß man es kaum kauen konnte.

Schließlich war für die ausländischen Delegationen als Übersetzer eine Schar ausgesucht hübscher junger Mädchen und Frauen eingesetzt worden. Sie stammten zum Teil aus der obersten Bürger- und Adelsschicht der Zeit vor der Revolution; in diesen Kreisen wurde man natürlich in mehreren Fremdsprachen unterrichtet. Viele der Mädchen aus diesen ehemals aristokratischen Familien hatten sich zu überzeugten Kommunisten gewandelt. Dies galt auch für manche aus der Bourgeoisie stammende Frauen, einige von ihnen täuschten die kommunistische Überzeugung allerdings nur vor und hofften insgeheim, durch eine Verbindung mit ausländischen Delegierten Rußland verlassen zu können.

Vorverhandlungen in Moskau

Außer der italienischen kamen alle wichtigen Delegationen – vor allem die deutsche und die französische – zu spät in Moskau an, um an den Vorverhandlungen von Anfang an teilnehmen zu können. Diese hatten schon im Juni/Juli hinter verschlossenen Türen begonnen.

Die kontroverseste Frage war dabei die Annahme der bekannten

»21 Bedingungen« für den Anschluß an die Internationale auf dem bevorstehenden Kongreß. Die Bedingungen waren von Sinowjew entworfen worden. Er ging davon aus, daß die Zweite Internationale (1889–1914) zu Beginn des Ersten Weltkrieges zusammengebrochen war, weil sie über keine zentralistische Führung verfügte. Daraus galt es, so Sinowjew, Lehren zu ziehen. Dies um so mehr, als starke linke Flügel der großen sozialistischen Massenparteien Italiens, Deutschlands und Frankreichs mit der Russischen Revolution sympathisierten und der Internationale beitreten wollten. Jene könnten, so fürchteten die Bolschewiki, in der Komintern bald die Oberhand gewinnen, wenn sie nicht einer festen zentralistischen Führung untergeordnet wären. Die »21 Bedingungen« sollten eine Art Garantie gegen diese vermeintliche Gefahr sein. Umgekehrt waren die »21 Bedingungen« ein Hemmschuh für die sozialistischen linken Flügel der Massenparteien, die sie von einem Eintritt abhalten konnten. Und wenn sie sich nicht anschlossen, würde die Kommunistische Internationale folgerichtig nur aus kleinen Gruppen mit nur geringem Einfluß in der weltweiten Arbeiterbewegung bestehen. Dies war der Hintergrund des Konflikts zwischen den russischen Bolschewiki und den Vertretern der Sozialistischen Parteien Italiens, Deutschlands und Frankreichs, der auch zu heftigen Diskussionen und Auseinandersetzungen führen sollte.

Hinzu kam bei den italienischen Sozialisten noch ein anderes Problem. Bevor die Sozialistische Partei der neuen Internationale angeschlossen werden konnte, mußte sie nach den Wünschen Sinowjews ihren rechten Flügel unter der Führung von Turati ausschließen. Einige Mitglieder der Delegation waren für diesen Ausschluß, aber Serrati selbst, der wichtigste Führer der italienischen Sozialisten, schwankte in dieser so wichtigen Frage. Doch kurz vor dem Kongreß nahmen die italienischen Delegierten, wie Roy später bemerkte, die ideologischen Unterschiede nicht so ernst. Sie genossen in erster Linie die Gastfreundschaft der Russen. Und sie feierten fröhliche Feste in Moskau. Mitgebracht hatten sie Pakete voll mit Makkaroni und viel Käse, dazu Kisten mit Chianti-Wein. Fast jeden Abend gab es in der Wohnung von Angelica Balabanoff ein Fest. Sogar das sonst in den ersten Jahren des bolschewistischen Regimes bestehende Alkoholverbot war für die ausländischen Gäste aufgehoben. Aber Angelica Balabanoffs Gastfreundschaft beschränkte sich nicht auf die von ihr so geliebten Italiener, ihre Wohnung stand allen Delegierten offen.

Am 14. Juli, drei Tage vor Kongreßbeginn, gab es noch einmal eine große Aufregung. Die ungarische Delegation mit Béla Kun, György

Lukács, Mátyás Rákosi und Eugen Varga, den Männern der Ungarischen Räterepublik (s. Kapitel III), die zum Teil kurz vorher noch in österreichischen Gefängnissen gesessen hatten, bevor sie freigelassen wurden, traf in Moskau ein. Da ihr Eintreffen mit dem Jahrestag der Erstürmung der Bastille zusammenfiel, wurden sie von vielen ausländischen Delegierten, geführt von Jacques Sadoul, besonders herzlich begrüßt. Man sang gemeinsam das französische Revolutionslied *La Carmagnole*. Die durchdringende Stimme Jacques Sadouls, dieses gutaussehenden jungen Revolutionshelden, begeisterte alle.

Organisatorische Vorbereitungen und die Zusammensetzung der Delegationen

Am Zweiten Weltkongreß nahmen nach der offiziellen Statistik 217 Delegierte teil, die 67 Organisationen aus 37 Ländern vertraten. Selbst wenn diese Zahlen vielleicht etwas übertrieben sein mögen, eins ist sicher: Im Unterschied zum Gründungskongreß, der aus mehr zufällig zusammengekommenen Linkssozialisten und Kommunisten bestand, waren es diesmal echte Delegierte, die von ihren Parteien vorher gewählt und nach Moskau geschickt worden waren.

Zur größten ausländischen Delegation, der italienischen, gehörte neben Serrati und den anderen Flügel-Führern auch der Veteran Costantino Lazzari, ein aufrechter Greis mit fiebriger Stimme, der in ständiger Begeisterung glühte; dann Umberto Terracini, damals noch ein junger Theoretiker, der vorher mit Antonio Gramsci und Palmiro Togliatti in Turin studiert hatte (s. Kapitel II), später aber den besten Teil seines Lebens im Gefängnis verbringen mußte und auch im italienischen Kommunismus eine bedeutende Rolle spielte. Auch die Sekretärin der Komintern, Angelica Balabanoff, sah man häufig mit den italienischen Delegierten. Klein, mit einem feinen, mütterlichen Madonnenkopf, verbreitete sie eine Atmosphäre höchster Liebenswürdigkeit und rastloser Aktivität um sich. Sie hoffte damals noch auf eine offene, großmütige und ein wenig romantische Internationale.

Zur französischen Delegation gehörte neben Jacques Sadoul, dem ehemaligen Offizier, Marcel Cachin, dem späteren kommunistischen Senator, und Louis-Oscar Frossard, dem späteren sozialistischen Abgeordneten, noch eine vielbeachtete Persönlichkeit: Henry Guilbeaux, der schon bei der Kienthal-Konferenz dabei war und dann in Genf die Zeitschrift *Demain* (Morgen) herausgegeben hatte. Cachin und

Frossard pflegten nach dem Bericht eines Augenzeugen ein sehr parlamentarisches Auftreten. Cachin, der sich während des Ersten Weltkrieges überaus patriotisch und nationalistisch gebärdet hatte, war erst nach Kriegsende nach links abgeschwenkt. Zwei weitere Franzosen machten auf Victor Serge einen besonders positiven Eindruck: Alfred Rosmer, ein unerschütterlicher Internationalist, Gewerkschafter und persönlicher Freund Trotzkis. Rosmer war Wachsamkeit, Diskretion, Verschwiegenheit und Hingabe in einer Person. Ebenfalls beeindruckend war Raymond Lefèvre, ein großer Bursche mit scharfem Profil, einst Krankenträger vor Verdun, Dichter und Romancier, der kurz vor dem Kongreß in einem üppig-lyrischen Stil sein Glaubensbekenntnis unter dem Titel *Revolution oder Tod* veröffentlicht hatte.

In der deutschen Delegation, in der Paul Levi die Kommunisten anführte, waren Ernst Däumig, Arthur Crispien und Wilhelm Dittmann die Vertreter der linken Unabhängigen Sozialdemokraten. Obwohl sie links von den Mehrheitssozialdemokraten standen, waren sie gewissenhafte Funktionäre einer bereits bürgerlich orientierten Arbeiterorganisation. Man sah auf den ersten Blick, schrieb Victor Serge, daß in ihnen keine revolutionäre Seele glühte.

Aus den Vereinigten Staaten kamen Louis C. Fraina und John Reed, dessen Augenzeugenbericht über die bolschewistische Revolution von 1917 ihm bereits beträchtliche Popularität und Autorität verschafft hatte. John Reed hatte kurz vor Beginn des Kongresses einige kleinere Städte in der Umgebung von Moskau besucht und brachte davon die Vision eines Gespensterlandes mit, in dem Hunger die einzige Wirklichkeit war. Reed war verblüfft, daß die Arbeit der Sowjets trotzdem weiterging.

Großbritannien war durch Delegierte der britischen Sozialistischen Partei und vor allem der sogenannten *shop stewards*-Bewegung, der Betriebsrätekomitees, vertreten. Unter ihren Delegierten gab es viele, die sich zur äußersten Linken zählten.

Zu den Delegierten aus Norwegen gehörte auch der junge Gewerkschafter Einar Gerhardsen. Er war damals Vertreter des Jugendverbandes der Norwegischen Arbeiterpartei, die stark links orientiert war und einige Jahre Mitglied der Kommunistischen Internationale war. Die Norwegische Arbeiterpartei trennte sich aber 1923 von der Komintern. Der Komintern-Kongreß-Delegierte Gerhardsen sollte in den fünfziger und sechziger Jahren dann norwegischer Ministerpräsident werden.

Die Schweizer Delegation bestand aus vier Mitgliedern: Der Vertreter der bereits vorher gegründeten Kommunistischen Partei der Schweiz war Joggi Herzog, der Vertreter der links stehenden Sozialistischen Jugend hieß Sigi Bamatter, und die Vertreter der Parteilinken der Sozialdemokratischen Partei waren, wie schon berichtet, Jules Humbert-Droz und Walter Bringolf.

Aus Bulgarien schließlich kam Wasil Kolaroff, massig, mit einem Ansatz von Bauch und dem überzeugenden Geist eines zuversichtlichen Führers; er gab in Privatgesprächen den Delegierten sein Wort, er werde in seinem Land die Macht ergreifen, wenn die Internationale es wünsche.

Die stärkste Delegation stellte natürlich die gastgebende russische Kommunistische Partei mit über dreißig stimmberechtigten Delegierten. Zu ihr gehörten Alexej J. Rykow, der nach Lenins Tod Vorsitzender des Rates der Volkskommissare werden sollte, dann der damals führende Parteitheoretiker Nikolai Bucharin, Jan Bersin, ein ehemaliger Angehöriger der sowjetischen Gesandtschaft in Bern, der ausgewiesen wurde und später im sowjetischen Geheimdienst eine führende Rolle spielte; weiter gehörten dazu Alexandra Kollontai, Nikolai Krestinski, Nadeshda Krupskaja, die Frau Lenins, sowie Salomon Losowski als Vertreter der Gewerkschaften und Anatoli W. Lunatscharski, lange Jahre Volkskommissar für das Bildungswesen.

Die bolschewistischen Führer Rußlands waren auf dem Zweiten Weltkongreß allen anderen offenkundig überlegen. Der einzige Kopf des westlichen Sozialismus, der fähig gewesen wäre, sich mit ihnen zu vergleichen, sie vielleicht sogar zu übertreffen, war im Januar 1919 von rechtsradikalen deutschen Offizieren ermordet worden: Rosa Luxemburg. Neben Lenin, Sinowjew und Bucharin spielte noch Christian Rakowski, ein gebürtiger Rumäne, der gleichzeitig fließend russisch wie französisch sprach, eine besondere Rolle, ebenso der Pole Karl Radek, dem wir schon in Berlin begegnet sind. Trotzki nahm nur sporadisch am Zweiten Weltkongreß teil. Der Bürgerkrieg nahm ihn völlig in Anspruch.

Die Tagesordnung des Kongresses war bereits Monate vorher bekanntgegeben worden. Als die Eröffnung näherrückte, begannen sich die Delegierten mit den ernsteren Fragen zu beschäftigen. Sie hielten Besprechungen ab, um ihre Berichte für den Kongreß vorzubereiten. Dabei gab es häufig unterschiedliche Auffassungen über die revolutionären Möglichkeiten des betreffenden Landes. Aus der unterschiedlichen Einschätzung kam es dann zu differierenden Auffassungen über Organisation, Kampfmethoden und Taktik des revolutionären Kampfes. Die Delegationen prüften auch die Entwürfe der auf dem Kongreß zu diskutierenden und anzunehmenden Thesen. In den ersten Jahren der Kommunistischen Internationale gab es keine Resolutionen. Es galt die grundsätzlichen Prinzipien zu klären, theoretische Fragen zu diskutieren und Programme für die politischen Aktionen auszuarbeiten. Dafür wurden Thesen zu bestimmten Fragen ausgearbeitet und diese den einzelnen Delegationen zu vorbereitenden Diskussionen übergeben. Jede teilnehmende Partei und sogar einzelne Delegierte hatten damals noch die Möglichkeit, Thesenentwürfe zu den unterschiedlichsten Fragen einzureichen. Da die einzelnen nationalen Delegationen aus unterschiedlichen Gruppen mit voneinander abweichenden Auffassungen bestanden, konnte jedoch niemand eine echte Initiative ergreifen. So war es natürlich, daß dies den russischen Bolschewiki überlassen blieb. Die Schwäche der ausländischen Delegationen war der Grundstein für die zunehmende intellektuelle und später auch politische Vorherrschaft der Russen in der Kommunistischen Internationale. Schrittweise kam es zur allgemein anerkannten Praxis, daß das erste und letzte Wort zu jeder Frage den russischen Führern zustand.

Lenin kümmerte sich übrigens, nach seinen schlechten Erfahrungen mit dem Druck des Protokolls vom Gründungskongreß, von Anfang an persönlich um die Vorbereitungen für den Zweiten Komintern-Kongreß. Vor allem an der reibungslosen Übersetzung der Reden auf dem Kongreß lag ihm viel. Dies geht aus einem Telegramm vom 4. Juli 1920 an Sinowjew und aus anderen Briefen an seine Mitarbeiter hervor. An Sinowjew hatte er telegraphiert: »Das Übersetzen auf dem Kongreß muß rechtzeitig organisiert werden: Alle sind nach Sprachen so zu plazieren, daß sofort und zur gleichen Zeit sowohl den Deutschen als auch den Franzosen und den Engländern übersetzt werden kann. Dann wird Zeit gespart.«

Die Eröffnungszeremonie in Petrograd: Für die Befreiung der Welt

Sinowjew, der neben seiner Funktion als Präsident der Kommunistischen Internationale auch der Vorsitzende des Petrograder Sowjet war, wollte die Eröffnungssitzung des Zweiten Weltkongresses unbedingt in Petrograd abhalten. Die Arbeiter dieser Stadt, die am meisten unter der allgemeinen Hungersnot zu leiden hatten, begannen unzufrieden

zu werden. Sinowjew wollte sie deshalb durch eine besonders eindrucksvolle Demonstration zum Beginn des Weltkongresses beein-
drucken. So kam es, daß die Eröffnung und die erste Sitzung des Weltkongresses in Petrograd stattfand. Trotz des katastrophalen Zustandes
der Verkehrsmittel wurden kurzfristig drei Sonderzüge für die Delegierten bereitgestellt, um sie zur Eröffnung nach Petrograd zu transportieren.

In Petrograd angekommen, marschierten die über zweihundert Delegierten, verstärkt und beschützt von Petrograder Rotgardisten, in einem Demonstrationszug durch die wichtigsten Straßen der Stadt. Angelica Balabanoff ging dabei neben Lenin, der ihr an diesem Tag außerordentlich besorgt und schweigsam erschien. Die Eröffnungszeremonie sollte im Uritzky-Theater stattfinden. Zehntausende von Petrograder Arbeitern grüßten die Delegierten auf ihrem Weg und marschierten eine lange Strecke mit ihnen. Doch ihre Zahl war nicht mit jenen Menschenmassen zu vergleichen, die sich vor dem Uritzky-Theater zur Begrüßung der Kongreßteilnehmer versammelt hatten. Es
schien, als wollte die ganze Bevölkerung von Petrograd teilnehmen.
Das riesige Auditorium war schon lange vor Beginn total überfüllt.
Auf der Bühne, auf der etwa 500 Leute Platz hatten, versammelten sich
die Kongreßdelegierten. Begleitet von einem 200-Mann-Orchester,
das die *Internationale* anstimmte, waren die ausländischen Delegierten
in das Theater eingezogen. Alle Zuhörer erhoben sich von ihren Sitzen,
und mehrere Minuten lang tönte der gemeinsame Gesang der *Internationale* durch den großen Saal. Die Teilnehmer hatten das Gefühl, am
großen Kampfmarsch für die Befreiung der Welt teilzunehmen. »Ich
erinnere mich nicht, daß jemals Musik einen so nachhaltigen Eindruck
auf mich gemacht hatte«, notierte M. N. Roy in seinen Memoiren, die
er lange nach seinem Bruch mit dem Kommunismus geschrieben hat.

Sinowjew erklärte den Zweiten Weltkongreß unter lauten Hochrufen für eröffnet. Dann standen alle in schweigendem Gedenken für
jene, die ihr Leben im Revolutionskampf verloren hatten. Das Schweigen wurde mit dem Spiel des revolutionären russischen Trauermar-
sches beendet.

Nach dieser überwältigenden Eröffnungszeremonie wirkten die ersten Reden fast schwach. Selbst Sinowjew, sonst ein glühender und
feuriger Redner, konnte die begeisterte Stimmung nicht mehr weiter
steigern. Nach ihm sprach Marcel Cachin. Er erinnerte in klassischer
französischer Rhetorik an die große Französische Revolution und verband den Blick auf die Vergangenheit mit der Hoffnung auf eine große

Zukunft. Dann kündigte Sinowjew Lenin an. Als dieser sich erhob, brandete ein wahrer Jubelsturm auf. Ruhig wartete der mittelgroße Mann, bis sich der Lärm gelegt hatte, dann analysierte er mit der für ihn charakteristischen Unmittelbarkeit das künftige Weltgeschehen. Mit zahlreichen Zitaten aus dem Werk des britischen Nationalökonomen John Maynard Keynes demonstrierte Lenin die Lebensunfähigkeit des von den Imperialisten willkürlich zerteilten Europas. Er sprach von der Unmöglichkeit, daß Deutschland die ihm auferlegten Lasten des Versailler Vertrages lange ertragen werde, und schloß daraus die Unabdingbarkeit einer baldigen europäischen Revolution, deren Bestimmung es auch sei, die Befreiung der Kolonialvölker Asiens einzuleiten. Victor Serge schilderte später seinen Eindruck: »Lenin gebrauchte keinerlei Rhetorik und haschte nicht nach Podiumseffekten. Seine Technik lag in der wechselnden häufigen Wiederholung, um seine Ideen einzuhämmern.« Dennoch war, wie Serge schrieb, Lenins Rede, dank seiner lebhaften Mimik und der durchdachten Überzeugung, niemals langweilig.

Auch M. N. Roy erklärte später, Lenin habe gar nicht den Versuch gemacht, das Auditorium durch Rhetorik oder Floskeln zu beeindrukken, sondern beeindruckte durch seine nüchterne Analyse der realen Probleme in der Welt.

Auf dem Rückweg vom Märzfeld, wo Blumen auf die Gräber der Gefallenen der Revolution niedergelegt wurden, marschierte Angelica Balabanoff zwischen Lenin und dem deutschen KP-Führer Paul Levi. Angelica Balabanoff beschrieb Levi als einen »hochgebildeten Menschen« und »berühmten Rechtsanwalt«, der es übernommen hatte, Sozialisten zu verteidigen, darunter auch Rosa Luxemburg, der dann auf alle Vorrechte seines Berufes verzichtet hatte, um sich der revolutionären Arbeiterbewegung seines Landes und der Internationale zu widmen. Levi war mit Begeisterung und Überzeugung der neuen Bewegung beigetreten und, so Angelica Balabanoff, »schien dazu bestimmt, der Vorsitzende der Internationale zu werden«. Angelica Balabanoff lud dann Lenin und Levi in ihre Petrograder Wohnung ein. Sie hatten sich dort kaum gesetzt, da richtete Lenin ohne Umschweife an Paul Levi die Frage: »Wie lange nach dem Einzug der siegreichen russischen Truppen in Warschau wird in Deutschland die Revolution ausbrechen?« Paul Levi antwortete ruhig: »Drei Monate oder drei Wochen oder vielleicht auch überhaupt nicht.« Damit war für Lenin das Gespräch beendet, er verabschiedete sich, sichtbar ernüchtert, mit einem Kopfnicken und ging.

Beginn und Aufgabenstellung des Kongresses: Belehrung durch russische Führer

Am 17. Juli 1920, einem glühendheißen Tag, begann die erste Plenarsitzung im Krönungssaal des Kreml-Palastes in Moskau. Damit sollte dokumentiert werden, daß die Arbeiterklasse die alten Herrscher gestürzt hatte. Dies sollte auch ein Ansporn für die ausländischen Kommunisten sein, ähnliche Wandlungen in ihren eigenen Ländern zu vollziehen. »Wir fühlten uns im Besitze der Welt, als wir die Tore des Kreml durchschritten und von roten Soldaten begrüßt wurden, nachdem wir uns ausgewiesen hatten und uns Eintritt gewährt wurde«, berichtete später der Engländer John Murphy. Der Thron im Krönungssaal war mit einem roten Tuch verkleidet. In einem der Nebenräume hatte man das Bett des Zaren aufgestellt. Einige der Delegierten machten sich den Spaß und probierten das Zarenbett aus.

Die erste Plenarsitzung wählte eine Reihe von Komitees, die die verschiedensten Entwürfe diskutieren sollten. Die Verhandlungen im Plenarsaal und in den Komitees fanden in drei Sprachen statt: deutsch, englisch und französisch. Reden in einer dieser Sprachen wurden in die zwei anderen übersetzt. Da es keine Simultanübersetzung gab, zog sich alles in die Länge, und der Kongreß dauerte fast drei Wochen. Überhaupt ließ die Organisation wieder viel zu wünschen übrig, viel Zeit wurde unnütz vertan. Nicht selten sah man Gruppen von Delegierten, die im Kreml-Palast herumspazierten und informelle Diskussionen abhielten.

Den Vorsitz auf dem Kongreß hatte Grigorij J. Sinowjew inne. Nach Aussage von John Murphy war er dick und wirkte schlaff. Seine schrille Stimme irritierte viele. Neben ihm auf der einen Seite saß Serrati von der italienischen Sozialistischen Partei, auf der anderen Seite von Sinowjew saß Paul Levi, der Führer der deutschen Kommunisten. Viele Delegierte erwähnten in ihren späteren Berichten vor allem auch Karl Radek. Er wurde als beliebte Persönlichkeit voller Humor geschildert, ausgestattet mit einem guten Vorrat an sarkastischen Bemerkungen. Radek, der viele Sprachen beherrschte, galt als der bestinformierte russische Journalist. Auf dem Podium saß auch noch Nikolai Bucharin, der Künstler und Gelehrte, den jeder mochte. Alle warteten aber besonders interessiert auf Trotzki. Victor Serge beschrieb den Eindruck, den Trotzki auf die Delegierten machte: »Es gab keinen Zweifel an der Stärke seiner Persönlichkeit – mittleren Alters, aufrechte Haltung, mit dem Gesicht und den Augen eines Adlers, kurzer, sauber gestutzter Bart, ein Schopf schwarzen, gewellten Haares, mit ein wenig Grau und einer Stimme klar wie eine Glocke.«

Die Aufgabenstellung des Zweiten Weltkongresses kreiste um drei Fragen:

Zuerst bemühte sich Lenin, einige holländische, deutsche, italienische und britische »linke Kommunisten« von der Notwendigkeit von Kompromissen zu überzeugen, an Wahlen teilzunehmen und in Parlamenten mitzuarbeiten, sich aktiv an den Gewerkschaften – auch reformistischen – zu beteiligen und sich vor der Gefahr ultrarevolutionären Sektierertums zu bewahren.

Zweitens wollten Lenin und die anderen bolschewistischen Führer die traditionellen großen sozialistischen Parteien Europas spalten, die linken und revolutionären Mitglieder und Funktionäre für sich gewinnen, die alten reformistischen und parlamentarischen Führer isolieren und aus dem revolutionären Kern dieser Parteien neue disziplinierte Parteien bilden, die von der Moskauer Exekutive dirigiert werden und fähig sein sollten, eines Tages die Macht zu ergreifen.

Drittens wollten Lenin und seine engsten Mitkämpfer schließlich die nationale und koloniale Frage diskutieren, Konzeptionen entwickeln, um die Revolution in den Kolonialländern Asiens zu entfachen. Sein besonderes Interesse galt Indien und China, da die bolschewistischen Führer die Auffassung vertraten, man müsse dort zuerst zuschlagen, um den britischen Imperialismus zu schwächen.

Die einzelnen kommunistischen Parteien sollten ganz eindeutig nach dem Muster der Kommunistischen Partei Sowjetrußlands gebildet werden und der Exekutive der Kommunistischen Internationale untergeordnet sein.

Diese und andere Vorschläge bedeuteten für viele Teilnehmer eine Art Revolution. Lenin, Trotzki und die anderen Bolschewiki in der russischen Kommunistischen Partei wußten das und waren bereit, sich damit auseinanderzusetzen. Sie hatten ausführliche Thesen oder Beschlüsse zu jeder der grundlegenden Fragen, über die sie Diskussionen erwarteten, vorbereitet, wie zum Beispiel über »Die Rolle und Struktur der Kommunistischen Partei vor und nach der Übernahme der Macht durch die Arbeiter«, über »Parlamentarismus und Sowjetmacht«, über die »Nationale und koloniale Frage«, über »Gewerkschaften und Betriebskomitees« usw. Diese Fragen sollten vor dem ganzen Plenum des Kongresses und dann in kleineren Gruppen von jeder Partei diskutiert werden. Dadurch sollte erreicht werden, daß jede Delegation »in die Schule ging« und die ersten Grundsätze der neuen

Bewegung erlernte, allerdings unter Leitung und Belehrung eines der russischen kommunistischen Führer. So war Sinowjew beauftragt, sich mit der erstgenannten Frage nach der Rolle und Struktur der Kommunistischen Partei zu befassen. Lenin nahm sich der »nationalen und kolonialen Frage« an.

Lenin und die »Ultralinken«:
Das dramatische Auftreten der Sylvia Pankhurst

Einer der entscheidenden Diskussionspunkte des Zweiten Weltkongresses war die Stellung der Delegierten zu den »Ultralinken« unter den Kommunisten. Zu dieser Frage hat Lenin wenige Tage vor Beginn des Kongresses sein kleines Buch *Der linke Kommunismus, die Kinderkrankheit des Kommunismus* veröffentlicht. Zu den »Ultralinken« zählte eine ganze Reihe britischer Delegierter, darunter auch William Gallacher und Sylvia Pankhurst sowie der irische Arbeiterführer Jim Larkin und der jüngere Sohn von Conolly, dem Märtyrer der irischen Freiheitsbewegung.

Die »Ultralinken« machten schon bald von sich reden. Die wohl außergewöhnlichste Ansprache auf dem Kongreß hielt Sylvia Pankhurst, eine Tochter der berühmten Führerin der britischen Suffragettenbewegung. Sie war einige Tage nach Beginn des Kongresses nach Moskau gekommen. Ohne Zeit zu verlieren, ging sie sofort von der Eisenbahnstation zum Kreml und verlangte schon bald nach ihrem Eintritt, gehört zu werden. Sinowjew präsidierte gerade. Offensichtlich aus Höflichkeit erlaubte er ihr, außer der Reihe noch vor den anderen Rednern zu sprechen.

Sylvia Pankhurst war etwa Anfang Dreißig, von mittlerem Wuchs und schlank. Sie kam aus der Bourgeoisie, hatte sich jedoch zur leidenschaftlichen proletarischen Revolutionärin gewandelt. Sie verachtete den Parlamentarismus und jeglichen Reformismus. Ihre ultrarevolutionären Auffassungen widerspiegelten damals auch Strömungen, die es nach Ende des Ersten Weltkrieges in den linken Kreisen der britischen Arbeiterklasse gab.

Auf dem Zweiten Weltkongreß verteidigte sie nun die »Kinderkrankheit« des linken Kommunismus gegen Lenins »greisenhaften Reformismus«. Lenin saß während ihrer Rede direkt unter der Rednertribüne. Er beobachtete ihren rhetorischen Auftritt mit unverhohlenem Erstaunen. Wieder und wieder richtete sie ihren anklagenden Finger auf Lenin, um ihre Argumente zu unterstreichen. Da klingelte der Vorsitzende Sinowjew, um die Rednerin daran zu erinnern, daß die ihr zugemessene Zeit sich ihrem Ende nähere. Sylvia Pankhurst nahm keine Notiz davon. Wenig später stand Sinowjew auf und läutete erneut die Glocke. Sylvia Pankhurst drehte sich um und bemerkte bissig zu Sinowjew, daß es sich hier nicht um ein bürgerliches Parlament handele; sie würde so lange sprechen, wie sie wolle. Wütend setzte sich Sinowjew, der Diktator von Petrograd, in seinen Stuhl. Die Delegierten lachten und applaudierten. Errötend setzte Sylvia Pankhurst ihre Rede fort. Erst nach längerer Zeit war ihr Temperament erschöpft. Sie stürzte fast von den Stufen der Tribüne, Lenin lief zu ihr und half ihr, einen Sitz an seiner Seite zu finden. Um die gespannte Atmosphäre zu überwinden und die Aufmerksamkeit auf andere Themen zu lenken, bat Lenin den Vorsitzenden Sinowjew, die Verhandlungen fortzusetzen. Der nächste Redner wurde aufgerufen, und Lenin führte die erschöpfte junge Frau aus der Halle heraus, in eines der anliegenden Zimmer.

Sylvia Pankhurst verließ den Kongreß bereits vor seinem Ende, enttäuscht und verbittert. Sie schloß sich nicht der Kommunistischen Partei an, während sich sonst fast alle anderen britischen Vertreter der *shop stewards*-Bewegung auf dem Kongreß der kommunistischen Bewegung angeschlossen hatten. Gallacher und Murphy sollten später beide sowohl in der britischen KP als auch in der Komintern noch wichtige Rollen spielen.

In weiteren Diskussionen zur britischen Frage argumentierte Lenin dann sehr geduldig, um den Linken klarzumachen, wie falsch ihre Einstellung zum Parlamentarismus und zur Labour-Partei sei.

John Murphy resümierte: »Er machte uns alle fertig. Schritt um Schritt konnte er uns alle umstimmen, eine kommunistische Partei zu formen, zu versuchen, ein neues Verhältnis zur Labour-Partei zu schaffen und auf derselben Straße zu marschieren, die die Russen gegangen waren.«

Die Rote Armee vor Warschau

Der Verlauf des Zweiten Weltkongresses bleibt völlig unverständlich, wenn man nicht das Ereignis berücksichtigt, das alle Kongreßteilnehmer den ganzen Kongreß über immer wieder beschäftigte: Der Vormarsch der Roten Armee auf Warschau, auf den die Bolschewiki so große Hoffnungen setzten, die dann nach dem Kongreß, im August 1920, so sehr enttäuscht wurden. Der englische Delegierte John Murphy schrieb:»Ich erinnere mich noch gut an die Aufregung unter den Abgeordneten während des Kongresses in Moskau, wenn wir uns jeden Tag vor einer gewaltigen Karte von Rußland und Polen trafen und mit roten Fahnen die neuen Stellungen der Roten Armee bei ihrem Vormarsch auf Warschau markierten.«

Victor Serge beobachtete, wie Lenin, von Ausländern umgeben, in einem kleinen Saal im Kreml vor einer Karte mit der Front in Polen diskutierte. Im Straßenanzug, die Aktentasche unter dem Arm, erläuterte er den Vormarsch der Armeen Trotzkis und Tuchatschewskis. Er war in ausgezeichneter Stimmung und glaubte, den Sieg schon in Händen zu halten. Und Karl Radek, mager, sarkastisch und immer zum Spotten aufgelegt, fügte hinzu.»Wir werden den Versailler Vertrag mit Bajonettstichen zerreißen!« Dabei zog er sich seine zu weite Hose hoch, die ihm über die Hüften heruntergerutscht war.

Auch Angelica Balabanoff erzählte später von der Begeisterung über den Vormarsch der Roten Armee. Sie schrieb, daß in den drei Wochen jede Sitzung mit der Verlesung eines Frontberichts begann, der die Siege der Rotarmisten verkündete. Sie mußte dann die Frontberichte in die Sprache der Kongreßteilnehmer übersetzen, und diese trugen natürlich erheblich zur allgemeinen euphorischen Stimmung bei. Erst Jahre später wußte Angelica Balabanoff dann, was es mit diesen Frontberichten wirklich auf sich hatte:»Viel später erfuhr ich, daß diese Frontberichte den Inhalt der wirklichen Telegramme entstellten, soweit die darin enthaltenen Nachrichten nicht überhaupt erfunden waren.«

Als sich im Verlauf des Vormarsches Einheiten der Roten Armee auch der ostpreußischen Grenze näherten, rief Lenin drei deutsche Delegierte – Paul Levi, Ernst Meyer und Löwenhein – zu sich in den Kreml. Sie fanden Lenin vor einer großen Landkarte, auf der er ihnen die Situation erklärte. »Es liegt eine Mitteilung des Genossen Trotzki vor«, sagte Lenin, «daß die Rote Armee in den nächsten Tagen die Grenzen Ostpreußens erreichen wird. Sie sehen also, welche Entwicklung sich anbahnt. In welchen Formen wird sich ihrer Meinung nach die Erhebung in Ostpreußen abspielen?« Die drei deutschen Delegierten machten große Augen. »Eine Erhebung? Ausgerechnet in Ostpreußen? Die ostpreußischen Bauern sind doch bekanntlich die reaktionärste Schicht der ganzen deutschen Bevölkerung.« Lenin erwiderte gereizt:»Sie wollen damit doch nicht etwa sagen, daß man in Ostpreußen nicht kämpfen wird?« Ernst Meyer drückte seine Skepsis durch eine Frage aus: »Genosse Lenin, erwarten Sie wirklich, daß sich die ostpreußische Bevölkerung spontan erheben wird?« Da wandte sich Lenin enttäuscht und ungeduldig an Paul Levi: »Und Sie, Genosse Levi, sind Sie auch der Ansicht, daß es dort zu keiner Erhebung kommen wird?« Levi gab keine Antwort. Lenin beendete das Gespräch mit der Bemerkung: »Jedenfalls müssen Sie sich klar darüber sein, daß wir im Zentralkomitee ganz anderer Auffassung sind als Sie.« Sowohl das Gespräch mit Paul Levi in der Wohnung von Angelica Balabanoff als auch dieses Gespräch zeigen, daß Lenin sehr optimistische Erwartungen in bezug auf die Entwicklung in Deutschland hegte und die Realität, wenn überhaupt, dann nur unwillig zur Kenntnis nahm.

Selbst viele polnische Arbeiter meldeten sich zur Front, um die Russen zurückzuschlagen. Trotzki hatte übrigens damals die Offensive auf Warschau für übereilt und zu riskant gehalten, und Tuchatschewski soll über die Erschöpfung seiner Truppen und die immer länger werdenden rückwärtigen Verbindungen geklagt haben. Aber Lenin wollte den weiteren Vormarsch, er schickte Rakowski und Smilga als politische Kommissare an die Front. Der Vormarsch hätte vielleicht trotz allem noch Erfolg gehabt, wenn nicht die zweite kleine Rote Armee unter Woroschilow und Stalin, statt die Hauptkräfte zu unterstützen, allein auf Lwow (Lemberg) marschiert wäre, um einen eigenen Sieg für sich in Anspruch nehmen zu können.

Nachdem dann die Polen mit französischen Truppen auch vom Süden her gegen die Rote Armee vorgingen, brach die Offensive zusammen. Für die Polen war dies »Das Wunder an der Weichsel«. Es hatte sich als großer Fehler erwiesen, daß die bolschewistischen Führer noch während des Vormarsches durch Ostpolen ein sogenanntes »Polnisches revolutionäres Komitee« einsetzten, dem auch Felix Dserschinski, der Mann des Terrors, angehörte, dessen Name bei den polnischen Arbeitern statt Begeisterung Furcht und Feindschaft hervorrief.

Moskau während des Zweiten Weltkongresses

Victor Serge wußte im Unterschied zu den meisten ausländischen Delegierten über die wirkliche Situation Sowjetrußlands Bescheid. Er war enttäuscht, daß viele ausländische Kommunisten sich darüber wenig Gedanken machten: »Das einzige, was die ausländischen Delegierten meist nicht kennenlernten, war das lebendige wirkliche Moskau mit seinen Hungerrationen, seinen Verhaftungen, seinen schmutzigen Gefängnisgeschichten, seinen Spekulationskulissen. Statt dessen wurden die Delegierten durch Museen, zu musterhaften Kindergärten geführt, machten die Vertreter des Weltkommunismus häufig den Eindruck, als fühlten sie sich im Urlaub oder als reisten sie als Touristen in das Land der Weltrevolution.« Victor Serge sprach auch mit Paul Levi darüber. Dieser antwortete ihm schlicht: »Für einen Marxisten haben die inneren Widersprüche der Russischen Revolution nichts Überraschendes.« Natürlich gab es unterschiedliche Auffassungen bei den Delegierten. Für die völlig linientreuen Kommunisten erklärte der Begriff »Diktatur des Proletariats« auf magische Weise alles, ohne daß ihnen der Gedanke kam, wo das Proletariat sei, was es denke, fühle und tue. Die auf dem Kongreß anwesenden linken Sozialdemokraten waren zwar kritischer, brachten aber auch kein Verständnis für die realen Schwierigkeiten und deren Gründe auf. Und die besten von ihnen, die Unabhängigen Sozialdemokraten Deutschlands, litten mit dem von ihnen vertretenen sozialistischen Humanismus unter dem rauhen Klima der Revolution und ihren Folgen. Die anarchistischen Delegierten wiederum hatten einen gesunden Abscheu vor den »offiziellen Wahrheiten«, vor dem Gepränge der Macht und ein leidenschaftliches Interesse für das wirkliche Leben. Aber ihre Kenntnisse von der Volkswirtschaft waren mangelhaft, und sie hatten sich niemals dem Problem der Macht gestellt.

Die Komintern-Führung tat alles, um ihre Gastfreundschaft zu demonstrieren. Für die Delegierten organisierte man Ausflüge, sie erhielten die Möglichkeit, an den Abenden Oper, Ballett und Theaterstücke zu besuchen, wo die besten Plätze für sie reserviert waren. Besonders bekannte Delegierte wurden zu Besuchen in die Moskauer Einheiten der Roten Armee gesandt und dort feierlich zu Ehrenoffizieren ernannt. Sie erhielten auch die damals noch sehr einfachen Uniformen der Roten Armee. Einigen Delegierten wurde die Ehrenmitgliedschaft des Moskauer Sowjet verliehen. Sie bekamen Ehrenkarten ausgestellt, mit denen sie in der Straßenbahn auf der vorderen Plattform einsteigen durften.

Ein bereits historisch gewordenes Ereignis am Rande des Zweiten Weltkongresses war das Fußballspiel der britischen Delegierten mit Moskauer Jugendlichen. Drei britische Delegierte berichteten später davon in ihren Memoiren. Die Moskauer Jugend hatte offenbar die Vorstellung, daß jeder Engländer von Geburt an die Befähigung zu einem großartigen Fußballspieler habe. Vergeblich hatten die britischen Delegierten versucht, auf Kricket auszuweichen. Die Moskauer Clubs stellten eine Mannschaft kräftiger Jugendlicher in bester Form auf. Die britischen Delegierten jedoch, so schrieb John Murphy, »waren in schlechter Form, da wir ein völlig unregelmäßiges Leben führten, in verrauchten Konferenzzimmern, mit wenig Schlaf. Auch waren wir seit unseren Schultagen mit keinem Fußball mehr in Berührung gekommen.« Aber alle Erklärungen halfen nichts. In geliehenen kurzen Hosen, Hemden und Schuhen zogen die britischen Delegierten, darunter die späteren KP-Führer Jack Tanner, William Gallacher, Ramsey und Murphy brav auf den Fußballplatz. Zwar bewährte sich Gallacher als Torwart, aber trotzdem mußten die Briten das Spiel um die Hälfte verkürzen, weil ihnen die Luft ausging. Mit welchem Resultat dieses Fußball-Match endete, hat übrigens keiner der Memoirenschreiber erwähnt.

Der Kampf um die »21 Bedingungen« zur Aufnahme in die Komintern

Neben der Auseinandersetzung mit den »Ultralinken« in der kommunistischen Bewegung stand im Zentrum des Kongresses die Diskussion über die »21 Bedingungen«, also jene Punkte, die die Komintern-Führung als Vorbedingung für die Aufnahme linkssozialistischer Parteien in die Dritte Internationale formuliert hatte.

Es handelt sich um ein recht ausführliches Dokument. Die wichtigsten Punkte lassen sich so zusammenfassen:

Alle Parteien müssen, wenn sie sich der Komintern anschließen wollen, den Namen führen: »Kommunistische Partei (Sektion der Kommunistischen Internationale)«.

Alle Parteien müssen ihre Programme revidieren und ein neues kommunistisches Programm im Geist der Beschlüsse der Komintern ausarbeiten. Alle Beschlüsse der Komintern-Kongresse und ihres Exekutivkomitees sind für alle Parteien bindend.

Alle der Komintern sich anschließenden Parteien müssen zentralistisch organisiert sein und sich durch eiserne Disziplin auszeichnen. Sie müssen periodisch Aussiebungen des Mitgliederbestandes vornehmen, um die Partei systematisch von kleinbürgerlichen Elementen zu säubern; sie sind verpflichtet, jede Sowjetrepublik in ihrem Kampf rückhaltlos zu unterstützen, und sie müssen verhindern, daß Kriegsmaterial befördert wird, das für Feinde der Sowjetrepublik bestimmt ist.

Aus den Parlamentsfraktionen sind alle unzuverlässigen Elemente zu entfernen, und die Fraktionen sind dem Zentralkomitee der Partei unterzuordnen.

Alle Parteien müssen Befreiungsbewegungen in den Kolonien tatkräftig unterstützen und sind verpflichtet, in Gewerkschaften, Genossenschaften und anderen Massenorganisationen kommunistische Zellen zu bilden; sie müssen einen hartnäckigen Kampf gegen die »gelben« Gewerkschaften führen (worunter die unter sozialdemokratischer Leitung stehenden Gewerkschaften Europas gemeint waren).

Alle Parteien sollen eine systematische Agitation auf dem Lande betreiben mit dem Ziel, einen Teil der Landarbeiter und armen Bauern für sich zu gewinnen. Alle Parteien sind verpflichtet, sowohl den Sozialpatriotismus als auch den »Sozialpazifismus« zu entlarven und zu verdeutlichen, daß ohne revolutionären Sturz des Kapitalismus die Menschheit vor neuen Kriegen nicht zu bewahren ist. Das Gerede von »Einschränkung der Kriegsrüstungen« ist ebenfalls zu entlarven.

Alle Presseorgane einer Partei, die sich der Komintern anschließen will, müssen von zuverlässigen Kommunisten redigiert werden, Propaganda und Organisation müssen kommunistischen Charakter tragen, eine Diktatur des Proletariats propagieren und die Reformisten aller Schattierungen schonungslos anprangern. Sowohl Revisionisten als auch »Zentristen« sind aus allen Funktionen systematisch zu entfernen und durch bewährte Kommunisten zu ersetzen. Neben der legalen Tätigkeit müssen alle Parteien über einen parallel arbeitenden illegalen Apparat verfügen; sie müssen in den Armeen ihrer Länder systematisch illegal Propaganda betreiben und in den Truppenteilen kommunistische Zellen bilden.

Die Kritik konzentrierte sich vor allem auf die Punkte der »21 Bedingungen«, in denen der kategorische Ausschluß aller Reformisten und sogar Zentristen verlangt wurde, außerdem noch auf die Punkte, die die Errichtung von kommunistischen Zellen in den Gewerkschaften und die Verwandlung der Gewerkschaften in kommunistisch-revolutionäre Bewegungen forderten.

Selbst Delegierte des kommunistischen Flügels der Sozialistischen Partei Italiens wie Nicola Bombacci warnten vor der Annahme, daß im Westen Gewerkschaften revolutionäre Funktionen haben könnten, und erklärten, sie seien diesen Aufgaben nicht gewachsen. Auch William Gallacher, der sonst in allem mit Lenin einverstanden war, sagte:

»Die Gewerkschaftsbewegung in England kann niemals für den Kommunismus gewonnen werden.« Andere westeuropäische Linkssozialisten wandten sich dagegen, verdiente ehrliche Revolutionäre auszuschließen, weil sie als Zentristen galten. Man könne doch nicht, meinte z. B. Serrati, einen Mann wie Filippo Turati in die Wüste schikken, der »im Laufe von 30 Jahren die jungen Sozialisten im marxistischen Sozialismus unterrichtet« habe.

Aber Sinowjew ließ sich auf keinen Kompromiß ein: »Wie es dem Kamel nicht leicht ist, durch das Nadelöhr zu gehen, so wird es auch den Anhängern des Zentrums nicht leicht sein, durch diese ›21 Bedingungen‹ durchzuschlüpfen.«

Mit Tricks und durchsichtigen Manövern versuchten die Bolschewiki, die Delegierten der großen sozialistischen Parteien Westeuropas zur Annahme der »21 Bedingungen« zu bewegen. Angelica Balabanoff berichtete später von folgendem Vorfall: Bereits wenige Tage nach dem Eintreffen der Italiener in Moskau hatte Serrati sie gebeten, alles zu vermeiden, was unter den Mitgliedern seiner Delegation Mißtrauen erwecken könnte; einzelne Mitglieder sollten nicht durch ungleiche Behandlung oder Separatverhandlungen irritiert werden. Angelica Balabanoff sicherte Serrati dieses zu, mußte aber dann erfahren, daß Sinowjew die Absicht hatte, die italienische Delegation zu spalten und beide Gruppen gegeneinander auszuspielen. Ein russischer Student, der sich nie an der italienischen Bewegung beteiligt hatte, kontrollierte zu diesem Zweck als »Vertrauensmann« des ZK der Kommunistischen Partei Rußlands die Berichte der Mitglieder der italienischen Delegation.

Angelica Balabanoff berichtete auch darüber, daß die Delegation der italienischen Sozialisten zu einer Agitationsreise mit einem Schiff auf der Wolga eingeladen wurde, aber ohne Nicola Bombacci und einen anderen Delegierten, Antonio Graziadei. Sie hatte man in Moskau behalten, um sie dort zu bearbeiten, damit sie gegen Serrati auftreten sollten.

Die nationale und koloniale Frage: »Proletarier aller Länder und unterdrückte Völker, vereinigt euch!«

Es wäre jedoch unrichtig, aus den Debatten über die »21 Bedingungen« den Schluß zu ziehen, daß die sowjetischen Führer die ausländischen Genossen bereits während des Zweiten Weltkongresses im Sommer 1920 nur für ihre eigenen Zwecke einspannen wollten. Davon kann zu diesem Zeitpunkt noch nicht die Rede sein. Es war gerade Lenin, der immer wieder, besonders bei der nationalen und kolonialen Frage, den Rat der ausländischen Genossen hören wollte. Dafür ist M. N. Roy ein wichtiger Zeuge. Er hatte bereits vor dem Kongreß mit Lenin ein Gespräch zu diesem Problem. Vermittler des Gesprächs war Angelica Balabanoff. Roy saß bei ihr in ihrem Büro in der Zentrale der Komintern, als sie in seiner Gegenwart ein längeres Telefongespräch auf russisch führte. Gegen Ende des Telefonats fiel auch sein Name. Angelica Balabanoff machte sich eine kurze Notiz, legte den Telefonhörer zurück, entschuldigte sich und meinte, sie habe gerade mit Lenin über den bevorstehenden Zweiten Weltkongreß gesprochen. Dann sagte sie unvermittelt: »Lenin erwartet Sie, den indischen Gast, übrigens in einer Stunde, also um 12.30 Uhr.« Zur Vorbereitung gab sie ihm die englische Übersetzung von Lenins Entwurf der Thesen über die nationale und koloniale Frage zu lesen. Sie sagte zu Roy: »Junger Mann, Sie haben Grund, stolz zu sein, aber verlieren Sie nicht Ihren Kopf. Ich wünsche Ihnen viel Glück . . . Jetzt müssen Sie sich in eine Ecke setzen und dieses Dokument lesen, bevor Sie zu Lenin gehen.« Roy erinnerte sich später, daß er ihr wie ein Schuljunge gehorcht habe. Auf der ersten Seite des Manuskriptes, an der linken oberen Ecke, war die Notiz lesbar: »Für Genosse Roy, für Kritik und Vorschläge – Lenin.«

M. N. Roy versuchte, sich mit dem Dokument zu befassen, aber er war wegen des bevorstehenden Gesprächs mit Lenin zu aufgeregt, um sich konzentrieren zu können. Dann brachte ihn eine Sekretärin Angelica Balabanoffs vom Komintern-Hauptquartier zum Kreml, der damals für Besucher geschlossen war. Beim Eingang mußte ein besonderes Dokument vorgezeigt werden. Ein Offizier sah eine Namensliste durch, fand den Namen M. N. Roy und gab die Durchfahrt frei. Nach zwei weiteren Sperren landete Roy im Vorzimmer Lenins. Es war leer. Lenin ließ niemals jemanden warten und war stets pünktlich – im Unterschied zu anderen Sowjetführern. Eine Begegnung mit Lenin war stets kurz und zeitlich genau bemessen, sie dauerte meist zwischen neun und siebzehn Minuten. Diese Zeitspanne wurde streng eingehalten. Vor dem Ende eines Interviews wurde stets von der Genossin Maria, die das Sekretariat leitete, ein Signal gegeben: eine kleine elektrische Birne leuchtete dann auf dem Schreibtisch von Lenin auf. Lenins Begeisterung für die Elektrifizierung ist bekannt. Unmittelbar darauf wurde der nächste Besucher zu Lenin hereingeführt.

Als Roy aus dem Vorzimmer zu Lenin geleitet wurde, bemerkte dieser erstaunt: »Sie sind ja noch so jung! Ich habe einen alten weisen Mann des Ostens mit einem grauen Bart erwartet.« Als Roy sagte, er sei 27 Jahre alt, lachte Lenin. Er bat Roy, auf einem Stuhl gegenüber dem Schreibtisch Platz zu nehmen und begann: »Borodin hat mir über Ihre Aktivitäten in Mexiko berichtet. Sie müssen mir dazu noch einen ausführlichen Bericht machen. Es handelt sich schließlich um ein hochinteressantes Experiment in revolutionärer Strategie.« Er verstehe, fügte er hinzu, daß man nicht gern eine Arbeit liegen läßt. Aber gegenwärtig gäbe es noch wichtigere Aufgaben, die Priorität hätten. Es werde noch lange dauern, bis eine Revolution in der westlichen Hemisphäre siegen könne. Selbst wenn es in Mexiko oder anderen lateinamerikanischen Staaten zu revolutionären Entwicklungen käme, würde, so meinte er, der amerikanische Imperialismus intervenieren. Es komme daher gegenwärtig vor allem darauf an, sich erst einmal auf die Alte Welt, auf Europa, zu konzentrieren, aber auch vor allem auf die Mobilisierung der unterdrückten und ausgebeuteten Massen Asiens, die zu einer gigantischen revolutionären Bewegung antreten müßten. Roys Erfahrungen in Mexiko, meinte Lenin, seien ihm außerordentlich wertvoll, denn er hätte dort faktisch die Theorie der revolutionären Strategie in den kolonialen und halbkolonialen Ländern vorweggenommen, die auf dem Programm des Zweiten Weltkongresses stünden. Lenin fragte Roy direkt: »Haben Sie meine Thesen gelesen?« Roy entschuldigte sich, daß ihm das Dokument erst kurz vor diesem Besuch gegeben worden sei, er würde es aber so schnell wie möglich studieren. »Dann müssen wir uns wiedersehen, um es zu diskutieren«, meinte Lenin und fügte fast etwas schüchtern hinzu, daß er die Bedingungen in den kolonialen Ländern nur wenig kenne. Er brauche diese Zusammenarbeit mit ihm, um das Dokument über die nationale und koloniale Frage für den Zweiten Weltkongreß endgültig auszuarbeiten.

In diesem Moment leuchtete die Glühbirne auf. Lenin setzte sich zurück und erklärte, daß er, auf Anweisung von Maria, das Interview leider beenden müsse. Beim Hinausgehen machte Lenin Roy mit dem nächsten Besucher bekannt. Es war Sinowjew. Dieser schüttelte Roy die Hand. Roy erinnert sich: »Sie war klein, schlaff und weich wie die Hand einer Frau.« Sinowjew sagte zu Roy, daß er ihn bald sehen möchte.

Nach dieser Begegnung mit Lenin studierte Roy den Entwurf Lenins und brachte eine ganze Reihe von eigenen Gedanken dazu ein, die praktisch eine Art Gegenentwurf darstellten. Die Unterschiede zwischen beiden waren vor allem: Lenin befürwortete in seinen Thesen eine möglichst breite Form der nationalen Befreiungsbewegung, unter Einschluß von Teilen auch der nationalen Bourgeoisie, worunter im kommunistischen Sprachgebrauch auch nichtsozialistische nationale Kräfte zu verstehen sind, wie etwa Gandhi in Indien, Sun Yat-sen in China oder Kemal Pascha in der Türkei. Roy dagegen warnte davor und unterstrich die tiefen sozialen Gegensätze in den kolonialen und abhängigen Ländern. Damit sollte er später recht behalten. So kam es, daß beim Kongreß dann zwei Thesen zur nationalen und kolonialen Frage vorlagen – die eine von Lenin, die andere von M. N. Roy.

Nicht nur Roy, sondern auch der italienische Sozialist Serrati und der persische Delegierte Sultan-Sade, warnte davor, daß eine zu weitgehende Zusammenarbeit mit der nationalen Bourgeoisie zu einer Abschwächung des Klassenbewußtseins der Arbeiter und zu einer Schwächung des nationalen Befreiungskampfes führen könnte. Die Interessen der nationalen Bourgeoisie für die Unabhängigkeit und die Bewegung der Arbeiter und Bauern stünden, so meinten diese Delegierten, in einem starken Gegensatz zueinander, der nicht zu unterschätzen sei.

Nach längeren Debatten wurde dann auf dem Zweiten Weltkongreß eine Kompromißformel gefunden. Die kommunistischen Parteien sollten die nationalen Bewegungen unterstützen und ein zeitweiliges Bündnis mit bürgerlichen nationalen Kräften eingehen, jedoch nicht mit diesen Bewegungen verschmelzen, sondern unbedingt die Selbständigkeit der proletarischen Parteien bewahren. Die Unterstützung der nationalen Befreiungsbewegung in kolonialen und abhängigen Ländern wurde allen kommunistischen Parteien zur Pflicht gemacht.

Dabei sollten die Kommunisten erstens die Geistlichkeit und reaktionäre Elemente (darunter übrigens auch den Pan-Islamismus) bekämpfen, zweitens die Bauernbewegung gegen die Großgrundbesitzer besonders unterstützen und schließlich drittens einen entschiedenen Kampf gegen alle Versuche führen, diesen Befreiungsbewegungen »in den zurückgebliebenen Ländern einen kommunistischen Anstrich zu geben«. Darüber hinaus wurde betont, daß sich die Kommunisten behutsam und aufmerksam gegenüber nationalen Gefühlen in den am längsten unterdrückten Ländern und Völkern verhalten sollten.

Da es unmöglich schien, nach einer siegreichen Revolution in den kolonialen und abhängigen Ländern sofort zu einer sozialistischen Gesellschaft überzugehen, schlug Lenin vor, dies durch eine Reihe von Zwischenstufen zu erreichen. Das Ziel des Kampfes in diesen Ländern müsse aber schließlich sein, mit Unterstützung des Proletariats über bestimmte Entwicklungsstufen zum Kommunismus zu gelangen, ohne das kapitalistische Übergangsstadium durchmachen zu müssen.

Später wurden diese Thesen als die Theorie der nichtkapitalistischen Entwicklung in den Ländern der Dritten Welt bekannt, und so steht sie auch heute noch in allen ideologischen Lehrbüchern des Ostblocks. Die Hoffnungen, die Lenin damit verband, waren so groß, daß er wenige Monate später, im Dezember 1920 sogar vorschlug, die Losung »Proletarier aller Länder, vereinigt euch!« in »Proletarier aller Länder und unterdrückte Völker, vereinigt euch!« abzuwandeln.

Der britische Delegierte John Murphy, der während des Zweiten Kongresses an den Sitzungen der kolonialen Kommission teilnahm – die übrigens unter der Leitung Lenins standen –, war von dieser neuen Formel besonders beeindruckt. Murphy schrieb später: »Er betonte auch die Möglichkeit, daß die kolonialen und halbkolonialen Länder von ihrer Feudalwirtschaft zum Sozialismus übergehen könnten, ohne erst eine Periode industrieller Sklaverei unter dem Kapitalismus durchzumachen. Für mich war das eine erstaunliche Analyse.«

Leider, so vermerkte M. N. Roy kritisch, waren bei den Sitzungen die meisten Europäer zu sehr mit ihren eigenen Problemen beschäftigt, um Lenins große Vision, die neue Internationale solle sich mit den Problemen der gesamten Welt beschäftigen, im vollen Ausmaß zu erkennen. Wirkliches Interesse für Lenins Vision zeigten nur die britischen Delegierten. Sie wußten um ihre Verantwortung und versuchten, sich mit den Delegierten der kolonialen und halbkolonialen Länder anzufreunden. Aber die Delegierten aus den unterentwickelten Ländern waren unsicher und litten an Minderwertigkeitskomplexen. Sie mißverstanden die demonstrative Freundlichkeit einiger englischer Delegierter als allzu gönnerhafte Behandlung.

Die Agrarfrage: Lenin und der Milchpreis

Die Agrarkommission hielt ihre Sitzungen in einem der vielen Prunk-zimmer des Kreml ab; die kostbaren alten Möbel waren mit Schutzbe-zügen abgedeckt. Lenin, so erinnerte sich später der Schweizer Walter Bringolf, leitete diese Kommission sachlich, entschieden und großzü-gig. Es ging ihm um das Bündnis der Arbeiter und Bauern und um die These, daß eine revolutionäre Entwicklung nur möglich sei, wenn der Klassenkampf ins Dorf getragen und zumindest Teile der Bauernschaft an der Entwicklung teilnehmen würden. Wiederholt wies Lenin darauf hin, daß die Landarbeiter und die kleinen Bauern die Bundesgenossen der Arbeiter seien. Kritik daran kam in einigen Fällen von westeuro-päischen Delegierten. Sie betonten mehrfach und sicher mit Recht, daß die Bauern in Westeuropa weniger revolutionär seien als die Bauern Rußlands und Osteuropas.

Lenin war außerdem dafür, daß die revolutionäre Arbeiterklasse nach einer Machtübernahme unverzüglich die Ländereien der Groß-grundbesitzer konfiszieren und an die kleinen Bauern aufteilen sollte. Einige westeuropäische Delegierte wandten sich gegen diese Auftei-lung des Bodens der Gutsbesitzer. So wurde in den abschließenden Thesen darauf hingewiesen, daß manche der ehemaligen Gutsbesit-zerwirtschaften unter neuer Regie beibehalten werden könnten, wobei jedoch davor gewarnt wurde, »diese Regel zu übertreiben oder zur Schablone zu erheben«.

Der Schweizer Delegierte Walter Bringolf benutzte die Gelegenheit, um Lenin über seine Einstellung zum Milchpreis zu befragen, eine Frage, die damals in der Schweiz zur Diskussion stand. Die schweize-rischen Bauern verlangten einen höheren Preis, die Konsumentenver-treter waren dagegen. Auch die Schweizer Sozialdemokraten wollten den höheren Milchpreis im Hinblick auf die Teuerung und wegen der Proteste aus den Verbraucherkreisen nicht unterstützen. »Sie waren doch in der Schweiz und kennen unsere Verhältnisse etwas«, fragte Walter Bringolf. »Was sagen Sie zur Haltung der Schweizer Sozialde-mokratie in der Milchpreisfrage?«

Lenin antwortete: »Man muß den Bauern einen anständigen und ge-rechten Preis gönnen, und das muß man überall, also auch in der Schweiz, von Fall zu Fall entsprechend der tatsächlichen Lage ent-scheiden.«

Der Abschluß des Kongresses
Szenen voll unglaublichen Enthusiasmus

Der zweite Weltkongreß der Komintern dauerte drei Wochen. Er wurde am 7. August 1920 beendet. Der einheitliche Charakter der neuen Internationale wurde in einem vom Kongreß angenommenen Status genau festgelegt: »Die Kommunistische Internationale muß wirklich und in der Tat eine einheitliche kommunistische Partei der ganzen Welt darstellen. Die Parteien, die in jedem Land arbeiten, erscheinen nur als ihre einzelnen Sektionen.«

Zur höchsten Instanz wurde der Weltkongreß erklärt, der in der Regel jährlich stattfinden sollte. Nur Weltkongresse könnten, so das Statut, das Programm der Komintern ändern und über wichtige politisch-strategische und auch taktische Fragen entscheiden.

Das leitende Organ der Komintern, das Exekutivkomitee (EKKI), wurde gegenüber dem Gründungskongreß reorganisiert. Der kommunistischen Partei des Landes, in dem das EKKI arbeitete (also die Kommunistische Partei der Sowjetunion), wurden fünf Vertreter mit beschließender Stimme zugesprochen, die zehn bis dreizehn größten kommunistischen Parteien sollten je einen Vertreter mit beschließender Stimme entsenden. Alle übrigen kommunistischen Parteien sollten durch einen Vertreter mit beratender Stimme vertreten sein. Dem EKKI wurde außerdem aufgetragen, die Arbeit der Komintern zwischen den Kongressen zu leiten, die Monatszeitschrift *Kommunistische Internationale* in verschiedenen Sprachen herauszugeben und die erforderlichen Aufrufe und Direktiven zu erlassen.

Die, wie mir scheint, plastischste Zusammenfassung des Kongresses gab der britische Delegierte John Murphy: »So ging der Kampf weiter. Drei Wochen, Tag und Nacht. Die Russen schienen unerschöpflich diskutieren zu können. Sie diskutierten geduldig, besprachen dasselbe ein zweites, ein drittes, wenn nötig ein viertes Mal, bis aus der Nacht Tag wurde und aus dem Tag wieder Nacht. Wir *mußten* lernen, daß die Kommunistische Partei der Generalstab einer Klasse war, die auf den Bürgerkrieg zuging; die Partei mußte diszipliniert sein, militärisch ausgerichtet, auf jeden Notfall vorbereitet, auf Wahlen, Streik und Aufstand. Wir *mußten* lernen, daß wir eine Mehrheit der Arbeiterklasse gewinnen mußten und Führer aller Arbeiterorganisationen, Genossenschaften, Gewerkschaften und Fabrikkomitees werden mußten, um sie auf dem Weg zur Revolution zu leiten. Wir *mußten* lernen, daß die Arbeiterklasse und die Kolonialvölker natürliche Verbündete waren im Kampf gegen den Kapitalismus und Imperialismus. All das mußten wir lernen, schnell lernen, und die russischen Führer waren unermüdlich in ihren Bemühungen, unser Verständnis zu erwecken.« Der Kongreß wurde am 7. August 1920 inmitten von Szenen eines unglaublichen Enthusiasmus beendet. Das Statut der Kommunistischen Internationale wurde angenommen, die »21 Bedingungen« für die Mitgliedschaft waren unverändert geblieben. Ein weiterer Weltkongreß, so meinte John Murphy, würde in einem Jahr abgehalten werden: »Aber wer wußte, wie weit die Revolution bis dahin über die Welt gefegt wäre?«

V.

»Bei Leuna sind viele gefallen, bei Leuna floß Arbeiterblut . . .«

Die Spaltung der USPD 1920
und das Scheitern der »März-Aktion«
der deutschen Kommunisten 1921

Der Zweite Weltkongreß hatte gemäß den verabschiedeten »21 Bedingungen« die eindeutige Direktive ausgegeben: Die sozialistischen Parteien Europas sind zu spalten, die Reformisten auszuschließen, die prokommunistischen Kräfte zu eigenen Parteien zusammenzuschließen oder bereits bestehenden kommunistischen Parteien anzugliedern. Und so geschah es. In Frankreich wurden auf dem Kongreß in Tours im Dezember 1920 die Sozialisten gespalten und die Kommunistische Partei Frankreichs gegründet. In Italien entstand im Januar 1921 auf dem Kongreß in Livorno durch Spaltung der italienischen Sozialisten die Kommunistische Partei Italiens. Ähnliche Spaltungen und Gründungen kommunistischer Parteien erfolgte in diesem für die Komintern so entscheidenden Jahr 1921 in fast allen Ländern Europas.

Die erste Spaltung nach dem Zweiten Weltkongreß aber traf die Unabhängige Sozialdemokratische Partei Deutschlands im Oktober 1920 in Halle an der Saale. Es ist die einzige Spaltung, über die uns ausführliche Augenzeugenberichte vorliegen. Der Verlauf der Spaltung in Halle läßt auch erkennen, wie solche Aktionen mit gleicher Zielsetzung, wenn auch mit besonderen nationalen Aspekten, in anderen Ländern vor sich gegangen sind.

Das Dilemma der USPD

Von allen sozialistischen Parteien, die mit Delegierten am Zweiten Weltkongreß teilgenommen hatten, war die Unabhängige Sozialdemokratische Partei Deutschlands (USPD) die weitaus stärkste Partei. Bei den Reichstagswahlen im Juni 1920, kurz vor dem Zweiten Weltkongreß, hatte die USPD fast 4,9 Millionen Stimmen erhalten, mehr als doppelt soviele wie im Januar 1919. So stellte dann die USPD mit 81 Abgeordneten damals die zweitstärkste Fraktion im deutschen Reichstag; die USPD war die stärkste politische Partei in den Landtagen von Sachsen, Thüringen und Braunschweig.

1920 hatte die USPD 800 000 Mitglieder und publizierte 55 Tageszeitungen. Gegenüber der USPD wirkte die im Dezember 1918 gegründete KPD als relativ einflußlose Gruppierung. Sie hatte bei den Wahlen nur 441 000 Stimmen erhalten und war im Reichstag nur mit zwei Abgeordneten (Paul Levi und Clara Zetkin) vertreten. Selbst in der damaligen revolutionären Hochburg Berlin hatte die USPD 456 000 Stimmen erhalten, während für die KPD nur 14 000 Stimmen ausgezählt worden waren.

Die Unabhängigen Sozialdemokraten hatten sich bereits auf ihrem Berliner Parteitag im März 1919 für das Rätesystem und die Diktatur des Proletariats erklärt, ein Bekenntnis, das sie auf ihrem Leipziger Parteitag im Dezember 1919 feierlich bekräftigten. Sie standen auf dem Boden des »kompromißlosen Klassenkampfes« und hatten auf ihrem Leipziger Parteitag die Verbindung mit der Zweiten (sozialdemokratischen) Internationale gelöst. Der revolutionäre Charakter der USPD war unbestritten. Den Wunsch zum Anschluß an die Kommunistische Internationale wurde von einer deutlichen Mehrheit getragen, obwohl dieser bevorstehende Anschluß für viele Unabhängige Sozialdemokraten wegen der »21 Bedingungen« problematisch war. Über einen Anschluß sollte auf dem außerordentlichen Parteitag der USPD in Halle am 12. Oktober 1920 entschieden werden. Schon bei der Wahl der Delegierten zum Parteitag stand die Frage des Anschlusses an die Kommunistische Internationale im Vordergrund der Überlegungen. 144 000 Stimmen waren für den Anschluß, 91 000 dagegen – allerdings bei einer Wahlbeteiligung von weniger als einem Drittel der Parteimitglieder.

Der USPD-Parteitag in Halle wurde natürlich vor allem in Moskau mit großer Spannung erwartet. Wie wichtig man dort diesen Parteitag nahm, beweist die Tatsache, daß die Kommunistische Internationale ihren Präsidenten Grigor Sinowjew persönlich nach Halle entsandte. Unmittelbar nach seiner Rückkehr ließ dieser dann unter dem Titel *Zwölf Tage in Deutschland* seinen Bericht über die Reise nach Deutschland veröffentlichen.

Ein zweiter wichtiger Augenzeugenbericht aus Halle stammt von Curt Geyer, einem jener Führer in der USPD, die für die Vereinigung mit den Kommunisten waren. Der 1891 in Leipzig geborene Geyer wuchs in einer sozialdemokratischen Familie auf. Sein Vater, der Zigarrenmacher Friedrich Geyer, war einer der führenden sächsischen Sozialdemokraten. Sein Sohn hatte unter großen Schwierigkeiten an der Leipziger Universität Geschichte studiert, war 1914 in die Redaktion der sozialdemokratischen *Leipziger Volkszeitung* eingetreten, wurde dann ab 1915 Redakteur der sozialdemokratischen Zeitung *Fränkischer Volksfreund* in Würzburg und trat mit den Kriegsgegnern in der SPD im April 1917 zur USPD über, was ihn den Arbeitsplatz in der sozialdemokratischen Presse kostete. Auch an der Novemberrevolution von 1918 hatte Geyer aktiven Anteil. Er war einer der Führer des Leipziger Arbeiter- und Soldatenrats bei den Kongressen der Arbeiter- und Soldatenräte in Dresden sowie bei dem Rätekongreß in Berlin. Im Vorstand der USPD wurde er zum führenden Sprecher der revolutionären Rätebewegung. Curt Geyer notierte nach der Wahl der Delegierten der USPD für den Hallenser Parteitag: »Etwa eine Woche vor dem Parteitag wußten wir, daß wir in Halle über eine klare Mehrheit der Parteidelegierten verfügen würden.«

Sinowjews Reise nach Deutschland

»Ich mache mich schnell fertig und reise um ein Uhr in der Nacht vom 8. auf den 9. Oktober nach Reval«, schrieb Sinowjew in seinem Reisebericht. »In Reval halte ich mich nur wenige Stunden auf. Ich besteige das estnische Schiff ›Vasa‹, ein kleines Passagier- und Frachtschiff. Es nimmt gewöhnlich nur 25 bis 30 Passagiere. Diesmal muß es aber mindestens 75 Personen aufnehmen.« Die Mehrzahl der Passagiere waren, nach Sinowjew, Spione und Geheimagenten, die seine Reise nach Deutschland verfolgen wollten. Diese »dunklen Ehrenmänner« hätten sich seinetwegen auf das Schiff gestürzt »wie die Fliege auf ein Stück Zucker«. Auf dem Schiff konnte man, laut Sinowjew, nirgends sein Gesicht zeigen, ohne von diesen Herrschaften umringt zu sein. Agenten jeden Ranges und jeder Art waren vertreten: Modedamen, englische Snobs, Herren als »Arbeiter« verkleidet. Unter diesem »Geleitschutz« kam Sinowjew nach zweieinhalb Tagen Fahrt in Stettin an.

Sinowjew schilderte in seinem Reisebericht, er sei in Stettin von deutschen Genossen begrüßt worden, darunter auch von dem Genossen Curt Geyer, einem »der hervorragendsten Arbeiter vom linken Flügel der unabhängigen Partei«. Sinowjew fragte, nach seiner eigenen

Schilderung, Curt Geyer: »Wer hat die Mehrheit auf dem Parteitag, wir oder sie, die Linke oder die Rechte?« Geyer antwortete: »Die Mehrheit ist unser, und unsere Fraktion steht fest wie ein Felsen.« Diese Nachricht versetzte Sinowjew, wie er schrieb, »in die freudigste Stimmung«. Mehr berichtete Sinowjew über die Ankunft in Stettin nicht – wohl aber Curt Geyer.

Er schilderte später, wie er Sinowjew bei der Landung am Kai in Stettin erwartete, und wie er ihn sofort zum Bahnhof bringen und mit ihm nach Berlin fahren wollte. Aber in Stettin fand Curt Geyer noch einen anderen »Abholer« Sinowjews vor: Felix Wolf, alias Nikolai Rackow, der ehemalige Sekretär von Ernst Reuter in Moskau (s. Kapitel II). Von Felix Wolf erfuhr Curt Geyer, Sinowjew wolle über Mittag in Stettin bleiben. Im besten Hotel war ein kleiner Speisesaal für ein Empfangsessen gemietet worden. Zu diesem Empfang hatte man einige kommunistische Funktionäre geladen sowie zwei Vertreter von Stettiner Bankhäusern, bei denen die Sowjetregierung Konten unterhielt.

Für Curt Geyer war es seine erste Begegnung mit Sinowjew, der für ihn »ein großer Name, einer der großen Führer der siegreichen russischen Revolution war, begabt mit dem ganzen Prestige, das die russische Revolution und die Sowjetregierung bei der gesamten deutschen Arbeiterschaft besaßen«. Um so enttäuschender war sein erster Eindruck von Sinowjew: »Er berührte mich fremdartig. Er war sehr korpulent, mit dichtem tiefschwarzem, gelocktem Haar um ein bleiches, aber fettes Gesicht, bei dessen Anblick man ohne weiteres annahm – wie ich später lernte, mit Recht –, daß er ein Freund guten Essens und Lebens war.«

Auf dem Weg vom Schiff zum Hotel unterhielt sich Sinowjew sehr lebhaft mit Curt Geyer. Er sprach ein nicht ganz akzentfreies, aber flüssiges Deutsch mit einer hohen, etwas femininen Stimme und einer unglaublichen Sprechgeschwindigkeit, die weder Punkt noch Komma zu kennen schien. Das Empfangsessen in dem Stettiner Hotel war angesichts der herrschenden Lebensmittelknappheit außerordentlich opulent. Von verschiedenen Seiten wurden Tischreden gehalten, aber Curt Geyer beschloß, in diesem Rahmen auf eine Begrüßung im Namen der Führung der linken USPD zu verzichten.

Im Eilzug von Stettin nach Berlin hatten Sinowjew und seine Begleiter ein eigenes Abteil. Geyer saß links von Sinowjew am Fenster, Sinowjew in der Mitte, rechts flankiert von einem bewaffneten sowjetischen Geheimpolizisten. Diese Vorsicht war keineswegs übertrieben angesichts der Mordanschläge, die in Deutschland damals auf die Führer der Linken erfolgt waren. Während der Fahrt informierte Geyer den Komintern-Präsidenten, daß die Linken zwar über eine Mehrheit im USPD-Parteitag verfügten, aber diese Mehrheit geringer war, als man ursprünglich gehofft hatte. Viele USPD-Leute, berichtete Geyer, hatten ernste Bedenken gegen die »21 Bedingungen«. Aber Sinowjew schob den Einwand beiseite, er werde solche Bedenken mit einer Rede auf dem Parteitag in Halle vollkommen ausräumen.

Bei der Ankunft des Zuges in Berlin war es bereits dunkel. Ein Empfangskomitee der kommunistischen Parteiorganisation Berlins stand zur Begrüßung am Bahnsteig. Nach der Begrüßung stiegen Sinowjew und Geyer in ein Taxi. Als sie gerade die Taxitür schließen wollten, sprang plötzlich auch Hugo Eberlein in das Taxi und setzte sich Sinowjew gegenüber. Curt Geyer saß im Dunkeln. Eberlein hatte Geyer offensichtlich nicht bemerkt, denn er begann sofort auf Sinowjew einzureden: »Genosse Sinowjew, die Genossen der Zentrale haben mich abgeordnet, Sie zu warnen, daß Sie den faulen Köppen von der USPD keinerlei Konzessionen in der Frage der ›21 Bedingungen‹ machen. Sie dürfen uns keineswegs von diesen linken USPD-Führern, von denen die meisten Dummköpfe sind, an die Wand drücken lassen. Nach der Spaltung in Halle müssen alle Abreden so getroffen werden, daß wir die Garantie haben, die Zentrale der verschmolzenen Partei absolut zu beherrschen.«

Jetzt beugte sich Curt Geyer so weit vor, daß ihn Eberlein im Licht erkennen konnte. Zuerst verschlug es ihm die Sprache, dann begann er etwas zu stottern. Sinowjew beschwichtigte schließlich: »Aber Kinder, warum jetzt? In Halle und danach ist genügend Zeit, über alles zu sprechen.«

Im überfüllten D-Zug von Berlin nach Halle kam es zu keinen politischen Gesprächen mehr. In Halle fuhren Geyer und Eberlein mit Sinowjew gemeinsam in dessen Privatquartier, das von der Kommunistischen Partei besorgt worden war. Die Kommunisten übernahmen auch, gemeinsam mit sowjetrussischen Geheimpolizisten, die Bewachung von Sinowjews Quartier. Curt Geyer ging dann zu seinen Freunden von der linken USPD und erzählte ihnen von dem Zwischenfall mit Hugo Eberlein. Walter Stoecker und Ernst Däumig, die beiden prominentesten linken USPD-Führer, sagten überhaupt nichts, sie stützten nur ihre Köpfe in die Hände. Otto Braß, einer der wichtigsten Organisatoren der USPD war entrüstet und meinte, man müßte dieses Komplott so früh wie möglich entlarven. Aber es blieb ihnen keine Zeit mehr, denn eine Stunde nach der Ankunft Sinowjews war bereits ein Zusammentreffen mit ihm in dem Hinterzimmer eines Cafés vereinbart worden. Geyers Erinnerungen nach war es eine »recht merkwürdige Begegnung«. Die USPD-Führer, die Sinowjew noch nicht persönlich kannte, wurden ihm der Reihe nach vorgestellt. Dann dekorierte Sinowjew sie alle mit einer Führernadel der Kommunistischen Partei Rußlands, auf der in goldener Umrahmung Hammer und Sichel auf rot-emailliertem Grund prangten. Die USPD-Führer wollten gleich mit politischen Gesprächen beginnen, aber Sinowjew meinte, dazu sei am nächsten Tag noch Zeit genug.

So wurde diese erste Begegnung ein geselliges Zusammensein, bei dem viel Wodka getrunken wurde, den Sinowjews Begleiter mitgebracht hatten. »Unsere Bauern haben so viele Volkslieder, von denen einige geradezu als revolutionär anzusehen sind«, meinte Sinowjew. »Ich will euch zunächst einige russische Volkslieder vorsingen.« Mit seiner hohen Fistelstimme sang er sehr gut, zunächst *Stenka Rasin* und anschließend noch einige andere Lieder. Dann schlug Sinowjew vor, die USPD-Genossen sollten ihm nun einige deutsche Volkslieder mit revolutionärem Einschlag vorsingen. Die Deutschen sahen sich verlegen an und berieten sich. Deutsche Volkslieder mit revolutionärem Einschlag? Schließlich verfiel man auf den Ausweg, Lieder aus der 48er Revolution vorzusingen. Später hatte man, erinnerte sich Curt Geyer, fast Mühe, Sinowjew zum Aufbruch zu veranlassen.

Um zwei Uhr nachts fand dann doch noch im kleineren Kreis mit den KPD-Vertretern eine kurze vorbereitende Sitzung statt, auf der die Taktik für den am Morgen beginnenden Kongreß festgelegt wurde. Das Ziel proklamierte Sinowjew dabei so: »Während die Gegner des Anschlusses an die Internationale stets die Unabhängigkeit in den Vordergrund stellen und die Autonomie nicht aufgeben wollen, sollten wir, die Linken, die Prinzipien und die politischen Fragen in den Mittelpunkt stellen.«

Sinowjews Besuch in Deutschland ging übrigens in seiner Bedeutung weit über die USPD und KPD hinaus. »Seine Anwesenheit in Deutschland machte ziemlichen Wirbel«, erinnerte sich Rosa Meyer-Leviné. »Jeder wollte den großen Mann hören, und so mancher Dame der Gesellschaft mit ›Beziehung‹ war es nicht zu viel, nach Halle zu reisen, um einen Blick auf ihn zu erhaschen. Berlin schwirrte von Gerüchten und fantastischen Geschichten über seine übernatürlichen Kräfte.«

Der Parteitag in Halle:
»Wir sind auf dem Schlachtfelde«

Am nächsten Morgen, dem 12. Oktober 1920, eine halbe Stunde vor Eröffnung des Parteitages, trafen sich die linken USPD-Führer mit Sinowjew und dem damaligen KPD-Vorsitzenden Paul Levi in einem Raum in halber Höhe über dem Sitzungssaal. Von hier konnte man gut auf den Saal blicken, der schon voll war. Die Anhänger der Vereinigung mit der KPD, sichtbar die Mehrheit, nahm die linke Seite des Saales ein, die Gegner des Zusammenschlusses hatten sich auf der rechten Seite niedergelassen. Die Parteispaltung war damit bereits vorweggenommen, denn zwischen den Stuhlreihen der beiden Richtungen lief in der Mitte ein ziemlich breiter Gang von der Bühne bis zum Hintergrund des Saales.

Als Sinowjew in den Saal kam, traf er Theodor Liebknecht, den Sohn Karl Liebknechts, der ebenfalls die Unabhängigkeit der USPD bewahren wollte. Liebknecht ging auf Sinowjew zu: »Ich freue mich, Sie begrüßen zu können, aber bedaure, daß das unter solchen Verhältnissen geschieht.« Sinowjew brachte es nicht über sich, auf diesen Gruß zu antworten.

Nach Eröffnung des Parteitages sprachen abwechselnd die Anhänger und Gegner des Anschlusses an die Komintern. Rudolf Hilferding, Sinowjews Hauptopponent, aber auch Wilhelm Dittmann, Arthur Crispien, Georg Ledebour und Richard Lipinski verteidigten die Selbständigkeit der USPD. Alle Delegierten dieses Parteitages hatten gebundene Mandate, aber es gab unter ihnen eine schwankende Mitte, also Delegierte, die sich trotz ihres gebundenen Mandats innerlich selbst die Entscheidung vorbehalten hatten. Je nach der Überzeugungskraft der Argumente des jeweiligen Redners rückten dann in der Mitte einige mit ihren Stühlen auf die andere Seite des Ganges, so daß Zacken in seinen sonst geraden Kanten entstanden.

Curt Geyer, der bis dahin als einer der Führer der USPD-Linken und des Anschlusses an die Komintern bekannt war, kamen zu Beginn des Parteitages nach den Gesprächen mit Sinowjew und dem Zwischenfall mit Eberlein im Taxi nun auch Bedenken. Er setzte sich nicht auf seinen Platz in der ersten Reihe der Delegierten der Linken, sondern stellte sich auf der linken Längsseite des Saales, ungefähr in der Mitte, vor ein Fenster und versuchte seine Gedanken zu sammeln. Sein Verhältnis zur Komintern und zu Lenin faßte er für sich selbst in die Formel zusammen: »Bundesgenosse ja, Befehlsempfänger nein!« Curt

Geyer beschloß, auf dem Parteitag nicht zu sprechen, es war – so meinte er in seinen Erinnerungen – eine der großen inneren Krisen seines Lebens. Er war hellwach und hatte dabei ein merkwürdiges Gefühl. Es war ihm, als stünde er neben sich selbst und prüfe gewissermaßen von außerhalb seine Haltung, seine Lage und alles, was um ihn herum vorging – nicht wie einer der Hauptakteure des abrollenden Dramas, sondern wie ein unbeteiligter Beobachter. Er konnte logisch kaum noch dem folgen, was von der Tribüne aus gesagt wurde. Die linken USPD-Führer sahen sich erstaunt nach ihm um. Einer von ihnen, Walter Stoecker, kam zu ihm und fragte, warum er seinen Platz in der vorderen Reihe nicht einnehmen wolle. Nach einigem Zögern ging Geyer doch nach vorn.

Es kam zu unglaublichen Rededuellen. Die Gegner des Anschlusses pochten auf die notwendige Unabhängigkeit und warnten vor einer Spaltung. Die Befürworter – vor allem Sinowjew selbst – unterstrichen, wie vorher besprochen, daß die Weltrevolution eine akute Realität und die Spaltung daher eine geschichtliche Notwendigkeit sei. Sinowjew schrieb später: »Also, wir sind auf dem Schlachtfelde . . . Die Beziehungen zwischen Rechten und Linken haben sich während der dem Parteitag vorausgehenden Diskussionen sehr verschärft, und auf dem Parteitag selbst sehen wir bereits zwei getrennte feindliche Lager.«

Sinowjew sprach in Halle ohne Unterbrechung viereinhalb Stunden. Es war, wie er selbst bemerkte, die längste Rede seines Lebens. Er schrieb dazu: »Den Schwerpunkt meiner Rede legte ich auf den Nachweis, daß die Rechte mit großem Eifer an die proletarische Weltrevolution nicht glaubte und nicht glauben will . . . Unsere Wege scheiden sich nicht darum, weil wir ›21 Bedingungen‹ aufgestellt haben und nicht 18, sondern weil wir Revolutionäre sind und sie Reformisten.«

Sinowjew erklärte in seiner Rede, daß die meisten Länder unmittelbar vor einer Revolution stünden. »Haben Sie nicht gesehen, daß in Italien seit ein paar Wochen der Anfang der Revolution da ist, und zwar der proletarischen Revolution?« Obwohl in Wirklichkeit diese revolutionäre Bewegung längst rückläufig war, erklärte Sinowjew zuversichtlich: »Sie wird siegen, wenn nicht heute, so morgen!« Die Aktion der englischen Arbeiter gegen die Interventionspläne der englischen Regierung im polnisch-russischen Krieg war, so Sinowjew, »eine Umwälzung von historischer Bedeutung« und »der Anfang der proletarischen Revolution«. Sogar Österreich stehe, meinte er, vor einer Revolution: »Nehmen Sie ein Land wie Österreich . . . Da können

Sie morgen erwachen und in den Morgenzeitungen lesen, daß in Österreich die Sowjetregierung gekommen ist.« Der ganze Balkan sei bereits »eine reife Frucht für die proletarische Revolution«. In Deutschland sah Sinowjew die objektiven Bedingungen für eine Revolution gegeben; die deutsche Arbeiterklasse müsse sich nur noch von ihren konterrevolutionären Führern, von den Reformisten innerhalb der Partei, befreien, denn diese sind »ein Strick um den Hals der Arbeiterklasse«.

Für alle diejenigen von der USPD, die ihre Eigenständigkeit behalten wollten, hatte Sinowjew in seinem späteren Bericht nur Verachtung übrig. Er sparte nicht mit beleidigender Polemik. Rudolf Hilferding (1877–1941), der als »Hauptopponent« gegen ihn auftrat, wurde von Sinowjew als »Börsenmakler« bezeichnet. Er erscheine niemals in Massenversammlungen der Arbeiter und trete höchstens auf Versammlungen der Gewerkschaftsbeamten auf. Hilferding sei außerdem ein Skeptiker, der davon überzeugt sei, »daß der Höhepunkt der revolutionären Bewegung schon überschritten ist«. Deshalb wäre Hilferding auch dazu geschaffen, dieses Gemisch von Spießbürgern und Beamten zu führen, weil ihm als Pontifex, Oberpriester und Prophet dieser Fraktion diese Rolle auf den Leib zugeschnitten sei. Wilhelm Dittmann hielt Sinowjew für einen typischen Vertreter einer erzschädlichen konterrevolutionären Kaste der Arbeiteraristokratie. Er sei stolz auf seine guten Manieren, kleide sich wie ein bürgerlicher Parlamentarier und habe sogar immer einen Taschenspiegel und ein dazugehöriges Kämmchen dabei, um sich vor jedem Auftritt zurechtzustutzen. Crispien sei, schrieb Sinowjew, wäßrig und banal bis zum Erbrechen. Einen schlechteren, unfähigeren, phrasenseligeren Führer habe es in der deutschen Arbeiterbewegung nicht gegeben. Georg Ledebour wurde von Sinowjew als ein lebendes Überbleibsel bürgerlich-demokratischer Ideen in der sozialistischen Bewegung bezeichnet. Luise Zietz sei eine »Schlummertante«, sie tauge als Politikerin höchstens dazu, die Spatzen aus dem Felde zu jagen. Richard Lipinski wurde von Sinowjew als eine typische Kanzleiratte bezeichnet, die zwar alle Anmerkungen zum Organisationsstatut auswendig kenne, aber sich um prinzipielle Fragen nicht kümmere.

Über die Rede, die Sinowjew auf dem Parteitag hielt, schrieben die bürgerlichen Zeitungen, sie habe einen dämonischen Einfluß auf den Parteitag ausgeübt. Der *Vorwärts* bezeichnete die Rede als erstklassig. Die *Freiheit*, das Organ des rechten Flügels der USPD, nannte sie »äußerlich glänzend«. Auch das USPD-Organ *Leipziger Volkszeitung*, ebenfalls zur rechten USPD tendierend, erklärte, man müsse »auch dem Gegner schuldige Anerkennung zollen«, Sinowjew gehöre »zu den ersten Rednern unseres Jahrhunderts«.

Sinowjews Gegenredner Rudolf Hilferding bemühte sich über drei Stunden hinweg um eine nüchterne Analyse. Er sehe, meinte er, viel mehr Symptome einer Stabilisierung des Kapitalismus als Symptome einer herannahenden Weltrevolution. Fast verzweifelt bedauerte Hilferding, daß nun eine große revolutionäre Partei wegen Meinungsverschiedenheiten über zukünftige Möglichkeiten zugrunde gerichtet werden solle.

Bevor der Parteitag abstimmte, trat der russische Sozialdemokrat Julius Martow auf. Der Führer der Menschewiki, dem Lenin niemals seinen Respekt versagt hatte, erhob nun Anklage gegen den bolschewistischen Terror. Verfolger und Verfolgter, Sinowjew und Martow, standen so auf dem Forum des Parteitages einander gegenüber: Sinowjew, von mächtigem Körperbau und strotzender Gesundheit; Martow, gebrechlich, blaß, hohläugig, von den Spuren des herannahenden Todes gezeichnet. Martow stellte die Frage, ob eine sozialistische Partei eine Politik des Terrors »durch generelle Ermordung von Schuldigen und Unschuldigen« betreiben darf.

Sinowjews Optimismus: »Der Ausfall der Kommunistischen Internationale nach Westen ist völlig gelungen . . .«

Nach den Rededuellen kam es schließlich zur Abstimmung. Für die Annahme der »21 Bedingungen«, also den Zusammenschluß mit der KPD und den Eintritt in die Kommunistische Internationale, sprachen sich 236 Delegierte aus, dagegen 156. Die unterlegenen Gegner des Anschlusses verließen danach den Kongreß und setzten zunächst die USPD fort. Sie wurde von Arthur Crispien und Wilhelm Dittmann geleitet und galt allgemein als »rechte USPD«, bevor ihre Mitglieder dann zwei Jahre später, 1922, zur SPD zurückkehrten.

Sinowjew schilderte später in seinem Bericht die Szene, als die Anschlußgegner in Halle den Saal verließen: »Lange werde ich nicht den Augenblick vergessen, wo der rechte Flügel des USPD den Parteitag verließ. Die von Arbeitern überfüllten Galerien bedrohen die Abziehenden mit den Fäusten und rufen ihnen Flüche nach. Die Linke singt feierlich, voller Begeisterung, die *Internationale*. Von den Rechten gehen einige gesenkten Hauptes fort, andere blicken anmaßend und frech auf die Seite der Mehrheit . . . Viele von uns ballen unwillkürlich die Fäuste. Die Rechten sind fort. Wir haben uns der Agenten des Kapitals entledigt, wir sind unter uns. Die Luft ist rein . . .« Das hohe Abstimmungsergebnis der Versammlung für die Vereinigung mit der KPD widerspiegelte aber nicht die Meinung der USPD-Mitglieder. Von den 800 000 Mitgliedern der USPD vereinigten sich zwei Monate später, im Dezember 1920, nur 300 000 mit der KPD. Von der Mehrheit der restlichen 500 000 Mitglieder verblieben 300 000 in der »rechten USPD«, und rund 200 000 Mitglieder wandten sich nach der Spaltung auf dem Parteitag in Halle enttäuscht ganz von der sozialistischen Bewegung ab.

Nach Ende des Parteitages fuhr Sinowjew von Halle über Berlin wieder nach Stettin und von da mit einem Schiff zurück nach Petrograd. Dort zog er dann in seiner Broschüre *Zwölf Tage in Deutschland* aus der Spaltung in Halle folgenden optimistischen Schluß: »Jetzt organisiert sich in Deutschland eine große Kommunistische Partei, denn die linken Unabhängigen haben sich mit den Kommunisten vereinigt . . . Das ist eine riesige Macht.« Aber Sinowjew sah keineswegs nur Deutschland, sondern die kommunistische Weltbewegung insgesamt: »Das, was sich in Halle ereignet hat, ist für die Arbeiterklasse der ganzen Welt von riesiger historischer Bedeutung . . . Die deutsche Arbeiterklasse ist endlich auf die breite Straße herausgetreten . . . sie steift ihre Nacken, stellt sich auf in Schlachtordnung und bereitet sich auf den Entscheidungskampf vor . . . Der Ausfall der Kommunistischen Internationale nach Westen ist völlig gelungen . . . Die letzten Mohikaner des Opportunismus, die auf die marxistische Marke Anspruch erhoben, sind im Streit der Geister aufs Haupt geschlagen worden . . . Die Kommunistische Internationale geht ihren Weg. Unter ihren Fahnen sammelt sich die Arbeiterklasse der ganzen Welt.«

Als dies Sinowjew am 13. November 1920 im Smolny in Petrograd schrieb, sah die Wirklichkeit jedoch erheblich anders aus.

Dezember 1920:
Die Vereinigung der linken USPD mit der KPD

Nach dem Ende des Parteitages machte die USPD zunächst eine Bestandsaufnahme. Es stellte sich heraus, daß nur etwa drei Fünftel der USPD-Mitglieder mit der Linken gingen, aber auch dies erwies sich später als eine Überschätzung. Von den insgesamt 55 Zeitungen, die die USPD vor dem Parteitag in Halle in ganz Deutschland zur Verfügung hatte, besaß die Linke nach der Spaltung nur noch 18. Die schlimmste Erkenntnis aber war, daß ein großer Teil der USPD-Mitglieder sich wegen der Auseinandersetzungen in Halle völlig von der Partei zurückgezogen hatten.

Die USPD-Linke verhandelte dann mit der Komintern über die Verschmelzung mit der KPD und den Anschluß an die Dritte Internationale. Hauptverhandlungspartner war Karl Radek, der von seinen zwei Mitarbeitern Felix Wolf und August Guralski unterstützt wurde. Felix Wolf wurde bereits unter dem Namen Nikolai Rackow als Begleiter Radeks und Ernst Reuters in Verbindung mit dem Gründungskongreß der KPD Ende Dezember 1918 erwähnt (s. Kapitel II). Nun sollte Felix Wolf die schwierige Aufgabe der Verschmelzung der linken USPD mit der KPD übernehmen. Sein weiteres Schicksal war tragisch. 1922 arbeitete er für die Komintern unter dem Namen Inkow in Wien, ging aber bald zur Vierten Abteilung der Roten Armee über, d. h. in den Spionagedienst. Er wurde 1925 nach Moskau zurückgerufen und wegen Fraktionstätigkeit für die Trotzkisten 1927 aus der Partei ausgeschlossen. Nach einer Selbstkritik durfte er wieder Parteimitglied werden und war Betriebsdirektor. Im April 1933 wurde er erneut, diesmal endgültig, aus der KP ausgeschlossen und ist während der Stalinschen Säuberungen Mitte der dreißiger Jahre umgekommen.

Eine noch wichtigere Rolle spielte damals der bereits vorgestellte August Guralski, der eigentlich Abraham Haifetz hieß; unter dem Parteinamen »Benjamin« war er ein Aktivist der jüdischen sozialistischen Bewegung »Bund« gewesen und hatte sich Ende 1918 den Bolschewiki angeschlossen. Nach der Gründung der Komintern wurde er mit den unterschiedlichsten Auslandsmissionen betraut, vor allem in Deutschland, später in Paris (1924–25). Auch er wurde, nach Moskau zurückgekehrt, ein Opfer der Stalinschen Säuberungen.

Mit den offiziell genannten 400000 bis 450000 USPD-Mitgliedern und 78000 KPD-Mitgliedern verhielten sich die Mitgliederzahlen der linken USPD gegenüber der KPD etwa 5 zu 1. Dabei waren die KP-Mitgliederzahlen stark übertrieben. Auf Vorschlag der Komintern stimmte jedoch die linke USPD zu, die Zentrale der neuen Partei paritätisch zu besetzen. Als die beiden Vorsitzenden wurden Ernst Däumig von der USPD und Paul Levi von der KPD berufen. Von den hauptamtlichen Sekretären stellte die linke USPD vier, die KPD drei, nämlich Clara Zetkin, Heinrich Brandler und Wilhelm Pieck. Curt Geyer gehörte mit zwei anderen zu den unbesoldeten Beisitzern der linken USPD. Zu den Vereinbarungen über die Verschmelzung gehörte auch, daß die *Rote Fahne,* bisher das Organ der KPD, nun das Zentralorgan der vereinigten Partei darstellen sollte. Ein Vereinigungsparteitag wurde vom 4. bis 7. Dezember 1920 in Berlin abgehalten. Die neue Partei nannte sich vorübergehend »Vereinigte Kommunistische Partei Deutschlands«, abgekürzt VKPD. Neue Büroräume wurden in der Friedrichstraße in Berlin gemietet. Karl Radek leitete die Umorganisierung der Partei, und zwar nach einem in der Kominternführung ausgearbeiteten Plan, den die linken USPD-Leute nie zu Gesicht bekamen. Schon bald wurde eines deutlich: Der Grundgedanke des Planes war, keinen der alten USPD-Sekretäre in seinem bisherigen Wirkungskreis zu belassen. Wilhelm Pieck, der ergebenste Vollstrecker der Komintern-Beschlüsse, beantragte daher die Versetzung der Sekretäre in andere Orte und Parteibezirke. Die Absicht war klar. Der bisherige Apparat der USPD sollte so durcheinandergeworfen werden, daß er seine Identität verlor. Selbst einige KPD-Führer waren darüber nicht begeistert: »Was machen wir denn eigentlich?« rief einmal Fritz Heckert aus, »wir benehmen uns wie Leute mit einem Kirschbaum, auf dem die Spatzen sitzen, klatschen in die Hände, alle fliegen hoch und setzen sich an einem anderen Platz im Baum nieder, dann klatschen wir wieder in die Hände, und so geht es weiter.« Auch einige andere Führer äußerten Bedenken. Wilhelm Pieck war verlegen, und seine Anträge wurden erstmals abgelehnt.

Subsidien aus Moskau als Druckmittel

Dann vollzog sich etwas sehr Eigentümliches. Zur Besoldung der Funktionäre der Zentrale waren regelmäßige Zuschüsse erforderlich, die über den Finanzbeauftragten der Komintern in Berlin ankamen. Nach der Ablehnung der Anträge von Wilhelm Pieck, so berichtete später Curt Geyer, wurde dies den Funktionären gegenüber mit Überweisungsschwierigkeiten entschuldigt. Auch mit der Bezahlung der Miete der Büroräume entstanden Schwierigkeiten. Die aus der USPD-Linken kommenden Funktionäre in der Zentrale sprachen mit Paul Levi über diese Situation. Vor allem Otto Braß war sehr empört: »Wenn Radek glaubt, uns durch Sperrung von Subsidien zur Annahme von Beschlüssen zwingen zu können, so ist das eine Infamie, die wir nicht hinnehmen dürfen.« Paul Levi meinte, dies sehe dem Komintern-Präsidium ähnlich, und schlug vor, die nächsten Anträge von Wilhelm Pieck anzunehmen, um zu sehen, was dann erfolge. Tatsächlich stellte Wilhelm Pieck wieder neue Anträge, die dann verabredungsgemäß angenommen wurden. Danach kam die erwartete Reaktion, die alles verriet: Binnen zwei Stunden nach dem Beschluß der Zentrale wurde vom Kassierer mitgeteilt, daß sowohl die ausstehenden als auch die laufenden Beträge zur Verfügung stünden. Natürlich empörte diese ungewollte Enthüllung alle maßlos. Sie zeigte erstmals – und dies wurde später wiederholt bestätigt –, daß die Finanzschraube benutzt wurde, um politischen Gehorsam zu erzielen.

Während Curt Geyer diese Praktiken der Verschmelzung in der Führungsspitze erlebte, konnte Karl Retzlaw – ein Jahr zuvor noch Polizeipräsident der Räterepublik in München – an der Basis als Delegierter die Verschmelzung beobachten. Es war sehr schwierig, aus der überwiegenden Mehrheit der linken Unabhängigen Sozialdemokraten Kommunisten zu machen. Hundertausende von USPD-Mitgliedern, die gefühlsmäßig für die Vereinigung mit der KP gestimmt hatten, schreckten vor den schweren Aufnahmebedingungen zurück und vollzogen nicht den Eintritt in die KPD. Die Aufnahmebedingungen verlangten nämlich ein uneingeschränktes Bekenntnis zum Kommunismus und die Bereitschaft, für die Partei jedes Opfer zu bringen. Aber selbst bei revolutionär gesinnten deutschen Arbeitern überwogen oft kleinbürgerliche Neigungen, ja selbst Überbleibsel einer preußisch-militaristischen Erziehung. Karl Retzlaw stellte erstaunt fest, daß, wenn er sonntags zu den Arbeitern in die Wohnung kam, um mit ihnen über die Partei zu sprechen, nicht selten das im Ersten Weltkrieg erworbene Eiserne Kreuz unter Glas und Rahmen an der Wand hing und manchmal auch das Kompaniebild aus der Rekrutenzeit. »Das hängt dort, weil meine Frau es so will«, sagte der eine oder andere USPD-Arbeiter verlegen zu Retzlaw, wenn er dessen Blick auf das Bild bemerkte.

Hinzu kam eine gewisse gesellschaftliche Ächtung, besonders in mittleren und kleineren Orten. Für Kommunisten, die als solche bekannt waren, war es oft sehr schwer, eine Arbeitsstelle zu bekommen, und sie wurden auch bei der Arbeitslosenunterstützung benachteiligt.

Karl Retzlaw hat auch an dem Vereinigungsparteitag der linken USPD mit der KPD im Dezember 1920 in Berlin teilgenommen. Das Manifest des Vereinigungsparteitages forderte die Sozialisierung der Großindustrie und die aktive Mitarbeit der Gewerkschaften, was von vielen linken Sozialdemokraten nachvollzogen wurde. Der Parteitag beschloß aber darüber hinaus auch, daß die Parteimitglieder ihre Kinder vom Religionsunterricht abmelden sollten. Dies war aber für viele ein Bruch mit der sozialistischen Vergangenheit, wo stets erklärt worden war, daß Religion Privatsache jedes einzelnen sei.

Kurz nach dem Zusammenschluß bemerkte Retzlaw auch eine zunehmende Ungeduld der Komintern-Führung, der offenbar die Verschmelzung der beiden Parteien in den lokalen Gliederungen viel zu langsam vor sich ging. Das EKKI wollte so schnell wie möglich eine radikalere Politik durchsetzen. Nicht selten wandten sich deshalb Beauftragte der Komintern in Berlin direkt an die örtlichen Mitgliederorganisationen. So auch August Guralski, alias »der Kleine«. Karl Retzlaw berichtete davon: »Guralski sprach unermüdlich Abend für Abend in irgendeiner Gruppe, auch wenn nur wenige Personen anwesend waren. Seine primitiven Suggestivfragen, ob der Kapitalismus den Krieg verschuldet hat und darum gewaltsam zerschmettert werden müsse, bejahte jeder Anwesende. Diese Bejahung hielt Guralski für den Radikalismus der einfachen Arbeiter und deren Zustimmung zu einer revolutionären Politik.«

Bei den Verhandlungen zur Verschmelzung der linken USPD und KPD lernte Curt Geyer auch Karl Radek näher kennen. Er faßte seinen Eindruck so zusammen: »Er hatte nicht die Brillanz von Sinowjew. Er achtete vielmehr sorglich darauf, sich so einfach wie möglich zu benehmen. Manchmal liebte er es, sich das Aussehen und das Flair eines verkommenen Bohemiens zu geben. Mit Vorliebe kaute er auf einer gebogenen Tabakspfeife herum, aus der niemals Rauch kam . . . Hinter diesem zweifelhaften Aussehen – so wie der kleine Moritz sich einen Berufsrevolutionär vorstellt – verbarg er seinen sarkastischen Witz, seinen messerscharfen, aber unruhigen Geist, seine Neigung zu Paradoxien.«

Um die Jahreswende 1920/21 schlug Radek unerwartet vor, Curt Geyer solle als Vertreter der Zentrale der Vereinigten Kommunistischen Partei Deutschlands (VKPD) in der Komintern arbeiten und nach Moskau gehen. Offensichtlich wollten Radek und einige KP-Führer Geyer damit aus Deutschland entfernen und in Moskau in die Mangel nehmen lassen. Die vordem Unabhängigen wiederum, aber auch der KP-Vorsitzende Paul Levi, waren deshalb mit der Mission Geyers einverstanden, weil sie hofften, er würde in Moskau den Führern der russischen KP ein reales Bild von den wirklichen Verhältnissen in Deutschland geben.

Curt Geyer in Moskau:
Lenins Hoffnung auf Massenaktionen in Deutschland

Curt Geyer fuhr mit dem Schiff von Stettin nach Helsinki, von dort nach Reval und von da mit der Bahn über die sowjetische Grenze nach Petrograd. Auf dem Schiff war eine gemischte Reisegesellschaft. Neben Curt Geyer und einigen Begleitern aus der Umgebung Radeks reisten gleichzeitig ein Agent der Komintern für den Fernen Osten sowie der Franzose Jacques Sadoul (s. Kapitel I) und Enver Pascha, ein türkischer nationalrevolutionärer Militär. Geyer notierte über seine Gefühle, als sie sich der sowjetischen Grenze näherten: »Trotz aller meiner letzten Erfahrungen war ich noch enthusiastisch genug, um den Eintritt in das Gebiet der Sowjetunion als einen großen Augenblick zu empfinden.«

Auf der Reise durch russisches Gebiet fiel Geyer auf, daß der Bahnkörper und das rollende Material sich in erbärmlichem Zustand befanden. Selbst ein hoch über dem Gleis angebrachtes Holzschild mit der Parole »Proletarier aller Länder vereinigt Euch!« wurde nur durch Stützen noch notdürftig zusammengehalten.

Nach seiner Ankunft in Petrograd wurde Geyer sofort in das Smolny zu Sinowjew gefahren. Dieser betrachtete sich gerade die neuesten Erzeugnisse der Staatsdruckerei; es waren schön gedruckte broschierte Foliobände mit Biographien und Bildern von den Führern der Komintern und der Kommunistischen Parteien, die zur Internationale gehörten. Die Zeichnungen waren von den besten russischen Künstlern angefertigt. Sinowjew wies ständig mit einer Art naiver Freude auf die Schönheiten des Druckes, der Bilder und der Ausstattung. Curt Geyer konnte sich aber des Gedankens nicht erwehren, daß die Sowjetführer eigentlich doch wohl Besseres zu tun hätten, als solche kostspieligen Drucke herstellen zu lassen.

Zu politischen Gesprächen mit Sinowjew kam es nicht. Diese könne man, meinte Sinowjew, ja noch während der gemeinsamen Fahrt nach Moskau führen. Der Zug von Petrograd nach Moskau fuhr in einem sehr langsamen Tempo. An den Stationen, an denen er hielt, sah Geyer immer wieder Massen von Menschen, die wahrscheinlich schon tagelang auf eine Fahrgelegenheit gewartet hatten. An kleinen Haltepunkten in den Wäldern standen Bäuerinnen, die Eier zum Verkauf anboten, und zwar nicht mehr als drei Eier, die sie in einer Hand hielten.

Sinowjew und seine Mitarbeiter holten Geyer in den Salon des Sonderwagens. Nach einigen verbindlichen Höflichkeitsfloskeln stellte

Sinowjew die Frage, ob die Zentrale der deutschen KP für die nächste Zeit eine allgemeine Erhebung ins Auge fasse. Eine solche Erhebung, meinte Sinowjew, würde die Situation in Sowjetrußland erheblich erleichtern, denn das Sowjetregime gehe schweren Monaten entgegen. Zwar seien alle militärischen Interventionsversuche siegreich zurückgeschlagen und die konterrevolutionären Armeen vernichtet, aber das Land sei völlig erschöpft und ausgehungert. Nicht nur die Parteimitglieder seien müde und erschöpft, sagte Sinowjew, sondern auch die Arbeiterschaft im weitesten Sinn. Alles würde leichter werden, wenn die breiten Massen der russischen Arbeiterschaft einen neuen revolutionären Elan erhalten könnten – etwa durch das Beispiel einer großen revolutionären Erhebung in Deutschland. Geyer erkannte aus diesen Bemerkungen Sinowjews, daß von den deutschen Kommunisten offensichtlich eine verzweifelte Unternehmung erwartet wurde, die das Sowjetregime in Rußland stützen sollte. Er war darüber zutiefst bestürzt: »Als Sinowjew sich sehr deutlich über die Schwierigkeiten äußerte, fiel mir sozusagen ein Ziegelstein auf den Kopf. Ich sah nicht nur, daß sie uns nicht geben konnten, was wir wollten, sondern ich wußte auch, daß wir ihnen nicht geben konnten, was sie jetzt von uns erwarteten.«

Geyer wußte, daß ein Putschversuch nur bei einer sehr kleinen Minderheit der Arbeiterschaft in Deutschland auf Sympathie stoßen würde. Er bemühte sich, das Sinowjew klarzumachen. Er berichtete über die Schwäche der Bewegung, über die inneren Kräfteverhältnisse in Deutschland, über die Stabilisierung des Regierungssystems in der neuen deutschen Republik, über die Bedeutung der Sozialdemokratie, der Gewerkschaften, der sozialpolitischen Einrichtungen und über den rückläufigen Einfluß der revolutionären Betriebsräte. Aber es war, so erinnerte sich Geyer später, als ob er gegen eine Mauer redete. Geyer gewann den Eindruck, als ob das Schicksal der deutschen KP und der allgemeinen revolutionären Bewegungen den russischen Staatsinteressen unterworfen werden sollte. Schließlich erklärte Geyer klipp und klar, er könne in der gegenwärtigen Situation eine auf den sofortigen Aufstand abzielende Politik der KPD nicht verantworten und würde sich entschieden dagegen wenden; andere Mitglieder der KPD-Zentrale in Berlin würden auch diese Meinung vertreten.

Kurz vor der Ankunft in Moskau ließ Sinowjew Curt Geyer wieder rufen, um mit ihm gemeinsam zum Kreml zu fahren. Dort hielt man vor »einem der besseren Kavaliershäuser«. Ein würdig aussehender Diener mit eisgrauem Haar nahm Sinowjew und Geyer an der Tür in

Empfang, führte sie in ein wohlgeheiztes Zimmer und sagte ehrerbietig: »Wollen die Exzellenzen geruhen, ihre Pelze hier abzulegen?«

Sinowjew und Geyer wurden in das Beratungszimmer geleitet; um einen großen einfachen Tisch herum saßen die Mitglieder der Führung der Kommunistischen Partei Rußlands, darunter auch Lenin. Geyer wurde ihnen vorgestellt und gebeten, ein Resümee der politischen Lage in Deutschland zu geben. Geyer berichtete von der Auffassung der Mehrheit der KPD-Führung, wonach sich in Deutschland das System konsolidiere, mit verstärktem bürgerlichem und militärischem Einfluß. Die Zeit offener revolutionärer Entwicklungen sei deshalb vorüber. Zwar hätte sich auf dem Parteitag in Halle im Oktober 1920 eine Mehrheit für die Annahme der »21 Bedingungen« entschieden, aber der alte Stamm der USPD-Mitglieder und -Funktionäre sei bei den Reformisten geblieben. Die russischen Genossen könnten von der deutschen KP keinerlei Aktionen erwarten, sondern lediglich Bemühungen um die Konsolidierung der Partei.

Nach Geyers Bericht schwieg die Runde zunächst. Dann begann Lenin ihn über die relevanten Punkte im einzelnen zu befragen. Immer wieder kam er auf die Frage zurück: »Beabsichtigen Sie Massenaktionen größeren Umfanges, können wir Massenaktionen größeren Umfanges erwarten?« Ebenso nachdrücklich wie Lenin fragte, versicherte Geyer, daß in Zukunft keine Massenaktionen zu erwarten seien. Die bittere Enttäuschung, die sein Bericht hinterließ, war besonders deutlich bei Trotzki und Sinowjew zu verspüren. Geyer sah nach dieser Sitzung Lenin zwar mehrfach wieder, aber Trotzki wollte nicht mehr mit Geyer sprechen. Trotzki, Sinowjew und ihre Freunde wünschten eine eindrucksvolle Massenaktion in Deutschland. Selbst wenn sie mit einer Niederlage enden würde, erkannte Geyer, sollte sie für die Bevölkerung Sowjetrußlands ein Zeichen dafür sein, daß die weltrevolutionäre Bewegung nicht abgeebbt sei.

In Moskau im Januar / Februar 1921

Nach dem ersten Gespräch im Kreml wurde Curt Geyer ins Hotel Lux gebracht. Dort stellte man ihm ein großes zweifenstriges Zimmer mit eigenem Bad zur Verfügung. Das Mittagessen im Hotel Lux, wo damals schon alle Vertreter der Komintern-Parteien untergebracht waren, wurde gemeinsam im Speisesaal des Hotels eingenommen. Das Essen war im Verhältnis zur damaligen Hungerzeit in

Deutschland recht gut. Angesichts des viel größeren Hungers der russischen Bevölkerung war es jedoch geradezu luxuriös. Einige ausländische Kommunisten fanden es jedoch nicht gut genug. Einmal kam es zu einer lauten Protestszene. Dem Kommandanten des Hotels riß die Geduld: »Unsere Leute hungern. Sehen Sie nicht die Schlangen vor den Brotläden an der nächsten Ecke, wo die Frauen tage- und nächtelang auf Brot warten?« Den erwähnten Brotladen konnte Geyer von den Fenstern seines Hotelzimmers aus sehen. Ständig war der Laden von Scharen von Frauen umlagert, die nachts trotz Schnee und schneidender Kälte, in Lumpen gehüllt, auf der Straße schliefen, um die Öffnung des Ladens am andern Tag nicht zu versäumen. Eine Frau zeigte Geyer ein Randstück von einem Brot, das man dort erhalten konnte. Es schien zu drei Vierteln aus Baumrinde zu bestehen.

Vom Hotel Lux aus durchstreifte Curt Geyer zu Fuß im Januar und Februar 1921 Moskau. Er hatte eine kleine Kamera bei sich und hätte Dutzende von Aufnahmen mit Elendsbildern festhalten können, aber er hatte innere Hemmungen. Nur einmal machte er eine Aufnahme von einem charakteristischen Straßenbild, das ihn tief beeindruckte: »Am Rande des Bürgersteiges auf der Straße stand völlig unbeaufsichtigt ein altes ausgemergeltes Pferd. Es stand stockstill, ohne Geschirr und ohne Decke. Sein Fell war stellenweise von einer Hautkrankheit zerfressen. An ihm vorbei drängte sich die dichte Menge der Bevölkerung, der man die Armut an den Gesichtern wie an der Bekleidung ansehen konnte. Es war ein sonniger Tag im Schnee, aber bitterkalt. An solchen Tagen schien ganz Moskau auf der Straße zu leben, aber das Pferd stand und rührte sich nicht. Ich war wie fasziniert von ihm . . . Ich sah dem Pferd wohl eine Viertelstunde lang zu, es bewegte sich in dieser Zeit nicht ein einziges Mal. Niemand kümmerte sich um das Pferd. Ich konnte schließlich nicht widerstehen und machte eine Aufnahme.« Dieses Foto war für Geyer eines der wenigen, die er von Moskau nach Berlin mitnahm. Im Jahre 1940 ist es zusammen mit anderen Bildern in Paris der Gestapo in die Hände gefallen.

Im Hotel Lux erfuhr Curt Geyer von anderen Gästen, daß die Zimmer des Hotels nach der Komintern-Hierarchie vergeben wurden. Alle ausländischen KP-Vertreter wurden sorgfältig nach einer langen Liste eingestuft, an deren Spitze damals die Vertreter der KP Bulgariens und danach die Vertreter der KP Deutschlands standen, während die Vertreter der kleineren Parteien sich mit kleinen engen Zimmern begnügen mußten. Auch die Naturalverpflegung war entsprechend sorgfältig hierarchisch gestaffelt.

EKKI-Sitzung über die Lage in Deutschland und Streiks in Petrograd und Moskau

Das Hotel Lux hatte mehrere Verhandlungssäle. In einem von ihnen nahm Curt Geyer am 22. Februar 1921 an einer offiziellen Sitzung der Exekutive der Kommunistischen Internationale über die Lage in Deutschland teil. Geyer, der in seinen Erinnerungen einen der wenigen Augenzeugenberichte über solche EKKI-Sitzungen hinterließ, mußte zunächst wieder einen Bericht über Deutschland geben. Zu Beginn seines Referates hatte er seine Aktentasche an den Fuß seines Stuhles auf den Boden gestellt. Er sprach im Stehen. Als er etwa eine Stunde geredet hatte, sah er zufällig nach unten. Die Aktentasche war verschwunden. Er sprach ruhig weiter. Als er eine halbe Stunde später sein Referat beendet hatte, sah er wieder nach unten. Die Tasche stand wieder an ihrem Platz. Natürlich untersuchte Geyer nach der Sitzung die Tasche. Es fehlten alle Berichte und statistischen Nachweise über den Stand der kommunistischen Jugendorganisation in Deutschland. Offensichtlich hatte er seine Rede früher beendet als angenommen worden war, man war deshalb nicht mehr dazu gekommen, dieses Material in die Tasche zurückzustecken.

Auf Geyers Referat folgte eine längere Diskussion. Béla Kun, der Führer der gescheiterten Ungarischen Räterepublik, sprach von der Notwendigkeit einer deutschen Aktion und drückte die Hoffnung aus, daß diese nach Österreich und nach Ungarn ausstrahlen könne. Ein jüngerer Mitarbeiter Radeks versuchte Curt Geyers Darstellung zu widerlegen und sprach sich in sehr gebrochenem Deutsch ebenfalls für eine Aktion aus. Dann sprach Radek über die organisatorische Umgestaltung der KPD-Führung. Er warf dem KPD-Vorsitzenden Paul Levi vor, daß er, wie Rosa Luxemburg, ein Anhänger der innerparteilichen Demokratie sei. Dies stünde jedoch im Widerspruch zu den Auffassungen der bolschewistischen Partei. Unverblümt sprach Radek aus, daß das Organisationsprinzip der bolschewistischen Partei auf die Komintern und die ihr angeschlossenen Parteien, einschließlich der KPD, übertragen werden müsse. Er kritisierte die deutsche VKPD als zu wenig schlagkräftig und bezeichnete Paul Levi als »Exponenten opportunistischer Tendenzen«. Die Entwicklung habe gezeigt, so endete Radek, »daß wir in Deutschland keine Kommunistische Partei haben, sondern ein Kind auf rachitischen Füßen und mit einem Wasserkopf«. Die Exekutive der Komintern müsse deshalb »sehr energisch in die deutsche Bewegung eingreifen«.

Zwei Tage nach dieser Sitzung, am 24. Februar 1921, wurde aufgrund einer von Radek verfaßten Resolution Paul Levi scharf angegriffen. Aus Protest erklärten Paul Levi, Clara Zetkin, Otto Braß, Ernst Friedrich Däumig und Adolf Hoffmann ihren Austritt aus der Parteiführung. Damit begann die sogenannte »Levi-Krise« in der KPD. Für Geyer in Moskau aber gab es nun keinen Zweifel mehr: Die Komintern-Führung war bereit, im Interesse Sowjetrußlands mit allen Mitteln einen Aufstand in Deutschland durchzupeitschen – selbst gegen die Einwände vieler entscheidender Führer der KPD. Die Ursache dafür blieb Curt Geyer auch nicht verborgen. Eine Welle der Unzufriedenheit mit dem Sowjetregime ging durch das ganze Land und fand auch in der Moskauer Bevölkerung starken Widerhall. Geyer notierte später: »Man konnte nicht in Moskau leben, ohne gewahr zu werden, daß die Situation kritisch wurde. Die täglichen und nächtlichen Schlangen vor den Brotläden sagten genug. Aber es gab viele einzelne Zwischenfälle, die, zusammengefaßt, Lenin in seinem Bericht an den Parteitag bewogen, von einer Erschütterung der Sowjetmacht zu sprechen.« Ein völliges Versagen der Staatsindustrie, der katastrophale Rückgang der Agrarproduktion, eine schwere Hungersnot in den Städten zeichneten sich ab. Ende Februar streikten die wichtigsten Industriebetriebe in Petrograd. Die Arbeiter stellten Forderungen auf: Freiheit für die Arbeiter und Bauern, Verwaltung durch gewählte Arbeiterausschüsse, Presse-, Rede- und Versammlungsfreiheit für alle Werktätigen, Legalisierung einer zweiten sozialistischen Partei. Die Entwicklung griff auch schnell auf Moskau über. Ähnliche Forderungen – Geyer erlebte es selbst – wurden in Streikversammlungen von den Arbeitern Moskauer Betriebe aufgestellt. Viele Fabriken lagen still. Im Hotel Lux aber war es verpönt, über diese Entwicklung zu sprechen – obwohl jeder Bescheid wußte.

Eines Abends ging Curt Geyer mit einem Freund zur Zeit des Theaterbeginns auf dem Platz vor dem Bolschoi-Theater spazieren. Es war ein trüber, sehr kalter und dunkler Winterabend. Trotzdem war der Platz mit vielen Tausenden in Lumpen gehüllter Gestalten bevölkert. Wie üblich, erschienen die das Theater besuchenden Funktionäre mit ihren Frauen in ihren Schlitten und verschwanden dann im Theater. Danach stürzte sich an diesem Abend die Menge auf die Schlitten, verprügelte die Kutscher und führte die Pferde weg, höchstwahrscheinlich, um sie zu schlachten und das Fleisch zu essen. Die Miliz (Schutzpolizei) war vollkommen machtlos. Ganz Moskau erfuhr von dem Vorfall durch Erzählungen von Mund zu Mund. Geyer hörte in den nächsten Tagen auch von Streiks in weiteren Betrieben Moskaus. Es wurde gemunkelt, daß sogar in der Druckerei, die die Rubel für die Staatskasse druckte, ein Streik wahrscheinlich schien.

Als Geyer am Tag nach den Ereignissen vor dem Bolschoi-Theater mit Karl Radek über den Roten Platz ging, erzählte ihm Geyer von einem anderen Vorfall, der ihm zu Ohren gekommen war: »Als ich heute morgen von einem kleinen Ausgang zurückkam, hing an dem Kleiderständer in meinem Zimmer eine Maschinenpistole mit Munition. Das war deutlich genug. Eure letzten Fabriken streiken. Was werdet ihr tun?« Die Antwort, die Radek gab, lautete: »Wir haben Panzerwagen, die Artillerie und die lettischen Regimenter.« Gemeint waren jene Regimenter, die schon seit 1918 der bolschewistischen Sowjetmacht besonders ergeben waren. Mit Artillerie und Panzern sollten die angeblichen Repräsentanten der proletarischen Revolution nun gegen streikende Arbeiter vorgehen.

Die Sowjetregierung setzte gegen die Streikenden zunächst die Kursanten (Offiziersschüler der Roten Armee), danach weitere Truppenteile ein, die alle Straßendemonstrationen unterbanden. Die Tscheka, die Staatspolizei, trieb die Arbeiter wieder in die Betriebe und leitete eine umfassende Säuberungs- und Verhaftungsaktion ein. Aber damit war die Rebellion nicht beendet.

Der Aufstand in Kronstadt im März 1921

Am 1. März 1921 übernahm auch die Besatzung von Kronstadt, die aus 15 000 Mann bestand (allein 10 000 Matrosen), die Forderung der Petrograder Arbeiter. Kronstadt war eine mitten in der Bucht von Petrograd gelegene Seefestung. Angeführt von den Matrosen der Kriegsschiffe »Petropawlowsk« und »Sewastopol« schlossen sich die Mannschaften des ersten und zweiten Geschwaders der baltischen Flotte der revolutionären Protestbewegung an. Die Revolutionäre führten eine echte Demokratie in Kronstadt ein und forderten in Funksprüchen das ganze Land zur Unterstützung auf. Trotzki sammelte Artillerieregimenter, ergebene Truppenteile und Kadetteneinheiten und schickte sie nach Norden. Am 5. März forderte er Kronstadt zur bedingungslosen Kapitulation auf. Am 7. März begann das Bombardement. In der Nacht versuchten die Offiziersschüler, die Festung über das Meereis hinweg zu stürmen, wurden aber unter blutigen Verlusten zurückgeschlagen.

Von den bolschewistischen Führern war es allein Lenin, der die Konsequenzen aus der inneren und internationalen Lage Sowjetrußlands zog. Mit England wurde auf sein Drängen am 26. März 1921 ein Abkommen über Handelsfragen unterzeichnet, zwei Tage später folgte die Unterzeichnung des Friedensvertrages mit Polen. Auf innenpolitischem Gebiet wurde in jener entscheidenden Woche die Einführung der »Neuen Ökonomischen Politik« (NEP) vorbereitet, d. h., die Pflichtablieferung der Bauern wurde abgeschafft, an ihre Stelle traten Naturalsteuern, ein Teil der Industrie wurde in Form von Verpachtungen reprivatisiert; kurz es wurden entscheidende wirtschaftliche Konzessionen gemacht, um die schwere Krise des Landes zu überwinden.

Curt Geyer erlebte damals in Moskau, wie sich diese Ereignisse auf die führenden Komintern-Funktionäre auswirkten. In der ersten Märzwoche erklärte ihm Radek in einem Gespräch: »Angesichts der politischen Verhältnisse in England können wir uns auf die Diplomatie und auf die de-facto-Anerkennung im Handelsabkommen nicht absolut verlassen. Elementarste Vorsicht gebietet, die Augen nicht von der Möglichkeit eines neuen Interventionsversuches zu verschließen. Wenn das Meereis aufgeht und die beiden (Kriegs-)Schiffe vielleicht noch von anderen Einheiten unterstützt in die Newa einfahren, verlieren wir Petrograd. Es wird in heller Rebellion aufbrennen und ein Brückenkopf gegen uns werden. Wenn danach die englische Flotte in die Ostsee einfährt, stürzt das Sowjetregime.«

Der Aufstand in Kronstadt wurde auch nach dem 8. März fortgesetzt – an dem Tage, als der X. Parteitag der sowjetrussischen Kommunistischen Partei eröffnet wurde. Curt Geyer mußte auf dem Parteitag eine der üblichen Begrüßungsansprachen halten. Die Spannung auf dem Parteitag war geradezu fühlbar. Noch am Abend wurde über die Rundfunkstationen Sowjetrußlands die Einführung der Leninschen Neuen Ökonomischen Politik verkündet. Damit hoffte die Sowjetführung vor allem die Bauern zu beruhigen. Gleichzeitig mit diesen weitgehenden ökonomischen Konzessionen wurde jedoch auf dem Parteitag die Intensivierung des sogenannten demokratischen Zentralismus in der Partei und das Verbot jeder Fraktionsbildung verkündet. Die Forderung nach freien Sowjets wurde abgelehnt, die Diktatur also insgesamt verschärft.

Während des Kongresses wurde alles mobilisiert, um den Aufstand in Kronstadt niederzuschlagen. Regimenter in Petrograd, deren Loyalität zweifelhaft erschien, wurden abtransportiert und durch sibirische Regimenter ersetzt. Aber auch ein zweiter, am 13. März unternommener Angriff auf Kronstadt wurde zurückgeschlagen. Nun war die Lage so ernst, daß alle auf dem Parteitag anwesenden Militärs mobilisiert und nach Petrograd abtransportiert wurden. Der Oberbefehlshaber der Armee, Michail N. Tuchatschewski (1893–1937), übernahm das Kommando der Angriffstruppen, die in der Nacht vom 16. zum 17. März in drei Kolonnen über das Eis gegen die Festung Kronstadt vorstießen. Geyer hörte später von Militärs, die an diesem Sturm beteiligt waren, dramatische Schilderungen über diese Aktion. An der Spitze der Angriffskolonnen marschierten die politischen Kommissare, hinter ihnen die Offiziersschüler in Schneehemden, gefolgt von den Sturmtruppen. Die Geschützgranaten der sich verteidigenden Aufständischen rissen große Löcher in das Eis, in denen viele der Rotarmisten versanken. Aber die Kompanien der Regierungstruppen gingen weiter vor.

Am 17. März 1921 fand eine weitere EKKI-Sitzung statt, an der Curt Geyer wieder teilnahm. Sinowjew, gleichzeitig Führer des Sowjet von Petrograd und Führer der Komintern, war von schrecklichen Befürchtungen gequält. Geyer berichtet über diese Sitzung: »Niemand wagte in diesem Kreis das Wort Kronstadt in den Mund zu nehmen ... Sinowjew, der Präsident, war besonders nervös. Die Diskussion plätscherte über belanglose Dinge dahin. Niemand hörte zu, alle blickten auf Sinowjew. Er bot ein Bild zitternder Furcht. Bald stöhnte er tief auf, bald griff er sich an die Stirn. Unter dem schwarzen krausgelockten Haar war sein dickes Gesicht totenbleich. Er hatte Schweißtropfen auf der Stirn. Von Zeit zu Zeit wurden ihm Telegramme gebracht, die er flüchtig ansah und beiseite schob. Von Zeit zu Zeit legte er den Arm über den Tisch und zerwühlte sich mit der Hand das Haar. Das ging so eine bis eineinhalb Stunden. Dann kam ein Bote und rief ihn hinaus. Nach kaum einer Minute kam er wieder, völlig verwandelt, elastischen Schrittes und mit gerötetem lächelndem Gesicht. Er schwenkte ein Telegramm hoch in der Luft und rief strahlend: ›Genossen, die beiden Schiffe haben die weiße Fahne gehißt!‹ ...«

Am Morgen des 18. März 1921 waren die wichtigsten Stellungen in Kronstadt gefallen und die Regierungstruppen in die Stadt eingedrungen. In blutigen, bis zum Abend andauernden Straßenkämpfen wurden die letzten Reste der Rebellion niedergeworfen. Dann folgten Repressionen gegen die Bevölkerung, Massenverhaftungen, Massenerschießungen.

Als die Militärs nach dem Sieg nach Moskau zurückkehrten, zogen sie im geschlossenen Zug mit Musikkapellen und wehenden Fahnen vom Bahnhof durch die Straßen der Stadt zum Kreml. Curt Geyer stand am Straßenrand und sah sie vorbeimarschieren. Sie marschierten zu den Klängen des Liedes *Brüder zur Sonne, zur Freiheit*. Seither, so schrieb Geyer, habe er dieses Lied nie mehr hören können.

Die Vorbereitungen der »März-Aktion« in Deutschland

Gleichzeitig mit den Kämpfen um Kronstadt (7.–18. März) und dem X. Parteitag der Kommunistischen Partei Rußlands (8.–16. März) spitzten sich die Diskussionen über den Plan zu einem Aufstand in Deutschland zu. Am 7. März 1921, einen Tag vor der Eröffnung des X. Parteitages, hatte Geyer in Moskau Besuch von Béla Kun und August Guralski erhalten, die sich auf der Tagung des EKKI am 22. Februar für einen Aufstand in Deutschland ausgesprochen hatten. Sie erklärten, sie kämen, um sich von ihm zu verabschieden, denn sie führen noch am selben Tag nach Deutschland. Béla Kun sagte lächelnd: »Wir dürfen dir nichts sagen, aber ich bin sicher, daß du bald gute Nachrichten aus Deutschland erhalten wirst.« Dann fiel er Geyer um den Hals, küßte ihn auf beide Wangen und sagte: »Auf Wiedersehen, mein Bruder, in wenigen Wochen in Deutschland.« Béla Kun und Guralski ließen Geyer verwirrt zurück. Der Hinweis war klar. Aber Geyer konnte nichts tun, protestieren wäre sinnlos gewesen; er konnte nur abwarten.

Der von Moskau befohlene Aufstand wurde später unter dem Namen »März-Aktion« bekannt. Es kann kein Zweifel darüber bestehen, daß diese Aktion dazu dienen sollte, das schwer erschütterte Sowjetregime zu festigen, die Bevölkerung von der eigenen Situation abzulenken und durch Hoffnungen auf eine revolutionäre Entwicklung in Deutschland zu beruhigen.

Zusammen mit Béla Kun und Guralski, die sich so geheimnisvoll von Geyer verabschiedet hatten, war auch Josef Pogany nach Deutschland entsandt worden, der gemeinsam mit Kun 1919 während der Ungarischen Räterepublik der Sowjetregierung in Ungarn angehörte, zunächst als Volkskommissar für Verteidigung und danach als Stellvertretender Volkskommissar für Äußere Beziehungen. Diese drei Funktionäre sollten nun in Deutschland eine »revolutionäre Offensive« inszenieren.

Erst einige Wochen später, im Verlauf eines harten Wortwechsels zwischen Radek und Geyer, erfuhr Geyer in Moskau von Radek, daß

Kun, Guralski und Pogany vor ihrer Abreise auch Instruktionen von Trotzki erhalten hatten. Daraus entnahm Geyer, daß es sich nicht nur um einen Beschluß des Komintern-Präsidiums, sondern um eine Direktive der höchsten Sowjetführung gehandelt hatte. Trotz der eindringlichen Warnungen deutscher Kommunisten, auch des offiziellen KPD-Vertreters Curt Geyer, hatte also das Politbüro diese »März-Aktion« beschlossen. Allerdings, so erfuhr Curt Geyer später, habe Lenin zunächst gezweifelt, dann aber freie Hand gegeben, um die Lage »experimentell zu prüfen«. Geyer hörte auch, daß andere ausländische Kommunisten im Hotel Lux über die Vorbereitung der »März-Aktion« durchaus unterrichtet waren, ihm gegenüber aber ein absolutes Schweigegebot erhalten und eingehalten hatten.

Als Kun, Guralski und Pogany in Deutschland eintrafen, hatte bereits ein Führungswechsel in der KPD stattgefunden. Paul Levi war, wie berichtet, wegen der Resolution von Radek gegen ihn mit fünf weiteren Mitgliedern der Zentrale, darunter auch Clara Zetkin, zurückgetreten. Die Führung der KPD wurde daraufhin im März 1921 Heinrich Brandler anvertraut. Brandler, 1881 geboren, war als Bauarbeiter 1901 der SPD beigetreten und hatte seit 1904 dem linken Flügel der Bremer Jugendorganisation der SPD angehört. Von 1908 bis 1912 war er in der Schweiz, dann in Chemnitz (heute Karl-Marx-Stadt) tätig gewesen. Im Jahr 1916 war er dem Spartakusbund beigetreten, gehörte der KPD seit der Gründung im Dezember 1918 an und war seit 1919 Mitglied der Zentrale.

Es gelang den drei Moskauer Abgesandten, die neue zentrale Führung der KPD, die am 17. März zusammengetreten war, davon zu überzeugen, daß der historische Augenblick für eine Revolution in Deutschland gekommen sei. Die Führung hoffte, daß neben den Kommunisten noch zwei bis drei Millionen nichtkommunistischer Arbeiter am Aufstand teilnehmen und kämpfen würden. Es wurde beschlossen, am 27. März 1921 loszuschlagen.

Natürlich gab es unter den deutschen Kommunisten nach dem Zusammenschluß mit der linken USPD auch viele Genossen, die auf eine Revolution in Deutschland hofften – obwohl die bevorstehende »März-Aktion« eindeutig in Moskau geplant worden war. Auch manche realistisch und nüchtern denkende deutsche Kommunisten ließen sich Anfang März 1921 von revolutionären Erwartungen erfassen. Rosa Leviné, die Witwe Eugen Levinés, die später den deutschen KP-Führer Ernst Meyer heiratete, schilderte die damalige Stimmung unter den deutschen Kommunisten im Frühjahr 1921: »Wir alle lebten in

Erwartung der Revolution. Aber die Partei war zu klein und zu schwach gewesen. Jetzt war die Partei groß geworden, hatte Massen, Mandate und Zeitungen. Jetzt, glaubten wir, mußte die Zeit reif sein.« Doch die sozialdemokratische preußische Regierung entschloß sich sofort zu Gegenmaßnahmen. Bereits am 18. März, einen Tag nach dem KPD-Beschluß, ließ Otto Hörsing, damals sozialdemokratischer Oberpräsident der Provinz Sachsen, das Mansfelder Kohlenrevier, in dem die kommunistische Bewegung besonders stark war, durch Truppen der Sicherheitspolizei besetzen. Unter diesen Bedingungen mußte das Datum für den Beginn des Aufstandes vorverlegt werden. Die *Rote Fahne* rief daher schon am 18. März die Arbeiter auf, sich zu bewaffnen und in den Generalstreik zu treten.

Die »März-Aktion« 1921: der mitteldeutsche Aufstand der Kommunisten

Doch außer bei den Mansfelder Bergarbeitern rührte sich bei anderen Arbeitern fast nichts. Die von den Kommunisten erhoffte Unterstützung von Millionen von Arbeitern trat nicht ein. Daraufhin griff die KPD-Führung zu putschistischen Methoden. Bombenattentate auf Gerichtsgebäude in Dresden, Leipzig und anderen Städten sowie ein Sprengstoffanschlag auf die Berliner Siegessäule wurden unternommen und zwischen Leipzig und Halle ein Schnellzug zur Entgleisung gebracht.

Diese putschistischen Methoden zeugten jedoch nur von der eigentlichen Schwäche der Aufständischen. Die KPD-Führung ging noch weiter: Attentate gegen eigene Genossen sollten organisiert, ja sogar KPD-Lokale gesprengt werden; diese Anschläge sollten dann den Rechten bzw. der Regierung in die Schuhe geschoben werden, um den Haß der Arbeiter anzustacheln. Tatsächlich wurde in Breslau versucht, das eigene Parteilokal in die Luft zu sprengen, um die Revolutionierung der Arbeiter voranzutreiben.

Zu Massenstreiks und wirklichen Kämpfen kam es eigentlich nur im Mansfelder Industriegebiet. Oskar Hippe, damals als kommunistischer Aktivist im Mansfelder Industriegebiet tätig, schildert in seinen Memoiren die Besonderheiten gerade dieses Gebiets. Durch den Zusammenschluß mit der linken USPD hatte die schon vorher starke KPD in diesem Industriegebiet mehr Stimmen erhalten als alle anderen

Parteien zusammen (einschließlich der SPD). Im Kreis Mansfeld, wie auch im Vorland des Harzes, hatte die KPD sogar unter kleinen Parzellenbauern Einfluß gewonnen. Die Partei dominierte in vielen Gemeinden. In der Kommunalpolitik standen die Interessen der arbeitenden Bevölkerung im Vordergrund, und auch in den Betrieben wurden durch eine Reihe von Streiks die Arbeitsbedingungen und Löhne beträchtlich verbessert.

Der politische Einfluß der KPD im Mansfelder Industriegebiet war sowohl den Unternehmern als auch der preußischen Regierung ein Dorn im Auge. Sie schickte deshalb am 18. März – mit Einverständnis der Reichsregierung – einige Hundertschaften Polizei ins mansfeldische Kupferbergbaugebiet mit der Begründung, sie hätten den Auftrag, Felddiebstähle zu verhindern. Da es zu dieser Jahreszeit auf den Feldern jedoch nichts zu stehlen gab, war klar, daß die Polizeieinheiten dazu eingesetzt wurden, die Arbeiter und die Bevölkerung einzuschüchtern.

Aus Protest gegen den Polizeieinsatz rief die KPD zum Streik auf, und die Arbeiter im Kupferbergbau legten die Arbeit nieder. Die Polizei antwortete mit der Verhaftung von Partei- und Gewerkschaftsfunktionären und rief durch ihr brutales Vorgehen in weiten Bevölkerungskreisen große Empörung hervor. Revolutionäre Arbeiter, die sich schon vorher gegen die Übergriffe der Polizei gewehrt hatten, griffen nun zu den Waffen, die sie in den Revolutionsjahren in toten Stollen versteckt hatten, und lieferten sich mit der Polizei schwere Gefechte.

Oskar Hippe erinnerte sich an den Schock, als die Mansfelder Arbeiter erkannten, daß sie allein standen: »Während sich der Druck seitens der Polizei ständig verstärkte und immer neue Einheiten eintrafen, blieben die kämpfenden Arbeiter allein. Weder im Ruhrgebiet – außer im linksrheinischen Gebiet um Moers, wo es zu Solidaritätsstreiks kam – noch in anderen Bezirken und Städten gab es Unterstützungsaktionen.« In dieser bereits aussichtslos erscheinenden Situation traf Max Hölz mit seinen Leuten ein, der schon im Jahre 1920 im Vogtland eine Räterepublik ausgerufen und gegen die Regierungstruppen gekämpft hatte.

Max Hölz und seine revolutionäre Gruppe:
»Vom Weißen Kreuz zur Roten Fahne«

Max Hölz hatte als Revolutionär einen legendären Ruf. Am 14. Oktober 1889 in der Nähe von Riesa als Sohn eines Knechtes und Tagelöhners geboren, mußte Hölz seit frühester Kindheit bei den Bauern arbeiten, um zum Unterhalt der Familie beizutragen. Sein Vater war streng religiös und hielt sein Schicksal für den Teil einer göttlichen Ordnung, in der es Herren und Knechte gab. Nach der Schulentlassung nahm Max Hölz verschiedene Arbeiten an: Er war Silberputzer im Hotel Bayerischer Hof in Heidelberg, Diener bei einem reichen Fabrikanten und anschließend Liftboy in der Villa »Pension Luisenhöhe« in Baden-Baden. Dann reiste er nach London, fand eine Anstellung als Küchenjunge und besuchte in den Abendstunden das Polytechnikum in Chelsea. In London trat er in den Christlichen Verein Junger Männer ein, kehrte aber zwei Jahre später nach Deutschland zurück. In Berlin fand er zunächst eine Anstellung als Hilfskellner in der Werkskantine bei Siemens. Er schloß sich auch hier dem Christlichen Verein Junger Männer an und wurde sogar Mitglied des »Weißen Kreuzes«, einem evangelischen Keuschheitsbund. Danach ging er nach Dresden, war zunächst Kegelaufsetzer und anschließend Vorführer in einem kleinen Lichtspielhaus. Seine freie Zeit verbrachte er beim Christlichen Verein Junger Männer. Ende 1912 kam er schließlich nach Falkenstein im Vogtland, seiner späteren Heimat, wo er zunächst als Landvermesser tätig war.

Bei Kriegsausbruch 1914 meldete sich Max Hölz als Kriegsfreiwilliger und rückte nach kurzer Ausbildung mit dem 27. Reservearmeekorps in den ersten Oktobertagen 1914 ins Feld. Er nahm am Vormarsch gegen Ypern teil. Unter dem Eindruck des Ersten Weltkrieges veränderte sich Max Hölz. Er erinnerte sich später:»Ich sah, wie Verwundete, die schmutzig, durstig und hungrig von der Front kamen, nicht verpflegt, sondern von Offizieren beschimpft wurden, sie hätten nicht tapfer genug gekämpft.« Von dem Erlebten aufgewühlt, begann er darüber nachzudenken, welchen Sinn und Zweck dieses Gemetzel habe. Er erkannte allmählich, daß dieser Krieg kein Kampf für die Gerechtigkeit war, und begann an der christlichen Heilslehre und göttlichen Weltordnung zu zweifeln.

Vorübergehend auch an der Ostfront eingesetzt, mit dem Eisernen Kreuz ausgezeichnet, führte er lange Gespräche mit Georg Schumann, einem Sozialisten und Redakteur der *Leipziger Volkszeitung*, der damals Soldat war, später denunziert und vom Kriegsgericht seiner Division wegen Zersetzungsarbeit unter den Soldaten zu sechs Monaten Gefängnis verurteilt wurde. Auf Max Hölz machten diese Gespräche einen tiefen Eindruck: »Das, was ich von Schumann hörte, war für mich etwas Überwältigendes, Neues, Unerhörtes, war ein Blick in eine ganz andere Welt, von deren Vorhandensein ich bisher keine Ahnung hatte. Ich verstand und begriff vieles nicht, was er sagte, aber er regte mein Denken an und wies mir den Weg zu einer neuen Weltanschauung, von der ich früher nicht einmal zu träumen gewagt hätte.«

Von der Novemberrevolution 1918 hörte Max Hölz, als er in überfüllten Zügen von Straßburg über Frankfurt und Halle nach dem Vogtland fuhr. Er erfuhr, daß die deutschen Arbeiter und Soldaten, dem Beispiel der Russen folgend, Arbeiter- und Soldatenräte gebildet hatten. Nachdem er am 9. November 1918 zu Hause in Falkenstein angekommen war, stürzte er sich sofort in die revolutionäre Arbeit und wurde zum Vorsitzenden des Arbeiter- und Soldatenrates in Falkenstein gewählt. Er versuchte dem Arbeiter- und Soldatenrat Waffen zu beschaffen und war gleichzeitig damit beschäftigt, für das USPD-Organ *Vogtländische Volkszeitung* Abonnenten zu werben. Inzwischen war Hölz auch Mitglied der USPD geworden.

Im Frühjahr 1919 gründete Hölz mit einigen Freunden die Ortsgruppe Falkenstein der KPD. Dann war er, oft unter anderen Namen, als Agitator in Mitteldeutschland und Nordbayern tätig und wurde auch mehrfach verhaftet. Nach dem Kapp-Putsch im März 1920 entschloß er sich zum bewaffneten Aufstand, da ihm die bloße Agitation nicht mehr ausreichend erschien. Bald steckbrieflich gesucht, organisierte er bewaffnete revolutionäre Gruppen: »Alles in mir drängte ins Vogtland zurück, um mit einem Stamm zuverlässiger und kampferprobter Genossen und Arbeiter die Abwehrmaßnahmen gegen den monarchistischen Putsch in größerem Maßstab zu organisieren.« Er überfiel mit seinen bewaffneten Truppen Gendarmeriegebäude, rief zur Errichtung der Räterepublik und Bildung einer Roten Armee des Vogtlandes auf, erbeutete Waffenbestände der Reichswehr und wurde bald als »Robin Hood des Vogtlandes« bekannt. Mehrmals gelang es ihm, Verhaftungen durch tolldreisten Bluff zu entgehen. Vor Polizisten, die ihn und seine Leute schon umstellt hatten, kommandierte er »Handgranaten raus!« – die Polizisten flohen.

Anfang März 1921 bereitete er – übrigens ohne Kontakt mit der KPD, die er inzwischen wieder verlassen hatte – mit einigen Genossen die Sprengung des Rathauses in Falkenstein vor. Nach dem ihm dies gelungen war, tauchte er in Berlin unter. Dort erfuhr er dann am Montag, den 21. März, aus der Zeitung vom Aufruf zum Generalstreik in Mitteldeutschland. Mit fünf anderen Genossen reiste er sofort in das Streikgebiet. Da auf seine Ergreifung eine Belohnung von 55 000 Mark ausgesetzt war, war die Zugfahrt nicht ungefährlich. Er gelangte bis Mansfeld, sprach in Versammlungen und organisierte eine Sturmkompanie, die den Kern einer Arbeiterkampftruppe bilden sollte.

Max Hölz im mitteldeutschen Aufstand

Anfangs, so schrieb Hölz, hatten sie nur fünfzig Gewehre und drei Maschinengewehre, aber schon bald gelang es ihm, durch einen Überfall auf eine Dynamitfabrik in Leimbach zwanzig Zentner Sprengstoff zu requirieren und daraus Wurfbomben herzustellen. Am 24. März kam es zu längeren Gefechten in Hettstedt. Aus den umliegenden Orten hatte er Verstärkung für seine Truppe gewinnen können, er befehligte nun vier Sturmkompanien von je hundert Mann und sechs Maschinengewehrabteilungen. Als Verbindung diente ihm eine zwanzig Mann starke Radfahrerabteilung; den einzelnen Abteilungen waren unbewaffnete Arbeiter als Meldeläufer zugeteilt.

Aus einem bunten Haufen hunderter, von den umliegenden Schachtanlagen und Industriewerken herbeigeeilter revolutionärer Arbeiter formte Max Hölz eine geschlossene und relativ gut disziplinierte proletarische Sturmtruppe. Mit ihr überfiel er nun Polizeistationen. Am 25. März kam es zu einem Gefecht in Eisleben. Am 26. März rückten die Hölz-Truppen mit zehn Lastautos in Sangerhausen ein. Am 28. März fand dann das verhängnisvolle Gefecht in Ammendorf bei Halle statt. Mit etwa 2000 Mann ging Hölz in einer drei Kilometer breiten Front gegen Halle vor. Die erwartete Verstärkung durch Arbeiter aus Leuna traf nicht ein, die Truppen von Hölz wurden umzingelt. Der Mehrheit, darunter auch Max Hölz selbst, gelang es jedoch, aus der Falle zu entkommen. Die Flüchtlinge erreichten in der Nacht vom 31. März zum 1. April den Ort Beesenstedt. Die Truppe war inzwischen zusammengeschmolzen. Die militärische Lage hatte sich für Hölz, wie er selbst schrieb, »in den letzten 48 Stunden erheblich verschlechtert«. Hölz sah die Aussichtslosigkeit des Kampfes ein und wollte die Truppe schon auflösen. Dann kam es am 1. April 1921 zum letzten Gefecht bei Beesenstedt. Hölz versuchte nun, sich durch den immer enger werdenden Ring der Sicherheitspolizei und Reichswehr durchzuschlagen. Seine Soldaten kämpften mit dem Mut der Verzweiflung. Bald eintretender Munitionsmangel machte eine Fortsetzung des Kampfes aber aussichtslos. Vor allem das schwere Artilleriefeuer dezimierte die Hölz-Truppe. Viele wurden getötet, andere konnten sich schwimmend oder in Kähnen über die Saale retten. Nach der Niederlage bei Beesenstedt erkannte Max Hölz, daß es unmöglich war, seine zerstreuten Leute neu zu sammeln. Die restlichen Arbeiter teilten sich in Gruppen von vier bis sechs Mann, später sogar zu zweit oder höchstens zu dritt auf und setzten ihren Marsch ins Ungewisse fort. Gegen sieben Uhr abends, nachdem Max Hölz mit einigen Freunden fünf Stunden lang marschiert war, immer die Landstraßen meidend, stießen sie plötzlich auf ausgeschwärmte Ketten der Sicherheitspolizei. Max Hölz, der gefälschte Dokumente auf den Namen Reinhold König trug, wurde verhaftet und in ein Bahnhofsgebäude gebracht, wo sich bereits zwanzig seiner Leute befanden. Immer wieder wurden sie ausgefragt: »Na, wo habt ihr denn euren Hölz?« Nach mehreren Stunden Verhör mußten die Gefangenen mit erhobenen Händen in kleinen Gruppen von je drei bis vier Mann in einen bereitstehenden Zug steigen. Während der Fahrt wurden sie mit Totschlägern und Seitenhandgewehren mißhandelt. Mitten in der Nacht kamen sie in Sangerhausen an, wo Hölz und seine verhafteten Kameraden in den Keller des Bahnhofsgebäudes hineingestoßen wurden. Dort saßen dann etwa fünfzig bis sechzig gefangene Arbeiter, viele mit blutigen und geschwollenen Gesichtern in dem dreckigen, stinkenden Keller.

Am 3. April, nachmittags gegen drei Uhr, wurde plötzlich nach Reinhold König gerufen. Max Hölz meldete sich und wurde in den Bahnwagen gebracht, der als Vernehmungsbüro diente. An einem langen Tisch saßen mehrere Offiziere und Oberwachtmeister. Ohne große Hoffnung auf Erfolg bluffte Max Hölz: Er beschwerte sich über die bereits zwei Tage andauernde Haft und erklärte, er sei mit einem Fahrrad von Ammendorf fortgefahren, um auf dem Land Eier zu kaufen. Dort sei er dann in die Schießerei zwischen Arbeitern und Polizei geraten. Es sei ein schwerer Mißgriff, harmlose, unbeteiligte Leute festzuhalten. Er bat um seine Freilassung, da Frau und Kinder bestimmt sehr um ihn bangten. Seine Papiere wurden eingehend geprüft und dabei festgestellt, daß Reinhold König wirklich drei Kinder hatte und seine Steuern bezahlte. Das Unwahrscheinliche geschah: Max Hölz wurde entlassen. Da er über keine militärischen Mittel mehr verfügte, mußte er versuchen, seinen gefangenen Kameraden im Bahnhofskeller von Sangerhausen mit politischen Mitteln zu helfen. Es gelang ihm, ohne erneut verhaftet zu werden, aus dem Ortsbereich zu entkommen. Bei Einbruch der Dunkelheit stieg er an einer kleinen Haltestelle in den Zug nach Nordhausen. Von dort fuhr er mit dem Schnellzug nach Berlin, wo er am 4. April, früh gegen 8 Uhr, ankam. Aber die Morgenzeitungen berichteten bereits darüber, daß Hölz in Berlin angekommen sei. Der Kopfpreis für seine Ergreifung war inzwischen auf 158000 Mark erhöht worden. Unter diesen Umständen konnte er kein Hotel aufsuchen, denn die Polizei hatte offensichtlich inzwischen auch die Wahrheit über die Papiere von Reinhold König erfahren. In der ersten Nacht nach seiner Ankunft in Berlin irrte er obdachlos in den Straßen umher. Zwei Nächte schlug er sich in der Nähe des Bahnhofs Charlottenburg um die Ohren. Schließlich gelang es ihm, über ein Straßenmädchen neue gefälschte Papiere zu erhalten, mit denen er sich in einer kleinen Fremdenpension einmietete. Dann nahm er Kontakt mit alten Genossen auf und traf sich mit diesen am 15. April in einem Café am Rankeplatz. Gegen zehn Uhr abends verließ Hölz mit einigen seiner Freunde das Lokal, als sie plötzlich von verschiedenen Seiten von Kriminalpolizei umringt wurden. Auf dem Polizeipräsidium stellte sich heraus, daß einer aus der Runde – ein gewisser Henke – das Treffen der Polizei verraten hatte.

So wurde Max Hölz am 15. April, zwei Wochen nach der Niederwerfung des mitteldeutschen Aufstandes, verhaftet und unter stärksten Sicherheitsvorkehrungen in das Untersuchungsgefängnis Moabit gebracht. Ab 16. April 1921 war auf vielen Plakaten in Berlin von der Verhaftung von Hölz zu lesen. Er sei die treibende Kraft bei den Märzunruhen gewesen und habe zu bewaffneter Gewalt, zu Dynamitanschlägen und anderen hochverräterischen Unternehmen aufgefordert. Kurze Zeit später wurde Max Hölz zu lebenslänglichem Zuchthaus verurteilt. Gegen dieses brutale Urteil protestierte unter anderem auch der österreichische Dichter Stefan Zweig. An das Komitee »Freiheit für Max Hölz« schrieb er am 26. September 1927: »Im Allgemeinen halte ich es für europäische Pflicht, daß wir in erster Linie die Rechtsirrtümer und politischen Verstöße unseres eigenen Landes bekämpfen, aber in diesem Falle von Max Hölz ist wieder einmal die traurige Klassenjustiz am Werke, die in allen Ländern Europas in gleich einseitiger Weise ihre Schärfe einzig gegen die radikale Gesinnung wendet. So erachte ich es für meine unbedingte Pflicht, mich Ihrer Manifestation zu Gunsten einer ernsten und ehrlichen Revision des Urteils über Max Hölz anzuschließen.
Ihr sehr ergebener   Stefan Zweig«

1928 wurde Hölz amnestiert und ging in die Sowjetunion. Über seinen weiteren Lebensweg soll im nächsten Band noch berichtet werden.

Die Kämpfe in den Leuna-Werken

Schon nach wenigen Kampftagen im März 1921 wurde klar, daß der Aufstand mißlungen war. »Im Mansfeldischen waren die Arbeiter gezwungen, ihre Stellungen zu räumen«, erinnerte sich Oskar Hippe. Ein Teil der Aufständischen setzte sich nach Halle ab, weil sie glaubten, daß dort noch gekämpft würde. Dies hatte zumindest die zentrale Kampfleitung verlauten lassen, obwohl es nicht zutraf. Ein anderer Teil wollte sich Max Hölz anschließen und sich mit ihm in die Tschechoslowakei absetzen. Unterwegs zu Hölz wurden sie in einem Dorf in der Nähe des Unstrut-Tales von der Polizei gestellt. Einige wurden gefangengenommen, andere konnten entkommen. Die Flüchtenden, berichtet Oskar Hippe, der sich unter ihnen befand, suchten nun Schutz in den Leuna-Werken. Wie dort der Kampf der Aufständischen verlief, erzählt dieser Augenzeugenbericht: »Die Kampfleitung war der Meinung, im Leuna-Werk könne man sich lange verteidigen, weil die Polizei nicht wagen würde, die Verteidiger in diesem riesigen Chemiebetrieb mit schweren Waffen anzugreifen. Innerhalb des Leuna-Werkes hatten sich mehr als dreitausend revolutionäre Kämpfer eingefunden. Aber außer Gewehren und Maschinengewehren sowie zwei Minenwerfern war nichts vorhanden. Die Ausrüstung war schlecht, die Munition knapp. Von Halle und Ammendorf gab es noch einmal Verstärkung von Arbeitern, aber auch sie hatten nur zum Teil Waffen. Noch in der Nacht wurde das Werk von allen Seiten eingeschlossen. Auf die Aufforderung der Polizei, die Waffen niederzulegen, erklärte die Kampfleitung, daß sie dies nur unter zwei Bedingungen tun würde: Abzug der Polizei aus dem mitteldeutschen Industriegebiet und freier Abzug für die kämpfenden Arbeiter. Andernfalls würde Widerstand bis zuletzt geleistet.«

Dann kam das Ende des Kampfes. Oskar Hippe erinnerte sich später: »Wir selbst wußten noch nicht, daß außer von uns in den Leuna-Werken kein Widerstand mehr geleistet wurde. Am Abend des nächsten Tages begann der Angriff der Polizei. Zunächst ohne Unterstützung der Artillerie, die an der Mühle des Dorfes Leuna in Stellung gegangen war. Der Angriff, der hauptsächlich aus Richtung Nordwesten erfolgte, konnte zurückgeschlagen werden. Am Morgen des nächsten

Tages folgte ein weiterer Angriff, diesmal mit Artillerieunterstützung. Innerhalb der Leuna-Werke gab es hochexplosive Bereiche. Die Kampfleitung, die darauf gebaut hatte, daß die Gegenseite nicht mit schweren Waffen ins Werk hineinschießen würde, mußte auf diesen neuen Angriff entsprechend reagieren. Sie hatte einen Panzerzug improvisiert. Gleich am ersten Tag hatten Schlosser damit begonnen, aus Eisenplatten, die genügend vorhanden waren, Güterwaggons und einer Lokomotive einen Zug zu bauen. Mit ihm fuhr eine Besatzung dreimal nach draußen, um die Batterie zu bekämpfen. Es gelang jedes Mal, den Gegner zu vertreiben, nicht jedoch, die Batterie zu vernichten.«

Der Kampf in den Leuna-Werken dauerte fast eine Woche. Der nordwestliche Teil des Werkes war zum Teil zerstört, die Munition ging zu Ende. Die Kampfleitung ordnete an, daß die nicht in Stellung stehenden Kämpfer versuchen sollten, aus dem Werk zu flüchten. Das Werk hatte eine Länge von etwa 6 Kilometern. Westlich des Betriebsgeländes verliefen die Schienen der Eisenbahn Berlin–Frankfurt, während auf der gegenüberliegenden Seite die Saale floß. Ein Teil der Revolutionäre konnte sich in Sicherheit bringen, da die Polizei nicht in der Lage war, das ganze Gebiet hermetisch abzusperren.

Am nächsten Tag kapitulierte der Rest der Kämpfer. Sie wurden innerhalb des Werkes interniert. Systematisch durchkämmte nun die Polizei die Quartiere der Arbeiter. Gemeinsam mit vielen anderen Verhafteten wurde auch Oskar Hippe in ein Stickstoff-Silo gebracht, einen Betonbau von etwa 500 Meter Länge und einer Höhe von 36 Metern. Dort sah er weitere Hunderte von Genossen, viele auf Stroh liegend. Täglich kamen Zivilisten in Begleitung von Polizisten in den Silo und suchten nach Gefangenen, die angeblich oder wirklich an terroristischen Aktionen beteiligt gewesen sein sollten.

Nach drei Tagen wurde der Ausnahmezustand über dem Kampfgebiet aufgehoben und die Arbeit im Betrieb wieder voll aufgenommen. Später sangen deutsche Kommunisten das Lied: »Bei Leuna sind viele gefallen, bei Leuna floß Arbeiterblut . . .«

Nach der gescheiterten »März-Aktion«: »Das Vertrauen der Arbeiter verloren«

Während in Mitteldeutschland der Aufstand tobte, saß Curt Geyer als Vertreter der KPD in Moskau. Dort, so berichtete er später, trafen täglich Nachrichten über die Vorgänge in Deutschland ein, darunter auch die chiffrierten Telegramme der KPD-Führung an das Präsidium der Komintern. Sie waren großsprecherisch, aber dennoch kläglich. Es war von den ersten Berichten an klar, schrieb Geyer, daß die Sowjetmacht zusätzlich zu der Tragödie von Kronstadt nun auch noch vor der eklatanten Niederlage des mitteldeutschen Aufstandes stand, den sie selbst angeordnet hatte. Karl Radek, der wieder nach Moskau zurückgekehrt war, gab sich jetzt sehr kleinlaut, aber er wollte Curt Geyer trotzdem noch einreden, daß auch eine Niederlage von Nutzen sein könne.

Curt Geyer kehrte nach der gescheiterten »März-Aktion« nach Deutschland zurück. Nach stundenlangen Kontrollen und peinlich genauer Untersuchung der Papiere sämtlicher Insassen des Zuges durfte er schließlich an der lettischen Grenze den russischen Zug verlassen und zur Grenzstation hinübergehen, um von dort nach Riga zu fahren. Vor dem Stationsgebäude standen auf dem Perron in der Sonne mindestens ein Dutzend langer, weißgedeckter Tische mit Samowaren, Suppenterrinen, Obstschalen, Tellern und Bestecken für das Mittagessen. Aus der Finsternis der Sowjetwirklichkeit schien er in eine völlig andere Welt zurückgekehrt, aus dem Land der Hungersnot in ein Land des agrarischen Überflusses. Von Riga aus fuhr Geyer dann in einem halbleeren Zug nach Deutschland. Er fühlte, wie allmählich ein Druck von ihm abfiel, der drei Monate lang auf ihm gelastet hatte.

Als er in Berlin wieder in seiner Wohnung war, verschloß er alle mitgebrachten Papiere im Schreibtisch und nahm den Schlüssel an sich. Dann ging er zum Mittagessen. Als er zurückkehrte, fragte die Vermieterin der Wohnung: »Hat Ihr Freund Sie getroffen?« – »Welcher Freund?«, fragte Geyer. »Den Sie geschickt haben, um die Papiere aus dem Schreibtisch zu holen. Er sagte, Sie bräuchten sie dringend und hätten ihm den Schlüssel zum Schreibtisch gegeben; er hat ihn mir als Legitimation gezeigt.« Geyer ging sofort zum Schreibtisch. Das primitive Schloß war aufgebrochen. Alle seine Aufzeichnungen über die Gespräche in Moskau, über die Sitzungen des EKKI, Briefe und Berichte, die er aus Deutschland erhalten hatte – alles war verschwunden.

Geyer dachte zunächst an die preußische Geheimpolizei. Aber dann beschrieb die Vermieterin, wie der junge Mann ausgesehen hatte, Geyer erkannte anhand der Beschreibung sofort einen der jungen Mitarbeiter von Radeks Verbindungs- und Kundschafterleuten. Er war wütend und enttäuscht. Ein Gefühl der Nicht-mehr-Zugehörigkeit entstand in ihm. In dem Diebstahl sah Geyer eine offene Kriegserklärung.

Geyer erlebte nun auch unmittelbar die Folgen der »März-Aktion«, die die KPD aufs tiefste erschüttert hatte. Sie verlor fast die Hälfte ihrer Mitglieder und ihrer besten Köpfe, vor allem aber verlor sie, wie später sogar auf dem Dritten Komintern-Kongreß im Sommer 1921 offen zugegeben wurde, »das Vertrauen der Arbeiter«.

Paul Levi, der langjährige Vorsitzende der KPD, veröffentlichte nach der »März-Aktion« zwei Schriften: *Was ist das Verbrechen?* und *Unser Weg wider den Putschismus,* in denen er die »März-Aktion« als einen Putsch bezeichnete, die geheime Vorgeschichte des Unternehmens und auch die Rolle der Abgesandten der Kommunistischen Internationale enthüllte. Drei Tage nach dem Erscheinen der Schriften wurde Paul Levi als »Renegat und Verleumder« aus der KP und bald darauf aus der Kommunistischen Internationale ausgeschlossen, obwohl Clara Zetkin und andere führende Parteimitglieder in der *Roten Fahne* eine Erklärung abgaben, in der sie darauf hinwiesen, daß die von Levi enthüllten Tatsachen der Wahrheit entsprachen.

Auch Curt Geyer las die Schriften Paul Levis über die »März-Aktion«. Sein Gefühl der Nicht-mehr-Zugehörigkeit wurde noch stärker, als er vor dem Zentralausschuß der KPD über seine Mission in Moskau berichten sollte. Die Sitzung fand in einem der Fraktionssäle des Reichstages statt. Am selben Tisch gegenüber saßen Arkadij Maslow und Ruth Fischer, die Führer der neuen Berliner »Linken«, die die »März-Aktion« verteidigten und inzwischen die Berliner Organisation fest im Griff hatten. Während seines Vortrages wurde er ständig durch ironische Zwischenrufe Ruth Fischers unterbrochen. Als er mechanisch weiterredete, fragte er sich innerlich: »Warum tue ich das eigentlich? Gehöre ich überhaupt noch zu diesen Leuten?« Und dann, mitten im Weiterreden, faßte er den Entschluß: noch ein Zwischenruf Ruth Fischers und ich breche ab und verlasse die Sitzung. Der Zwischenruf kam. Curt Geyer hörte mitten im Satz zu reden auf, legte langsam und ordentlich das vor ihm ausgebreitete Material zusammen und steckte es in seine Aktentasche.

Die Teilnehmer der Sitzung sahen ihm bestürzt zu. Dann rief Maslow, der begriff, daß dies den endgültigen Bruch bedeutete: »Aber das können Sie doch nicht machen! Es war doch nicht so gemeint! Sie verkennen unsere Position! Sie können das nicht machen!« Curt Geyer nahm seine Aktentasche und verließ den Sitzungssaal, ohne ein weiteres Wort zu sagen. Dies war seine endgültige Trennung von der Kommunistischen Partei, die Trennung von seiner eigenen Vergangenheit und den Illusionen, auf denen seine Bindung an die Partei basiert hatte.

Geyer fuhr nach Heidelberg, wo er mit Paul Levi zusammentraf. Dort verabredeten sie ihr weiteres Vorgehen. Vor allem ging es um die Gründung der Zeitschrift *Unser Weg*, die dann von beiden, mit Bernhard Düwell als wichtigstem Mitarbeiter, herausgegeben wurde. Die Führung der KPD versuchte, Curt Geyer zurückzugewinnen. Er wurde dringend gebeten, in dieser Angelegenheit Wilhelm Pieck zu besuchen. Als er eintrat, machte ihm Pieck sofort ein Angebot:»Das Bezirkssekretariat in Düsseldorf, ein sicheres Reichstagsmandat bei den nächsten Wahlen, den Wiedereintritt in die zentrale Parteiführung, einen langen Urlaub, um in Moskau russisch lernen zu können, und eine baldige Verwendung im Komintern-Außendienst – sei es in den USA oder anderswo.« Curt Geyer erkannte, daß dies nicht so sehr ein Angebot der KP-Führung war als eines der Komintern. Er sagte Wilhelm Pieck, daß er kein käufliches Werkzeug der Komintern sei. Am 8. Mai 1921 wurde Geyer offiziell aus der KPD ausgeschlossen. Gemeinsam mit Paul Levi und manchen anderen beteiligte er sich zunächst an der »Kommunistischen Arbeitsgemeinschaft«, die sich wie die restliche USPD im Sommer 1922 der SPD anschloß.

»Die Partei braucht dich!«

Curt Geyer war nicht der einzige, der mit der Partei brach. Nach der »März-Aktion« 1921 verließen über hundert höhere und höchste Parteifunktionäre, darunter fast die gesamte ehemalige Führung des linken USPD-Flügels und mit ihnen rund 200 000 Mitglieder die Kommunistische Partei Deutschlands. Auch Ernst Reuter, damals Generalsekretär der KPD, trennte sich kurz darauf von der Partei. Curt Geyer und die anderen vom linken Flügel der USPD stammenden Sozialisten, aber auch überzeugte Kommunisten um Paul Levi, hatten sich um ein ehrliches Bündnis mit den Bolschewiki bemüht, aber erfahren müssen, daß man sich mit ihnen nicht verbünden konnte, sondern sich ihnen unterwerfen mußte. Sehr viel größer als die personellen Verluste der Kommunistischen Partei war ihr Prestigeverlust. Nach 1921 besaß die Komintern nie wieder einen so großen Einfluß auf die deutsche Arbeiterschaft wie in der kurzen Zeit vom Oktober 1920 bis März 1921.

Während Oskar Hippe in den Leuna-Werken kämpfte und Curt Geyer in Moskau arbeitete, erlebte Axel Eggebrecht die Auswirkung des mitteldeutschen Aufstandes in Berlin. Eggebrecht war erst wenige Wochen zuvor der KPD beigetreten. Eines Tages wurde er telefonisch zu einem Funktionär des Apparats gerufen. Mit sehr ernster Miene

Vorangehende Seite: Lenin verfolgt die Debatten der Delegierten während des 3. Weltkongresses der Komintern 1921 in Moskau. *Oben:* Blick in den Sitzungssaal im Smolny-Palast in Petrograd während der Eröffnungssitzung des 2. Weltkongresses der Komintern 1920. *Unten:* Lenin im Gespräch mit fernöstlichen Delegierten auf dem 3. Weltkongreß 1921 in Moskau.

Kommunisten der ersten Stunde. *Oben von links nach rechts:* John Reed, Béla Kun, Josip Broz (Tito). *Unten von links nach rechts:* Mao Tse-tung, Antonio Gramsci, Maurice Thorez.

Münchener Räterepublik. *Oben:* Eugen Leviné *(links)* und Max Levien. *Unten:*
Demonstranten des Münchener KP-Bezirks Neuhausen während des Generalstreiks am 22. 4. 1919.

fragte man ihn aus. Dann erfuhr er, worum es sich handelte: »Für ein paar Tage wird jemand bei dir untergebracht . . . Niemand darf davon etwas merken. Wenn es dunkel ist, wird er viermal läuten und vier Worte sagen: ›Ich bin der Kleine.‹ Gibt es noch Fragen?«

Nein, es gab keine mehr. Jetzt, so sagte sich Axel Eggebrecht, war die Stunde der Bewährung gekommen: Die Partei brauchte ihn. Erregt erwartete er den geheimnisvollen Besucher, offensichtlich ein höherer Abgesandter der Komintern. »Der Kleine« war ein Krüppel. Axel Eggebrecht hatte ein paar Brote hergerichtet. Der Fremde aß sie mit Appetit und verstand es meisterhaft, den Gastgeber zum Sprechen zu bringen. Er sprach in perfektem Deutsch, aber ein leichter Akzent verriet den Russen. Der Fremde hatte vor dem Kriege vier Semester in Heidelberg studiert, mehr gab er nicht preis. Als sie auf den kleinen Balkon hinaustraten, hörte man aus der Ferne ein dumpfes Dröhnen. Der Fremde sagte: »Im Leuna-Werk kämpfen sie noch.«

Später, vor dem Schlafengehen, zog der Fremde seine Jacke aus, nestelte irgendetwas hastig los und plötzlich flog der Buckel in einen Sessel, es war ein ausgestopfter Lederwulst. »Praktisch, was? Von dem Gewächs steht nichts in meinem Steckbrief. Ach wie gut, daß niemand weiß, daß ich Rumpelstilzchen heiß.« Mehrmals führte er lange, oft erregte Telefongespräche. Er blieb einige Tage. Am dritten Morgen begann er abrupt von sich aus zu sprechen: »Es ist nicht gelungen, auch nur Teile der Sozialdemokratie mitzureißen. Der Aufruf zum Generalstreik wird nicht befolgt. Die Reaktion schlägt brutal zu. Jeden Tag kann die KPD verboten werden. Für die Illegalität seid ihr nicht begabt. Der Bankrott einer Schaukelpolitik, er war vorauszusehen.«

Plötzlich klingelte es an der Tür. Das Läuten wiederholte sich. Der Fremde schlich auf Strümpfen hinaus, spähte durch das Guckloch, öffnete und kam mit einem Unbekannten zurück, den er noch im Eintreten mit Vorwürfen überhäufte, ob er verrückt geworden sei, hierherzukommen. Am Ende des erregten Gesprächs verwandelte sich »der Kleine« wieder in eine Mißgestalt: »Ich muß weg. Du auch. Sicher ist sicher. Die Bezirkszentrale ist von der Polizei besetzt, nicht einmal die Kartei haben eure Dilettanten beiseitegeschafft.«

Axel Eggebrecht sah den Fremden, »den Kleinen«, niemals wieder. Später hörte er, daß er während des Spanischen Bürgerkrieges von den Schergen Stalins liquidiert worden sei.

Ob »der Kleine« mit August Guralski identisch war, der als Abgesandter der Komintern maßgeblich an den Vorbereitungen der »März-Aktion« beteiligt war, ist nicht mit Sicherheit nachweisbar.

VI.

»Eine zweite Front der Weltrevolution«

Hoffnung auf die Revolutionierung Asiens
und die Gründung der KP Chinas 1921

Am 15. August 1920 – wenige Tage nach dem Ende des Zweiten Weltkongresses der Komintern – wurde die Rote Armee vor Warschau
schwer geschlagen. Die große Hoffnung auf ein Übergreifen der Revolution nach Westen war damit zunichte gemacht worden.
Auf den nächsten Sitzungen des Exekutivkomitees und des auf dem
Zweiten Weltkongreß gebildeten »Kleinen Büro« mit Sinowjew, Bucharin, Ernst Meyer, A. Rudnjanski und dem Sekretär Kobetzky,
wurde die Lage in Europa diskutiert und von der Notwendigkeit gesprochen, den Schwerpunkt der Revolution jetzt nach dem Osten zu
verlagern. Europa, so erklärte Lenin auf einer dieser Sitzungen, sei
nicht die ganze Welt. London und New York könnten auch über den
Ganges und den Jangtsekiang erreicht werden. Tschitscherin, der
Volkskommissar des Äußeren, hatte bereits im Frühjahr 1920 auf dem
Zweiten Weltkongreß zu M. N. Roy gesagt: »Ich bin sehr froh, daß Sie
nach Moskau gekommen sind. Die koloniale Welt ist in Flammen. Die
Revolution muß auch nach Osten übergreifen. Eine zweite Front der
Weltrevolution muß in Asien eröffnet werden.« Roy wurde sogar der
Posten eines sowjetrussischen Botschafters in Afghanistan angeboten,
dem einzigen Land in Asien, mit dem die Sowjets damals diplomati-
sche Beziehungen hatten. Aber daraus wurde nichts.
Mit zunehmender Aufmerksamkeit wurden nach dem Zweiten
Weltkongreß im EKKI die nationalrevolutionären Bewegungen in den
islamischen Ländern beobachtet, in der Hoffnung, daß diese als Boll-
werk gegen den europäischen Imperialismus dienen könnten. Kemal
Pascha hatte in der Türkei bereits ein Beispiel gegeben, von dem man in
Moskau hoffte, daß es vielleicht Auswirkungen auf die ganze islamische Welt zeitige. Damals waren in Moskau auch die ersten Gerüchte
über die indische Khalifat-Bewegung zu hören, und mancher Funktionär glaubte ernsthaft, daß der Panislamismus womöglich eine revolu-

tionäre Kraft sei, die man als Bündnispartner der proletarischen Welt-revolution willkommen heißen sollte. Viele Hoffnungen setzte man auf Afghanistan, wo König Aman Ullah (1892–1960) im harten Kampf gegen den britischen Imperialismus stand. Der indische Kommunist M. N. Roy äußerte seine Zweifel gegenüber all diesen optimistischen Erwartungen. Aber schon auf seiner ersten Sitzung nahm das »Kleine Büro« zwei Resolutionen an: Erstens in Baku einen ersten Kongreß der unterdrückten Völker des Ostens abzuhalten, und zweitens ein Zen-tralasiatisches Büro der Kommunistischen Internationale in Taschkent zu bilden.

Der Kongreß der Völker des Ostens in Baku: Ein »Sinowjew-Zirkus«

M. N. Roy schrieb später in seinen Memoiren, daß dieser Kongreß eine Idee von Sinowjew war. Da er nur eine propagandistische Wirkung haben konnte und dies für eine revolutionäre Bewegung nicht aus-reichte, war Roy von Anfang an dagegen. Er argumentierte, es sei zu früh, da es ja noch nicht einmal revolutionäre Organisationen in den Nachbarländern gebe, die echte Delegierte zum Kongreß entsenden könnten.

Trotzdem fand die Idee Beifall bei den übrig gebliebenen Delegier-ten des Zweiten Weltkongresses, die sich noch in Moskau aufhielten. Vor allem Karl Radek – der inzwischen Angelica Balabanoff als Sekre-tär der Komintern abgelöst hatte – war enthusiastisch. Auch der Ame-rikaner John Reed war dafür. Der Kongreß sollte nach dem Willen der Veranstalter in Baku stattfinden, wo bereits ein großes Denkmal für die gefallenen revolutionären Kämpfer errichtet worden war. Roy stimmte dagegen, er interessierte sich viel mehr für die Bildung eines Zentralasiatischen Büros der Komintern als für diesen Kongreß. Er be-zeichnete den Bakuer Kongreß als einen Verlust von Zeit, Energie und materiellen Mitteln zum Zwecke einer leichtfertigen Agitation und nannte im kleinen Kreis den Kongreß einen »Sinowjew-Zirkus«. Er wurde gebeten, wenigstens zum Kongreß zu erscheinen, da er dort eine wichtige Rolle spielen sollte. Aber er blieb bei seiner Ablehnung. »Lenin lächelte nachsichtig über meine Widerborstigkeit. Sinowjew war böse, daß es einer wagte, direkt gegen seinen Willen aufzutreten. Radek spottete über meine übertriebene Ernsthaftigkeit. Er räumte ein, daß der Kongreß keine nachhaltigen Resultate haben würde, aber warum solle man nicht einmal einen Spaß mit einer malerischen Schau haben, die dem britischen Außenminister Lord Curzon schlaflose Nächte bereiten würde.«

Nur Karachan, damals Stellvertretender Volkskommissar für Auswärtiges, der den Osten kannte, hatte Verständnis für Roys Auffassungen. Tschitscherin versuchte mit sanfter Überzeugungskraft in langen Abendgesprächen Roy umzustimmen; Michail Borodin, sein Partner in Mexiko (s. Kapitel II), war erbittert: Roy hatte immer noch nicht erkannt, daß Disziplin die höchste bolschewistische Tugend sei.

Doch M. N. Roy ließ sich nicht umstimmen. Schließlich wurde an seiner Stelle Abani Mukherji als Vertreter Indiens auserkoren – und der war überglücklich, am Bakuer Kongreß mitwirken zu können.

An den Vorbereitungen für den Kongreß nahm auch die Russin Jelena Stassowa teil, die schon 1898 der damaligen illegalen russischen Sozialdemokratischen Arbeiterpartei angehörte, bei der Vorbereitung von Lenins Zeitung *Iskra* (Der Funke) half und sich 1903 bei der Spaltung für die Bolschewiki entschied. Sie arbeitete aktiv in der illegalen Bewegung und wurde im Jahre 1912 zur Kandidatin für das Zentralkomitee ernannt. Von 1913 bis 1917 nach Sibirien verbannt, kam sie nach der Revolution zurück und war danach als Sekretärin des Zentralkomitees tätig.

Die Vorbereitung des Kongresses, so erinnerte sich Jelena Stassowa, war sehr mühselig. Die Organisation war mangelhaft. Da die bolschewistische Partei im Kaukasus erst seit kurzer Zeit bestand, war allerdings auch kaum Besseres zu erwarten.

Für Sinowjew, Karl Radek, Béla Kun, den Franzosen Alfred Rosmer und den Amerikaner John Reed wurde ein Sonderzug nach Baku bereitgestellt. Die Reise war nicht ungefährlich, da der Zug durch unsichere Gegenden fuhr. Seine Verteidigung wurde Jakow Blumkin anvertraut.

Jelena Stassowa war zuvor schon mit einem gewöhnlichen Zug nach Baku gefahren: »Das Heizmaterial reichte nicht aus. Deshalb stiegen die Fahrgäste immer kurz vor einer Station aus, nahmen Zäune oder sonst etwas für die Lokomotivfeuerung Geeignetes auseinander, und erst dann setzte sich der Zug zum nächsten derartigen Halt wieder in Bewegung. Auf der Station Mineralnyje Wody wurde erklärt, wir würden weder heute noch morgen, noch überhaupt in den nächsten Tagen weiterbefördert werden.« Als sie von dem nachkommenden Sonderzug zum Kongreß hörte, wartete sie auf diesen und fuhr dann mit den Spitzenfunktionären nach Baku, wo sie während der Zeit des

Kongresses in der Wohnung von G. K. (»Sergo«) Ordschonikidse untergebracht war, des berühmten Volkskommissars für Schwerindustrie in den dreißiger Jahren, der im Februar 1937 aus Entsetzen und Enttäuschung über Stalins beginnende Säuberungen Selbstmord beging.

»Erhebt euch zum heiligen Krieg unter dem Banner der Komintern!«

Der Kongreß vom 1. bis 8. September 1920 in Baku wirkte, zumindest auf den ersten Blick, beeindruckend: Es nahmen 235 Türken, 192 Perser, 157 Armenier, 100 Georgier, 47 Kirgisen, 35 Turkmenen, 17 Osseten, 15 Usbeken und 14 Inder teil, ferner Kalmücken, Koreaner und Chinesen – alles in allem 1891 Männer und Frauen, darunter 1273 Kommunisten. Lenin und Trotzki wurden zu Ehrenpräsidenten gewählt. Aber selbst Jelena Stassowa, sonst völlig parteitreu, äußerte sich später in ihren in der Sowjetunion erschienenen Memoiren skeptisch über den Kongreß: »Die Zusammensetzung des Kongresses war sehr heterogen. Neben solchen bedeutenden Revolutionären wie Subhi und Indiens Vertreter Mukherji gab es auch ganz unvorbereitete Menschen, die zufällig auf den Kongreß geraten waren. Unter den Delegierten waren Khane und Beis, die die Fahrt nach Baku zu verschiedenen Handelsgeschäften nutzen wollten: für den Verkauf von Teppichen, Ledererzeugnissen usw. Die Spekulation war offenkundig, und einige der Delegierten hätte man sofort entfernen müssen, doch damit hätte man, da sie Delegierte des Kongresses waren, den Kongreß selbst diffamiert ... Schwierigkeiten bereitete ferner, daß Aserbeidschan eine eigene Währung besaß und die ganze Zeit russisches und aserbeidschanisches Geld umgetauscht werden mußte.«

In Baku hatte der türkische Nationalrevolutionär Enver Pascha einen sensationellen Auftritt. Kongreßteilnehmer Victor Serge (s. Kapitel I) erinnerte sich daran: »Ein Saal voller Orientalen brach in Geschrei aus. Jatangane und Dolche wurden geschwungen: Tod dem Imperialismus! Die wirkliche Verständigung mit der mohammedanischen Welt, die von ihren eigenen nationalen und religiösen Bestrebungen getrieben wurde, blieb dennoch schwierig.«

Jelena Stassowa berichtete aber auch von ernsthaften Diskussionen und Konflikten auf dem Bakuer Kongreß, teils unter den Teilnehmern, teils zwischen den beiden Hauptrednern Sinowjew und Radek, die in manchen Fragen nicht übereinstimmten. Auch die sogenannte

»Frauenfrage« spielte in Baku eine Rolle. Viele Delegierte schnitten sie ungewollt immer wieder an, unabhängig davon, über welches Thema sie gerade sprachen – sei es über die Agrarfrage oder über das Schicksal der Nomaden. Jelena Stassowa: »Ich erinnere mich, welch gewaltigen Eindruck auf die Kongreßteilnehmer eine Gruppe einheimischer Frauen machte, die den Schleier noch nicht abgelegt hatte, aber bereits in den Reihen der Demonstranten marschierte und sich an allen Beratungen des Kongresses beteiligte.«

Aber es gab auch viele große Worte und noch mehr Enthusiasmus in Baku. Sinowjew sprach dort die Sätze, die dann in der ganzen kommunistischen Welt die Runde machten: »Vor allem rufen wir euch auf zum heiligen Krieg gegen das Britische Weltreich. Wir werden die Brandfackel gegen seine Herrscher schleudern. Wir werden jenen glatten Gesichtern, den englischen Offizieren, die in der Türkei, in Persien und Indien kommandieren, das Leben vergällen.« Und in einer Proklamation des Kongresses hieß es: »Erhebt euch, ihr Bauern Anatoliens, zum heiligen Krieg unter dem Banner der Komintern!«

John Reed berichtete, daß Stammesangehörige zahlreicher Nationen und Rassen in Baku anwesend waren, die malerische Gewänder und große Schwerter, Revolver und Gewehre trugen. Als eingeschworene Gegner des Imperialismus bestanden sie darauf, daß ein englischer Delegierter eine Ansprache halten sollte, um zu demonstrieren, daß es auch in England Menschen gebe, die den Imperialismus ablehnten. Man fand einen Engländer, aber er war kein guter Redner. Er wollte auch gar keine Rede halten, ließ sich aber dann doch überzeugen und hielt eine kurze Ansprache vor der erregten Menge. Danach sollte Pjotr Petrow die Rede übersetzen. Er begann mit »Genossinnen und Genossen . . .« – und damit hörte die Übersetzung auch schon auf, denn er hielt sogleich eine eigene schwungvolle Rede und erweckte größte Begeisterung bei seinen Zuhörern. Laute Beifallsrufe unterbrachen ihn. Schwerter wurden mit dem Ruf »Nieder mit dem britischen Imperialismus!« in der Luft geschwungen. Petrow kam immer mehr in Fahrt. Das wurde schließlich dem englischen Delegierten zuviel, er rief: »Davon habe ich doch gar nichts gesagt! Ich verlange eine ordentliche Übersetzung! Das ist nicht meine Rede, das ist nicht meine Rede!« Aber es war unmöglich, Petrow Einhalt zu gebieten. Er redete weiter. Als er dann zum Ende kam, erhoben sich alle Teilnehmer mit lauten Hochrufen auf den englischen Delegierten. Schüsse wurden in die Luft gefeuert, Schwerter geschwenkt und immer wieder »Nieder mit dem britischen Imperialismus!« geschrien.

H. G. Wells und der Film über Baku: »Ich wünschte, ich hätte Karl Marx auferwecken können ...«

Der Kongreß der Völker des Ostens in Baku wurde als so wichtig angesehen, daß die gesamte Veranstaltung – damals eine große Seltenheit! – gefilmt wurde. Der Film wurde nach dem Kongreß nach Petrograd gebracht und dort einem kleinen Kreis vorgeführt. Zu denen, die damals den Film sehen konnten, gehörte auch der britische Schriftsteller H. G. Wells, der Ende September 1920 in die Sowjetunion gereist war und ausführliche Gespräche mit Lenin, Sinowjew und dem Schriftsteller Maxim Gorki geführt hat.

H. G. Wells berichtete später, der Film zeige »das wunderbarste Gemisch von weißen, schwarzen, braunen und gelben Menschen mit asiatischen Trachten und den eigentümlichsten Waffen«. Besonders beeindruckt war Wells von einem im Film gezeigten großen Umzug mit einem erbeuteten britischen Geschütz und von der feierlichen Bestattung von dreizehn Revolutionären, die, nach der Darstellung des Films, von britischen Interventionstruppen erschossen worden seien. Zu sehen war auch, wie Bilder von Lloyd George und Präsident Wilson öffentlich verbrannt wurden. Besonders ausführlich zeigte der Film einen kaukasischen Tanz: »Dieser Tanz ist eigentlich der Hauptschlager des merkwürdigen Films. Der Mann trägt eine pelzbesetzte Jacke, hohe Stiefel und eine hohe Mütze, und er tanzt mit äußerst schnellen und gewandten Schritten. Dabei zieht er zwei Messer hervor, die er zwischen die Zähne steckt, zwei weitere, die er mit offenen Klingen in gefährlicher Nähe seiner Nase zu deren beiden Seiten balanciert. Schließlich führt er das Kunststück aus, ein fünftes Messer, immer im Takte der typisch orientalischen Musik weiter tanzend, auf seiner Nase schweben zu lassen. Mit in die Seiten gestemmten Armen bückt und hockt er sich nieder und läßt, wie die Kosaken im russischen Ballett, seine Stiefel behende hin und her schießen, dabei dreht er sich langsam herum und klatscht in die Hände.« Wells dachte in Petrograd beim Betrachten des Films darüber nach, wie Karl Marx auf solche Szenen reagieren würde: »Ich wünschte, ich hätte Karl Marx auferwecken können, um ihn dieses Schauspiel feierlich, über seinen Bart hinweg, betrachten zu sehen.« H. G. Wells erhielt diesen aus fünf Rollen bestehenden Film von der Sowjetregierung geschenkt und brachte ihn nach England mit.

Trotz des eigentümlichen Charakters dieses Kongresses, der, laut Wells, in manchem einer »Landpartie«, einer »Kirmes« und einem

»Schützenfest« ähnelte, sei er doch »als Symptom einer neuen Richtung« des Bolschewismus bedeutsam gewesen und wäre ein Zeichen für das Bestreben, neue Beziehungen anzuknüpfen, sich auf die kolonialen Revolutionen des Ostens zu orientieren. H. G. Wells sprach auch mit seinem russischen Kollegen Maxim Gorki über den Kongreß, der Gorki »tief beeindruckt« habe: »Wie ein Alpdruck lastet auf ihm die Angst, Rußland möchte wieder ostwärts wandern.«

Der Kongreß schloß mit der Einsetzung eines aus 48 Personen bestehenden »Aktions- und Propagandarats«, der von Jelena Stassowa in Baku geleitet werden sollte. Unter Kontrolle des Exekutivkomitees der Komintern sollte dieser Aktions- und Propagandarat die Zeitschrift *Die Völker des Ostens* und Broschüren in mehreren Sprachen herausgeben. Es erschien jedoch nur eine einzige Nummer dieser Zeitschrift; der Rat selbst funktionierte nicht lange und spielte später keine entscheidende Rolle mehr.

John Reeds Tod und Begräbnis in Moskau

Auf dem Rückweg vom Kongreß der Völker des Ostens kaufte sich John Reed während der Fahrt eine Wassermelone auf einem kleinen malerischen Markt in Daghestan. Wenige Tage später erkrankte er an Typhus. In Moskau brachte man ihn sofort in das Kreml-Krankenhaus. Dort besuchte ihn der britische Kommunist John Murphy. Murphy erinnerte sich später: »Reed war einer jener lebensfrohen Menschen, die täglich das meiste aus dem Leben holen, ein guter Arbeiter und ein energischer Kämpfer, wenn er an etwas glaubte ... Er kämpfte tapfer, war aber bereits geschwächt von einer früheren Krankheit. Ich besuchte ihn oft in seinem Krankenzimmer, wo er kurz danach starb.«

John Reed starb am 17. Oktober 1920. Die amerikanische Revolutionärin Emma Goldman, die seit Januar 1920 in Moskau lebte, war mit Reed und seiner Frau Louise Bryant eng befreundet. Nach ihrem Zeugnis sah John Reed bereits im Januar 1920 die dunklen Seiten des bolschewistischen Regimes, deren Auswirkungen er aber für vorübergehend hielt. Er war davon überzeugt, daß die Sowjetregierung bald die engen Parteigrenzen überwinden und es dann zu einer Art »kommunistischem Commonwealth« kommen werde, zu einer echten kommunistischen Gemeinschaft. Nachdem Reed im Laufe des Jahres 1920 Sowjetrußland bereiste und wegen dessen miserablen allgemeinen Zustandes völlig erschüttert zum Zweiten Weltkongreß gekommen war, hätten seine Zweifel aber überhand genommen. Emma Goldman sprach mit Reeds Frau, Louise Bryant, die sehr verbittert darüber war, daß Reed nach Baku hatte fahren müssen, obwohl er bereits vorher sehr krank und noch anfällig gewesen sei. Er sei als sterbender Mann zurückgekehrt. Louise Bryant erzählte Emma Goldman, daß Reed auf dem Totenbett immer wieder einen einzigen Satz wiederholt habe: »Ich bin gefangen in einer Falle.«

Am Sonntag, dem 23. Oktober 1920, nahmen Louise Bryant und Emma Goldman an der Totenfeier für John Reed im Haus der Gewerkschaften in Moskau teil. Es wurden viele Reden gehalten – meist kalte, stereotype Erklärungen über die Bedeutung Reeds für die Revolution und die Kommunistische Internationale. Alles klang sehr mechanisch und weit entfernt von dem Geist des Verstorbenen. Nur Alexandra Kollontai ehrte den wirklichen John Reed. Sie hatte seine künstlerische Begabung, seine Größe und Begeisterungsfähigkeit jenseits von allen Dogmen erkannt. Sie sagte in ihrer Rede, daß der Mensch für sie wichtiger als jedes Dogma sei, und sie nützte die Gelegenheit, ihren Genossen eine Lektion zu erteilen: »Wir nennen uns Kommunisten«, sagte sie, »aber sind wir das wirklich? Ist es nicht so, daß wir von jenen, die zu uns kommen, alles nehmen und sie dann am Wege liegen lassen, vernachlässigen und vergessen, wenn sie uns nicht mehr von Nutzen sind? Unser Kommunismus, unsere Kameradschaft werden tote Buchstaben sein, wenn wir uns nicht um die kümmern, die uns brauchen. Hüten wir uns vor einem solchen Kommunismus, der die Besten in unseren Reihen schlägt. John Reed war einer dieser Besten!« Emma Goldman bemerkte, daß die offenen Worte von Alexandra Kollontai von einigen höheren Parteifunktionären mit Unwillen aufgenommen wurden. Bucharin runzelte seine Augenbrauen, Boris Reinstein wirkte verstört, andere murmelten vor sich hin. Nur Louise Bryant war dankbar und erfreut über die mitfühlenden Worte Alexandra Kollontais.

Die Vorbereitung des Zentralasiatischen Büros der Komintern in Taschkent

Die zweite Resolution, die das »Kleine Büro« auf seiner ersten Sitzung angenommen hatte, war der Beschluß, ein Zentralasiatisches Büro der Komintern zu errichten. Dieses neue Büro mit Sitz in Taschkent sollte von Grigorij Sokolnikow, Georgij Safarow und M. N. Roy geleitet werden.

Sokolnikow, damals noch nicht einmal vierzig, war Kommandeur der Roten Armee in Zentralasien und Vorsitzender der Turkestan-Kommission der Sowjetregierung. Als Jugendlicher war er in der Emigration in Frankreich gewesen und hatte sich in Paris seinen Lebensunterhalt als Schaufensterdekorateur eines Modegeschäfts verdient. 1917 war er zurückgekehrt und wurde in der entscheidenden Periode vor der bolschewistischen Machtergreifung einer der Herausgeber der *Prawda*. Im Bürgerkrieg war er Kommandeur in der Roten Armee.

Georgij Safarow wurde häufig als »das Wunderkind der Partei« bezeichnet. Der intelligente Schüler Lenins war ebenfalls in die Emigration gegangen und hatte sich als Gärtner in Südfrankreich seinen Lebensunterhalt verdient. Nach dem Sturz des Zarismus war auch er nach Rußland zurückgekehrt und sehr bald als Marxist, Schriftsteller und brillanter Journalist bekannt geworden. Während des Bürgerkrieges war er der Kommandant des berühmten »Propagandazuges«, der die Botschaft der Befreiung in die entferntesten Winkel des Landes trug. Der Zug besaß Kinoprojektoren, Filme und eine Druckerpresse sowie eine ständige kleine Ausstellung. Tausende von Veranstaltungen mit kurzen Sketchs wurden von Mitarbeitern des Zuges durchgeführt, die gleichzeitig auch noch eine Zeitung herausgaben. Der unter militärischer Bewachung fahrende Zug war stets mit roten Girlanden und vielen Losungen auf Transparenten geschmückt.

Der dritte im Bunde, M. N. Roy, war vor allem für die Agitation des Büros in den asiatischen Ländern, besonders in Indien, zuständig.

Neben dem führenden Triumvirat, Sokolnikow, Safarow und Roy gehörten dem neuen Zentralasiatischen Büro auch J. X. Peters, ein Lette von der Tscheka, und Lasar M. Kaganowitsch, Stalins späterer »eiserner Volkskommissar« an, der für die zivile Administration zuständig war. Auch der damalige Präsident des Zentralexekutivkomitees des Turkestaner Sowjet, Rachimbajew, gehörte dazu.

Zur Jahreswende 1920/21 war man im Zentralasiatischen Büro der Meinung, daß Kabul, die Hauptstadt Afghanistans, eine geeignete Basis für die Expansion der revolutionären Bewegung nach ganz Asien sei. Deshalb wurde beschlossen, Fjodor Raskolnikow und seine schöne Frau Larissa Reissner nach Kabul an den Hof König Aman Ullahs zu senden.

Fjodor Raskolnikow, geboren 1892, war seit 1910 Mitglied der Partei, hatte während des Ersten Weltkrieges in der russischen Flotte gedient und im Februar 1917 an der Revolution teilgenommen. Er war der Leiter des bolschewistischen Komitees in Kronstadt gewesen und hatte unmittelbaren Anteil an der Oktoberrevolution. Danach war er Vizekommissar für die Flotte, dann Kommandeur der Wolgaflottille und der Kaspischen Flottille sowie im Juni 1920 Kommandeur der Baltischen Flotte gewesen. Nach dem Ende des Bürgerkrieges wurde Raskolnikow im März 1921 nun zum ersten sowjetischen diplomatischen Vertreter in Afghanistan ernannt.

Hoffnungen auf Afghanistan

Vor ihrer Abreise besuchte Roy häufig Raskolnikow und Larissa Reissner. Da er selbst keine Erfahrungen an einem orientalischen Hof hatte, konnte Roy seinen neuen Freunden auch nicht viel Instruktionen geben. Roy bemerkte aber bald, daß Larissa Reissner über poetische Vorstellungskraft verfügte. Sie las viele orientalische Bücher, in der Hoffnung, dadurch ein wenig über die Atmosphäre am Hofe des afghanischen Königs erfahren zu können. Für ihre Aufgabe war sie zu allem bereit. Sie gab sogar zu – ihr Gesicht rötete sich dabei »bis zu den Wurzeln ihrer kastanienbraunen Haare« –, orientalische Tänze zu kennen. Ihr Mann war sicher, daß es ihr gelingen würde, den afghanischen König zu betören. Fjodor Raskolnikow und Larissa Reissner blieben jedoch nicht lange in Kabul. Dem Türken Enver Pascha und der englischen Regierung gelang es, König Aman Ullah so zu beeinflussen, daß er auf die britische Karte setzte. In der kurzen Zeit, in der Raskolnikow und seine Frau in Kabul waren, konnten sie trotzdem eine gewisse Rolle spielen. Sie gewannen das Vertrauen des Königs immerhin soweit, daß er einmal in besonders ausgelassener Stimmung meinte, selbst ein Bolschewik zu sein, da er seinen Vater getötet habe, um an die Macht zu kommen.

Raskolnikow hoffte mit Roy auf das baldige Entstehen einer revolutionären Bewegung in Indien. Schon bei seinem Abschied vor der Abreise nach Kabul hatte er vorgeschlagen, die Unterstützung der Grenzstämme mit Waffen und Geld zu forcieren, damit diese sich gegen die britischen Herren in Indien erheben konnten. Dies, so meinten er und viele andere Bolschewiki, würde möglicherweise zum Zusammenbruch der britischen Herrschaft in Indien führen.

Auch Lenin, mit dem M. N. Roy darüber sprach, sah im Sturz der britischen Herrschaft in Indien ein revolutionäres Ereignis von großer Tragweite. Es würde gewaltige Auswirkungen auf ganz Asien haben und könne vielleicht sogar das Signal zu einer Revolution in Großbritannien werden. Aber um die Grenzstämme so wirksam unterstützen zu können, damit sie einen ernsthaften Kampf gegen die britischen Herren zu führen in der Lage wären, müsse man mit dem afghanischen Regime zusammenarbeiten, meinte Lenin.

Doch König Aman Ullah war kein Revolutionär. Lenin schätzte ihn insofern richtig ein, als er glaubte, Aman Ullah wolle sich mit einem antibritischen Mäntelchen nur profilieren, letztlich würde er aber doch seine Interessen bei den Briten besser vertreten wissen, da diese ihm auch mehr bezahlen könnten. Abschließend sagte Lenin: »Wir sollten keine Illusionen haben, aber die Strategie der Revolution liegt nun einmal darin, alle nur denkbaren Möglichkeiten zu nutzen.« Daher müsse man nach wie vor versuchen, Afghanistan als Basis für eine Unterstützung der Revolution in Indien zu gewinnen. Roy sollte Details dazu ausarbeiten, damit diese vom Politbüro der Partei besprochen und sanktioniert werden könnten.

Mit Militärzügen nach Taschkent

Als ersten Schritt zur Verwirklichung dieser Zielsetzung sollte in Taschkent das Zentralasiatische Büro eingerichtet und später eine Ausbildungsstätte für indische Revolutionäre gegründet werden. Danach sollte ein vorgeschobener Stützpunkt in Afghanistan geschaffen werden. Dort wollte man schließlich die Grenzgebiete als Operationsbasen benutzen und die Grenzstämme, die bereits in Opposition zur britischen Kolonialherrschaft standen, mit Waffen und Geld unterstützen, damit eines Tages die Rote Armee als Befreier in Indien einmarschieren und dort befreite Gebiete schaffen könne, in denen so schnell wie möglich revolutionäre Regierungen zu bilden wären. Diese Regierungen sollten dann die nationale Unabhängigkeit und ein Programm für soziale Reformen verkünden, die Bevölkerung zur Unterstützung aufrufen, um so schrittweise die befreiten Gebiete zu vergrößern. In diesem Konzept wurden besonders die Industrie- und Transportarbeiter erwähnt; ferner sollte die gesamte erwachsene Bevölkerung der befreiten Gebiete bewaffnet werden.

Zur Verwirklichung dieses Planes aber brauchte man Waffen, militärische Ausrüstung, geschulte Kräfte und Geld. M. N. Roy erhielt dies alles vom Rat der Volkskommissare, wie damals die Sowjetregierung genannt wurde, nachdem vorher das Politbüro der Kommunistischen Partei Rußlands darüber einen Beschluß gefaßt hatte.

Im November 1920, vier Monate nach dem Zweiten Weltkongreß der Komintern und wenige Wochen nach dem Kongreß der Völker des Ostens in Baku, waren die Vorbereitungen für Taschkent abgeschlossen, und die Mission reiste in zwei Zügen Richtung Osten ab. Der erste Zug, von zwei Lokomotiven gezogen und aus einer Vielzahl von schweren Güterwagen bestehend, transportierte vor allem die militärische Ausrüstung: Pistolen, Gewehre, Maschinengewehre, Handgranaten und leichte Artillerie, hinzu kam eine größere Menge Munition, Transport- und Kommunikationsgeräte, darunter auch – damals neu – Radioapparate. Auch die vielen Güterwagen des zweiten Zuges wurden von zwei Lokomotiven gezogen. In zehn Waggons befanden sich auseinandergenommene Flugzeuge und die Ausrüstung für ein Flugbataillon. Dieser Zug führte aber auch die erforderlichen Geldmittel mit sich. Und schließlich befand sich darin auch das militärische Personal.

Die zwei Züge wurden von zwei Kompanien Rotgardisten bewacht, die ein breitschultriger, über zwei Meter großer Riese mit einer mächtigen Stimme kommandierte, der amerikanische Revolutionär John. Dieser stammte aus der anarcho-syndikalistischen Gewerkschaft »Industrial Workers of the World«, dem militantesten Flügel der amerikanischen Arbeiterbewegung. Nach der Revolution von 1917 war er nach Rußland gegangen und hatte an den verschiedenen Bürgerkriegsfronten auf der Seite der Roten gekämpft, war aber nicht in die Kommunistische Partei eingetreten, weil er sich seinen anarchistischen Glauben erhalten wollte.

Die Züge waren stark bewaffnet und gut getarnt. Maschinengewehre waren auf den Dächern befestigt und die Waggons mit den Geldschätzen und den Flugzeugen waren besonders geschützt. Nach zwei Tagen Fahrt war Samara (später in Kuibyschew umbenannt) an der Wolga erreicht. Am vierten Tag der Reise wurde bei Orenburg am Ural die Grenze zwischen dem europäischen und asiatischen Rußland überschritten. Auf der asiatischen Seite des Uralgebirges, viele hunderte Kilometer von den türkischen Steppen entfernt, hatte sich im November 1920 noch keine Macht etabliert. Politisch war es ein Niemandsland. Die Marktplätze an den großen Bahnstationen waren menschenleer. Der Abstand zwischen zwei größeren Stationen betrug oft mehrere hundert Kilometer. In diesen weiten Gebieten war die Beschaffung von Wasser für die Lokomotiven das schwierigste Problem. Wenn der Brennstoff ausging, blieben die Züge dagegen einfach stehen, und die Soldaten fällten einige Bäume für die Kessel der Lokomotiven.

Am späten Nachmittag des siebten Tages der Reise trafen die beiden Züge zum geplanten Zeitpunkt in Taschkent ein. Auf dem Bahnsteig wurden sie von Sokolnikow, dem Oberkommandierenden der sowjetischen Truppen in Zentralasien empfangen, die Waffen und militärischen Geräte übernommen und das Geld in die Tresore der Bank eingelagert.

Roys Revolutionszentrale in einer alten zaristischen Bank: »Ein Leben voller Härten«

Als Roy mit den beiden Zügen in Taschkent ankam, wurde er von Sokolnikow gewarnt, daß sich das Haus, in dem er Quartier beziehen sollte, in einer fürchterlichen Unordnung befinde und er mit großen Schwierigkeiten rechnen müsse. Dieses Haus war in der Tat weitgehend zerstört, aber immerhin um eine Spur bewohnbarer als andere Häuser, die sich für das Büro anboten. Keines der Mitglieder der provisorischen revolutionären Regierung in Turkestan lebte damals unter besseren Bedingungen.

Kurz nach der Ankunft im November 1920 begann es in Taschkent zu schneien, und der Schnee blieb für die nächsten zwei Monate liegen. Da es keine Elektrizität gab, mußte man bei flimmernden Kerzen arbeiten. Auch Tische und Stühle waren nicht vorhanden, dafür aber ganze Schichten von Teppichen, die mit noch größeren Schichten von Staub bedeckt waren. Mit Hilfe von Sokolnikow gelang es, die schlimmsten Schäden zu beheben. Die Heizung blieb das größte Problem. Das wenige Öl wurde ausschließlich für militärische Zwecke benutzt, Kohle gab es nicht, mit Holz heizen war schwierig, weil in der Umgebung keine Wälder waren. Die durch die Kälte zerborstenen Wasserleitungen konnten ebenfalls nicht repariert werden. Hinzu kam, daß die Lebensmittelversorgung völlig zusammengebrochen war. Selbst die höchsten Funktionäre erhielten damals nur kleinste Rationen von Schwarzbrot, Reis, Rosinen und Hammelfleisch – wobei das Fleisch in der Regel bereits völlig verdorben war. Das ranzige Hammelfett füllte das Haus mit einem Geruch, den man nicht mehr loswerden konnte. Zu trinken gab es einen Apfeltee, den man aus getrockneten Apfelstücken bereitete, der aber ohne jeden Geschmack war. Milch und Zucker gab es natürlich nicht.

Trotz der immensen Schwierigkeiten waren die Mitglieder des Zentralasiatischen Büros optimistisch. M. N. Roy erinnerte sich später:

»Im ganzen betrachtet, war es ein Leben voller Härten, aber auch großer Hoffnungen, die wir mit uneingeschränktem Glauben und Enthusiasmus verfolgten. Als ich mich daran gewöhnt hatte, habe ich niemals bedauert, diesen Weg gewählt zu haben. Die Erfahrung hat mich gelehrt, daß der Weg der Revolution nicht mit Rosen bestreut ist. Die Ehre und die Freude, an der Befreiung der Menschen, die jahrhundertelang unterdrückt waren, teilnehmen zu können, und die Aussichten auf immer neue, noch risikoreichere Abenteuer und größere Erfolge bereicherten mein Leben.«

Das Zentralasiatische Büro der Kommunistischen Internationale residierte in einem Haus, das in der Zarenzeit die führende russische Bank beherbergt hatte. Es war ein elegantes und gleichzeitig solides großes Steingebäude, das von den Aufständischen schon zu Beginn der Revolution übernommen wurde und fast als einziges den Bürgerkrieg überstanden hatte. Gerade dieses Haus zum Hauptquartier des Zentralasiatischen Büros der Kommunistischen Internationale zu machen, hatte eine gewisse Symbolik. Einmal wöchentlich fanden nun die Sitzungen in dem geräumigen, gut eingerichteten Zimmer des früheren Direktors der Bank statt. Sokolnikow und Safarow beschränkten ihre Mitarbeit auf die Teilnahme an den wöchentlichen Besprechungen, da ihre Hauptaufgaben die Festigung der Sowjetmacht im russischen Teil Zentralasiens war. M. N. Roy hatte in der Taschkenter Zentrale freie Hand. Seine Aufgabe, Kontakte zu den revolutionären Bewegungen in den Nachbarländern aufzunehmen, war nicht leicht, da es keinen direkten Zugang zu ihnen gab.

Eine erste Begegnung in dieser Richtung fand kurz nach dem Eintreffen Roys in Taschkent statt. Sie verlief etwas enttäuschend: Eine Delegation indischer Händler kam zu ihm, um ihre Beschwerden vorzubringen. Nun waren die Händler gewiß nicht die Revolutionäre, nach denen Roy suchte. Es blieb ihm deshalb nichts anderes übrig, als selbst Kontakte aufzunehmen. Bei einer seiner Reisen in das Grenzgebiet traf er auf eine kleine Gruppe indischer Soldaten, die von der britischen Armee in Indien desertiert waren, um sich in die Türkei durchzuschlagen, wo sie für die islamische Sache kämpfen wollten. Einige dieser Deserteure hatten sogar an dem Bakuer Kongreß der Völker des Ostens teilgenommen. Sie erwiesen sich als entschlossene Gegner der britischen Herrschaft in Indien, betrachteten sich aber mehr als Kämpfer für den Islam als für die Weltrevolution.

Trotzdem gab M. N. Roy nicht auf. Nach seiner Rückkehr nach Taschkent schlug er im Zentralasiatischen Büro vor, die Deserteure der britisch-indischen Armee soweit wie möglich zu übernehmen und aus ihnen irreguläre Abteilungen zu bilden, die die Rote Armee in Zentralasien unterstützen könnten. Aus diesen Truppen hoffte M. N. Roy später einmal den Kern einer Armee zu schaffen, die Indien befreien sollte. Neben den Deserteuren aus der britisch-indischen Armee trafen auch bald die ersten iranischen Revolutionäre und in zunehmendem Maße auch indische Mohammedaner ein, die in Opposition zur britischen Herrschaft in Indien standen. Sie wurden in kleine Abteilungen zusammengefaßt und von sowjetischen Offizieren vor allem für Guerilla-Operationen ausgebildet.

Schon nach einiger Zeit konnten Inder zu Offizieren ernannt werden. Die moralische Wirkung war außerordentlich groß, und die Tatsache, daß es in Sowjetisch-Zentralasien indische Offiziere gab, sprach sich bald herum. Immer mehr Deserteure kamen aus der britisch-indischen Armee nach Taschkent. Man sprach von einer »Internationalen Brigade«, die der Roten Armee bald wichtige Hilfsdienste leistete, indem sie die wichtigen Eisenbahnlinien bewachte, so daß das Öl aus dem Kaukasus jetzt ungehindert nach Zentralasien transportiert werden konnte. Vor allem aber wurden immer neue Gebiete Zentralasiens für die Sowjetmacht gewonnen. Es gelang den neu aufgestellten Einheiten, fast bis zur indischen Grenze vorzudringen. Nach weiteren Kämpfen konnte man schließlich die rote Fahne auf dem Pamir hissen. M. N. Roy blickte vom Pamir-Gebirge, dem »Dach der Welt«, durch ein Fernrohr auf seine indische Heimat, aber das dazwischen liegende afghanische Territorium erwies sich als unüberwindliche Barriere. Als man nach der Erstürmung des Pamir die Gefallenen untersuchte, fand man unter den Toten in der Uniform eines britischen Armeeoffiziers auch den türkischen General Enver Pascha, auf den man noch beim Bakuer Kongreß so große Hoffnungen gesetzt hatte.

Die ersten indischen Kommunisten

Die Bemühungen Roys, mit gebildeteren Indern ins Gespräch zu kommen, führten schon bald zu erfreulicheren Resultaten, als er zunächst erwartet hatte. Er war erstaunt, wie schnell manche ihr fanatisches Bekenntnis zum Islam gegen ein Engagement für den Kommunismus austauschten. Roy selbst benutzte den Begriff Kommunismus nie. Er beschränkte sich stets auf die Erklärung, daß die Befreiung Indiens von der britischen Oberherrschaft keine wesentlichen Veränderungen für das Volk mit sich bringen würde, wenn lediglich die ausländischen Ausbeuter durch die eigenen indischen ersetzt würden. Der Kampf habe nur dann einen wirklichen Sinn, wenn die Werktätigen Indiens von ihrer gegenwärtigen ökonomischen und sozialen Not befreit würden.

Viele Inder waren von den Argumenten M. N. Roys beeindruckt und baten ihn, der Kommunistischen Partei Indiens beitreten zu dürfen – die es noch gar nicht gab. Informiert über den Sachverhalt, schlugen sie vor, selbst eine Kommunistische Partei Indiens in Taschkent zu gründen. Eines Tages traf eine kleine Gruppe aus Kabul ein, deren Mitglieder sich bereits Kommunisten nannten. Dabei gab es aber einige Enttäuschungen: Einer erwies sich als Betrüger, ein anderer war – wenn überhaupt irgendetwas – ein Anarchist. Aber aus Kabul kam schließlich auch der erste wirkliche indische Kommunist, auf den sich Roy verlassen konnte. Es war ein junger Mann namens Mohammed Safiq. Mit ihm und anderen Gleichgesinnten wurde dann tatsächlich in Taschkent eine Kommunistische Partei Indiens gegründet, zu deren Erstem Sekretär man Safiq wählte.

Es handelte sich zwar nur um eine Gruppe von Emigranten, aber es war immerhin ein Anfang. Diese kommunistische Gruppe sollte versuchen, die übrigen in Taschkent ansässigen Inder politisch zu gewinnen und später womöglich in einer geplanten Militärschule auszubilden. Zwei aus dieser ersten kommunistischen Keimzelle, Shakuat Usmani, der Absolvent einer indischen Universität, und Abdullah Safdar, ein Lehrer, spielten später in der Kommunistischen Partei Indiens und in der Komintern eine wichtige Rolle. Safdar ging später nach Moskau, absolvierte die Kommunistische Universität der Werktätigen des Ostens und gelangte schließlich sogar in das berühmte »Institut der roten Professoren«. Er kehrte dann nach Indien zurück, um dort illegal für die KP Indiens zu arbeiten, ging zu Beginn des Zweiten Weltkrieges erneut in die Sowjetunion und ist dort verschollen.

Immer wieder wurde in den Gesprächen in Taschkent betont, daß es die Aufgabe der indischen Revolutionäre sei, nach Indien zurückzukehren und dort für die Befreiung zu kämpfen. Zunächst komme es darauf an, ihre Landsleute von der Notwendigkeit der Befreiung zu überzeugen. Bevor sie nach Indien zurückkehrten, müßten sie allerdings erst ein klares Konzept für ihre Arbeit besitzen. Sie sollten deshalb in einer Militärschule ausgebildet werden, um dort bestimmte Taktiken des revolutionären Kampfes und auch den Gebrauch von Waffen zu erlernen. Da es sich fast ausschließlich um religiöse Menschen handelte, wurde, wie bereits erwähnt, in allen Gesprächen mit den neuen indischen Genossen das Wort Kommunismus nicht benutzt, keine abstrakten marxistischen Theorien erörtert und auf jede Kritik an der Religion verzichtet. So blieben Kontroversen von vornherein auf ein Minimum beschränkt, und das »Indien-Haus«, wie es nun allgemein in Taschkent genannt wurde, veränderte sich zusehends.

Die Militärakademie für indische Revolutionäre in Taschkent: »Eine Armee Allahs«

Die offizielle Gründung der indischen Militärakademie in Taschkent wurde mit einer Zeremonie verbunden, an der hohe Funktionäre von Staat und Partei im damaligen Sowjetisch-Turkestan teilnahmen. Nach einem vorher gefaßten Entschluß blieben Russen der Eröffnungsfeier fern. Da gerade zu jener Zeit – Februar 1921 – diplomatische Verhandlungen zwischen Sowjetrußland und Großbritannien über die Wiederaufnahme der Handelsbeziehungen stattfanden, war Zurückhaltung angebracht. Die Überwindung der langen Wirtschaftsblockade Sowjetrußlands hatte auf jeden Fall Vorrang. Man nahm auch Rücksicht auf Lord Curzon, den britischen Außenminister und langjährigen Vizekönig in Indien, der in Indien nach wie vor einen wichtigen Bestandteil des Empire sah und für den die Vorstellung, daß die Russen in Zentralasien Einfluß gewinnen könnten, ein Alptraum war. Aber trotz aller Vorsicht gelang dies nur teilweise. Wenige Monate später erhielt die Sowjetregierung eine scharfe Note des britischen Außenministeriums, in der die indische Militärakademie in Taschkent als Beweis für sowjetische Aggressionspläne gegen das Britische Imperium angeführt wurde.

Auch der Überschwang einiger turkestanischer Funktionäre konnte nicht gebremst werden. Bei der Eröffnung der Militärakademie machten einige von ihnen aus den weltrevolutionären Zielen kein Geheimnis. Politische Ziele, Absichten und Gefühle wurden in diesen frühen Tagen der Revolution noch offen ausgesprochen. Die Parteifunktionäre hatten damals noch nicht gelernt, diskret und diplomatisch zu sein. Die »indischen Genossen« wurden begeistert als Vertreter eines großen Volkes gefeiert, das nun daran gehe, sich in einer mächtigen Revolution gegen den barbarischen britischen Imperialismus zu erheben. Sie sollten die Botschaft der Russischen Revolution in ihr Land tragen und die indischen Massen in den Kampf zur Befreiung ihres Landes von der britischen Kolonialherrschaft führen.

Zum Kommandanten der Militärakademie wurde der Amerikaner John ernannt, unter dessen Befehl die beiden Züge nach Taschkent gefahren waren. Er sollte auch für die Disziplin verantwortlich sein. Als er die einzelnen Abteilungen der Schule betrachtete, meinte er nachdenklich: »Wir bilden hier nicht eine Armee der Revolution aus, sondern eine Armee Allahs.« Diese Skepsis war unbegründet, denn die indische Militärakademie war recht erfolgreich. Natürlich gab es auch Schwierigkeiten. Vor allem bestanden zwischen den einzelnen Absolventen entscheidende Unterschiede. Ein Teil derjenigen, die von revolutionären Ideen durchdrungen waren, standen dem militärischen Drill, der Uniform und dem Exerzieren ablehnend gegenüber. Umgekehrt waren wiederum diejenigen, welche sich engagiert an der militärischen Ausbildung beteiligten, oft in ihrer politischen Haltung schwankend.

Die rein militärische Ausbildung ließ sich erfolgreicher an als erwartet. Die Inder lernten zum Erstaunen ihrer russischen Instrukteure außerordentlich schnell. Während die Mehrheit eine solide militärische Grundausbildung am Gewehr hinter sich brachte, konnten einige der Intelligenteren sehr bald zur höheren Ausbildung übergehen.

Doch dann kam es bald zu einem ernsten Problem: Alle Militärschüler legten entschieden Wert darauf, so schnell wie möglich im Fliegen ausgebildet zu werden. Zu jener Zeit war die militärische Luftfahrt nicht nur in Rußland, sondern in der ganzen Welt nur wenig entwickelt. Hier aber, auf der indischen Militärakademie in Taschkent, gab es nun die Möglichkeit, an den Flugzeugen ausgebildet zu werden, die mit den Zügen aus Moskau mitgebracht worden waren. Sie waren schon bald wieder zusammengebaut worden, und einige der Inder wurden für die ersten Flugstunden ausgesucht. Dies führte zum offenen Streit, da jeder fliegen lernen wollte. Es kam zu Mißstimmungen gegen die »ungerechte Diskriminierung«, und bald kursierte das Gerücht, daß nur diejenigen begünstigt würden, die sich vom Glauben der Vorväter losgesagt und den atheistischen Kommunismus angenommen hätten. In Wirklichkeit war das unzutreffend, da stets die bestausgebildeten und geschicktesten Militärschüler für die Flugstunden ausgesucht wurden, keineswegs aber nur Kommunisten. Einige der in Taschkent ausgebildeten Flieger übernahm später die sowjetische Luftwaffe.

Die Wende in Afghanistan und die Schließung
der Militärakademie in Taschkent

Trotz der durchaus beachtenswerten Erfolge mußte die Militärakademie für indische Revolutionäre in Taschkent aus zwei Gründen schon nach wenigen Monaten geschlossen werden. Der eine Grund war die bereits erwähnte Protestnote des britischen Außenministeriums, mit der London gegen sowjetische Revolutionspläne in Zentralasien protestierte, welche die gerade in Gang gekommenen Handelsbeziehungen zwischen Sowjetrußland und England in Gefahr brachten. Diese waren zwar für beide Seiten von Nutzen, ermöglichten vor allem aber Moskau, die Grundlagen für den wirtschaftlichen Wiederaufbau zu schaffen. Ein Bruch der Handelsbeziehungen mit England hätte für die russische Wirtschaft einen großen Schaden bedeutet. Der Preis für deren Weiterführung, das wurde schnell deutlich, konnte nur die Auflösung der indischen Militärakademie in Taschkent sein – ein erster Hinweis auf die Widersprüche zwischen den sowjetischen Staatsinteressen und der kommunistischen Weltbewegung, die später noch eine viel größere Bedeutung erlangen sollten.

Der zweite, wahrscheinlich noch wichtigere politische Grund für die Schließung der Militärakademie in Taschkent war die für die Sowjetunion zunehmend negative Entwicklung in Afghanistan. Gewiß, Raskolnikow und seine Frau Larissa Reissner hatten alles getan, um den sowjetischen Einfluß zu verstärken, anfangs auch mit beträchtlichem Erfolg. Sie konnten sogar mit dem afghanischen König Aman Ullah eine persönliche Freundschaft schließen, Königin Suraya ließ nach vielen Besuchen im Königspalast von Kabul vor den Freunden sogar den Schleier fallen, und die schöne Larissa unterhielt den König mit Tänzen.

Aber die guten persönlichen Beziehungen des Sowjetbotschafters zu König Aman Ullah reichten natürlich nicht aus, um das Afghanistan-Problem im sowjetischen Sinne zu lösen. In Moskau und später auch in Taschkent wurde bekannt, daß König Aman Ullah nach langen Verhandlungen mit den Briten zu einem Übereinkommen gelangt war. Auf Ersuchen der britischen Regierung forderte Aman Ullah dann die indischen Revolutionäre auf, aus Afghanistan abzureisen. Und kurz darauf erhielt auch Sowjetbotschafter Raskolnikow die Aufforderung der afghanischen Regierung, das Land zu verlassen.

Damit waren auch alle Hoffnungen zerschlagen, in Afghanistan einen vorgeschobenen Stützpunkt errichten zu können, um von dort aus die Revolution in Indien zu entfachen. Da dies die Hauptaufgabe der Mission von M. N. Roy in Taschkent war, hatte auch seine Militärakademie nun keine Existenzberechtigung mehr.

Die plötzliche Kehrtwendung von König Aman Ullah und das Wiedererstarken des britischen Einflusses in Afghanistan überraschte in Moskau nur Lenin nicht, der mit einer solchen Entwicklung gerechnet hatte. Schon bevor Roy seine Mission in Zentralasien übernommen hatte, war Lenins Skepsis in der Afghanistanfrage deutlich geworden. Im Oktober 1920 hatte Lenin M. N. Roy über Afghanistan befragt: »Aber können wir in dieser Angelegenheit so sicher sein?« Roy entgegnete optimistisch: »König Aman Ullah hat Streit mit den Briten und braucht die sowjetische Unterstützung für seine Position.« Lenin hielt dagegen: »Es ist kaum damit zu rechnen, daß Großbritannien seine strategische Position in Afghanistan aufgeben wird ohne entschlossene Anstrengungen, diese wiederzugewinnen.« Roy bemerkte dazu: »Worin könnten denn solche Anstrengungen bestehen?« Lenins Antwort war: »Sie werden den Hof Aman Ullahs mit Silber- und Goldkugeln bombardieren.« Roy wandte ein: »Aber könnten wir sie nicht darin übertreffen?« Lenins Antwort überzeugte schließlich Roy: »Die Briten sind viel reicher als die neue Regierung in Rußland. Auch mit allen Schätzen des Zaren können wir nicht mit den Besitzern eines riesigen Kolonialimperiums in dem Spiel konkurrieren, diesen oder jenen asiatischen Hof zu bestechen.«

Roy mußte wenige Monate nach diesem Gespräch erkennen, daß Lenin recht gehabt hatte. Die Militärakademie in Taschkent wurde aufgelöst. M. N. Roy kehrte nach Moskau zurück, um schon bald darauf einen Auftrag in einem anderen asiatischen Land zu erhalten, das jetzt zunehmend in das Blickfeld der Führer der Kommunistischen Internationale rückte: China.

Die ersten chinesischen Kommunisten: Chen Tu-hsiu und Li Ta-chao

Die Situation, die zur Gründung der KP Chinas führte, unterschied sich völlig von ähnlichen historischen Entwicklungen in Europa. Während sich in den industrialisierten Ländern Europas meist der linke revolutionäre Flügel bereits bestehender sozialdemokratischer oder sozialistischer Parteien allmählich zum Kommunismus bekannte und den Kern einer neuen kommunistischen Partei bildete, entwickelte sich die Kommunistische Partei Chinas aus einem Teil der nationalen Bewegung und den Kräften, die eine kulturelle Erneuerung anstrebten. Ausgelöst wurde diese Entwicklung durch den Sturz der längst überlebten Mandschu-Dynastie und die von Dr. Sun Yat-sen geführte nationale Revolution von 1911. Lenin hatte die Bedeutung der Entwicklung in China bereits früh erkannt. Schon Anfang 1912 schrieb er, der revolutionäre Kampf des chinesischen Volkes sei »von internationaler Bedeutung«. Die Bolschewiki sandten damals »den revolutionären Republikanern Chinas ihre Grüße« und bezeugten ihnen ihre »große Begeisterung und ihre volle Sympathie«. Sechs Monate später, im Juli 1912, brachte Lenin die Hoffnung zum Ausdruck, daß durch die Revolution unter Sun Yat-sen in China »Hunderte und Aberhunderte von Millionen Menschen jetzt am Kampf für die Ideale teilnehmen«, zu denen sich die sozialistische Arbeiterbewegung in Europa bekenne.

Marxistische Gedanken wurden etwa seit 1918 vor allem von Chen Tu-hsiu (1879–1942) und Li Ta-chao (1888–1927) in China vertreten, beides Literatur-Professoren an der Pekinger Universität.

Der aus einer Gelehrtenfamilie stammende Chen Tu-hsiu hatte 1896 das Mandarin-Examen in seinem Heimatbezirk als Bester absolviert. Im Jahr 1915 hatte er die Zeitschrift *Neue Jugend* gegründet, in der er überholte chinesische Traditionen kritisierte und die Meinung vertrat, daß der Mensch seine Umwelt verbessern müsse, statt sich ihr anzupassen. Schrittweise ging er dann in seinen Theorien weiter, forderte eine literarische Revolution, setzte sich für die Demokratie als Staatsform ein und wurde Vorkämpfer der Bewegung für eine neue Kultur. Später sollte er dann zum Begründer und langjährigen Vorsitzenden der KP Chinas werden.

Chen Tu-hsiu arbeitete mit dem aus einer Bauernfamilie stammenden Li Ta-chao zusammen, der fast zehn Jahre jünger war als er. Im Februar 1918 war Li Ta-chao auf Vorschlag von Chen Tu-hsiu zum Leiter der Universitätsbibliothek von Peking ernannt worden. Augenzeugenberichten nach war er ein junger Mann mit dem Aussehen eines Gelehrten und mit liebenswürdigen Umgangsformen. Die russische Oktoberrevolution begrüßte Li Ta-chao, weil er in ihr das Signal für eine allgemeine Umwälzung der Menschheit sah. Am 1. Juli 1918 schrieb er in der Zeitung *Neue Jugend,* die Russische Revolution sei der Französischen überlegen, da sie nicht den bürgerlichen Nationalismus, sondern den internationalen Humanismus verkörpere. Im Herbst 1918 gründete Li Ta-chao die Marxistische Studiengesellschaft, den Kern der späteren Kommunistischen Partei, der sich, wie bereits erwähnt, auch für kurze Zeit Mao Tse-tung anschloß. Ungefähr zur gleichen Zeit, als Li Ta-chao die Marxistische Studiengesellschaft gründete, hatten die russischen Bolschewiki im Rahmen ihres »Büro für die Völker des Ostens« ein China-Abteilung eingerichtet. Im Dezember 1918 war dann in Moskau die Gründung eines Bundes chinesischer Arbeiter erfolgt. Am Bürgerkrieg in Rußland nahmen etwa 40000 bis 50000 damals in Rußland lebende Chinesen auf der Seite der Bolschewiki teil. Und nach der Gründung der Kommunistischen Internationale im März 1919, auf der der in Rußland lebende Vorsitzende des Bundes chinesischer Arbeiter, Lao Hsiu-tschau, gesprochen hatte (s. Kapitel I), war schließlich ein Büro für den Fernen Osten von der Komintern gegründet worden, das Anfang 1920 in der sibirischen Stadt Irkutsk seine Tätigkeit aufgenommen hatte.

Die »Bewegung des 4. Mai«

Für die Entstehung des Kommunismus in China war die »Bewegung des 4. Mai« im Jahre 1919 (s. auch Kapitel II) von entscheidender Bedeutung. Einer ihrer Organisatoren war Chang Kuo-tao, der 1897 als Sohn eines reichen Grundbesitzers in der Provinz Kiangsi geboren wurde und als Student der Pekinger Universität zwischen 1916 und 1920 von beiden späteren Hauptgründern der KP Chinas, den Professoren Chen Tu-hsiu und Li Ta-chao, mit dem Marxismus bekannt gemacht worden war. Chang Kuo-tao, der 1971 seine Memoiren veröffentlicht hat, erinnerte sich noch an zahlreiche Details jener spontanen Studentenbewegung: Am 2. Mai 1919, um 7 Uhr abends, war in Peking ein Redaktionsausschuß einer Studentenzeitschrift zu einer Routinesitzung zusammengetroffen. Unter den Teilnehmern entstand ziemlich unvermittelt eine allgemeine Empörung über die Situation Chinas und die Ungerechtigkeit des Versailler Vertrages. Die Studenten forderten eine patriotische Protestdemonstration, vor allem gegen Japan, aber auch gegen die Unfähigkeit und Liebedienerei der damaligen chinesischen Regierung. Der Redaktionsausschuß beschloß spontan, eine Studentenorganisation in Peking zu bilden und für die nächsten Tage eine Studentendemonstration zu organisieren, um auch in der japanischen diplomatischen Mission einen Protest abzugeben.

Die Mitglieder der Studentengruppe verbreiteten Anschläge in den Hochschulen und riefen zur Demonstration auf. In einer Studentenversammlung am 3. Mai 1919, an der rund tausend Studenten teilnahmen, rief Chang Kuo-tao in der ersten Rede seines Lebens dazu auf, am nächsten Morgen zu demonstrieren. So kam es am 4. Mai 1919 zu der berühmten Demonstration, die der Studentenbewegung ihren Namen gab. Erstmals sah man in Peking Spruchbänder, auf denen Losungen zu lesen waren wie »Bestraft die Verräter«, »Lehnt den Friedensvertrag ab« und »China den Chinesen«. Die Demonstranten wurden von Polizei und Soldaten sofort auseinandergejagt, viele Studenten wurden verhaftet.

Aber die Regierung hatte nicht mit dem Überspringen der Bewegung auf das ganze Land gerechnet. In vielen Städten Chinas kam es – ebenfalls spontan – zu Solidaritäts-Demonstrationen zur Unterstützung der Pekinger Studenten. Die großen Zeitungen des Landes berichteten ausführlich – und in der Regel positiv! – über den patriotischen Charakter dieser Bewegung. Überall wurde die Forderung laut, die projapanischen Minister in der Regierung abzusetzen, und es kam zum Massenboykott japanischer Waren. Der Protest in der Öffentlichkeit wurde so stark, daß die Regierung schließlich die am 4. Mai und danach bei Demonstrationen verhafteten Studenten am 5. Juni 1919 wieder freiließ.

Manchem der Aktivisten der »Bewegung des 4. Mai« war im Verlaufe der Demonstrationen und Auseinandersetzungen mit der Regierung deutlich geworden, daß die Befreiung des Landes nicht ohne einen Wandel im politischen und sozialen System Chinas möglich sei. Zu ihnen gehörte auch Chang Kuo-tao: »Zu Beginn war ich ein begeisterter Patriot. Mein Ziel war, wie das vieler anderer Jugendlicher jener Zeit, ein reiches und mächtiges China. Dann wurde ich als Teilnehmer der ›Bewegung für eine neue Kultur‹ radikaler, bekämpfte die alten Traditionen und befürwortete soziale Reformen, eine nationale Wiedergeburt durch die Revolution. Schließlich wurde ich ein Anhänger der kommunistischen Bewegung, studierte Marxismus, blickte auf das Beispiel der Russischen Revolution, in der ich den Schlüssel für die nationale Befreiung und das Beispiel einer revolutionären Umgestaltung sah.«

Am 25. Juli 1919, mitten in der durch die »Bewegung des 4. Mai« verursachten Erregung, veröffentlichte die Sowjetregierung ein *Manifest über China*, in dem sie auf alle bis dahin üblichen Sonderprivilegien des zaristischen Regimes verzichtete und diese für null und nichtig erklärte. Nach den vielen Demütigungen durch die anderen Großmächte glaubten damals viele Chinesen, Sowjetrußland sei das einzige Land, das China als gleichberechtigten Partner behandle. Im zweiten Halbjahr 1919 wurde eine Reihe marxistischer Schriften ins Chinesische übersetzt, darunter die Schrift *Lohnarbeit und Kapital* von Karl Marx, ferner eine Schrift von Karl Kautsky über den Klassenkampf und – im April 1920 – erstmals der vollständige Text des *Kommunistischen Manifests*.

Die von Li Ta-chao Ende 1918 gegründete »Marxistische Studiengesellschaft« wurde im Dezember 1919 in die etwas breitere Schichten ansprechende »Gesellschaft für das Studium des Sozialismus« umgeformt, die damals bereits 110 Mitglieder hatte. Anfang 1920 wurde schließlich erstmals über die Gründung einer Kommunistischen Partei diskutiert.

In dieser Zeit zwischen März und Mai 1920, ein genaues Datum läßt sich bis heute nicht feststellen, traf Grigorij Woitinski als Vertreter des Komintern-Büros für den Fernen Osten aus Irkutsk in China ein. Der 1893 als Sohn eines Angestellten in Rußland geborene Woitinski war 1913 in die USA emigriert, hatte anschließend mehrere Jahre als Arbeiter und Student in den USA und Kanada gelebt, ehe er 1918 nach Sowjetrußland zurückkehrte, Mitglied der bolschewistischen Partei wurde und im Sowjet der sibirischen Stadt Krasnojarsk tätig war. Anschließend kämpfte er gegen die Koltschak-Truppen in Sibirien und arbeitete seit Januar 1920 im Apparat der Komintern im Irkutsker Büro. Nach China war Woitinski nicht im Auftrag der Komintern-Zentrale, sondern im Auftrag des Irkutsker Büros für den Fernen Osten gekommen.

»Chen im Süden, Li im Norden«

Woitinski traf sich schon bald mit Li Ta-chao in dessen Bibliotheksbüro in Peking, um mit ihm über die Gründung der Kommunistischen Partei Chinas zu diskutieren. Von dort ging Woitinski nach Shanghai, wo er auch Chen Tu-hsiu für die baldige Gründung der Partei gewinnen konnte. Dabei wurde beschlossen, daß Chen Tu-hsiu in den südlichen Provinzen die Vorbereitungen für die Gründung treffen sollte. »Chen im Süden, Li im Norden« wurde zum geflügelten Wort bei den ersten kommunistischen Parteigruppen, die sich um diese Zeit in Peking, Wuhan, Changsha (der Hauptstadt Hunans), Hangchow und Kanton gebildet hatten. Auch Chang Kuo-tao reiste in diesen Monaten häufig zwischen Chen Tu-hsiu im Süden und Li Ta-chao im

Norden hin und her, um die organisatorischen Vorarbeiten zu besprechen.

Chen Tu-hsiu wird von Chang Kuo-tao in seinen Memoiren als großer Denker geschildert, der über eine außerordentliche Energie verfügte. Bis zum Mittag und jeden Abend war er mit seinen Studien beschäftigt, an den Nachmittagen unterhielt er sich mit seinen Freunden. Die Gespräche dauerten oft viele Stunden und waren außerordentlich anregend. Häufig stellte Chen kritische Fragen zu einer von ihm selbst aufgestellten These, um gemeinsam mit seinen Freunden die beste Antwort zu finden. Wenn er sich in seinen Diskussionen erregte, leuchteten seine Augen, er konnte auch herzlich lachen. Er bestand jedoch darauf, alles genau zu formulieren und immer zum Grund der Probleme vorzustoßen. In seinen Anschauungen war er entschlossen und kämpferisch, aber wenn er in einer Diskussion erkannte, daß er sich in dem einen oder anderen Punkt geirrt hatte, war er bereit, offen seinen Fehler zu bekennen. Im Vergleich zu Chen Tu-hsiu wirkte Li Ta-chao sehr gemäßigt. Er war tolerant gegenüber anderen Auffassungen, die von seinen eigenen abwichen, und verkehrte stets freundlich mit Sozialisten aller Richtungen, auch mit Anhängern des Anarchismus.

In den Gesprächen, die Chang Kuo-tao mit Chen Tu-hsiu und Li Ta-chao führte, kamen sie überein, daß die Grundzüge des Marxismus und Leninismus – einschließlich des Klassenkampfes und der Übernahme der Macht durch die Arbeiterklasse sowie die Erfahrungen der Russischen Revolution – auch für China gelten sollten. Allerdings kamen in China noch die »Bewegung des 4. Mai« und die patriotischen Strömungen gegen die ausländischen Unterdrücker und die feudalistischen »warlords« hinzu. Da die Arbeiterklasse wegen der niedrigen ökonomischen Entwicklung in China nur eine geringe Rolle spielte, wollte man die studentische »Bewegung des 4. Mai« mit der entstehenden Arbeiterbewegung in China verbinden.

Die zu bildende KP Chinas sollte, wie vor allem Chen Tu-hsiu vorschlug, keinen Parteiführer haben, sondern von einem demokratischen Komitee geleitet werden, dessen einzelne Mitglieder für die jeweiligen Aufgaben – Propaganda, Organisation usw. – zuständig sein sollten. In den größeren Städten müßten so bald wie möglich kommunistische Zellen gebildet und mit der Übersetzung und Verbreitung marxistischer Literatur begonnen werden.

Um die Arbeiter für die Partei zu gewinnen, sollten größere Anstrengungen unternommen werden, man müsse die gerade entstehenden Gewerkschaften unterstützen bzw. auch eigene Gewerkschaften gründen. Zu den organisatorischen Vorbereitungen für die Gründung der KP Chinas gehörte auch die Herausgabe der Zeitung *Der Werktätige* in Shanghai und erste Kontakte zu Eisenbahnarbeitern in der Nähe von Peking. Im Spätherbst 1920 wurde bereits eine sozialistische Jugendorganisation gegründet.

Die ersten Komintern-Emissäre in China: Woitinski und Maring

Im Januar 1921 traf Chang Kuo-tao in Peking persönlich mit Grigorij Woitinski zusammen. Woitinski war, nach der Beschreibung von Chang Kuo-tao, etwa 30 Jahre alt, mittelgroß, mit durchdringenden dunklen Augen. Er hatte bereits gute Beziehungen zu den chinesischen Kommunisten und verstand sich gut mit der Generation der »Bewegung des 4. Mai«. Da er frei von jeglicher Überheblichkeit war, gewannen die chinesischen Kommunisten den Eindruck, daß man mit ihm gut zusammenarbeiten könne. Er wußte nicht viel über die Bedingungen in China und hielt sich mit seinen Auffassungen über spezifisch chinesische, politische Probleme zurück.

Wie andere russische Kommunisten jener Zeit konnte auch Woitinsky endlos lange debattieren. Dabei wies er in Peking darauf hin, daß man zwischen der sowjetischen Regierung und der Kommunistischen Internationale unterscheiden müsse. Die Sowjetregierung werde sobald wie möglich diplomatische Beziehungen zu China aufnehmen – unabhängig, mit welcher Regierung. Die Kommunistische Internationale dagegen strebe eine brüderliche Zusammenarbeit mit den chinesischen Kommunisten an. Die russische Kommunistische Partei war für Woitinski, nach den Erinnerungen von Chang Kuo-tao, in der Komintern nur ein Mitglied unter vielen. Sie würde, so Woitinski, nicht die Komintern kontrollieren, denn die Beschlüsse der Komintern müßten mit Mehrheit beschlossen werden.

Wegen eines künftigen Gründungskongresses hielt sich Woitinski gegenüber den chinesischen Kommunisten mit Vorschlägen sehr zurück. Vielleicht vor allem deshalb, weil im Juni 1921 ein neuer Komintern-Vertreter eingetroffen war, diesmal ein Vertreter der Moskauer Zentrale der Kommunistischen Internationale: Henryk Sneevliet, der unter dem Parteinamen Maring auftrat.

Sneevliet, 1883 in Rotterdam geboren, ursprünglich Eisenbahnarbeiter und aktiv in der Eisenbahnergewerkschaft, war 1902 der niederländischen Sozialdemokratie beigetreten und kam im Februar 1913 nach Java – damals eine holländische Kolonie –, wo er 1914 die erste Sozialistische Partei Asiens gründete. Während des Ersten Weltkrieges gehörte Sneevliet dem linken revolutionären Flügel der Sozialisten an und sympathisierte mit der bolschewistischen Revolution in Rußland. Unter dem Namen Maring hatte er am Zweiten Kongreß der Komintern im Sommer 1920 teilgenommen und war zum Mitglied des EKKI gewählt worden. Nun sollte er im Auftrag der Komintern-Zentrale beim bevorstehenden Gründungsparteitag der KP Chinas behilflich sein.

Die chinesischen Kommunisten, mit denen Maring zusammentraf, waren – nach dem Augenzeugenbericht von Chang Kuo-tao – von ihm nicht sehr beeindruckt. Er soll aggressiv und hart gewesen sein, und unterschied sich nach Meinung der Chinesen sehr negativ von dem Russen Woitinski. Maring erklärte, daß ihm als offiziellem Vertreter der Komintern Arbeitsberichte vorzulegen seien, auch eine Aufstellung über die Tätigkeit der chinesischen Kommunisten. Er forderte die Festlegung eines Budgets für die Partei und stellte in Aussicht, daß die Komintern die chinesischen Kommunisten finanziell unterstützen würde.

Die chinesischen Kommunisten ihrerseits erklärten, daß die KP Chinas ja noch gar nicht existiere und noch gar nicht beschließen könne, ob die spätere KP Chinas überhaupt der Komintern beitreten würde. Alle Diskussionen über Arbeitsreports, Pläne und Budgets seien deshalb noch verfrüht. Wenn die Komintern aber die chinesischen Kommunisten unterstützen wolle, dann würden sie gerne diese Hilfe annehmen. Sie möchten aber die Freiheit haben, das Geld so zu benutzen, wie sie es selbst für richtig halten würden.

Auch Chang Kuo-tao traf sich mit Maring, der damals im Hause eines Deutschen in Shanghai wohnte. Er beschrieb ihn als einen Niederländer, der zunächst wie ein preußischer Offizier wirke, aber im Gespräch große Talente offenbare. Er vertrete seine Auffassungen aber so hartnäckig, daß man glauben könnte, er wolle einen zu einem Duell auffordern. Durch seine lange Tätigkeit in Niederländisch-Indien empfinde er jedoch zweifellos ehrliche und tiefe Sympathien für die unterdrückten Völker Asiens. Auf einer Straße in Shanghai beschimpfte Maring in aller Öffentlichkeit einen Ausländer, weil dieser einen chinesischen Kuli beleidigt hatte. Gleichzeitig aber sprach er gerne über die Rückständigkeit der asiatischen Völker und machte sich über die kindliche Naivität orientalischer Sozialisten lustig. Zweifellos war aber Maring damals neben M. N. Roy die größte Autorität der Komintern in nationalen und kolonialen Fragen Asiens. Häufig erwähnte er, daß er mit Lenin während des Zweiten Komintern-Weltkongresses über diese Fragen gesprochen habe. Für Chang Kuo-tao verkörperte Maring trotzdem sehr klar den Überlegenheitskomplex des weißen Mannes. Er nahm übrigens von den vorangegangenen Aktivitäten Woitinskis kaum Notiz und gab Instruktionen, die nur auf seinen eigenen subjektiven Eindrücken beruhten.

Der Gründungskongreß der KP Chinas im Juli 1921 in einem Mädchengymnasium in Shanghai

Seit Anfang Juli kamen die ersten Delegierten zum Gründungskongreß nach Shanghai. Insgesamt nahmen dreizehn Delegierte an diesem Kongreß teil, die 59 Parteimitglieder (nach späteren chinesischen Angaben 70) im ganzen Land vertraten (der sozialistische Jugendverband hatte damals bereits 350 Mitglieder). Auf dem Kongreß war auch ein Delegierter der chinesischen Studenten in Japan anwesend.

Die wichtigsten chinesischen Provinzen wurden von je zwei Delegierten vertreten. Einer der beiden aus der Provinz Hunan war Mao Tse-tung. Chang Kuo-tao schrieb in seinen Memoiren, daß Mao zu jener Zeit noch nicht seine etwas rauhe Art aus Hunan abgelegt hatte, sich durch ein lebendiges Temperament auszeichnete, aber in seinem langen Gewand mehr wie ein taoistischer Priester aus einem Dorf wirkte. Er verfügte über ein umfangreiches Grundwissen, vom Marxismus habe er damals jedoch genausowenig verstanden wie die meisten anderen Delegierten. Mao liebte es, Argumente auszutauschen und zu debattieren und dabei seinen Gesprächspartnern Fallen zu stellen und sie zu Widersprüchen herauszufordern. Wenn ihm dies gelang, war er offensichtlich zufrieden und brach dann häufig in Gelächter aus.

Der Gründungskongreß der KP Chinas fand im Gebäude eines Mädchengymnasiums, das gerade Sommerferien hatte, in der Rue Bourgeat (nach Angaben eines anderen Augenzeugen in der Pubalu-Straße) im französischen Viertel von Shanghai statt. Die Delegierten versammelten sich im obersten Stockwerk der Schule. Im Parterre befand sich nur der Koch, der auch das Gebäude bewachte.

Chang Kuo-tao wurde zum Tagungsleiter gewählt. Dann wurde zuerst über die politische Situation in China, die Aufgaben der zu gründenden Partei, ihr Programm und ihr Statut diskutiert. Schon bei dieser Diskussion gab es ernsthafte Meinungsverschiedenheiten. Einige Delegierte vertraten den Standpunkt, die chinesische Arbeiterklasse sei noch zu jung und man benötige eine langwierige Periode propagandistischer und erzieherischer Vorbereitungsarbeit. Die Arbeiterklasse müsse zunächst im Rahmen einer bürgerlichen Demokratie organisiert werden. Andere Delegierte sahen dagegen in der Diktatur des Proletariats das unmittelbare Ziel ihres revolutionären Kampfes.

Im Verlauf der Diskussion wurden dann beide extreme Auffassungen abgelehnt. Der Kongreß beschloß, daß langfristig der Kampf für die Diktatur des Proletariats die Hauptaufgabe der Partei sei. Für die Übergangszeit müsse die Partei jedoch die bürgerlich-demokratische Bewegung unterstützen, die Arbeiterschaft auffordern, sich aktiv an dieser Bewegung zu beteiligen und sie in diesem Kampf führen. Dazu sei die Entwicklung einer Gewerkschaftsbewegung besonders wichtig.

Weiter wurde ein Parteistatut beschlossen, in dem festgehalten wurde, daß sich jedes Mitglied mit den Zielen der Partei zu identifizieren habe, ihre Beschlüsse aktiv unterstützen soll. Ferner wurde beschlossen, das Zentralkomitee der KP Chinas, also deren Führung, in Shanghai zu belassen. Für die einzelnen Provinzen sollten später Regionalkomitees geschaffen werden. Jedes Jahr habe ein Parteikongreß stattzufinden.

Obwohl der Komintern-Vertreter Maring über den Verlauf des Kongresses informiert wurde, nahm er an den Beratungen während des Kongresses nicht teil. Die chinesischen Kommunisten, so berichtet Chang Kuo-tao, behandelten ihn ganz bewußt nur als Berater. Niemand holte sich von ihm Instruktionen. Unter diesen Umständen fühlte sich Maring zweifellos übergangen. Als dann auf dem Kongreß die Diskussion über das Parteistatut anstand, bat er ungeduldig um die Erlaubnis, am Kongreß teilzunehmen und dort eine Rede halten zu dürfen. Die chinesischen Kongreßteilnehmer luden ihn schließlich ein, bei der nächsten Debatte über das Statut am 8. Juli 1921 um sieben Uhr abends im Haus von Li Han-shün das Wort zu ergreifen. Als sich die Delegierten an diesem Abend versammelt hatten und der Vorsitzende gerade die Wiederaufnahme der Sitzung verkündete, trat plötzlich ein Fremder hinzu. Der Mann behauptete, er suche den Vorsitzenden einer Vereinigung, einen Herrn Wan, und habe sich wohl in der Adresse geirrt. Dann machte er sich eiligst wieder davon.

Das Erscheinen dieses Mannes kam den KP-Gründern verständlicherweise verdächtig vor. Maring sprang von seinem Sitz auf, schlug mit der Faust auf den Tisch und erklärte: »Ich schlage vor, die Zusammenkunft sofort zu vertagen. Jeder soll allein nach Hause gehen.« Das hatten die Gründungsmitglieder aber ohnehin vorgehabt. Jeder hatte schon seine Papiere genommen und verließ jeweils allein das Haus. Nur der Besitzer des Hauses und ein anderer Genosse blieben noch. Zehn Minuten nach dem Aufbruch der Genossen tauchten tatsächlich neun Polizisten auf, die, geführt von einem französischen Offizier, eine Hausdurchsuchung vornahmen. Sie konnten jedoch nichts Verdächtiges finden und gingen enttäuscht wieder weg.

Wegen dieses Zwischenfalls konnte der Komintern-Beauftragte Maring seine geplante Rede nicht halten. Ein Faustschlag auf den Tisch blieb sein einziger Beitrag zur Gründung der chinesischen KP. Er verlor auch später kein Wort darüber, daß beim Gründungskongreß der Eintritt der KP Chinas in die Komintern nicht beschlossen worden war. Dieser Beschluß sollte erst ein Jahr später, auf dem zweiten Kongreß der KP Chinas, fallen.

Der Abschluß des Gründungskongresses auf einem Boot im Südsee

Nach dem Zwischenfall mit der Polizei beschlossen die KP-Gründungsmitglieder, sich einen neuen Tagungsort zu suchen, da sie annehmen mußten, daß Spitzel vom Kongreß erfahren hatten. Es erwies sich als schwierig, in Shanghai einen geeigneten Raum zu finden, in dem der Kongreß seine Arbeit fortsetzen konnte. Schließlich erklärte die Frau von Li Ta-chao den Teilnehmern, sie wüßte einen guten Platz in der Nähe von Shanghai. Man könne sich in ihrem Heimatdorf treffen, in Jiaxing (Tschiah-sing) am Südsee in der Provinz Zhejiang (Chekiang), nur etwa eine Stunde von Shanghai entfernt. Sie schwärmte von den Schönheiten dieses Südsees und schlug vor, dort ein Boot zu mieten. Dieser Vorschlag wurde angenommen.

Am Morgen des 10. Juli 1921 fuhren die Delegierten, natürlich getrennt voneinander und in verschiedene Waggons verteilt, mit der Eisenbahn von Shanghai Richtung Hangchow. Sie trafen kurz nach neun Uhr morgens am Südsee ein. Das gemietete Hausboot lag bereits vor Anker. Der einzige, der nicht kam, war ein gewisser Chen Kung-po. Er ließ mitteilen, daß er an weiteren Zusammenkünften nicht mehr teilnehmen möchte, weil sich seine Frau nach dem Zwischenfall mit der Polizei so geängstigt habe.

Die anderen Delegierten, die den Zwischenfall nicht so ernst nahmen, versahen sich mit Lebensmitteln und Wein, um sich als Teilnehmer an einem Ausflug zu tarnen, und bestiegen das Hausboot. Zunächst wurden sie immer wieder von Feriengästen gestört, was die Arbeit erschwerte. Später setzte dann leichter Regen ein, die Feriengäste verschwanden, und die Arbeit konnte in Ruhe fortgesetzt werden.

Die Delegierten diskutierten weiter über die Arbeiterbewegung und die Gewerkschaften, über den Kampf für den Achtstundentag, für Lohnerhöhungen und über den Schutz für Arbeiter. Entsprechende Beschlüsse, auch zum Schutz von Frauen und Kindern, wurden gefaßt. Man beschloß ferner, daß sich die Partei für eine Einheitsgewerkschaft und deren Zusammenarbeit mit der Parteiführung einsetzen sollte.

Im Verlaufe des Nachmittags wurde auf dem Boot auch noch die entscheidende Frage diskutiert, wie sich die Kommunisten gegenüber der großen nationalrevolutionären Bewegung Sun Yat-sens, der späteren Kuomintang, verhalten sollten. Der Delegierte aus Kanton, wo Sun Yat-sen sein Zentrum hatte, vertrat den Standpunkt, die Kommunistische Partei auf der einen und die Bewegung Sun Yat-sens auf der anderen Seite würden zwei völlig verschiedene Klassen vertreten, daher sei jeder Kompromiß unmöglich. Diese Auffassung wurde von den anderen Delegierten jedoch abgelehnt. Die Mehrheit beschloß, man müsse eine kritische Haltung gegenüber den Lehren Sun Yat-sens und seiner Bewegung einnehmen, jedoch seine praktischen fortschrittlichen Maßnahmen unterstützen.

Die Sonne war bereits untergegangen, als die Diskussion abgeschlossen wurde. Ziemlich hastig erörterte man noch die Frage der Führung der Partei. Nach kurzer Diskussion kamen die Delegierten einstimmig zu der Auffassung, die Partei sei so klein, daß es nicht nötig sei, ein Zentralkomitee zu bilden. Es genüge, wenn man drei Mitglieder wähle, die jeweils für das Sekretariat, die organisatorische und die propagandistische Arbeit zuständig wären. Die Delegierten wählten einstimmig Chen Tu-hsiu zum Sekretär der Partei, Li Ta-chao zum Verantwortlichen für die Propaganda und Chang Kuo-tao zum Verantwortlichen für die Organisation. Diese drei Genossen sollten sofort ihre Tätigkeit aufnehmen und die angenommenen Beschlüsse, nach sorgfältiger Redaktion, als offizielle Parteidokumente verabschieden. Danach folgte eine einfache Abschlußzeremonie. Chang Kuo-tao hielt eine kleine Ansprache, in der er dem Kongreß zum Erfolg gratulierte und die Delegierten aufrief, in ihre Heimatorte zurückzukehren, sich dort für die Verwirklichung des beschlossenen Programms einzusetzen und Organisationen für die Realisierung der Partei und ihrer Beschlüsse zu bilden.

So wurde die später so mächtige KP Chinas gegründet. Als die Delegierten das Hausboot verließen, berichtete später Chang Kuo-tao, war es bereits dunkel. Die Fischer hatten auf ihren Booten die ersten Lichter angebracht. Die Delegierten fuhren mit dem Nachtzug zurück und kamen etwa um Mitternacht in Shanghai an.

Der in der Zeit von 1919 bis 1921 bei der Mehrheit der Kommunisten Europas zu beobachtende naive Optimismus in bezug auf einen baldigen Sieg der Weltrevolution war bei der jungen KP Chinas nicht vorhanden. Niemand unter den Gründungsteilnehmern in Shanghai und auf dem Südsee hätte wohl im Traum erwartet, daß die eben gegründete Partei nach einigen schweren Niederlagen in den zwanziger Jahren schließlich die Revolution in China zum Siege führen würde. Nur 28 Jahre nach dem Gründungskongreß übernahm die KP die Macht in China, wobei einer der Delegierten, Mao Tse-tung aus Hunan, der auf dem Gründungskongreß das Protokoll schrieb, zum Führer Chinas emporstieg. Niemand hätte auch vorausgesehen, daß sich die KP Chinas vierzig Jahre nach der Gründung im schärfsten Konflikt mit der Sowjetunion befinden würde und 1981, sechzig Jahre nach ihrer Gründung, mit 38 Millionen Mitgliedern größer ist als alle kommunistischen Parteien aller Länder der Welt – einschließlich der Sowjetunion – zusammen.

Was geschah später mit den Gründungsmitgliedern der KP Chinas?

Chen Tu-hsiu, auf dem Gründungskongreß zum Sekretär der Partei gewählt, wurde in dieser Funktion bis 1927 bestätigt. Neben seiner Tätigkeit in China nahm er am Vierten Kongreß der Komintern (5. 11.–5. 12. 1922) in Moskau teil und wurde auf dem Fünften Kongreß der Komintern in Moskau (17. 6.–8. 7. 1924) Mitglied des Exekutivkomitees der Komintern (EKKI). Bis 1927 hatte er – nicht selten wider besseres Wissen – die verhängnisvollen Kominterndirektiven unterstützt. Als sich im August 1927 plötzlich die politische Linie der Komintern drastisch um 180 Grad drehte und man einen Sündenbock in der KP Chinas brauchte, wurde dieser in der Person von Chen Tu-hsiu gefunden. Er wurde von allen Parteifunktionen entbunden. Tief enttäuscht versuchte er, auf einer Konferenz im September 1929 unabhängige kommunistische Kräfte zu organisieren. Im November wurde er dann aus der Partei ausgeschlossen, sympathisierte mit Leo Trotzki, gründete eine dem Trotzkismus nahestehende kommunistische Organisation, wurde 1932 von den Kuomintang-Behörden verhaftet und zu einer langjährigen Gefängnisstrafe verurteilt. Zu Beginn des antijapanischen Krieges im August 1937 wurde er aus dem Gefängnis entlassen, betätigte sich jedoch nicht mehr politisch und starb im Mai 1942.

Li Ta-chao gehörte während der zwanziger Jahre der Führung der KP Chinas als Sekretär des Nordbüros an. Im Juni 1924 besuchte er als Leiter der chinesischen Delegation den Fünften Weltkongreß der Komintern. Am 9. April 1927 wurde er von der Pekinger Polizei verhaftet, zum Tode verurteilt und – nach Edgar Snow – am 28. April 1927 durch Erdrosseln hingerichtet.

Chang Kuo-tao, auf dem Gründungskongreß zum Verantwortlichen für die Organisation gewählt, gehörte in den zwanziger und dreißiger Jahren dem Zentralkomitee der KP Chinas an und war von 1928 bis 1930 als Delegierter der KP Chinas bei der Komintern in Moskau. Nach seiner Rückkehr im Herbst 1931 war er Vizepräsident der chinesischen Sowjetrepublik, kommandierte während des »langen Marsches« die IV. Rote Feldarmee und wurde gemeinsam mit Mao auf dem 7. Kominternkongreß (Sommer 1935) in das EKKI gewählt. Nach Differenzen mit Mao und der chinesischen KP-Führung verließ Chang Kuo-tao im April 1938 die kommunistischen Partisanengebiete, wurde aus der KP Chinas ausgeschlossen und lebte in den letzten Jahren in Kanada, wo er seine Memoiren schrieb.

Henryk Sneevliet-Maring, im Frühjahr 1921 der offizielle Kominternvertreter in China, arbeitete bis 1923 in dieser Position, wirkte für kurze Zeit im Büro für den Fernen Osten, war anschließend in Moskau und wurde im April 1924 nach Holland beordert, wo er aktiv in der niederländischen KP tätig war und sich vor allem für die revolutionäre Gewerkschaftsbewegung einsetzte. Er verließ 1927 als Anhänger der Trotzki-Opposition die KP und gründete die »Revolutionär-sozialistische Partei«, die er auch bis 1933 als Abgeordneter im niederländischen Parlament vertrat. Während der deutschen Okkupation Hollands war Sneevliet-Maring aktiv in der Widerstandsbewegung tätig, darunter als Herausgeber der illegalen Zeitung *Spartakus*. Er wurde von den deutschen Okkupationsbehörden verhaftet, zum Tode verurteilt und im April 1942 erschossen.

VII.

Die weltrevolutionären Perspektiven überschätzt: Kurswechsel in der Komintern-Strategie

Der Dritte Weltkongreß der Kommunistischen Internationale vom 22. Juni bis 12. Juli 1921

Weniger als ein Jahr nach dem Zweiten Weltkongreß fand in Moskau vom 22. Juni bis 12. Juli der Dritte Weltkongreß der Dritten Internationale statt. An ihm nahmen insgesamt 605 Delegierte aus 48 Ländern teil. Allein im Moskauer Hotel Lux wohnten Besucher aus etwa vierzig Nationen. Die stärksten Delegationen stellten die Deutschen mit 41, die Franzosen mit 31, die Italiener mit 28 und die Tschechoslowaken mit 21 Delegierten. Insgesamt hielt dieser Kongreß 24 Plenarsitzungen ab, 87 Redner ergriffen in den Debatten das Wort, das Protokoll umfaßte 1085 Seiten, die Thesen und Resolutionen weitere 191 Seiten.

Die Feiern zu Beginn des Dritten Kongresses waren im Vergleich zum Zweiten Weltkongreß reduziert. Auch die Atmosphäre hatte sich verändert. Es fehlte die Euphorie, die überschäumende Begeisterung des Zweiten Weltkongresses; statt dessen herrschte eher eine gespannte Atmosphäre. Die während des Zweiten Weltkongresses dominierende Hoffnung, die bolschewistische Revolution würde wie ein Flächenbrand auch auf andere Länder übergreifen, hat sich nicht verwirklicht: Der Vormarsch der Roten Armee auf Warschau war gestoppt und nach dem »Wunder an der Weichsel« zurückgeschlagen worden. In Deutschland war die KPD nach der mißglückten »März-Aktion« 1921 beträchtlich geschwächt, in Italien die revolutionäre Welle abgeebbt. Die der Revolution in Indien dienende Militärakademie in Taschkent mußte geschlossen werden, der sowjetische Botschafter in Kabul Afghanistan verlassen. Gleichzeitig war Sowjetrußland zunehmend genötigt, Beziehungen zu den westlichen kapitalistischen Ländern zu entwickeln, in denen sich die reaktionären Kreise allmählich vom Schock der bolschewistischen Revolution erholten.

Die wichtigsten Tagesordnungspunkte des Kongresses waren die wirtschaftliche Krise, die neuen Aufgaben der Komintern, die Taktik der Kommunistischen Partei Rußlands und die der Komintern, die Gewerkschaftsfrage und der organisatorische Aufbau der kommunistischen Parteien.

Die Anreise der Delegierten

Zur Zeit des Dritten Komintern-Kongresses betrug die Mitgliederzahl aller Kommunistischen Parteien der Welt etwas über 1,9 Millionen. Davon gehörten jedoch allein über 600000 der regierenden Kommunistischen Partei Rußlands an.

Erstmals kamen Delegierte aus allen fünf Kontinenten, darunter aus Ländern wie Argentinien, Mexiko, Südafrika, Australien, China, Kanada, USA, Mongolei und Indien sowie natürlich aus allen Staaten Europas.

Viele von ihnen hatten eine beschwerliche, manchmal sogar gefährliche Reise in das immer noch von Feinden umgebene und isolierte Sowjetrußland, dem Zentrum aller weltrevolutionären Träume, hinter sich gebracht. Die meisten Delegierten aus dem westlichen Ausland reisten über die verschiedensten Anlaufstellen im Ausland zunächst zum Westbüro der Komintern nach Berlin (Feurigstraße 3), wo sie die notwendigen Papiere erhielten und mit einem sowjetischen Schiff von Stettin aus über die Ostsee nach Reval oder Narwa fuhren. Von dort ging es dann weiter nach Petrograd. Meist gab es bereits schon auf den Schiffen Verbrüderungsszenen zwischen den nach Moskau reisenden Delegierten. Einer dieser Delegierten, Karl Hofmaier aus der Schweiz, hat als einziger das berühmte Büro in der Feurigstraße 3 geschildert: »In diesem Büro herrschte eine ältere Dame mit achtunggebietendem Zwicker auf der Nase, hinter dem sich ihr scharfer Blick verbarg. Es war Jelena Stassowa, die die Reiseroute für die ankommenden Delegierten bestimmte. In Berlin herrschten damals nur halblegale Zustände für Kommunisten. Man mußte möglichst unbemerkt in das Parteigebäude hinein- und wieder hinausschleichen. Wir durften kein russisches Visum in unseren Schweizer Paß eintragen lassen. Jelena Stassowa eröffnete uns, daß vor zehn Tagen keine Reisemöglichkeit mehr bestehe.« Sie gab jedem der Delegierten 10000 (bereits entwertete) Mark, die diese beim Betreten des Schiffes bei der Kontrolle in Stettin vorweisen sollten. Auf dem Schiff mußten sie allerdings unter Deck bleiben, bis der Dampfer das offene Meer erreicht hatte. In der Gruppe mit dem Schweizer Hofmaier fuhr auch Arkadij Maslow, der aus Rußland stammende Führer der Berliner Kommunisten.

Andere Delegierte erreichten die Sowjetunion auf dem Landwege. Der Ungar Sandor Rado (s. Kapitel III), der während des Zweiten Weltkrieges als Leiter des Spionagedienstes für die Sowjetunion in der Schweiz berühmt wurde, fuhr ebenfalls über Berlin und erhielt dort einen deutschen Paß, allerdings ohne Ausreisevisum. Als er in Stettin ankam, wurde er darauf aufmerksam gemacht, daß er das Land ohne Ausreisevisum nicht verlassen dürfe. Schließlich drückte ihm der städtische Polizeichef eigenhändig den Ausreisestempel in den Paß – allerdings erst nach einigen Gläsern Wein. Von Stettin aus fuhren die Delegierten mehrere Stunden mit der Bahn durch die pommerschen und ostpreußischen Wälder zur deutsch-litauischen Grenzstation Eydtkuhnen. Dort mußten alle aussteigen. Zu seiner Verwunderung wurde Sandor Rado von deutschen Polizisten in ein Badezimmer gebracht, wo er sich entkleiden und in eine Wanne setzen mußte. Die Polizisten rieben ihm den Rücken mit einer Flüssigkeit ein. Später erfuhr er, daß man illegalen Kurieren manchmal geheime Nachrichten mit unsichtbarer Tinte auf den Rücken geschrieben hatte.

Von Litauen aus fuhr Rado dann nach Riga, der Hauptstadt Lettlands, wo ihn der diplomatische Vertreter der Sowjet, Ganetzki, empfing. Nach mehreren Tagen Aufenthalt ging die Reise dann auf der einzigen Gleisstrecke weiter, die Sowjetrußland damals mit der kapitalistischen Welt verband. An der lettisch-sowjetischen Grenzstation Sebesch erblickte Sandor Rado über einem Grenztor die mehrsprachige Aufschrift »Es lebe die Sowjetmacht!« Sandor Rado berichtete später, er habe sich gefühlt wie auf einer Reise in das Gelobte Land und er sei von grenzenlosem Vertrauen erfüllt gewesen. Nach Sebesch hielt der Zug immer wieder auf offener Strecke, damit in benachbarten Wäldern Holz zum Heizen der Lokomotive geschlagen werden konnte. Mitte Mai 1921 traf Rado schließlich in Moskau ein.

»Ihr wollt nach Petrograd? Ihr müßt ja verrückt sein!«

Zum Dritten Weltkongreß kam auch Harry Pollitt, später über mehr als zwei Jahrzehnte lang der Führer der KP Großbritanniens. Pollitt, 1890 als Sohn eines englischen Arbeiters geboren, hatte mit fünfzehn

Jahren Kesselschmied gelernt und war seit seiner Jugend aktiv in der Gewerkschaftsbewegung tätig. Er gehörte zuerst der linkeren Independent Labour Party an und trat dann 1912 der kleinen, aber radikal linken britischen Sozialistischen Partei bei. In den Jahren 1918 und 1919 war er vor allem im Londoner Hafen führend an der Streikbewegung beteiligt und engagierte sich in der Bewegung »Hände weg von Sowjetrußland!«, die sich gegen die britische Intervention im russischen Bürgerkrieg wandte und die Beladung britischer Schiffe zugunsten der »Weißen« schon im Londoner Hafen verhindern sollte. Seit dem Zweiten Weltkongreß der Komintern im Sommer 1920 tendierte Harry Pollitt, wie viele andere linke britische Gewerkschafter, zum Kommunismus und trat der Kommunistischen Partei Großbritanniens dann nach deren Gründung Ende 1920 bei.

Zum Dritten Weltkongreß nach Moskau fuhr er gemeinsam mit Tom Mann, dem damals schon 65jährigen Senior der britischen Gewerkschaftsbewegung, der er bereits seit den achtziger Jahren des 19. Jahrhunderts angehörte. Beide bestiegen gemeinsam in London das Schiff »Baltanic«, auf dem Harry Pollitt früher als Seemann gearbeitet hatte. Die Matrosen kannten Pollitt natürlich und beglückwünschten ihn zu seiner Reise nach Moskau.

Auf dem Schiff waren nur wenige Passagiere, darunter auch ein englisches Reeder-Ehepaar. Als das Schiff durch den Kieler Kanal fuhr, nahm der Unternehmer Harry Pollitt beiseite und sprach auf ihn ein: »Junger Mann, ich würde wünschen, daß die Londoner Dockarbeiter das mal hier erleben würden. Die würden dann wenigstens härter arbeiten, um die deutsche Konkurrenz zu schlagen. Und auch dieser Bolschewist Pollitt sollte dies mal sehen, er würde dann aufhören, die Londoner Dockarbeiter aufzuwiegeln.«

Harry Pollitt gab sich daraufhin zu erkennen. Der Reeder war verblüfft: »Kaum zu glauben, daß ein so netter junger Mann wie Sie Harry Pollitt sein soll ... Ich bin Fletcher; meine Söhne führen die Fletcher-Schiffswerke in London.«

Die Schiffsreise ging weiter über Danzig, Libau und Riga bis nach Reval. Dort kamen sie an einem herrlichen Sommertag an. Tom Mann und Pollitt verließen das Schiff und begaben sich zu der ihnen angegebenen Adresse, die ihnen zur Weiterfahrt nach Petrograd verhelfen sollte. Schließlich konnten sie einen Schlafwagen nach Petrograd besteigen. Die mitleidigen Blicke der Menschen auf dem Bahnhof schienen zu sagen: »Ihr wollt nach Petrograd? Ihr müßt ja verrückt sein!«

Tatsächlich war es eine langwierige Reise nach Petrograd. Stundenlang mußte der Zug an der damaligen Grenzstadt Narwa warten, bevor die Lokomotive ankam, die den Zug zur nächsten Station zog. Der örtliche Sowjet von Narwa begrüßte in der Wartezeit die britischen Delegierten und bewirtete sie als seine Ehrengäste. Sie erhielten Tee, Brot und Eier und machten anschließend einen Rundgang durch die Stadt. Überall sahen sie noch die Spuren des Bürgerkrieges.

Auch während der weiteren Reise nach Petrograd sahen sie schwere Zerstörungen: gesprengte Brücken und aufgerissene Straßen. In Petrograd angekommen, hatten sie einige Schwierigkeiten, die Zentrale der KP zu finden. Tom Mann war den sowjetischen Freunden als alter Genosse wohlbekannt, und sie wurden wiederum als Ehrengäste behandelt. Die Gastgeber in Petrograd entschuldigten sich allerdings dafür, nur Schwarzbrot und Tee anbieten zu können. Aber, so erinnerte sich Harry Pollitt, nachdem sie endlich das Gelobte Land erreicht hatten, erschien ihnen die Bewirtung wie ein lukullisches Bankett.

Einige Tage vor Beginn des Kongresses kamen sie schließlich in Moskau an. Dort sahen sie in den Straßen viele abgezehrte Menschen. Gemeinsam mit anderen britischen Genossen besichtigten sie auch den Kreml.

Petrograd und Moskau 1921: bedrückend und doch »durchdrungen von dem Glauben an die Zukunft«

Die Eindrücke, die die ausländischen Delegierten von Petrograd und Moskau gewannen, unterschieden sich je nach der Stimmung und dem Grad ihres Enthusiasmus. Karl Hofmaier schrieb: »Petrograd wirkte auf uns bedrückend. Überall waren die Folgen des Krieges und des Bürgerkrieges zu sehen. Die Bevölkerung war sehr ärmlich gekleidet, die Schaufenster der meisten Geschäfte waren mit Brettern vernagelt.« Über die Eisenbahnfahrt von Petrograd nach Moskau notierte Hofmaier: »Wir fuhren durch riesige Buchen- und Birkenwälder. Hin und wieder hielt der Zug an einer verlassenen Station. Die Passagiere stiegen aus und versorgten sich mit heißem Wasser für ihren Teekessel. Auf einigen Stationen waren Äpfel zu kaufen, manchmal auch Butterbrot, sonst nichts. Wir wurden im Zug verpflegt, ziemlich dürftig.«

Bei der Ankunft in Moskau erwartete sie ein Komintern-Vertreter, der auf einer Liste umständlich die Namen suchte. Das Hotel Lux war bereits völlig überfüllt, deshalb wurden die zuletzt eintreffenden Delegierten auf andere Hotels und Privathäuser verteilt. Auch Hofmaier wurde privat am B-Boulevard untergebracht.

Der Ungar Sandor Rado war Mitte Mai 1921 in Moskau eingetroffen. Damals habe im Wolgagebiet eine große Hungersnot geherrscht und Rußland sei von einer Typhusepidemie heimgesucht worden. Selbst im Hotel National in Moskau, dem besten der Stadt, waren viele Menschen erkrankt. Die Wasserwerke und das Kanalisationsnetz waren außer Betrieb, der städtische Verkehr gelähmt, die Straßenbahnen fuhren nicht. Hauptverkehrsmittel war der sogenannte Iswoschtschik, ein einspänniger, zweirädriger Karren. Vorn auf dem Bock thronte der Kutscher in einem langen, grünen oder blauen Kaftan, den ein roter Gürtel zusammenhielt. An heißen Tagen verbreitete sich in Moskau ein unangenehmer süßlicher Geruch in den Straßen. Das Leben war sehr karg. Die tägliche Ration bestand aus einem Hering, zehn Zigaretten und einem Stück Brot aus einer schwarzen undefinierbaren Masse. Die Geschäfte waren größtenteils geschlossen.

Aber trotz dieser äußeren Eindrücke wurde Rado – und mit ihm viele andere Delegierte – von einer unglaublichen Begeisterung und Zuversicht erfüllt und von einer die Weltrevolution wie ein messianisches Zeitalter erwartenden Stimmung ergriffen.»Mit wem ich es auch zu tun hatte«, berichtete Sandor Rado später, »alle waren von hoher Begeisterung erfüllt, durchdrungen von dem Glauben an die Zukunft.« Victor Serge, der die ganze Zeit über in Moskau lebte, meinte optimistisch, daß die Neue Ökonomische Politik, die im März 1921 verkündet worden war, den Hunger bereits ein wenig zu mildern begann und man allmählich ein Gefühl der Befriedigung erhielt.

Ähnlich wie im Sommer 1920 beim Zweiten Weltkongreß, wurden auch diesmal die Delegierten zu Theateraufführungen, Konzerten, Ausflügen und Militärparaden eingeladen. Noch beeindruckender war für viele, wie Emma Goldman berichtet, daß sie in kleinen Gruppen privat zu Lenin oder Trotzki eingeladen wurden. Auch zu Zusammenkünften mit Salomon A. Losowski, der damals die Rote Gewerkschaftsinternationale (Profintern) vorbereitete, wurden die Delegierten oft gebeten. Losowski versuchte herauszubekommen, wie die Delegierten allgemein zur Komintern standen.

Erstmals wurden bei solchen Zusammenkünften sogar vorher Themen abgesprochen, die die Delegierten dann auf dem Kongreß vortragen bzw. vertreten sollten. Ab und zu weigerte sich ein Delegierter auch, solche Instruktionen entgegenzunehmen. Dies führte für den Betreffenden jedoch meist dazu, daß er gemieden und auf dem Kongreß entweder überhaupt keine oder nur sehr geringe Möglichkeiten hatte, seine eigenen Auffassungen vorzutragen. Die meisten Delegierten, bemerkte Emma Goldman, paßten sich jedoch den Wünschen ihrer Gastgeber an.

Die Ratten im Hotel Lux
und die Lebensmittelversorgung

Der Schweizer Delegierte Jules Humbert-Droz war über Berlin und Reval nach Moskau gekommen und wohnte im Hotel Lux. In seinen Memoiren erinnerte er sich später: »In Moskau herrschte noch der Kriegskommunismus. Im Hotel Lux, in dem die Angestellten und Funktionäre der Kommunistischen Internationale wohnten, wurden das Frühstück und das Mittagessen gemeinsam im Speisesaal eingenommen. Für das Abendessen erhielten wir ein Pajok, d. h. als tägliche Ration schwarzes Vollkornbrot, ranzige Butter, von der einem übel werden konnte, hartgekochte Eier, die halbleer waren und schrecklich nach dem feuchten Stroh schmeckten, in dem sie aufbewahrt wurden.«
Da Jules Humbert-Droz nicht rauchte, konnte er seine Zigarettenration gegen frische Milch eintauschen. Obwohl sie unzweifelhaft bevorzugt untergebracht waren, litten sie vor allem unter Wanzen und Ratten. Die Ratten kletterten an den Rohren der Zentralheizungen hoch in die einzelnen Zimmer, trieben sich auf den Vorhängen herum und fraßen die ohnehin nicht reichlichen Lebensmittel der Delegierten, von denen einige sogar gebissen wurden und sich im Pasteur-Institut impfen lassen mußten. Im Hofe des Hotels Lux dienten die nicht mehr benutzten Räume einer großen Bäckerei als Lager für Mehlsäcke: »Am Abend konnte man im schwachen Licht der Straßenlampen ganze Rattenschwärme zwischen den Säcken durchschlüpfen und sich an deren Inhalt ergötzen sehen«, schrieb Humbert-Droz.
Die Büros der Kommunistischen Internationale befanden sich auf dem Boulevard Arbat in Moskau im Gebäude der früheren Botschaft des deutschen Kaiserreichs, einer großen Villa mit prunkvollen Salons, die sich recht schlecht für Sekretariate eigneten. Jules Humbert-Droz erhielt für seine Vorbereitungen zum Kongreß einen der Salons zugeteilt. Dort las er auch die westliche Presse, die in Moskau mit einer Woche Verspätung ankam, und sammelte Nachrichten über die politische Lage und die Arbeiterbewegung in den romanischen Ländern, mit denen er sich besonders befassen sollte.

Zur Zeit der Einberufung des Dritten Weltkongresses erhielten damals die Arbeiter in Moskau nach amtlichen sowjetischen Angaben zwei Drittel Pfund Brot pro Tag, die Kinder erhielten ein halbes Pfund Brot und die Angestellten ein Drittel Pfund Brot. Die schlechte Lebensmittelversorgung der Bevölkerung beunruhigte auch Lenin. Bereits am 29. Mai 1921, also drei Wochen vor Beginn des Kongresses, versuchte er, die Ernährungssituation, zumindest für die Zeit des Kongresses, zu verbessern. Er schrieb an den Verantwortlichen für die Lebensmittelversorgung, A. B. Chalatow: »Können Sie zum Eröffnungstag des internationalen Kongresses an die Moskauer Arbeiter Weizenmehl ausgeben? Wieviel?« Lenin erhielt eine positive Antwort und das Versprechen, daß zur Eröffnung des Kongresses je zwei Pfund Bohnen für die Arbeiter, ein Pfund Bohnen für die Angestellten und ein Pfund Reis für die Kinder zusätzlich ausgegeben würden. Eine Erhöhung der Brotration für die Arbeiter, so wurde ihm erklärt, sei so schnell nicht möglich, weil die Anlieferung des Getreides zu lange dauere.

Die Eröffnung des Kongresses und die deutsche Delegation

Nach einer Festveranstaltung im Großen Theater begann die eigentliche Arbeit des Kongresses am 23. Juni. Um acht Uhr abends eröffnete Grigorij Sinowjew im Krönungssaal des Kreml die zweite Sitzung des Dritten Weltkongresses. Karl Hofmaier erinnerte sich: »Es war ein imposantes, unvergeßliches Bild, in diesem historischen Krönungssaal der einstigen russischen Zaren tausend Proletarier und Intellektuelle aus aller Welt versammelt zu sehen.«

Im Unterschied zum Zweiten Weltkongreß, auf dem deutsch die offizielle Kongreßsprache war – fast allen Delegierten war die Sprache von Karl Marx geläufig! –, wurde auf dem Dritten Weltkongreß in mehreren Sprachen gesprochen, für die ausländischen Delegierten wurden die jeweiligen Reden übersetzt. Dabei verblüfften die russischen Hauptredner die Delegierten immer wieder mit ihren Fremdsprachenkenntnissen.

Erstmals mehrten sich nun in den Reden der bolschewistischen Führer, vor allem bei Lenin und Trotzki, die Zweifel daran, daß eine Weltrevolution unmittelbar bevorstünde. Von diesem Wandel war vor allem die Delegation der KPD betroffen. Sie stand unter Führung von

August Thalheimer und Paul Fröhlich und setzte sich – mit Ausnahme von Clara Zetkin – überwiegend aus überzeugten Verfechtern der »März-Aktion« zusammen. Die deutschen Delegierten waren in der Erwartung nach Moskau gereist, daß sie von der Internationale als Helden empfangen würden; inzwischen hatten die Kominternführer, vor allem Lenin, aber begonnen, sich von der »März-Aktion« zu distanzieren.

Lenin hatte sorgfältig registriert, daß die revolutionäre Welle in Europa nach 1920 erheblich an Kraft verloren hatte. Hinzu kamen auch schwierige innersowjetische Probleme. Als sich im Winter 1920 und Frühjahr 1921 der Unmut der Bevölkerung in innere Unruhen entlud, die im Aufstand von Kronstadt ihren Höhepunkt erreichten, wurde immer klarer, daß eine grundlegende Wende in der Politik unvermeidlich geworden war. Es folgte die Einführung der Neuen Ökonomischen Politik mit Konzessionen an die privaten Bauern, Handwerker, Mittelständler, verbunden mit verstärkten Bemühungen, die Handelsbeziehungen zu westlichen kapitalistischen Ländern zu verbessern. Am 16. März 1921, zur Zeit der »März-Aktion« in Deutschland, hatte Sowjetrußland ein bedeutsames Handelsabkommen mit Großbritannien abgeschlossen.

Die Hauptthese des Dritten Weltkongresses, es sei notwendig, an der revolutionären Front zeitweilig Zurückhaltung zu üben, war sowohl eine Folge der Lage als auch einer neuen Einschätzung der gesamten Weltsituation. Dies bedeutete nichts Geringeres als einen Kurswechsel in der Komintern-Strategie. Dabei spielte die kritische Einschätzung der »März-Aktion 1921« in Deutschland eine besonders wichtige Rolle. Trotzki und Kamenew standen in dieser Frage auf der Seite Lenins und verurteilten den Putsch. Sinowjew, Bucharin und Radek versuchten ihn immer noch zu verteidigen.

Trotzki auf dem Dritten Weltkongreß: »Niederlagen, Enttäuschungen, große Opfer, irrtümliche Aktionen«

Leo Trotzki hielt unter dem Titel »Die wirtschaftliche Weltkrise und die neuen Aufgaben der Kommunistischen Internationale« das erste Hauptreferat des Kongresses. In seinem zweistündigen, übrigens in deutscher Sprache gehaltenen Vortrag scheute er sich nicht, offen Niederlagen und Fehleinschätzungen zuzugestehen: »Das Kapital sitzt noch immer fest in der ganzen Welt auf dem Thron, und wir müssen uns Rechenschaft darüber geben, ob unsere Einstellung im großen und ganzen, die Einstellung zur Weltrevolution, jetzt unter den gegebenen Verhältnissen noch immer richtig bleibt. Es ist eine Veränderung in den Kräfteverhältnissen eingetreten, die nicht zu leugnen ist.«

Trotzki verwies zwar auf die großen revolutionären Massenbewegungen in den letzten Jahren, gab aber unumwunden zu, daß die bolschewistischen Führer die weltrevolutionären Perspektiven überschätzt hätten: »Ende des Jahres 1917 ergriff das russische Proletariat die Macht. Damals, das werde ich Ihnen nicht verheimlichen, schien uns der Weg zur Machtergreifung in den mittel- und westeuropäischen Ländern viel kürzer als sich erwiesen hat.« Trotzki führte aus, daß zwar die große Linie nach wie vor richtig sei, aber die Auf- und Abwärtsbewegungen von der Kommunistischen Internationale nicht richtig eingeschätzt worden seien. Erst jetzt würde man erkennen, daß man nicht mehr so unmittelbar vor dem Endziel der Weltrevolution stehe, während noch 1919 viele glaubten, es sei nur eine Frage von Monaten, müsse man jetzt davon ausgehen, daß es vielleicht eine Frage von Jahren sei: »Der Kampf wird vielleicht langwierig sein, wird nicht so fieberhaft, wie es wünschenswert wäre, vorwärtsschreiten. Der Kampf wird höchst schwierig und opferreich sein. Wir sind durch die angehäuften Erfahrungen gewitzigt geworden.«

Trotz dieser nüchternen, ja fast pessimistischen Voraussagen wurde die offene und selbstkritische Rede von den Delegierten des Kongresses mit stürmischem Beifall bedacht.

Während Trotzki zur Zeit des Zweiten Weltkongresses an der Front im Krieg gegen Polen stand, dominierte er auf dem Dritten Weltkongreß eindeutig. Er stand im Zenit der Macht, der Beliebtheit und des Ruhms. Obwohl er erst 41 Jahre alt war, galt er als der Tribun des Kampfes um Petrograd und zweier Revolutionen, ihm verdankte Sowjetrußland seine Rote Armee, die er buchstäblich aus dem Nichts geschaffen hatte. Trotzki galt auch als der Sieger in den entscheidenden Schlachten des Bürgerkrieges, und er stellte selbst Lenin durch seine große rhetorische Begabung manchmal in den Schatten. Victor Serge, der dies beobachtete, verwies allerdings darauf, daß das Prestige Lenins als Schöpfer und Führer der bolschewistischen Bewegung vor der Revolution unangefochten gewesen sei. Immerhin wurde auf dem Dritten Weltkongreß davon gesprochen, Trotzki zum Vorsitzenden der Internationale zu machen.

Grigorij Sinowjew war über solche Gespräche sichtlich verbittert.

Trotzki selbst schien jedoch zu dieser Zeit mehr daran zu denken, sich der maroden sowjetischen Wirtschaft anzunehmen. Er pflegte in einer Art weißen Uniform ohne Rangabzeichen zu erscheinen, auf dem Kopf eine flache, ebenfalls weiße Mütze. Er war von stattlicher Figur mit breiter Brust, schwarzem Haar und Spitzbart, dazu trug er einen Kneifer. Weniger umgänglich als Lenin, wirkte er in seinem Auftreten eher autoritär. Victor Serge berichtete, daß er und seine Freunde, kriti sche Kommunisten, Trotzki bewunderten, ohne ihn aber zu lieben: »Seine Strenge, seine Forderung nach Pünktlichkeit in der Arbeit und im Kampf, seine absolute Korrektheit in einer Epoche des volkstümlichen Schlendrians gaben Anlaß zu hinterhältigen Angriffen und einem gewissen demagogischen Übelwollen.« Kritisiert wurde an Trotzki auch, daß er sich gegen die Unabhängigkeit der Gewerkschaften gewandt hatte und für die brutale Niederschlagung des Kronstädter Aufstandes verantwortlich war.

Auf dem Kongreß interessierte sich Trotzki vor allem für die Situation in Frankreich. In einer der Sitzungen stieg er von der Tribüne herab und setzte sich zu den französischen Delegierten, um seine Rede selbst zu übersetzen. Er sprach ein fast perfektes Französisch und konterte lebhaft auf Zwischenbemerkungen. Vor allem Themen wie Terror und Parteidisziplin schienen ihn zu interessieren. Trotzki konnte durchaus herzlich sein, argumentierte aber mitunter sehr schroff. Dies kam vor allem in den Diskussionen mit Anarchisten, meist Spaniern, zum Ausdruck. Als sich der spanische Delegierte Arlandis gegen die Verfolgung der Anarchisten in der Sowjetunion wandte, packte ihn Trotzki am Rockaufschlag und schrie: »Ich möchte Sie wirklich dabei sehen, Sie kleiner Spießer!«

Lenin auf dem Dritten Weltkongreß: »Wir sind nicht allein auf der Welt«

Erst am 5. Juli 1921 während der siebzehnten Sitzung des Kongresses hielt Lenin in dem bis zum letzten Platz besetzten Krönungssaal seine mit außerordentlicher Spannung erwartete Rede über die Politik der KP Rußlands. Während alle prominenten Redner, wie damals üblich, ihr Publikum häufig warten ließen, war Lenin pünktlich. Er sprach »Über die Taktik der Kommunistischen Partei Rußlands«. Eingangs erklärte er, er sei nicht in der Lage gewesen, »ein ordentliches Referat auszuarbeiten«. Einige Delegierte wußten schon damals von Lenins wiederholten Klagen über Kopfschmerzen, waren über seine Müdigkeit und die Phasen der Erschöpfung informiert. Hinzu kam, daß kurz vor dem Kongreß Inessa Armand, Lenins langjährige Freundin und Kampfgenossin, fern von ihm, im Kaukasus, an Typhus gestorben war. Noch einige Tage danach war Lenin nicht ansprechbar gewesen.

Unter dem trockenen Titel des Referates hatten die wenigsten Delegierten einen Hinweis auf die bedeutsame Wende vermutet, die Lenin dann verkündete. Er sprach nüchtern, sachlich und realistisch von der Neuen Ökonomischen Politik, die nun an die Stelle des Kriegskommunismus getreten sei. Angesichts des wirtschaftlichen Ruins mußten, so erläuterte er, gewisse Konzessionen an den Kapitalismus gemacht werden. Die Zwangsrequisition des Bürgerkrieges sollte durch eine mildere Naturalsteuer ersetzt, die Bauern weniger belastet und ein freier Markt zugelassen werden, auf dem sie ihre landwirtschaftlichen Produkte verkaufen konnten. Auch der Handel, die handwerkliche Produktion und – mit gewissen Einschränkungen – die industriellen Unternehmen sollten sich nun freier entwickeln dürfen. »Die Naturalsteuer bedeutet selbstverständlich Freiheit des Handels«, erläuterte Lenin. »Die Freiheit des Austausches bedeutet Freiheit des Kapitalismus. Wir sagen das offen und wiederholen es. Wir verhehlen das nicht. Es wäre sehr schlimm um uns bestellt, wenn wir das verheimlichen wollten.« Auch ausländische Kapitalisten sollten nun, wenn auch unter Kontrolle, gewisse Möglichkeiten erhalten. Lenin: »Wir müssen also der fremden Bourgeoisie, dem ausländischen Kapital Konzessionen gewähren. Wir geben ohne die geringste Entstaatlichung Bergwerke, Wälder, Naphthavorkommen an auswärtige Kapitalisten, um von ihnen industrielle Artikel, Maschinen usw. zu erhalten, um auf diese Weise unsere Industrie aufzubauen.«

Diese Erklärung Lenins wurde von den Komintern-Delegierten nicht mit Beifall aufgenommen. Lenin versuchte die Notwendigkeit der NEP daher noch deutlicher zu erklären: »Durch den siebenjährigen Krieg sind wir so ruiniert, daß der Wiederaufbau der Industrie mehrere Jahre erfordern wird. Wir müssen für unsere Rückständigkeit und unsere Schwäche zahlen, dafür, daß wir jetzt lernen und nochmals lernen müssen ...« Und er fuhr fort: »Wir sind nicht allein auf der Welt. Wir existieren in einem System der kapitalistischen Staaten als Glied der Weltwirtschaft.«

Für die Nachdenklichen unter den Kongreß-Delegierten wurde damit klar, daß sich hier erstmals eine Kluft zwischen den sowjetischen Staatsinteressen auf der einen und der kommunistischen Weltbewegung auf der anderen Seite abzuzeichnen begann. Aber obwohl vom Präsidiumstisch zu einer »lebhaften Diskussion« aufgefordert wurde, war die Autorität Lenins so groß, daß sich nur wenige zu dieser Problematik äußerten.

Im zweiten Teil seiner Rede wies Lenin, ähnlich wie vorher Trotzki, darauf hin, daß die Perspektiven der Weltrevolution nicht so günstig seien, wie man ursprünglich angenommen habe. Das stelle die Kommunistische Internationale vor neue Aufgaben: »Jetzt ist die grundsätzliche Vorbereitung der Revolution, das grundsätzliche Studium der konkreten Entwicklung in den kapitalistischen Ländern notwendig.« Vor allem aber mahnte Lenin in seiner berühmten Rede zur Vorsicht. Die revolutionäre Entwicklung liefe »nicht so geradlinig wie wir erwartet hatten«, meinte er. »In den anderen großen und kapitalistisch am meisten entwickelten Ländern ist die Revolution bis heute nicht ausgebrochen.« Unter diesen Bedingungen, schärfte er den Delegierten ein, ist »eine gründliche Vorbereitung der Revolution und ein tiefschürfendes Studium ihrer konkreten Entwicklung in den fortgeschrittenen kapitalistischen Ländern notwendig«.

Für manche Delegierte kam Lenins Rede wie ein Schock; zu groß war der Sprung vom optimistischen Enthusiasmus des Zweiten Weltkongresses im Sommer 1920 zur nüchtern-skeptischen Beurteilung Lenins im Sommer 1921. Um so mehr lag Lenin daran, keineswegs nur seine Auffassung zu verkünden, sondern die Delegierten auch von der Richtigkeit dieser Analyse zu überzeugen. Lenin, so berichtete der anwesende Victor Serge, gab sich so herzlich, gutmütig und einfach wie möglich, als wolle er durch jede Bewegung kundtun, daß der Mann an der Spitze der Sowjetregierung und der Kommunistischen Partei ein Genosse geblieben sei. Lenin wollte – im Unterschied zu seinen Nachfolgern – die Internationale dadurch leiten, daß er ihre Repräsentanten von seiner Auffassung überzeugte. Auf diesem Dritten Weltkongreß trat dies besonders deutlich zutage: Während mancher Reden des Kongresses stieg er vom Podium herab und setzte sich unter die Delegierten oder in die Nähe des Stenographen auf die Stufen, einen Notizblock auf den Knien. Fast unbekannte, ja unbedeutende ausländische Delegierte hielt er in einer Ecke des Saales fest, um ihnen unter vier Augen seine These zu erklären, daß man sich an die Massen wenden müsse. Lenin war so in die Diskussion mit Delegierten vertieft, daß er sogar bei der Speisenausgabe am Büffett keine Zeit zum Essen fand. Karl Radek, der dies bemerkte, schob ihm einen Teller hin, damit er trotz ständiger Diskussionen etwas zu essen bekäme.

Der Ungar Sandor Rado, der als Pressevertreter zum Dritten Weltkongreß gekommen war, bestätigte diesen Eindruck. Die Journalisten saßen auf übereinandergestuften Bänken neben dem Podium des Präsidiums. Eines Tages, so berichtete Rado, öffnete sich die kleine Tür neben ihm und Lenin trat ein: »Er setzte sich unmittelbar auf die Stufen vor mir, blickte mich an und bedeutete mir, indem er seinen Finger an den Mund legte, ich solle schweigen, damit man von seiner Anwesenheit keine Notiz nehme. Lange saß er da und machte sich die ganze Zeit Notizen.«

Die revolutionären Grundsätze »den Besonderheiten der verschiedenen Länder anpassen«

Nach der großen Rede Lenins ergriffen nur noch acht Redner das Wort. Die holländische Marxistin Henriette Roland-Holst, eine gebildete Frau und bedeutende Dichterin, meinte, falls die sowjetischen Kommunisten an der Stabilisierung des europäischen Kapitalismus interessiert seien, so wäre das »selbstverständlich ein furchtbarer Konflikt, ein tragischer Konflikt, aus dem man keinen Ausweg finden könnte«. Sie beruhigte aber sich und die Delegierten mit dem Hinweis, Sowjetrußland müsse diesen Weg beschreiten und sei schließlich auch nach wie vor in höchstem Maße an dem Fortgang der Weltrevolution interessiert. Der Anschein, »als ob Rußland jetzt in der revolutionären Entwicklung etwas bremsen würde«, sei doch nur ein Schein, und die Tatsachen würden diesen Schein widerlegen.

Auch ein kritischer deutscher Kommunist namens Sachs wies auf den sich abzeichnenden Widerspruch hin. Er erwähnte die Schwierigkeiten der Kommunistischen Partei Rußlands, »die einerseits aus der zurückgebliebenen wirtschaftlichen Entwicklung Rußlands, andererseits aus dem langsamen Fortschreiten der Weltrevolution für sie erwachsen sind«. Während die Kommunistischen Parteien im Westen weiterhin auf den Sturz des Kapitalismus hinwirken müßten, sei vorauszusehen, daß sich »ein gewisser Interessengegensatz zwischen den Interessen der revolutionären Arbeiter in westlichen Ländern und dem Interesse der Sowjetmacht« herausbilden werde.

Wichtig waren auf diesem Kongreß auch Lenins Hinweise, daß die revolutionären Grundsätze »den Besonderheiten der verschiedenen Länder angepaßt« werden müßten. Er betonte damit ausdrücklich, daß die Revolution in unterschiedlichen Ländern unterschiedlich verlaufen werde. Und die Kommunistische Internationale werde niemals fordern, »daß Serrati in Italien die Russische Revolution nachahme ... Die Revolution in Italien wird anders verlaufen als sie in Rußland verlaufen ist.«

Anstelle der bis dahin vorherrschenden Hoffnung auf eine baldige Weltrevolution verkündete Lenin die Losung »Heran an die Massen«. Er betonte die Notwendigkeit, geduldig in der praktischen Arbeiterbewegung zu wirken, um die Mehrheit der Werktätigen für die eigenen Ideen zu gewinnen. Die Kommunisten wurden von Lenin aufgefordert, sich für die dringenden Tagesforderungen der Werktätigen einzusetzen. Sie sollten aussichtslose revolutionäre Aktionen vermeiden und in friedlichen Auseinandersetzungen für die unmittelbaren Interessen der Arbeiter eintreten.

Wachsende Kritik unter den Delegierten: Die Fehler der Spaltung der sozialistischen Bewegung

Auf dem Dritten Weltkongreß wurde unter manchen Delegierten auch Kritik an der Politik der Komintern und ihrer Führer laut. Victor Serge erinnerte sich später: »Wir begannen uns zu fragen, ob es nicht ein schwerer Fehler gewesen sei, durch die Spaltung der sozialistischen Bewegung neue kleine Parteien zu schaffen, die zu einer wirklichen Aktion nicht fähig waren und die von den Beauftragten des Exekutivkomitees mit Ideen und Geld gepeist wurden und dazu bestimmt waren, Propaganda-Offizinen der Sowjetregierung zu werden.«

Einige Delegierte gingen noch weiter: Während auf dem Dritten Weltkongreß wiederholt Protestresolutionen gegen die Verhaftung von Revolutionären in anderen Ländern verabschiedet wurden, befanden sich auch in bolschewistischen Gefängnissen verhaftete Revolutionäre, darunter Anarchisten und Sozialrevolutionäre. Um die Aufmerksamkeit der Delegierten des Dritten Weltkongresses auf sich zu lenken, veranstalteten die verhafteten Anarchisten im Moskauer Taganka-Gefängnis einen Hungerstreik. Mehrere französische, spanische und italienische Delegierte, die dem Anarcho-Syndikalismus nahestanden, wurden über die Situation der Inhaftierten informiert. Sie versprachen, das Problem auf dem Weltkongreß zur Sprache zu bringen. Unter den Delegierten wurde ein Komitee gegründet, dem auch der alte englische Gewerkschafter und Kommunist Tom Mann angehörte. Er sollte mit Lenin Kontakt aufnehmen und sich für die Befreiung der

Revolutionäre einsetzen. Lenin lehnte zunächst ab, die Anarchisten zu befreien, weil sie, wie er sagte, »zu gefährlich« seien, versprach aber am Ende des Gesprächs, daß die Anarchisten Rußland verlassen könnten. Am nächsten Tag wurde das Versprechen Lenins in einem Brief des Zentralkomitees der Kommunistischen Partei Rußlands fixiert, den Trotzki unterzeichnete. Die im Hungerstreik befindlichen Revolutionäre im Taganka-Gefängnis nahmen die Nachricht erfreut zur Kenntnis und beauftragten daraufhin zwei ihrer Genossen, mit der Sowjetregierung die Modalitäten ihrer Entlassung zu besprechen. Danach war ein öffentlicher Protest auf dem Kongreß nicht mehr notwendig.

Wenige Tage später mußten die kritischen Delegierten verblüfft einen scharfen Angriff gegen die Anarchisten anhören, den Bucharin im Namen des Zentralkomitees der russischen KP am Ende des Kongresses plötzlich startete. Einige der ausländischen Delegierten, die darin einen Bruch der Leninschen Zusage sahen, forderten eine öffentliche Erwiderung. Das Präsidium und die Leitung des Kongresses versuchte dies mit allen Mitteln zu verhindern. Schließlich mußte das Präsidium aber doch einem französischen Delegierten das Recht zum Protest zugestehen.

Während des Kongresses versuchten auch Freunde der Sozialrevolutionärin Maria Spiridonowa ein Manifest zu verbreiten, in dem die Befreiung der schwerkranken Frau aus dem Gefängnis gefordert wurde. Einige ausländische weibliche Delegierte wandten sich in dieser Angelegenheit an Trotzki. Nach ihrem Bericht soll Trotzki geantwortet haben, die Spiridonowa sei »immer noch zu gefährlich, um entlassen zu werden«. Aber die Proteste hatten zumindest dazu geführt, daß in den sozialistischen Zeitungen Europas die Forderung ihrer Entlassung verstärkt erhoben wurde.

»Gelobt sei Jesus Christus, Marx und Lenin«

Die ausländischen Delegierten des Dritten Weltkongresses bemerkten auch erste Differenzen unter den wichtigen bolschewistischen Führern. Im Vordergrund stand die gegensätzliche Einschätzung der »März-Aktion« in Deutschland. Sinowjew, Bucharin und Radek verteidigten sie, wie bereits erwähnt, und unterstrichen auch nach wie vor die revolutionären Möglichkeiten. Dagegen verurteilten Lenin, Trotzki und Kamenew die »März-Aktion« und traten für einen Kurswechsel in der Komintern-Strategie ein. Nicht umsonst standen deshalb Lenin und Trotzki beim Dritten Weltkongreß viel stärker im Mittelpunkt des Interesses als Sinowjew oder Bucharin, die auf dem Zweiten Kongreß noch eine dominierende Rolle gespielt hatten.

Richard Neumann, der am Kongreß als Mitglied der tschechoslowakischen KP-Delegation teilnahm, berichtete später, daß Bucharin während des Dritten Kongresses im Hintergrund geblieben wäre: »Er saß während der Sitzungen oft stundenlang neben mir und hat sich über manche ausländische Delegierte gewundert.« Besonders eine Äußerung von Bohumil Smeral, dem damaligen Führer der tschechoslowakischen KP, verblüffte ihn. Als Smeral davon erzählte, daß Parteiversammlungen in Dörfern der Slowakei manchmal mit den Worten »Gelobt sei Jesus Christus, Marx und Lenin« eingeleitet würden, war Bucharin völlig perplex und entsetzt. Er wandte sich erschreckt an Neumann: »Sind Sie sicher, daß das Smeral ist? Das kann doch weder ein Kommunist noch ein Sozialdemokrat sein.«

Am Ende des Dritten Weltkongresses wurde neben dem EKKI noch ein aus neun Mitgliedern bestehendes »engeres Büro« gewählt, das am 26. August 1921, also kurze Zeit später, in »Präsidium« umbenannt wurde. Dieses bestand aus den fünf russischen Vertretern Lenin, Trotzki, Sinowjew, Bucharin und Radek sowie einigen nichtrussischen Mitgliedern, darunter der Italiener Egidio Gennari, der Ungar Béla Kun, der Deutsche Fritz Heckert und der Franzose Boris Souvarine. Dieses Komintern-Präsidium tagte ein- bis zweimal wöchentlich, das viel größere Exekutivkomitee (EKKI) dagegen ein- bis zweimal monatlich. Von den russischen Vertretern nahmen später Lenin und Trotzki kaum noch an Sitzungen des EKKI teil, Bucharin beträchtlich öfter, Sinowjew und Radek waren bei allen Sitzungen anwesend. Zum neuen Sekretär des Exekutivkomitees wurde auf dem Dritten Weltkongreß übrigens der Schweizer Jules Humbert-Droz gewählt.

Der Abschluß des Dritten Weltkongresses: »Ohne lange und harte Schule kann man nicht siegen«

Trotz mancher kritischer Stimmen, die bereits damals in der internationalen Bewegung laut wurden, und der sich zu dieser Zeit abzeichnenden Bürokratisierung Sowjetrußlands darf die positive Seite dieses Dritten Weltkongresses nicht übersehen werden. Es ist kein Zufall, daß sich sechzig Jahre später Eurokommunisten immer, wenn sie von der Komintern sprechen, ganz besonders an diesen Dritten Weltkongreß im Sommer 1921 erinnern. Unzweifelhaft positiv war, daß die Kominternführer, vor allem Lenin und Trotzki, bereit gewesen waren, ernsthaft über die Fehler der Vergangenheit zu sprechen, die »März-Aktion« 1921 zu verurteilen, offen ihren Überoptimismus während der ersten beiden Weltkongresse einzugestehen und die Delegierten aufzufordern, die Dinge realistischer zu betrachten.

Mit dieser Tendenzwende war der Grundstein für eine völlig neue Zielsetzung gelegt: Nur wenige Monate nach dem Dritten Weltkongreß konnte die Einheitsfront der kommunistischen Parteien mit den (kurz zuvor noch verleumdeten) sozialdemokratischen Parteien und Gewerkschaften im Kampf für die gemeinsamen Ziele der Arbeiterbewegung proklamiert werden.

Sinowjew, der trotz seines Prestigeverlustes wiedergewählte Vorsitzende der Kommunistischen Internationale, hielt auf der 24. Sitzung in der Nacht vom 12. auf den 13. Juli 1921 gegen 2.30 Uhr morgens die Schlußrede. Anschließend erklärte der Deutsche Wilhelm Koenen den Dritten Weltkongreß für beendet.

Für die Veröffentlichung des Protokolls benötigte man zwei Bände von insgesamt 1067 Druckseiten. Einen Monat nach dem Ende des Dritten Weltkongresses, am 14. August 1921, schrieb Lenin in einem Brief an deutsche Kommunisten: »Zuerst mußten die Kommunisten der ganzen Welt ihre Prinzipien verkünden. Das ist nach dem Ersten Kongreß geschehen. Das war der erste Schritt.

Der zweite Schritt war der organisatorische Ausbau der Kommunistischen Internationale und die Ausarbeitung der Aufnahmebedingungen, die Bedingungen der tatsächlichen Trennung von den Zentristen, von den direkten und indirekten Agenten der Bourgeoisie innerhalb der Arbeiterbewegung. Das ist auf dem Zweiten Kongreß geschehen.

Auf dem Dritten Kongreß mußte man sachliche, positive Arbeit aufnehmen und unter Berücksichtigung der praktischen Erfahrungen des bereits begonnenen kommunistischen Kampfes konkret bestimmen, in welcher Weise taktisch und organisatorisch weitergearbeitet werden soll. Diesen dritten Schritt haben wir dann auch getan.«

Über die kommunistische Weltbewegung an sich fügte Lenin in diesem Brief kurz und bündig hinzu: »Wir haben ein Heer von Kommunisten in der ganzen Welt. Es ist noch schlecht geschult, schlecht organisiert. Von größtem Schaden für die Sache wäre es, wollten wir diese Wahrheit vergessen oder uns fürchten, sie einzugestehen. Dieses Heer muß man in sachlicher Weise, indem man sich mit größter Vorsicht und Strenge selbst kontrolliert und die Erfahrungen der eigenen Bewegung studiert, gründlich schulen ... Ohne diese lange und harte Schule kann man nicht siegen.«

In diesem Brief vom 14. August 1921 gab Lenin die, wie mir persönlich scheint, wohl bedeutsamste Erklärung über die kommunistische Weltbewegung ab:»Niemand in der Welt ist imstande, die revolutionären Marxisten zu kompromittieren – es sei denn, sie kompromittieren sich selbst.«

Am Abschiedsabend des Dritten Weltkongresses sangen die Delegationen ihre revolutionären Lieder. Zunächst begannen die Russen mit ihrem berühmten revolutionären Trauermarsch. In dieser Melodie, so meinte Harry Pollitt, könne man die gesamte Geschichte des Bolschewismus mitfühlen und miterleben:»Ich sah mich um, ob dabei Menschen weinten, denn mir flossen die Tränen, aber es machte mir nichts aus, als ich sah, daß andere Delegierte gleichermaßen reagierten.« Nach einigen weiteren russischen revolutionären Liedern sangen die Deutschen, Franzosen, einige Vertreter der Balkanvölker, die Italiener und schließlich die spanischen Genossen. Die Engländer und Amerikaner konnten nicht mit solchen Liedern aufwarten, in keinem der beiden Länder waren bis dahin wirklich bedeutende revolutionäre Lieder entstanden. Zum Abschluß wurde gemeinsam die *Internationale* gesungen.

Die Aufgaben des neuen EKKI-Sekretärs Jules Humbert-Droz

Die erste Aufgabe des neu gewählten EKKI-Sekretärs Jules Humbert-Droz nach dem Kongreß war etwas ungewöhnlich: Er sollte die verbliebenen ausländischen Delegierten im Hotel Lux dazu bewegen, endlich Moskau wieder zu verlassen und in ihre Länder heimzukehren. Der Dritte Weltkongreß war längst zu Ende, aber immer noch lebten zahlreiche Delegierte in den Moskauer Hotels, vor allem im Hotel Lux. Einige hatten bei der Abfahrt ihre Freundinnen bzw. »Gattinnen« in den Hotelzimmern zurückgelassen. Sie alle wohnten und aßen aber auf Kosten der Internationale, das heißt auf Kosten des russischen Volkes, das von einer Hungersnot bedroht war.

Jules Humbert-Droz versuchte nun gemeinsam mit dem holländischen Delegierten Jansen (Jan Proost) herauszubekommen, was die zurückgebliebenen Delegierten eigentlich noch in Moskau hielt. Sie hatten fast alle keinen überzeugenden Grund, fanden aber, daß die dolce vita im Hotel Lux angenehmer sei als der Kampf der Arbeiterklasse in den eigenen Ländern. Die »Delegiertengattinnen« waren meist junge hübsche Frauen aus dem Moskauer Bürgertum oder der russischen Aristokratie, die sich mit einem Delegierten angefreundet und auf diese Weise gehofft hatten, Sowjetrußland verlassen zu können. Manche Delegierte – die zu Hause verheiratet und Familienväter waren – hatten diesen Damen sogar die Ehe versprochen. Mit entsprechenden Vollmachten des Moskauer Sowjet ausgestattet, gelang es Humbert-Droz und Jansen schließlich, die Hotels von den unerwünschten Dauerbewohnern freizubekommen.

Im Herbst 1921 wurde Jules Humbert-Droz vom Komintern-Präsidium beauftragt, nach Paris zu fahren, um mit der in großen Schwierigkeiten befindlichen KP Frankreichs Verbindung aufzunehmen und zu versuchen, die Partei zu erneuern und ihr frisches Blut aus der französischen Arbeiterbewegung zuzuführen. Er sollte legal bis nach Berlin fahren und von dort mit Hilfe von Thomas, dem Verbindungsmann der Komintern für Westeuropa, die Reise illegal fortsetzen. Am 27. September 1921 traf sich Humbert-Droz mit Sinowjew und erhielt von diesem ein Stückchen weißen Seidenstoffes mit folgendem Aufdruck:

»Mandat –
Der Genosse Jules Humbert-Droz wird vom Exekutivkomitee der Kommunistischen Internationale nach Frankreich geschickt, mit dem Ziel, sich über das Leben der Kommunistischen Partei Frankreichs zu informieren, und mit der Vollmacht, im Sinne der Beschlüsse des Exekutivkomitees, die Frankreich betreffen, zu intervenieren.
Moskau, 27. September 1921
Nr. 2433
Präsident des Exekutivkomitees der Kommunistischen Internationale
G. Sinowjew«

Dieses Stück Tuch ließ sich Humbert-Droz unter das Futter seines Sakkos einnähen. Selbst bei einer sehr sorgfältigen Durchsuchung würde es dort kaum entdeckt werden. Am 3. Oktober fuhr Jules Humbert-Droz von Moskau nach Riga ab, setzte dort seine Reise mit der Eisenbahn fort und kam am 10. Oktober in Berlin an. Dort begab er sich zu dem besagten Thomas, von dem er eine Adresse in Trier erhielt und einen Hinweis, wie er von dort aus nach Frankreich gelangen könne. Eigentlich sollte er nach Luxemburg fahren, aber der dortige

Verbindungsmann sah keine Möglichkeit, den Komintern-Emissär illegal nach Frankreich einzuschleusen. So blieb Humbert-Droz nichts anderes übrig, als sich in Trier nachts ein Taxi zu nehmen und nach Longwy zu fahren. Er erwischte einen betrunkenen Taxifahrer, der jedoch immerhin noch nüchtern genug war, den Auftrag zu verstehen, nämlich eine wenig befahrene Straße zu nehmen und mit einem Passagier ohne Papiere über eine wenig benutzte Grenzstation nach Frankreich zu wechseln. Dies gelang schließlich, wenn auch mit einigen Schwierigkeiten. An der Grenzstation, einer kleinen Holzhütte, in der sich ein schläfriger Zöllner befand, kam dieser auf den Wagen zu und öffnete die Tür. Aber der Chauffeur, der trotz seiner Trunkenheit den Kopf nicht verlor, schwenkte die Autopapiere, nahm den Zöllner beim Arm, zog ihn wieder in die Baracke hinein und begann, den Zollbeamten in eine Diskussion zu verwickeln. Danach konnte die Fahrt nach Longwy weitergehen. In Paris gelang es Humbert-Droz auch, die entsprechenden Kontakte mit den französischen Genossen aufzunehmen.

Nach vielen Diskussionen mit französischen Arbeitern, die unzählige Fragen über das Sowjetsystem und die Strategie und Taktik der Kommunistischen Internationale beantwortet haben wollten, versuchte Humbert-Droz den Arbeitern die Schwierigkeiten, vor denen Sowjetrußland nach der Revolution stand, begreiflich zu machen und fügte von sich aus hinzu: Im Westen würden sich andere Probleme stellen, die man gewiß anders lösen müßte als in der Art, in der die russischen Kommunisten ihre vielfältigen Schwierigkeiten zu überwinden suchen.

Über den Zustand der KP Frankreichs und ihre höheren Funktionäre war Jules Humbert-Droz zutiefst bestürzt. Die Partei sei eigentlich die alte Sozialistische Partei geblieben und habe sich seit dem Anschluß an die Komintern auf dem Kongreß in Tours im Dezember 1920 kaum verändert. Die Redakteure der Parteizeitung *L'Humanité* waren weit entfernt von der Arbeiterklasse und deren wirtschaftlichen und sozialen Sorgen. Die revolutionäre Linke dagegen war gegenüber der offiziellen KP-Führung so kritisch, daß sie bereits von der Notwendigkeit einer neuen Spaltung sprach.

Die Tätigkeit von Jules Humbert-Droz in Paris blieb der Polizei nicht verborgen. Obwohl er inzwischen einen neuen Ausweis mit Foto auf den Namen eines ehrenwerten Malermeisters von Bobigny erhalten hatte, wurde er beschattet. Einer seiner Freunde merkte, daß ein Polizeiauto vor dem Haus parkte und es höchste Zeit sei, abzureisen. Jules Humbert-Droz bestellte ein Taxi, stürzte hinein, forderte den Chauffeur auf, das Polizeiauto abzuhängen, wenn es folgen sollte. Es gelang. Er kam gerade noch rechtzeitig zur Gare de l'Est, um den Expreßzug Paris–Frankfurt zu erreichen.

Jules Humbert-Droz war kaum nach Moskau zurückgekehrt, als er zu Lenin gerufen wurde. Dieser überhäufte ihn mit Fragen. Jules Humbert-Droz antwortete, ohne die Situation der KP Frankreichs zu beschönigen. Freimütig fügte er hinzu, »daß unsere französische Sektion der Erziehung und der Erneuerung bedarf und es sich hierbei um eine langwierige und schwierige Aufgabe handelt«.

Der Abschied Angelica Balabanoffs

Kurz nach dem Abschluß des Dritten Weltkongresses der Komintern ging Angelica Balabanoff zu Lenin, um mit ihm über ihre Ausreise aus der Sowjetunion zu sprechen. Es war aber mehr als nur die Ausreise – es war die Abkehr von der Kommunistischen Internationale. Nicht die Person Lenins und schon gar nicht die beabsichtigte Politik der Einheitsfront war dafür der Grund, auch keine persönlichen Motive, wie sie ausdrücklich erklärte. Entscheidend für ihre Abkehr war ihre Empörung über die Methoden, die zunehmende Verwendung von Lüge, Gewalt und Verleumdung. Sie sagte: »Ich bin der erste Revolutionär, der Sowjetrußland freiwillig aus objektiven ethisch-politischen Gründen verlassen hat.«

Zweifellos war dies keine Übertreibung. Angelica Balabanoff hatte von der Gründung an die Tätigkeit der Komintern in der Zentrale aus unmittelbarer Nähe erlebt. Die Zentralisierung der kommunistischen Bewegung in Moskau, die Finanzierung von der Moskauer Zentrale aus, die Auswahl der Funktionäre und die Entsendung der Vertrauensleute in die Kommunistischen Parteien anderer Länder führten ihrer Auffassung nach schrittweise zu einer moralischen Zersetzung. In ihren 1927 veröffentlichten Memoiren schrieb sie: »Die Bewegung wird, wie bekannt, ausschließlich von Moskau geleitet. Nicht nur, weil die Geldmittel von dort fließen, sondern auch, weil überall Vertrauensleute zu ihnen geschickt werden, die die Befehle Moskaus ausführen, aber selbstverständlich nicht als nur gleichberechtigte Genossen in der ausländischen Bewegung auftreten, um diese durch ihre Erfahrung zu fördern, sondern als Vertreter der Geldgeber und Machthaber.«

Gerade dies aber führte, nach Meinung von Angelica Balabanoff, nicht selten zu einer negativen Auslese der Funktionäre. Auf Grund der Blockade konnten die Russen selbst nicht legal ins Ausland gehen, am wenigsten die, die als Funktionäre bekannt waren. So wurden zur Leitung der ausländischen Bewegungen oft wenig befähigte russische Funktionäre eingesetzt. Hinzu kam die bereits damals in höheren Kominternkreisen für selbstverständlich gehaltene Auffassung, »daß zur Erreichung eines Zweckes alle Mittel gut und berechtigt erscheinen«. Nur wer sich solche Prinzipien vor Augen hält, meinte Angelica Balabanoff, kann verstehen, warum durch die Dritte Internationale eine natürliche, systematische Auslese im negativen Sinn erfolge, warum die Parteien gespalten wurden und die Komintern sich zunehmend mit politisch unzuverlässigen und unbedeutenden Elementen umgeben mußte.

Es war die beginnende Demoralisierung in der Dritten Internationale, die Angelica Balabanoff erschütterte: »Individuen, die vor dem Sieg der Revolution überhaupt keine Ahnung davon hatten, was eine revolutionäre Bewegung ist, Leute, die nie ihre Rechte, geschweige die der entrechteten Klassen verteidigt hatten, Leute, die davongelaufen wären, wenn sie den Schatten eines Faschisten gesehen hätten, fingen an, über die italienische sozialistische Bewegung mit Verachtung zu sprechen, um der russischen Regierung genehm zu sein.«

Angelica Balabanoff hatte versucht, diese negativen Erscheinungen offen zu kritisieren, mußte aber erleben, mit welchen Tricks und Manövern ihre Kritik selbst von offiziellen Stellen unterdrückt wurde. Einmal versuchte Angelica Balabanoff bei einer Parteikonferenz das Wort in dieser Sache zu ergreifen. Man erteilte ihr dies zwar, aber in der Mittagspause wurden andere Redner eingeschoben, und ihre Rede, in der sie nur die allergröbsten Verzerrungen der ursprünglichen Idee aufzeigen wollte, wurde weder in das Protokoll aufgenommen noch in der Presse veröffentlicht. Die Situation wurde für sie, wie sie schrieb, deshalb »unhaltbar«.

So wandte sie sich nach dem Dritten Weltkongreß an das Zentralkomitee, um Rußland für immer zu verlassen, ins Ausland zu gehen und ihre Beziehungen zur kommunistischen Bewegung aufzugeben. Sinowjew war gegen ihre Abreise und versuchte, sie zu hintertreiben. Aber Lenin hatte für ihr Vorhaben Verständnis. Sie selbst wußte, wie besorgt Lenin über die weitere Entwicklung dessen war, was er geschaffen hatte. »Wenn er zu Beginn des revolutionären Regimes häufig über den Mangel an industriell geschulter, disziplinierter Arbeitskraft klagte«, berichtete Angelica Balabanoff, »so kam im Laufe der Zeit eine weitere Besorgnis hinzu, über die er sich aber öffentlich nicht äußerte: der Mangel an Mitarbeitern, welche die Entbehrungen, die die Revolution und das Regime mit sich brachten, zu ertragen und den Verlockungen der Macht zu widerstehen wußten.«

Als sie all ihre Mandate niedergelegt hatte und noch einmal mit Lenin sprach, erbat sie von Lenin einen Ausweis. Lenin war erstaunt: »Was, Sie brauchen einen Ausweis? Man kennt Sie doch besser als mich!« Mit dieser scherzhaften Bemerkung bezog sich Lenin auf eine Begebenheit, die sich kurz zuvor zugetragen hatte. Als er Angelica Balabanoff nach einer Unterredung ans Tor des Kreml begleitete, verlangte der wachhabende Rotarmist seine Identitätskarte, während er Angelica Balabanoff mit einem höflichen Gruß ohne weiteres passieren ließ. »Aber«, fuhr Lenin fort, »wenn Sie wirklich ein Dokument haben wollen, gebe ich es Ihnen von ganzem Herzen, von ganzer Seele.« In dem von Lenin ausgeschriebenen Dokument hieß es am Schluß: »Der Vorsitzende des Rats der Volkskommissare ersucht alle Institutionen und einzelnen Genossen der Genossin Angelica Balabanoff jegliche Unterstützung zu leisten.« Das Dokument war von Lenin unterzeichnet und das Wort »jegliche« war dreimal unterstrichen.

Lenin war traurig über ihre Abreise. Sie sprachen auch darüber. Angelica Balabanoff meinte: »Mein Wunsch wäre, die moralische und politische Möglichkeit zu haben, im Lande der Revolution zu bleiben, aber . . .« Lenin unterbrach sie: »Und warum bleiben Sie nicht? Warum wollen Sie uns verlassen?« Angelica Balabanoff entgegnete: »Sie wissen es schon. Im übrigen braucht Rußland vielleicht Menschen wie mich nicht.« »Brauchen schon, aber es hat sie nicht«, antwortete Lenin darauf mit ernster, trauriger Stimme. Das waren die letzten Worte, die Angelica Balabanoff von Lenin hörte.

Anfang 1922 fuhr sie ab. Am Tage ihrer Abreise wurde ihr ausgerichtet, Lenin habe dreimal versucht, sie telefonisch zu erreichen. Angelica Balabanoff rief daraufhin sofort noch einmal die Sekretärin Lenins an. »Wladimir Iljitsch wollte wissen«, sagte die Sekretärin, »ob Sie irgend etwas brauchen. Er möchte dafür sorgen, daß Ihnen nichts fehlt, was Ihre Reise angenehm und bequem machen könnte.« Angelica Balabanoff legte den Hörer mit den Worten auf die Gabel: »Bitte richten Sie Genossen Lenin aus, daß ich alles habe, was ich brauche, und grüßen Sie ihn bitte von mir.«

VIII.

»Eine Familie der Arbeitenden in allen Nöten gegen das Kapital«

Das kurze Leben der Einheitsfront
1921–1922

Nur wenige wissen, daß der Begriff der »Einheitsfront« zum erstenmal am 18. Dezember 1921 als politische Losung eingeführt wurde, als das Exekutivkomitee der Komintern einstimmig die »Leitsätze über die Einheitsfront« proklamierte.

Die »Leitsätze über die Einheitsfront«

Die Veröffentlichung dieser »Leitsätze über die Einheitsfront« manifestierte für die kommunistische Bewegung damals den ersten weitreichenden Kurswechsel. Während die Komintern bis 1921 im schärfsten Kampf gegen Reformisten und »Zentristen« gestanden hatte, wurde nun, im Dezember 1921, das Steuer um 180 Grad herumgedreht. Die bisher befeindeten sozialistischen und sozialdemokratischen Parteien und Gewerkschaften sollten nun künftig als Bundesgenossen umworben werden. Anstelle der Weltrevolution sollte jetzt der Kampf um praktische Tagesfragen der Arbeiterklasse im Vordergrund stehen. »Alle Arbeiter, ob Kommunisten, ob Sozialdemokraten, ob Syndikalisten, ob christliche oder liberale Gewerkschafter«, hieß es im Aufruf des EKKI, »wollen keine weitere Minderung der Löhne zulassen, sie wollen nicht hungernd und frierend länger arbeiten, und darum gilt es, sich zu vereinigen zu einer gemeinsamen Front gegen die Offensive der Unternehmer.«

Die Komintern rief alle Arbeiterparteien zum gemeinsamen Abwehrkampf gegen das Kapital auf: »Darum will die Kommunistische Internationale, darum wollen die kommunistischen Parteien geduldig und brüderlich zusammen mit allen anderen Proletariern marschieren, selbst wenn sie auf dem Boden der kapitalistischen Demokratie kämpfen.«

Diese Einheitsfront sollte nicht nur für einzelne Länder, sondern auch auf internationaler Ebene gelten. Die Komintern richtete deshalb ein Angebot an die Zweite (sozialdemokratische) Internationale und die damals bestehende internationale Organisation der linken Sozialisten, die als »zweieinhalbte Internationale« bezeichnet wurde.

Die einzige Einschränkung in diesem Angebot bestand darin, auf die absolute Selbständigkeit und politische Unabhängigkeit jeder kommunistischen Partei in einer solchen Einheitsfront zu bestehen, einschließlich des Rechts auf Kritik.

Wenige Tage nach der Verkündung der »Leitsätze«, am 1. Januar 1922, rief das EKKI erneut »alle kommunistischen, alle ehrlichen Arbeiter auf, überall in der ganzen Welt, in der Werkstatt, im Versammlungssaal, sich zu einer Familie der Arbeitenden zusammenzuschließen, die in allen Nöten der Zeit gegen das Kapital zueinander stehen wird«. Der neue Komintern-Aufruf enthielt ein nüchternes, konkretes Kampfprogramm gegen die Arbeitslosigkeit, gegen die Senkung der Arbeitslöhne, für den erhöhten Einfluß der Arbeiterklasse auf die Betriebsleitungen und – auf internationaler Ebene – für den Kampf gegen Aufrüstung und für die Anerkennung Sowjetrußlands.

Die neue Losung wurde von vielen kommunistischen Parteien positiv aufgenommen. Allerdings gab es verständlicherweise auch eine Kritik von links, vor allem von jenen Genossen, die, im Kampf gegen die Sozialdemokraten erzogen, nun diese plötzliche Wende nicht sofort mitmachen wollten, ja als Abkehr von den revolutionären Grundprinzipien ansahen. Lenin und das EKKI riefen damals die Kommunistische Partei Großbritanniens auf, bei den Wahlen für die Labour Party zu agitieren und für diese zu stimmen. Auch in den meisten anderen europäischen Ländern stellten die Kommunisten den Kampf gegen die Sozialdemokraten und die bis dahin als reformistisch angesehenen Gewerkschaften ein und unternahmen ernsthafte Versuche, eine Einheitsfront zu schaffen. Als Anfang Oktober 1921 die SPD und USPD nach einem großen Wahlerfolg in Sachsen eine Linksregierung bildeten (die bis zum Oktober 1923 im Amt blieb), wurde diese erstmals von der KPD nicht angegriffen, sondern toleriert.

Die Ursachen für den Kurswechsel

Der weitreichende Kurswechsel hatte mehrere Gründe. Zunächst war Ende 1921 offensichtlich geworden, daß sich die Hoffnungen auf eine baldige Verwirklichung der Weltrevolution nicht erfüllen würden. Die Räterepubliken in Ungarn und München waren im Mai bzw. August 1919 besiegt, die Rote Armee war im August 1920 vor Warschau zurückgeschlagen worden; eine revolutionäre Welle der Fabrikbesetzungen in Italien war im Oktober 1920 versandet, die »März-Aktion« von 1921 in Deutschland zusammengebrochen. All diese und ähnliche Ereignisse hatten eindeutig gezeigt, daß revolutionäre Aktionen von Minderheiten zum Scheitern verurteilt waren. Nur durch eine realistische Einschätzung der Lage und durch eine neue Einstellung zu den früher verfemten Sozialisten, Sozialdemokraten und Gewerkschaften glaubte man, zumindest die Interessen der Arbeiter in Tagesfragen besser vertreten zu können. Entscheidend für den Kurswechsel waren auch innersowjetische Aspekte: Massenstreiks in Moskau und Petrograd und vor allem der Kronstädter Aufstand vom Frühjahr 1921 waren ein nicht mehr zu übersehendes Zeichen für die Unzufriedenheit des russischen Proletariats. Im Sommer 1921 kam es dann zu einer gewaltigen Hungersnot in Rußland, vor allem in den Gebieten an der Wolga, wodurch etwa 25 Millionen Menschen unmittelbar gefährdet wurden.

Die Sowjetregierung war gezwungen, internationale Hilfe anzunehmen, und auch die Kommunistischen Parteien in Westeuropa führten in ihren Ländern Kampagnen durch, um den hungernden Menschen durch Sammelaktionen zu helfen. Am 12. August 1921 war auf Initiative des EKKI in Berlin ein Auslandskomitee zur Organisierung der Arbeiterhilfe für die Hungernden in Rußland gebildet worden. Unter der Leitung von Clara Zetkin und Willi Münzenberg gehörten dem Komitee so bedeutende Persönlichkeiten wie Albert Einstein, George Bernard Shaw und Anatole France an. Dieses Hilfskomitee für die Hungernden in Rußland sammelte bis zum Sommer 1923 Lebensmittel, Waren- und Geldspenden im Wert von mehr als 5 Millionen Dollar. Eine zusätzliche Million Dollar sammelte die Sozialistische Internationale. Vor diesem Hintergrund mußte ein neues Verhältnis zu Sozialdemokraten, Sozialisten und Gewerkschaften als dringende Notwendigkeit erscheinen.

Ein dritter Grund für den Kurswechsel war im Bereich der sowjetischen Außenpolitik zu suchen, im Bestreben Sowjetrußlands nach diplomatischer Anerkennung. Die Sowjetführung war daran interessiert, die frühere Blockade zu überwinden und Wirtschaftsbeziehungen mit den westlichen Ländern aufzubauen. Der Abschluß des Handelsabkommens mit England im März 1921 war dabei nur ein erster

Schritt gewesen, dem ähnliche Abkommen mit anderen Ländern folgen sollten.

Die Berliner Konferenz der drei Internationalen

Noch wichtiger als die teilweise recht erfolgreichen Versuche mit einer Einheitsfront in den einzelnen Ländern war das Bestreben um eine Einheitsfront auf internationalem Gebiet. Es ging dabei darum, zwischen der Kommunistischen (Dritten) Internationale, der Sozialistischen (Zweiten) Internationale und der im Februar 1921 gegründeten »Wiener Union«, der »Internationalen Arbeitsgemeinschaft sozialistischer Parteien« (»Zweieinhalbte Internationale«), eine Zusammenarbeit zu erreichen.

Die »Zweieinhalbte Internationale« lag politisch etwa zwischen der Zweiten und Dritten Internationale. Ihr gehörten die damals noch existierende USPD in Deutschland, die britische Independent Labour Party, die Sozialistische Partei Frankreichs unter Jean Longuet, die von Otto Bauer und Friedrich Adler geführte Sozialistische Partei Österreichs, die russischen Exil-Menschewiki und einige andere Organisationen an.

Offiziell waren es übrigens die Wortführer dieser »Zweieinhalbten Internationale«, die Anfang 1922 vorschlugen, die Zusammenarbeit der drei Internationalen enger zu gestalten und eine internationale Konferenz »aller Arbeiterorganisationen« der Welt abzuhalten. Zu diesem Zweck wurde eine »Vorkonferenz« aus maßgeblichen Vertretern aller drei Internationalen einberufen, um die geplante Zusammenarbeit bei der Lösung von Tagesfragen der Arbeiterbewegung zu besprechen. Von seiten der Komintern spielte, nach der Erinnerung von Ruth Fischer, dabei Karl Radek eine entscheidende Rolle: »Während des ganzen Jahres 1922 konzentrierte sich der zwischen Berlin und Moskau hin- und herreisende Radek darauf, mit allen Mitteln eine Einheitsfront mit der Sozialdemokratischen Partei zu erreichen. Er hoffte, diese Einheitsfront international zu erweitern.« Ruth Fischer meint, daß Radek erst den österreichischen Sozialisten Fritz Adler dazu angeregt habe, eine Konferenz der drei Internationalen nach Berlin einzuberufen.

Am 2. April 1922 begann im Reichstagsgebäude in Berlin die Konferenz der drei Internationalen. Die Komintern-Delegation wurde von Karl Radek und Nikolai Bucharin angeführt; ihr gehörten außerdem

Clara Zetkin (Deutschland), Louis-Oscar Frossard und Alfred Rosmer (Frankreich), Bohumil Smeral (Tschechoslowakei) sowie ein polnischer, ein jugoslawischer und ein japanischer Vertreter an.

Für die Komintern bedeutete diese Konferenz die Öffnung eines Tores zur westeuropäischen Arbeiterbewegung – nun durch Verständigung mit den großen westeuropäischen Organisationen der Arbeiterbewegung statt durch deren Absorbierung.

Diese »Vorkonferenz«, auch »Konferenz von Berlin« oder »Konferenz der drei Internationalen« genannt, wurde von Fritz Adler, dem Wortführer der »Zweieinhalbten Internationale«, eröffnet. Er warnte in verbindlichem Ton davor, sich zu ehrgeizige Ziele zu setzen, hoffte aber, daß eines schönen Tages die wirkliche Einheit der Linken wieder möglich sein werde. Clara Zetkin trug auf der Eröffnungssitzung im Namen der Komintern – in einem gemäßigten Ton, ohne Polemik – die Bestrebungen der Komintern vor; dazu gehörten auch die diplomatische Anerkennung Sowjetrußlands, der Aufbau von Handelsbeziehungen zwischen Sowjetrußland und dem Westen und Hilfe für den wirtschaftlichen Aufbau Sowjetrußlands. An der Vorkonferenz in Berlin nahm der Kommunist Victor Serge als Journalist teil. Er erinnerte sich später: »Diese Männer boten einen eindrucksvollen physischen Kontrast. Die Sozialisten Abramowitsch, Émile Vandervelde, Fritz Adler: die feinen Gesichter westlicher Intellektueller, die Umgangsformen guter Rechtsanwälte; ihr ganzes Auftreten drückte Mäßigung aus. Ihnen gegenüber das alte, energische, viereckige Gesicht Clara Zetkins, das bewegliche und sarkastische Gesicht Radeks, die harte Biederkeit Bucharins.«

»Zunächst umarmen, dann ersticken oder vergiften«

Schon am ersten Tag der Berliner Konferenz stellte der belgische Sozialist Émile Vandervelde von der Zweiten Internationale eine ultimative Forderung. Ehe es zu einer engeren Zusammenarbeit kommen könne, müsse die Komintern drei Zusagen geben: Erstens müßten die Kommunisten aufhören, in den Arbeiterorganisationen ihre eigenen Zellen aufzubauen, zweitens müßten sie die von den Menschewiki geführte georgische Regierung – die im Februar 1921 durch Truppen der Roten Armee unter Leitung Stalins zerschlagen worden war – korrekter behandeln, und drittens müßten die in Sowjetrußland verhafteten Führer der Sozialrevolutionäre freigelassen werden. Vandervelde gab sein Mißtrauen gegenüber dem Einheits-Angebot deutlich zu erkennen: »Man appelliert an die Einheit aller, man schlägt uns vor, die Einheitsfront zu verwirklichen, aber man verbirgt den Hintergedanken nicht, uns zunächst zu umarmen, dann uns zu ersticken oder zu vergiften.«

Nach der harten Rede von Vandervelde – der zu dieser Zeit der belgischen Regierung als Minister angehörte – hatten Bucharin und Radek den Eindruck, daß das Tor zur Versöhnung zugefallen sei, bevor es sich noch richtig geöffnet hatte. Radek versuchte, sein Temperament zu zügeln: »Wir sind ohne Bedingungen gekommen«, erklärte er. »Sollten Sie die Konferenz sprengen, werden Sie die Verantwortung dafür tragen.« Die Komintern-Vertreter bemühten sich jedoch immer noch, eine gemeinsame Basis für die drei Internationalen zu finden.

Vanderveldes drei Forderungen führten innerhalb der Komintern-Delegation zu heftigen Auseinandersetzungen. Öffentlich zeigte sich Radek nicht geneigt, irgendwelche Konzessionen zu machen. Hinter verschlossenen Türen wurde darüber jedoch innerhalb der Komintern-Delegation heftig diskutiert. Alfred Rosmer berichtete später in seinen Memoiren, daß die abschließende Antwort der Komintern-Delegation von Radek allein abgefaßt worden war: »Er holte uns zusammen, um sie uns vorzulesen, bevor er sie an Friedrich Adler schickte. Wir sahen zu unserer Verwunderung, daß wir mit diesem Text Verpflichtungen in einer Frage übernahmen, die nicht in unsere Kompetenz fiel. Als Delegierte der Exekutive der Komintern stand es uns völlig frei, uns zu den zwei ersten Bedingungen zu äußern und sie zurückzuweisen. Über die dritte – die Frage der inhaftierten Sozialisten – hatte allein die Sowjetregierung das Recht zu entscheiden. Auf diesen Tatbestand machte Bucharin aufmerksam . . . Radek brauste sofort auf und wandte sich in grobem Ton Bucharin zu, der von seiner Seite aus sehr freundschaftlich gewesen war. Radek sagte und warf dabei die Papiere auf den Tisch: ›Da, wenn du kritisierst, was ich gemacht habe, ist dir die Antwort übertragen.‹ Man beruhigte Radek, der seinen Text wieder aufnahm . . .«

Victor Serge unterhielt sich über diese Probleme mit Bucharin. Serge meinte, daß die Sozialisten zu Recht auf der Einstellung der politischen Verfolgungen in Rußland beharrten. Doch Bucharin entgegnete, das sei nur ein Vorwand. Laut Victor Serge soll es jedoch damals in der sowjetischen Führung unterschiedliche Auffassungen über mögliche Konzessionen gegeben haben. Zu dieser Zeit überlegten Lenin und Kamenew die Möglichkeit der Rückkehr zu einer gewissen Pressefreiheit, und es war davon die Rede, in Moskau die Gründung einer parteilosen Tageszeitung zu gestatten. Auch gewisse Konzessionen im Bereich der Religion und der Kirchen wurden erörtert.

Die zweite Sitzung der Berliner Konferenz begann mit einem Ultimatum des Briten MacDonald. Auch er verlangte kategorisch den Verzicht auf Zellenbildung durch die Kommunistischen Parteien und die Komintern, eine Forderung, die zwar verständlich, aber für die Kommunisten Anfang 1922 unannehmbar war.

Die Konferenz gelangte zu keiner völligen Einigkeit, aber die Komintern-Delegierten gaben einige Zusagen hinsichtlich der Gerichtsverfahren gegen Sozialrevolutionäre in Rußland und ermächtigten das Organisationskomitee, Informationen über die »georgische Frage« einzuholen. In einer gemeinsamen Erklärung vom 5. April 1922 beschlossen die drei Internationalen, ein neunköpfiges Delegationskomitee zu bilden – drei von jeder Internationale, allgemein als »Komitee der Neun« bekannt. Es bestand auch grundsätzlich Übereinstimmung über den Kampf für den Achtstundentag, gegen die Arbeitslosigkeit und die Offensive des Kapitals, für die Verteidigung der Russischen Revolution, für die Hilfe an die Hungernden in Rußland, für die Aufnahme wirtschaftlicher und politischer Beziehungen aller Staaten zu Sowjetrußland und im Prinzip auch für die Schaffung der proletarischen Einheitsfront.

Die Konferenz sprach sich außerdem für eine rasche Einberufung eines Weltkongresses der Arbeiterorganisationen aus und setzte das »Komitee der Neun« zur Vorbereitung weiterer Konferenzen ein.

Die Auswirkungen der Berliner Konferenz

Obwohl es zu keiner wirklich weiteren Zusammenarbeit kam – das berühmte »Komitee der Neun« trennte sich schon am 23. Mai 1922 –, gab die Berliner Konferenz doch einen gewissen Anstoß für erste gemeinsame Aktionen von Kommunisten, Sozialisten und Sozialdemokraten. Besonders eindrucksvoll war die Massendemonstration am 20. April 1922 in Berlin, die gemeinsam von den Unabhängigen Sozialdemokraten und den Kommunisten einberufen worden war. Lange Marschkolonnen von Männern und Frauen zogen mit roten Fahnen auf – die Kommunisten mit Hammer und Sichel und dem Sowjetstern, die Unabhängigen nur mit rotem Tuch. Auf den Massenkundgebungen hoben die Redner beider Parteien noch einmal die gemeinsam beschlossenen Hauptforderungen hervor: den Achtstundentag, das gemeinsame

Zusammenstehen aller Arbeiter gegen die kapitalistische Offensive, die Bildung einer vereinigten proletarischen Front. Mit Hochrufen auf die Einheit endeten die Kundgebungen. Am 1. Mai fanden unter den Losungen der Einheitsfront große Demonstrationen in Österreich, Deutschland, Schweden und Norwegen statt.

In Deutschland war die Einheitsfront besonders notwendig, da hier ein Rechtsruck unverkennbar war. Am 4. Januar 1922 war von seiten der Rechten auf den Sozialdemokraten Philipp Scheidemann ein Mordanschlag unternommen worden.

Kurz darauf, am 24. Juni 1922, wurde Walther Rathenau, Außenminister der Weimarer Republik, von rechten nationalistischen Fanatikern ermordet. Dieser Mord löste in ganz Deutschland Bestürzung und Empörung aus. In vielen Städten fanden Protestversammlungen und Straßendemonstrationen gegen die Mörder Rathenaus statt. Unter dem Eindruck der Gefahr von rechts trafen sich am 28. Juli Vertreter der SPD, der USPD, der KPD und der Gewerkschaften in Berlin und verlangten härtere Maßnahmen gegen die Rechten zum Schutz der Republik. Obwohl der KPD der Beschluß nicht weit genug ging, unterzeichnete sie ebenfalls den gemeinsamen Aufruf.

Im Reichstag wurde von der SPD und USPD gemeinsam das Gesetz zum Schutz der Republik eingebracht und am 18. Juli mit 303 gegen 102 Stimmen angenommen. Die KPD, die noch wenige Wochen zuvor ein solches Gesetz gefordert hatte, stimmte jedoch nun mit den Deutschnationalen und zwei bayerischen Rechtsparteien gegen das Gesetz. Gleichzeitig ging die KPD dazu über, ihre Partner in der Einheitsfront anzugreifen. Deshalb wurde sie am 8. Juli 1922 aus der Aktionsgemeinschaft wieder ausgeschlossen.

Obwohl die Einheitsfrontpolitik 1921/22 nur kurzfristig und keineswegs konsequent vertreten wurde, wirkte sie sich außerordentlich günstig aus. Bei den Wahlen zum sächsischen und thüringischen Landtag am 5. November 1922 erzielten die Kommunisten beträchtliche Stimmengewinne gegenüber den vorangegangenen Wahlen im September 1921. Der Einfluß der KPD in den Gewerkschaften nahm vorübergehend zu. Beim Kongreß des Gewerkschaftsbundes im Juli 1922 stellten die Kommunisten erstmals ein Achtel der Delegierten.

Die Abkehr von der Einheitsfront-Politik

Trotz großer Erfolge wurde die eigentliche Zielsetzung, mit Hilfe der westeuropäischen Sozialdemokraten die Isolierung der Sowjetunion zu durchbrechen, nicht erreicht. Dies war auch für die Sowjetführung bald nicht mehr nötig, denn nur wenige Tage nach der Berliner Konferenz vom April 1922 wurde der sogenannte Rapallo-Vertrag zwischen der Sowjetunion und der deutschen Regierung unterzeichnet. Darin wurden die Aufnahme diplomatischer und wirtschaftlicher Beziehungen beschlossen und die Grundlage für die Zusammenarbeit zwischen der Reichswehr und der Roten Armee gelegt. Für die Sowjetführung nahm das Interesse an der Zusammenarbeit mit westeuropäischen Sozialdemokraten immer mehr ab. Die kurzfristige Einheitsfront-Politik trat in den Hintergrund.

Der entscheidende Schlußstrich unter das kurze Leben der Einheitsfront erfolgte im Juni 1922 mit dem Prozeß gegen die Sozialrevolutionäre in Moskau. Als einziger Kompromiß wurden der belgische Sozialist Vandervelde und der deutsche sozialdemokratische Reichstagsabgeordnete Kurt Rosenfeld als Verteidiger zu diesem Prozeß zugelassen. Die verhafteten Sozialrevolutionäre wurden trotzdem zu langjährigen Gefängnisstrafen verurteilt. Gleichzeitig eröffnete die Komintern eine neue Kampagne gegen die »Sozialverräter«. Damit war die erste kurzlebige Periode der Einheitsfront zunächst beendet.

IX.

»Proletarier aller Länder und unterdrückte Völker der ganzen Welt, vereinigt euch!«

Die Komintern und der Ferne Osten 1921–1922

Je größer die Schwierigkeiten für die revolutionären Entwicklungen in West- und Zentraleuropa wurden, um so mehr blickten Lenin und Trotzki nach Osten. Lenin hatte bereits im November 1919 erklärt, daß nach dem Erwachen des Ostens eine Periode beginne, »in der alle Völker des Ostens die Geschicke der ganzen Welt mit entscheiden« würden. Und im Mai 1920 schrieb er, daß erst dann, wenn indische, chinesische, koreanische, japanische, persische und türkische Arbeiter und Bauern sich an das Werk der Befreiung machten, der entscheidende Sieg über die Ausbeutung gesichert sei. Auf dem Dritten Weltkongreß der Komintern im Juli 1921 erklärte Lenin, »die kommenden entscheidenden Schlachten der Weltrevolution« würden aller Wahrscheinlichkeit nach mit den nationalen Befreiungsbewegungen verbunden sein, die »eine viel größere revolutionäre Rolle spielen werden, als wir alle erwartet haben«.

Auch Trotzki, der sich im allgemeinen mehr auf Europa konzentrierte, sah in der proletarischen Bewegung Westeuropas und im nationalen Befreiungskampf Asiens die zwei Arme einer Zange, die den Imperialismus zerdrücken könnte. Wenn die westeuropäische Arbeiterbewegung, meinte Trotzki, vor allem in England, zur Kompromißbereitschaft mit der Bourgeoisie neige, dann »verschiebt sich das Schwergewicht der Revolution nach Osten«.

Die illegale Reise von Chang Kuo-tao nach Irkutsk

Kurz nach dem Kongreß der Völker des Ostens in Baku 1920 hatte das Exekutivkomitee der Kommunistischen Internationale beschlossen, einen ähnlichen Kongreß für die Völker des Fernen Ostens »in einer Stadt Sibiriens« vorzubereiten. Dieser Kongreß sollte ursprünglich im November 1921 in Irkutsk stattfinden, wurde aber dann verschoben und fand erst in der zweiten Januarhälfte 1922 in Moskau statt. An diesem Kongreß sollten nicht wie in Baku zufällig eingeladene Personen teilnehmen, sondern Delegierte existierender revolutionärer Organisationen.

Von der Kommunistischen Partei Chinas sollte zu diesem Kongreß Chang Kuo-tao (s. Kapitel VI) reisen. Schon Mitte Oktober 1921 hatte Chang die Aufgabe erhalten, der Komintern über die neugegründete Kommunistische Partei Chinas zu berichten. Gleichzeitig sollte er die revolutionären Errungenschaften der Sowjetunion studieren und in Erfahrung bringen, welche Zielsetzungen die Komintern für die chinesischen Kommunisten habe. »Damals«, so berichtete Chang Kuo-tao später, »verstanden wir nicht ganz, was eigentlich dieser Kongreß der Werktätigen des Fernen Ostens solle, und so konnten wir für den Kongreß selbst keine Vorschläge machen.« Chen Tu-hsiu, zu jener Zeit Parteiführer der KP Chinas, gab Chang Kuo-tao das Geld für die Reise, und dieser machte sich im November 1921 auf den gefahrvollen Weg nach Sibirien, der über weite Gebiete führte, in denen die KP Chinas illegal war.

Noch vor der Abreise hatte Chang Kuo-tao von einem sowjetrussischen Berater ein interessantes Dokument erhalten. Es war eine ganz gewöhnliche Geschäftskarte, die als Paß gelten sollte. In dieser Karte befand sich ein ganz kleines, mit einer Nadel gemachtes Loch – ein Geheimzeichen für den Empfänger. Chang Kuo-tao sollte dem Inhaber eines Friseurladens in Manchouli diese Karte unauffällig übergeben, der ihn dann über die Grenze auf sowjetrussisches Gebiet bringen würde.

Über Nanking, Tientsin, Mukdin und Charbin erreichte Chang Kuo-tao die Grenzstation Manchouli. Es war seine erste Reise nördlich der Chinesischen Mauer. Ab Charbin sah alles ganz anders aus. Chang merkte den russischen Einfluß, auch die meisten Häuser waren im russischen Stil erbaut. Manchouli lag zwar noch auf der chinesischen Seite der Grenze, aber es wirkte wie eine russische Stadt. Viele Geschäfte und Hotels wurden von Russen geleitet.

Chang Kuo-tao stieg in einem solchen russischen Hotel ab, dann suchte er den Friseurladen auf. Dort übergab er, eingewickelt in ein Hemd, die Karte mit dem kleinen Loch. Wenig später ging Chang noch einmal in den Laden. Der Friseur geleitete ihn in ein Hinterzimmer, gab Chang das Hemd zurück, behielt aber die durchlöcherte Karte. »Warten Sie heute abend um 8 Uhr auf mich im Hotel«, flüsterte er Chang zu. Gegen 9 Uhr, also verspätet, traf der Friseur endlich im Hotel ein. Dann fuhren sie in Begleitung mehrerer bewaffneter Männer in einem von zwei Pferden gezogenen Schlitten durch völlig menschenleeres Gebiet. Auch Grenzzeichen waren nicht zu erkennen. Die Begleiter befürchteten einen Zusammenstoß mit Schmugglern oder Räubern, aber nichts geschah. Ungefähr um Mitternacht erreichten sie eine Eisenbahnstation, 24 Kilometer von Manchouli entfernt. Sie waren bereits auf sowjetischem Territorium. Gemeinsam mit japanischen und koreanischen Kommunisten, die er bald darauf traf, reiste Chang zunächst nach Tschita. Dort war die Delegierten-Gruppe bereits auf 40 bis 50 Personen aus verschiedenen Ländern des Fernen Ostens angewachsen, die alle Irkutsk als Ziel hatten.

Die Schwierigkeiten und Entbehrungen der Reise hatten die fernöstlichen Revolutionäre vorhergesehen und als selbstverständlich hingenommen. Aber sie waren überrascht und enttäuscht über die Schwierigkeiten, die sie dann mit russischen Funktionären hatten. Von ihnen erhielten sie Anweisungen, beim Überqueren einer Brücke nicht aus den Waggonfenstern zu sehen. Vor allem aber wurde ihnen strikt verboten, mit der russischen Bevölkerung zu sprechen. Nach fast zehntägiger Fahrt erreichten die fernöstlichen Delegierten Anfang November 1921 endlich ihr Ziel: Irkutsk, die Stadt, in der sich das Fernost-Büro der Komintern befand (s. Kapitel VI).

Das Fernost-Büro der Komintern

Die Räume des Fernost-Büros befanden sich auf einer der großen Hauptstraßen der einzigen wirklichen sowjetrussischen Stadt Sibiriens. Das Büro wurde von einem Sowjetfunktionär namens Boris Schumjatzki geleitet, der, wie Chang Kuo-tao schrieb, »praktisch der König Sibiriens war«. Schumjatzki vereinigte in seiner Hand die Macht der Partei, des Staates und der Armee; er war gleichzeitig der offizielle Vertreter der Kommunistischen Partei Rußlands in Sibirien, der Vertreter der Sowjetregierung in Sibirien und der Vorsitzende des sibirischen Militärdistrikts.

Der damals 35jährige Boris Schumjatzki war ursprünglich ein sibirischer Eisenbahnarbeiter gewesen, war als Jugendlicher aktiv in der illegalen sozialistischen Bewegung tätig; 1906 im Gefängnis, konnte er ins Ausland fliehen und hielt sich vorübergehend sogar in Lateinamerika auf. Nach seiner Rückkehr wurde der nunmehr militante Bolschewik 1913 erneut von den zaristischen Behörden verhaftet, aber dann durch die Februarrevolution 1917 befreit und 1920 nach Irkutsk entsandt, um – neben den vielen bereits erwähnten Funktionen – auch noch das Komintern-Büro für den Fernen Osten zu organisieren. Da Schumjatzki aber durch zuviel Arbeit überlastet war, übertrug er die Aufgaben des Komintern-Büros für den Fernen Osten an Grigorij Woitinski, der bereits Erfahrungen in China gesammelt hatte und den Chang Kuo-tao gut kannte (s. Kapitel VI).

Das damalige Fernost-Büro hatte je eine Sektion für China, für die Mongolei, für Japan und für Korea. Die Arbeit in den Sektionen ging recht gemütlich vor sich, jede Sektion hatte nur zwei bis drei Mitarbeiter. Praktisch hatte das Fernost-Büro im November 1921, so berichtete Chang Kuo-tao, mit der Arbeit überhaupt noch nicht begonnen. Es konzentrierte sich damals nur auf die Beschaffung von Informationen aus den fernöstlichen Ländern, denn die Informationsabteilung mit Dutzenden von Mitarbeitern war weitaus der aktivste Teil des gesamten Büros.

Die angekommenen und noch ankommenden Chinesen, Japaner, Koreaner und Mongolen wurden in einem zweistöckigen Empfangsgebäude untergebracht. In einem einfachen Speisesaal erhielten die Delegierten Schwarzbrot-Suppe und etwas Fleisch. Obwohl dieses Essen alles andere als luxuriös war, merkten die Delegierten bald, daß sich ihre Unterkunft und Verpflegung im Vergleich zu den einfachen Sowjetbürgern von Irkutsk verhielt wie »der Himmel zur Hölle«. Die russischen Bediensteten oder Angestellten, die für die ausländischen Delegierten zu sorgen hatten, baten diese um Zigarettenstummel; wenn die Fernost-Delegierten ihnen einige Zigaretten oder ein kleines Stückchen Brot gaben, »waren sie vor Dankbarkeit überglücklich«.

Als bereits alle Delegierten versammelt waren, wurde ihnen gesagt, der Kongreß könne nicht wie geplant am 11. November 1921 beginnen, ja, das Fernost-Büro wisse nicht einmal, wann und wo der Kongreß stattfinden würde.

Chang Kuo-tao nützte die Zeit, um die anderen Delegierten kennenzulernen. Im gleichen Haus mit ihm wohnten vier japanische Delegierte, ein Student und drei Arbeiter, alle unter geheimen Parteinamen, da die KP Japans damals noch in strengster Illegalität arbeiten mußte. Weiterhin lebten im Haus noch zehn koreanische Delegierte sowie ein wichtiger Delegierter aus Holländisch-Indien, von der Insel Java, namens Semaun. Er war seit Mai 1920 Vorsitzender der KP Holländisch-Indiens (später Indonesien) und lebte bereits seit Oktober 1920 in der Sowjetunion.

Von den Philippinen, aus Französisch-Indochina (später Vietnam) und aus Malaya war keine Delegation nach Irkutsk gekommen. Die stärkste Delegation war mit mehr als dreißig Mitgliedern aus China angereist. Mit Ausnahme von Chang Kuo-tao waren es keine Kommunisten. Sie gehörten entweder der Kuomintang, den Gewerkschaften oder unterschiedlichen Studentenvereinigungen an. Trotz der Zugehörigkeit zu verschiedenen Organisationen und unterschiedlichen politischen Auffassungen beschlossen sie, eine einheitliche chinesische Delegation zu bilden, und wählten Chang Kuo-tao, den einzigen Kommunisten, zu ihrem Vorsitzenden.

Die Brotfrage und das Abendessen bei Schumjatzki

Die fernöstlichen Delegierten beschäftigten sich immer wieder mit einem Thema: der Hungersnot in Rußland. Endlos, so berichtete Chang Kuo-tao, wurde darüber diskutiert. Nach den offiziellen Rationen erhielt ein Soldat damals 800 Gramm Schwarzbrot, ein Industrie- und Eisenbahnarbeiter 600 Gramm, die Angestellten 400 und die Mitglieder der Kommunistischen Partei – unabhängig davon, wo sie tätig waren – 300 Gramm. Das Brot war jedoch von außerordentlich schlechter Qualität; im allgemeinen bestand es höchstens zu 50 bis 60 Prozent aus Getreide, häufig aber nur zu 20 Prozent. Manchmal erhielten die Angestellten staatlicher Dienststellen noch einige Pfund Kartoffeln im Monat und etwas Zucker und Tee. Aber die Kartoffeln waren meist angefault.

Unter diesen Bedingungen war es keineswegs verwunderlich, daß selbst höhere Funktionäre des Fernöstlichen Büros, wenn sie Delegierte zu sich einluden, ihnen nichts zu essen anbieten konnten – und die ausländischen Delegierten verstanden das. Chang Kuo-tao diskutierte die Brotfrage auch mit Grigorij Woitinski. »Mehr als zwanzig Millionen Menschen in Rußland hungern, und Millionen können vielleicht sogar verhungern«, gab Woitinski offen zu. »Wir haben bereits Truppen entsandt, um mit Gewalt den Bauern die Lebensmittel zu entreißen. Aber dann braucht man wieder Truppen, um die Lebensmittel zu überwachen. Selbst bei militärischem Schutz werden Lebensmittel, die durch die Hungergebiete transportiert werden, von der hungernden Bevölkerung überfallen.« Woitinski erzählte Beispiele, eines grauenhafter als das andere, meinte dann aber, die Sowjetregierung habe die Lebensmittelrationierung trotzdem gut organisiert. Soldaten und Arbeiter erhalten das meiste. Vor allem ist es ein gutes Beispiel, daß die Mitglieder der Kommunistischen Partei die kleinsten Rationen erhalten. Von Lenin bis zu den einfachen Parteimitgliedern gibt es für sie nur 300 Gramm Brot am Tag, so daß die Parteimitglieder nicht kritisiert werden. Wenn die Partei mit diesem System kein Beispiel geben würde, hätte es, meinte Woitinski, schon längst die ernstesten Probleme für die Sowjetmacht gegeben.

Chang Kuo-tao war bereits zwei Wochen in Irkutsk, als er eines Tages völlig unerwartet von Schumjatzki zu einem längeren Gespräch eingeladen wurde. Am Tisch saßen Schumjatzki, dessen Frau und Woitinski, die mit ihm über China sprechen wollten. Chang Kuo-tao bemerkte, daß Schumjatzkis Haus, inmitten eines sehr schönen Gartens, der stark bewacht wurde, außerordentlich gut eingerichtet war. Er sah teure Seidenvorhänge, »ähnlich denen, die man bei Kapitalisten in Shanghai antrifft«.

Zum Abendessen wurde nicht nur das allgemein übliche Schwarzbrot gereicht, sondern Weißbrot. Es gab eine Suppe, ein schmackhaftes reichhaltiges Fleischgericht und zusätzlich Milch, Nachspeise und Früchte. Das Abendessen erinnerte Chang Kuo-tao an ein elegantes Shanghaier Restaurant. Es war das erste Mal, daß er, seitdem er Sowjet-Territorium betreten hatte, nicht nur ausreichend, sondern ausgezeichnet zu essen bekam.

Auf dem Rückweg durch Schnee und Kälte war Chang Kuo-tao mit Woitinski allein. Dieser ahnte wohl, woran Chang Kuo-tao dachte, denn er sagte fast entschuldigend: »Schumjatzki hat dieses außerordentliche Essen veranstaltet, um zu zeigen, wie ehrlich erfreut er ist, einen ausländischen Gast bewirten zu können.«

»Du bist zu höflich«, antwortete Chang Kuo-tao. »Wir sind Genossen. Ich brauche und ich soll auch nicht wie ein ausländischer Gast behandelt werden.« Woitinski verstand und bemühte sich um eine politische Erklärung: »Es ist nutzlos, die Gleichheit in einer Revolution einführen zu wollen. Die Idee der Gleichheit war in den ersten Phasen der Oktoberrevolution verbreitet. Die Revolutionäre wandten sich gegen bessere Wohnungen und besseres Essen für Genossen in verantwortlichen Funktionen. Sie gingen sogar so weit, die erste und zweite Klasse in den Eisenbahnzügen aufzuheben, bis wir nicht mehr genügend Eisenbahnwagen hatten. Sie wollten, daß jedermann in derselben Klasse fährt.« Dann versuchte Woitinski die Handlungsweise von Schumjatzki zu erklären: »Seine Verantwortung ist enorm. Wenn er besser lebt, ist es leichter für ihn, mehr Arbeit und wichtige Arbeit zu leisten.«

Chang Kuo-tao, der mit Woitinski schon in China befreundet gewesen war, wußte, daß er offen sprechen konnte: »Hast du mir nicht selbst gesagt, daß Lenin nur 300 Gramm Brot am Tag erhält und genauso ärmlich lebt wie alle anderen? Warum sollte Schumjatzki mehr Privilegien haben als Lenin?«

»Wir haben kein Vertrauen in die Regierung . . .«

Sonnabend abend veranstaltete das Fernost-Büro der Komintern jeweils kleine gesellige Zusammenkünfte für die Delegierten in Irkutsk. Zur Unterhaltung diente ein Klavier. Die russischen Gäste baten die fernöstlichen Delegierten, doch vielleicht gemeinsam Volkslieder zu singen. Am besten konnten das die Japaner, sie waren deshalb sehr beliebt. Auch die Koreaner sangen revolutionäre Lieder und Volkslieder, sie zeigten sogar Volkstänze.

Die chinesischen Delegierten hatten dabei Schwierigkeiten. Als stärkste anwesende Delegation wurden gerade sie immer wieder gebeten, ihre Lieder zu singen. Aber sie kannten keine. Schließlich sang einer von ihnen eine Arie aus einer Peking-Oper. Anschließend saßen die Chinesen zusammen und diskutierten darüber. Sie beschlossen, man müsse in China revolutionäre Lieder komponieren – ein Gedanke, der später auch verwirklicht wurde; diese Lieder spielten dann in der chinesischen Revolution eine große Rolle.

Viele Wochen lang hatten die fernöstlichen Delegierten die Möglichkeit, das Leben in Irkutsk gegen Jahresende 1921 kennenzulernen – wenige Monate nach der im März 1921 von Lenin verkündeten Neuen Ökonomischen Politik. Die Beschlagnahme der Lebensmittel war durch eine Besteuerung ersetzt worden, Getreide konnte frei angebaut und verkauft werden. Trotzdem waren die Geschäfte geschlossen, nicht einmal die Friseurläden öffneten. Die fernöstlichen Delegierten befragten die Bewohner und erhielten die Antwort: »Wir haben kein Vertrauen zur Regierung, die schon vorher das Eigentum beschlagnahmt hat und das sicher auch in Zukunft wieder tun wird.«

In den letzten Monaten des Jahres 1921 stellten sich die fernöstlichen Delegierten in Irkutsk – die ja alle mit der Oktoberrevolution und der

Sowjetunion sympathisierten – immer kritischere Fragen: Wohin entwickelt sich die Sowjetunion? Wie kann man den Sozialismus in diesem rückständigen Land verwirklichen, besonders in Sibirien? Wenn nicht einmal Lenins Neue Ökonomische Politik positive Resultate zeigt.

Von Irkutsk nach Moskau

Ende Dezember 1921 erhielt das Fernost-Büro der Komintern plötzlich ein Telegramm: Der Kongreß der Werktätigen des Fernen Ostens sollte nicht in Irkutsk, sondern in Moskau stattfinden. Anfang Januar 1922 verließen die Fernost-Delegierten die sibirische Stadt und fuhren in einem Sonderzug nach Moskau. Es war eine sehr lange Fahrt. Je mehr sie nach Westen kamen, um so mehr schien die Neue Ökonomische Politik doch gewisse Resultate zu zeigen. In Krasnojarsk sahen sie die ersten großen Kohle-Halden. Sie hörten, daß die Bergwerke wieder die Produktion aufgenommen hätten. Auf manchen Stationen konnte man, wenn auch zu astronomischen Preisen, wenigstens etwas Brot, Milch und andere Nahrungsmittel erstehen.

Westlich des Ural war die Hungersnot jedoch noch immer sehr schlimm. Die Eisenbahnstationen wurden von Hungernden belagert. Alle bettelten die Zugpassagiere um Brot an. Die Delegierten aus dem Fernen Osten wurden bestaunt und beneidet. Ehrengarden auf den Bahnhöfen salutierten, nicht selten spielte auch ein Orchester Begrüßungshymnen. Nach neun Tagen Bahnfahrt kamen die Delegierten endlich in der Hauptstadt der Weltrevolution an.

Auf dem Bahnhof wurden sie von einer riesigen Menschenmenge begrüßt, die die *Internationale* sang. Die Delegierten fanden nicht heraus, welche Organisation eigentlich die Begrüßung vornahm – es waren offensichtlich gleich mehrere. Sie konnten auch nicht verstehen, was gesagt wurde, aber sie fühlten den Enthusiasmus. Nur mit einem Menschen hatten sie direkten Kontakt, mit Sen Katayama, dem Führer der alten Sozialistischen Partei Japans und Begründer der japanischen KP, der sich in der Menge befand und die Delegierten schließlich in englischer Sprache begrüßte. Chang Kuo-tao hatte bereits viel von Katayama gehört und war sehr erfreut, ihn nun zu sehen.

Fernost-Delegierte in Moskau

In Moskau wurden die Genossen aus dem Fernen Osten besser untergebracht und versorgt als in Irkutsk. Neben drei täglichen Mahlzeiten
von besserer Qualität erhielten sie Zigaretten, Zucker, Unterwäsche,
Handtücher und Seife. Über dieser Sonderbehandlung vergaßen sie
fast die kritische Situation der Lebensmittelversorgung im ganzen
Land.

Das Hauptinteresse der Delegierten, berichtet Chang Kuo-tao, war
natürlich, vom bevorstehenden Kongreß mehr zu erfahren und auch
von Rußland mehr zu sehen. Aber es war nahezu unmöglich, Übersetzer zu finden. Tschiu-pei, ein Freund Chang Kuo-taos aus den Zeiten
der »Bewegung des 4. Mai« (s. Kapitel VI) und später einer der Führer
der KP Chinas, befand sich bereits seit mehr als einem Jahr in Sowjetrußland. Er hatte auch etwas russisch gelernt, lag zu dieser Zeit
aber in einem Krankenhaus. Da er an Tuberkulose litt, konnte man ihn
nicht häufig besuchen. Unter den anderen acht jungen Chinesen, die
zu jener Zeit an der neu gegründeten »Universität der Völker des
Ostens« studierten, befand sich ein gewisser Liu Shao-chi. Er war
damals 23 Jahre alt, wurde später Mitglied des Politbüros und vorübergehend Staatspräsident der Volksrepublik China. Aber auch Liu
Shao-chi konnte noch nicht gut russisch. Es stellte sich heraus, daß es
in der ganzen Komintern-Zentrale in Moskau keinen einzigen gab, der
fließend chinesisch konnte. Dies erschwerte natürlich die Zusammenarbeit. Selbst die auf dem Zweiten Weltkongreß angenommene Resolution über die nationale und koloniale Frage war außerordentlich
schlecht ins Chinesische übersetzt worden, ganze Passagen waren völlig unverständlich. So kamen sich die fernöstlichen Delegierten »wie
eine Gruppe Halbtauber und Halbstummer« vor. Trotzdem wurden
sie überall von sowjetischen Begleitern herumgeführt. Aber eigentlich,
so meinte Chang Kuo-tao, war es umgekehrt: »Wir wurden nicht zu
den verschiedenen Sehenswürdigkeiten gebracht, um diese kennenzulernen, sondern es war so, daß wir dahin nur gebracht wurden, damit
die russischen Bürger uns sehen konnten. Wir wurden als das exotische
und aufregendste Propagandaobjekt regelrecht vorgezeigt.« Das Auftreten der fernöstlichen Delegierten sollte den Moskauern beweisen,
daß die Komintern nun auch im Fernen Osten Fortschritte mache.

Die fernöstlichen Delegierten besuchten den Kreml, das Revolu-
tionsmuseum und die berühmten Gedenkstätten aus der Zeit der illegalen Arbeit. Sie erfuhren aber auch, daß viele Fabriken und sogar die

Schulen in Moskau immer noch geschlossen waren. Natürlich wurde ihnen dies nicht gezeigt. Dafür wurden sie mit Logenplätzen in der Oper geehrt, auf Empfängen vorgezeigt und ihre Reden enthusiastisch gefeiert, auch wenn man kaum was davon verstand.

Für Chang Kuo-tao war das bewegendste Erlebnis, das auf ihn einen tiefen Eindruck machte, ein kleiner Empfang, den die acht chinesischen Studenten der »Universität der Völker des Ostens« für die chinesischen Delegierten gaben. Sie wurden zu einem Kartoffelessen eingeladen. Die Kartoffeln hatten die jungen Studenten von ihren Rationen eine lange Zeit vorher gespart. Aber in dieser Stadt des Hungers war dieses kleine Kartoffelessen ein Zeichen wirklicher Freundschaft.

Der Kongreß der Werktätigen des Fernen Ostens: Neue Impulse für die Kommunistischen Parteien Europas

Am 21. Januar 1922 wurde der Kongreß der Werktätigen des Fernen Ostens von Sinowjew in Moskau eröffnet. An dem Kongreß nahmen insgesamt 119 Delegierte aus China, Japan, Korea, Java, der Mongolei und Indien teil – darunter auch einige, die bereits vorher in Moskau gewesen waren. Mit zusätzlichen Beobachtern und Gästen belief sich die Zahl der Teilnehmer auf 160 Personen. Zuerst wurde ein Präsidium von 17 Personen gewählt. Zu diesem zählten u. a. Grigorij Safarow, der noch kurz zuvor mit M. N. Roy in Taschkent das Zentralasiatische Büro geleitet hatte (s. Kapitel VI) und nun Leiter des Ostbüros der Komintern war, außerdem der indische Kommunist M. N. Roy, der aus Irkutsk angereiste »König von Sibirien«, Boris Schumjatzki, der ungarische KP-Führer Béla Kun, der Vorsitzende der KP Indonesiens, Semaun, der japanische KP-Führer Sen Katayama sowie ein Koreaner namens Kim Kiu Sik. Lenin, Trotzki, Sinowjew, Katayama und Stalin wurden zu Ehrenvorsitzenden gewählt; einige von ihnen nahmen auch an mehreren Sitzungen der Konferenz teil, Stalin hielt sich davon fern.

Der erste Tag war den Begrüßungen gewidmet, die in einer Atmosphäre voller Begeisterung stattfanden. Sinowjew sprach im Namen des EKKI, des »schlagenden Herzens der Weltrevolution«, Michail I. Kalinin im Namen der Sowjetregierung und Salomon A. Losowski im Namen der Roten Gewerkschafts-Internationale. Dann wurde der Kongreß von M. N. Roy und Sen Katayama eröffnet.

Dominierendes Thema des Kongresses war die Aufgabe, die Arbeiterbewegung des Westens mit der Bewegung der unterdrückten Völker des Ostens zu vereinigen, also eine antiimperialistische Revolution für die nationale Unabhängigkeit unter Führung der Komintern vorzubereiten. Die imperialistisch-kapitalistischen Länder galten dabei als unversöhnliche Gegner der Unabhängigkeit.

Die beiden Hauptredner des Kongresses, Sinowjew und Safarow, unterstrichen die Notwendigkeit nationaler Revolutionen durch ein Bündnis aller revolutionären Kräfte in dem entsprechenden Land und machten Vorschläge, wie die nationalrevolutionäre Bewegung zu organisieren sei. Immer wieder betonten sie die Notwendigkeit der Zusammenarbeit von Kommunisten mit nichtkommunistischen Revolutionären – eine Forderung, die sich auch in vielen kleinen Reden der Delegierten widerspiegelte. Außerdem berichteten in den zwölf Sitzungen vom 21. Januar bis zum 2. Februar die Delegierten über die Situation in ihren eigenen Ländern.

Chang Kuo-tao war vor allem von Safarows ausgezeichneten Kenntnissen über die Situation im Fernen Osten beeindruckt. Safarow war auch frei von allem bürokratischen Gehabe, mit dem sich der »sibirische König« Schumjatzki umgab. Manchmal wirkte Safarow allerdings ein wenig wie ein Schullehrer. Als Leiter der Ostabteilung der Komintern war er häufig ungeduldig und sarkastisch mit den Delegierten, die natürlich nur über geringe marxistische Kenntnisse verfügten.

Für Chang Kuo-tao, den einzigen Teilnehmer des Kongresses, der später über ihn berichtet hat, war dieser Kongreß von außerordentlicher Bedeutung. Erstmals waren Delegierte vieler fernöstlicher Länder in unmittelbare Beziehung zur Kommunistischen Internationale getreten. Umgekehrt signalisierte er der sowjetischen Bevölkerung und den Kommunistischen Parteien Europas, daß die Komintern nun auch im Fernen Osten aktiv werde. Dies war auch, so meint Chang Kuo-tao, in einer Zeit, wo die kommunistische Bewegung in Europa eine Vielzahl von Niederlagen erlitten hatte, aus psychologischen Gründen wichtig. Die Hoffnung, daß die Millionenmassen von Asien den Kampf gegen den Kolonialismus und Imperialismus aufnehmen würden, gab auch den Kommunistischen Parteien in Europa neue Impulse. Während es für China – nach Chang Kuo-tao – wichtig war, daß der antiimperialistische Charakter der chinesischen Befreiungsbewegung sowohl auf den Tagungen als auch in informellen Diskussionen während des Kongresses analysiert wurde.

Chang Kuo-tao bei Lenin:
»Einer, der die Reinheit eines religiösen Ordens vertritt«

Einige Tage nach Beginn des Kongresses wurde Chang Kuo-tao gemeinsam mit Chiu Chiu-pei und dem Koreaner Kim Kiu Sik von Schumjatzki in den Kreml eingeladen. Zweck und Ziel des Besuches war ihnen nicht genannt worden. Unterwegs wurden sie mehrmals von Wachen aufgehalten. Schumjatzki zeigte dann immer einen besonderen »Propusk« (Passierschein) vor, und so gelangten sie in einen kleinen Empfangsraum, das Vorzimmer von Lenins Büro. Jetzt lüftete Schumjatzki auch sein Geheimnis: Lenin wollte die Chinesen und den Koreaner sehen.

Kurz darauf kam Lenin schon aus dem Nachbarzimmer und begrüßte alle mit Handschlag. Chang Kuo-tao bemerkte, daß Lenin eigentlich wie der Schullehrer eines chinesischen Dorfes aussah. Vom Äußeren her konnte er sich nicht vorstellen, daß hier einer der größten Revolutionäre der menschlichen Geschichte vor ihnen stand, und noch weniger dachte er an die Macht, über die er verfügte. Allerdings wußte Chang Kuo-tao damals nicht, wie es gesundheitlich um Lenin bestellt war, denn fünf Monate später erlitt er seinen ersten Schlaganfall. Nach der Vorstellung durch Schumjatzki setzte man sich zu einem kurzen Gespräch. Lenin sprach russisch; ein Übersetzer namens Iwan, der angeblich später Stalins Sekretär wurde, dolmetschte in englisch und zurück in russisch. Chiu Chiu-pei fragte Lenin nach seinen Vorstellungen über die Chancen einer chinesischen Revolution. Darauf antwortete Lenin klar und bescheiden, daß er eigentlich sehr wenig über die Situation in China wisse, ausgenommen die Rolle Sun Yat-sens in der ersten chinesischen Revolution von 1911. Aber ihm sei nicht bekannt, was Sun Yat-sen in den letzten Jahren getan habe, und es stehe ihm daher nicht zu, irgendeine Meinung zu äußern. Er würde aber gerne seinerseits Chiu Chiu-pei und die anderen Delegierten fragen, wie sie eine Zusammenarbeit zwischen der Kuomintang und der KP Chinas beurteilten.

Chiu Chiu-pei antwortete, daß die beiden Parteien sicher gut miteinander arbeiten könnten. Daraufhin stellte Lenin dieselbe Frage an Chang Kuo-tao und bat ihn noch zusätzlich, etwas über die Situation in China zu berichten. Chang Kuo-tao erklärte, die Kuomintang und die KP Chinas könnten in der nationaldemokratischen Phase der Revolution zusammenarbeiten, allerdings gäbe es dabei sicher gewisse Schwierigkeiten, obwohl diese hoffentlich überwunden werden könnten. Die Antwort schien Lenin zu befriedigen. Er unterhielt sich dann noch ausführlicher mit Kim Kiu Sik über die revolutionäre Bewegung in Korea und wandte sich schließlich an Schumjatzki.

Chang Kuo-tao bemerkte, daß Lenin mit dem Hören Schwierigkeiten hatte. Während des ganzen Gesprächs hob er den Kopf in die Richtung des Gesprächspartners bzw. des Übersetzers, kniff dabei seine Augen zusammen und hörte sehr aufmerksam zu, in der deutlichen Absicht, kein Wort zu überhören. Immer wenn ihn eine Übersetzung von Iwan nicht befriedigte, bat er sehr höflich, den Text zu verbessern. Wenn ihm ein Punkt nicht ganz klar war, fragte er so lange, bis er ihn verstanden hatte.

Beim Abschied schüttelte er seinen Besuchern besonders herzlich die Hände. Das Gespräch hatte mehr als zwei Stunden gedauert. Chang Kuo-tao meinte später in seinen Memoiren: »Er hat uns tief beeindruckt. Wir waren besonders angetan von der freundschaftlichen und offenen Atmosphäre, mit der das Gespräch geführt wurde. Ich bin das einzige Mitglied des Zentralkomitees der KP Chinas, das Lenin je gesehen hat. Für mich symbolisierte er die Russische Revolution, und ich betrachte ihn wie einen, der die Reinheit eines religiösen Ordens vertritt. Niemals habe ich unter den späteren Führern Sowjetrußlands mehr eine Persönlichkeit gefunden, die Lenin gleichkam.« Diese lobenden Hinweise stammen aus einer Zeit, als Chang Kuo-tao längst nicht mehr der kommunistischen Bewegung angehörte.

Schlußsitzung in Petrograd

Die letzte Sitzung des Kongresses der Werktätigen des Fernen Ostens fand in Petrograd statt. Die Delegierten fuhren mit einem Sonderzug, der Holz zum Heizen benutzte, so daß die Fahrt einen ganzen Tag und eine Nacht dauerte.

Am 2. Februar 1922 trafen sie in Petrograd ein und wurden sofort zum Opernhaus gefahren, wo die Abschlußkundgebung stattfand. Hier waren mehr als 2000 Menschen versammelt. Sinowjew hielt die Schlußrede, anschließend wurden von verschiedenen Vertretern Petrograder Sowjet-Organisationen Grußworte gesprochen. Die Delegierten der fernöstlichen Länder dankten für den erfolgreichen Kongreß und sprachen ihre Bewunderung für die Bevölkerung von Petrograd aus, die die große Revolution begonnen hatte.

Abschließend wurde ein antiimperialistisches Manifest verlesen, das

mit den Worten begann:»Werktätige des Fernen Ostens! Arbeiter und
Bauern Chinas, Koreas, Japans, der Mongolei, der Inseln des Stillen
Ozeans, Indochinas, geknechtete Völker des Fernen Ostens!« Nach
einer Analyse der imperialistischen Unterdrückungsmethoden folgte
die neue Komintern-Losung »Proletarier aller Länder und unterdrückte Völker der ganzen Welt, vereinigt euch!« Das Dokument endete mit den Sätzen:»Wir fordern Gleichheit, Freiheit und Unabhängigkeit. Wir rufen auf zum heiligen Kampf. Wir rufen auf zum rechten
Weg für all diejenigen, die nicht ihr Volk verraten, denen die Lebensinteressen der unterdrückten Menschen teuer sind, die selbst Sklaven
sind, aber nicht Sklaven bleiben wollen. Wir wissen, daß der Kampf
um die Befreiung schwer und mühevoll sein wird ... Organisiert
euch! Tretet in unsere Kampfreihen! Gründet Arbeiter- und Bauern-
verbände zum Kampf gegen das Kapital und den Imperialismus! Bereitet euch vor zum Kampf! ...«

Während ihres Aufenthaltes in Petrograd stellten die Delegierten
fest, daß die Versorgungslage hier noch schlechter war als in Moskau.
Petrograd war zweifellos eine modernere Stadt als Moskau, aber das
offenbarte die Wunden um so deutlicher. Auch hier hatten viele Betriebe immer noch nicht ihre Arbeit wieder aufgenommen, und die
meisten Geschäfte waren noch geschlossen. Man sah nur wenige Menschen auf den Straßen. Die Neue Ökonomische Politik hatte offensichtlich noch nicht zu sichtbaren Erfolgen geführt.

Chang Kuo-tao in Moskau

Nach Moskau zurückgekehrt, begannen die Delegierten ihre illegale
Heimfahrt vorzubereiten. Die Beschlüsse des Kongresses wurden in
Moskau deponiert, weil es zu gefährlich war, irgendwelche Doku-
mente in die eigenen Länder mitzunehmen.

Man teilte sich in mehrere kleinere Gruppen auf und trat die Heim-
reise möglichst unauffällig an. Chang Kuo-tao ging fast täglich zum
Bahnhof, um diesen oder jenen seiner chinesischen, koreanischen oder
japanischen Freunde zu verabschieden. Er selbst blieb noch einige Zeit
im Hotel Lux wohnen und nahm auch an einigen Sitzungen des
EKKI teil. Dabei erkannte er, unter welch schwierigen Bedingungen
die Komintern-Funktionäre arbeiteten. Es fiel ihm auf, daß es zu wenig qualifizierte Funktionäre gab und die wenigen ständig überlastet
und überarbeitet waren.

Unter diesen Umständen wurden oft wichtige Tagungen oder Konferenzen um mehrere Stunden verzögert, weil die völlig überbeanspruchten Spitzenfunktionäre keine Zeit hatten. Einmal fand eine Sitzung des EKKI in der Vorhalle des Hotel Lux statt. Einer nach dem anderen kam zur Sitzung: Clara Zetkin, der deutsche KP-Theoretiker August Thalheimer, Béla Kun – den man laut Chang Kuo-tao damals noch den »Lenin von Ungarn« nannte – und der Japaner Sen Katayama. Bis auf Sinowjew, Bucharin und Radek waren alle anwesend. Ohne sie konnte die Konferenz aber nicht beginnen. Die EKKI-Mitglieder wurden ungeduldig und ärgerlich. Man machte den Vorschlag, in Zukunft alle Zuspätkommenden zu bestrafen.

Nach mehr als drei Stunden Warten stürmten die drei endlich mit ihren Mappen herein. Ihre persönliche Autorität war immer noch so groß, daß niemand mehr von einer Strafe für Zuspätkommende sprach. Allerdings, so notierte Chang Kuo-tao, begannen solche Sitzungen meist erst zu einem Zeitpunkt, an dem viele Teilnehmer bereits müde waren. Infolge der Verspätungen mußten die Themen über Gebühr schnell abgehandelt werden, und dies führte unweigerlich zu unpräzisen Schlußfolgerungen.

Die Heimkehr der Fernost-Delegierten

Ende Februar 1922 kehrte Chang Kuo-tao nach China zurück. Er benutzte einen gewöhnlichen Dritte-Klasse-Zug, um das Leben der einfachen russischen Menschen kennenzulernen. Für die Reise nahm er etwas Schwarzbrot mit, ein wenig Zucker und etwas Tee – eine Portion, die für neun Tage reichen sollte. Unterwegs befürchtete er mehrmals, daß der Zug Tschita in neun Tagen nicht erreichen werde. Aber die Zugverbindungen waren inzwischen besser geworden, und der Zug erreichte den Ort pünktlich nach neun Tagen.

Dort schloß Chang Kuo-tao sich einer Gruppe an, die, wie er, illegal nach China einreisen wollte. Alles klappte reibungslos, man gelangte ohne Schwierigkeiten über die sowjetisch-chinesische Grenze, dann reiste er allein mit dem Zug nach Shanghai weiter. Damit endete sein erlebnisreicher viermonatiger Besuch in Sowjetrußland.

Der Kongreß, so meinte Chang Kuo-tao rückblickend, sei außerordentlich wichtig gewesen und habe viel Positives erreicht. Doch alle 33 chinesischen Delegierten waren von dem, was sie in Rußland mit eigenen Augen gesehen hatten, zutiefst enttäuscht. Die Bilanz war bitter. Alle glaubten voll und ganz an die Russische Revolution und waren mit ihrer Zielsetzung tief verbunden. Sie mußten allerdings erkennen, daß die Realität der Lage weit hinter ihren Hoffnungen zurückgeblieben war.

Über die damaligen Gespräche der chinesischen Delegierten untereinander notierte Chang Kuo tao später: »Für die chinesischen Revolutionäre war der Sinn einer Revolution, ein Unterdrückungssystem zu stürzen und den Menschen die Möglichkeit zu geben, ihr Leben neu zu gestalten, die Grundlage für einen Aufschwung zu legen. Die Idee des Klassenkampfes in der Russischen Revolution schien dagegen zu einem endlosen Prozeß des Kampfes um einzelne Positionen zu führen. Kaum war ein Kampf erfolgreich beendet und eine neue Position erreicht, begann schon ein anderer Kampf um die nächste Position. Diese Erkenntnis führte bei den chinesischen Delegierten zu einem tiefgehenden Denkprozeß. Einige von ihnen äußerten sich denn auch nach der Reise sehr kritisch über Rußland, einige distanzierten sich sogar.« Selbst Chang Kuo-tao, der einzige chinesische Kommunist unter den Delegierten, der seine ehrliche Begeisterung für die Russische Revolution auch nach diesem Kongreß nicht verlor, hatte Schwierigkeiten, die revolutionären Errungenschaften Sowjetrußlands zu verteidigen. Nach seiner Heimkehr aus Rußland hielt Chang Kuo-tao nicht eine einzige Rede über Sowjetrußland und schrieb keinen einzigen Artikel über seine Reise.

X.

»Wir haben begriffen, daß wir noch lernen müssen ...«

Der Vierte Weltkongreß der Kommunistischen Internationale vom 5. November bis 5. Dezember 1922

Am 5. November 1922 wurde in Petrograd der Vierte Weltkongreß der Kommunistischen Internationale eröffnet, dessen Sitzungen dann aber stets in Moskau stattfanden. Auf diesem Kongreß waren 58 kommunistische Parteien und acht andere Arbeiterorganisationen vertreten. Insgesamt nahmen 408 Delegierte von 66 Parteien und Organisationen aus 58 Ländern teil. Nach Angaben der Mandatskommission gehörten inzwischen 1 253 000 Mitglieder den kommunistischen Parteien aller Länder an, davon 825 000 den kommunistischen Parteien der kapitalistischen Länder. Diese Zahlen waren geringer als beim Dritten Weltkongreß. Das Abebben der revolutionären Welle von 1921 bis 1922 machte sich in einem Rückgang der Mitgliederzahlen der kommunistischen Parteien und übrigens auch bei den Gewerkschaften bemerkbar. So hatten beispielsweise die französischen Gewerkschaften, die Anfang 1920 noch über 2 Millionen Mitglieder zählten, zwei Jahre später nur noch 600000 Mitglieder. In Italien sank die Zahl der Gewerkschaftsmitglieder von 2 Millionen auf 700000; die britischen Gewerkschaften verloren in kurzer Zeit mehr als 1,3 Millionen, die Gewerkschaften der USA etwa 1,5 Millionen ihrer Mitglieder. Ein Rückgang sowohl der Parteimitglieder als auch der Gewerkschaftsmitglieder war auch in der Tschechoslowakei, in Norwegen, Holland und Dänemark und in anderen Ländern zu beobachten. Diese Tatsache wurde übrigens wiederholt auf dem Kongreß erwähnt.

Zu Beginn des Vierten Weltkongresses waren die Hoffnungen auf Fortschritte in bezug auf die Weltrevolution noch weiter gesunken. Auch die von Moskau vorgeschlagene Einheitsfront hatte nicht die gewünschten Resultate gebracht. Und die zunehmenden Schwierigkeiten, die Sowjetrußland im Innern hatte, erzeugten einen gewissen Pessimismus. Anstelle bald erhoffter Siege verlegte man sich auf langfristigere Perspektiven. Hinzu kam, daß wenige Wochen vor Eröffnung des Kongresses im Oktober 1922 Mussolini in Italien die Macht ergriffen hatte und die Internationale erstmals mit dem Problem des Faschismus konfrontiert wurde.

Erneute Schwierigkeiten bei der Anreise der Delegierten

Die Anreise der Delegierten war nicht ganz so dramatisch wie beim Zweiten und Dritten Weltkongreß, aber immer noch schwierig und mußte meist mit gefälschten Dokumenten vor sich gehen.

Paul Thalmann, der als Schweizer Jugendsekretär zur Tagung der bereits 1920 gegründeten Kommunistischen Jugendinternationale fuhr, hatte gleichzeitig das Recht, als Jugenddelegierter ohne Stimme am Vierten Kongreß der Komintern teilzunehmen. Er fuhr zum ersten Mal nach Sowjetrußland und war von dem Gedanken, das revolutionäre Rußland zu sehen, tief bewegt. Kurz vor der Abfahrt wurde ihm ein italienischer Kommunist vorgestellt, der mit wichtigen Nachrichten über die Umstände der Machtübernahme Mussolinis nach Moskau reisen sollte. Detaillierte Informationen über die Unterdrükkung der Arbeiterbewegung unter dem Faschismus waren in seine schöne seidene Krawatte eingenäht worden, die er in Moskau dem dort weilenden italienischen KP-Führer Amadeo Bordiga überbringen sollte. Aber der 25jährige Italiener hatte keinen Paß, weshalb ihn Paul Thalmann mit einigen anderen Schweizer Delegierten mit Hilfe eines Passierscheins über die Grenze lotsen sollte. Nach einigen Schwierigkeiten gelang dies auch.

Wie die meisten Delegierten erhielt dann auch Paul Thalmann vom WEB (wie damals das Westeuropäische Büro der Komintern abgekürzt genannt wurde) in Berlin genaue Instruktionen über die Reise, das Reisegeld und – falls notwendig – falsche Pässe. Auch für den jungen Italiener hatte Leo Flieg dort in wenigen Stunden einen guten Paß beschafft, mit dem er die baltischen Grenzen passieren konnte. Leo Flieg, der fast zwei Jahrzehnte mit großer Geschicklichkeit im Hintergrund agierte und jede ihm von Moskau übertragene Mission erfüllte, verschwand wie viele andere während der großen Stalinschen Säuberung Mitte der dreißiger Jahre in der Sowjetunion.

Auf ihrer Reise fuhren die Delegierten durch Lettland. Die lettischen Grenzbeamten begegneten ihnen mit ausgesuchter Feindseligkeit – wohl wissend, wen sie da vor sich hatten. Die Züge befanden sich in einem trostlosen Zustand, waren verlottert, verrostet, vor Schmutz starrend und ohne Fenster. Über die weiten Ebenen fegte ein eisiger Novemberwind und ließ die Reisenden trotz ihrer Mäntel erbärmlich frieren. Ab der lettischen Grenze saßen im Zug fast nur noch Delegierte des Kongresses. Keiner verlor darüber aber ein Wort.

Die polnischen Zoll- und Grenzbeamten verhielten sich noch schikanöser als die Letten. Die Pässe wurden eingesammelt, die Koffer peinlich genau durchsucht, dann mußten die Reisenden stundenlang warten, bis jeder einzeln aufgerufen wurde, um seine Papiere wieder in Empfang zu nehmen. Alle atmeten erleichtert auf, als der Zug endlich polnisches Gebiet verließ und über die sowjetische Grenze fuhr. In rascher Fahrt ging es dann Moskau entgegen.

Andere Delegierte fuhren, wie schon bei den Kongressen zuvor, ab Stettin mit einem sowjetischen Schiff. Zu ihnen gehörte auch Karl Retzlaw, der engste Mitarbeiter des ständigen bevollmächtigten Vertreters des EKKI für Westeuropa, James Thomas. Es wurde, wie Retzlaw später schrieb, eine regnerisch stürmische Seefahrt. Von den Passagieren kamen nur wenige zu den Mahlzeiten, die anderen lagen seekrank in ihren Kabinen. Am späten Abend des dritten Tages kam das Schiff in Kronstadt an, lag dort bis zum frühen Morgen still, um den Lotsen abzuwarten, der das Schiff durch die Fahrrinne nach Petrograd steuern sollte. Alle Fahrgäste waren inzwischen wieder wohlauf und feierten im Speisesaal die Revolution mit Ansprachen, Verbrüderungen und Gesängen.

Die Kongreßdelegierten wurden in Petrograd im Hotel Prospekt des 25. Oktober untergebracht. Das Empfangskomitee teilte den Delegierten mit, daß sie erst am nächsten Abend nach Moskau weiterfahren könnten. So hatten sie Zeit, sich Petrograd anzusehen. Sie besichtigten die Sehenswürdigkeiten der Revolution von 1917, gingen durch die Petrograder Straßen und an den Kanälen entlang, deren Namen ihnen aus den Romanen Dostojewskis geläufig waren, und besuchten die Eremitage. In dem rauhen Oktoberwetter konnten die Delegierten von den wenigen Bürgern in den Straßen, die mit hochgeschlagenen Kragen vorüberhasteten, kaum etwas erkennen. Der Aufenthalt war für genauere Eindrücke zu kurz. Am nächsten Morgen kam der Zug fahrplanmäßig in Moskau an.

Genosse »Kupferbart«: »Moskau, die rote Zitadelle der Hoffnung und Sehnsüchte der Werktätigen«

Unter den Delegierten des Vierten Weltkongresses war auch der Italiener Giovanni Germanetto, der in Italien gerade aus dem Gefängnis entlassen worden war, als er vom Zentralkomitee der KP Italiens die Mitteilung erhielt, er solle als Delegierter der Partei zum Vierten Weltkongreß der Komintern nach Moskau fahren.

Die italienische KP hatte den Delegierten empfohlen, möglichst mit legalen Auslandspässen zu fahren. Auch Giovanni Germanetto ging zur Präfektur, allerdings ohne große Hoffnung, da die Ausstellung eines Auslandspasses für einen eben entlassenen politischen Gefangenen eine langwierige Angelegenheit war, die meist mindestens einen Monat in Anspruch nahm. Aber es kam ganz anders: Der Polizeikommissar war von Germanettos Vorhaben, ins Ausland zu fahren, angenehm überrascht. »Wie? Sie wollen ins Ausland fahren? Das ist ja wunderbar!« Dann hakte er gleich nach: »Gedenken Sie denn im Ausland zu bleiben?« Als Germanetto mit »Ja« antwortete, zeigte der Polizeibeamte offen seine Freude, einen Kommunisten loszuwerden: »Kommen Sie in drei Tagen wieder!« Tatsächlich erhielt Germanetto nach drei Tagen seinen Auslandspaß in die Hand gedrückt. Der Polizeikommissar blieb liebenswürdig und wünschte Germanetto sogar eine glückliche Reise. Damals, im Herbst 1922, schickte man in Italien unbequeme Leute noch gern ins Ausland. Später sollte sich das gründlich ändern.

Germanetto verbrachte die Tage bis zur Abreise in fieberhafter Unruhe. Er war in ständiger Angst, irgendein unerwartetes Ereignis oder eine Verhaftung könnte noch dazwischenkommen. Eines Morgens suchte ihn ein Schutzmann am Arbeitsplatz auf: »Der Kommissar wünscht Sie sofort zu sprechen!« Von ihm erfuhr Germanetto, daß er in einem Zeitungsartikel – er war als Journalist für linke Zeitungen tätig – eine Majestätsbeleidigung begangen habe. Kurz zuvor hatte die italienische Telegrafenagentur Stefani in hochtrabenden Phrasen mitgeteilt, daß »Seine Majestät, unser vergötterter Monarch, gestern in Valdieri bei dem Brand der kümmerlichen Hütte eines Bergmanns, seine eigene Sicherheit aufs Spiel setzend, Hilfe geleistet« habe. Germanetto schrieb dazu einen kleinen Kommentar in der damals noch erscheinenden KP-Zeitung, in dem es hieß: »Der König hat keinen einzigen Eimer Wasser ins Feuer gegossen; hätte er es aber getan, so wäre eine solche Überstundenarbeit mit den 60 Millionen Lire der Zivilliste gar nicht so schlecht bezahlt. Die Feuerwehrleute, die tatsächlich ihr

Leben riskieren, bekommen bedeutend weniger Gehalt als der König, und wenn sie dabei umkommen, nimmt sich die Stefani-Agentur nicht einmal die Mühe, ihren Namen zu nennen.« Germanetto hatte seinen Beitrag wie üblich mit dem bereits mehrfach von ihm benutzten Pseudonym »Kupferbart« unterzeichnet.

Da sich der König wegen des Kommentars beleidigt fühlte, sollte Germanetto zugeben, daß der Artikel von ihm stamme: »Wir wissen doch, daß ›Kupferbart‹ Ihr Pseudonym ist.« Aber Germanetto leugnete, da er seine Reise in die Sowjetunion nicht gefährden wollte. Der Polizeikommissar, offensichtlich immer noch froh, Germanetto loszuwerden, ließ die Sache dann auf sich beruhen, und zwei Tage später fuhr Germanetto mit drei anderen Genossen in die Sowjetunion.

An einem kalten Oktobermorgen 1922 sah Germanetto den ersten Rotgardisten an den Grenzen des Sowjetstaates. Auf der Station Sebesch aßen die italienischen Delegierten den ersten Borscht und froren im beginnenden russischen Winter, aber sie waren froh gestimmt: »Fuhren wir doch nach Moskau, in die rote Zitadelle der Hoffnung und Sehnsüchte der Werktätigen der ganzen Welt«, erinnerte sich Germanetto in seinen 1930 erschienenen Memoiren. Dann erlebte auch er das, was viele ausländische Delegierte bei früheren Kongressen schon vorher erlebt hatten: »ein Wald von Fahnen, Begrüßungen, Musik, rührende Empfänge in den Fabriken, in den Arbeiterclubs, in den Kasernen«.

In Moskau im November 1922:
»Selten sah ich lachende Gesichter . . .«

Die meisten Delegierten wurden vom Bahnhof mit dem Bus in das Hotel Lux in der Twerskaja-Straße (später in Gorki-Straße umbenannt) gebracht, das wieder für die Gäste der Kommunistischen Internationale reserviert war. Von dort waren es nur wenige Schritte zu dem Gebäude, in dem die Komintern ihren Sitz hatte. Es lag damals an der Mochowaja-Straße, nicht weit vom Alexandrowski-Gartenportal des Kreml entfernt. Jede Sektion, d. h. jede angeschlossene kommunistische Partei, hatte dort entsprechend ihrer Bedeutung ein oder zwei Zimmer zur Verfügung. Die Milizionäre (Polizisten) am Eingang verstanden Fremdsprachen. Besucher konnten erst ins Haus, wenn der Milizionär mit dem gewünschten Büro telefoniert hatte und der Besucher dann abgeholt wurde.

Leiter des Organisationsbüros der Komintern und auch Leiter der Abteilung für internationale Verbindungen (bekannt unter der Abkürzung OMS) war damals Ossip Pjatnitzki, der bereits vor dem Ersten Weltkrieg von Königsberg aus den geheimen Grenzdienst für die bolschewistische Partei geleitet hatte. Pjatnitzkis Aufgabe war damals gewesen, Personen, Parteizeitungen und andere illegale Schriften nach und aus dem zaristischen Rußland über die Grenze zu bringen. Danach hatte Pjatnitzki eine Zeitlang sein Quartier in Leipzig und hielt von dort aus Verbindung mit den Bolschewiki in Wien, Zürich, Paris, London und anderen Städten.

Für viele Delegierte war es überraschend, daß auch noch 1922 in Moskau so viele Holzhäuser standen. Karl Retzlaw schilderte seine damaligen Eindrücke: »Es war ein hartes Leben. Die Menschen waren von der Not gezeichnet, die der Krieg und der Bürgerkrieg verursacht hatten. Selten sah ich lachende Gesichter, der graue Ernst der Menschen beeindruckte mich sehr. Ich entnahm aus den Gesprächen mit Partei- und Sowjetfunktionären, daß die Hoffnungen, die Lenin 1917 ausgesprochen hatte, die Periode der harten proletarischen Diktatur werde nur einige Monate dauern, längst zu Grabe getragen waren. Alle Parteileute betonten, daß dies die Folge des Ausbleibens einer wirksamen Hilfe von seiten der Arbeiterklasse der westlichen Industrieländer sei. Das Ausbleiben der Hilfe wurde ebenso oft als Hauptgrund der Aufbauschwierigkeiten angegeben, wie die Verluste an qualifizierten Arbeitern im Bürgerkrieg.«

Tatsächlich hatten die Bolschewiki den Sprung vom Halbfeudalismus in die Zukunft ohne genügend Kämpfer für die neue Gesellschaft getan. Die Verluste an fähigen Parteimitgliedern in den Jahren des Bürgerkrieges und die inzwischen erfolgten vielen Ausschlüsse aus der Partei bedingten, daß jeder leitende Funktionär die Arbeit von zehn leisten mußte: »Jedes intelligente Parteimitglied war mit Funktionen und Verpflichtungen in der Partei und den Sowjet überhäuft, die ihn zwangen, achtzehn Stunden täglich zu arbeiten. Wenn ich einmal einen dieser Revolutionäre zu Hause antraf, lag er gewöhnlich angezogen auf dem Kanapee, Telefon, Tee und Zigaretten neben sich, immer bereit aufzustehen, um zu einer Versammlung, ins Büro oder zur Fabrik zu gehen. Alle waren überarbeitet und physisch sehr geschwächt. Mir schien es, als ob Tee und Zigaretten ihre Hauptnahrung wären.«

Zu jener Zeit hörte man auch noch sowjetfeindliche Äußerungen aus dem Moskauer Bürgertum. Wenige Tage vor Beginn des Kongresses wurde in einem der damals noch zahlreichen kleinen Kabarettrestaurants ein Sketch mit folgender Szene aufgeführt: Auf dem Podium, das ein Zimmer darstellen sollte, sitzt ein Mann am Tisch. Ein zweiter Mann tritt hinzu: »Ich habe hier Bilder von Lenin und Trotzki mitgebracht«, sagt der Hinzutretende und fragt: »Was machen wir damit?« Der Sitzende antwortet: »Das eine stelle an die Wand, das andere hänge auf!« Das Publikum beklatschte solche Anspielungen. Doch wenige Tage später wurde dieses Kabarettrestaurant geschlossen.

Bei einem gemeinsamen Spaziergang mit anderen Delegierten am Vorabend des Kongresses beobachtet der junge Schweizer Paul Thalmann: »Die Menschen waren schlecht gekleidet, viele Geschäfte noch mit Brettern vernagelt oder gähnend leer; es gab weder Autobusse noch Taxis. Hingegen waren die Straßenbahnen vollgestopft mit Menschen. Sie hingen in Trauben an den Türen, standen trotz der Kälte auf den Trittbrettern oder dem hinteren Teil der Wagen. An den Haltestellen wärmten sich die Wartenden an großen offenen Feuern. Die Feuer wurden von Frauen unterhalten, die für die Bahn die Weichen stellten . . . Eine richtige Plage für die Ausländer stellten die Rudel von bettelnden Kindern dar. Völlig verwahrlost, schmutzig und in zerlumpte Fetzen gehüllt, erkannten sie sofort den Ausländer, umringten ihn, um etwas zu erstehen oder um ihn zu bestehlen. Wenn sie in großen Banden auftraten, konnten sie gefährlich werden, da sie vor tätlichen Angriffen nicht zurückscheuten . . . In den Außenbezirken hatten die engen Straßen und Gassen keine Bürgersteige, so daß man bei Regenwetter knöcheltief im Dreck watete.«

Zu Beginn des Kongresses erhielt jeder Delegierte einen großen perforierten Bogen, von dem man die Rubelscheine wie Briefmarken abtrennen konnte. Viel kaufen ließ sich dafür nicht. Für ein paar Zigaretten oder für einen Apfel im Schwarzhandel auf der Straße ging der halbe Bogen drauf. Die Händler standen mit ihren Körben am Straßenrand, spuckten von Zeit zu Zeit auf ihre Äpfel und polierten sie mit ihren Ärmeln auf Hochglanz. Manchmal, wenn man gerade einen Apfel kaufen wollte, packte der Händler in wilder Hast seinen Korb und rannte weg; sein geübtes Auge hatte von weitem einen Milizmann erspäht.

Verpflegungsprobleme, aber »ein Land im Aufbruch«

Natürlich machte auch diesmal die Verpflegung manchen Delegierten Probleme. Als Hauptnahrungsmittel diente der Kascha, ein mit Wasser verdünnter Buchweizenbrei. Eier gab es nur sehr selten. Zu dem kärglichen Essen bekam man Schwarztee ohne Zucker, der zum Hinunterspülen des feuchten Schwarzbrots aber unentbehrlich war. Aus dem Brot guckten oft noch Strohhalme heraus, und es lag jedem schwer im Magen. Das kalte Klima, die ungenügende und ungewohnte Nahrung, wirkten auf die ausländischen Delegierten verheerend. Viele kämpften wochenlang mit der Ruhr und mußten ärztliche Behandlung in Anspruch nehmen. Der Schweizer Delegierte Martin Vogel aus Pratteln hatte nach dem Bericht Thalmanns von zu Hause vorsorglich einen großen Koffer voller Lebensmittel mitgeschleppt, an dem er sich nun in seinem Zimmer im Hotel Lux heimlich labte, weshalb er auch nicht krank wurde. Aber seine Herrlichkeit währte nicht lange. Eines Tages kam Vogel in den Hotelkorridor gestürzt und schrie wütend: »Das ist ein Skandal! Man hat mir meinen Koffer gestohlen!«

Auch Karl Retzlaw war im Hotel Lux untergebracht. Er meinte, daß das Haus zweckmäßig eingerichtet gewesen sei. Es hatte eine Bäckerei, eine Wäscherei, und auf jedem Flur waren mehrere Badezimmer. Der riesige Bau war bis unter das Dach mit Delegierten aus aller Welt besetzt. Eines Morgens sah Retzlaw nach dem Aufwachen in seinem Zimmer zwei in Decken gewickelte Gestalten auf zusammengestellten Stühlen schlafen. Es waren Delegierte, die kein Zimmer mehr erhalten hatten und nachts einfach bei ihm einquartiert worden waren. Beide kamen vom Balkan und blieben bis zu ihrer Abreise in Retzlaws Zimmer.

Das Mißtrauen des sowjetischen Sicherheitsdienstes und die Kontrollen waren diesmal schärfer als bei früheren Kongressen. Karl Retzlaw traf während des Kongresses den Leiter der deutschen Parteidelegation, den damaligen Vorsitzenden der KPD. Ernst Meyer, der ihm sehr erregt, ja verstört vorkam. Meyer erzählte ihm, daß an dem Nachmittag, an dem er auf dem Kongreß war, sein Zimmer durchsucht worden war. Die Zimmerfrauen seien es bestimmt nicht gewesen, denn das Zimmer war bereits aufgeräumt gewesen, bevor er es verließ. Der Hoteldirektor behauptete jedoch, von dem ungebetenen Besuch nichts zu wissen. Ernst Meyer sprach mit Sinowjew über diesen Vorfall. Sinowjew wies dann den Leiter der Sicherheitsorgane an, sich zu entschuldigen. Einen Grund für die Durchsuchung des Zimmers konnte der Polizist jedoch nicht angeben. Er erklärte lediglich: »Wir sind angerufen worden.«

Während vor allem die Delegierten, die zum ersten Mal da waren, die negativen Aspekte des Landes erlebten, sahen andere Delegierte bereits gewisse Zeichen des Aufschwungs, die sie der Neuen Ökonomischen Politik zugute hielten. Zu ihnen gehörte Victor Serge. Er schrieb:»Rußland war im Begriff wiederaufzuleben. Petrograd verband seine Wunden und erhob sich aus dem Zerfall. Der Terror hatte aufgehört, ohne daß man ihn abgeschafft hätte. Man bemühte sich, den Alpdruck der Verhaftungen und Erschießungen zu vergessen. Eine neue Literatur flammte mit dem Kreis der Serapions-Brüder und der Unbekannten von gestern auf, die sich mit einem Schlag unter die großen Schriftsteller einreihten: Boris Pilnjak, Wsewolod Iwanow und Konstantin Fedin.«

Auch wirtschaftlich sah Serge Fortschritte:»Kleine Kaufläden entstanden überall, auf den Märkten wimmelte es von Menschen, aus den Kneipen drang Musik . . . Es gab viele Bettler, aber sie verhungerten nicht mehr. In führenden Kreisen begann man von dem Wiederaufbauplan zu sprechen, den Trotzki empfohlen hatte – ein Land in der Genesung, ein Land im Aufbruch.«

Antonio Gramsci im »Silberwäldchen«

Zu den ersten in Moskau eintreffenden Delegierten gehörte der Italiener Antonio Gramsci (s. Kapitel II). Er war bereits im Frühjahr 1922 zum Vertreter der KP Italiens im Exekutivkomitee der Kommunistischen Internationale nominiert worden.

Die Lage der von Amadeo Bordiga geführten KP Italiens war im Frühjahr 1922 schwierig gewesen, da sich Bordiga der vom Dritten Kongreß und im Dezember 1921 von der Komintern gegebenen Empfehlung widersetzte, mit den Sozialisten eine Einheitsfront zu bilden, um der zunehmenden faschistischen Gefahr in Italien entgegenzutreten. Bordiga beurteilte die Politik der Einheitsfront sehr skeptisch. Schließlich war deshalb Gramsci zum Vertreter der KP Italiens im EKKI nominiert worden und schon Ende Mai 1922 zum Komintern-Büro nach Moskau gereist.

Nachdem Gramsci fast elf Jahre in Turin gelebt hatte, war ihm der Abschied von der Redaktion des *Ordine Nuovo* schwergefallen. Als er in Moskau eintraf, war er zutiefst deprimiert. Er war krank, und die Folgen der großen politischen und persönlichen Spannungen der letzten Zeit machten sich jetzt bemerkbar. Die intensive Arbeit war über seine Kräfte gegangen. Seine Gesundheit war ohnehin durch die körperlichen Belastungen seiner Jugend stark angegriffen.

Zu Beginn des Sommers 1922 riet ihm Grigorij Sinowjew, sich eine Zeitlang in dem Sanatorium Serebrjannij Bor (»Silberwäldchen«) außerhalb Moskaus kurieren zu lassen. Gramsci litt damals unter nervösen Anfällen mit krampfartigem Zittern. »Viele der überaus freundlichen Leute, die mich pflegten und die mir Gesellschaft leisteten, sagten mir später, sie hätten eine Höllenangst ausgestanden.«

In diesem Sanatorium begegnete er einer Frau, die für Gramscis weiteres Leben sehr bedeutsam war. Mitte Juni 1922 lernte er die aus Iwanowo stammende Musiklehrerin Julia Schucht kennen. Trotz ihrer jungen Jahre hatte Julia Schucht bereits ein abenteuerreiches Leben hinter sich. Ihr Vater war während der Zarenherrschaft nach Sibirien deportiert worden und 1890 in den Westen emigriert, wo er zuerst in Montpellier in Südfrankreich, später in Genf lebte. Dort wurde Julia 1896 geboren. Anfang des 20. Jahrhunderts war die Familie nach Rom umgezogen. Julias Vater, bewandert in französischer Literatur, musikalisch gebildet, hatte ein Vermögen geerbt, das es ihm ermöglichte, ein sorgenfreies Leben zu führen. Julia war mit vier älteren Schwestern und einem jüngeren Bruder aufgewachsen, hatte früh musikalische Begabung gezeigt und Violinunterricht im Musikgymnasium erhalten. Nachdem sie ihre Kindheit und frühe Jugend in Rom verbracht hatte, war die Familie nach einigen Wirrnissen Anfang 1916 nach Iwanowo-Wosnesensk, ungefähr 100 Kilometer von Moskau entfernt, gezogen. Im Dezember 1916 wohnte die Familie mit Julia in Moskau und erlebte ein Jahr später dort die Oktoberrevolution. Obwohl die Familie dann wieder nach Iwanowo-Wosnesensk zurückkehrte, kam Julia häufig nach Moskau. Mitte Juli begegneten sich Antonio Gramsci und Julia zum ersten Mal.

Gramsci war sofort von ihr gefesselt. Sie war groß, hatte ein schönes ovales Gesicht mit großen traurigen Augen und schulterlangem blondem Haar. Nach sieben Jahren Rußland hatte die 26jährige Julia großes Heimweh nach Italien. Der damals 31jährige Gramsci war zum ersten Male verliebt und wirkte sehr schüchtern, weil er wegen seiner körperlichen Mißbildung ängstlich seine Gefühle verbarg. Nach einer ihrer ersten Begegnungen schrieb er an Julia: »Sind Sie am 5. August nach Moskau gekommen, wie Sie angekündigt hatten? Ich habe drei Tage lang auf Sie gewartet und bin nicht aus dem Zimmer gegangen . . . Sind Sie nicht in Moskau gewesen? Sonst wären Sie doch zumindest einen Augenblick zu mir gekommen . . . Kommen Sie bald? Kann ich Sie wiedersehen? Schreiben Sie mir. Ihre Worte tun mir gut und stärken mich.«

Immer wenn Julia von Iwanowo nach Moskau kam, verbrachte sie nun lange Stunden mit Gramsci. Der junge Italiener, der so zerbrechlich schien, aber eine starke innere Ausstrahlung hatte und in dessen Blick so viel Wärme lag, faszinierte seinerseits auch Julia. Noch Jahre später gedachte Gramsci seiner zarten ersten Liebe: »Vom ersten Tag, an dem ich Dich in Serebrjannij Bor sah und nicht wagte, das Zimmer zu betreten, weil ich so schüchtern war – Du hast mich damals wirklich eingeschüchtert, und wenn ich heute daran denke, muß ich lächeln – bis zu dem Tag, an dem Du zu Fuß weggegangen bist und ich Dich durch den Wald bis zur großen Straße begleitete, habe ich Dich geliebt. Dort habe ich lange Zeit gestanden und Dir nachgesehen, wie Du ganz allein mit einem Reisebündel weggingst, auf der breiten Straße hinaus in die weite und schreckliche Welt.«

Gramsci verspürte eine tiefe Zäsur in seinem Leben, das er bis dahin fast ausschließlich unter intellektuellen und politischen Aspekten gestaltet hatte. Nun aber, durch diese Liebe, wurde er völlig verwandelt. An Julia schrieb er: »Ich habe sehr viel darüber nachgedacht, besonders in den letzten Tagen, weil ich viel an Dich gedacht habe – wie Du in mein Leben getreten bist und mir Liebe geschenkt hast, und damit das gegeben hast, was mir immer gefehlt hat und was mich oft gehässig und verbittert gemacht hat.« Aber diese für Gramsci so wichtige persönliche Beziehung mußte sich bald auf sporadische Begegnungen beschränken und lange schmerzhafte Perioden der Trennung ertragen.

Aus dem gemeinsamen Heimatland Italien kamen dann beunruhigende Nachrichten. Am 28. Oktober 1922 hatte Mussolinis Marsch auf Rom stattgefunden, und tags darauf hatte der König den Faschistenführer mit der Neubildung der Regierung beauftragt. Die Häuser der Arbeiterbewegung, die *camere del lavoro*, wurden geplündert und in Brand gesteckt, die faschistischen Schwarzhemden stürmten die Redaktionen demokratischer und sozialistischer Zeitungen, die linken Politiker wurden verfolgt, verhaftet, niedergeknüppelt und ermordet.

All dies spielte sich unmittelbar vor dem Vierten Kongreß der Komintern ab. Rechtzeitig zum Kongreß wurde Gramsci aus dem Sanatorium entlassen, aber er war alles andere als geheilt. Der Sanatoriumsaufenthalt hatte zwar die Verschlimmerung der Krankheit und eine Lähmung der Beine verhindert, aber nervliche Erschöpfung, Schlaflosigkeit und vorübergehender Gedächtnisschwund behinderten auch weiterhin seine Arbeit. Trotzdem spielte er dann auf dem Kongreß in der Diskussion über die »italienische Frage« eine wichtige Rolle.

Karl Retzlaw und James Thomas

Auch der bereits genannte Karl Retzlaw war schon einige Zeit vor dem Kongreß in Moskau eingetroffen. Vorher hatte er in Berlin in einer Buchhandlung in Charlottenburg James Thomas, dem EKKI-Beauftragten beim Westeuropäischen Büro in Berlin, aufgesucht. Erst nachdem kein Kunde mehr im Laden war, hatte Retzlaw den Laden betreten und war im hinteren Arbeitszimmer mit Thomas zusammengetroffen. James Thomas, ein mittelgroßer, etwas dicklicher Mann mit glattrasiertem dunklem Haar, etwa Anfang vierzig, trug eine Brille mit einem schmalen Goldrand und war mit unauffälliger Eleganz gekleidet. Nach kurzer Begrüßung hatte er Retzlaw sein Arbeitsgebiet erklärt: Er sollte sein Verbindungsmann zum Zentralkomitee der KPD sein und Verlagsarbeiten ausführen. Karl Retzlaw hatte mehrere verschlüsselte Treffpunkte genannt bekommen, keine Cafés und keine Privatadressen, sondern Treffpunkte auf Straßen und Plätzen.

Das von James Thomas geleitete »Westeuropäische Büro« war einige Monate nach der Gründung der Komintern eingerichtet worden. Es sollte die unsicheren und schwierigen Verbindungen der westeuropäischen kommunistischen Parteien mit Moskau erleichtern, vor allem für die Kuriere, die unter großen Gefahren von Deutschland über Estland, Lettland, Litauen und Polen – damals alles sowjetfeindliche Regime – nach Sowjetrußland gelangen mußten. Nicht jeder von ihnen erreichte sein Ziel, manche wurden getötet, andere jahrelang inhaftiert.

Thomas hatte für die Komintern die bereits bestehende Verlagsbuchhandlung Carl Hoym (später Neuer Deutscher Verlag Willi Münzenberg) aufgekauft. Hier wurden die Schriften der Kommunistischen Internationale herausgegeben, aber auch andere Bücher, wie etwa die 1928 von Thomas mitherausgegebene *Illustrierte Geschichte der Russischen Revolution*. Neben seiner Verlags- und Informationstätigkeit mußte Retzlaw auch Papiere und Visa für die Genossen besorgen, die nach Moskau wollten. Nur wenige Mitglieder der Parteiführung kannten Thomas – aber auch sie wußten nichts Genaueres über seine Tätigkeit. Zu seinen Bekannten gehörten Anfang der zwanziger Jahre Paul Levi, Willi Münzenberg und August Thalheimer. Während seines Aufenthaltes in Berlin von 1919 bis Anfang 1933 hat Thomas, dem Bericht von Karl Retzlaw zufolge, weder ein Parteibüro betreten noch eine politische Versammlung besucht.

Erst nach vielen Monaten erfuhr Retzlaw etwas über den Werdegang von Thomas: Er war ein gebürtiger Pole und hatte schon frühzeitig als

Student an Verschwörungen gegen den Zarismus teilgenommen. Bei dem Attentat auf den Gouverneur von Warschau im Jahre 1905 war er einer der Bombenwerfer gewesen, und es war ihm in der Panik nach dem Attentat gelungen zu entfliehen. Danach ging er nach Deutschland, Frankreich und in die Schweiz, um weiter zu studieren, schloß sich den russischen Sozialdemokraten an und gehörte während des Ersten Weltkrieges in der Schweiz zur Gruppe um Lenin. Später erfuhr Retzlaw auch, daß Thomas schon lange Zeit vorher legal unter dem Namen Rubinstein in Berlin gelebt hatte, sein Hauptinteresse der Geschichte und Psychologie galt und er gelegentlich andere Länder bereiste.

Auftrag für Retzlaw: die Ausstellung im Kreml

1922 erhielt Retzlaw von Thomas den Auftrag, für den bevorstehenden Vierten Weltkongreß zum erstenmal eine Ausstellung aller bisher vom Exekutivkomitee der Kommunistischen Internationale (EKKI) herausgegebenen Schriften vorzubereiten. Die beabsichtigte Ausstellung sollte im St.-Georgs-Saal im Kreml, einem Nebensaal des Kongreßsaales, stattfinden. Thomas, der die Situation in Sowjetrußland genau kannte, schlug Retzlaw vor, alles Erforderliche in großen Mengen in Berlin einzukaufen, damit in Moskau keine weiteren Dinge mehr beschafft werden müßten. Das in Kisten verpackte Material wurde durch eine Speditionsfirma nach Stettin gebracht und von dort auf ein sowjetisches Schiff verladen. Obwohl alles Wochen vor Kongreßbeginn abgesandt worden war, schien die Sendung nicht angekommen zu sein. Als Retzlaw am dritten Tag nach vergeblicher Suche vom Bahnhof ziemlich deprimiert ins Hotel Lux zurückkam, erzählte er Frieda Rubiner, die damals als Übersetzerin des Präsidiums zum Kongreß eingeladen worden war, von seinen Problemen. Sie rief daraufhin den Präsidenten der Kommunistischen Internationale, Grigorij Sinowjew, an, der die Bahnpolizei und die Staatspolizei beauftragte, nach den Kisten zu suchen: Sie wurden zwei Tage später in einem Güterzug außerhalb Moskaus gefunden, der in Kürze in Richtung Ural abgehen sollte. Mit einem Lastwagen sollten die Kisten in den Kreml gefahren werden. Aber der wachhabende Offizier befürchtete, daß sie Sprengstoff enthielten. Er befahl, daß die Kisten auf der Straße ausgepackt werden müßten. Ehe Karl Retzlaw einen Dolmetscher holen konnte, machten sich die Rotgardisten trotz seines Protestes über die Kisten her. Mit Bajonetten stachen sie von oben und von den Seiten hinein, brachen die Deckel und Seitenwände auf, so daß ein Teil der Bücher auf die Straße fiel. Der angerichtete Schaden war kaum mehr zu reparieren. Die wertvollen handsignierten Abzüge von Käthe Kollwitzs Radierung *Gedenkblatt für Karl Liebknecht* und die Fotos von seiner Totenmaske waren zerstört, ebenso seltene Bilder von Rosa Luxemburg und Leo Jogiches. Mit den geborgenen Resten konnte die Ausstellung dann gerade noch rechtzeitig zur Eröffnung des Kongresses aufgebaut werden.

Viele Delegierte besuchten diese Ausstellung, darunter von der KPD Ruth Fischer, Walter Ulbricht (damals Parteisekretär in Thüringen) und Ernst Wollweber (damals Parteisekretär in Schlesien). Am zweiten oder dritten Tag des Kongresses kamen auch Sinowjew und Bucharin an den Stand. Sie besichtigten die Protokolle der bisherigen drei Weltkongresse. Karl Retzlaw sprach sie an und zeigte das Protokoll des Gründungskongresses mit seinen etwa 200 Seiten, das Protokoll des Zweiten Kongresses mit 800 Seiten und das Protokoll des Dritten Kongresses vom Sommer 1921 mit 1100 Seiten. »Der Umfang der Protokolle zeigt nur den Umfang der Reden, nicht das Wachsen der Kommunistischen Internationale«, meinte Retzlaw. Sinowjew drehte sich brüsk um und ging weiter, Bucharin lachte.

Die Feier zum fünften Jahrestag der Oktoberrevolution

Als die Delegierten zum Vierten Weltkongreß nach Moskau kamen, wurden gerade die Fahnen und Transparente zur Feier des fünften Jahrestages der Oktoberrevolution angebracht. Die Bevölkerung war an diesem 7. November 1922 zu Hunderttausenden auf der Straße. Karl Retzlaw gelangte mit Mühe zum Roten Platz. Von Pjatnitzki hatte er eine Karte für die Gästetribüne erhalten, von der er den Aufmarsch der Arbeiter Moskaus und die Parade der Moskauer Garnison beobachten konnte.

Paul Scheffer, von 1921 bis 1930 Korrespondent des *Berliner Tageblatts* in Moskau und persönlich mit allen damaligen Sowjetführern bekannt, berichtete am 19. November 1922 aus Moskau: »Gestern war der fünfte Geburtstag, das erste Jubiläum der Revolution. Im Großen Theater fand eine Feier statt, die zugleich die Moskauer Tagung des Kongresses der Kommunistischen Internationale eröffnete ... Auf dem Roten Platz, an der Kremlmauer, ist nun aus rotem Ziegel eine massive Rednerkanzel aufgebaut ... Gegenüber dieser Kanzel waren

25 000 Mann der Moskauer Garnison aufgestellt, in der vollen Breite des enormen Passagehauses, das der ganzen Länge der Kremlmauer gegenübersteht . . . Auf der Kanzel seit 10 Uhr einige Volkskommissare, die Spitzen der Partei, Kongreßgäste in Erwartung Trotzkis. Trotzki, im langen, schweren Militärmantel, kam mit einer kleinen Begleitung aus dem Kremltor. Immer grüßend, mit heiterem Gesicht und energischer Bewegung, schritt er zuerst hart an den Tribünen entlang und ging dann die Front der Truppen, also die ganze enorme Länge des Platzes ab. Immer wieder Anreden der Kommandeure und Generale, kräftiger Ruck des Kopfes zu den Mannschaften und dann ihr schallender Gruß . . . Zum ersten Mal erschien Trotzki in Uniform, in der neuen Uniform und im spitz zulaufenden Helm, die alle Anklänge an andere Armeen vermeiden möchten . . . Inzwischen hatte sich die Kanzel gefüllt, sehr unmilitärisch sah das Bild aus. Die Delegierten der Internationale. Der Japaner, besonders herzlich begrüßt, in einer Uniform. Clara Zetkin, der der Abend noch Stürme der Begeisterung bringt. Karl Radek mit der kleinen Tochter, die die Lebhaftigkeit des väterlichen Geistes mit ihrer ganzen Person geerbt hat . . .« Dann sprach Trotzki – scheinbar eine vom Augenblick eingegebene Rede, mit der er nicht ohne Stolz eine Bilanz der fünf Jahre zog und ironisch auf die »vor Rußland zaudernden und sich windenden Westmächte« verwies.

Zweieinhalb Stunden Vorbeimarsch an Trotzki folgten. Ein Fesselballon stieg an der Wassilij-Blashennyi-Kirche empor, Flugzeuge, die ein V bildeten, flogen über den Roten Platz. Eine Bezirksgruppe der Kommunisten nach der anderen zog vorbei, eine kommunistische Zelle der Fabriken nach der anderen, Delegationen auf Schiffen, die man auf Fahrgestellen transportierte, ein Wagen mit den Figuren von Kapitalisten aus Pappe in vierfacher Größe, darunter Poincaré mit Ministerhut und Kokarde. Der Zug der proletarischen Massen, Kinder, Frauen und Männer war endlos. Moskau war in rote Fahnen gehüllt, dazu die Bilder von Lenin und Trotzki und die vielen Inschriften mit Losungen wie etwa am Gewerkschaftshaus: »Wir werden die Produktionsmittel des Proletariats nicht den Kapitalisten ausliefern!«

In einer der wichtigsten Straßen Moskaus, dem Kusnjetzkij Most, sah Paul Scheffer in einem Laden eine riesige Uhr, der von Arbeitern aus allen Weltteilen gezogene Zeiger zeigte auf kurz vor 12 Uhr: die Schicksalsstunde des Kapitalismus.

Nüchternheit statt optimistischen Hoffnungen

Der Vierte Weltkongreß tagte im riesigen Kronleuchtersaal des Kreml. Er wurde von Grigorij Sinowjew eröffnet. Der damalige Präsident der Internationale war, nach der Beschreibung von Paul Thalmann, inzwischen ein fettleibiger Mann mit fahler Gesichtsfarbe und dichtem Kraushaar. Seine hohe Fistelstimme war anfangs unangenehm, aber wenn er im Verlauf der Rede in Schwung kam, konnte er sein Publikum mitreißen.

Man hatte den rückwärtigen Teil des Kronleuchtersaales im Kreml abgeteilt, damit das russische Publikum und Parteimitglieder hinter der Barriere den Verhandlungen folgen konnten. Die Delegierten saßen nach Sprachgruppen zusammen. Hauptsprachen waren russisch, deutsch, englisch und französisch – die wichtigsten Reden wurden erstmals simultan in alle vier Sprachen übersetzt. Die großen Parteien hatten im Vergleich zum Vorjahr stärkere Delegationen entstandt. Alle Erdteile waren vertreten. Delegierte kamen aus China, Indien, Persien, der Türkei, Java und Korea, aus Argentinien, Chile, Brasilien, Mexiko und Uruguay und erstmals auch aus Ägypten.

Man sah die wichtigsten Persönlichkeiten der vergangenen Kongresse, aber auch zum erstenmal einige Kommunisten, die jetzt eine größere Rolle spielen sollten. Zu ihnen gehörte der Italiener Antonio Gramsci und der Indonesier Tan Malakka. Auch Giacinto M. Serrati als Vertreter der italienischen Sozialistischen Partei war wieder anwesend.

Es zeigte sich, daß inzwischen auch der früher so optimistische Sinowjew skeptischer geworden war. Er erklärte, es handele sich jetzt darum, »ob es unserer Kämpfergeneration gelingen wird, jene historische Mission zu erfüllen, die die Kommunistische Internationale auf sich genommen hat«.

Nach dem üblichen Rechenschaftsbericht von Sinowjew hielt Karl Radek eine Rede über »die Offensive des Kapitals und die Verteidigungsmaßregeln des Proletariats«, die ebenfalls von Nüchternheit geprägt war. Offen gab Radek zu, daß gegenwärtig »die breitesten Massen des Proletariats den Glauben daran verloren haben, daß sie in absehbarer Zeit die Macht erobern können«. Die Arbeiterbewegung sei in die Verteidigung gedrängt, und da sich die große Mehrheit der Arbeiterklasse ohnmächtig fühle, stehe die Eroberung der Macht als aktuelle Aufgabe nicht auf der Tagesordnung. Der Rückgang der Arbeiterbewegung sei »noch nicht zum Stillstand gekommen«. Unter den gegenwärtigen Bedingungen komme es daher darauf an, sich auf »alle Fragen des täglichen Lebens der Arbeiterklasse« zu konzentrieren: Lohn, Arbeitszeit, Wohnungen und – international gesehen – die Kriegsgefahr.

Der Kongreß zeigte aber auch dies: Je geringer die revolutionären Hoffnungen in anderen Ländern geworden waren, um so größer wurde die Bedeutung der Komintern für Sowjetrußland, für jenes Land, das unmittelbar vor der Gründung eines Union-Staates stand (die UdSSR wurde im Dezember 1922 gegründet). Nikolai Bucharin war es, der in einer Rede auf dem Kongreß die Möglichkeit andeutete, daß Sowjetrußland womöglich auch »ein militärisches Bündnis mit einem noch von der Bourgeoisie beherrschten Land schließen« müßte. Im Falle solcher Bündnisse, erklärte Bucharin, sei es die Pflicht der Genossen des betreffenden kapitalistischen Landes, dieses Bündnis zu unterstützen.

Sinowjews Einschränkung der »Einheitsfront«

Auf dem Vierten Weltkongreß wurde auch die nur wenige Monate zuvor verkündete Politik der Einheitsfront abgeschwächt. Es wurde zwar noch offiziell von der »Einheitsfront« gesprochen, und manche Delegierte bemühten sich, die Einheitsfront-Politik auch noch zu retten, aber Sinowjew begann abzuschwächen. Auf die Frage nach dem Sinn und Ziel der Einheitsfront antwortete er: »Sie soll keinesfalls das sein, was die Franzosen eine Kombination nennen; sie soll keine Wahlkombination und natürlich auch keine organisatorische Vereinigung mit der Sozialdemokratie bedeuten ... Das wäre das größte Verbrechen, das wir begehen könnten. Jeder von uns würde sich lieber die Hand abhacken lassen, als eine Vereinigung mit den größten Verrätern der Arbeiterklasse zu unterschreiben.« Was aber sollte dann die Einheitsfront noch beinhalten? Die Antwort lautete: »Die Einheitsfront ist der gemeinsame Kampf der Arbeitermassen in ihren Tagesforderungen gegenüber dem Kapitalismus«; sie bedeute, daß die Kommunisten bereit sind, mit Arbeitern unterschiedlicher Richtungen – Sozialdemokraten, Sozialisten, Anarchisten, Syndikalisten und christlichsozialen Arbeitern – sich im Tageskampf gemeinsam für die Verbesserung der Lebenslage, gegen die Reduzierung der Löhne und für die Verteidigung des Achtstundentages einzusetzen: »Dafür nehmen wir in Kauf, daß wir uns manchmal mit den verräterischen Führern an einen Tisch setzen müssen. Das eben bedeutet die Einheitsfront und nichts anderes.« Diese Interpretation Sinowjews wurde dann auch in den Richtlinien »Über die Taktik der Einheitsfront« eingebracht. Aber es war wirklich nur noch eine Taktik, ein Spiel mit Worten. Wörtlich hieß es: »Die kommunistischen Parteien allein verfechten die Interessen des gesamten Proletariats. Die Taktik der Einheitsfront bedeutet keinesfalls sogenannte Wahlkombinationen der Spitze, die diese oder jene parlamentarischen Zwecke verfolgen. Die Taktik der Einheitsfront ist das Angebot des gemeinsamen Kampfes der Kommunisten mit allen Arbeitern, die anderen Parteien oder Gruppen angehören, und mit allen parteilosen Arbeitern zwecks Verteidigung der elementarsten Lebensinteressen der Arbeiterklasse gegen die Bourgeoisie.« Bestrebungen zu einer Verschmelzung der Arbeiterparteien seien »selbstverständlich auf das entschiedenste zurückzuweisen«. Es komme vielmehr für die Kommunisten darauf an, organisatorische Stützpunkte in Betriebsräten und Aktionskomitees zu schaffen: »Der wirkliche Erfolg der Einheitsfront erwächst von ›unten‹ aus den Tiefen der Arbeitermasse selbst.«

Von dieser Zeit an wurde in den kommunistischen Parteien zwischen einer »Einheitsfront von oben« – also im Sinne von klaren Vereinbarungen, die unterschiedliche Arbeiterorganisationen treffen, und einer »Einheitsfront von unten« unterschieden, bei der es in der Praxis darum ging, die eigene kommunistische Partei zu stärken. Seit dem Vierten Weltkongreß hat es daher – von ganz wenigen, kurzfristigen Ausnahmen in einzelnen Ländern abgesehen – bis Mitte der dreißiger Jahre keine wirkliche Einheitsfront mehr gegeben.

Im Zusammenhang mit der Einheitsfront wurde auf dem Kongreß auch die Problematik der »Arbeiterregierung« ausgiebig diskutiert. Viele Delegierte versuchten, den Begriff möglichst weit zu interpretieren, indem sie in einer Arbeiterregierung eine Zwischenstufe des Endziels sahen. Eine Arbeiterregierung sollte ein Programm von Forderungen aufstellen und realisieren, das über den Rahmen der kapitalistischen Gesellschaft hinausging und damit zum Ausgangspunkt für eine sozialistische Entwicklung würde. Diese Versuche vieler Delegierter wurden aber von Sinowjew zunichte gemacht, indem er kurz und bündig erklärte: »Wir verstehen unter dieser Parole nichts anderes als die Anwendung der Diktatur des Proletariats.«

Karl Radek und der Faschismus:
Die »grelle Konterrevolution«

In der Zeit, in der der Vierte Weltkongreß stattfand, hatte der Faschismus seine Macht in Italien noch nicht gefestigt, aber es war bereits klar, daß es sich bei ihm um mehr handelte als um eine der üblichen reaktionären Diktaturen. Radek erklärte, der Sieg des Faschismus sei »die größte Niederlage, die der Sozialismus und der Kommunismus seit Beginn der Periode der Weltrevolution erlitten« hätten. Nach der Niederlage der italienischen revolutionären Bewegung, die den Fabrikbesetzungen im September 1920 folgte, sei es allmählich zu einem Bankrott des italienischen Sozialismus, ja der ganzen italienischen Arbeiterbewegung gekommen. Radek sah in der faschistischen Bewegung einen Stimmungsumschwung, der von den aus dem Kriege zurückgekehrten bürgerlichen und kleinbürgerlichen Schichten getragen werde. Diese seien aus dem Krieg als enttäuschte Nationalisten zurückgekehrt, denn obwohl Italien am Ende des Krieges auf der Seite der Sieger stand, sei das ursprünglich nationalistische Programm nicht verwirklicht worden. Hinzu sei die Verarmung der Beamten und der Kleinbürger und die Niederlage der sozialistischen Bewegung gekommen. Dies, meinte Radek, sei der Hintergrund des faschistischen Machtaufstieges, den er die »grelle Konterrevolution« nannte. Abschließend erklärte er: »Die Faschisten stellen das Kleinbürgertum dar, das gestützt durch die Bourgeoisie zur Macht kommt und das genötigt sein wird, das Programm nicht des Kleinbürgertums, sondern des Kapitalismus durchzuführen.«

In Italien wurde die Situation für die Linke nach Mussolinis Marsch auf Rom immer schwieriger. Die legalen Möglichkeiten der Kommunistischen Partei nahmen ständig ab. Im Oktober 1922, einen Monat vor dem Vierten Weltkongreß, hatte die Sozialistische Partei Italiens ihren rechten Flügel ausgeschlossen und sich zu einer Zusammenarbeit mit der Kommunistischen Partei bereit erklärt. Die Mehrheit der von Amadeo Bordiga geführten KP-Leitung war jedoch gegen eine Zusammenarbeit. Innerhalb der Komintern wuchs daraufhin die Kritik an Bordiga, man sprach sich sogar dafür aus, in der KP Italiens einen Führungswechsel vorzunehmen. Dabei spielte Mátyás Rákosi eine wichtige Rolle. Während der kurzfristigen Ungarischen Räterepublik war er Stellvertretender Volkskommissar für Handel gewesen. Anfang 1920 war er über Wien nach Moskau gekommen, wo er in der Komintern-Führung unter anderem auch in der italienischen Sektion arbeitete. Als Komintern-Beobachter hatte er im Januar 1921 in Livorno am Gründungskongreß der KP Italiens teilgenommen und war seitdem, im Rahmen des EKKI, Mitglied der sogenannten »italienischen Kommission«.

Nun, auf dem Vierten Weltkongreß, griff Rákosi direkt in die Angelegenheiten der KP Italiens ein. Als Antonio Gramsci auf dem Kongreß erschien, wurde er von Mátyás Rákosi angesprochen, den Gramsci für einen »Dummkopf ohne auch nur ein Gramm politischen Verstand« hielt. Gramsci erinnerte sich später an die Begegnung: »Mit der für ihn typischen diplomatischen Diskretion ging er auf mich los und bot mir an, die Führung der KP Italiens zu übernehmen und Amadeo aus dem Rennen zu werfen, der sogar aus der Komintern ausgeschlossen werden sollte, wenn er weiter auf seiner Linie beharrte.« Obwohl Gramsci mit Bordiga keineswegs einer Meinung war, wies er Rákosis Vorschlag brüsk zurück. Gramsci erklärte, er werde sein Möglichstes tun, »um dem Exekutivkomitee der Internationale bei der Lösung der italienischen Frage zu helfen«, er sei jedoch der Auffassung, daß ohne Vorbereitungsarbeit keine Veränderung in der Parteiführung stattfinden könne. Amadeo Bordiga könne zumindest gegenwärtig innerhalb der Partei nicht ersetzt werden – am wenigsten durch ihn, Gramsci.

Giovanni Germanetto berichtete, daß zwischen Bordiga und seinen Anhängern und den Ansichten der Mehrheit der Komintern, aber auch der Mehrheit der italienischen Delegation, große Differenzen bestanden: »Die italienische Frage wurde in der Kommission sehr ausführlich erörtert. Ich entsinne mich der langen Nachtsitzungen, des Kampfes und der Zweifel der Delegierten, und endlich der Abstimmung, bei der Bordiga, der Vertreter der ultralinken Tendenzen in unserer Partei, in der Minderheit blieb. Die Sitzungen fanden im Thronsaal des Kreml statt. Am Abend der Abstimmung mußte ich den Vorsitz führen. Es war keine leichte Aufgabe, in einer so wichtigen Sitzung Ordnung zu halten, noch dazu, da es sich um Italiener handelte.« An der Erörterung der italienischen Probleme, erinnerte sich Germanetto, hatte sich auch Lenin lebhaft beteiligt.

»Die Gruppe dieser Männer, so voll Kraft und Sicherheit«

Zwei Jahre nach dem Kongreß schilderte die holländische Delegierte Henriette Roland-Holst sehr anschaulich eine andere, allerdings ungewöhnliche Kommissionssitzung: »Es war während des Kongresses bei der Behandlung der tschechoslowakischen Frage durch die Taktik-Kommission, die ausnahmsweise ihre erste Sitzung in dem großen Thronsaal abhielt, eine aus mehreren Gründen wichtige Sitzung. Lenin, Trotzki und Bucharin saßen mit einigen anderen bekannten Führern an einem abgesonderten Tischchen in der Nähe der Fensterreihe, die parallel zu der breiten Terrasse läuft, von wo aus man einen Ausblick auf einen Teil des Kremls und die westlichen Vororte Moskaus hat.

Aufmerksam hörten sie der sanft fließenden Rede Bohumil Smerals zu, neigten sich ab und zu zu einem Flüstern, in das sie mehrere Male Sinowjew einbezogen, der sich an der anderen Seite des Tischchens niedergelassen hatte und dessen Züge einen halb kränklichen, halb energischen Eindruck machten. Ein spöttisches Lächeln umspielte ständig Lenins Mund, Trotzki sah ernst aus und ein wenig ärgerlich, Bucharin hatte jenen wunderlichen Ausdruck ›jenseits von gut und böse‹, der mich schon im ersten Augenblick an ihm frappiert hatte.

Da erschien plötzlich auf dem Podium ein allerliebstes Kind, das Söhnchen von Eugen Varga, das seinen Vater suchte. Schnell sprang der schlanke Bucharin die Treppe des Podiums hinauf, um das Kind zu holen, nahm es in seine Arme und trug es an seinen Tisch, wo er es hinsetzte und es einen Augenblick auf seine Knie nahm. Dann winkte Trotzki dem Kind zu, nahm es an seine Brust und streichelte es, Lenins spöttische Faunsmaske milderte sich plötzlich zu jenem Ausdruck der reinen menschlichen Mildheit, die manchmal in seinen Schriften zwischen vielen harten Hammerschlägen so ergreifend aufsteigt. Wie schön war die Gruppe dieser Männer mit diesem Kind, so voll Kraft und Sicherheit und so einfach menschlich untereinander. Lenin glich einem Pan, einem reinen Naturwesen mit erstaunlichen Intuitionen von primitiver Kraft. Trotzki saß still und unbewegt in der schönen Harmonie von höherer Intelligenz und unbeugsamer Willenskraft, die sein Wesen ausmacht, und Bucharins klares Gesicht war mild und offen wie eine Blume.«

Diskussion über die »deutsche Frage«: Keine disziplinarischen Maßnahmen gegen die Linke

Während des Vierten Weltkongresses fand auch eine interne Besprechung der Komintern-Führung mit den deutschen Kommunisten statt, die in eine rechte und linke Gruppierung gespalten waren. Ruth Fischer, die als Delegierte der linken Berliner Organisation zum Kongreß gekommen war, schrieb später:»Die deutsche Krise wurde für so wichtig gehalten, daß Lenin, der schon sehr krank war und bei alltäglichen Angelegenheiten nicht mehr aktiv teilnahm, der russischen Delegation vorstand, der auch Sinowjew, Bucharin, Trotzki und Radek angehörten. Die Besprechung fand in einem der Räume des Kremls statt, in der Nähe des St.-Andreas-Saales, in dem der Kongreß tagte. Lenins Erscheinen machte bei den versammelten Delegierten Sensation ... Stalin war nicht anwesend; er hielt sich in jener Zeit von Komintern-Angelegenheiten fern. Lenin, krank und bleich, saß zwischen Sinowjew und Trotzki und hörte den Ausführungen Ernst Meyers über die Konsequenzen der russischen ›NÖP‹ für die deutsche kommunistische Politik aufmerksam zu. «

Ernst Meyer, damals Parteivorsitzender der KPD, begrüßte die Neue Ökonomische Politik in Rußland und meinte, daß sich daraus auch Schlußfolgerungen für die deutsche kommunistische Politik ergeben würden. Eine Wandlung sei aber nur möglich, wenn die Vertreter der Linken in der KPD kaltgestellt und die von den Linken geführten Berliner und Hamburger Bezirksorganisationen gesäubert und reorganisiert würden. Das war direkt auf Ruth Fischer gemünzt. Sie erklärte dann im Namen der Berliner und Hamburger linken Opposition, die Neue Ökonomische Politik sei zwar für Rußland notwendig, könne aber von den deutschen Kommunisten nicht übernommen werden. Man könne sich in Deutschland nicht auf Arbeiterforderungen beschränken, sondern müsse sich auf Aktionen gegen die Konterrevolution vorbereiten.

An diesem Punkt der Diskussion griff Lenin ein. Er überraschte die Gesprächsrunde mit einer abrupten Ablehnung der Forderungen von Meyer. Der Kampf gegen die Konterrevolution in Deutschland werde schwerer sein als in Rußland, eine spätere Verwirklichung des Sozialismus aber dann unvergleichlich leichter, meinte er. Lenin schloß seine Rede mit einer Zurückweisung von disziplinarischen Maßnahmen gegen die Linken.

Nach diesem Einwand Lenins verteidigte auch Sinowjew die Berliner und Hamburger Linke gegen die Rechten und wurde dabei von Radek, teilweise sogar von Bucharin unterstützt. An solchen Wendepunkten zeigte Lenins Intervention bei Angelegenheiten der deutschen Kommunisten, nach Ruth Fischer, ein Verhalten, das dem »seines Nachfolgers Stalin diametral entgegengesetzt war«.

Besorgnis um Lenins Krankheit

Das ungeduldig erwartete Referat Lenins hielt dieser auf der Sitzung am 13. November. Er begann mit folgenden Worten:»Genossen! Ich bin in der Rednerliste als Hauptreferent angegeben, aber Sie werden verstehen, daß ich nach meiner langen Krankheit nicht in der Lage bin, ein größeres Referat zu halten.«

Mehrere Augenzeugen berichteten, wie Lenin damals auf die Delegierten des Kongresses wirkte. Alfred Rosmer aus Frankreich, der schon am Zweiten Weltkongreß teilgenommen hatte und dort zum Mitglied des EKKI und seines Präsidiums gewählt worden war, auch Teilnehmer am Kongreß der Völker des Ostens in Baku und am Dritten Weltkongreß, war mit Lenin häufig zusammengetroffen und hatte daher Vergleichsmöglichkeiten. Er schrieb:»Wer ihn das erste Mal sah, konnte sagen: Das ist noch immer Lenin. Den anderen waren solche Illusionen nicht erlaubt. Anstelle des wachen Lenins, den sie gekannt hatten, war der Mann, den sie vor sich hatten, schwer von der Lähmung gekennzeichnet. Seine Züge blieben starr, seine Bewegungen waren die eines Automaten. Seine gewöhnliche einfache, schnelle, selbstsichere Sprache war durch einen zögernden, abgehackten Vortrag ersetzt. Manchmal fehlten ihm die Worte. Der Genosse, der ihm assistieren sollte, half ihm schlecht. Radek schob ihn beiseite und ersetzte ihn. Allerdings war das Denken bei Lenin sicher geblieben. Die wichtigen Gedanken wurden immer noch meisterlich dargestellt und entwickelt.«

Auch andere Delegierte vermittelten später ähnliche Eindrücke. John Murphy, der Lenin auch aus mehreren Begegnungen gut kannte, erinnerte sich:»Wir waren uns alle der Belastung bewußt, die es für seine Kräfte bedeutete.« Karl Retzlaw saß bei Lenins Referat nur wenige Schritte von diesem entfernt. Er schrieb später:»Lenin sah überarbeitet aus, sein Gesicht war blaß und eingefallen. Seine Rede hielt Lenin in deutscher Sprache. Radek saß neben ihm und flüsterte ihm Worte zu, wenn er einigemale nach passenden Ausdrücken suchte. Lenin sprach sehr nüchtern, eindringlich, ohne Pathos.«

Rosa Meyer-Leviné war von Lenins Rede zutiefst beeindruckt:»Der Kongreß fand im ehemaligen Thronsaal des Kreml statt. Gold, Elfenbein, Halbedelsteine bildeten den Rahmen für die groben Holzbänke, die man für die Delegierten aufgeschlagen hatte. Der Thron, sorgfältig zugedeckt, wurde in eine Ecke der kleinen Bühne verstaut, die man aufgebaut hatte. Lenin betrat den Saal und eilte zum Podium. Schrecklich aufgeregt wischte er sich immer wieder mit einem weißen Taschentuch übers Gesicht. Alle erhoben sich, um ihn zu begrüßen, und klatschten. Aber es gab keine üblichen Ovationen, denn Lenins Abneigung gegen jede Art der Schaustellung war jedermann wohlbekannt.«

Zur Rede selbst schrieb Rosa Meyer-Leviné:»Seine Aufrichtigkeit, das von ihm vermittelte Gefühl, daß er mit jeder Faser seines Wesens hinter dem stand, was er sagte – das war es, was seine Rede so einzigartig machte ... Dieser Mann, berühmt wegen seiner kühlen Distanziertheit, seines nüchternen, scharfen Verstandes, war zur gleichen Zeit tief bewegend. Nie konnte ich ohne Rührung an dieses Erlebnis denken oder davon sprechen. Für mich war es das größte Ereignis meines Lebens. Es war Lenins letzte Rede vor der Komintern.«

»Wir haben eine enorme Zahl von Dummheiten gemacht«

Lenins Rede am 13. November 1922 widerspiegelte die Veränderungen, die sich durch die Niederlage der Revolution in anderen Ländern ergeben hatten. Es war daher sicher nicht zufällig, daß er sich fast ausschließlich mit den inneren Problemen der Sowjetunion beschäftigte. Es war eine nüchterne realistische Bestandsaufnahme. Lenin gab offen zu,»daß wir bei unserem ökonomischen Vordringen zu weit gegangen waren« und »der direkte Übergang zu einer rein sozialistischen Wirtschaftsform, zur rein sozialistischen Verteilung der Güter unsere Kräfte übersteigt«.

Die Neue Ökonomische Politik habe sich zweifellos positiv ausgewirkt. Aber auch da schränkte er ein:»Wir werden noch viel lernen müssen, und wir haben begriffen, daß wir noch lernen müssen.« Unumwunden gab Lenin nun Fehler und »Dummheiten« – ein Lieblingswort von ihm – zu:»Es ist zweifellos so, daß wir eine enorme Zahl von Dummheiten gemacht haben und noch machen werden. Niemand kann das besser beurteilen und deutlicher sehen als ich.« Besorgt zeigte er sich über die Tatsache, daß sich die Sowjetmacht jetzt auf »eine enorme Masse von Angestellten« stützt, aber es »noch nicht genügend gebildete Kräfte gibt«. Gegenüber einigen tausend oder allerhöchstens zehntausend überzeugten Kräften stünden »hunderttausende alter, vom Zaren, aber auch von der bürgerlichen Gesellschaft übernommener Beamter«.

Lenin ging in dieser Rede auch auf die Beziehungen zwischen Sowjetrußland und der kommunistischen Weltbewegung ein. Er kritisierte offen, daß die Übertragung russischer Erfahrungen auf andere Länder bisher überspitzt und viel zu weit getrieben worden war: »Wir haben nicht verstanden, wie wir mit unserer russischen Erfahrung an die Ausländer heranzugehen haben.« Als typisches Beispiel erwähnte er die auf dem Dritten Weltkongreß angenommene Komintern-Resolution über den organisatorischen Aufbau der kommunistischen Parteien. Damals hatte Lenin die übrigens von Otto Kuusinen ausgearbeitete Resolution offen unterstützt. Jetzt erkannte er dagegen die Schwächen dieser Resolution an und fügte hinzu: »Diese Resolution ist ausgezeichnet. Aber sie ist fast ausgesprochen russisch. Das heißt, es ist alles den russischen Verhältnissen entnommen . . . Erstens ist sie zu lang, sie hat fünfzig oder mehr Paragraphen. So etwas können Ausländer gewöhnlich nicht lesen. Zweitens, wenn sie doch gelesen wird, so kann kein Ausländer sie verstehen, eben weil sie zu russisch ist . . . Und drittens, wenn ein Ausländer sie auch ausnahmsweise versteht, so kann er sie nicht durchführen . . . Die Resolution ist zu russisch, sie widerspiegelt die russische Erfahrung. Deshalb ist sie von den Ausländern nicht verstanden worden, deshalb können die Ausländer sich nicht damit begnügen, sie wie ein Heiligenbild an die Wand zu hängen und davor zu beten.«

Dies war zweifellos die weitestgehende kritische Erklärung eines Komintern-Führers – sowohl bis zum Vierten Kongreß als danach – über die großen Unterschiede zwischen den russischen Verhältnissen und der Situation der kommunistischen Parteien anderer Länder. An die Stelle blinden revolutionären Vorpreschens, wie es in den ersten Jahren der Komintern üblich war, rief Lenin nun die Delegierten des Vierten Kongresses auf, nachzudenken, zu studieren, zu lernen: »Ich glaube, für uns alle, sowohl für die russischen als auch für die ausländischen Genossen, ist das wichtigste, daß wir jetzt, nach fünf Jahren russischer Revolution, lernen müssen.« Damit meinte er sowohl das Lernen im allgemeinen als auch im speziellen Sinn, »um die Organisation, den Aufbau, die Methoden und den Inhalt der revolutionären Arbeit wirklich zu verstehen«.

Trotzki und die »französische Frage«

Für den 28. Sitzungstag, am Freitag, dem 1. Dezember 1922, wurde ein besonders wichtiges Referat angekündigt: der Bericht Trotzkis zur »französischen Frage«. Während sich Lenin und Sinowjew gemäß in-

Oben: Auf dem Parteitag der USPD in Halle vom 12.–17. 10. 1920 beschloß
die Mehrheit der Delegierten den Anschluß an die Dritte Internationale. *Unten:*
Die deutsche Delegation für den 4. Weltkongreß der Komintern in Moskau.

Oben: Max Hölz im Gespräch mit bewaffneten Arbeitern während des mitteldeutschen Aufstandes 1921 *(rechts). Unten:* Polizei führt gefangene Aufständische
nach den Kämpfen um Eisleben ab.

Oben: Die Reichswehr besetzt im Oktober 1923 die Stadt Freiberg in Sachsen.
Unten: Barrikaden in Hamburg-Barmbek während des Hamburger Aufstandes im Oktober 1923.

Oben: Lenin mit Nadeshda Krupskaja und Maria Uljanowa im Gespräch mit Szamuely, einem der Begründer der KP Ungarns. *Unten:* Beisetzung Lenins in Moskau am 23. 1. 1924.

terner Absprache mehr den deutschen Problemen widmeten, hatte sich Trotzki um die französischen Angelegenheiten gekümmert, da er ja lange Zeit in Frankreich in der Emigration gelebt hatte. Lange bevor Trotzki auf der Tribüne erschien, so erinnert sich der Schweizer Paul Thalmann, drängten sich die Delegierten auf den Wandelgängen in den Saal, um sich rechtzeitig einen Platz zu sichern. Der Schöpfer der Roten Armee, der den Bürgerkrieg siegreich beendet hatte, stand immer noch im Zenit seines Ruhms. Als Trotzki dann hinter dem Rednerpult auftauchte, brach ein Beifallssturm los. Von etwas über mittelgroßer Statur, das schwarze Haar zurückgekämmt, den Kneifer auf der Nase, den Spitzbart kämpferisch in die Höhe gereckt, wartete er in straffer Haltung das Ende des Beifallssturms ab.

Trotzki sprach ausgezeichnet französisch und nahm nur selten Zuflucht zu seinen Notizen. Er analysierte die Lage Frankreichs, die Politik der französischen KP und geißelte schonungslos deren mangelhafte Führung. Mit beißender Ironie kritisierte er Marcel Cachin und erinnerte ihn daran, daß er, Cachin, während des Krieges die Kriegspolitik seiner Regierung unterstützt und sich auch noch um den Eintritt Italiens in den Krieg auf der Seite der Alliierten bemüht hatte.

In atemloser Stille lauschte der Kongreß, applaudierte dann begeistert den brillanten und spontanen Formulierungen des großen Rhetorikers. Totenbleich, in sich zusammengesunken, hörte Cachin das Verdikt. Seine anschließende Verteidigungsrede bestand aus einem verlegenen Gestammel, einem Reuebekenntnis, der servilen Versicherung, künftig ein treuer Kommunist zu sein, und aus der flehentlichen Bitte um weiteres Vertrauen. »Es war ekelhaft«, erinnert sich Paul Thalmann.

Nach einer Pause wiederholte Trotzki seine Rede anderthalb Stunden auf deutsch und schließlich noch anderthalb Stunden auf russisch. Viele Delegierte waren schon allein von seinen Sprachkenntnissen beeindruckt. Andere, wie Rosa Meyer-Leviné, urteilten etwas skeptischer. Trotzki sei wohl, so erinnerte sie sich später, inmitten der Massen des Kongresses von sich selbst und von der Gewalt seiner Stimme so berauscht worden, daß er beschlossen habe, seine eigene Rede selbst zunächst auf französisch, dann für die deutschen und russischen Delegierten in der jeweiligen Sprache zu halten: »Dies kam mir wie unnötige Angeberei vor –, dennoch muß ich hinzufügen, daß mancher Delegierte ganz begeistert war von solcher Kraftmeierei.«

Louis Fischer erinnerte sich ebenfalls an den Tag des Kongresses, an dem Trotzki seinen großen Auftritt hatte: »Die Delegierten, die eine

Sprache verstanden, besichtigten den Palast, während Trotzki in den anderen Sprachen redete. Eine Zeitlang hörte ich der virtuosen Leistung zu und schlenderte dann hinüber zu den Privatgemächern des Zaren und der Zarin. Die Möbel und der Thron der Kaiserin waren mit Tüchern zugedeckt. In einer Ecke saß ein französischer Journalist und hämmerte auf seiner Reiseschreibmaschine ... Der anschließende Raum war das kaiserliche Schlafgemach; auf dem riesigen, ebenfalls mit Tüchern zugedeckten Bett schliefen zwei Delegierte, die sich wahrscheinlich die Nacht bei einer Ausschußsitzung um die Ohren geschlagen hatten. Alle Privatgemächer waren reich ausgeschmückt. Riesige blaue Sèvres-Vasen standen auf den goldenen Tischen. Die Türklinken waren aus Gold, die Knöpfe aus grünem Malachit, die Türen selbst, fast vier Meter hoch, waren mit Einlegearbeiten verziert, die die kaiserlichen Embleme und winzige runde, von Perlen umgebene Heiligenbilder darstellten.«

Louis Fischer ging noch einmal zum Thronsaal zurück, um Trotzki, der gerade russisch sprach, zuzuhören. Als er dann den Saal verließ, sah er Sinowjew, den Präsidenten der Komintern, mit einem anderen Mann hinausgehen. Sinowjew hatte gerade dem Mann den Arm um die Schulter gelegt und sagte auf deutsch zu ihm:»Nun, wann kommt die Weltrevolution in der Schweiz?«

Die Gründung der »Internationalen Roten Hilfe« und die Reorganisation der Dritten Internationale

Am 30. November 1922 wurde auf Vorschlag von Felix Kon, einem alten polnischen Revolutionär, eine internationale »Organisation zur Unterstützung der Kämpfer der Revolution« gegründet. Kon hatte bereits an der Zimmerwalder Konferenz von 1915 teilgenommen, war gemeinsam mit den russischen Revolutionären im plombierten Zug durch Deutschland nach Petrograd gefahren, gehörte seit 1918 der russischen Kommunistischen Partei an und wurde sowohl auf dem Zweiten wie auf dem Dritten Kongreß in das EKKI-Sekretariat gewählt. Nun, auf dem Vierten Kongreß, initiierte er diese neue Organisation, die unter dem deutschen Namen »Internationale Rote Hilfe« (IRH) und in der Sowjetunion unter der Abkürzung »MOPR« bekannt wurde. Ziel der Organisation sollte es sein, den »in den Kerkern schmachtenden Kommunisten, den eingekerkerten Opfern des Kapitals, materielle und moralische Hilfe« zu leisten.

Damit entstand eine neue Organisation zur Unterstützung der Opfer des weißen Terrors und der Kämpfer gegen den Faschismus. Einen entscheidenden Anteil an dieser Institution nahm später Jelena Stassowa.

Gegen Ende des Vierten Weltkongresses wurde – übrigens nahezu ohne Gegenstimmen – auch eine Reorganisation der Dritten Internationale vorgenommen, um die letzten Reste jeder Selbständigkeit der einzelnen Parteien auszumerzen und damit, wie es Hugo Eberlein erklärte,»eine wirkliche, straff zentralisierte Weltpartei zu schaffen«. Danach sollten die Parteitage aller kommunistischen Parteien stets nicht vor, sondern *nach* den entsprechenden Weltkongressen stattfinden. Damit wurde der Weltkongreß eindeutig über die Parteien gestellt; die kommunistischen Parteien der einzelnen Länder wurden nun schrittweise dazu degradiert, die Beschlüsse der Weltkongresse in ihren eigenen Ländern zu realisieren.

Der Exekutive der Kommunistischen Internationale wurde das Recht eingeräumt, ihre Vertreter »mit weitgehendsten Vollmachten« in die Mitgliedsparteien zu entsenden, um die vom EKKI erlassenen Direktiven auch gegen Widerstände in den einzelnen kommunistischen Parteien durchzusetzen. Schließlich wurden die Mitglieder des EKKI nicht mehr wie bisher von den einzelnen Mitgliedsparteien entsandt, sondern auf dem Weltkongreß direkt gewählt. Die politische Führung lag zwar in den Händen des EKKI, dieses wurde aber immer seltener einberufen und erhielt immer mehr nur einen dekorativen Charakter, entsprach also zunehmend dem sowjetischen Zentralkomitee. Die eigentliche Macht ging an engere Führungsgremien über, nämlich an das Präsidium des EKKI (das dem Politbüro entsprach) und an das Sekretariat des EKKI (ähnlich dem ZK-Sekretariat der sowjetischen KP).

Mit diesen organisatorischen Veränderungen waren zumindest offiziell die Reste der Autonomie drastisch beschränkt worden. »Wir haben«, sagte Sinowjew, »alles Föderalistische, was noch in unserem Aufbau war, liquidiert.« Die Zielsetzung war klar: Die Kommunistische Internationale sollte in eine straff zentralisierte, disziplinierte, ideologisch-monolithische bolschewistische Weltpartei umgeformt werden. In der Praxis sah es zwar zunächst noch ganz anders aus als in den 1922 angenommenen Beschlüssen. Aber der Grundstein für die Anpassung der Wirklichkeit an diese Beschlüsse war auf dem Vierten Weltkongreß gelegt worden.

Zur letzten Sitzung des Kongresses waren, wie Karl Retzlaw berichtete, zusätzlich noch viele Partei- und Regierungsfunktionäre des Sowjetstaates eingetroffen. Die meisten ausländischen Teilnehmer blieben noch einige Stunden mit den russischen Genossen zusammen. Im Georgssaal waren Tische mit Samowaren aufgestellt worden, an denen Ausländer und Russen bunt durcheinander saßen. Der Schweizer Delegierte Paul Thalmann sprach später von einem feudalen Bankett. Die Tische sollen sich unter der Last der auserlesenen Speisen und Getränke fast gebogen haben. Es gab gefüllte Fasanen, Bärenschinken, feinsten Lachs, schwarzen und roten Kaviar, gedörrten Fisch, edlen Wein von der Krim und aus Grusien und sogar türkische Pferdemilch. Alle Früchte des Landes lagen in geflochtenen Körben vor den maßlos erstaunten Ausländern. Viele der ausländischen Delegierten, schrieb Thalmann, konnten ihren Mißmut nicht verbergen und gaben diesem, eingedenk der Hungertage, die sie überstanden hatten, offen Ausdruck.

»Die Alten werden aussterben ...«: Lenins Krankheit und sein Testament

Vielen ausländischen Delegierten war Lenins Krankheit im Verlauf des Kongresses nicht verborgen geblieben. Sie wurde auch zum bevorzugten Gesprächsthema unter den russischen und ausländischen Funktionären. Bis 1921, so erinnerte sich Trotzki, galt Lenin noch als kerngesund. Seine Gesundheit, schrieb er, schien einer der unerschütterlichsten Pfeiler der Revolution zu sein. Lenin dachte damals weniger an sich als an die Gesundheit seiner Mitarbeiter und zitierte dabei die Worte eines Emigranten: »Die Alten werden aussterben, und die Jungen werden nachlassen.« Lenin sagte damals zu Trotzki: »Wie viele wissen denn bei uns etwas über Europa, über die Arbeiterbewegung in der Welt? Solange wir mit unserer Revolution allein stehen, bleibt die internationale Erfahrung unserer Parteispitze unersetzbar.«

Im Mai 1922 hatte sich Lenins Gesundheit plötzlich drastisch verschlechtert. Bucharin hatte damals Trotzki mit den Worten aufgesucht: »Mit Iljitsch steht es schlimm: ein Schlaganfall – er kann nicht gehen, nicht sprechen. Die Ärzte stehen vor einem Rätsel.« Damals waren die ersten Nachrichten über Lenins Krankheit im Flüsterton weitergegeben worden. Man hatte den Eindruck, als habe nie jemand daran gedacht, daß Lenin erkranken könne. »Es war unerträglich zu hören, daß Lenin der Fähigkeit beraubt war, sich zu bewegen, zu sprechen«, erinnerte sich Trotzki.

Schrittweise war Lenin dann im Laufe des Sommers und Herbstes wieder genesen, und das beflügelte ihn sichtbar. Doch spürte man auch seine innere Unruhe über den Schlaganfall. »Verstehen Sie«, sagte er einmal zu Trotzki, »ich konnte doch weder sprechen noch schreiben, ich mußte aufs neue lernen.« Lenin warf dabei Trotzki einen forschenden Blick zu.

Im Oktober 1922 nahm Lenin seine Arbeit wieder auf, er führte wieder den Vorsitz im Politbüro und im Rat der Volkskommissare und hielt im November 1922 einige wichtige Reden – darunter auch die erwähnte Rede auf dem Vierten Komintern-Kongreß. Aber diese Anstrengungen schwächten seinen Kreislauf erneut. Als er sich in einer Sitzung des Politbüros erhob, um jemandem einen Zettel zu überreichen, wankte er etwas. Trotzki bemerkte es nur deshalb, weil sich die Gesichtsfarbe Lenins veränderte. Lenin gab sich über seinen Gesundheitszustand keinen Illusionen hin. Er überlegte, wie Trotzki berichtete, immer wieder, wie die Arbeit ohne ihn und nach ihm weitergehen würde. Damals entstand in seinem Kopfe jenes Dokument, das später unter dem Namen »Testament« berühmt wurde.

In der Nacht vom 22. auf den 23. Dezember 1922 erlitt Lenin eine Lähmung des rechten Armes und des rechten Beines. Die Ärzte trafen bald nach Tagesanbruch am 23. Dezember ein. Lenin bat sie um die Erlaubnis, wenigstens einige Minuten am Tag diktieren zu können. Die Ärzte willigten ein. So ließ Lenin am 23. Dezember 1922 kurz nach neun Uhr morgens eine seiner Sekretärinnen, M. A. Woloditschewa, kommen und sagte: »Ich möchte Ihnen einen Brief an den Parteitag diktieren.« Es handelte sich um den bevorstehenden XII. Parteitag der Kommunistischen Partei Rußlands, der dann im April 1923 ohne Beisein Lenins stattfand. Dieser Brief ist als »Lenins Testament« bekannt geworden. Auch am 26., 27. und 30. Dezember diktierte Lenin jeweils einige Minuten und fügte am 4. Januar 1923 noch eine wichtige Ergänzung über Stalin ein. Mehrfach betonte Lenin die Vertraulichkeit des Schreibens und ordnete an, es solle »an besonderer Stelle und unter besonderer Verantwortlichkeit« aufbewahrt werden.

Allgemein wird sonst angenommen, daß Lenins Schreiben nur die Warnung vor Stalin enthalten habe. Doch Lenins »Testament« ging weit darüber hinaus. Es enthielt die Schlußfolgerung Lenins über den Sowjetstaat und war gleichzeitig von düsteren Vorahnungen über die Zukunft erfüllt. Drei Themen standen in Lenins »Testament« im Vordergrund.

Lenins düstere Zukunftsprognosen:
Die Gefahr der Bürokratisierung

Zuerst äußerte Lenin seine Befürchtungen über die zunehmende Bürokratisierung des Sowjetsystems. Diese Befürchtung war nicht neu, aber sie wurde von ihm niemals so deutlich und scharf formuliert wie in diesen letzten Aufzeichnungen. Beim Sowjetapparat, schrieb Lenin, handle es sich um denselben russischen Apparat, den »wir vom Zarismus übernommen und nur ganz leicht mit Sowjet-Öl gesalbt haben«. Für diesen Apparat können sich die Bolschewiki nicht »wie für den eigenen verbürgen«. Lenin sah vielmehr jetzt in dem Apparat eine fremde, drohende Macht: »Wenn wir ehrlich sein wollen, müssen wir sagen, daß wir einen Apparat als eigenen bezeichnen, der uns in Wirklichkeit noch durch und durch fremd ist und ein bürgerlich-zaristisches Gemisch darstellt.«

Fünf Jahre nach der siegreichen Oktoberrevolution und der Errichtung der Sowjetmacht schrieb also der große Führer dieser Revolution auf seinem Krankenbett, daß Sowjetrußland nicht von Arbeitern, sondern von einem fremden, bürgerlich-zaristischen Apparat beherrscht werde.

Anstatt revolutionärem Internationalismus
russischer Nationalismus

Lenins zweite Sorge galt der zunehmenden Abkehr vom revolutionären Internationalismus und dem Abgleiten in einen russischen Nationalismus. Auch diese Befürchtungen waren nicht neu. Bereits auf dem VIII. Parteitag im März 1919 hatte sich Lenin über »chauvinistische Einwände« bei manchen Bolschewiki erregt, weil Sowjetrußland territoriale Zugeständnisse an Finnland gemacht hatte. Lenin damals: »Kratze manch einen Kommunisten, und du wirst auf einen großrussischen Chauvinisten stoßen.« Einige Monate später, im November 1919, hatte er die in Turkestan tätigen Kommunisten aufgefordert, »alle Spuren des großrussischen Imperialismus auszumerzen«. Am 28. Dezember 1919 hatte Lenin in einem Brief an die Arbeiter und Bauern der Ukraine betont, die russischen Kommunisten müßten sich stets »sehr behutsam, geduldig und nachgiebig zu den Überresten des nationalen Mißtrauens verhalten« und gleichzeitig »mit größter Strenge auch die geringsten Äußerungen des großrussischen Nationalismus in unserer Mitte« verfolgen, denn solche Äußerungen »sind Verrat am Kommunismus«. Und Anfang Oktober 1922, kurz vor dem Vierten Weltkongreß, schrieb Lenin eine »Notiz für das Politbüro über den Kampf gegen den Großmacht-Chauvinismus«, in dem er vorschlug, daß im Zentralexekutivkomitee der Union, der damals höchsten Staatsinstanz Sowjetrußlands, »unbedingt« der Reihe nach ein Russe, ein Ukrainer, ein Georgier usw. den Vorsitz führen sollte. Lenin, der damals unter Zahnschmerzen litt, fügte hinzu: »Dem großrussischen Chauvinismus erkläre ich den Kampf auf Leben und Tod. Sobald ich erst den verfluchten Zahn los bin, werde ich mich mit allen gesunden Zähnen auf ihn stürzen.«

Zur bevorstehenden Gründung der UdSSR vermerkte Lenin ebenfalls im Oktober 1922, daß man »äußerst strenge Vorschriften hinsichtlich des Gebrauchs der nationalen Sprache in den nichtrussischen Republiken erlassen (soll), die unserer Union angehören, und die Bevölkerung (soll) diese Vorschriften besonders sorgfältig kontrollieren«. Sonst würde unter dem Vorwand der Einheitlichkeit, »eine Menge von Mißbräuchen echt russischer Art Platz greifen«, die nichtrussischen Einwohner Rußlands müsse man »vor der Invasion der großrussischen Chauvinisten schützen, vor Schurken und Gewalttätern, wie es der typische russische Bürokrat ist«.

In seinem »Testament« prophezeite Lenin: »Kein Zweifel, daß der verschwindende Prozentsatz sowjetischer und sowjetisierter Arbeiter in diesem Meer des chauvinistischen großrussischen Packs ertrinken wird wie die Fliege in der Milch.«

Die Sorge um die Einheit der Partei und Lenins Urteil über Trotzki und Stalin

Die dritte Problematik, zu der sich Lenin in seinem »Testament« äußerte, war die Erhaltung der Einheit der Partei, die Verhinderung ihrer Spaltung und die Befürchtung, daß ein möglicher Streit zwischen den führenden Bolschewiki zu einer Entwicklung führe, die dann außer Kontrolle geraten könne. Ausschlaggebend für eine kontinuierliche Stabilität, meinte er, seien die Beziehungen zwischen Stalin und Trotzki: »Die Beziehungen zwischen ihnen stellen meines Erachtens die größere Hälfte der Gefahr jener Spaltung dar, die vermieden werden könnte.« Dann folgten die berühmten Skizzierungen seiner potentiellen Nachfolger, wobei hier nur jene fünf Personen genannt werden, die damals auch gleichzeitig der Komintern-Führung angehörten. Über Stalin schrieb Lenin:»Gen. Stalin hat, nachdem er Generalsekretär geworden ist, eine unermeßliche Macht in seinen Händen konzentriert, und ich bin nicht überzeugt, daß er es immer verstehen wird, von dieser Macht vorsichtig genug Gebrauch zu machen.« Zu Trotzki notierte Lenin u. a.:»Persönlich ist er wohl der fähigste Mann im gegenwärtigen ZK, aber auch ein Mensch, der ein Übermaß von Selbstbewußtsein und eine übermäßige Vorliebe für rein administrative Maßnahmen hat.«

Über Sinowjew und Kamenew erklärte Lenin, ihr Auftreten gegen den Oktoberaufstand im Jahre 1917 sei »natürlich kein Zufall«, aber man solle ihnen dies nicht »als persönliche Schuld anrechnen«. Und über Bucharin urteilte Lenin:»Bucharin ist nicht nur ein überaus wertvoller und bedeutender Theoretiker der Partei, er gilt auch mit Recht als Liebling der ganzen Partei. Aber seine theoretischen Anschauungen können nur mit sehr großen Bedenken zu den völlig marxistischen gerechnet werden, denn in ihm steckt etwas Scholastisches (er hat die Dialektik nie studiert und, glaube ich, nie vollständig begriffen).«

Am 4. Januar 1923 endlich fügte Lenin noch die folgenden Sätze über Stalin hinzu:»Stalin ist zu grob, und dieser Mangel, der in unserer Mitte und im Verkehr zwischen uns Kommunisten durchaus erträglich ist, kann in der Funktion des Generalsekretärs nicht geduldet werden. Deshalb schlage ich den Genossen vor, sich zu überlegen, wie man Stalin ablösen könnte, und jemand anderen an diese Stelle zu setzen, der sich in jeder Hinsicht vom Genossen Stalin nur durch einen Vorzug unterscheidet, nämlich dadurch, daß er toleranter, loyaler, höflicher und den Genossen gegenüber aufmerksamer, weniger launenhaft usw. ist.«

Zwei Monate nach dem Diktat der letzten Teile des »Testaments«, am 10. März 1923, erlitt Lenin seinen dritten Schlaganfall und wurde Mitte Mai 1923 nach Gorki gebracht. Die gewaltigen Ereignisse in der Kommunistischen Internationale des Jahres 1923 konnte Lenin nicht mehr lenken, nicht einmal mehr beeinflussen.

XI.

1923:
»Der deutsche Oktober steht vor der Tür!«

Die verpaßte Chance in Deutschland

Die Ruhrbesetzung im Januar 1923 und
der Führungswechsel in der deutschen KP

Am 11. Januar 1923 marschierten französische und belgische Truppen in das Ruhrgebiet ein, um die Wiederaufnahme der deutschen Reparationszahlungen zu erzwingen. Diese Maßnahme stieß auf allgemeinen Protest in der deutschen Öffentlichkeit. Die deutschen Beamten im Ruhrgebiet verweigerten den fremden Truppen jede Unterstützung, eine halbe Million Bergarbeiter und Eisenbahnarbeiter streikte, es kam zu blutigen Zusammenstößen zwischen Demonstranten und Besatzungstruppen. Am 29. Januar proklamierten die französischen Behörden den verschärften Belagerungszustand und trennten das besetzte Gebiet durch eine Zollgrenze vom Reich. Damit büßte Deutschland die normale Industrieproduktion dieses Gebietes ein, mußte aber weiterhin seine Bevölkerung mit Geld und Nahrungsmitteln versorgen und sich zusätzlich der Flüchtlinge und Vertriebenen annehmen.

Ruth Fischer war nach dem Vierten Weltkongreß Anfang 1923 nach Deutschland zurückgekehrt und fuhr von Berlin anschließend in das von den Franzosen besetzte Gebiet. Sie sollte die Verbindung zwischen der Berliner KP-Organisation und den Genossen im Rheinland und Ruhrgebiet aufrechterhalten. Von ihrer Reise berichtet sie: »Zwischen Hamm und Dortmund hatten die französischen Besatzungsbehörden ein Schilderhaus aufstellen lassen, um die Grenze zwischen dem besetzten und dem unbesetzten Gebiet zu markieren. Alle Züge mußten hier halten, und die Reisenden mußten hier aussteigen und wurden kontrolliert.« Ökonomisch waren die Folgen katastrophal: »Hunderttausende Bergarbeiter und Metallarbeiter im besetzten Gebiet waren arbeitslos, und die geringe Unterstützung, die sie von der deutschen Regierung erhielten, verlor mit jedem Tag an Kaufkraft. Die

Mehrheit der Bevölkerung brachte ihre Zeit bei Versammlungen und Demonstrationen zu.«

Wie die Ruhrbesetzung in Moskau aufgenommen wurde, berichtete Paul Scheffer, der Korrespondent des *Berliner Tageblatts*, am 23. Januar 1923: »Heute fahren überall in Moskau Lastwagen mit Demonstranten umher mit roten Aufschriften: ›Nieder Frankreich! Nieder der Imperialismus! Nieder der neue Krieg!‹ . . .« Am gleichen Tag wurden von Moskau aus Aufrufe an das Weltproletariat gerichtet: »Seit den ersten Nachrichten von der Besetzung ist hier der Optimismus für den kommenden Umsturz von Tag zu Tag gestiegen. Vielleicht eine kurze nationale Welle und dann der Kommunismus! . . . In dem Augenblick, in dem Rußland in einen Raum völliger Windstille laviert, in einen langwierigen, unproduktiven, unterirdischen Bestehungskampf sich verwickelt glaubte, sieht es vom Rhein Hoffnung.«

Um diese Zeit fand an der Spitze der KPD ein entscheidender Führungswechsel statt. Karl Radek war nach Beendigung des Vierten Weltkongresses mit dem damaligen KPD-Vorsitzenden Ernst Meyer aus Moskau nach Berlin zurückgekehrt. Er wollte mit seinen Freunden Ernst Meyer so bald wie möglich durch jemanden ersetzen, der ihm politisch näherstand. Seine Wahl fiel dann auf Heinrich Brandler (1881–1967), ein Gründungsmitglied der KPD und »Kommunist der ersten Stunde«. Brandler war als Bauarbeiter 1901 in die SPD eingetreten und gehörte seit 1904 dem linken Flügel an. Während des Ersten Weltkrieges vertrat er internationalistische Positionen und trat 1916 dem Spartakusbund bei. Im Dezember 1918 nahm er am Gründungskongreß der KPD teil. Ruth Fischer, die ihn aus langjähriger gemeinsamer Tätigkeit kannte, ihm jedoch immer kritisch gegenüberstand, zeichnete folgendes Bild von ihm: »Er verachtete die neuen Mitglieder der Partei, die sich nicht durch jahrelange Kleinarbeit in der Bewegung die Sporen verdient hatten. Ein Kommunist ohne die Lehrjahre in der Sozialdemokratischen Partei vor 1914 war in Brandlers Augen wertlos und nicht vertrauenswürdig. Die destruktiven Tendenzen der jungen Nachkriegsgeneration waren für ihn beunruhigend und unverständlich. Er war ungeheuer stolz auf die deutsche Arbeiterklasse, wie er sie gekannt hatte, und als einer ihrer Führer hatte er ein starkes Selbstbewußtsein. Die Macht des neuen Rußlands beeindruckte ihn, aber er war ebenso davon überzeugt, daß die Russen weder den deutschen Arbeiter noch die Besonderheiten der deutschen Politik begreifen konnten. Die deutsche Revolution werde gewisse Züge der russischen vermeiden; sie werde ohne Gewalt, Terror, Zerstörung und

Chaos durchgeführt werden, die der Rückständigkeit der russischen Arbeiter zuzuschreiben wären.«

Heinrich Brandler zur Seite stellte der Komintern-Beauftragte Radek seinen alten Freund aus Göppingen, August Thalheimer, einen marxistischen Philosophen, der zum theoretischen Sachverständigen der neuen Brandler-Zentrale bestimmt wurde. August Thalheimer (1884–1948) hatte an den Universitäten Berlin, Straßburg und Oxford studiert, war Mitglied der SPD gewesen, hatte für die linke Parteipresse geschrieben und kannte Radek bereits seit 1909. Während des Ersten Weltkrieges war er Kriegsgegner, hatte seit 1916 die illegalen *Spartakusbriefe* verbreitet und war beim Gründungskongreß der KPD im Dezember 1918 sofort in die Zentrale gewählt worden. 1921 hatte er die »März-Aktion« verteidigt, war Teilnehmer sowohl am Dritten als auch am Vierten Weltkongreß und Chefredakteur der KPD-Parteizeitung *Die Rote Fahne.*

Inflation und Streikbewegung, die KPD im besetzten Gebiet in der Illegalität

Bereits am Tage des Einmarsches der französisch-belgischen Truppen stand der US-Dollar bei etwa 10000 Mark. Durch die sich rapid fortsetzende Geldentwertung lag im Mai 1923 der Wechselkurs von einem Dollar bei 48000 Mark, im Juni 1923 bei 110000 Mark, im Juli bei 349000 Mark, im August kostete ein Dollar 4,6 Millionen Mark.

Die Arbeiter und Angestellten mußten ihren Lohn oder ihr Gehalt oft mehrmals täglich abholen und brachten ganze Beutel voll mit Papiergeldscheinen heim. Große Teile der Bevölkerung verloren mit ihren Ersparnissen auch das Vertrauen in jegliche staatliche Ordnung. Gleichzeitig konnten einige wenige Privilegierte vom Elend der Massen profitieren – vor allem Spekulanten, die sich Dollars zu verschaffen wußten und Industrielle, die durch Exportaufträge Devisen erhielten.

Durch die Inflation verteuerten sich die Lebensmittel ständig. Zwar wurde angesichts der rapide ansteigenden Lebenshaltungskosten eine gewisse Erhöhung der Löhne zugesagt, aber die Steigerung lag weit unter den wachsenden Kosten.

Die deutsche Regierung antwortete auf die französisch-belgische Besetzung mit einem Aufruf zum passiven Widerstand. Danach war im Januar und Februar 1923 die rheinisch-westfälische Industrie weitgehend stillgelegt, die Züge fuhren nicht mehr, Telegraphendrähte wurden durchgeschnitten. Als Repressalien belegten die französischen Besatzungsbehörden verschiedene Städte mit Geldstrafen oder verhafteten deren Bürgermeister.

Die KPD verhielt sich relativ zurückhaltend. Sie unterstützte zwar den passiven Widerstand gegen die Besatzungsbehörden, wollte damals jedoch keine revolutionäre Stimmung erzeugen. Vor allem Brandler, Thalheimer und Clara Zetkin, die noch unter dem Eindruck der katastrophalen »März-Aktion« des Jahres 1921 standen, warnten vor der Wiederholung einer Abenteuerpolitik. Gegen diese Strömung wandte sich ein linker Flügel unter Führung von Ruth Fischer und Arkadij Maslow. Diese Fraktionskämpfe führten dazu, daß die KPD Anfang 1923 der Wirtschaftskrise in Deutschland weitgehend konzeptlos gegenüberstand.

Die KPD, die im französisch besetzten Gebiet nur illegal tätig sein konnte, berief für den 25. März 1923 in Essen einen Bezirksparteitag ein, der ebenfalls illegal stattfand. Karl Radek gab die offizielle Linie der Partei bekannt: Die Politik der Cuno-Regierung und deren Widerstand seien zu unterstützen; gleichzeitig warnte er vor übereilten Schritten. Auf dem Parteitag kam es zu Meinungsverschiedenheiten. Eine Richtung befürwortete ein Bündnis mit nationalistischen Kreisen, um in der allgemeinen antifranzösischen Stimmung Deutschland mehr an die Sowjetunion zu binden. Eine andere Richtung, die Linken, warnte davor, da dies nur zu einem Aufmarsch der konterrevolutionären Kräfte führen würde; sie stellte sozialrevolutionäre Forderungen in den Vordergrund. Karl Radek, der in dieser Frage von Clara Zetkin (Mitglied des EKKI) unterstützt wurde, ließ die Genossen wissen, daß die Komintern jeden Aufstandsversuch im Rheinland und im Ruhrgebiet öffentlich kritisieren und die Kommunisten im übrigen Deutschland anweisen werde, eine solche Politik nicht mitzumachen.

Sechs Tage nach dem Essener Bezirksparteitag der KPD, am 31. März, kam es jedoch zu einem dramatischen Zwischenfall in den Krupp-Werken, als eine französische Kommission in der Fabrik eintraf. Die Fabriksirenen heulten: 53000 Arbeiter legten die Arbeit nieder und demonstrierten. Bei dem anschließenden Zusammenstoß zwischen Demonstranten und französischen Truppen wurden dreizehn Arbeiter getötet und 42 verwundet. Dieser Vorfall und die nachfolgende Verhaftung von Dr. Gustav Krupp von Bohlen und Halbach und einer Gruppe seiner Betriebsführer führten zu einer Intensivierung der nationalistischen Propaganda. Aber der Versuch der Nationalisten, eine Einheitsfront zu schaffen, mißlang. Eine Versammlung der

Essener Betriebsräte lehnte ein paar Tage später auch jede gemeinsame Aktion mit den Arbeitgebern energisch ab und stimmte für einen eigenständigen Widerstand.

Am 13. April stürmten die Mülheimer Arbeiter nach eintägiger Belagerung das Rathaus und übernahmen die Verwaltung der Stadt. Die Aufständischen verteilten Lebensmittel aus den Lagerhäusern, stellten eine Arbeiterwehr auf und schickten Arbeiterdelegationen in die benachbarten Industriestädte. Die Nachrichten vom gelungenen Aufstand in Mülheim alarmierten sofort den ganzen Bezirk. Aber die KPD-Führung bremste jegliche Aktionen. Das Zentralkomitee in Berlin instruierte die Genossen im Essener Bezirk, daß sie derartig abenteuerliche Putsche beenden sollten. Parteimitglieder, die an ihnen teilnahmen, wurden mit dem Ausschluß bedroht, und in einigen Fällen wurde diese Drohung auch wahrgemacht.

Karl Radeks »Schlageter-Rede«: »Der mutige Soldat der Konterrevolution verdient unsere Verehrung«

Am 9. Mai 1923 wurde Dr. Gustav Krupp von Bohlen und Halbach in ein Düsseldorfer Gefängnis überführt. Die Nationalisten feierten ihn als Märtyrer. Ein Sabotage-Stoßtrupp sprengte aus Protest eine Brücke in Essen in die Luft. Die französischen Besatzungsbehörden belegten die Stadt Essen mit einer Geldstrafe und sandten der deutschen Regierung in Berlin mehrere Protestnoten.

Kurz darauf sprengte der ehemalige Kaufmann und Freikorpsführer Albert Leo Schlageter mit seinen Leuten eine Eisenbahnlinie bei Düsseldorf. Schlageter wurde von seinen Anhängern verraten, von den französischen Besatzungsbehörden verhaftet, wegen Sabotageakten vor Gericht gestellt und am 26. Mai 1923 standrechtlich erschossen.

Etwa zur gleichen Zeit hatte die Verbitterung der deutschen Arbeiterschaft über die Inflation und ihre soziale Lage ihren Höhepunkt erreicht. Der am 16. Mai begonnene Streik auf der Grube Kaiserstuhl bei Dortmund breitete sich im Ruhrgebiet aus. Am 22. Mai erreichte die Streikbewegung Bochum, am 24. Gelsenkirchen, am 26. Hamborn und am 27. Mai Essen. Ende Mai standen über 500000 Bergarbeiter und 120000 Stahlarbeiter im Ruhrgebiet im Streik. Aber die KPD – durch Uneinigkeit in den eigenen Reihen blockiert – spielte in dieser Streikbewegung keine entscheidende Rolle.

Andererseits hatten sich im Verlaufe der Ruhrkrise die Beziehungen zwischen der deutschen und sowjetischen Regierung so positiv entwickelt, daß sich der Komintern-Beauftragte Karl Radek sogar offiziell in der sowjetischen Handelsvertretung in Berlin, Unter den Linden 7, niederlassen konnte. Hier empfing Radek nun ohne jede Beschränkung Journalisten, Politiker und Vertreter der Reichswehr. Ruth Fischer berichtete über die Situation Radeks im Frühjahr 1923: »Radek bewegte sich zwischen der ›Roten Fahne‹, Friedrichstraße 27, und Unter den Linden 7 so ungeniert, als ginge er von seinem Zimmer im Kreml zur ›Prawda‹ . . .« Berlin schien Radek in jenen Vorfrühlingstagen des Jahres 1923 wie ein zweites Moskau. Karl Radek nahm in diesen Tagen die Erschießung Schlageters durch die französischen Besatzungsbehörden zum Anlaß, um nun öffentlich eine Einheitsfront aus Nationalisten und Kommunisten zu propagieren. Auf einer Tagung des Exekutivkomitees der Komintern vom 12. bis 21. Juni 1923 hielt er eine Lobrede auf Albert Leo Schlageter, den er einen »Wanderer ins Nichts« nannte, eine Anspielung auf den Titel eines kurz zuvor erschienenen Romans von Friedrich Freska, einem radikalen Nationalisten, dessen Held ein im Kampf gegen den Spartakusbund gefallener Freikorpsmann war. Radek erklärte zum tragischen Schicksal Schlageters: »Schlageter, der mutige Soldat der Konterrevolution, verdient es, von uns, den Soldaten der Revolution, aufrichtig verehrt zu werden.« Er zählte alle konterrevolutionären militärischen Formationen, in denen Schlageter gegen die revolutionäre Arbeiterbewegung gekämpft hatte, sorgfältig auf und forderte nun von den Kommunisten, mit jenen zusammenzuarbeiten, die nach 1918 die Mordabteilungen gegen den Spartakusbund gestellt hatten.

In seiner Rede vor dem Exekutivkomitee der Komintern lockte Radek die deutschen Nationalisten: »Gegen wen will das deutsche Volk kämpfen? Gegen die Entente-Kapitalisten oder gegen das russische Volk? Mit wem wollen sie sich verbrüdern? . . . Schlageter ist tot. Er kann die Antwort nicht mehr geben. Seine Waffengefährten schworen an seinem Grabe den Kampf fortzusetzen. Sie müssen die Antwort geben: Gegen wen und an wessen Seite? . . . Wenn die patriotischen Kreise Deutschlands sich nicht entschließen, die Sache der Mehrheit des Volkes zu ihrer eigenen zu machen und so eine einzige Front gegen das Entente-Kapital ebenso wie gegen das deutsche Kapital zu schaffen, dann war der Weg Schlageters ein Weg ins Nichts.«

In dieser heute grotesk anmutenden Rede, die von der Parteizeitung *Die Rote Fahne* am 26. Juni 1923 (Nr. 144) in vollem Umfang veröffentlicht wurde, wies Radek auch auf eine der dunkelsten Stunden in der preußisch-deutschen Geschichte hin, auf die Schlacht von Jena im Jahre 1806, als der preußische Staat dem Ansturm der napoleonischen Heere erlag. Radek verwies auf Scharnhorst und Gneisenau, die Helden des frühen deutschen Nationalismus, auf Clausewitz und den Freiherrn vom Stein, die eine Zuflucht im zaristischen Rußland gefunden und von russischem Boden her die Freiheitskriege geführt hatten. Von dieser historischen Rückschau leitete Radek dann die Forderung nach einem Bündnis zwischen Sowjetrußland und dem deutschen Nationalismus ab: »Eine starke Nation kann nicht ohne Freunde bestehen, um so weniger kann das eine Nation, die besiegt wurde und von Feinden umringt ist ... Wir sind überzeugt, daß es Hunderte von Schlageters gibt, die uns hören werden und die uns verstehen werden.« Das war das erste Mal, daß in der Kommunistischen Internationale solche nationalen Töne angeschlagen wurden – später sollte dies noch mehrfach geschehen.

Zusammenarbeit zwischen Kommunisten und Nationalisten: »Gefährlich für den Kommunismus in Deutschland«

Radeks Schlageter-Rede schlug wie eine Bombe ein. Innerhalb weiter Kreise der KPD rief sie Widerspruch hervor. Für viele deutsche Kommunisten war nicht die Entente oder Frankreich, sondern der deutsche Militarismus, der Generalstab, die Freikorps, die Schwarze Reichswehr, die deutsche Großindustrie mit Stinnes, Thyssen und Klöckner der politische Gegner. Auf dem linken Flügel der KPD wurde, wie Ruth Fischer notierte, Radeks Rede »als gefährlich für die weitere Entwicklung des Kommunismus in Deutschland abgelehnt«.

Aber er fand auch Zustimmung. Junge Kommunisten, junge Nationalisten und Offiziere diskutierten über ein Bündnis beider Richtungen. Kommunisten riefen Diskussionszirkel ins Leben, in denen sich Nationalisten und Kommunisten trafen, um die Notwendigkeit einer einigen deutschen Front gegen Frankreich miteinander zu besprechen. Das Politbüro der KPD versah – in Übereinstimmung mit Radek – die Parteifunktionäre mit Direktiven zur Durchführung entsprechender Aktionen. In einem der Parteizirkulare, bestimmt zur Instruktion der Genossen im Umgang mit nationalistischen Offizieren, hieß es: »Man soll mit den Offizieren sehr höflich umgehen, die Form wahren und sie mit ›Eure Exzellenz‹ anreden.«

Kommunistische Studentenorganisationen wurden angewiesen, Verbindungen zu nationalistischen Studentengruppen und Jugendbünden aufzunehmen: »Konzentriert die Propaganda auf die Schlageter-Linie!«, lautete eine Parteidirektive. Der KPD-Abgeordnete Hermann Remmele, seit August 1921 Mitglied des Zentralkomitees, wurde nach einer Rede in Stuttgart, wie *Die Rote Fahne* berichtete, mit »begeistertem Beifall von Faschisten und Arbeitern« begrüßt. Das *Berliner Tageblatt* prophezeite: »Die Zeit ist nicht weit, in der die Völkischen und Kommunisten vereint sein werden.«

Es kam sogar zu öffentlichen Presse-Dialogen zwischen Radek und führenden Vertretern der völkischen Bewegung. Unter dem Titel »Deutschlands Weg« kam es zu einem öffentlichen Dialog über den »Nationalbolschewismus« von Karl Radek, Friedrich Graf Reventlow und Arthur Moeller van den Bruck, der noch im selben Jahr sein programmatisches Buch *Das Dritte Reich* veröffentlichte. Reventlows nationalistische Wochenzeitschrift *Der Reichswart* antwortete ausführlich auf Radeks Vorschläge, und Moeller van den Bruck führte die Diskussion über den Nationalbolschewismus in seiner Zeitschrift *Das Gewissen* weiter. Dabei zeigte sich, daß Moeller van den Bruck und andere Vertreter des deutschen Nationalismus damals vom »Mysterium« der jungen russischen Sowjetmacht magisch angezogen wurden. Sie zogen einen Vergleich zwischen Deutschland nach dem Versailler Vertrag und Sowjetrußland nach dem Vertrag von Brest-Litowsk und sahen auch Gemeinsamkeiten mit der Komintern in der Frage der Ablehnung des Völkerbundes.

Der Dialog und die Annäherung zwischen deutschen Kommunisten und Nationalisten währte jedoch nicht lange. Innerhalb der KPD setzte sich der zunehmende Widerstand gegen die »Schlageter-Linie« durch. »Die kommunistischen Arbeiter erfaßten nicht ganz, was in den höheren Rängen der Parteihierarchie vor sich ging, obwohl die eigenartigen theoretischen Formulierungen ihrer Führer sie irgendwie beunruhigten«, erinnerte sich Ruth Fischer. Schließlich wurde der Druck der Basis auf die von Heinrich Brandler geführte Zentrale der KPD immer stärker. Immer häufiger und lauter wurde ein wirksamerer Kampf gegen den vordringenden Faschismus gefordert. Zahlreiche Informationen über die zunehmende Bewaffnung von Nazi-Gruppen und intensive Vorbereitungen ihrer Organisationen gingen in der KP-Zentrale ein.

Schließlich mußte die Komintern das Steuer wieder herumreißen. Gegen Radeks Einspruch wurde auf Vorschlag von Sinowjew für den

29. Juli 1923 ein »Antifaschistischer Kampftag« ausgerufen – ein Resultat der wachsenden Unzufriedenheit der KPD-Mitglieder mit der offiziellen Politik der Zentrale.

Deutschland im Sommer 1923: »Nie so günstig für eine sozialistische Revolution«

Im Frühsommer 1923 spitzte sich die Krise in Deutschland zu. Das Wirtschaftsleben brach unter der Inflation zusammen. Die Banken verzeichneten die offiziellen Valutakurse nur zweimal wöchentlich, der Schwarzhandel mit ausländischem Geld überstieg alles bisher Dagewesene. Für ein englisches Pfund mußten im Juni 0,5 Millionen, im Juli 1,5 Millionen, im August 120 Millionen Mark gezahlt werden. Der kleine Mittelstand wurde besonders stark betroffen. Für das Kleingewerbe und die Bauern war jedes Geschäft uninteressant geworden. Für wertbeständige Waren erhielten sie wertlose Papiermark. Die Bauern hielten trotz einer guten Ernte ihre Produkte zurück und verschlimmerten damit noch die ohnehin gefährliche Lebensmittelknappheit in den Industriegebieten.

Löhne und Gehälter standen in keinem Verhältnis mehr zur wirtschaftlichen Realität. Die Unruhen vor den Brotläden mehrten sich fast täglich. Anfang August stand das Regierungskabinett des Parteilosen Wilhelm Cuno vor dem Ende. Aber die politische Proletarisierung ging unaufhaltsam weiter. Die rechtsradikale Bewegung erhielt immer neuen Zuzug, und die zunehmende Aktivität rechtsgerichteter und faschistischer Organisationen wurde zu einer ständigen Bedrohung des Reiches. Fast täglich erfolgten Überfälle faschistischer Organisationen auf Arbeiterviertel. Auf der anderen Seite vollzog sich auch innerhalb der KPD eine deutliche Radikalisierung. Ruth Fischer notierte: »Die Provinzorganisationen gingen im Sommer 1923 in die Hände radikaler Elemente über.«

Angesichts der wachsenden revolutionären Stimmung im Sommer 1923 wuchs die KPD relativ schnell. Die Zahl der KPD-Ortsgruppen stieg von 2481 im September 1922 auf 3321 im September 1923, die Zahl der KPD-Mitglieder im gleichen Jahr von 225 000 auf fast 295 000. Trotzdem war die KPD nach wie vor selbst in der Arbeiterschaft eine Minderheitspartei. Und sie stand dem rapiden Anwachsen radikaler Strömungen ziemlich unvorbereitet gegenüber. Die Politik des passiven Widerstands gegen die Ruhrbesetzung hatte nicht zu dem erhofften Erfolg geführt. Verzweiflung und Erbitterung herrschten in breitesten Bevölkerungsschichten. »Es hat nie in der neueren deutschen Geschichte einen Zeitabschnitt gegeben«, schrieb später der Historiker Arthur Rosenberg aus eigenem Erleben, »der für eine sozialistische Revolution so günstig gewesen wäre, wie im Sommer 1923.«

Anfang August 1923 eskalierte die Krise erneut. Aus Protest gegen die katastrophale Verschlechterung der Wirtschaftslage, die galoppierende Inflation, der die Regierung ohnmächtig gegenüberzustehen schien, traten am 10. August die Arbeiter der Banknotenpresse in Streik. Ruth Fischer schrieb über die entscheidenden Augusttage in Berlin: »Mit der steigenden Inflation konnte die Reichsdruckerei das Papiergeld nicht schnell genug ausgeben. Hilfsdruckereien wurden eingerichtet, und die Reichsbank versprach genug Papiergeld für alle bis zum 4. August. In derselben Woche wurde die Papiergeldkrise durch die kommunistische Zelle in der Reichsdruckerei zu einem Höhepunkt gebracht.«

Tatsächlich wurden durch den Streik der Drucker die Aktionen der Staatsmaschinerie lahmgelegt. Die Papiergeldreserve war in wenigen Stunden verbraucht, und man konnte weder Beamtengehälter noch irgendwelche Löhne auszahlen: »Die Aktion der Drucker löste am 10. August einen Massenstreik aus ... Jeder Verkehr in Berlin hörte auf. Beschränkte Mengen an Gas und Elektrizität wurden nur in besonderen Ausnahmefällen abgegeben; Elektrizitätswerke wurden stillgelegt, so daß wichtige Teile der deutschen Industrie von der Elektrizität abgeschnitten waren.«

Am 11. August 1923 trat die Cuno-Regierung zurück. Der Berliner Streik weitete sich aus. Es streikten Betriebe in Mitteldeutschland, Stuttgart, Oberschlesien, Thüringen und Ostpreußen, an der Wasserkante, im Rheinland. In einigen Städten kam es zu Aufständen. Bei Straßenkämpfen wurden in Hamburg, Gelsenkirchen, Krefeld, Aachen, Leipzig und Dresden fünfunddreißig Arbeiter getötet und etwa hundert verwundet. Am 12. August folgten Unruhen in Hannover und Gelsenkirchen. Viele meinten, die soziale Revolution in Deutschland stehe vor der Tür. Aber an die Stelle der abgelösten Cuno-Regierung folgte keine Arbeiterregierung, sondern eine Regierung der großen Koalition unter Führung von Gustav Stresemann mit vier sozialdemokratischen Ministern, darunter Rudolf Hilferding als Finanzminister.

In Berlin begann daraufhin der Streik abzuebben, außerhalb Berlins ging jedoch die Streikbewegung zunächst weiter. Eins aber war deutlich: Mit dem Sturz der Cuno-Regierung hatte die revolutionäre Stimmung in Deutschland ihren Höhepunkt bereits überschritten.

Die neue Stresemann-Regierung wurde von breiteren Bevölkerungskreisen unterstützt als ihre glücklose Vorgängerin. Am 23. August kamen Vertreter der Arbeiterschaft und der Unternehmer zu einer Übereinkunft, wonach die Löhne auf die voraussichtliche Höhe der Geldentwertung festgesetzt wurden; am 2. September verkündete Stresemann die baldige Einführung einer neuen gesunden Währung. Gleichzeitig kam es zu einem Übereinkommen mit England, den passiven Widerstand im Ruhrgebiet zu beenden und mit Hilfe englischer Vermittlung die Reparationszahlungen neu zu regeln.

Die Führer der Komintern hatten diese Entwicklung in Deutschland kaum wahrgenommen; sie konzentrierten sich in dieser Zeit der immer schwereren Krankheit Lenins, in der man mit seinem baldigen Tode rechnen mußte, mehr auf die eigenen Richtungskämpfe. Nach Beendigung der EKKI-Tagung vom 12. bis 23. Juni 1923, auf der Radek seine »Schlageter-Rede« gehalten hatte, fuhren die meisten Spitzenfunktionäre in Urlaub. Erst in ihren oft entlegenen Urlaubsorten im südlichen Rußland oder im Kaukasus erfuhren Sinowjew und Trotzki von der revolutionären Stimmung, die sich in Deutschland ausbreitete.

Als dann der Generalstreik Anfang August bekannt wurde, warf Sinowjew die Frage auf, ob sich hier nicht die Gelegenheit einer revolutionären Entwicklung biete. Stalin warnte jedoch davor: »Wenn heute in Deutschland die Macht sozusagen stürzt und die Kommunisten sie aufgreifen«, schrieb er in einem Brief am 5. August an Sinowjew, »werden sie mit ihr in ihren Sturz hineingezogen werden.« Zu einer revolutionären Entwicklung könne es nach Stalin nur dann kommen, wenn die rechten Kräfte die Arbeiterklasse direkt angriffen. Stalins Schlußfolgerung lautete: »Meiner Meinung nach müssen die deutschen Genossen gebremst werden und nicht angespornt.«

Die Politbüro-Sitzung vom 23. August 1923: »Da habt ihr endlich den Sturm . . .«

Mitte August 1923 brachen die sowjetischen Führer dann doch ihren Urlaub ab und reisten nach Moskau zurück. Am 23. August, als in Deutschland die Krise bereits ihren Höhepunkt überschritten hatte, traf sich das Politbüro zu einer geheimen Sitzung.

Boris Baschanow, damals Sekretär des Politbüros, der 1930 aus der

Sowjetunion floh, nahm an dieser Sitzung teil und berichtete später: »Etwa zwei Wochen, nachdem ich im Politbüro zu arbeiten begonnen hatte, fungierte ich am 23. August 1923 als Sekretär auf einer außerordentlichen geheimen Sitzung des Politbüros, die nur einer Frage gewidmet war, nämlich der Revolution in Deutschland.« Neben den Mitgliedern und Kandidaten des Politbüros war Radek zu dieser Sondersitzung eingeladen, da er im EKKI federführend für Deutschland war. Er hielt zunächst ein kurzes Referat über die rasch anschwellende revolutionäre Welle in Deutschland. Als erster ergriff dann Trotzki das Wort. Boris Baschanow berichtete darüber: »Der chronisch entflammte Lew Davidowitsch, wie böse Zungen ihn nannten, fühlte sich in seinem Element und hielt eine starke, begeisternde Rede: ›Da habt ihr, Genossen, endlich den Sturm, auf den wir so viele Jahre voller Ungeduld gewartet haben und welcher das Antlitz der Welt verändern wird. Die stattfindenden Ereignisse werden eine kolossale Bedeutung erlangen. Die deutsche Revolution bedeutet den Zusammenbruch der kapitalistischen Welt.‹ Trotzki wies auf den Zusammenhang zwischen der deutschen Revolution und der Sowjetunion hin. Bei einem Sieg der deutschen Revolution würde das kapitalistische Europa versuchen, sie mit Waffengewalt zu unterdrücken. Dann müßte auch die Sowjetunion alle Waffen in den Kampf werfen. Bei einem Sieg über Deutschland wäre der Sieg der Weltrevolution gesichert. Der kommende Entscheidungskampf in Deutschland werde nur noch eine Frage von Wochen sein.«

Die Mehrheit des Politbüros teilte jedoch – zumindest nach dem Bericht des einzigen Augenzeugen Baschanow – Trotzkis Begeisterung nicht. Selbst Sinowjew riet zur Vorsicht und Besonnenheit und stimmte vor allem nicht mit Trotzkis Optimismus hinsichtlich der Termine überein. Bei einer deutschen Revolution müsse man mit Monaten statt mit Wochen rechnen. Stalin meinte sogar, man könne von einer Revolution in Deutschland nicht sprechen, vor allem nicht in diesem Herbst. Vielleicht könne sich im nächsten Frühjahr eine revolutionäre Situation entwickeln.

Trotz unterschiedlicher Auffassungen entschloß sich das Politbüro, die revolutionäre Entwicklung in Deutschland zu fördern. Dazu wurde eine Kommission aus vier Mitgliedern gegründet, und zwar mit Karl Radek als Beauftragtem des EKKI, Pjatakow als verantwortlich für die Agitation, Joseph Unschlicht (seiner Herkunft nach Pole, damals stellvertretender Vorsitzender der GPU), verantwortlich für die Organisierung und Ausrüstung von militärischen Abteilungen für den bewaffneten Aufstand, und Wassilij Schmidt (damals Volkskommissar für Arbeit der UdSSR), verantwortlich für die Organisation revolutionärer Zellen in den deutschen Gewerkschaften. Schließlich sollte außerdem das inoffizielle Mitglied dieses Komitees, der damalige Sowjetbotschafter in Deutschland, Nikolai Krestinski, für die Finanzierung der deutschen Revolution aus dem in Berlin zu deponierenden Fonds verantwortlich sein.

Für den plötzlichen Entschluß der sowjetischen Führung, die Revolution in Deutschland doch zu forcieren, gibt es unterschiedliche Erklärungen. Die eine ist außenpolitischer Natur: Die neue, im August 1923 gebildete Stresemann-Regierung schlug eine prowestliche Politik ein. Dies soll die Ursache dafür gewesen sein, daß die sowjetische Führung an einem revolutionären Umsturz in Deutschland nun besonders interessiert war. Wahrscheinlicher aber dürfte sein, daß im August 1923 bei den bolschewistischen Führern zum letzten Mal die Hoffnung aufkeimte, daß in Deutschland doch eine Revolution stattfinden und man damit endlich dem ursprünglichen Ziel der Weltrevolution einen entscheidenden Schritt näherkomme. Dies scheint mir vor allem für Trotzki der auslösende Beweggrund gewesen zu sein. Wahrscheinlich war es auch Trotzki gelungen, die anfangs noch zögernden anderen Politbüro-Mitglieder auf seine Seite zu ziehen.

Brandler und die deutsche KP-Delegation in Moskau: »Der deutsche Oktober steht vor der Tür«

Nach der Sitzung des Politbüros am 23. August rief Sinowjew als Vorsitzender der Komintern die deutschen KP-Führer zu einer Sonderkonferenz nach Moskau. Diese Konferenz zog sich über den ganzen September und die erste Oktoberwoche hin. Neben den Führern der sowjetischen KP und der KPD waren – größtenteils rekrutiert aus dem Stab des permanenten Komintern-Büros in Moskau – auch Vertreter der französischen, tschechischen, polnischen und bulgarischen KP vertreten. Hinter verschlossenen Türen wurden mit den deutschen Delegierten die Einzelheiten eines Planes für einen Aufstand besprochen.

In Moskau herrschte eine eigentümliche Situation vor, die Ruth Fischer so beschrieb: »Die Stadt war zu Ehren der deutschen Revolution mit Plakaten und Inschriften übersät. Im Stadtzentrum waren Banner und Transparente aufgestellt mit Losungen wie ›Russische Jugend, lerne deutsch!‹ und ›Der deutsche Oktober steht vor der Tür!‹. Bilder von Clara Zetkin, Rosa Luxemburg und Karl Liebknecht waren in jedem Schaufenster zu sehen. In allen Fabriken wurden Versammlungen mit dem Diskussionsthema abgehalten: ›Wie können wir der deutschen Revolution helfen?‹ . . .«

Auch andere Augenzeugen berichteten von einem ähnlichen Enthusiasmus. Nicht nur die Führer, sondern auch große Teile der Sowjetbevölkerung blickten gespannt und erwartungsvoll auf die, wie man hoffte, bevorstehende Revolution in Deutschland. In öffentlichen Versammlungen wurden Frauen aufgefordert, Eheringe und andere Wertsachen »für die deutsche Sache« zu opfern. Das Volkskommissariat für Handel gab folgendes Zirkular heraus: »Die gegenwärtige Handelspraxis muß im Interesse des siegreichen deutschen Proletariats durch die Einlegung von zwei deutschen Reserven, nämlich Gold und Getreide, ergänzt werden.« Die Dienststellen des Kommissariats in den einzelnen Sowjetrepubliken wurden angewiesen, insgesamt 60 Millionen Pud Getreide (etwa 980 000 Tonnen) an die russische Westgrenze zu liefern. Die sowjetische KP stellte auf Anweisung des Politbüros Listen mit deutschsprechenden Mitgliedern zusammen, die im geeigneten Moment zur Unterstützung der Revolution nach Deutschland gesandt werden sollten.

Nach Heinrich Brandler trafen noch Arkadij Maslow, Ernst Thälmann und Ruth Fischer in Moskau ein. Weitere drei KPD-Führer – Edwin Hoernle, Jakob Walcher und Clara Zetkin, alles Anhänger Brandlers – waren zu dieser Zeit bereits als Vertreter der KPD beim EKKI in Moskau.

Radek informierte die deutschen Genossen über den Kurswechsel im Politbüro zugunsten einer deutschen Revolution. Daraufhin fühlte sich Brandler, nach der Darstellung Ruth Fischers, in die Enge getrieben. Er wandte sich im Kreise seiner engsten Freunde gegen den »idiotischen Abenteurerkurs«, hielt sich jedoch für zu schwach, um sich den russischen Vorschlägen offen widersetzen zu können. Trotzki und dann auch Sinowjew drangen auf Brandler ein, der anfangs sehr zurückhaltend war. Trotzki wollte den 7. November als Aufstandsdatum proklamieren, aber Brandler lehnte es ab, sich durch einen bestimmten Termin festlegen zu lassen. So wurde beschlossen, daß der Aufstand irgendwann im Laufe der nächsten vier bis sechs Wochen stattfinden sollte. Da die Besprechung Ende September erfolgte, bedeutete diese »Orientierung« etwa Anfang November.

Im Laufe der Besprechung stellte Brandler die Frage nach der obersten Leitung der geplanten deutschen Revolution. Er selbst, sagte er bescheiden, sei kein »deutscher Lenin«, und fragte, ob Trotzki nicht zum Leiter der Operation ernannt werden könne. Trotzki könne ja inkognito reisen, um sich dann entweder in Sachsen oder Berlin einzurichten. Trotzki soll den Vorschlag verlockend gefunden haben, um so mehr, als er von den ständigen Intrigen in der Kreml-Führung die Nase voll hatte.

Der Revolutionsplan für Deutschland

Ende September fand eine weitere geheime Politbüro-Sitzung statt, bei der der 9. November 1923 als Aufstandstermin in Deutschland festgelegt wurde. Es wurde vereinbart, von Sachsen und Thüringen aus den Angriff zu unternehmen. In beiden Ländern, Hochburgen der linken Sozialdemokratie, waren die Regierungen in den Länderparlamenten auf die Unterstützung der KPD angewiesen. Die Kommunisten sollten deshalb in die Regierungen beider Länder eintreten, um dort ihre Energie auf die Bewaffnung der Arbeiter zu konzentrieren. Nach einer kurzen Vorbereitungsphase würden die roten Regierungen Sachsens und Thüringens dann den allgemeinen Aufstand ausrufen. Die proletarischen Hundertschaften sollten die Empörung der arbeitenden Massen anheizen und in einen allgemeinen Volksaufstand umwandeln. Die proletarischen Hundertschaften Sachsens sollten nach Berlin, die Thüringens nach München marschieren. Anschließend sollten in Berlin die wichtigsten staatlichen Ämter besetzt und ein außerordentlicher Kongreß der Betriebsräte einberufen werden, der dann die deutsche Räterepublik proklamieren würde.

Augenzeuge Baschanow bemerkte, der Beschluß über das Datum des Aufstandes durfte nicht einmal den Mitgliedern des ZK bekannt sein: »Ich fertigte das Sitzungsprotokoll in der nachstehenden Form an: Gegenstand: Eine Frage des Genossen Sinowjew. Beschluß: Siehe den besonderen Umschlag. Das war alles, was den Mitgliedern des ZK als Sitzungsprotokoll des Politbüros zugeschickt wurde.« Der besondere Umschlag wurde in einem feuerfesten Safe deponiert, in dem nur die besonders geheimen Resolutionen aufbewahrt wurden, von denen nur und ausschließlich die Mitglieder des Politbüros Kenntnis haben durften.

Eine ähnliche, in Details etwas abweichende Darstellung, über den Revolutionsplan von 1923 gab Sandor Rado, damals in führender Position für die Vorbereitung des Aufstandes tätig, in seinen Memoiren:

»Der allgemeine strategische Plan war folgender: Schlagartige Zündung des Aufstandes im Norden, in Hamburg und in Mitteldeutschland, Leipzig und Halle, mit Erstürmung der Reichswehr-Kasernen. Besetzung dieser drei Großstädte, dann konzentrierter Marsch auf Berlin. In den Thüringer Bergen Aufbau einer Verteidigungslinie gegen Bayern, wo sich das Hauptnest der Reaktion befand.«

Ende September waren die Pläne abgeschlossen. Für die Leitung der kommenden Operation wurde Karl Radek eingesetzt. Beeindruckt und schließlich überwältigt von der Begeisterung, die er in Moskau angetroffen hatte, setzte sich Brandler schließlich doch über seine eigenen Bedenken hinweg und ließ sich vom Optimismus der bolschewistischen Führer anstecken. Auch Brandler schien nun zu glauben, die Kommunisten könnten allein in Sachsen auf die aktive Unterstützung von fünfzig- bis sechzigtausend Arbeitern rechnen – eine Schätzung, die sich als viel zu illusorisch erwies.

Heinrich Brandler verließ Moskau in der ersten Oktoberwoche. Er wurde von Trotzki verabschiedet. Ruth Fischer, in unmittelbarer Nähe stehend, beschrieb die Abschiedsszene:»Als ich aus dem Kreml kam, sah ich Trotzki, wie er sich von Brandler verabschiedete, den er aus seinen Räumen im Kreml bis zum Troitzkij-Tor begleitet hatte – eine ungewöhnliche Höflichkeitsgeste. Dort standen sie, im hellen Licht des Herbstnachmittags, der untersetzte Brandler in seinem ungebügelten Anzug und der elegante Trotzki in seiner gutgeschnittenen Uniform der Roten Armee. Trotzki küßte nach den letzten Worten Brandler nach alter russischer Sitte auf beide Backen. Da ich beide gut kannte, entging mir nicht, daß Trotzki wirklich bewegt war; er war offensichtlich erfüllt von dem Bewußtsein, daß er dem Führer der deutschen Revolution am Vorabend großer Ereignisse seine Wünsche mitgab.«

In Deutschland hatte indessen die Regierung Stresemann die Lage längst wieder stabilisiert. Der Widerspruch zwischen den viel zu spät gefaßten Revolutions-Plänen und der tatsächlichen Situation in Deutschland war von Anfang an ein böses Omen für die bevorstehenden kommunistischen Aktionen.

Die späten Vorbereitungen der KPD

Die Perspektiven für eine Revolution in Deutschland hatten sich inzwischen denkbar verschlechtert. Beginnend mit der letzten Augustwoche sah sich die KPD zudem einer Reihe von Unterdrückungsmaßnahmen ausgesetzt. Am 22. August verbot die württembergische Regierung den Bezirksparteitag der KPD, der in Stuttgart zusammentreten sollte. Am 24. August verboten die französischen Besatzungstruppen im Ruhrgebiet das Erscheinen aller dort existierenden fünf kommunistischen Zeitungen. Am 26. August wurde das Zentralorgan der Kommunistischen Partei *Die Rote Fahne* in Berlin beschlagnahmt, zwei Tage später die Redaktionsräume durchsucht, eine Anzahl Akten beschlagnahmt und fünf Parteifunktionäre verhaftet. In Hamburg wurde das lokale Parteiorgan *Hamburger Volkszeitung* drei Tage lang verboten.

Gerade in diesen wichtigen Tagen, in denen es für die KPD galt, ihre Verbindungen zu vielen Sympathisanten zu intensivieren, wurden die Kontakte durch diese Verbote sehr beeinträchtigt. Trotzdem unternahm die KPD von August bis Oktober alle Anstrengungen, um eine Revolution vorzubereiten: Sie versuchte einerseits politisch-propagandistisch einen möglichst breiten Kreis von Werktätigen anzusprechen, um diesen für die bevorstehenden Kämpfe zu mobilisieren, andererseits organisierte sie die Bewaffnung und militärische Ausbildung der Proletarischen oder Roten Hundertschaften. Bevor die kommunistische Presse verboten wurde, schaltete sie sich auch in diese Vorbereitungen ein.

So veröffentlichte die *Rote Fahne* am 19. August 1923 ein Kapitel aus der Broschüre *Lehren des Bürgerkrieges* des sowjetischen Autors S. J. Gussew unter der Überschrift »Möge auch das Proletariat sich vorbereiten«. Die kommunistischen Zeitungen riefen ihre Leser immer wieder auf, sich für kommende Kämpfe vorzubereiten, sich zu bewaffnen, und sie wiederholten ständig die Forderung nach einer Arbeiterkontrolle und einer Arbeiterregierung.

Um die Bauern zu gewinnen, schlug die KPD eine Neuverteilung der Güter vor. An Kriegsbeschädigte, Arbeitslose und Wohlfahrtsempfänger sollten aus öffentlichen Vorräten kostenlos Nahrungsmittel und andere Güter verteilt, an untere Einkommensgruppen die Waren zu herabgesetzten Preisen verkauft werden. Wohnungslose Arbeiterfamilien sollten nach den Forderungen der KPD in den geräumigen Häusern der Bourgeoisie untergebracht, Volksküchen eingerichtet werden, in denen Arbeiterfrauen, stillende Mütter und Arbeiterkinder kostenlos ernährt werden konnten.

Die militärischen Vorbereitungen zum »deutschen Oktober« mit dem russischen General Skobelewski alias Helmut Wolf

Seit Anfang September liefen die militärischen Vorbereitungen für die Revolution in Deutschland auf Hochtouren. Praktisch war die KPD aufgeteilt in jene, die noch in ihren ursprünglichen Parteiorganisationen tätig waren, und in die anderen Aktivisten, die man für eine Vielzahl von Sonderaufträgen mobilisiert hatte: einmal für die Arbeit im Militärapparat (M-Apparat), dann für den Nachrichtenapparat (N-Apparat), die militärpolitische Organisation der Partei (MP), die T-Gruppen (T = Terror) und die Z-Gruppen (Z = Zersetzung der Reichswehr und Polizei) oder aber für das wichtige Waffen- und Munitionsbeschaffungsamt (WuMBA). An der Spitze dieses weitverzweigten organisatorischen Netzwerkes stand das Revolutionskomitee (REVKO), das von August Guralski (»der Kleine«) geleitet wurde.

Für die militärischen Vorbereitungen war der aus Moskau gekommene General Pjotr Skobelewski zuständig, der unter den Partei-Decknamen Wolf oder Gorew auftrat. Ihm zur Seite stand der Militärrat unter der Leitung Ernst Schnellers, dem eine Reihe von Parteifunktionären angehörte, darunter auch der junge Walter Ulbricht. Der Militärrat bestand aus sechs regionalen militärpolitischen Befehlshabern (MP-Oberleiter) für die entscheidenden Regionen West, Nordwest, Berlin, Südwest, Mitteldeutschland und Ostpreußen. Diesen MP-Oberleitungen waren jeweils regionale KP-Militärleiter auf Bezirks- und Unterbezirksebene unterstellt, deren Aufgabe es war, die Proletarischen Hundertschaften zu organisieren, auszubilden und dann im Kampf zu führen. Für die Finanzierung, auch für Waffenkäufe, war der Vertreter der Komintern – Abteilung für internationale Verbindungen (bekannt als OMS) – Jakob Mirow-Abramow zuständig.

Über Skobelewski, meist als Wolf bekannt, gibt es viele persönliche Berichte von Zeitgenossen. Richard Krebs, ein höherer KP-Funktionär, der damals vorwiegend in Hamburg tätig war, schrieb über das Eintreffen des sowjetischen Genossen: »General Wolf war von der sowjetischen Regierung nach Deutschland geschickt worden, um die militärische Seite des geplanten Aufstandes in die Hand zu nehmen. Er kam mit einem falschen norwegischen Paß nach Berlin. Bald danach wurde ein ausgedehntes Netz von Roten Hundertschaften und T-Einheiten aufgestellt. Er unterhielt drei Privatwohnungen: in Dresden, in Hamburg und in der Sowjetbotschaft in Berlin. In Hamburg war er unter dem Namen Hermann, in Berlin als Helmut oder General Wolf, in Dresden als Goresowski, in der sowjetischen Armee als Gorew bekannt; bei seiner Verhaftung gab er den Namen Peter Alexander Skobelewski an, unter dem er ebenfalls Geschichte machte.«

In der engsten Umgebung von General Wolf-Skobelewski befand sich Karl Retzlaw. Wolf-Skobelewski, so berichtete er, war ein blonder, mittelgroßer Mann Mitte dreißig mit frischer Gesichtsfarbe. Das erste Treffen hatte in einem Berliner Vorort stattgefunden. Dabei hatte Heinrich Brandler Skobelewski als Helmut Wolf vorgestellt. Retzlaw meinte kritisch:»Im Apparat gibt es schon einige ›Wölfe‹. Könnte man nicht einmal einen Namen außerhalb des Zoos wählen?« Helmut Wolf aber verwahrte sich dagegen, behauptete, an seinem Namen seien seine Eltern schuld, und bat Retzlaw, ihn von nun an nur noch mit »Helmut« anzureden.

Retzlaw war von dem neuen Funktionär beeindruckt, vor allem nach einem mehrere Stunden dauernden Gespräch über russische und westeuropäische Revolutionen und über die aktuelle Situation in Deutschland. Karl Retzlaw erinnerte sich:»Ich fand, daß Helmut Wolf vor seiner Reise nach Berlin gut vorbereitet worden war, und ich bemerkte auch bald, daß er ein Militär war. Nur einige private Bemerkungen fielen zwischendurch, aus denen ich entnahm, daß er aus dem Baltikum stammte und daß er im Elternhaus während seiner Lehrzeit in einer Maschinenfabrik deutsch gelernt hatte.«

Inspektionen der Vorbereitungen in Kiel, Hamburg, Bremen, Hannover und Magdeburg

Wolf-Skobelewski äußerte den Wunsch, gemeinsam mit Retzlaw einige Reisen zu unternehmen, um die deutschen KP-Organisationen kennenzulernen. Diese Reisen führten Wolf-Skobelewski und Retzlaw nach Kiel, Hamburg, Bremen, Hannover und Magdeburg. Um »mit dem Volk« zu sein, fuhren sie stets dritter Klasse. Sie hatten vereinbart, unterwegs nur dann zu sprechen, wenn sie allein im Abteil saßen. Meist war das nicht der Fall. So las Retzlaw Tages- und Sportzeitungen, Wolf-Skobelewski studierte die Reclam-Ausgabe von Schopenhauers *Aphorismen zur Lebensweisheit.*

Während der Reisen beteiligte sich Wolf-Skobelewski niemals an den Gesprächen Retzlaws mit den örtlichen KP-Funktionären. Sie übernachteten in mittleren Hotels, wobei sich Retzlaw als kaufmänni-

343

scher Angestellter, Wolf-Skobelewski als Techniker ausgab. Wolf-Skobelewski hatte immer eine geladene und entsicherte Browning-Pistole auf dem Nachttisch liegen. Retzlaw versuchte ihn zu überzeugen, daß die Papiere einwandfrei seien und keine Gefahr bestünde, aber Wolf-Skobelewski bestand auf seiner »Sicherung«.

In Hamburg trafen sie den OD-Leiter, den Redakteur Hommes. Retzlaw berichtet: »Von der Plattform des Turmes der St.-Michaels-Kirche bot Hommes uns einen großartigen Rundblick über Stadt und Hafen von Hamburg. Er erklärte uns die Positionen der Stadt in einer Form, als gehörte sie schon ihm. Ausgezeichnet informiert, ohne Notizen, zeigte er die Stadtviertel mit den stärksten Parteiorganisationen, die Werften mit den Angaben der Belegschaftsstärken, die Parteigruppen und die Proletarischen Hundertschaften. Er zeigte von oben auf die Polizeireviere und erläuterte, wie sie im Ernstfall besetzt werden sollten.«

Wolf-Skobelewski war beeindruckt. Mit Ernst Thälmann sprachen sie nicht, da der Alkohol in seinem damaligen Leben eine zu große Rolle spielte, um ihn in Einzelheiten einzuweihen. Der führende Kopf der KPD in Hamburg war damals der Lehrer Hugo Urbahns.

Auf ähnliche Art fanden in den nächsten Tagen noch Gespräche mit den OD-Leitern in Bremen, Hannover und Magdeburg statt. Nach der Rückkehr zeigte sich Wolf-Skobelewski sehr befriedigt. Die Reisen zeigten allerdings auch, daß im September 1923 die Kampfformationen der KP außerhalb der industriellen Großstädte noch recht schwach waren. Und in den vorwiegend ländlichen Gebieten Deutschlands, wie in Schlesien, Pommern, Ostpreußen oder Bayern gab es zwar Parteiorganisationen, aber keine Massenbasis und so gut wie keine Proletarischen Hundertschaften. Aber gerade in diesen Gebieten waren natürlich die gegnerischen Organisationen nach Zahl und Bewaffnung sehr stark vertreten.

Über die militärischen Vorbereitungen zum Aufstand berichtete Ruth Fischer in ihren Erinnerungen: »Die politische und die militärische Aktivität der Partei waren streng voneinander getrennt. Alle für den Militärdienst geeigneten Parteimitglieder wurden von ihren Ortsgruppen registriert und für besondere Aufgaben eingeteilt. Um den Parteistab gegen Verhaftungen zu schützen, erhielten einige zehntausend Funktionäre den Befehl, ihre Wohnungen zu verlassen, ihre Familien nur noch gelegentlich zu besuchen und in illegalen Quartieren zu leben. Die Stoßtrupps der Roten Hundertschaften wurden teilweise in Schlafsälen einquartiert. Die geheimen Waffenlager wurden in örtliche Verstecke gebracht, von denen aus man die Waffen schnell verteilen konnte. Der M-Apparat beschaffte militärische Karten aller für wichtig gehaltenen Bezirke, auf denen die zu erobernden öffentlichen Gebäude markiert waren. Pläne für Überraschungsangriffe auf Polizei- und Reichswehrkasernen wurden ausgearbeitet.«

Unter den sowjetischen Offizieren, die bereits ab Frühjahr 1923 zur Lagebeurteilung nach Deutschland geschickt wurden, war auch Walter G. Krivitski, damals ein junger Mitarbeiter des Militärischen Nachrichtendienstes der Roten Armee. Krivitzki berichtet über die Fähigkeit Wolf-Skobelewskis: »Er schuf unverzüglich drei verschiedene Organisationen innerhalb der deutschen Kommunistischen Partei: den Nachrichtendienst der Partei, der unter der Leitung der Vierten Abteilung der Roten Armee arbeitete, militärische Formationen als Kern einer künftigen deutschen Roten Armee und den Zersetzungsdienst, kleine Einheiten von Männern, deren Aufgabe es war, die Moral der Reichswehr und Polizei zu erschüttern.« Zum Leiter des Parteinachrichtendienstes wurde übrigens Hans Kippenberger, der Sohn eines Hamburger Verlegers, ernannt. Ihm gelang die Errichtung eines sorgfältig gesponnenen Spionagenetzes in den Reihen der Reichswehr und Polizei, in allen politischen Parteien und sogar im »Stahlhelm« und in den nationalsozialistischen Organisationen.

Die Proletarischen oder Roten Hundertschaften

Die Vorbereitungen der Kommunisten für den Aufstand in Deutschland standen ab August im grotesken Gegensatz zur langsam sich unter der Regierung Stresemann stabilisierenden Situation. Trotz weiterer Streiks ebbte die revolutionäre Stimmung rasch ab. Wirklich revolutionär waren nur noch die aktiven Mitglieder der KPD, diese aber waren von der Bevölkerung weitgehend isoliert. Immerhin ließen zunehmende Aktionen der rechtsgerichteten Gruppierungen die militärischen Vorbereitungen der Kommunisten als notwendig und sinnvoll erscheinen. Im Unterschied zum März 1923, als sich viele Kommunisten einer Abenteuerpolitik widersetzten, gaben diesmal die Parteimitglieder »diesen militärischen Vorbereitungen mit ganzem Einsatz ihre ehrliche Unterstützung«, berichtete Ruth Fischer. »Niemals vorher war der Wille zu Aktionen unter deutschen Kommunisten so allgemein gewesen.« Hinzu kam die Hoffnung der deutschen Kommunisten, »die Sowjetunion werde den Aufstand unterstützen«. Die professionelle Art der Vorbereitung führte viele Kommunisten zu der optimistischen Schlußfolgerung, »daß Rußlands Hilfe diesmal sicher war«.

Ohne Kontakt zur Masse der Arbeiter trieben die Kommunisten ihre Vorbereitungen immer hektischer voran. Die neugebildeten Proletarischen oder Roten Hundertschaften führten taktische Manöverübungen durch, veranstalteten Probealarme und spezielle Lehrgänge an Waffen und Geräten.

Richard Krebs erlebte die Proletarischen Hundertschaften als aktiver KP-Funktionär in Hamburg: »Im September begann die Partei, ihre körperlich tauglichen Mitglieder in militärische Hundertschaften einzuteilen. In Hamburg bestanden elf derartige Kompanien und mehrere hundert im ganzen Reich. Jede Formation hatte fünf Züge zu zwanzig Mann. Sonntags marschierten die Hundertschaften zu militärischen Übungen hinaus in einsames Gelände. Junge sowjetrussische Offiziere, von denen die meisten deutsch sprachen, leiteten die Übungen. Fünf oder sechs solcher Offiziere waren im Gebiet von Hamburg tätig. Sie waren auf sowjetischen Schiffen als Seeleute getarnt nach Deutschland gelangt ... Unter angenommenen Namen und mit falschen deutschen Pässen lagen sie bei Parteimitgliedern im Quartier ...«

Auch ein »Kommunist der ersten Stunde«, der Tscheche Arnost Kolman (s. Kapitel II), war von der Komintern nach Deutschland geschickt worden. Als er in Berlin eintraf, war es, wie er später schrieb, »in der Stadt sehr unruhig, man sah viel Polizei«. Mit einem gefälschten deutschen Paß wurde er in einen Industriebetrieb als Zeichner eingeschleust und war an der Ausbildung der Proletarischen Hundertschaften Berlins beteiligt: »Die Übungen fanden nachts mit etwa dreihundert Arbeitern auf einem nahen unbebauten Platz statt ... Die Behörden, die vermutlich davon wußten, schlossen zeitweilig die Augen – abwartend, wie sich die Situation im Lande gestalten würde.«

Der Ungar Sandor Rado war an führender Stelle unter dem Parteinamen »Weser« für die Organisation der Proletarischen Hundertschaften verantwortlich. In seinen 1971 in Ungarn erschienenen Memoiren erinnert er sich: »Die Proletarischen Hundertschaften – bewaffnete Arbeiterabteilungen – wurden als Kern der kommunistischen Roten Armee in ganz Deutschland gebildet. In Westsachsen, Ostthüringen und der preußischen Provinz Sachsen standen fünfzehntausend gut bewaffnete Männer unter meinem Befehl. Sogar Kanonen besaßen wir, vorerst freilich versteckt ... Die Bewegung zog immer kräftigere Kreise. Einmal hielt ich in der demilitarisierten Festung Torgau buchstäblich eine Militärparade mit Tausenden von bewaffneten Arbeitern ab.« Aber bei allem Optimismus bemerkte Rado auch die Schwierigkeiten und Rückschläge:»Es begannen auch Hausdurchsuchungen und Verhaftungen.«

Die Tatsache, daß Aufmärsche und militärische Übungen der Kommunisten von der deutschen Reichsregierung weitgehend ohne direkte Gegenmaßnahmen geduldet wurden, erklärt sich im Sommer und Herbst 1923 daraus, daß gleichzeitig ähnliche Aktionen auch bei der »Schwarzen Reichswehr« und den unterschiedlichsten rechtsnationalistischen und nationalsozialistischen Formationen und Verbänden üblich waren. Für die Polizei war es unmöglich, all diese unterschiedlichen Aktivitäten zu kontrollieren oder gar zu unterbinden. Schließlich waren sogar Reichswehroffiziere an den militärischen Übungen der Nationalisten wie der Kommunisten aktiv beteiligt – bei den Kommunisten allerdings nur wenige. Karl Retzlaw erwähnt ein solches Treffen mit sympathisierenden Reichswehroffizieren im September 1923 in Jena:»Vom Bahnhof in Jena begleitete uns ein Parteimitglied zu einer Villa, in der vier Personen – drei Offiziere und Wolf-Skobelewski auf uns warteten. Die drei Offiziere stellten sich ganz unkonspirativ mit richtigen Namen und Rang vor. Die Wände des Konferenzzimmers waren mit Generalstabskarten von Nordbayern, Sachsen, Thüringen und Hessen behängt. Der Wortführer der Gruppe hatte sich als Hans von Hentig vorgestellt und hielt einen ausführlichen Vortrag über den bevorstehenden Einmarsch der bayerischen Wehrverbände mit Unterstützung von Reichswehrteilen in Thüringen und Sachsen. Dieser Vormarsch, meinte Hans von Hentig, müsse mit einem Aufmarsch der Roten Hundertschaften bei Kassel beantwortet werden. Er endete seine ausführlichen Darstellungen mit den Worten: › Unsere Verbände marschieren durch das Kasseler Loch und stehen im Rücken des Gegners, der kapitulieren muß.‹ All dies wurde mit eindrucksvoller Sicherheit vorgetragen. Wolf-Skobelewski stellte zahlreiche Fragen, und es entwickelte sich eine Diskussion über Hunderte von Einzelheiten, die bis in die Morgenstunden hinein dauerte . . .«

Retzlaw war skeptisch. Nur wenige Hundertschaften besaßen Waffen, nennenswerte Mengen davon konnten auch gar nicht mehr beschafft werden. Man mußte sie erst mit Gewalt von der Polizei und aus den Kasernen holen, während die Reichswehr von Anfang an mit ihren Waffen gezielt gegen die Proletarischen Hundertschaften vorgehen würde. Retzlaw bedeutete den Offizieren, daß ihre strategischen Erläuterungen über das »Kasseler Loch« nur »mäßig interessant« seien.

Stalins vorschneller Glückwunsch: »Die Revolution in Deutschland ist das wichtigste Weltereignis unserer Tage«

An den Zielen der KPD konnte es spätestens seit dem 10. Oktober 1923 überhaupt keinen Zweifel mehr geben. An diesem Tag veröffentlichte das Zentralorgan der KPD *Die Rote Fahne* einen Offenen Brief Josef Stalins, der seit April 1922 Generalsekretär der KP Rußlands war. Der Brief lautete: »Lieber Genosse Thalheimer! Die kommende Revolution in Deutschland ist das wichtigste Weltereignis unserer Tage. Der Sieg der Revolution in Deutschland wird für das Proletariat in Europa und in Amerika größere Bedeutung haben als der Sieg der Russischen Revolution vor sechs Jahren.

Der Sieg des deutschen Proletariats wird ohne Zweifel das Zentrum der Weltrevolution aus Moskau nach Berlin versetzen. ›Die Rote Fahne‹ kann sich zu einem ersten Erfolg gratulieren, weil sie der sichere Leuchtturm gewesen ist, welcher dem deutschen Proletariat den Weg zum Siege gezeigt und ihm geholfen hat, wieder zum Führer des Proletariats von Europa zu werden.

Von ganzem Herzen wünsche ich der ›Roten Fahne‹ neue entscheidende Erfolge in den bevorstehenden Kämpfen für die Eroberung der Macht durch das Proletariat, für die Einheit und Unabhängigkeit des im Gebären begriffenen Deutschlands. J. Stalin . . .«

Spätestens nach Veröffentlichung dieses Stalin-Briefes waren die deutschen Behörden über die Ziele der Kommunisten informiert. Am nächsten Tag wurde *Die Rote Fahne* für zwei Wochen verboten. Der Brief gibt zumindest zwei nach wie vor ungelöste Rätsel auf: Erstens hatte sich Stalin noch am 5. August gegen einen Aufstand ausgesprochen, nun aber schien er sich am stärksten für die bevorstehende Revolution zu engagieren. Zweitens mußte Stalin sich darüber im klaren sein, daß die deutsche Regierung durch seine Veröffentlichung vor bevorstehenden Aufstandsplänen gewarnt wurde. Im übrigen ist dieser Stalin-Brief als einzige Veröffentlichung in seinen *Gesammelten Werken* nicht enthalten.

Die kurzfristigen »Arbeiter-Regierungen« in Sachsen und Thüringen mit Beteiligung von Kommunisten

Ebenfalls am 10. Oktober 1923 traten, wie geplant, KP-Führer in die von dem Sozialdemokraten Erich Zeigner in Dresden gebildete sächsische »Arbeiter-Regierung« ein. Heinrich Brandler wurde als Ministerialdirektor Leiter der Staatskanzlei, Paul Böttcher Finanzminister und Fritz Heckert Wirtschaftsminister. Wenige Tage später traten die Kommunisten Karl Korsch und Alwin Tenner in die thüringische Landesregierung ein. Viele Kommunisten erwarteten jetzt sofort radikale Maßnahmen von beiden Regierungen, etwa die Staatskontrolle der Großindustrie, eine scharfe Preiskontrolle, die Beschlagnahmung des Großgrundbesitzes und ausreichende staatliche Unterstützung für die Arbeitslosen und vor allem die legale Bewaffnung der Proletarischen Hundertschaften.

Aber nichts dergleichen geschah, und die kurzfristige Beteiligung der genannten Kommunisten in den »Arbeiter-Regierungen« wird von mehreren Augenzeugen recht unterschiedlich geschildert. Manche verweisen darauf, daß unter den damaligen Bedingungen sozialistische Vorstellungen ohnehin nicht zu verwirklichen waren. Besonders hart urteilte Ruth Fischer, eine der Führerinnen der Linken in der KPD. Sie warf ihren Minister-Genossen vor, daß diese sich nur mit verwaltungstechnischen und wirtschaftlichen Fragen beschäftigt hätten: »Sie wollten vor allem einmal beweisen, wie respektabel kommunistische Minister sein können.«

Fritz Heckert soll, nach dem Bericht Ruth Fischers, vorgeschlagen haben, den königlichen Karpfenteich in Dresden leerzufischen und die Ausbeute an die Arbeitslosen zu verteilen – eine Maßnahme, die bei den hungrigen Arbeitern nur Hohn auslöste. Und Alwin Tenner habe in Thüringen eine »energische Kampagne« eröffnet – allerdings nicht gegen die Nazis, sondern gegen die Rattenplage, die den thüringischen Bauern zu schaffen machte.

In Wirklichkeit war die Tätigkeit der Kommunisten doch etwas ernsterer Natur. Die sächsische Regierung unter Erich Zeigner forderte Maßnahmen gegen die monarchistischen Verräter in der Armee. »Sachsen kämpft für Sein oder Nichtsein der deutschen Republik«, erklärte Zeigner, »die ein Anschlag der bayerischen Reaktionäre vernichten könnte.« Der linke Trend in Sachsen und Thüringen wurde von der Reichsregierung in Berlin als große Gefahr angesehen. Am 14. Oktober 1923, nur vier Tage nach dem Eintritt der Kommunisten in die Länderregierungen, erhielt Generalleutnant Alfred Müller, der Kommandeur der Reichswehr im Wehrkreis IV (Dresden), den Befehl, eine »Reichsexekutive in Sachsen und Thüringen« vorzunehmen, d. h. beide Länder durch die Reichswehr zu besetzen und anstelle der rechtmäßig gewählten »Arbeiter-Regierungen« die Regierungsgewalt des Reiches zu übernehmen. Karl Radek bat von Berlin aus in Moskau um Instruktionen, was zu tun sei. Sinowjew schickte das berühmt gewordene Telegramm:»Sofort Bewaffnung von Fünfzig- bis Sechzigtausend wirklich durchführen, General Müller ignorieren. Dasselbe in Thüringen.« Zwei Tage später, am 16. Oktober, proklamierte Generalleutnant Müller in Dresden, im Einverständnis mit dem Reichswehrministerium, daß von diesem Tag an die sächsische Polizei unter die unmittelbare Befehlsgewalt der Reichswehr gestellt sei. Am gleichen Tag sandte Generalleutnant Müller an die sächsische Regierung ein Ultimatum mit der Forderung, ab sofort seinen Befehlen Folge zu leisten. Die KPD verteilte in der Nacht vom 19. auf den 20. Oktober in einer Auflage von 150000 Exemplaren ein Flugblatt, in dem die Parteimitglieder angewiesen wurden, sich aller verfügbaren Waffen zu bemächtigen. Am 20. Oktober befahl Generalleutnant Müller die Auflösung der Proletarischen Hundertschaften, von denen das Schicksal des geplanten kommunistischen Aufstandes abhing.

Am selben Tag hielt die KPD-Zentrale in Berlin eine Besprechung über die notwendigen Maßnahmen nach dem Vorgehen Müllers ab. Ursprünglich sollte eine Reichskonferenz der Betriebsräte das Signal für den Aufstand geben. Dafür aber blieb jetzt nicht mehr genügend Zeit. Der Aufstandsplan mußte geändert, der Termin auf den nächsten Tag, den 21. Oktober, vorverlegt werden. An diesem Tag sollte eine bereits seit langem geplante Arbeiterkonferenz in Chemnitz stattfinden. Die KP-Führung beschloß, die Stimmung auf dieser Konferenz zu sondieren und im Falle eines günstigen Ergebnisses den Generalstreik auszurufen, der dann als Signal zum Aufstand dienen würde.

Die Arbeiterkonferenz in Chemnitz, Brandlers Aufruf zum Generalstreik und das»Begräbnis dritter Klasse«

Die Entscheidung über den»deutschen Oktober«, wie die geplante deutsche Revolution allgemein genannt wurde, fiel nun in Chemnitz in der Nacht vom 20. auf den 21. und im Verlauf des 21. Oktober 1923. Ruth Fischer erinnerte sich:»Hinter den Kulissen arbeiteten die kommunistischen Organisatoren geradezu fieberhaft. Radek war in Chemnitz, ebenfalls Skobelewski mit seinem großen Stab technischer Sachverständiger. Gerade vor Beginn der Konferenz trat die Siebener Kommission zusammen zur Besprechung von Sinowjews Telegramm,

Müllers bevorstehenden Einmarsch in Sachsen und der geplanten Bewaffnung von sechzigtausend sächsischen Arbeitern.«

An der Arbeiterkonferenz, die am 21. Oktober 1923 begann, nahmen über 450 Vertreter der Arbeiterorganisationen aus ganz Deutschland teil, darunter etwa hundertfünfzig Delegierte von Betriebsräten, etwas über hundert Vertreter von Gewerkschaften, sechzehn Vertreter von Arbeitslosen, sechsundzwanzig Delegierte der Konsumvereine, rund hundert Vertreter von Ortsorganisationen der Gewerkschaften, fünfzehn Vertreter von Aktionsausschüssen sowie mehrere Vertreter von der SPD, der KPD und USPD. Hauptredner waren der sozialdemokratische Arbeitsminister der sächsischen Regierung, Ernst Graupe, und die beiden kommunistischen Minister Böttcher und Heckert. Das Hauptthema der Konferenz waren die Lebensmittelknappheit, die katastrophale finanzielle Lage, das Elend der Arbeitslosen sowie die Gefahr einer Militärdiktatur.

Mitten in der Konferenz ergriff der damalige KPD-Vorsitzende Heinrich Brandler das Wort und forderte angesichts des Einmarsches weiterer Reichswehreinheiten in Sachsen die sofortige Ausrufung eines Generalstreiks; er verlangte, daß die Konferenz über diesen Punkt unverzüglich abstimme. Aber »seine Rede war schwunglos«, notierte Augenzeugin Ruth Fischer. Wie auch immer, Brandlers Aufruf zündete nicht, die Delegierten waren offensichtlich nicht gewillt, einen Generalstreik mitzutragen, Brandler stieß auf eisiges Schweigen. Nach ihm erhob sich Ernst Graupe und drohte, er und seine Freunde von der SPD würden die Sitzung sofort verlassen, falls Brandlers Aufruf in einer Abstimmung angenommen würde.

Brandler berichtete ein Jahr später auf dem Fünften Komintern-Kongreß, daß in Chemnitz zu »neunzig Prozent lauter gute Proletarier versammelt (waren) . . ., die schon wiederholt gekämpft haben, nicht mit dem Maul, sondern mit der Waffe«, daß er aber mit seinem Streik-Aufruf auf eine Versammlung gestoßen sei, die »das Gegenteil von Kampfstimmung« gezeigt habe. Jedenfalls war die Konferenz in Chemnitz, wie ein KP-Funktionär es ausdrückte, ein »Begräbnis dritter Klasse«. Am gleichen Tag marschierten Reichswehrtruppen mit Musikzügen, wehenden Fahnen und scharfgeladenen Gewehren durch sächsische Städte. Zwar war die Mißstimmung bei einem Teil der sächsischen Arbeiter sehr stark, sie reichte aber keineswegs zu weitreichenden revolutionären Gegenaktionen aus. Die Reichswehr besetzte die öffentlichen Gebäude und strategischen Punkte, die kommunistischen Zeitungen wurden verboten, Hunderte von Parteimitgliedern verhaftet. Dies war das Ende der zehn Tage dauernden »Arbeiter-Regierungen« in Sachsen und Thüringen.

Kuriere sagen den Aufstand ab –
ausgenommen in Hamburg

Auf einer kurz nach dem Ende der Arbeiterkonferenz einberufenen geheimen Sitzung der KPD-Führung in Chemnitz, an der neben Mitgliedern der Zentrale auch die russischen Berater teilnahmen, kamen die Anwesenden überein, daß man unter den gegebenen Umständen in Deutschland keinen Aufstand riskieren dürfe. Im ganzen Lande warteten aber in der Nacht vom 21. auf den 22. Oktober die aktiven Kommunisten und die Proletarischen Hundertschaften auf den Befehl zum Losschlagen. Der Ungar Sandor Rado, damals operativer Leiter für die Hundertschaften in Westsachsen, Ostthüringen und der preußischen Provinz Sachsen, erinnerte sich an diese Nacht. »Im versiegelten Umschlag erhielt ich den Befehl des Revolutionskomitees, den ich nicht eher öffnen durfte, bis der Kurier aus Chemnitz eingetroffen war ... Nachts um halbeins traf der Kurier mit dem Befehl ein, der Aufstand sei abzublasen. An den illegalen Versammlungsorten warteten zu dieser Zeit bereits mehrere tausend Mitglieder der Proletarischen Hundertschaften mit Waffen in der Hand auf das Signal. Ich mußte die Nachricht von einem Ort zum andern weitertragen und die Männer statt in den Kampf nach Hause schicken. Diese Nacht ist eine meiner bittersten Erinnerungen: auf die kampfbereiten Arbeiter wirkte die Nachricht wie eine kalte Dusche; sie waren äußerst empört, hier und dort hätten sie mich fast verprügelt.«

Durch mehrere Kuriere wurden in ganz Deutschland die kommunistischen Aktivisten von der Entscheidung der KP-Führung informiert, den Aufstand abzublasen. Nur die Genossen in Hamburg wurden nicht rechtzeitig informiert. Warum der Aufstand gerade in Hamburg isoliert ausbrach, darüber gibt es verschiedene einander widersprechende Berichte von Augenzeugen. Nach der Darstellung von Erich Wollenberg soll Ernst Thälmann zu früh Kuriere mit der Anweisung, loszuschlagen, entsandt haben. Noch während die KPD-Spitze in Chemnitz beriet, soll er, wie ein Teilnehmer später berichtete, aus dem Beratungszimmer gestürzt sein und die wartenden Kuriere mit dem Aufstandsbefehl auf eigene Faust losgeschickt haben: »Haut ab! Fahrt los! Geht in Ordnung!«

Walter Zeutschel berichtete ebenfalls, daß »Teddy« (Thälmann) die Kuriere mit dem Aufstandsbefehl zu früh abgesandt habe. Als dies im Beratungszimmer der KP-Führung bekannt wurde, seien alle von den Sitzen aufgesprungen und hätten sich entgeistert angestarrt. Brandler soll sofort einige ihm ergebene Leute losgeschickt haben, um die Kuriere zurückzuhalten. Dies gelang auch – bis auf die Kuriere für Hamburg und Mecklenburg. Den Kurier nach Mecklenburg fanden die Brandler-Leute noch im Wartesaal, wo er eine Tasse Kaffee trank. Als sie ihn nach dem Hamburger Kurier fragten, zeigte er auf die Schlußlichter eines Zuges. »Dort fährt er«, sagte der Genosse.

Nach der davon abweichenden Darstellung von Ruth Fischer war Hermann Remmele, ein Mitglied des Zentralkomitees, gemeinsam mit dem Hamburger Delegierten Ernst Thälmann bereits vor der Entscheidung aus Chemnitz abgereist. Sie hatten den Zug nach Hamburg genommen und waren am 22. Oktober gegen 18 Uhr bereits in Hamburg, wo sie verkündeten, der Tag für die Aktion sei gekommen. Deshalb wurde in Hamburg die sofortige Mobilisierung der Partei befohlen.

Von der Version Ruth Fischers weicht wiederum die von Karl Retzlaw ab. Er meint, da Norddeutschland infolge des Einmarsches der Reichswehr in Sachsen und Thüringen von Truppen entblößt gewesen sei, habe die Zentrale anfangs geglaubt, es sei am zweckmäßigsten, wenn man den Generalstreik vom Norden her auslöse. Deshalb schickte sie ihr Mitglied Hermann Remmele nach Kiel. Dieser hielt es jedoch für richtig, erst in Hamburg mit der dortigen Parteileitung zu sprechen. Die Hamburger Genossen überzeugten ihn dann, daß es sinnlos sei, nach Kiel zu fahren. Und in der Nacht vom 22. auf den 23. Oktober sei dann der Aufstand in Hamburg beschlossen worden.

Die Situation in Hamburg im Oktober 1923, kurz vor dem Aufstand

Die Stadt Hamburg war von der schweren Wirtschaftskrise besonders hart getroffen. Längst war es den Hamburgern zur Gewohnheit geworden, vor den Banken stehenzubleiben, um sich über den Stand des Dollars zu informieren. Jede andere Wertmessung hatte ihren Sinn verloren. Die Notenpresse der Reichsbank arbeitete fieberhaft, aber sie konnte kaum den Geldbedarf decken. Manche Fabriken druckten eigenes Geld oder zahlten ihren Arbeitern den Lohn in Gutscheinen aus.

Es kam zu Plünderungen und Übergriffen, die die Polizei kaum unterdrücken konnte. Die Polizeiwachen waren in ständiger Alarmbereitschaft. Erste Unruhen gab es bereits am Mittwoch, dem 16. Oktober, in Hamburg-Barmbek. Arbeiterinnen und Frauen kleiner Angestellter besetzten die Märkte und zwangen die den Verkauf sabotierenden Händler, ihre Waren abzugeben. Zwei Tage später demonstrierten 15000 Arbeitslose und Frauen auf dem Heiligengeistfeld. Und am Sonnabend, dem 19. Oktober, fand im Gewerkschaftshaus eine große Versammlung statt, nach der eine tausendköpfige Menge zum Rathaus zog. Von Mund zu Mund wurde die Nachricht verbreitet, daß die Reichswehr die Arbeiter in Sachsen angreife. Dadurch wuchs die Empörung unter den Arbeitern und Arbeitslosen.

Die Hamburger Sektion der KP zählte in jenen Oktobertagen 1923 14000 Mitglieder. Zehntausende Dockarbeiter standen seit Mitte Oktober im Streik. Der KP-Funktionär Walter Zeutschel erinnerte sich: »In verräucherten Hinterzimmern billiger Kneipen sitzen die Kassierer der kommunistischen Partei und schreiben, schreiben immerzu. Ein Mitgliedsbuch nach dem andern. Verdoppelt, verdreifacht, hat sich die Zahl der Mitglieder in kurzer Zeit. Man verschärft die Aufnahmeprüfung, aber der Zustrom wird nur stärker. KPD ist Trumpf. Tag und Nacht sind die kommunistischen Funktionäre auf den Beinen, nach der Arbeit einige Bissen hinuntergeschlungen und zum Parteilokal. Bis in die späten Nachtstunden hinein wird geworben, organisiert, geklebt, propagiert, geschrieben, diskutiert und exerziert.«

Der politische Leiter des KPD-Bezirks Wasserkante, Hugo Urbahns, hatte auf Grund eines Telegramms vom 1. Oktober einen Dreier-Ausschuß für die Leitung des Aufstandes eingesetzt. Nach einem vorliegenden Plan sollten die kommunistischen Aufständischen während der Nacht zum 23. Oktober Hamburg von der Außenwelt abschneiden, indem das gesamte Nachrichtenwesen lahmgelegt und alle von Hamburg wegführenden Hauptverkehrsstraßen und Eisenbahnlinien blockiert werden sollten, um zu verhindern, daß die Polizei von außen Verstärkung erhielt. Gleichzeitig sollten die Polizeireviere sowie die Reichswehrkasernen und Waffenarsenale in den Arbeitervorstädten angegriffen und besetzt werden. Die dabei erbeuteten Waffen sollten an sympathisierende Arbeiter verteilt werden. Schließlich sollten die durch die bewaffneten Arbeiter der Vorstadtbezirke verstärkten kommunistischen Stoßtrupps in die Hamburger Innenstadt vordringen, um dort den Gegner endgültig zu entwaffnen. Gemäß dem Plan hatten die Distriktleiter den Auftrag erhalten, am 23. Oktober 1923 um fünf Uhr früh einen überraschenden Angriff auf die Polizeiwachen und Kasernen zu starten.

Am Abend des 22. Oktober, gegen 22 Uhr, marschierten die Aktionstrupps zu ihren Einsatzplätzen. Ein Mitglied der damaligen militärischen Leitung in Hamburg, Philipp Dengel, erklärte seinen Leuten: »Diese Nacht fängt es in Deutschland an zu brennen. Die Ortsgruppen sind verpflichtet, sich in den Besitz des Ortes zu bringen. Da militärische Anmärsche vermutet werden, sind die Zugangsstraßen durch Aufreißen und Fällen von Bäumen zu sperren.« Die vorbereitenden Aktionen erfolgten so geheim, daß die Polizei vom tatsächlichen Beginn des Aufstandes am Morgen des 23. Oktober völlig überrascht wurde. Der damalige sozialdemokratische Polizeisenator Hamburgs, Hense, schrieb später, es sei schrecklich gewesen, »da es die Kommunisten diesmal, im Gegensatz zu allen früheren Putschen, verstanden haben, ihre langen und ernsthaften Vorbereitungen so geheim durchzuführen, daß kein einziger Ton zu unserer Kenntnis gelangt war«.

Larissa Reissner, die unmittelbar nach dem Aufstand in Hamburg eintraf und mit vielen der Teilnehmer sprach, berichtete vom frühen Morgen des 23. Oktober: »Eine menschenleere Straße, ein schlafendes Haus, eine schwüle Wohnung. Ein Heim des ärmsten Arbeiters. Er steht auf, zieht sich an, ohne zu fragen, wozu und wohin, ohne einen Augenblick zu zögern. Ein ruhiger Händedruck – und die glimmende Zigarette entfernt sich langsam in der Dunkelheit. Ein anderer Winkel – in einem Arbeiterviertel. Die Frau öffnet die Tür, hilft dem Mann, die Sachen zusammenzubringen, leuchtet mit einem Lichtstummel über den Küchentisch, auf dem der Startplan ausgebreitet liegt. Sie nimmt sich lange zusammen und tief klingt es, mit einem Gefühl der großen Befreiung, als sie sagt: ›Endlich geht's los!‹

In der dritten Behausung sagt die Frau zu ihrem Mann, der nicht schnell genug fertig wird: ›Nu mok di man fertig!‹ ...«

»Töten, bevor wir getötet würden ...«: der Sturm auf die Hamburger Polizeireviere

Am Morgen des 23. Oktober 1923 sammelten sich in Hamburg die Stoßtrupps an den vereinbarten Plätzen. Nahezu unbewaffnet mußten sie zum Handstreich gegen die Polizei antreten. Manche verloren den Mut, einige gingen nach Hause. Aber die Mehrheit blieb. Gegen fünf Uhr erfolgten schlagartig die Überfälle auf eine Anzahl Polizeireviere

in den Stadtbezirken Barmbek, Wandsbek, Hamm, St. Georg, Schiffbek, Eimsbüttel und Hummelsbüttel. Nach wenigen Stunden hatten
die Aufständischen siebzehn von insgesamt sechsundzwanzig ange-
griffenen Polizeirevieren im Sturm genommen.

Der Kommandeur eines kommunistischen Stoßtrupps schrieb darüber später: »In den kurzen Morgenstunden lag die Stadt ruhig da. Wir
versammelten uns im Dunkel eines kleinen Parks. Zwei Kuriere brachten die sechs Gewehre aus dem Versteck. Sie wurden an jene verteilt,
die Schießerfahrungen von vorhergehenden Gefechten hatten. Wir waren jetzt 27 Mann stark, zwei Mädchen eingerechnet, die Jod, Ver-
bandszeug, Scheren und Knüppel hatten. Niemand sprach ein unnöti-
ges Wort. Unsere Aufgabe war der Überfall auf das Polizeirevier 42.
Wir gingen in zwei Einerreihen zu beiden Seiten der Straße vor und benutzten die Häuser als Deckung. Von einer öffentlichen Sprechstelle
aus rief ich das Polizeirevier an. ›Kommt schnell‹, telefonierte ich. ›Es
sind drei Einbrecher hier in einem Güterschuppen.‹ Ich gab die
Adresse einer weit entfernten Stelle des Bezirks von Eimsbüttel an. Das
würde einen Teil der Polizeikräfte auswärts binden. Ich ließ meine Abteilung einen Häuserblock vor dem Revier anhalten. Wie Geister verschwanden wir in den Hauseingängen. Ich sandte einen Jugendlichen
voraus, der in das Revier hineingehen sollte . . . Der junge Kamerad
kam bald mit der Nachricht zurück, daß fünf Schutzleute im Revier
seien. Drei von ihnen hatten die Koppeln mit den Pistolen an die Wand
gehängt und spielten Karten . . . Von zwei Seiten schwenkten wir ein.
In jenem Augenblick wünschte ich mich weit weg, draußen auf das
Meer, auf irgendeinem Schiff; andere erzählten mir später, daß sie das
gleiche Gefühl hatten. Aber jeder von uns schämte sich, jetzt nicht
mitzumachen. Wir stürzten uns auf das Reviergebäude mit der Absicht, zu töten, bevor wir getötet würden. Der Angriff ging nicht ohne
Verluste ab. In der Aufregung feuerte einer hinter mir seine Pistole in
die Luft ab und schrie. Dadurch wurden die Schutzleute gewarnt. Ein
Fenster wurde aufgestoßen. Das Licht im Revier ging aus. Die Waffen
bellten und löschten jeden Gedanken aus. Ich sah zwei von meinen
Kameraden fallen. Der eine wimmerte ein Zeitlang wie ein überfahre-
ner Hund. Gegen die Wand eines kurzen Flurs, der von zwei Wach-
räumen flankiert war, standen zwei Schutzleute. Ein gelber Feuer-
strahl kam aus ihren Händen. Ein junger Packer in seinem geflickten
grauen Sweater zog nahe am Eingang eine Handgranate ab. ›Weg da!‹
sagte er heiser. Dann zählte er schreiend: ›Einundzwanzig . . . zwei-
undzwanzig . . .‹ Sechs oder sieben von uns kauerten zu beiden Seiten

des Eingangs. Die Handgranate explodierte, und der Flur war frei. Noch mit dem Knall der Explosion in den Ohren sprangen wir vorwärts ...«

Der Überfall gelang. Die Aufständischen fesselten die Schutzleute mit ihren eigenen Handschellen aneinander. Im Polizeirevier erbeuteten sie ein Dutzend Gewehre, dreißig Schuß Munition, eine gleiche Anzahl von Dienstpistolen und ein Maschinengewehr. Die Waffen wurden an herbeigeeilte Arbeiter übergeben.

Natürlich gelangen solche Angriffe nicht überall. Vor allem ein besonders wichtiger Polizeistützpunkt, die Doppelwache 46 an der Von-Essen-Straße, wurde nicht genommen – aber die Aufständischen konnten noch hoffen. Die Anfangserfolge schienen der Beginn eines erfolgreichen Aufstandes zu sein.

Die ersten Enttäuschungen

Aber trotz der ersten Erfolge zeigte die Hamburger Bevölkerung keine Sympathien für die Aufständischen. Nicht einmal die streikenden Werftarbeiter unterstützten sie.

Am Vormittag entsandten die KPD-Stadtteilleitungen viele KP-Mitglieder zu den Stadtbahnhöfen, Straßenbahnhaltestellen und Betrieben, um die Werktätigen zur Unterstützung des Aufstandes zu ermuntern. Die Züge der Straßen-, Stadt- und Vorortbahnen wurden angehalten. Die Agitatoren riefen den »Generalstreik« aus. Die Arbeiter wurden aufgefordert, nicht zur Arbeit in ihre Betriebe zu gehen. Einige freuten sich und meinten, die Revolution sei da, andere versammelten sich unschlüssig vor ihren Betrieben, manche gingen einfach nach Hause.

»Tausende gingen jeden Tag an den Kämpfenden vorüber«, berichtete später Clara Zetkin, »Tausende und Abertausende von Streikenden. Sie trugen – so wird versichert – die Sympathie für die Kämpfenden im Herzen ... aber sie selbst hatten die Hände in ihren Hosentaschen.«

Noch aber hofften die Aufständischen in Hamburg, daß in allen anderen Städten des Reiches ebenfalls gekämpft würde. »Ich hätte gern gewußt, was die Partei in Berlin, in Sachsen, in Schlesien und anderswo tat«, vermerkte später Richard Krebs. »Wie meine Genossen hielt ich es für absolut sicher, daß die Roten Hundertschaften in ganz Deutschland angetreten waren.«

Dann aber sickerte am Abend des 23. Oktober durch, daß der Aufstand in allen übrigen Städten und Gebieten Deutschlands inzwischen abgesagt worden war. Anfangs glaubten die Aufständischen diese Meldung nicht, doch bald gab es keinen Zweifel mehr, daß sie allein kämpften. Die Enttäuschung darüber nahm manchmal tragische Formen an. Im Stadtteil Hamm erbeuteten die Aufständischen einen mit Zeitungen vollbeladenen Lastwagen. Erregt rissen sie die festgebundenen Zeitungsbündel auf, wühlten in den neuesten Ausgaben des *Hamburger Fremdenblatts,* suchten verzweifelt – konnten das aber nicht finden, worauf sie warteten: die Nachricht von der deutschen Revolution, von der Errichtung einer deutschen Sowjetrepublik:»Einer der Aufständischen warf fluchend die Zeitung beiseite und ergriff eine neue. Ein anderer las die Zeitung und wurde weiß im Gesicht. Er weigerte sich, dem gedruckten Wort zu glauben und schüttelte verächtlich den Kopf. ›Natürlich, versteht sich ja. Die Zeitung lügt. Sie verschweigt absichtlich den siegreichen Aufstand in Berlin, Sachsen und überall. Es ist ja gar nicht anders möglich.‹ Dann warfen die Aufständischen die Zeitungsbündel auf den Asphalt und zündeten sie an.«

Die Barrikadenkämpfe am 23. und 24. Oktober 1923

Die schwersten Kämpfe fanden in den Stadtteilen Barmbek und Schiffbek statt. Im dichtbevölkerten Südbarmbek war ein enges Barrikadennetz errichtet worden. Ein Teil der Aufständischen hatte sich hinter den aufgetürmten Barrikaden aus Steinen, Bäumen, Bänken, Wagen und anderen Geräten postiert. Die Mehrzahl der Aufständischen, die nicht einmal hundert Gewehre und nur wenig Munition zur Verfügung hatten, hatte hinter den Fenstern der ersten Stockwerke, auf Dächern und Dachböden, hinter Bodenluken, Häusernischen, Kellerfenstern und sonstigen Schlupfwinkeln Stellung bezogen. Den ganzen 23. Oktober über gelang es der Polizei nicht, den Aufstand in Barmbek niederzuschlagen.

Neben Barmbek befand sich auch Schiffbek fast vollständig in der Hand der bewaffneten kommunistischen Aufständischen. In Schiffbek, einem Industrievorort Hamburgs mit starkem polnischem Bevölkerungseinschlag, wurden sogar erste Maßnahmen für eine revolutionäre Machtübernahme getroffen. Rings um Schiffbek wurden Barrikaden und Schützengräben errichtet, um den zu erwartenden Angriff der Polizei abzufangen. Auf den Straßen patrouillierten Streifen der bewaffneten Arbeiter. Junge Arbeiter wurden mit dem Gebrauch der Waffen vertraut gemacht. In der besetzten Druckerei der Ortszeitung druckte man – allerdings nur in wenigen hundert Exemplaren – einen Aufruf: »An die Bevölkerung des Amtsbezirkes Schiffbek! In ganz Deutschland ist die Arbeiterschaft in den Kampf um die Macht angetreten. In großen Teilen Deutschlands ist die Macht in den Händen der Arbeiter. Auch in Schiffbek befindet sich die Macht in den Händen der Arbeiterschaft . . .«

Der Aufruf forderte alle Personen, die im Besitz von Waffen und Munition waren, auf, diese bis 17 Uhr beim Vollzugsausschuß abzuliefern. Gleichzeitig wurden alle wehrfähigen Arbeiter aufgefordert, sich am proletarischen Selbstschutz zu beteiligen und sich dafür bis nachmittags 16 Uhr in der Wache, Hamburger Straße 23, zu melden. Der Aufruf schloß mit den Worten: »Arbeiter und Arbeiterinnen! Schließt Euch zusammen zum Schutz des Arbeiterstaates Deutschland. Es lebe Sowjetdeutschland! Es lebe das Bündnis der Sowjetstaaten der Welt! Es lebe die Weltrevolution! Schiffbek, den 23. Oktober 1923. Der provisorische Vollzugsausschuß.«

Am 24. Oktober, dem zweiten Tag des Aufstandes, begann sich das Blatt zu wenden. Am frühen Morgen legte der Kreuzer »Hamburg« im Hamburger Hafen an; Marinetruppen wurden mit Lastkraftwagen nach Barmbek gebracht. Auch Polizeitruppen gingen zum Gegenangriff über und überschütteten die Barrikaden in Barmbek mit einem Feuerhagel. Die Gewerkschaften erließen einen Aufruf, in dem der Aufstand als Verbrechen an der Arbeiterschaft bezeichnet und die Arbeiter und Angestellten gewarnt wurden, der Generalstreik-Parole der KPD Folge zu leisten.

Die Kämpfe gingen weiter, aber die schlechte Ausrüstung der Aufständischen machte sich immer deutlicher bemerkbar. Am Vormittag des 24. Oktober wurde in Altona auf dem Güterbahnhof eine Kavallerieabteilung der Reichswehr ausgeladen, die sofort in Marsch gesetzt wurde. Im Hafen von Hamburg lief ein Torpedoboot ein, um an der Niederschlagung des Aufstandes mitzuwirken. Eine Reichswehrabteilung traf aus Lübeck mit Kraftfahrzeugen ein.

Nachdem in der Öffentlichkeit seit dem 24. Oktober überall bekannt war, daß die Hamburger Kommunisten allein kämpften und sonst in ganz Deutschland Ruhe herrschte, mußte die Leitung des Hamburger Aufstandes den Rückzugsbefehl geben. Doch dies war, wie Larissa Reissner berichtete, keineswegs einfach: »Den ersten Kurier, der den Rückzugsbefehl auf die Barrikaden brachte, warf man mit einer gewaltigen Ohrfeige zu Boden. Es war ein alter, ehrlicher Arbeiter, der während des ganzen Aufstandes zusammen mit seiner Familie den gefahrvollen Kurierdienst geleistet hatte. Dieser Genosse wurde blutrot, wie seine zerschlagene Wange, wenn er an diese Ohrfeige zurückdachte, die er so unverdient von seinen Genossen erhalten hatte. Das ganze Arbeiter-Hamburg griff sich, wie er, an die Wange und biß die Zähne im Schmerz zusammen, als es den Befehl erhielt, den Aufstand zu liquidieren.«

Die Niederlage des Hamburger Aufstandes: »Gebrochen, beschmutzt und enttäuscht«

Gegen 16 Uhr traf am 24. Oktober ein Kurier der KPD bei den Aufständischen mit dem Befehl ein, den Kampf sofort abzubrechen. Angesichts des ungebrochenen Kampfwillens der Aufständischen wagte er nicht, diese Anweisung offen auszusprechen. Erst in einer internen Sitzung mit den Abschnittsleitern teilte er den wahren Sachverhalt mit: »Die Parteileitung hat befohlen, den Kampf abzubrechen. Die Reichswehr schließt ganz Hamburg ein, so daß jeder weitere Kampf sinnlos ist, vor allem auch, weil die Arbeiter anderer Teile Deutschlands nicht losgeschlagen haben.«

Es begann der Rückzug der Aufständischen. »Man zog sich mit Waffen zurück, nahm Verwundete und Tote mit sich, verwischte alle Spuren hinter sich, zerstreute sich nach und nach in den still gewordenen Vorstadtstraßen. Dieser planmäßige Rückzug vollzog sich unter der Deckung von Schützen, die auf allen Dächern postiert waren.«

Mit dem Einbruch der Nacht vom 24. auf den 25. Oktober ließ die Aktivität der Aufständischen ganz nach. In Barmbek beschlossen sie, bis zur völligen Dunkelheit zu warten und sich dann langsam aufzulösen, um jedem Kämpfer das Entkommen zu ermöglichen. Planmäßig verließen die Schützen paarweise die Stellungen und gingen auf Umwegen in die Stadt zurück, während die Zurückbleibenden ihr Feuer zur Täuschung der Polizei steigerten. Auch Anzeichen von Verzweiflung und Demoralisierung wurden beobachtet. »Da und dort warf ein Kommunist seine Waffe weg und lief davon. Andere folgten seinem Beispiel, und schließlich ließen alle die Waffen im Stich und rannten. Wie gejagte Hasen liefen wir nach allen Richtungen auseinander«, erinnerte sich Richard Krebs. »Fliehende Kommunisten fragten einander: ›Wo konzentrieren wir uns wieder? Wo ist das Kommando?‹–›Weiß nicht‹, war die immer wiederkehrende Antwort . . .«

Am Donnerstag, dem 25. Oktober, dem dritten Aufstandstag, löste sich der Kampf in eine Vielzahl kleinerer Gefechte auf. Wie am Tage zuvor, versuchten die Kämpfenden durch ständigen Stellungswechsel den Vormarsch der Polizei zu erschweren. Die Polizei machte Jagd auf Dachschützen, brach in Arbeiterwohnungen ein, durchwühlte sie nach Waffen und Munition, verhaftete Arbeiter, die ihr verdächtig erschienen, besetzte kommunistische Versammlungslokale.

Richard Krebs berichtet, daß noch nach dem dritten Tag des Aufstandes die ganze Nacht hindurch Gewehrfeuer und einzelne Schüsse und sogar Maschinengewehrfeuer zu hören waren. Aber dann war alles vorüber: »Jeder Widerstand war sinnlos geworden. Wir hatten keine Führer. Die Demoralisierung setzte ein. Isolierte Einheiten von Rebellen, die aus purem Eigensinn weiterkämpften, vielleicht aber auch aus Verlangen nach Rache, zogen sich nach Lübeck zurück. Die Mehrzahl aber, gebrochen, beschmutzt und enttäuscht, fiel ab, einer den anderen im Stich lassend, um sich selbst zu retten.« Der Aufstand war zusammengebrochen – und mit ihm der »deutsche Oktober« 1923.

Die KPD in der Illegalität

Nach der Niederlage des Hamburger Aufstandes befand sich die dortige KPD faktisch in der Illegalität. Die Polizei machte bei allen bekannten Funktionären Haussuchungen. Fast sämtliche aktiven Kommunisten mußten sich vor dem Zugriff der Polizei verborgen halten. Für den Übergang zur Illegalität waren, wie Zeutschel berichtet, jedoch keinerlei Vorbereitungen getroffen. Die Barrikadenkämpfer konnten die Stadt nicht verlassen, die wenigsten hatten ein sicheres Versteck. Sie irrten tagsüber auf den Straßen Hamburgs umher und nächtigten in Treppenhäusern und Baubuden. Die eingeschriebenen KP-Mitglieder mußten befürchten, von den Nachbarn an die Polizei verraten zu werden. Am 24. Oktober waren in einer bürgerlichen Zeitung die Sätze zu finden: »Die Zahl der Gefangenen beträgt mehrere Hundert, läßt sich zur Zeit aber noch nicht genau feststellen . . . Vor einem außerordentlichen Gericht werden sich die an den Unruhen Beteiligten zu verantworten haben.«

Nach der Niederwerfung des Hamburger Aufstandes wurde auch Thüringen von der Reichswehr besetzt und die dortige »Arbeiter-Regierung« abgesetzt. Die Proletarischen Hundertschaften leisteten wenig Widerstand. Sie wurden aufgelöst, ihre Führer größtenteils verhaftet. Zunächst gab es noch gelegentlich Hungerdemonstrationen, lokale Streiks und Zusammenstöße mit der Polizei, aber keinen zusammenhängenden Widerstand mehr. Dann, in der zweiten Novemberhälfte 1923, waren die ersten Zeichen einer Stabilisierung der Wirtschaft in Deutschland zu bemerken. Seit dem 20. November entsprach eine neue Rentenmark einer Billion Papiermark.

Am 23. November wurde die KPD verboten. Die Jagd nach den kommunistischen Funktionären hatte schon nach dem Hamburger Aufstand begonnen; sie wurde jetzt verstärkt fortgesetzt. Bald saßen mehr als 8000 Parteimitglieder in Gefängnissen und Zuchthäusern. Karl Retzlaw bemerkte dazu: »Nach dem Debakel bestand meine Tätigkeit wieder darin, Verstecke für die leitenden Funktionäre zu suchen, Sitzungen zu sichern, Verbindungen wieder herzustellen.«

Der KPD-Vorsitzende Heinrich Brandler wurde steckbrieflich verfolgt, aber es gelang ihm, nach Moskau zu entkommen. In der KPD hatte er von nun an jeden Einfluß verloren. Auf dem illegal abgehaltenen Parteitag der KPD im März 1924 in Frankfurt/Main stimmte nicht ein einziger Delegierter mehr für ihn. Hans Kippenberger, der Organisator des Hamburger Aufstandes, konnte sich nach dem Abbruch des Kampfes verbergen. Er wurde später Leiter des illegalen Apparates der KPD, flüchtete nach 1933 in die Sowjetunion und wurde während der Stalinschen Säuberung Mitte der dreißiger Jahre verhaftet und erschossen.

Nach dem Verbot der KPD wurden alle in Deutschland arbeitenden ausländischen Kommunisten von der Komintern abberufen. Der Tscheche Arnost Kolman bekam einen sowjetischen Paß und reiste als Mitarbeiter der Handelsvertretung, die nach Moskau zurückkehrte. »Im Dezember 1923 traf ich in Moskau ein und wurde wieder der Agitationsabteilung der Komintern zugeordnet. Ich erhielt ein Zimmer im Hotel Lux, dem Komintern-Wohnheim. Auf demselben Korridor wie ich wohnten noch Palmiro Togliatti und Sen Katayama, der Begründer der KP Japans.«

Wie die Stimmung in der illegalen KP nach dem Debakel von Hamburg war, beschrieb Ruth Fischer: »Mit der Hamburger Niederlage und dem Verbot der Kommunistischen Partei kam die gesamte militärische Geheimtätigkeit zum Stillstand. Die militärischen Ratgeber aus dem Osten verschwanden, und der übliche Parteibetrieb wurde vom Zentralkomitee wieder aufgenommen und um Agitationsaufgaben gruppiert. Der Befehl, die geheime Mobilisierung der Partei abzulassen, stieß auf einen leidenschaftlichen Ausbruch von Zorn und Mißtrauen. Monatelang hatte der kleine Mann in der Partei außerhalb seiner täglichen Gewohnheiten gelebt, hatte große Opfer gebracht, in dem Glauben, daß er morgen oder übermorgen seinen Posten in einer vollkommen umgewandelten deutschen Republik antreten werde. Die Parteimitglieder, die in dem Grundsatz gedrillt worden waren, daß Mangel an ›richtiger Führung‹ die Errichtung einer Arbeiterrepublik verhindert hatte, wandten sich wie ein Mann gegen Brandler, den Parteiführer. Rußland war weit entfernt.«

Zum internationalen Aspekt der Niederlage des »deutschen Oktober« bemerkt Arnost Kolman: »Dies war eine Niederlage nicht nur der KPD, sondern auch der Komintern und der ganzen Konzeption Lenins vom nahen Sieg der Weltrevolution. Gerade auf Deutschland waren die größten Hoffnungen gesetzt worden.« Daß diese Niederlage vor allem auch eine Niederlage der Kommunistischen Internationale und ihres Führers Grigorij Sinowjew war, erkannte Walter G. Krivitski, ein junger Nachrichtenoffizier der Roten Armee: »Nach nahezu sechs Jahren konnte die Kommunistische Internationale nicht einen Sieg buchen, der den ungeheuren Verbrauch an Geld und Menschenleben hätte rechtfertigen können. Tausende von Komintern-Parasiten standen auf den Lohnlisten der Sowjets. Sinowjews Stellung innerhalb der bolschewistischen Partei begann langsam zu wackeln.« Und er fügte hinzu: »Als wir sahen, wie die Aktion der Komintern zusammenbrach, sagten wir uns: Retten wir, was nur von der deutschen Revolution gerettet werden kann. Wir holten uns die besten Männer, die durch den Nachrichtendienst der Partei und im Zersetzungsdienst geschult waren, und ordneten sie in den militärischen Nachrichtendienst der Sowjets ein. Aus diesem Überbleibsel der kommunistischen Revolution schufen wir in Deutschland für Sowjetrußland einen glänzenden Geheimdienst, zum Neid jeder anderen Nation.«

XII.

Niederlagen der Kommunisten in Bulgarien, Polen und Norwegen: Die Sowjetunion bleibt allein

1923, ein Schicksalsjahr der Kommunistischen Internationale

Das Jahr 1923 war für die Komintern ein Schicksalsjahr. In diesem Jahr erlitt sie entscheidende Niederlagen in Bulgarien, Deutschland, Polen und Norwegen. Zwar war die Niederschlagung des »deutschen Oktober« am gravierendsten, noch schwerwiegender wog jedoch die Summierung der Mißerfolge in einem Jahr. Die Ereignisse verliefen etwa gleichzeitig. In Bulgarien war der Höhepunkt um den 21. und 22. September, in Deutschland um den 21./22. Oktober, in Polen und Norwegen Anfang November 1923 erreicht.

Die KP Bulgariens und der »Putsch von rechts«

Anfang der zwanziger Jahre war die KP Bulgariens – neben den jugoslawischen und norwegischen Kommunisten – die einzige Kommunistische Partei, die in der Arbeiterbewegung ihres eigenen Landes eine wichtige Rolle spielte.

Nach der regierenden »Bauernpartei« war sie im Frühjahr 1923 die zweitstärkste Partei des Landes; bei den Parlamentswahlen im April 1923 erhielt sie 204 000 Stimmen (von insgesamt 1 067 000). In dem relativ kleinen Land besaß sie 93 000 Mitglieder, beherrschte die Gewerkschaftsbewegung und eine Vielzahl von Zeitungen.

Diese Stärke der bulgarischen KP hatte historische Ursachen. Ebenso wie in Rußland hatte sich auch in Bulgarien die sozialistische Bewegung bereits 1903 in einen revolutionären Flügel, den sogenannten »Engherzigen«, und einen reformistischen Flügel, den »Weitherzigen«, aufgespalten. Bei Kriegsausbruch votierten dann die »Engherzigen« gegen den Eintritt Bulgariens in den Krieg, die »Weitherzigen« unterstützten ihn. Gegen Ende des Krieges wurden die »Engherzigen« Kriegsgegner zur stärksten Kraft in der gesamten bulgarischen Arbeiterbewegung.

Nach dem militärischen Zusammenbruch im September 1918 wurde das Land von einer progressiven Regierung unter der Führung des Ministerpräsidenten Stambuliski regiert. Stambuliski, seit 1908 Mitglied des bulgarischen Parlaments, hatte dort für eine demokratische Verfassungsreform gekämpft und war deshalb in Konflikt mit der konservativen Regierung geraten. Während des Ersten Weltkrieges wegen seiner Ablehnung des Krieges von einem Standgericht zu lebenslänglichem Kerker verurteilt, im September 1918 aus der Haft entlassen, gewann er mit dem von ihm geführten »Bauernbund« bei den ersten Wahlen nach dem Kriege die absolute Mehrheit.

Unter der Führung Stambuliskis waren von 1919 bis 1923 eine Reihe wichtiger demokratischer Reformen in Bulgarien durchgeführt worden, vor allem eine weitreichende Bodenreform; auch die Arbeiterbewegung erhielt einen breiten Spielraum zur Organisation und Agitation. Neben dem »Bauernbund« waren die »Engherzigen«, die sich 1919 als Kommunistische Partei Bulgariens konstituierten und der Komintern anschlossen, zur zweiten linken Kraft geworden.

Stambuliski geriet Anfang 1923 im Zuge seiner Reformen in zunehmenden Konflikt mit der konservativen Bourgeoisie und nationalistischen Offizieren. Deshalb befürwortete er eine Koalition des Bauernbundes mit der in der Arbeiterschaft verwurzelten Kommunistischen Partei und lud die KP zur Mitarbeit in der Regierung ein. Aber das Unerwartete, ja Groteske geschah:

Das Bündnis-Angebot Stambuliskis wurde im Mai 1923 von den bulgarischen Kommunisten abgelehnt. Der Bauernbund, so behaupteten die bulgarischen Kommunisten in absoluter Verzerrung der Wahrheit, sei lediglich eine Interessenvertretung der ländlichen Bourgeoisie und Stambuliski sei »ein blindes Werkzeug des Entente-Imperialismus«. Die KP Bulgariens blieb in der Opposition.

Am 9. Juni 1923 kam es zu einem Rechtsputsch in Bulgarien. Bürgerliche Rechtsparteien und nationalistische Offiziere übernahmen die Macht, die Minister der Stambuliski-Regierung wurden verhaftet, Stambuliski selbst ermordet. An seine Stelle trat eine Rechtsregierung unter Alexander Zankoff. Im Verlauf des Putsches der Rechten erklärte die KP Bulgariens ihre »Neutralität«. Der Kampf zwischen dem Bauernbund und den Rechten sei, so erklärte sie, »ein Kampf um die

Macht zwischen der ländlichen und städtischen Bourgeoisie, an dessen Ausgang die Arbeiterschaft kein Interesse hat«. Nur in der Stadt Plewna erhoben sich die Kommunisten gegen den rechten Staatsstreich und wurden prompt von der Parteiführung dafür scharf kritisiert. »Die Massen der städtischen Arbeiter«, so schrieb Kabaktschieff, einer der bulgarischen KP-Führer, mit kaum verhaltener Genugtuung, »betrachten den Coup gleichgültig oder selbst mit einer gewissen Erleichterung«.

Drei Tage nach dem bulgarischen Staatsstreich trat das EKKI in Moskau zusammen. Es war höchst beunruhigt über die absurde Politik der bulgarischen KP. Sinowjew und Radek forderten die KP Bulgariens auf, sich mit dem Bauernbund »im gemeinsamen Kampf gegen die Weißen zu verbünden«. Es handle sich, so erklärte das EKKI am 23. Juni 1923, nicht um einen Kampf zwischen zwei Cliquen der Bourgeoisie. Dies sei vor allem angesichts der blutigen Verfolgung der Arbeiterorganisation unter dem Regime Zankoffs unverkennbar. Die Führung der bulgarischen KP blieb jedoch bei ihrer falschen Analyse. Es war dies einer der seltenen Fälle in der Geschichte der Komintern, in dem die Partei eines Landes im Unrecht, die Moskauer Komintern-Führung dagegen im Recht war.

Wasil Kolaroffs Mission und der gescheiterte Generalstreik

Das EKKI ging noch mehrere Schritte weiter und wies nun die KP Bulgariens an, die Rechtsregierung Zankoffs durch einen bewaffneten Aufstand zu stürzen und in Bulgarien eine »Arbeiter- und Bauernregierung« zu errichten.

Zu diesem Zweck wurde Wasil Kolaroff nach Bulgarien entsandt. Kolaroff, damals 46, war der Sohn eines Schuhmachers, hatte in seiner Jugend Rechtswissenschaften in Genf studiert und gehörte seit 1897 der bulgarischen Sozialdemokratie und seit 1903 den »Engherzigen« an. Er war seit 1913 sozialistischer Abgeordneter im bulgarischen Parlament gewesen und hatte im September 1915 an der Zimmerwalder Konferenz teilgenommen. Bei der Gründung der bulgarischen KP im April 1919 war er Sekretär des Zentralkomitees. Seit Anfang 1921 war er als hoher Komintern-Funktionär in der Sowjetunion tätig und auf dem Vierten Weltkongreß zum Mitglied des Präsidiums und in das Sekretariat der Komintern berufen worden. Im Juni 1923 von Reisen nach Paris, Frankfurt, Oslo und Prag nach Moskau zurückgekehrt, fuhr er nun, nach der EKKI-Sitzung, in geheimer Mission nach Bulgarien. Mit einem Motorboot gelangte er vom sowjetischen Odessa an die bulgarische Küste und ging am 24. Juni illegal in der Nähe der Hafenstadt Warna an Land. Aber auf dem Weg nach Sofia wurde er in dem kleinen Städtchen Gorna Orjachowiza von der bulgarischen Polizei verhaftet, weil er kein Einreisevisum vorzeigen konnte.

Mehrere Wochen saß Kolaroff nun – mit dem unentdeckten Aufstandsplan für die bulgarische KP in der Tasche – in einem bulgarischen Gefängnis. Die bulgarische KP-Führung, die über die Besonderheit der Kolaroff-Mission nicht informiert war, blieb im ungewissen. Erst Anfang August 1923 kam Kolaroff wieder frei – auch die Polizei wußte nicht, wen sie in ihrem Gewahrsam gehabt hatte. Nach seiner Entlassung fuhr Kolaroff sofort nach Sofia, wo er am 5. August eintraf. Er berief unverzüglich das Zentralkomitee zu einer außerordentlichen Sitzung zusammen und machte es mit der neuen Moskauer Direktive bekannt: Abkehr von der früheren Politik und Vorbereitung eines bewaffneten Aufstandes gegen die reaktionäre Zankoff-Regierung.

Die Mehrheit des bulgarischen ZK fügte sich jetzt der Entscheidung der Komintern, am 6. August wurde ein Militärkomitee für die technischen Vorbereitungen des Aufstandes eingesetzt. Gleichzeitig erfolgte auch eine drastische politische Kehrtwendung, nämlich das Angebot an den Bauernbund und andere Linksgruppen (darunter die Sozialisten und die Radikalen), eine Einheitsfront für den gemeinsamen Kampf gegen das Zankoff-Regime zu schaffen. Der Bauernbund, der von den Kommunisten noch im Juni 1923 im Stich gelassen worden war, blieb jedoch verständlicherweise recht skeptisch. Nur eine kleine Gruppe ganz linker Bauernbündler erklärte sich zur Mitarbeit bereit. Auch die (viel kleineren) sozialistischen und radikalen Parteien standen einer Einheitsfront meist skeptisch gegenüber. Trotz dieser Absagen wurden aber die Vorbereitungen für den Aufstand fortgesetzt. Es gelang dem Zankoff-Regime jedoch, die aus Moskau an die bulgarische KP ergehenden Instruktionen abzufangen; die Regierung war deshalb informiert.

Als am 12. September eine große Zusammenkunft mit zweitausend kommunistischen Funktionären stattfand, umringte die Polizei das Gebäude und verhaftete alle Teilnehmer. Nur einigen Mitgliedern des Zentralkomitees gelang die Flucht. Durch diese Polizeiaktion war der gesamte Mittelbau des Parteiapparates, der für die Vorbereitung des Aufstandes entscheidend war, ausgeschaltet.

Die KP-Führung blieb jedoch optimistisch: Als Antwort auf die »Provokation der Polizei« am 12. September rief sie für den 14. September einen Generalstreik aus.

Der Aufruf stieß auf keinen Widerhall. Der Generalstreik scheiterte. Trotzdem wurden die Vorbereitungen für den Aufstand fortgesetzt, Kuriere in die entferntesten Orte entsandt. Zur Gesamtleitung des Aufstandes wurde ein Revolutionskomitee gebildet, dem neben Kolarow auch Georgi Dimitroff und Todor Lukanoff angehörten.

Georgi Dimitroff, damals 37 Jahre alt, seit 1903 Parteimitglied, gehörte von Anfang an zu den »Engherzigen«, war seit 1909 Mitglied des Zentralkomitees und seit 1913 Stadtverordneter in Sofia. Während des Ersten Weltkrieges war er kurzfristig verhaftet und seit der Gründung der KP Bulgariens im April 1919 Mitglied des Zentralkomitees. Sowohl am Dritten als auch am Vierten Weltkongreß hatte Dimitroff teilgenommen. Zehn Jahre später sollte er durch den Reichstagsbrandprozeß im Herbst 1933 in Berlin und durch seine Ernennung zum Generalsekretär der Komintern im Sommer 1935 bekannt werden.

Todor Lukanoff war 1923 erst 26 Jahre alt; er war 1917 den bulgarischen Sozialdemokraten beigetreten und gehörte der KP Bulgariens seit ihrer Gründung im Juli 1919 an.

»Nieder mit der Faschistendiktatur!«: Der erfolglose Aufstand in Bulgarien

Trotz weiterer Verhaftungen durch die Polizei und offensichtlich mangelhafter Vorbereitung beschloß das Revolutionskomitee zunächst, das Datum für den Aufstand auf den 22. September festzusetzen. Lukanoff hatte jedoch Bedenken und meinte, es sei am besten, den ganzen Aufstand abzublasen; er werde sich jedoch der Mehrheit fügen. Zumindest bat er um eine Verschiebung von einem Tag. So kam es zu dem Beschluß, den Aufstand in der Nacht vom 22. zum 23. September unter den Losungen »Nieder mit der Faschistendiktatur!« und »Für die Bildung einer Arbeiter- und Bauernregierung!« zu starten. Dieser Beschluß vom 18. September erreichte die entfernteren Parteiorganisationen von Warna und Burgas am Schwarzen Meer erst am Abend des 19. September.

Am 20. September traf sich das Zentralkomitee der KP Bulgariens zu einer geheimen Sitzung in einem chemischen Labor in Sofia, um noch einmal die Beschlüsse zu diskutieren. Todor Lukanoff, der immer kritischer geworden war, sprach sich erneut für eine Verschiebung aus und verwies auf die ungenügenden Vorbereitungen sowie auf die Chancen, bei den künftigen Parlamentswahlen weitere Gewinne zu erzielen. Aber Lukanoff wurde überstimmt und aus dem Revolutionskomitee entfernt. An seine Stelle trat neben Kolaroff und Dimitroff ein neuer Mann namens Genoff. Am 21. September zog die Revolutionszentrale wegen der besseren Verbindung zu Moskau nach Ferdinand im Vrata-Distrikt im nordwestlichen Bulgarien in der Nähe der jugoslawisch-rumänischen Grenze.

Inzwischen hatte die Polizei jedoch das lokale Revolutionskomitee des Sofia-Distriktes verhaftet und wußte dadurch vom Aufstandsplan für die Nacht vom 22. auf 23. September. Nach diesem Plan sollte der Aufstand gleichzeitig in einer größtmöglichen Zahl von Städten und Dörfern ausbrechen, wobei nur die Hauptstadt Sofia vorübergehend ausgenommen wurde. In Sofia sollte der Aufstand erst dann erfolgen, wenn alle dort konzentrierten Truppen in die Provinzen entsandt waren, um die lokalen Aufstände zu bekämpfen. Aber nachdem der Polizei dieser Plan bekannt war, hatten die Aufständischen kaum noch eine Chance. Es fanden zwar Aufstände in über fünfzig Orten Bulgariens statt, beginnend mit Stara Zagora, wo sich schon am 12. September ein junges unerfahrenes Komitee nach der Verhaftung der Parteileitung zum sofortigen Aufstand entschloß. Aber die Regierung hatte während der ganzen Zeit die lokalen Aufstände unter Kontrolle. Da die Eisenbahnarbeiter nicht mitstreikten, war es ihr möglich, ihre Truppen schnell von einem Aufstandsgebiet zum anderen hin- und herzutransportieren. Die etwa zwanzigtausend am Aufstand beteiligten Kommunisten und Bauernbündler waren auch so schlecht bewaffnet, daß die Regierungstruppen die Rebellion relativ schnell unterdrücken konnten. Nur in zwei Städten – in Ferdinand, wo sich das Hauptquartier befand, und in der Nachbarstadt Berkowica – konnten sich die Aufständischen einige Tage halten. Vielen Aufständischen in der Provinz gelang es nicht, die jeweiligen Garnisonen zu überwältigen. Und in zwei Städten, eine davon war Burgas am Schwarzen Meer, beschloß die Parteileitung, sich überhaupt nicht am Aufstand zu beteiligen.

Interessant war auch, daß sich – entgegen der anfänglichen Zurückhaltung – manche Angehörige des Bauernbundes erfolgreich und aktiv am Aufstand beteiligt hatten. Umgekehrt gab es nur wenig revolutionäre Aktionen in den Städten. Nach vielen Berichten waren also die Bauern in den Dörfern, nicht selten angeführt von den Schullehrern, die größte revolutionäre Kraft.

Da sich auch die kommunistischen Hoffnungen auf mögliche Unruhen in der bulgarischen Armee als Illusion erwiesen, brach der Aufstand schon nach wenigen Tagen zusammen. Am 28. September flüchtete die Aufstandsleitung mit etwa tausend bis zweitausend geschlagenen Aufständischen nach Jugoslawien, andere Revolutionäre flohen nach Rumänien. Im folgenden Monat verlegte die bulgarische KP-Führung unter Kolarow und Dimitroff ihr Zentrum nach Wien. Danach verlor die KP Bulgariens für mehr als zwei Jahrzehnte ihren Einfluß. Erst nach dem Einmarsch der Roten Armee im Herbst 1944 konnte sie sich von dem Rückschlag des Jahres 1923 erholen.

Das Versagen der KP Polens beim Krakauer Aufstand im November 1923

Das Schicksalsjahr 1923 spiegelte sich auch in Polen wider. Während in Deutschland die KPD zu spät zum Aufstand rief und die bulgarischen Kommunisten ihre Kräfte überschätzten, wurden die Kommunisten in Polen im Herbst 1923 von der Wucht revolutionärer Ereignisse völlig überrascht. Sie blieben passiv, ohne die Möglichkeiten für einen Umsturz zu nutzen.

Die KP Polens war am 16. Dezember 1918 wenige Monate nach dem Wiedererstehen des polnischen Staates gegründet worden. Ähnlich wie zunächst die KPD und andere kommunistische Parteien Europas beschloß auch die neugegründete polnische KP, sich am 26. Januar 1919 nicht an den Parlamentswahlen zu beteiligen – ein Beschluß, der später sowohl von den polnischen Kommunisten als auch von der Ostblock-Geschichtsschreibung als Fehler bezeichnet wurde.

Als die Rote Armee im Sommer 1920 zunächst auf Polen vorrückte, standen die polnischen Kommunisten auf der Seite der siegreichen roten Truppen. Am 30. Juli 1920 wurde in dem von der Roten Armee besetzten Bialystok ein provisorisches Revolutionskomitee Polens gebildet. Vorsitzender des Komitees war der Marxist Julian Marchlewski (1866–1925), der bereits seit den achtziger Jahren in der sozialistischen Bewegung Polens gewirkt und anschließend fast zehn Jahre in Deutschland (vor allem in Dresden und München) im linken Flügel der SPD tätig war. Während des Ersten Weltkrieges hatte Marchlewski in Deutschland unter dem Namen Johannes Kämpfer die illegale Gruppe »Die Internationale« formiert, aus der später der »Spartakusbund« hervorging.

Zum provisorischen Revolutionskomitee gehörte auch der aus Wilna stammende Felix Dserschinski, damals Vorsitzender der Tscheka – eine Tatsache, die viele polnische Arbeiter mehr abschreckte als anzog.

In der zweiten Hälfte des Jahres 1922 wurde Polen ähnlich wie Deutschland von der Inflation heimgesucht, die die Preise in die Höhe trieb, die Löhne entwertete und zu einer Welle von Streiks führte. Eines der Zentren der Massenstreikbewegungen im Herbst 1923 war Oberschlesien, wo ein Kongreß der Betriebsräte das berühmte »Komitee 21« wählte, dem Gewerkschafter und Arbeiterfunktionäre sowohl aus der Sozialistischen als auch der Kommunistischen Partei angehörten. Nach einem Appell dieses Komitees brach am 15. Oktober 1923 in Oberschlesien ein Generalstreik aus, an dem sich Bergarbeiter, Metallarbeiter, Eisenbahner, Postangestellte und Kommunalarbeiter beteiligten. Die Zahl der Streikenden wuchs auf fast eine Million an, zu jener Zeit waren dies zwei Drittel der Industriearbeiterschaft des Landes.

Die damalige Regierung Witos – eine Koalition der Mitte und Rechtsparteien – lehnte die Forderungen der Arbeiter jedoch ab und war entschlossen, den Streik mit Gewalt zu beenden. Die Regierung dienstverpflichtete die Eisenbahner und die Postangestellten und verhängte über eine Reihe von Städten und Provinzen den Belagerungszustand. In dieser Situation riefen die Sozialistische Partei (PPS) und die von ihr geleiteten Gewerkschaften – nicht aber die Kommunisten! – für den 5. November 1923 einen allgemeinen Proteststreik aus. Dieser Streik erfaßte viele Bezirke des Landes, vor allem die Städte Warschau, Krakau, Tarnow und das Petroleumgebiet von Borislaw, sowie die oberschlesischen Kohlenbergbaugebiete.

In Krakau kam es zu Zusammenstößen zwischen demonstrierenden Arbeitern und dem Militär, die sich zu offenen Straßenschlachten ausweiteten. Es gelang den Demonstranten, ein Infanteriebataillon zu entwaffnen, 5000 Gewehre sowie einige Maschinengewehre und Panzerwagen zu erbeuten. Im Verlauf von weiteren Barrikadenkämpfen wurde fast die ganze Stadt von den aufständischen Arbeitern kontrolliert. Die Regierung zog ihre Garnison aus Krakau zurück, eine Arbeitermiliz übernahm die Macht. Die aufständischen Arbeiter konnten sich 36 Stunden halten.

Eingeschüchtert von dieser revolutionären Welle hob die Regierung den Belagerungszustand am 7. November wieder auf und leitete mit den streikenden Arbeitern Gespräche über Lohnverhandlungen ein.

371

Danach entschloß sich die Sozialistische Partei Polens, den Kampf abzubrechen. Für sie endete er zweifellos mit einem großen Erfolg.

Die polnischen Kommunisten waren von dem spontanen Aufstand überrascht worden; sie beteiligten sich nicht daran und versuchten die revolutionäre Bewegung nicht zu beeinflussen. Auf dem Fünften Weltkongreß der Komintern im September 1924 erklärte Sinowjew, die polnische KP habe im Herbst 1923 völlig versagt. Julian Lensky, ein Mitglied des polnischen Zentralkomitees gab auf diesem Kongreß dann auch offen zu, daß die Partei während der Kämpfe der polnischen Arbeiter »nicht zu sehen« war.

Das Versagen der polnischen Kommunisten im November 1923 war nach dem Fiasko in Deutschland und Bulgarien die dritte Niederlage für die Komintern. »Mit schmerzlicher Überraschung«, klagte Arvid Hansen, ein norwegischer Kommunist, auf dem Fünften Weltkongreß im September 1924, »haben wir das Versagen unserer erprobtesten Sektionen im revolutionären Kampf gesehen. Wir haben die polnische Partei gesehen, wie sie dem blutigen Kampf als passiver Zuschauer gegenüberstand. Wir haben die bulgarische Partei gesehen, wie sie in einem entscheidenden Moment die Neutralität verkündete. Wir haben die deutsche Partei im Oktober kampflos zurückweichen gesehen . . . «

Der Bruch der norwegischen Arbeiterpartei mit der Komintern

Arvid Hansen kam aus einem Land, in dem die Komintern durch eigenes Verschulden 1923 die vierte Niederlage erlitt: Im November dieses Jahres brach die Norwegische Arbeiterpartei mit der Komintern.

Die Norwegische Arbeiterpartei (Det Norske Arbeiderparti, abgekürzt DNA) war, gemessen an der Bevölkerung des Landes, eine der stärksten linkssozialistischen Parteien Europas. Unter Führung von Martin Tranmael hatte sie sich bereits 1919 der Kommunistischen Internationale angeschlossen.

Der 1879 geborene Martin Tranmael, ein Arbeiter, war seit Anfang der Jahrhundertwende in der norwegischen Gewerkschaftsbewegung und seit 1906 als Sprecher des linken Flügels der Norwegischen Arbeiterpartei aktiv. Er war zum Chefredakteur des Parteiorgans *Arbeiderbladet* aufgestiegen und vertrat die Partei im norwegischen Parlament. Während des Ersten Weltkrieges war Tranmael Internationalist, 1918 war er zum Sekretär der Partei gewählt worden und sorgte in dieser Position maßgeblich für den Anschluß der Partei an die Komintern. Im Oktober 1920 traf er auf dem USPD-Kongreß in Halle Sinowjew und leitete im November 1921 eine Delegation der Norwegischen Arbeiterpartei zu Besprechungen mit Komintern-Führern in Moskau.

Im Unterschied zu den anderen Ländern, in denen sich anfangs meist nur Teilgruppen sozialistischer Parteien zur Komintern bekannten, war die Norwegische Arbeiterpartei bereits 1919 eine Massenpartei mit 105 000 Mitgliedern in einem Land von damals kaum 2,5 Millionen Einwohnern. Zwar spaltete sich 1920 eine kleine reformistisch-sozialdemokratische Gruppe von der Partei ab und gründete die Sozialdemokratische Arbeiterpartei; diese zählte jedoch nur 3000 Mitglieder. Die überwältigende Mehrheit der Parteimitglieder verblieb in der zur Komintern gehörenden Arbeiterpartei, die damals in Norwegen über 33 Zeitungen (gegenüber drei der reformistisch-sozialdemokratischen Partei) verfügte.

Von 1920 an begannen aber dann die Differenzen zwischen der Norwegischen Arbeiterpartei und der Komintern. Martin Tranmael, ein begabter Journalist und glänzender Redner, vertrat im Rahmen des demokratischen Sozialismus einen revolutionären Standpunkt. Er hatte die Partei zum Beitritt in die Komintern bewogen, weil er glaubte, es handle sich um eine internationale revolutionäre Bewegung. Aber er mußte mit vielen anderen erkennen, daß es sich dabei zunehmend um eine Organisation handelte, die vorwiegend zur Unterstützung der Sowjetmacht operierte. Trotzdem verblieb die Norwegische Arbeiterpartei zunächst noch in der Komintern, obwohl sie mit vielen Prinzipien des Leninismus nicht übereinstimmte und besonders die bolschewistischen Organisationsformen ablehnte. Die in der Arbeiterpartei üblichen langen und gründlichen Diskussionen über die Komintern-Thesen Anfang der zwanziger Jahre verhalfen jedoch den norwegischen Arbeitern zu einem hohen ideologischen Bewußtseinsstand.

Die Entwicklung in Sowjetrußland, vor allem die Niederschlagung des Kronstädter Aufstandes im März 1921, erschütterte das Vertrauen der norwegischen Genossen in die revolutionäre Mission des russischen Kommunismus. Unter dem Druck zunehmender Kritik in den eigenen Reihen stellte Tranmael im Dezember 1922 den Austritt der Norwegischen Arbeiterpartei aus der Komintern zur Diskussion. Die anschließende Komintern-Debatte über die »norwegische Frage« ging weit über die Bedeutung eines Landes hinaus. Sie beinhaltete den ersten bemerkenswerten Versuch in der frühen Geschichte der Kommunistischen Internationale, eine eigenständige Entwicklung und eine auf eigenen Traditionen und eigenen Bedingungen fußende Politik eines konsequenten Sozialismus durchzusetzen – ein Versuch, den man als frühe Vorstufe jener Strömung bezeichnen kann, die heute als »Eurokommunismus« bekannt ist.

Auf dem Kongreß der Norwegischen Arbeiterpartei wurde im Februar 1923 über die Stellung zur Komintern hart debattiert. Die Parteiführung hatte eine Grundsatzdeklaration (die »Kristiana Forstlaget«) ausgearbeitet, die die Unabhängigkeit der Partei und die innere Demokratie zum Inhalt hatte. Die Komintern-Führung hatte eine Delegation unter Nikolai Bucharin und Karl Radek zum Kongreß entsandt. Aber die »Kristiana Forstlaget« der Parteiführung fand bei den Kongreßdelegierten eine überwältigende Mehrheit und wurde angenommen. Die bolschewistische Minderheit organisierte sich daraufhin im Jugendverband, den Moskau finanziell und politisch unterstützte.

Die Parteiführung unter Tranmael berief schließlich Anfang November 1923 einen außerordentlichen Kongreß ein, auf dem sie die Einmischung der Komintern in ihre inneren Angelegenheiten ablehnte. Die Komintern beschränkte sich diesmal darauf, als EKKI-Vertreter nur Edwin Hoernle (1883–1952) zu entsenden, der in der Komintern Anfang der zwanziger Jahre zunächst für Agrarfragen zuständig gewesen war und auf dem Vierten Weltkongreß (November 1922) über kommunistische Erziehungsfragen referiert hatte. Als auf dem Kongreß die Unabhängigkeit der Partei betont und die Einmischung der Komintern zurückgewiesen wurde, stand Edwin Hoernle auf und erklärte, daß sich die Partei damit von selbst aus der Komintern ausgeschlossen habe. Das bedeutete den Bruch der Norwegischen Arbeiterpartei mit der Komintern.

Die kommunistische Minderheit konstituierte sich am 4. November 1923 als Kommunistische Partei Norwegens. Von den Mitgliedern folgte nur eine kleine Gruppe in die neue Partei, so daß die neue KP Norwegens im November 1923 nur 15000 Mitglieder zählte, die sich im Verlauf vieler Fraktionskämpfe bis zum Jahr 1932 auf 5300 Mitglieder reduzierten.

1923 – Bilanz eines Schicksalsjahres

Ende 1923 hatten sich die Hoffnungen der Bolschewiki auf eine Weltrevolution endgültig als Illusion erwiesen.

Die internationalen Niederlagen wirkten sich auch auf die innersowjetische Entwicklung aus. Zwar hatten die Bolschewiki den Bürgerkrieg siegreich beendet, aber der Preis dafür war hoch gewesen. Die Jahre des Krieges, Hunger und Entbehrungen hatten den revolutionären Enthusiasmus erlahmen lassen, der Staatsapparat war erstarkt und wuchs weiter. Immer mehr drängten jene in die Partei, die es gewohnt waren, sich auf die stärkere Seite zu schlagen. Innerhalb der Partei, die nun als einzige Regierungspartei fungierte, entstand eine neue privilegierte Schicht, die sich nach dem Bürgerkrieg formierte: »Als die Spannung nachließ und die Nomaden der Revolution ansässig wurden, erwachten und entfalteten sich in ihnen kleinbürgerliche Eigenschaften, Sympathien und Neigungen selbstzufriedener Beamter«, schilderte Trotzki diesen Wandel.

Auf den Sitzungen des Zentralkomitees bemerkte Trotzki »die Stimme moralischer Beruhigung, Selbstzufriedenheit und Trivialität« sowie »spießbürgerlichen Klatsches«. Gemeinschaftliche Abende mit dem unvermeidlichen Gerede über Abwesende waren, laut Trotzki, »Vergnügungen, die in der neuen regierenden Schicht immer mehr Sitte wurden«.

All dies wirkte sich auch auf die Haltung zur internationalen kommunistischen Bewegung aus und führte zu einer zunehmenden Antipathie gegenüber Trotzki: »Bei einer Flasche Wein oder auf dem Heimweg vom Ballett sprach ein selbstzufriedener Bürokrat zu dem anderen: ›Der hat immer nur die permanente Revolution im Kopfe . . . Aber doch nicht alles für die Revolution. Man muß auch an sich denken . . .‹«

Nach den entscheidenden Niederlagen des Jahres 1923 – vor allem nach dem Ende des »deutschen Oktober« – war eines klar: Die Sowjetunion blieb allein. An die Stelle internationalistisch Gesinnter, von den revolutionären Zielsetzungen des Marxismus durchdrungener intellektueller Revolutionäre traten immer mehr und mehr engstirnige Apparatschiks mit provinziellem Horizont, die im Besitz der Macht ihre Erfüllung sahen. Sie scharten sich um das Organisationsbüro, um das Sekretariat der Parteiführung, wo Stalin, seit März 1922 Generalsekretär der Partei, residierte. Die Niederlage der kommunistischen Weltbewegung stärkte immer mehr jene »Praktiker«, die ihre Aufgaben im engen nationalen Bereich begrenzt sahen. Die Revolution aber erlitt im internationalen Maßstabe eine Niederlage nach der anderen, und die Verzögerung, schrieb Trotzki in seinen Memoiren, »stärkte automatisch die Stalinsche Bürokratie gegen mich und meine politischen Freunde«.

Ende 1923 war es soweit. Innerhalb der bolschewistischen Führung hatte sich das Triumvirat Sinowjew, Kamenew und Stalin gebildet, die in der Bekämpfung Trotzkis ihr Hauptziel sahen. All dies geschah zu einer Zeit, da Lenin infolge seiner schweren Krankheit keinen Einfluß mehr nehmen konnte.

XIII.

»Im Innersten schien etwas gerissen zu sein ...«

Der Tod Lenins und der Beginn des »Verfalls der Komintern«

Am 10. März 1923 hatte Lenin seinen dritten Schlaganfall erlitten. Die Ärzte konstatierten hohe Temperatur, Lähmung des rechten Armes und Beines, Verlust der Sprache und getrübtes Bewußtsein. Nach einer Sonderausgabe der *Prawda* am 12. März 1923 über Lenins Krankheit waren danach tägliche Bulletins mit Meldungen über Temperatur, Atmung, Puls und andere Diagramme herausgegeben worden. Schließlich war Lenin am 12. Mai 1923 erneut aus seiner Wohnung im Kreml herausgetragen und in einem bereitstehenden Krankenwagen nach Gorki gebracht worden, wo er sich zunächst auch überraschend schnell wieder erholte. Er begann mit Übungen zur Wiederherstellung der Sprache und fing an, mit einem Stock im Zimmer umherzugehen. Mit unendlicher Geduld versuchte seine Frau Nadeshda Krupskaja ihm ein paar einfache Wörter beizubringen. Er sah die Zeitungen an und wies auf die Stellen, die er vorgelesen haben wollte.

Kurz vor Lenins Tod: das Triumvirat Sinowjew, Kamenew und Stalin gegen Trotzki

Innerhalb des Politbüros der KPdSU hatte sich, nachdem Trotzki im Herbst 1923 unter der Losung »Neuer Kurs« eine Demokratisierung der Partei gefordert hatte, ein Triumvirat mit Sinowjew, Kamenew und Stalin gegen ihn gebildet. Unter ihrer Wortführung war eine wüste Kampagne mit Polemiken und Anklagen gegen Trotzki vom Zaun gebrochen worden. Wie sehr auch Trotzki dagegen anging – das Geschrei der Funktionäre übertönte alle Rechtfertigungen: Trotzki beleidige die Partei, er sei nie ein echter Bolschewik gewesen.

Zu dieser Zeit konnte Trotzki nicht in Versammlungen auftreten, da er krank war. Er litt seit Oktober 1923 an einer schweren Influenza mit kryptogenem Fieber und war deshalb im Herbst und Winter 1923 vom Geschehen in Moskau ausgeschaltet. Vorher hatte er auf den Zusammenkünften des Politbüros noch seine Überzeugung vertreten. Er hatte leidenschaftlich auf undurchdringliche Gesichter eingesprochen, für die alles schon vorher feststand. Nach den Sitzungen war er schweißgebadet und erschöpft gewesen. Später notierte Trotzki, daß einer seiner Konflikte mit dem Triumvirat Sinowjew-Kamenew-Stalin entstanden sei, nachdem er »gegen die systematische Korrumpierung der Führer der Arbeiterbewegung in Westeuropa« protestiert hatte. Zu seinem Erstaunen und seiner Erschütterung wurde genau dies von Sinowjew, Kamenew und Stalin gerechtfertigt: »Aber«, erwiderten ihm Stalin und Sinowjew, »die Bourgeoisie kauft ihrerseits die Gewerkschaftsführer, die Parlamentarier, die Journalisten! Warum sollen wir nicht das gleiche tun?« Trotzki antwortete ihnen, daß die Korruption die Arbeiterbewegung demoralisieren werde, aber keine Revolutionäre heranbilden könne.

Anfangs ging das Triumvirat noch vorsichtig vor und verband die Kritik an Trotzki mit Lobeshymnen. Bald aber nahmen die Verleumdungen überhand. Während bis Oktober 1923 Lenin und Trotzki zusammen in das Ehrenpräsidium vieler Parteiveranstaltungen berufen wurden, ersetzten sie nun Sinowjew und Stalin. In vielen seit 1923 erschienenen Berichten über die Oktoberrevolution wurden phantastische Biographien derjenigen erfunden, die nun im Mittelpunkt standen. Vor den Sitzungen des Politbüros sprachen sich Sinowjew, Kamenew und Stalin mit einigen Vertrauten untereinander ab und verpflichteten sich, nicht gegeneinander zu polemisieren, sondern die Kritik stets auf Trotzki zu konzentrieren.

Dieses Netz der Verleumdungen und Intrigen griff bald auch auf die lokalen Organisationen über Funktionäre, deren Parteikarrieren man fördern wollte, wurden unter dem Gesichtspunkt ausgesucht, daß sie gegen Trotzki waren. Und dies blieb nicht nur eine innerrussische Angelegenheit. Trotzki notierte in seinen Erinnerungen: »Die gleiche Arbeit wurde seit Ende 1923 in allen anderen Parteien der Kommunistischen Internationale geleistet: die einen Führer wurden abgesetzt, die anderen rückten auf ihren Posten, je nachdem ob sie für oder gegen mich waren. Es vollzog sich so eine künstliche Auslese nicht der Besten, sondern der Anpassungsfähigsten.«

Die letzten Wochen im Leben Lenins: »Die Einheit der Partei hängt nur noch an diesem Schatten«

In der ersten Oktoberhälfte 1923 besuchte Ossip Pjatnitzki, ein hoher Funktionär der Komintern, den kranken Lenin in Gorki. Als er über die Entwicklung der italienischen Kommunistischen Partei und über die Teilnahme der Kommunisten an den Wahlen in England berichtete, zeigte Lenin kein Interesse. Als Piatnitzki ihm jedoch von den Hoffnungen auf einen »deutschen Oktober« erzählte – der Besuch erfolgte vor der Niederlage in Deutschland –, nickte Lenin zustimmend mit dem Kopf und meinte »Wot, wot«, also »So ist es, so ist es!« Doch den unerbittlichen Prozeß der Krankheit Lenins konnte niemand mehr aufhalten. Die Sklerose der Blutgefäße in seinem Gehirn schritt weiter fort, die Blutgefäße verkalkten immer mehr, ganze Teile des Gehirns fielen nach und nach wegen Mangel an frischer Blutzufuhr aus.

Angesichts dieser Situation war Lenins Entschluß vom 19. Oktober 1923 um so erstaunlicher. Allen Einwänden zum Trotz hatte er sich an diesem Tag in einem Auto von Gorki nach Moskau fahren lassen. Dort besuchte er seine Wohnung im Kreml und sah sich überall genau um, auch im Kabinettsraum und in seinem Büro, ehe er sich wieder nach Gorki zurückfahren ließ. Nach seiner Rückkehr versuchte er mit unendlicher Mühe, mit der linken Hand zu schreiben. Lunatscharski, damals Volkskommissar für Bildungswesen, vermerkte später, man habe damals in Kreisen der Regierung wieder zu hoffen begonnen, daß Lenin genesen und erneut die Führung übernehme. Trotzki schrieb: »Wir verloren noch immer nicht die Hoffnung auf seine Genesung.«

Auch ausländische Genossen waren um Lenin sehr besorgt. Karl Retzlaw, der Mitarbeiter des Komintern-Beauftragten für Deutschland, James Thomas, berichtete: »Es war zwar allgemein bekannt, daß Lenin seit langem krank war, doch hatte das Zentralkomitee der KP Rußlands und die Exekutive der Kommunistischen Internationale es nicht für nötig gehalten, die Bruderparteien über die Schwere der Erkrankung Lenins zu informieren.« Nur einige Genossen wußten Genaueres. Vom Sekretär der sowjetischen Botschaft Mirow-Abramow, damals führend in der Komintern tätig, erfuhr Retzlaw, daß es sehr schlecht um Lenin stünde und deutsche Spezialärzte nach Moskau gerufen worden seien.

Victor Serge traf Anfang Januar in Wien auf der Durchreise Andrej Nin (1892–1937), der seit 1922 aktiv in der Führung der spanischen KP und Mitglied des EKKI war. Er informierte Victor Serge, daß Lenins

Tod bevorstehe. Er scheine noch bei vollem Bewußtsein zu sein, erzählte ihm Andrej Nin, besitze aber nicht mehr die Fähigkeit, sich mitzuteilen oder zu arbeiten, da er kaum ein paar Worte lallen könne. Die Überschriften der *Prawda* müsse man ihm Buchstabe für Buchstabe vorlesen. Und manchmal sei sein Blick voll unaussprechlicher Bitterkeit:»Stell ihn dir vor, wie er von Nadeshda Konstantinowa (Krupskaja) und Nikolai Iwanowitsch (Bucharin) gestützt, sich durch das Büro schleppt, die Karte an der Wand mit Entsetzen betrachtet, weil er sie nicht mehr begreift, wie er Bleistifte in die Hand nimmt, um damit eine Unterschrift zu versuchen – all das wie ein Gespenst, wie ein Verzweifelter, der sich selbst überlebt hat. Bucharin besucht ihn oft in seinem Landhaus, spielt in seiner Gegenwart den Geschäftigen, dann versteckt er sich hinter dem Gebüsch und betrachtet ihn mit tränenverschleierten Augen . . . Es ist zweifellos das Ende, alter Freund!«

»Und danach?« fragte ihn Victor Serge.

»Danach wird es drunter und drüber gehen«, antwortete Nin. »Die Einheit der Partei hängt nur noch an diesem Schatten.«

Im Ostblock wird übrigens bis heute verschwiegen, was historisch eindeutig feststeht, daß nämlich Nikolai Bucharin der einzige Weggefährte Lenins war, der ihm auch in den letzten Tagen beistand. Bucharin, den Lenin als »Liebling der Partei« bezeichnet hatte.

Eine Geschichte von Jack London und Lenins Tod

Am 19. Januar 1924, berichtete später Nadeshda Krupskaja in ihren Erinnerungen, »las ich ihm abends eine Geschichte von Jack London vor«. Es war die Erzählung »Liebe und Tod« *(Love of Life)*. In ihr versucht in einer Eiswüste, in der bisher kein Mensch gewesen war, ein vom Hungertod bedrohter Mann den Hafen an einem großen Fluß zu erreichen. Seine Kräfte versagen, er kann nicht mehr gehen, er stolpert ständig. Zuerst hinter ihm, dann neben ihm, stolpert ein Wolf, der ebenfalls nahe am Verhungern ist. Sie kämpfen miteinander, das Tier verendet, der Mann siegt. Halbtot und halb wahnsinnig erreicht er schließlich sein Ziel. »Die Geschichte gefiel Iljitsch ganz außerordentlich«, schrieb die Krupskaja, die natürlich damit Lenins Lebenswillen zu stärken hoffte.

Zwei Tage später, am 21. Januar 1924, um 18 Uhr abends, stieg Lenins Temperatur schnell an. Er erlitt einen heftigen Anfall mit starken Muskelkrämpfen am ganzen Körper und verlor das Bewußtsein. Gegen 18.50 Uhr war er tot, ohne noch einmal zu sich gekommen zu sein. Ärzte und Schwestern standen in einer Ecke des Zimmers, die Tränen liefen ihnen über das Gesicht. Nadeshda Krupskaja saß auf dem Bett und streichelte seine Hand.

Der ebenfalls anwesende Bucharin schrieb später über die Szene in Lenins Sterbezimmer: »Als ich in das mit Arzneien vollgestellte, mit Ärzten angefüllte Zimmer von Iljitsch eilte, hauchte er gerade seine letzten Seufzer aus. Sein Kopf sank zurück, das Gesicht bedeckte sich mit einer furchtbaren Blässe, ein Röcheln ertönte, die Arme sanken herab . . . Iljitsch war nicht mehr.«

Lenins Tod und die ausländischen Kommunisten: »Iljitsch ist nicht mehr«

Karl Retzlaw erhielt die Nachricht vom Tode Lenins in Berlin: »Für uns Mitglieder der KPD war der Tod Lenins ein ebenso schwerer Schlag wie für die russische Partei. Mit Lenin verlor der Kommunismus die einzige Autorität seit dem Tode Rosa Luxemburgs.«

Der italienische Kommunist Giovanni Germanetto, der am Vierten Kongreß der Kommunistischen Internationale im November 1922 teilgenommen hatte, befand sich in der Sowjetunion, als ihn die Nachricht von Lenins Tod erreichte. In seinen 1930 erschienenen Memoiren schrieb er: »In Rußland erwartete mich ein schwerer Schlag. Meine erste helle Freude über die Ankunft in dem mir so teuren Land schlug einige Tage später in tiefste Trauer um: Lenin war tot. Ich konnte es nicht glauben. Seine Gestalt war so lebendig in meinem Gedächtnis. Mir schien, als hätte ich ihn vor kurzem erst in den Korridoren des Kreml getroffen . . . und jetzt lag er da, unbeweglich im großen Säulensaal des Gewerkschaftshauses, hinter einem ununterbrochenen Strom von vorbeidefilierenden Menschen.«

Ähnlich reagierte die Russin Jelena Stassowa auf die Nachricht. Sie war zu jener Zeit unter dem Decknamen »Herta« Komintern-Vertreterin bei der KPD in Berlin: »Von Wladimir Iljitschs Tod erfuhr ich in Deutschland aus einer Mitteilung der sozialdemokratischen Zeitung *Vorwärts*. Ich las sie mehrere Male und konnte das, was ich schwarz auf weiß vor mir sah, einfach nicht fassen. Ich wollte mich nicht mit dem Gedanken abfinden, daß Iljitsch nicht mehr unter uns war. Im Innersten schien etwas gerissen zu sein, im Kopf war nur der Gedanke: Iljitsch ist nicht mehr . . . Doch das Leben stand nicht still, und die Arbeit wartete und der ganze Wille konzentrierte sich auf eins: sich nichts anmerken lassen ... Trauer zeigen hieße, sich als Kommunistin zu erkennen geben, und auffallen hieße, unter Beobachtung geraten und damit die Sache gefährden, um deretwillen mich die Partei und Lenin hierher entsandt hatten.«

Der damals 34jährige britische Kommunist Harry Politt befand sich am 21. Januar 1924, dem Todestag Lenins, auf dem Weg nach Moskau. Da er für Polen, Lettland und Litauen in Berlin kein Durchreisevisum erhalten hatte, war er mit einem kleinen Schiff von Stettin nach Reval gefahren, das sein Ziel nur mit der Hilfe eines Eisbrechers erreichen konnte. In Reval angekommen, mußte er bis zur Nacht warten, ehe er das Schiff heimlich verlassen konnte. Im Hafen sah er unter den Laternen Hafenarbeiter mit schwarzen Binden; sie standen in kleinen Gruppen herum. Mehrfach hörte er von ihnen den Namen Lenins. Als er auf den ersten der auf ihn wartenden Genossen traf, begrüßte dieser ihn mit den Worten: »Hast du gehört, Lenin ist gestorben!«

Die KP der Schweiz hielt am 21. Januar eine Sitzung des Zentralkomitees ab. Neben dem Sekretär Bodenmann und dem Vorsitzenden Franz Veltin war auch die gebürtige Russin Rosa Grimm dabei, die durch Heirat mit Robert Grimm Schweizerin geworden war. Sie war eine schmächtige Frau, aber eine hervorragende Rednerin, die sich von ihrem Temperament häufig mitreißen ließ. Mitten in dieser Sitzung des Zentralkomitees traf die Nachricht vom Tode Lenins ein. Rosa Grimm warf sich tränenüberströmt in die Arme des bleichen, etwas verdutzten Franz Veltin.

Der Belgier Victor Serge saß in Österreich in der Eisenbahn, als sein Blick auf die Schlagzeile der Zeitung eines Mitreisenden fiel, die meldete, daß Lenin gestorben sei. Die Menschen im Zugabteil unterhielten sich darüber, er hörte sie sagen, ein »einziger, sehr großer Mensch sei dahingegangen«. Serge sah sich die Gesichter dieser Leute an und vermerkte später, daß sie »einer anderen Welt« angehörten, diese österreichischen Kleinbürger, die »jeder Neuerung verschlossen« waren; trotzdem beklagten sie den Tod des Revolutionärs. Serge sah gleichzeitig im Geiste Lenin vor sich, wie er sich mit ausgebreiteten Händen in einer vertraulichen Gebärde den Zuhörern zuneigte. Er schrieb später: »Zusammen mit einigen anderen hatte dieser Mann zu einer gewaltigen Bewegung tastender Massen das klarste und bestimmteste politische Bewußtsein beigesteuert. Selbst wenn die sozialen Bedingungen gegeben sind, ist ein solch menschliches Gelingen selten, einzigartig, unersetzlich, in dem Augenblick, da es zustande kommt.«

Der Schweizer Jules Humbert-Droz, der als Mitglied des EKKI-Präsidiums für lateinamerikanische Länder zuständig war, zog in seinen Memoiren Bilanz nach Lenins Tod: »Für die Kommunistische Internationale bedeutete Lenins Tod den Beginn ihres Verfalls; er bedeutete den Beginn der Abhängigkeit aller kommunistischen Parteien von der sowjetischen Partei und von der sowjetischen Staatsmacht. Statt unvoreingenommen zu lernen, wie es Lenin oft empfohlen hatte, schuf man die leninistische Schule, in der der Marxismus als Dogma verkündet wurde. Dieses Dogma sowie Intoleranz und Fanatismus und die Jagd auf Abweichler von rechts und links trat nun an die Stelle der Diskussion.«

»In voller Hingabe an die große Sache der Proletarier aller Länder«

Auch viele Sozialdemokraten nahmen trotz aller politischen und weltanschaulichen Differenzen und trotz der harten Angriffe, die gerade Lenin gegen sie gerichtet hatte, Anteil an seinem Tod.

Im Namen der Sozialistischen Arbeiter-Internationale, die im Mai 1923 ihren ersten Kongreß in Hamburg abgehalten hatte, sandte Friedrich Adler das folgende Telegramm an das Büro der Kommunistischen Internationale: »Tief ergriffen von dem plötzlichen Tode Lenins ist es uns ein Herzensbedürfnis, den Proletariern, die der Kommunistischen Internationale angehören, in diesem tragischen Moment zu sagen, daß trotz aller tiefen Gegensätze über den Weg, den die Arbeiterklasse zu gehen hat, wir stets das Bewußtsein hatten, daß Lenin den seinen ging aus tiefster Überzeugung, aus reinstem Herzen und in voller Hingabe an die große Sache der Proletarier aller Länder.«

Auch Otto Bauer, der Wortführer des Austromarxismus und Theoretiker der österreichischen Sozialdemokratie widmete Lenin am 25. Januar 1924 in der Wiener *Arbeiterzeitung* einen Nachruf, der sowohl eine grundsätzliche politische Distanzierung, aber auch Trauer und Bewunderung enthielt, wobei letztere sogar überwogen. Ernst Fischer, damals ein 25jähriger sozialistischer Redakteur der Grazer Zeitung *Arbeiterwille*, war, wie er später schrieb, vom Tod Lenins zutiefst erschüttert. Er begann sofort nach Lenins Tod an einem Drama über Lenin zu arbeiten, über das er sich dann wiederholt mit Otto Bauer aussprach. Das Theaterstück wurde einige Jahre später abgeschlossen und im September 1928 uraufgeführt. Ernst Fischer selbst ist später auch zur kommunistischen Bewegung übergegangen, verließ sie aber 1968 nach dem Einmarsch sowjetischer Truppen in die ČSSR.

Die Nachfolger in Moskau und Trotzkis Irreführung über Lenins Begräbnis

Eine Stunde nach der Todesnachricht aus Gorki fuhren die in Moskau anwesenden Sowjetführer Sinowjew, Kamenew und Kalinin im Autoschlitten dorthin. Bucharin war, wie berichtet, als einziger Kreml-Führer bereits dort. Trotzki war wenige Tage vorher in den Kaukasus zur Kur gefahren, auch Alexej I. Rykow, der nach dem Tode Lenins den Vorsitz der Sowjetregierung übernahm, war krank. Stalin blieb in Moskau.

Boris Baschanow, einer der Sekretäre des Politbüros der KPdSU, der mit allen Führern aus der nächsten Umgebung Lenins persönlich bekannt war, bemerkte zu den Reaktionen auf Lenins Tod in der Öffentlichkeit in Rußland:»Im Land war die Reaktion auf Lenins Tod zwiespältig. Ein Teil der Bevölkerung freute sich darüber, natürlich, ohne es offen zu zeigen. Für sie war Lenin der Urheber des Kommunismus; er sei dorthin gegangen, wo er längst hingehört hätte. Der andere Teil der Bevölkerung hielt Lenin für besser als die anderen, weil er den Zusammenbruch des Kommunismus gesehen und sich daher beeilt habe, wieder einige Elemente eines normalen Lebens (die ›Neue Ökonomische Politik‹) einzuführen, die bewirkt hätten, daß man sich einigermaßen ernähren konnte. Im Gegensatz dazu war ein großer Teil der Partei erschüttert, besonders an der Basis. Lenin war der anerkannte Führer. Es herrschte Bestürzung. Wie würde es jetzt ohne ihn weitergehen?«

Baschanow berichtete auch, daß unter den Spitzenführern nur Bucharin und Kamenew ehrlich erschüttert waren und sichtlich trauerten. Stalins Haltung dagegen sei sehr widersprüchlich gewesen:»In seinem Arbeitszimmer und in Anwesenheit der Sekretäre war er in bester Laune und strahlte. Auf den Versammlungen und Sitzungen trug er aber eine tragisch-bekümmerte, heuchlerische Miene zur Schau, hielt falsche Reden und schwur Lenin pathetisch Treue und Ergebenheit.«

In Moskau fand nach der Abreise von Sinowjew, Kamenew und Kalinin nach Gorki in der Nacht vom 21. auf den 22. Januar 1924 eine Sitzung des Zentralkomitees statt. Trotzki war schwer krank am 18. Januar 1924 auf Anraten der Kremlärzte in den Süden der Sowjetunion gefahren. Auf dem Bahnhof von Tiflis erfuhr er vom Tod Lenins. Er schrieb später darüber: »Der 21. Januar fand uns auf dem Bahnhof in Tiflis unterwegs nach Suchumi. Ich saß mit meiner Frau im Arbeitsteil meines Waggons – wie stets in jener Periode mit erhöhter Temperatur. Es klopfte, und mein treuer Mitarbeiter Sermux, der mich nach Suchumi begleitete, kam herein. Aus der Art, wie er dastand, graugrün im Gesicht, wobei seine erstarrten Augen an mir vorbeischauten, wie er mir ein Papier überreichte, ahnte ich eine Katastrophe. Es war ein chiffriertes Telegramm von Stalin, daß Lenin gestorben sei ... Ich ließ mich über eine direkte Telegraphenleitung mit dem Kreml verbinden. Auf meine Anfrage erhielt ich die Antwort: ›Die Beerdigung findet am Sonnabend statt. Sie würden ohnehin nicht rechtzeitig hier sein können. Wir empfehlen, die Kur fortzusetzen‹ ...«

In Wirklichkeit fand jedoch die Beerdigung nicht am Sonnabend, dem 26. Januar, sondern am Sonntag, dem 27. Januar, statt. Trotzki hätte also noch Zeit gehabt, zur Teilnahme nach Moskau zu kommen. Stalin hatte ihn bewußt über den Tag der Beerdigung belogen, um ihn fernzuhalten.

So blieb Trotzki im Kaukasus, anstatt sofort nach Moskau zurückzukehren. Er, von echter Trauer erfüllt, schrieb in einem kurzen Nachruf: »Lenin ist nicht mehr. Es gibt keinen Lenin mehr ... Diese Worte fallen ins Bewußtsein wie ein gigantischer Felsen ins Meer.« Er hatte das Bedürfnis, allein zu bleiben, und saß tagelang auf dem Balkon in Suchumi mit dem Gesicht zum Meer, immer mit den Gedanken bei dem toten Lenin. »Ich überblickte im Geiste die Etappen meines Lebens, meine Begegnungen mit Lenin«, schrieb er später in seinen Memoiren. »Mit dem Einatmen der Meeresluft zog ich mit meinem ganzen Wesen die Gewißheit ein, daß im Kampf gegen die Epigonen das historische Recht auf meiner Seite steht.«

Seine Freunde waren sehr enttäuscht darüber, daß Trotzki in Suchumi blieb. Sie warteten ungeduldig auf sein Kommen, denn inzwischen war das nun herrschende Triumvirat Sinowjew-Kamenew-Stalin tätig. Am 23. Januar morgens wurde der Sarg Lenins von Gorki zur Bahnstation Gerassimowo (heute: Leninsk) gebracht und von dort in einem Trauerzug nach Moskau transportiert. Lenins Sarg wurde im Säulensaal des Gewerkschaftshauses in Moskau aufgebahrt.

Die Trauerfeier in Moskau:
»Der Schmerz des Volkes war groß und echt«

Vier Tage lang, vom 23. bis 27. Januar, als in Moskau die bitterste Kälte herrschte, die diese Stadt seit Jahren erlebt hatte, stellten sich Hunderttausende von Menschen in den eisigen Straßen an, um den Bruchteil einer Sekunde lang einen Blick in den offenen Sarg werfen zu können. Moskau trauerte.

Am Tag der Bestattung Lenins erschien eine »Eintags-Zeitung Lenin«, die auch einen Beitrag des sowjetischen Schriftstellers Ija Ehrenburg enthielt. Ehrenburg erinnerte sich darin: »In diesen Januartagen war es in Moskau bitter kalt wie selten sonst. Vergeblich sagte man den Kindern, sie sollten zu Hause bleiben. Die kleinsten kletterten auf die Schultern der Erwachsenen. Die Rotarmisten weinten. Nachts brannten überall Feuer auf den Straßen. An diesen Feuern saßen schweigend mürrische Menschen in Pelzjacken. Man sah viele bärtige Männer vom Lande; das bäuerliche Rußland trug damals noch Bärte.«

Ehrenburg weiter: »Ich hielt es zu Hause nicht aus. Ich sah den Trauerzug auf der Baltschuga, ich war im Säulensaal, wo das Schluchzen den Trauermarsch übertönte. Moskau, jenes Moskau, das angeblich nicht an Tränen glaubt, weinte bitterlich . . . Der Schmerz des Volkes war groß und echt.«

Am 26. Januar 1924 fand die Trauersitzung des Zweiten Sowjet-Kongresses in Moskau statt. Paul Scheffer, der Moskauer Korrespondent des *Berliner Tageblatts* war anwesend. Er beobachtete »ein beispielloses Hervorbrechen von Gefühl« und schilderte die Trauersitzung: »Als Kalinin weinend auf die Bühne des Moskauer Theaters trat, in dem der allrussische Sowjetkongreß gerade versammelt war, und die allerersten vorbereitenden Worte gesprochen hatte, schrie eine Frau im obersten Rang auf, und es begann jenes Auf- und Abrollen von Lauten des Schmerzes und der Verzweiflung durch das ganze Haus, von dem auch kalte und innerlich unbeteiligte Beobachter mit Schaudern sprechen. Als alle Selbstbeherrschung sich aufzulösen drohte, trat Abel S. Jenukidse, Sekretär des Zentral-Exekutivkomitees, vor und forderte Selbstbeherrschung. Das half. Bis zum Ende der Begräbnisfeierlichkeiten blieb aber die Kraft des Schmerzes.«

Scheffer schrieb weiter, daß achthundert- bis neunhunderttausend Menschen an der Leiche vorbeigezogen waren und daß das, was Moskau in jenen Tagen gesehen habe, eine »ursprüngliche Kraft der Empfindungen, die tiefliegende Gemeinsamkeit des Lebens der Nation«

gewesen war: »Diese großartige Todeszeremonie brachte zugleich ein Schauspiel ungebrochener Jugend hervor, ein Aufschießen ungebrochener Empfindung, ungedämpfter Gewalt des Gefühls, unverbrauchter Nation.« Aber Paul Scheffer erkannte auch – unter dem unmittelbaren Eindruck dieser Ereignisse – einen mystischen Aspekt. Neben der tiefen Trauer der Bevölkerung wurden, von oben her, erste Ansätze zu einem Kult um Lenin geschaffen. Überall, so schrieb Scheffer, sei der Drang spürbar gewesen, sich »bis an die Grenze zu begeben, wo die historische Unsterblichkeit des bleibenden Gedankens und Werkes umzuschlagen droht in mystische Seelenunsterblichkeit«. Beim Tode Lenins habe sich, meinte er, vielleicht zum ersten Mal seit der Herrschaft der Kommunisten, ihre kunstvolle und künstliche Regie in voller Übereinstimmung mit dem natürlichen Drang und Verlangen der ganzen Nation befunden. Mit prophetischem Weitblick fügte er hinzu: »Die Lenin-Verehrung ist der erste entschiedene Schritt zu einer Traditionsbildung im Sowjetstaat.«

Stalins Schwur am Grabe Lenins

Selbst Paul Scheffer, der einst so sorgfältige Chronist, dem eigentlich sonst nichts entging, hat bei diesem Sowjetkongreß ein Ereignis nicht erwähnt, das später so wichtig werden sollte, ihm selbst damals aber offensichtlich unwichtig erschien: Auf diesem Zweiten Sowjetkongreß, am 26. Januar 1924, trat Stalin erstmals vor die Öffentlichkeit und hielt eine Gedenkrede in Form eines liturgischen Schwurs. Es war eine Rede, in der sich eigentlich schon bereits all das fand, was später für die Stalin-Ära so typisch werden sollte.

Stalin begann seine Rede mit folgenden Worten: »Genossen! Wir Kommunisten sind Menschen von besonderem Schlag. Wir sind aus besonderem Material geformt. Wir sind diejenigen, die die Armee des großen proletarischen Strategen bilden, die Armee des Genossen Lenin. Es gibt nichts Höheres als die Ehre, dieser Armee anzugehören. Es gibt nichts Höheres als den Namen eines Mitglieds der Partei, deren Führer und Gründer Genosse Lenin ist. Nicht jedem ist es gegeben, Mitglied der Partei zu sein, nicht jedem ist es gegeben, die Unbilden und Stürme zu bestehen, die mit der Mitgliedschaft in dieser Partei verbunden sind.«

Die Kommunisten als Menschen von besonderem Schlag und aus besonderem Material geformt, Lenin nicht der Revolutionär und Theoretiker, sondern nur der Stratege, die Kommunistische Partei als eine Armee und auch bereits der Führerkult um Lenin – all das waren Zeichen für eine beginnende Wandlung.

Anschließend gab Stalin in Form eines Schwurs ein Programm bekannt. Er schwor im Namen Lenins ... »den erhabenen Namen eines Mitglieds der Partei hochzuhalten und in Reinheit zu bewahren ... die Einheit unserer Partei wie unseren Augapfel zu hüten ... die Diktatur des Proletariats zu schützen und zu festigen ... die Union der Sowjet-Republiken zu festigen und zu erweitern«.

Erst an letzter Stelle seines Schwurs – bei Lenin wäre es sicher umgekehrt gewesen! – erwähnte Stalin die Kommunistische Internationale. Sein Schwur endete mit den Worten: »Als Genosse Lenin von uns schied, hinterließ er uns das Vermächtnis, den Grundsätzen der Kommunistischen Internationale die Treue zu bewahren. Wir schwören dir, Genosse Lenin, daß wir unser Leben nicht schonen werden, um den Bund der Werktätigen der ganzen Welt, die Kommunistische Internationale, zu festigen und zu erweitern!«

Nach Lenin: Die Komintern am Scheideweg

Um die Jahreswende 1923/24 konnte es nun selbst für den größten revolutionären Optimisten keinen Zweifel mehr geben, daß die revolutionäre Nachkriegsperiode endgültig zu Ende war. Die bürgerlich-demokratische Ordnung – und damit der Kapitalismus – hatten sich stabilisiert, das Zeitalter der heroischen revolutionären Kämpfe war vorüber.

In den fünf hier geschilderten Jahren – von Anfang 1919 bis Anfang 1924 – verfügte die Kommunistische Internationale wohl über mehr aufopferungsvolle, bewußte und starke politische Persönlichkeiten als irgendeine andere politische Bewegung der Neuzeit. Aber alle revolutionären Versuche, die Veränderung der Gesellschaft, die Errichtung der politischen Herrschaft der Arbeiterklasse durch Aufstände waren gescheitert: die Ungarische Räterepublik, die Münchner Räterepublik, die revolutionäre Bewegung der Fabrikbesetzungen in Italien im Frühjahr 1920, der Vormarsch der Roten Armee auf Warschau mit der Hoffnung auf eine Revolution in Polen, der mitteldeutsche Aufstand (März-Aktion) im Jahre 1921, die Revolution in Bulgarien im September 1923, schließlich der größte je von der Komintern unternommene Versuch einer Revolution, der »deutsche Oktober« im Jahre 1923.

Vor allem drei Ursachen waren für diese Niederlagen ausschlaggebend:

1. Die Überschätzung eigener revolutionärer Möglichkeiten, die Überschätzung des revolutionären Potentials, die Gleichsetzung der eigenen Hoffnungen mit den Auffassungen der großen Mehrheit der Arbeiterschaft.

2. Der geringe Einfluß der Kommunisten auf die überwiegend sozialdemokratisch und sozialistisch orientierten Arbeiter in West- und Zentraleuropa – nicht zuletzt verursacht durch die oft maßlosen Angriffe der Kommunisten auf die Sozialdemokraten und durch die Spaltung der großen sozialistischen Parteien Zentral- und Westeuropas.

3. Die zu starke Fixierung auf die Russische Revolution, auf die russischen revolutionären Erfahrungen und die Unterschätzung der Traditionen und der Bedingungen der ganz anders gearteten Länder in Zentral-, West- und Südeuropa.

Dies waren – neben einer Vielzahl von organisatorischen und technischen Mängeln – die Hauptursachen für die Kette der Niederlagen, die die Kommunistische Internationale in den Jahren von 1919 bis 1924 erlitt.

Mit der Beendigung der revolutionären Nachkriegsperiode und der zunehmenden Stabilisierung der bürgerlich-demokratischen Ordnung in Europa war das Ziel der Kommunistischen Internationale – die Weltrevolution – unerfüllbar geworden. Es war aber diese Zielsetzung gewesen, die zur Gründung der Komintern geführt hatte. Deshalb hatte man die sozialistischen Parteien gespalten und alle anderen Aktionen begründet und gerechtfertigt. Nun, da die Weltrevolution nicht erreicht war, stand die Kommunistische Internationale vor der Entscheidung, welchen Weg sie einschlagen sollte.

Die logische Schlußfolgerung aus der gegebenen Situation wäre gewesen, offen die derzeitige Unmöglichkeit der Verwirklichung der eigenen Zielsetzungen einzugestehen und eine drastische Kursschwenkung zu vollziehen: nämlich die Wiederannäherung an die traditionelle sozialistische Arbeiterbewegung Europas – sei es im Sinn einer Einheitsfront, eines echt gemeinten Bündnisses oder im Sinn einer völligen Verschmelzung.

Vielleicht wäre ein Lenin dazu fähig gewesen. Denn es war Lenin, der als erster die Abkehr von den auch von ihm selbst vorher verkündeten revolutionären Illusionen vollzog. Er war es, der zur Nüchternheit mahnte, er war es, der die Bereitschaft zu einer Einheitsfront zum Ausdruck brachte, er war es, der die Kommunisten zum Neu- und

Umlernen aufrief und in seiner berühmten letzten Rede auf dem Vierten Kongreß erstmals auch davor warnte, russische Erfahrungen auf Westeuropa zu übertragen, russische Resolutionen »wie ein Heiligenbild in die Ecke zu stellen und davor zu beten«. Aber Lenin lebte nicht mehr.

Trotzki, sein engster Mitarbeiter und Mitkämpfer, der ihn bei dieser denkbaren Kursänderung vielleicht unterstützt hätte, war bereits die Zielscheibe schärfster Angriffe, stand kurz vor der Degradierung und nahm seit 1924 nie mehr an einem Komintern-Kongreß teil. So wurde diese Alternative nicht vollzogen.

Die Kommunistische Internationale blieb jedoch weiter bestehen und wurde, da keine revolutionären Möglichkeiten mehr bestanden, Schritt für Schritt den sowjetischen Staatsinteressen untergeordnet; gleichzeitig vollzog sich die Bürokratisierung des Sowjetsystems und der Komintern.

Vielen aktiven Angehörigen der Komintern jener Jahre war dies nicht in vollem Umfang bewußt. Nicht wenige glaubten damals, die Interessen der kommunistischen Bewegung des eigenen Landes seien mit der sowjetischen Außenpolitik identisch. Manche nachdenklichere und kritischere Kommunisten ahnten und erkannten jedoch den Widerspruch. Sie versuchten ihn, oft in langen inneren Kämpfen und Auseinandersetzungen, zu überbrücken, weil sie an die Interessenidentität glauben wollten, weil sie an ihren idealen Zielen – und manchmal Träumen – festhalten wollten, weil sie die Geborgenheit unter den kommunistischen Genossen nicht mehr missen wollten und in der ständigen Furcht lebten, isoliert zu werden und angefeindet von jener Bewegung, der sie angehörten.

Einige hatten schon Anfang der zwanziger Jahre die Partei und die kommunistische Bewegung verlassen; Paul Levi, Angelica Balabanoff und Ernst Reuter. Jeder dieser drei Namen steht hier für tausende Kommunisten. Viele weitere sollten zwischen 1924 und 1929, in einer Periode heftigster Fraktionskämpfe, noch diesen Weg gehen. An ihre Stelle traten aber neue Genossen. Es vollzog sich eine »personelle Umschichtung«, die für die weitere Entwicklung von größter Bedeutung war.

Die »Kommunisten der ersten Stunde« wurden – von einigen bedeutsamen Ausnahmen abgesehen – schrittweise zurückgedrängt. Ihr Weg zum Kommunismus hatte über das Grauen des Ersten Weltkrieges, über die für sie enttäuschende Zustimmung der Sozialdemokraten zur Kriegspolitik ihrer jeweiligen Regierung geführt, und er wurde unter dem Einfluß der Revolution in Rußland vollends festgelegt.

Diese erste Generation wurde durch einen neuen Typ von Kommunisten ersetzt. Andere Beweggründe traten jetzt in den Vordergrund: Die Weltwirtschaftskrise schien ein Beweis für den Zusammenbruch des Kapitalismus zu sein, für die Richtigkeit der kommunistischen Weltanschauung. Hinzu kam zweitens der – meist sehr beschönigend betrachtete – »Aufbau des Sozialismus« in der Sowjetunion von 1928 bis 1934. Schließlich erstarkten seit Ende der zwanziger Jahre zunehmend die faschistischen und nationalistischen Bewegungen, wobei viele – ebenfalls zu optimistisch – annahmen, daß die Kommunisten die einzigen seien, die der faschistischen Gefahr einen entschlossenen Widerstand entgegensetzen würden.

Mit der Niederlage des »deutschen Oktober« und Lenins Tod war die erste revolutionäre Periode der Komintern beendet. Aber auch die nächste Periode der Komintern verlief nicht ohne Erschütterungen und Dramatik, Höhen und Tiefen. Es folgten die immer härter werdenden Fraktionskämpfe in der Komintern, die Absetzung Sinowjews als Komintern-Präsident, der Sturz Trotzkis und seine Ausweisung in die Türkei, der Aufstieg Stalins (nicht nur in der Sowjetunion, sondern auch in der Komintern), die Ausdehnung der Sowjetgebiete in China, die kommunistischen Aktivitäten in Osteuropa und in Lateinamerika und schließlich die größte Niederlage der größten kommunistischen Partei – der KPD – durch den Machtantritt Hitlers im Januar 1933, bis dann endlich, nach langen Diskussionen und Auseinandersetzungen, die Komintern den Weg zur Volksfront fand.

Auch in dieser nächsten Periode gab es Hoffnungen und Enttäuschungen, Illusionen und Skepsis, Enthusiasmus und Zweifel, Erfolge und Niederlagen. Sie ist Thema und Inhalt des nächsten Bandes, wieder dargestellt in den Selbstzeugnissen der Beteiligten, unter dem Leitmotiv: oft voller Zweifel, aber unter dem Banner Stalins.

Bibliographische Quellenhinweise

Zusammenfassende Publikationen

Zu den wichtigsten Publikationen über die Geschichte der Kommunistischen Internationale zählen im Westen: Julius Braunthal, *Geschichte der Internationale*, 3 Bände, Berlin–Bonn 1978, 3. Auflage (die Darstellung der Kommunistischen Internationale befindet sich in Band II); Jane Degras, *Communist International*, 1919–1943, Documents, London–New York–Toronto 1968, Band 1 (1919–1922), Band 2 (1923–1928), Band 3 (1929–1943); dieses Werk enthält besonders wichtige Dokumente über die Kommunistische Internationale mit ausführlichen Darstellungen der jeweiligen historischen Situation. Eine kurze, prägnante zusammenfassende Darstellung befindet sich in Günther Nollau, *Die Internationale – Wurzeln und Erscheinungsformen des proletarischen Internationalismus*, Köln 1959.

Zu weiteren wichtigen Darstellungen zählen: Franz Borkenau, *The Communist International*, London 1939 (amerikanische Neuausgabe unter dem Titel: *World Communism*, Ann Arbor 1962); J. W. Hulse, *The Forming of the Communist International*, Stanford (Calif.) 1964; Helmut Gruber, *International Communism in the Era of Lenin / A Documentary History*, Greenwich, Conn. 1967 (umfaßt die Periode 1919–1923), und Helmut Gruber, *Soviet Russia Masters the Comintern / International Communism in the Era of Stalin's Ascendancy*, New York 1974 (über die Entwicklung der Komintern von 1924–1927). Stanley Page, *Lenin and World Revolution*, New York 1959, sowie das auf Memoiren beruhende Buch von Drachkovitch/Lazitch (Herausgeber): *The Comintern-Historical Highlights*, New York 1966, und schließlich die spannende fast sensationell geschriebene, aber nicht dokumentierte Darstellung von Ypsilon: *Pattern for World Revolution*, Chicago–New York, 1947. Ruth von Mayenburg schildert in *Hotel Lux*, München 1978, die Entwicklung jenes Moskauer Hotels, in dem die führenden Funktionäre der Komintern gelebt haben.

Das Buch von Thomas T. Hammond (Herausgeber), *The Anatomy of Communist Takeovers*, New Haven, 1975, enthält, von unterschiedlichen Sachkennern verfaßte, Einzeldarstellungen kommunistischer Revolutionen bzw. Machtübernahmen. Auch in dem von Iring Fetscher (in Zusammenarbeit mit Günter Dill) herausgegebenen Buch *Der Kommunismus von Marx bis Mao Tse-tung*, München–Wien–Basel 1969, wird von unterschiedlichen Autoren die historische Entwicklung der kommunistischen Parteien in der Sowjetunion, Deutschland, Frankreich, Italien, Osteuropa, China, Jugoslawien, Kuba und Japan dargestellt. Zu dieser Kategorie gehört auch Hermann Weber

(Herausgeber), *Völker hört die Signale – Der deutsche Kommunismus 1916–66*, München 1967.

Vom trotzkistischen Standpunkt aus vgl. Leo Trotzki, *Die Internationale Revolution und die Kommunistische Internationale*, Berlin 1929, sowie die vor kurzem erschienene ausführliche Darstellung von Pierre Frank, *Geschichte der Kommunistischen Internationale*, 2 Bände, Frankfurt/Main 1981.

Vom sowjetisch-kommunistischen Standpunkt aus vgl. Christo Kabaktschieff, *Entstehung und Entwicklung der Komintern*, Wien–Berlin 1929; W. Z. Foster (langjähriger Parteivorsitzender der KP der USA), *History of the Three Internationales*, New York 1955.

Die gegenwärtig entscheidende Darstellung der Kommunistischen Internationale vom östlichen Standpunkt aus ist: *Die Kommunistische Internationale, Kurzer historischer Abriß* (Übersetzung aus dem Russischen), Berlin (Ost) 1970, sowie die kurzgefaßte Darstellung von Horst Schumacher, *Die Kommunistische Internationale, 1919–1943 – Grundzüge ihres Kampfes für Frieden, Demokratie, nationale Befreiung und Sozialismus*, Berlin (Ost) 1979.

Für eine besonders ausführliche, nach einzelnen Ländern gegliederte sowjetische Darstellung siehe auch das (leider nur auf russisch vorhandene) Buch *Geschichte der internationalen Arbeiter- und nationalen Befreiungsbewegung* (Teil II, 1917–1939), herausgegeben von der Fakultät der internationalen kommunistischen Bewegung und nationalen Befreiungsbewegung der Parteihochschule beim Zentralkomitee der KPdSU unter der Hauptredaktion von B. S. Popow, Verlag Mysl, Moskau 1969.

Von besonders wichtigen Nachschlagewerken sind zu erwähnen: Witold S. Sworakowski (Herausgeber); *World Communism – A Handbook 1918–1965*, Stanford 1973 (kurze informative Darstellung über die Entwicklung der kommunistischen Parteien aus etwa 100 Ländern und der wichtigsten internationalen kommunistischen Organisationen), sowie C. D. Kernig, *Die kommunistischen Parteien der Welt*, Freiburg – Basel – Wien 1969 (ebenfalls nach Ländern gegliedert, aber weniger ausführlich als das erwähnte Handbuch von Sworakowski), und schließlich Branko Lazitch (in Zusammenarbeit mit Milorad M. Drachkovitch), *Biographical Dictionary of the Comintern*, Stanford 1973 (Kurzbiographien von etwa 300 Personen, die zu unterschiedlichen Zeiten in der Kommunistischen Internationale bzw. in wichtigen kommunistischen Parteien der Welt tätig waren).

I.
»Der Sieg der kommunistischen Weltrevolution ist gesichert!«

Der Brief Lenins an G. W. Tschitscherin vom 27./28. Dezember 1918, so schnell wie möglich in Berlin oder Holland eine Konferenz für die Gründung einer neuen kommunistischen Internationale einzuberufen, ist veröffentlicht in Lenin, *Briefe*, Band V, Berlin (Ost) 1968 (S. 221–224).

Der Auftrag Lenins an den Genossen Lorenz vom 26. 2. 1919, in Moskau einen internationalen Kongreß vorzubereiten, ist veröffentlicht in Lenins *Briefe*, Band 5, Berlin (Ost) 1968 (S. 256, 257). Der Bericht von Hugo Eberlein von seinem Besuch bei Lenin im Kreml ist nachgedruckt in Gustav Regler, *Das Ohr des Malchus*, Köln und Berlin 1958 (S. 276, 277).

Die wichtigsten Erinnerungen an den Gründungskongreß stammen von den – nachfolgend in der Reihenfolge ihres Auftretens aufgezählten – Augenzeugen: Boris Reinstein, »Auf dem Wege zum ersten Kongreß der Komintern. Erinnerungen«, in: *Die Kommunistische Internationale*, Nr. 9–11, 1929 (S. 665–675); Arthur Ransome, *Russia in 1919*, New York 1919 (englische Ausgabe: *Six Weeks in Russia*, vor allem S. 35–36, 52–58, 80–83, 117–123, 213–232); Angelica Balabanoff, *Erinnerungen und Erlebnisse*, Berlin 1927 (S. 146, 210, 211, 217, 218, 223, 229, 231–233, 235, 239 und 240); Angelica Balabanoff, *Lenin*, Hannover 1959 (S. 85–87); Victor Serge, *Beruf: Revolutionär, Erinnerungen 1901–1917 –1941*, Frankfurt am Main 1967 (S. 91–93, 97/98 und 106).

Die Rede Lenins auf dem Gründungskongreß wurde am 7. 3. 1919 in der *Prawda*, Moskau, veröffentlicht, vgl. Lenin, *Werke*, Band 28, Berlin (Ost) 1960 (S. 498/499).

Die Bemerkung Trotzkis vom Ende April 1919 über das künftige Zentrum der Dritten Internationale stand am 29. 4./1. 5. 1919 in der *Iswestja*, Moskau; hier zitiert nach Pierre Frank, *Geschichte der Kommunistischen Internationale*, Band 1, Frankfurt am Main, 1981 (S. 65). Lenins Beschwerdebrief vom 24. 10. 1919 über die Publikation der Protokolle des Gründungskongresses war an W. W. Worowski gerichtet und wurde veröffentlicht in Lenin, *Briefe*, Band 6, Berlin (Ost) 1969 (S. 71/72).

II.
»Dem Vorbild der Russischen Revolution nacheifern«

Die Quellen für das Porträt John Reeds sind: John Reed, *Stationen meines Lebens*, Berlin (Ost) 1977, und John Reed, *Zehn Tage, die die Welt erschütterten*, Berlin (Ost) 1960 (S. 180–182 und 188), sowie Bertram D. Wolfe, *Strange*

Communists I have known, New York – Toronto – London 1967, in dem Kapitel »John Reed: The Harvard Man in the Kremlin Wall« (S. 11–35). Zur Biographie des Tschechen Arnost Kolman siehe Arnost Kolman, *Die verirrte Generation – So hätten wir nicht leben sollen*, Frankfurt am Main 1979, S. 13–81. Für den Weg Ernst Reuters zum Kommunismus vgl. die Biographie von Willy Brandt und Richard Löwenthal, *Ernst Reuter – Ein Leben für die Freiheit*, München 1957 (Kapitel 1–4). Bisher nicht in deutsche Sprache übersetzt sind die Erinnerungen des Inders Manabendra Nath (M. N.) Roy, *Memoirs*, Bombay 1964. Wichtigste Quellen für das Leben Titos sind die Biographien von Vladimir Dedijer, *Tito*, Neuauflage Percha 1981, und Vilko Vinterhalter, *Tito – der Weg des Josip Broz*, Wien – Frankfurt am Main – Zürich 1969 (S. 15–62); beide Biographien stützen sich auf persönliche Erinnerungen Titos. Über Antonio Gramsci schrieb Giuseppe Fiori, *Vita di Antonio Gramsci*, Rom–Bari 1966, von dem 1979 eine deutsche Ausgabe mit dem Titel *Das Leben des Antonio Gramsci* erschienen ist (Berlin-West). Die Memoiren von Maurice Thorez erschienen unter dem Titel *Ein Sohn des Volkes*, Strasbourg 1949. Wichtigste Quellen für die Darstellung über Mao Tse-tung sind Edgar Snow, *Roter Stern über China – Mao Tse-tung und die chinesische Revolution*, Frankfurt am Main 1970 und 1974 (S. 163ff., 176ff., 188, 189, 192, 196), außerdem Hsiao-Yu (Siao-Yu), *Maos Lehr- und Wanderjahre*, München–Gütersloh–Wien 1973 (S. 20, 56, 77, 168–183, 197–202). Maos Einschätzung der »Bewegung des 4. Mai 1919« ist enthalten in Mao Tse-tung, *Ausgewählte Werke*, Band III, deutsch, Peking 1968 (S. 436–437).

III.
»Ganz Europa ist vom Geist
der Revolution erfüllt«

Der Ausspruch Lloyd Georges vom 25. 3. 1919 wurde zitiert nach dem 2. Band der *Geschichte der Internationale* von Julius Braunthal, Berlin–Bonn 1978, 3. Auflage (S. 186).

Zur Darstellung der Ungarischen Räterepublik sind folgende Werke der Memoiren-Literatur von Augenzeugen in der Reihenfolge ihrer Zitierung verwendet worden: Julius Háy, *Geboren 1900. Erinnerungen*, Hamburg 1971 (S. 51, 56–62, 64–72); Sandor Rado, *Deckname Dora*, Stuttgart 1972 (S. 31, 36/37); Arthur Koestler, *Pfeil ins Blaue*, München–Wien–Basel 1952 (S. 73–80). Lenins Aufruf an die Standfestigkeit der ungarischen Genossen ist enthalten in Lenin, *Werke*, Band 29, Berlin (Ost) 1961 (S. 376 und 379/380).

Eine Gesamtdarstellung aus dem Blick eines der führenden Beteiligten ist zu finden in Wilhelm Böhm, *Im Kreuzfeuer zweier Revolutionen*, München

1924. Wichtige Reden Béla Kuns während der Zeit der Räterepublik finden sich in: Béla Kun, *Brüder zur Sonne, zur Freiheit – Ausgewählte Reden und Artikel zur Zeit der Ungarischen Räterepublik*, Budapest 1977 (deutsch). Sinowjews überoptimistische Prognose in Nummer 1 der Zeitschrift *Die Kommunistische Internationale*, Moskau 1919 (S. 9 und 12), ist deutsch zitiert nach Günther Nollau, *Die Internationale – Wurzeln und Erscheinungsformen des proletarischen Internationalismus*, Köln 1959 (S. 50).

Zur Geschichte der Münchner Räterepublik sind folgende zwei Dokumentarbände grundlegend: Tankred Dorst und Helmut Neubauer (Hrsg.), *Die Münchner Räterepublik. Zeugnisse und Kommentar*, Frankfurt am Main 1966, sowie Gerhard Schmolze, *Revolution und Räterepublik in München 1918/19 in Augenzeugenberichten*, Düsseldorf 1969.

Das Zitat des Sekretärs von Kurt Eisner, Felix Fechenbach, steht in Felix Fechenbach, *Der Revolutionär Kurt Eisner – Aus persönlichen Erlebnissen*, Berlin 1929. Über die Ermordnung Eisners berichtet Gustav Regler, *Das Ohr des Malchus*, Köln und Berlin 1958 (S. 93–94).

Die Ermordung Kurt Eisners schildert auch die damals in München lebende Tilla Durieux, *Eine Tür steht offen*, Berlin 1954 (S. 245f.). Erich Mühsams Bericht über die Bestattung Eisners und alle weiteren Mühsam-Texte in diesem Kapitel finden sich in Erich Mühsam, *Von Eisner bis Leviné – Persönlicher Rechenschaftsbericht über die Revolutionserlebnisse in München*, Berlin-Britz 1929, Neudruck Hamburg 1976 (S. 35–38, 47–49, 60–69). Der volle Wortlaut der Gedächtnisrede Heinrich Manns bei der Trauerfeier für Eisner im Münchener Odeon am 16.3.1919 ist zitiert in Heinrich Mann, *Essays*, 2 Bände, Berlin 1954–1956 (S. 26ff.).

Die Rolle der KPD (darunter auch die Sitzung in einem Lokal in der Nähe vom Sendlinger Tor am 21. März 1919) schildert Karl Retzlaw, *Spartakus – Aufstieg und Niedergang. Erinnerungen eines Parteiarbeiters*, Frankfurt am Main 1976 (S. 133, 148). Über die Sitzung der Räteregierung im Wittelsbacher Palais am 6.4.1919 vgl. Ernst Niekisch, *Gewagtes Leben. Begegnungen und Begebnisse*, Köln und Berlin 1958 (S. 67ff.). Ernst Tollers Texte über die Münchner Räterepublik stehen in Ernst Toller, *Prosa, Briefe, Dramen, Gedichte*, Reinbek b. Hamburg 1961 (S. 109f., 119ff., 127f., 131ff.). Das Zitat des Volksbeauftragten Sylvio Gesell steht bei Werner Schmidt, *Silvio Gesell, Die Lebensgeschichte eines Pioniers*, Bern 1954 (S. 212f.).

Die Schilderung der Lebensumstände in München und Umgebung während der ersten Tage der Räterepublik von dem damals jungen Dichter Oskar Maria Graf stehen in der Erstausgabe von 1929 der *Kalendergeschichten* von Oskar Maria Graf (S. 349ff.). Eugen Levinés Polemik in der *Münchner Rote Fahne* vom 10.4.1919 ist nachgedruckt in Dorst/Neubauer, *Die Münchner Räterepublik* (a. a. O.). Rosa Levinés Berichte über die Münchner Rätezeit, erstmals in Berlin 1925 veröffentlicht, sind ebenfalls nachgedruckt bei Dorst/Neubauer, *Die Münchner Räterepublik* (a. a. O.). Die Situationsberichte von Karl Retzlaw sind dessen Erinnerungen in *Spartakus*, Frankfurt am Main 1976 (S. 134–148) entnommen. Reglers Erzählungen von Kurellas Auftreten auf dem Stachus und vom Fanatismus des kommunistischen Funktionärs G. W. Klein in der Münchner Universität sowie auf dem Münchner Ostfriedhof sind abgedruckt in Gustav Regler, *Das Ohr des Malchus*, Köln und Berlin 1958 (S. 98–103). Das Erlebnis der Schauspielerin Tilla Durieux findet sich in Tilla Durieux, *Eine Tür steht offen. Erinnerungen*, Berlin 1954 (S. 247–254). Ernst Wollenbergs Bericht von den Kämpfen bei Dachau steht in Ernst Wollenberg, *Als Rotarmist vor München – Reportage aus der Münchner Räterepublik*, Berlin 1929. Der Text über den Sieges- und Festtag am Ende des Generalstreiks am 22. 4. 1919 steht bei P. Werner (= Paul Frölich), *Die Bayerische Räterepublik. Tatsachen und Kritik*, Leipzig, o. J. (1920). Der Bericht eines Weißgardisten über die Ermordung Gustav Landauers ist enthalten in Emil Julius Gumbel, *Zwei Jahre Mord*, Berlin 1921.

IV.
»Unser Heil liegt in der Internationale«

Zitate aus dem unmittelbaren Kongreß-Verlauf stammen aus *Protokolle des Zweiten Weltkongresses der Kommunistischen Internationale*, Hamburg 1921 (S. 342/343, 384, 514/515, 636 und 695).

Das Sinowjew-Zitat, das dem Titel dieses Kapitels zugrunde liegt, steht bei Victor Serge, *Beruf: Revolutionär, Erinnerungen 1901–1917– 1941*, Frankfurt am Main 1967 (S. 118). Die Reise William Gallachers nach Petrograd ist nachzulesen in William Gallacher, *Revolt in the Clyde*, London 1936 (S. 250–253).

Die Memoiren-Literatur von Augenzeugen über den Zweiten Weltkongreß 1920 stützt sich, nach der Reihenfolge der Zitierung, auf folgende Titel: M. N. Roy, *Memoirs*, Bombay 1964 (S. 266, 268, 274, 313–319, 348–356, 372–374, 360–363, 335–347); Walter Bringolf, *Mein Leben – Weg und Umweg eines Schweizer Sozialdemokraten*, Berlin–München–Wien 1965 (s. S. 76–90); John T. Murphy, *New Horizons*, London 1941 (S. 106–119, 132–156); Angelica Balabanoff, *Erinnerungen und Erlebnisse*, Berlin 1927 (S. 246–258); Emma Goldman, *My Desillusionment in Russia*, Neuausgabe New York 1970 (S. 77/78); Victor Serge, *Beruf: Revolutionär. Erinnerungen 1901–1917–1941*, Frankfurt am Main 1967 (S. 118–131); Angelica Balabanoff, *Lenin*, Hannover 1961 (S. 88/89); und Margarete Buber-Neumann, *Von Potsdam nach Moskau*, Stuttgart 1958 (S. 81/82).

Unter den weiteren Augenzeugenberichten über den Zweiten Weltkongreß sind zu nennen: Jules Humbert-Droz, *Mémoires*, Band I, Neuchâtel 1969 (S. 355–357); August Souchy, *Vorsicht Anarchist! – Ein Leben für die Freiheit*, Darmstadt–Neuwied 1977 (S. 39–41), sowie zwei begeisterte, unkritische Augenzeugenberichte in Max Barthel, *Die Reise nach Rußland*, Berlin 1921 (S. 33–47), und Willi Münzenberg, *Die dritte Front*, Berlin 1929, Nachdruck Frankfurt am Main 1972 (S. 314–327).

Die Stimmung bei den polnischen Kommunisten während des Zweiten Weltkongresses (beim Vormarsch der Roten Armee auf Warschau im Sommer 1920) schildert Hersch Mendel, *Erinnerungen eines jüdischen Revolutionärs*, Berlin-West 1979 (S. 154–155, 160–164).

Das Telegramm Lenins an Sinowjew vom 4.7. 1920 ist veröffentlicht in Lenin, *Briefe*, Band 6, Berlin-Ost 1969 (S. 236). Die Lenin-Zitate zur nationalen und kolonialen Frage, die auf dem Zweiten Weltkongreß debattiert wurden, stammen aus Lenin, *Werke*, Band 31, Berlin-Ost 1959 (S. 137–139, 232 und 448).

V.
»Bei Leuna sind viele gefallen,
bei Leuna floß Arbeiterblut . . .«

An offiziellen Quellen zu diesem Kapitel wurde verwendet: Protokoll der EKKI-Sitzung vom 22.2. 1921 (in: Nachlaß Paul Levi, P 55/5, Archiv der sozialen Demokratie, Bonn); *Protokoll des Dritten Weltkongresses der Kommunistischen Internationale*, Hamburg 1921 (S. 554).

Einer der wichtigsten Zeugen vom USPD-Parteitag in Halle, von Sinowjews Reise von Berlin nach Halle und von seiner eigenen Reise nach Moskau im Januar/Februar 1921 ist Curt Geyer, der in seinen Memoiren darüber berichtete: Curt Geyer, *Die revolutionäre Illusion*, Stuttgart 1976 (S. 218, 224, 234ff., 251, 259, 277). Grigorij Sinowjews persönlicher Reisebericht ist in deutscher Sprache erschienen: Grigorij Sinowjew, *Zwölf Tage in Deutschland*, Moskau 1920; zitiert wurde daraus aus den Seiten 3–6, 41, 45, 57ff. Die Erinnerung von Rosa Meyer-Leviné über Sinowjews Auftreten in Halle stammt aus Rosa Meyer-Leviné, *Im inneren Kreis*, Köln 1979 (S. 332–334). Das Strasser-Zitat über Sinowjews Rede in Halle stammt aus Otto Strasser, *Exil*, München 1958 (S. 29).

Über die Stimmung der deutschen Kommunisten im Frühjahr 1921 sagte Rosa Meyer-Leviné in einem Gespräch mit A.G. Löwy in Bad Hofgastein am 9.7. 1966 aus, vgl. A.G. Löwy, *Die Weltgeschichte ist das Weltgericht – Bucharin: Vision des Kommurismus*, Wien 1969 (S. 164). Die Anekdote über Guralski alias »Benjamin« und »der Kleine« steht bei Margarete Buber-Neumann, *Von Potsdam nach Moskau*, Stuttgart 1958 (S. 67). Karl Retzlaws Bericht über die Informationsabende Guralskis in Berlin ist entnommen dem Buch Karl Retzlaw, *Spartakus*, Frankfurt am Main 1976 (S. 186–189). Der Aufruf der

Roten Fahne vom 18. 3. 1920 zur Bewaffnung und zum Generalstreik ist zitiert nach Julius Braunthal, *Geschichte der Internationale*, Band 2, Berlin–Bonn 1978 (S. 245 ff.).

Über die »März-Aktion« wird zitiert aus den Augenzeugenberichten von Oskar Hippe, Max Hölz und Axel Eggebrecht: Oskar Hippe, . . . *und unsere Fahn' ist rot – Erinnerungen an sechzig Jahre in der Arbeiterbewegung*, Hamburg 1979 (S. 51–53); Max Hölz, *Vom weißen Kreuz zur roten Fahne*, Neuausgabe, Frankfurt am Main 1977 (S. 45, 149 f., 155 und 163); Axel Eggebrecht, *Der halbe Weg – Zwischenbilanz einer Epoche*, Reinbek bei Hamburg 1975 (S. 115–118).

Zur März-Aktion 1921 und den Stimmungen unter deutschen Kommunisten zu jener Zeit vgl. u. a. Margarete Buber-Neumann, *Von Potsdam nach Moskau*, Stuttgart 1957 (S. 69–71); Arnost Kolman, *Die verirrte Generation*, Frankfurt am Main 1979 (S. 113–117, 120–122); Karl Retzlaw, *Spartakus*, Frankfurt am Main 1976 (S. 193–195), und Ruth von Mayenburg, *Hotel Lux*, München 1978 (S. 80–81).

Über die Rolle von Max Hölz vgl. u. a. Margarete Buber-Neumann, *Die erloschene Flamme*, München–Wien 1976 (S. 152–167); Erich Mühsam, »Der Fall Max Hölz«, in *Die Weltbühne*, 1926, Nr. 22 (S. 837), und George Grosz, *Ein kleines Ja und ein großes Nein*, Hamburg 1955 (S. 150–152).

Zur Kontroverse über die März-Aktion vgl. u. a. Paul Levi, *Unser Weg – Wider den Putschismus*, Berlin 1921, und *Was ist das Verbrechen?* Berlin 1921, sowie Heinrich Brandler, *War die März-Aktion ein Bakunisten-Putsch?*, Berlin–Leipzig 1921. Zu den Einschätzungen der März-Aktion vgl. u. a. Walter Drobnig, *Der Mitteldeutsche Aufstand 1921*, Lübeck, 1929, und vor allem Werner T. Angress, *Die Kampfzeit der KPD, 1921–1923*, Düsseldorf 1973 (S. 122–134, 146–176, 183–187, 195–204).

VI.
»Eine zweite Front der Weltrevolution«

Hauptquelle über die Vorbereitungen und den Verlauf des Kongresses der Völker des Ostens in Baku sowie über die Errichtung, Aktivität und Schließung des Zentralasiatischen Büros der Komintern in Taschkent ist das Buch des Inders M. N. Roy, *Memoirs*, Bombay 1964 (S. 326/327, 390–392, 416–418, 429–437). Die Rolle von M. N. Roy in Taschkent für die Gründung der KP Indiens schildert auch der Augenzeuge Muzaffar Ahmad, *The Communist Party of India and its Formation Abroad*, Kalkutta 1962 (S. 27–33). Der Autor war damals mit M. N. Roy in Taschkent.

Die Zahlen über die Teilnehmer am Kongreß der Völker des Ostens in Baku finden sich bei Walter Bringolf, *Mein Leben – Weg und Umweg eines Sozial-*

demokraten, Berlin–München–Wien 1965 (S. 92). Das skeptische Urteil von Jelena Stassowa über den Kongreß in Baku und ihr Zitat über die Diskussion der »Frauenfrage« dort steht in Jelena Stassowa, *Genossin Absolut*, Berlin-Ost 1978 (S. 187 und 189).

Über den Auftritt des türkischen Nationalrevolutionärs Enver Pascha in Baku berichtet Victor Serge in *Beruf: Revolutionär. Erinnerungen 1901–1917–1941*, Frankfurt am Main 1967 (S. 126/127). Das Zitat aus einer Proklamation des Bakuer Kongresses steht in: »Protokoll des Ersten Kongresses der Völker des Ostens, abgehalten am 1. September 1920 in Baku«, zitiert nach Ruth Fischer, *Stalin und der deutsche Kommunismus*, Frankfurt am Main 1950 (S. 335).

Der Bericht über die Rede und die eigenwillige Übersetzung dieser Rede eines Engländers in Baku steht bei John T. Murphy, *New Horizons*, London 1941 (S. 121/122), ebenso die Zeilen über den Tod von John Reed im Kreml-Krankenhaus in Moskau. Die Schilderung des britischen Schriftstellers H. G. Wells über den Film vom Kongreß und über sein Gespräch mit Maxim Gorki steht in H. G. Wells, *Nacht über Rußland – Skizzen aus dem bolschewistischen Rußland*, Berlin 1922 (S. 34–36). Emma Goldmans Erinnerungen an John Reeds Krankheit und Tod ist nachzulesen in Emma Goldman, *My Desillusionment in Russia*, New York 1970 (S. 166–169).

Die Quelle über die ersten Aktivitäten chinesischer Kommunisten, über die »Bewegung des 4. Mai« und den Gründungskongreß der KP Chinas 1921 in Shanghai und auf einem Boot in der Südsee liefern die Memoiren des Augenzeugen Chang Kuo-tao's *Autobiography / The Rise of the Chinese Communist Party 1921–1927*, Bd. I., Kansas/USA 1971 (S. 87, 139, 147ff.).

VII.
Die weltrevolutionären Perspektiven überschätzt:
Kurswechsel in der Komintern-Strategie

Über die Anreise der Delegierten zum Dritten Weltkongreß der Komintern und über Eindrücke aus Petrograd und Moskau 1921 wird zitiert aus: Karl Hofmaier, *Memoiren eines Schweizer Kommunisten 1917–1947*, Zürich 1978 (S. 17/18); Sandor Rado, *Deckname Dora*, Stuttgart 1972 (S. 48–50); Harry Pollitt, *Serving My Time*, London 1940 (S. 133–137); Victor Serge, *Beruf: Revolutionär*, Frankfurt am Main 1967 (S. 157); Emma Goldman, *My Desillusionment in Russia*, New York 1970 (S. 212, 214–220); Jules Humbert-Droz, *Mémoires*, Band II: Von Lenin zu Stalin (französisch), Neuchâtel 1969 (S. 14/15). Lenins Brief an Chalatow betreffend die Ernährungssituation in Moskau ist zitiert nach Lenin, *Briefe*, Band 7, Berlin (Ost) 1970 (S. 224).

Über die Eröffnung des Dritten Weltkongresses wird zitiert aus Karl Hof-maier, *Memoiren eines Schweizer Kommunisten 1917–1947*, Zürich 1978 (S. 17–23), und aus Werner T. Angress, *Die Kampfzeit der KPD – 1921–1923*, Düsseldorf 1973 (S. 212–214).

Über Lenins Auftreten auf dem Dritten Weltkongreß siehe u. a. Sandor Rado, *Deckname Dora* (a. a. O., S. 15); Ruth von Mayenburg, *Hotel Lux* (a. a. O., S. 85–88), und Werner T. Angress, *Die Kampfzeit der KPD* (a. a. O., S. 222–223). Trotzkis Auftreten auf dem Dritten Weltkongreß schildert Victor Serge in *Beruf: Revolutionär* (a. a. O., S. 161/162), ebenso die kritische Be-merkung über die Politik der Komintern und ihrer Führer (S. 167). Die Le-nin-Zitate aus seiner Rede auf dem Dritten Kongreß sind entnommen dem *Protokoll des Dritten Kongresses der Kommunistischen Internationale*, Hamburg 1921, sowie Lenin, *Werke*, Band 32, Berlin (Ost) 1964 (S. 503/504 und 488–490). Über Bucharins Reaktion auf Smerals Bericht über die Slowakei be-richtete der Delegierte Richard Neumann, vgl. A. G. Löwy, *Die Weltge-schichte ist das Weltgericht – Bucharin: Vision des Kommunismus*, Wien 1969 (S. 167).

Eine plastische und eindrucksvolle Schilderung des Dritten Weltkongresses gibt auch Arvo Tuominen in der Neufassung seiner Memoiren *Die Glocken des Kreml* (englisches Manuskript, noch nicht veröffentlicht). Seine Schilderungen über den Dritten Weltkongreß finden sich auf den Seiten 40–44, 47–49 und 65 des Manuskripts.

Über das erwähnte Eintreten einiger ausländischer Delegierter für die in der Sowjetunion verhafteten Revolutionäre berichtet Emma Goldman in *My Des-illusionment in Russia* (a. a. O., S. 218–220), und Augustin Souchy, *Vorsicht Anarchist – Ein Leben für die Freiheit*, Darmstadt–Neuwied 1977 (S. 41–44). Über einen Empfang Bucharins zu Ehren der Delegierten des Dritten Welt-kongresses berichtet Hersch Mendel in seinen *Erinnerungen eines jüdischen Revolutionärs*, Berlin 1979 (S. 168).

Lenins Einschätzung des Dritten Kongresses vom 14. 8. 1921 in seinem Brief an deutsche Kommunisten ist abgedruckt in Lenin, *Werke*, Band 32, Berlin-Ost 1964 (S. 544/545). Die Schilderung vom Abschiedsabend des Kongresses ist zitiert nach Harry Pollitt, *Serving My Time*, London 1940 (S. 139/140). Über die Aufgaben des neuen EKKI-Sekretärs Jules Humbert-Droz schreibt dieser in: Jules Humbert-Droz, *Mémoires*, Band II: Von Lenin zu Stalin (fran-zösisch), Neuchâtel 1969 (S. 20–29).

Die Zitate und Texte über Angelica Balabanoffs Abschied von der Komin-tern und von Lenin sind zitiert aus: Angelica Balabanoff, *Lenin*, Hannover 1961 (S. 9, 180–182), und Angelica Balabanoff, *Erinnerungen und Erlebnisse*, Berlin 1927 (S. 262/263 und 216).

VIII.
»Eine Familie der Arbeitenden in allen Nöten gegen das Kapital«

Der Aufruf der Komintern zum gemeinsamen Abwehrkampf gegen das Kapital steht in Pierre Frank, *Geschichte der Kommunistischen Internationale,* Band 1, Frankfurt am Main 1981 (S. 184/185). Die Meinung Ruth Fischers über Karl Radek steht in Ruth Fischer, *Stalin und der deutsche Kommunismus – Der Übergang zur Konterrevolution,* Frankfurt am Main 1950 (S. 257). Victor Serges Erinnerungen an die »Vorkonferenz« in Berlin im Februar 1921 und seine Bemerkungen über Lenins und Kamenews Überlegungen zur Lockerung der Preise etc. sind zitiert nach Victor Serge, *Beruf: Revolutionär* (a. a. O., S. 186–188). Die Erklärung des belgischen Sozialisten Émile Vandervelde ist zitiert nach *Protokoll der Internationalen Konferenz der drei Internationalen Exekutivkomitees,* Wien 1922 (S. 12); auch erwähnt bei Ruth Fischer, *Stalin und der deutsche Kommunismus,* (a. a. O., S. 257). Den Streit zwischen Bucharin und Radek vermerkte Alfred Rosmer in seinen Erinnerungen: Alfred Rosmer, *Moscou sous Lénine,* Paris 1953 (p. 75/76).

IX.
»Proletarier aller Länder und unterdrückte Völker der ganzen Welt, vereinigt euch!«

Lenins Bemerkungen über das Erwachen der Völker des Ostens stehen in Lenin, *Werke,* Band 30, Berlin (Ost) 1961 (S. 136–147), und Band 31, Berlin (Ost) 1962 (S. 126), sowie in *Protokoll des Dritten Kongresses der Kommunistischen Internationale,* Hamburg 1921. Trotzkis Bemerkung über die Verschiebung des Schwergewichts der Revolution nach Osten ist zitiert nach Heinz Brahm, *Trotzkis Kampf um die Nachfolge Lenins,* Köln 1964 (S. 192).

Die Erlebnisse des Chinesen Chang Kuo-tao auf der Reise nach Irkutsk, im dortigen Fernost-Büro der Komintern und während seines Besuches in Moskau und nach seiner Heimkehr nach Shanghai sind nacherzählt nach Chang Kuo-tao, *Autobiography / The Rise of the Chinese Communist Party 1921–1927,* Bd. I., Kansas/USA 1971 (S. 187, 191, 208/209 und 215). Die Zitate aus dem Manifest des Kongresses der Werktätigen des Fernen Ostens im Februar 1922 stammen aus Pierre Frank, *Geschichte der Kommunistischen Internationale,* Bd. 1, Frankfurt am Main 1981 (S. 182).

X.
»Wir haben begriffen, daß wir noch lernen müssen ...«

Die Zahlen zu Beginn des Kapitels über die Entwicklung der kommunistischen Parteien bis zum Vierten Kongreß sind entnommen aus *Protokolle des Vierten Weltkongresses der Kommunistischen Internationale*, Hamburg 1923 (S. 451).

Über die Schwierigkeiten der Delegierten auf der Anreise zum Vierten Kongreß und die Eindrücke in Petrograd und Moskau vor und während des Kongresses wird in der Reihenfolge der Zitierung aus folgenden Memoiren berichtet: Paul Thalmann, *Revolution für die Freiheit – Stationen eines politischen Kampfes*, Moskau–Madrid–Paris, Neudruck, Hamburg 1976 (S. 38–40 und 40–44); Karl Retzlaw, *Spartakus*, Frankfurt am Main 1976 (S. 244–247, 217, 219); Giovanni Germanetto, *Genosse Kupferbart*, Berlin–Wien–Zürich 1930 (S. 222–226); Victor Serge, *Beruf: Revolutionär* (a. a. O., S. 188).

Die Episode mit dem Italiener Antonio Gramsci und der Musiklehrerin Julia Schucht im »Silberwäldchen« stützt sich auf das Buch von Giuseppe Fiori, *Das Leben des Antonio Gramsci*, Berlin 1979 (S. 144–148).

Die 1928 von James Thomas mitherausgegebene *Illustrierte Geschichte der Russischen Revolution* ist 1970 in Frankfurt am Main als Reprint neu erschienen. Über die Ereignisse um die Komintern-Ausstellung während des Dritten Weltkongresses im Kreml berichtet Karl Retzlaw in seinem Buch: *Spartakus* (a. a. O., S. 210–213, 216/217). Über die Feiern zum 5. Jahrestag der Oktoberrevolution, die als Auftakt zum Vierten Weltkongreß stattfanden, berichtet Paul Scheffer, *Augenzeuge im Staate Lenins 1921–1930*, München 1972 (S. 125–129). Episoden am Rande des Vierten Weltkongresses (darunter auch Gespräche mit Lenin, Trotzki, Sinowjew und Radek) schildert George Grosz in *Ein kleines Ja und ein großes Nein*, Hamburg 1955 (S. 168–176).

Die erwähnten Auszüge aus den Reden des Vierten Weltkongresses sind nachgedruckt in *Protokolle des Vierten Weltkongresses der Kommunistischen Internationale*, Hamburg 1923 (S. 3–4, 317/318, 390, 420, 64/65, 66/67, 312–315, 837, 804, 977). Die Hinweise über die Differenzen in der italienischen Delegation auf dem Vierten Weltkongreß stammen aus Giovanni Germanetto, *Genosse Kupferbart* (a. a. O., S. 228/229). Die Szene mit dem Sohn Eugen Vargas auf dem Kongreß-Podium findet sich bei Henriette Roland-Holst, *Aus Sowjetrußland – Bilder und Betrachtungen*, Wien 1924 (S. 47/48). Lenins und Sinowjews Bemerkungen zur »deutschen Frage« auf dem Kongreß stehen bei Ruth Fischer, *Stalin und der deutsche Kommunismus* (a. a. O., S. 223–227).

Die Kommentare zu Lenins Auftreten auf dem Vierten Komintern-Kongreß finden sich in der Reihenfolge der Zitate im Text bei: Alfred Rosmer, *Moscou sous Lénine* (a. a. O., S. 92); John T. Murphy, *New Horizons*, London 1941

(S. 187); Karl Retzlaw, *Spartakus* (a. a. O., S. 219); Rosa Meyer-Leviné, *Im inneren Kreis – Erinnerungen einer Kommunistin in Deutschland 1920–1933* (a. a. O., S. 68–70), ebenso Rosa Meyer-Levinés Bemerkung über Trotzkis Kongreß-Rede.

Die Lenin-Zitate selbst sind nachgedruckt unter dem Titel des Referates »Fünf Jahre russische Revolution und die Perspektiven der Weltrevolution« (13. 11. 1922) in Lenin, *Werke*, Band 33, Berlin (Ost) 1962 (S. 404–418). Trotzkis Abrechnung mit Marcel Cachin ist zitiert nach Paul Thalmann, *Revolution für die Freiheit – Stationen eines politischen Kampfes* (a. a. O., S. 41–43). Sinowjews Frage nach der Weltrevolution in der Schweiz findet sich bei Louis Fischer, *Das Leben Lenins*, Köln–Berlin 1964 (S. 748/749). Über die letzte Sitzung des Kongresses finden sich Einzelheiten bei Karl Retzlaw, *Spartakus*, Frankfurt am Main 1976 (S. 219), und Paul Thalmann, *Revolution für die Freiheit*, Moskau–Madrid–Paris 1976 (S. 44).

Die Erinnerungen an Lenins Krankheit und an sein »Testament« hat Trotzki veröffentlicht in: Leo Trotzki, *Mein Leben – Versuch einer Autobiographie*, Berlin 1961 (S. 464). Der Brief Lenins an den bevorstehenden 12. Parteitag (bekannt als Lenins »Testament«) vom Dezember 1922 wurde in der Sowjetunion erst mit mehr als 33jähriger Verspätung in der sowjetischen Zeitschrift *Kommunist*, Nr. 9, 1956, veröffentlicht. Der Text des »Testaments« befindet sich in W. I. Lenin, *Werke*, Band 36, Berlin-Ost 1962 (S. 577–596; im Buch zitierte Textstellen s. S. 590/591, 593/594, 593–595). Die zitierten kritischen Lenin-Äußerungen über den russischen Nationalismus vgl. W. I. Lenin, *Werke*, Band 30, Berlin (Ost) 1961 (S. 122, 283 und 286), und Band 33, Berlin (Ost) 1961 (S. 358).

XI.
1923:
»Der deutsche Oktober steht vor der Tür!«

Die Erinnerungen an die Ruhr-Besetzung in Deutschland 1923 und Radeks Initiativen in Berlin stammen aus: Ruth Fischer, *Stalin und der deutsche Kommunismus* (a. a. O., S. 307, 261/262, 313–315, 318). Über die Stimmung in Moskau nach der Ruhr-Besetzung Anfang 1923 berichtet Paul Scheffer, *Augenzeuge im Staate Lenins* (a. a. O., S. 134–136).

Die Zitate aus Radeks Schlageter-Rede stammen aus: *Die Rote Fahne*, Berlin, Nr. 144, 26. 6. 1923, zitiert nach *Internationale Pressekorrespondenz*, Jahrg. 3, Mailand (Reprint 1967). Über das Echo auf diese Rede berichten: *Berliner Tageblatt*, Berlin, 9. 2. 1924, und Ruth Fischer, *Stalin und der deutsche Kommunismus* (a. a. O., S. 346–350). Über die Lage in Deutschland im

Sommer 1923 wird zitiert – neben den bereits erwähnten Memoiren von Ruth Fischer – aus Arthur Rosenberg, *Entstehung und Geschichte der Weimarer Republik*, Frankfurt am Main 1955 (S. 405).

Zur Diskussion über die Lage in Deutschland in der sowjetischen Führung, darunter auch über den Brief Stalins am 7. August 1923 – mit der Warnung vor einem Aufstand – siehe Leo Trotzki, *Stalin – Eine Biographie*, Köln–Berlin 1952 (S. 468–469). Zur Einschätzung der Lage in Deutschland durch die Führer der Komintern siehe Boris Baschanow, *Ich war Stalins Sekretär*, Frankfurt am Main 1977 (S. 57–62), und Grigorij Bessedowski, *Im Dienst der Sowjets, Erinnerungen*, Leipzig–Zürich 1930 (S. 62). Bei Baschanow finden sich auch Einzelheiten zum Revolutionsplan für Deutschland (S. 57–62).

Über die Vorbereitungen zum Aufstand in Deutschland im Herbst 1923 und der Reise Skobelewskis berichten aus eigener Anschauung Jan Valtin (Pseud. von Richard Krebs), *Tagebuch der Hölle*, Köln 1957 (S. 48–52, 56–59); Karl Retzlaw, *Spartakus* (a. a. O., S. 226–247); Ruth Fischer, *Stalin und der deutsche Kommunismus* (a. a. O., S. 381–384); Walter G. Kriwitzki, *Ich war in Stalins Dienst*, Amsterdam 1940 (S. 55/56 und 59–62), sowie über die Stimmung in einer KPD-Ortsgruppe bei Paul Elflein, *Immer noch Kommunist? Erinnerungen*, herausgegeben von Rolf Becker und Klaus Bremer, Hamburg 1978 (S. 55–59).

Die Details über die »Proletarischen Hundertschaften« stammen aus den bereits erwähnten Erinnerungen von Jan Valtin (S. 48), Karl Retzlaw (S. 242–244), Arnost Kolman (S. 124) und Sandor Rado (S. 64–66). Stalins Offener Brief an den Genossen Thalheimer ist abgedruckt in *Die Rote Fahne*, Berlin, 10. 10. 1923, zitiert nach Werner T. Angress, *Die Kampfzeit der KPD 1921–1923*, Düsseldorf 1973 (S. 464).

Hauptquelle für die Darstellung der kurzfristigen »Arbeiter-Regierungen« 1923 in Sachsen und Thüringen mit kommunistischer Beteiligung und über die Arbeiterkonferenz in Chemnitz und dem »Begräbnis dritter Klasse« des Generalstreiks sind die Erinnerungen von Ruth Fischer, *Stalin und der deutsche Kommunismus* (a. a. O., S. 405–411). Das Brandler-Zitat über Chemnitz ist abgedruckt in *Protokolle des Fünften Kongresses der Kommunistischen Internationale*, Hamburg 1925 (S. 327).

An die Umstände nach der Absage des Aufstandes erinnern sich: Sandor Rado, *Deckname Dora* (a. a. O., S. 66); Erich Wollenberg »Ernst Thälmann«, in: *Der Monat*, Berlin 1953 (S. 11–13); Walter Zeutschel, *Im Dienst der Kommunistischen Terrororganisation*, Berlin 1931 (S. 15 ff.).

Die Einzelheiten des Hamburger Aufstandes vom Oktober 1923 stammen aus den Erinnerungen von Larissa Reissner, *Hamburg auf den Barrikaden – Erlebtes und Erhörtes aus dem Hamburger Aufstand 1923*, Berlin 1924 (S. 30, 41, 78/79, 84/85), Jan Valtin, *Tagebuch der Hölle* (a. a. O., S. 61–64, 67, 71 ff.), sowie den Schilderungen von Beteiligten, erwähnt in dem Buch von Heinz

Habedank, *Zur Geschichte des Hamburger Aufstandes*, Berlin (Ost) 1958 (S. 92–117, 134, 153, 155–157).

Über die Folgen des niedergeschlagenen Hamburger Aufstandes wird berichtet in den bereits mehrfach erwähnten Erinnerungen von Larissa Reissner (S. 41/42), Karl Retzlaw (250/251), Arnost Kolman (S. 124/125), Ruth Fischer (S. 425), Oskar Hippe (S. 75) und Walter Kriwitzki (S. 64).

XII.
Niederlagen der Kommunisten
in Bulgarien, Polen und Norwegen

Die Quellen für die Darstellung des erfolglosen Aufstandes in Bulgarien im Herbst 1923 sind Aufsätze aus der Zeitschrift *Inprekorr*, Nr. 115, vom 9. Juli 1923 »Zur Verhaftung des Genossen Kolarow«, sowie die Artikel von Berlow »Zu dem bewaffneten Aufstand in Bulgarien«, *Inprekorr*, Nr. 159, vom 10. Oktober 1923 (S. 1357), und Dimitroff »Die Lage in Bulgarien«, *Inprekorr*, Nr. 57 vom 23. Mai 1924 (S. 687–688); eine ausführlichere Darstellung vgl. Josef Rothschild, *The Communist Party of Bulgaria 1883–1936*, New York 1959, auch abgedruckt in der Anthologie von Helmut Gruber, *International Communism in the Aera of Lenin*, Greenwich, Conn., 1967 (S. 471–498).

Sinowjews, Lenskis und Hansens Klagen über die Niederlagen 1923 in Polen, Bulgarien und Deutschland auf dem Fünften Weltkongreß sind enthalten in *Protokolle des Fünften Kongresses der Kommunistischen Internationale*, Hamburg 1925 (S. 99/100, 295/296 und 358). Über die KP Polens im Herbst 1923 siehe M. K. Dziewanowski, *The Communist Party of Poland*, Cambridge 1959 (S. 103–107). Die Trotzki-Zitate über das Schicksalsjahr 1923 stehen in Leo Trotzki, *Mein Leben – Versuch einer Autobiographie*, Neuausgabe Frankfurt am Main 1961 (S. 464).

XIII.
»Im Innersten schien etwas gerissen zu sein . . .«

Die Zitate zum Triumvirat Sinowjew, Kamenew und Stalin gegen Trotzki finden sich in Victor Serge, *Leo Trotzki – Leben und Tod*, Wien–München–Zürich 1973 (S. 162), und Leo Trotzki, *Mein Leben – Versuch einer Autobiographie* (a. a. O., S. 460).

An die letzten Wochen im Leben Lenins erinnern sich Karl Retzlaw, *Spartakus* (a. a. O., S. 253), Victor Serge, *Beruf: Revolutionär* (a. a. O., S. 199), sowie

– aus der unmittelbaren Umgebung Lenins – Nadeshda Krupskaja, *Das ist Lenin, Eine Sammlung ausgewählter Reden und Artikel*, Berlin (Ost) 1966 (S. 177ff.), und Nadeshda Krupskaja, *Lenin und Gorki – Eine Freundschaft in Dokumenten*, Berlin (Ost)–Weimar 1964 (S. 266/267). Ausführliche Darstellung über die letzten Wochen Lenins auch in Mosche Leviné, *Lenins letzter Kampf*, Hamburg 1970; vgl. auch Gerda und Hermann Weber, *Lenin-Chronik – Daten zu Leben und Werk*, München 1974 (S. 256–268ff.).

Über den Tod Lenins berichten Louis Fischer, *Das Leben Lenins*, Köln–Berlin 1964 (S. 809); Sinowjew, »Sechs Tage, die wir nie vergessen werden«, *Internationale Pressekorrespondenz*, Nr. 17, 1924 (S. 179ff.), und Nikolaj Bucharin, »Lenins Persönlichkeit«, *Internationale Pressekorrespondenz*, Nr. 29, 1925 (S. 435ff.).

Die Stimmen ausländischer Kommunisten zum Tode Lenins stammen aus Karl Retzlaw, *Spartakus* (a. a. O., S. 253); Giovanni Germanetto, *Genosse Kupferbart*, Berlin–Wien–Zürich 1930 (S. 293/294); Jelena Stassowa, *Genossin Absolut* (a. a. O., S. 195); Klara und Paul Thalmann, *Revolution für die Freiheit – Stationen eines politischen Kampfes*, Moskau–Madrid–Paris, Neudruck Hamburg 1976 (S. 50); Victor Serge, *Beruf: Revolutionär* (a. a. O., S. 99/100); Jules Humbert-Droz, *Memoiren* (französisch), Band II, Neuchâtel 1969 (S. 194, 199); Ernst Fischer, *Erinnerungen und Reflexionen*, Hamburg 1969 (S. 187–191). Der Text des Telegramms von Friedrich Adler ist zitiert nach Julius Braunthal, *Geschichte der Internationale*, Band 2, Berlin–Bonn 1978 (S. 318). Zum Tod Lenins vgl. auch die Memoiren von Leopold Grünwald, *Wandlung – Ein Altkommunist gibt zu Protokoll*, Wien 1980 (S. 30).

Über Stalins Reaktion auf den Tod Lenins berichtet Boris Bashanow in *Ich war Stalins Sekretär*, Frankfurt am Main 1977 (S. 75). Über das Telegramm Stalins mit dem gefälschten Datum der Lenin-Beerdigung und über die Stimmung Trotzkis beim Tode Lenins vgl. Leo Trotzki, *Mein Leben – Versuch einer Autobiographie* (a. a. O., S. 466–469); Victor Serge, *Leo Trotzki – Leben und Tod*, Wien–München–Zürich 1973 (S. 163), und Heinz Brahm, *Trotzkis Kampf um die Nachfolge Lenins*, Köln 1964 (S. 144–149).

Der Hinweis auf den Text von Ilja Ehrenburg in der »Eintags-Zeitung Lenin« findet sich in Ilja Ehrenburg, *Menschen – Jahre – Leben*, München 1972 (S. 604/605). Über die Trauerfeier für Lenin am 26. 1. 1924 in Moskau berichtet Paul Scheffer, *Augenzeuge im Staate Lenins* (a. a. O., S. 142). Das Zitat aus Stalins Schwur-Rede am Grabe Lenins ist abgedruckt in *Prawda*, Moskau, Nr. 23, 30. 1. 1924, und in Stalin, *Werke*, Band 6, Berlin (Ost) 1952 (S. 41–46).

Mit * versehene Seitenzahlen deuten auf Abbildungen hin.

Bildnachweis

Archiv der sozialen Demokraten Bonn (Sinojew, Balabanoff); Archiv Dollinger, Etterschlag b. München (Titelseite Kommunistische Internationale); Bilderdienst Süddeutscher Verlag, München (Ungarisches Parlament, Mao, Béla Kun, Tito, Leviné); Ullstein Bilderdienst, Berlin (Radek, Béla Kun als Redner, Smolny-Palast, John Reed, Max Levien); alle übrigen Bildarchiv Jürgens Ost-Europa-Photo, Köln.

Wolfgang Leonhard
Am Vorabend einer neuen Revolution?
Die Zukunft des Sowjetkommunismus
432 Seiten

Die Sowjetunion steht rund 60 Jahre nach der Oktoberrevolution
vor folgenreichen Entscheidungen. Zu dieser Erkenntnis gelangt
Wolfgang Leonhard durch eine systematische Analyse aller Bereiche der sowjetischen Wirklichkeit. Die detaillierte Untersuchung der in der sowjetischen Bevölkerung vorherrschenden
Stimmung, der Gruppierungen in der Funktionärsschicht, im
Regierungsapparat, in der Armee und der technischen Intelligenz schafft die Grundlage für eine fundierte Prognose über die
Zukunft des Sowjetkommunismus.

Von allen Möglichkeiten, die sich voraussagen lassen, ist die
Prophezeiung einer neuen Revolution die radikalste und
schockierendste. Vor wenigen Jahren noch unvorstellbar, wird
diese Perspektive heute in Kreisen der innersowjetischen Opposition ernsthaft diskutiert. Denkbar wäre nach Wolfgang Leonhard aber auch ein evolutionärer Prozeß, der in seinem Ender-
gebnis ebenfalls revolutionäre Aspekte aufwiese – wenn sich
etwa eine sozialistische Demokratie mit Arbeiterselbstverwal-
tungen in den Betrieben entwickeln würde oder auf einer sozialistischen Basis im Laufe der Zeit ein Mehrparteiensystem ent-
stünde. Wolfgang Leonhard ist freilich nüchtern genug, um auch
die Reaktion der konservativen Kräfte auf derartige Entwicklungen zu berücksichtigen. Sollten sie im derzeitigen Kräftespiel die
Oberhand gewinnen, droht der Sowjetunion eine Wiederbelebung des Stalinismus.

C. Bertelsmann